초·중등 임용
심층면접

만점교사가 알려주는
면접
바이블

시대에듀

머리말 PREFACE

안녕하십니까. 예비교사 여러분

본 책은 교육청 시책과 현직교사의 경험을 바탕으로 심층면접의 소재를 제공하기 위해 쓰였으며, 예비교사들이 학교를 이해하고, 교직적성을 쉽게 이해할 수 있도록 하였습니다.

그리고 평가원 출제 지역과 더불어 서울과 경기도 응시생 분들께 도움이 되기 위한 책입니다.

특히 서울과 경기도 지역의 교육청 시책을 바탕으로 핵심 FOCUS 개념을 추가 수록하였으며 각 주제에 따른 생각해 볼 문제를 제공하여 심층면접에 철저하게 대비할 수 있도록 하였습니다.

본 책이 가지는 장점

1. 학교 현장을 쉽게 이해하여 심층면접에 답할 수 있도록 설명하였습니다.
2. 교육청 시책을 꼼꼼하게 반영하였습니다.
3. 현직교사들의 경험을 생생하게 담았습니다.
4. 심층면접 만점자가 알려주는 고득점 비법을 담았습니다.
5. 저자에게 즉각적으로 문의하고 소통할 수 있는 창구를 마련하였습니다.
6. 특별히 서울과 경기도의 교육 시책 및 내용을 추가적으로 담았습니다.
7. 주제에 따라 현장교사들이 겪는 고민과 생각해 볼 문제를 담았습니다.
8. 2018~2024년 초·중등 기출문제를 수록하였습니다.
9. 최신 교육현장의 유행과 고민을 반영한 예상문제를 수록하였습니다.

여러분들의 심층면접 준비를 응원하고, 합격을 간절히 기원하겠습니다.
교육현장에서 만나 뵙기를 희망합니다.

감사합니다.

편저자 올림

목차 CONTENTS

PART 01 임용 심층면접 준비하기

CHAPTER 01 안내의 말 13

CHAPTER 02 심층면접 준비 시작하기 15
1. STEP 첫 번째 [스터디 구성하기] 15
2. STEP 두 번째 [스터디 시작하기] 17
3. STEP 세 번째 [스터디 운영하기] 18

CHAPTER 03 고득점을 위한 Tip 10가지 21
1. 자신의 교육관과 학급 경영관을 투영시켜라 21
2. 항상 4단계에 집중하자 22
3. 키워드를 중심으로 생각하고 말하라 23
4. 만능 키워드를 만들어라 24
5. 답변에 실현 가능성을 부여하라 25
6. 답변에 순서를 매기고, 두괄식으로 답하라 26
7. 어떠한 답변이든 자신 있게 말하라 27
8. 시간이 부족하다면? 무조건 키워드라도 말하기 28
9. 시간 관리도 미리 연습해야 한다 29
10. 사회 이슈에 대해 공부하기 31

목차 CONTENTS

PART 02 교직적성 타파하기

CHAPTER 01 교육 트렌드 및 예상 출제 요소 ··· 35
1. 2022 개정 교육과정 ··· 35
2. 학교자율시간 ··· 41
3. 에듀테크와 인공지능 ··· 44
4. 인공지능(AI) 윤리기준 ··· 49
5. IB 교육 프로그램 ··· 52
6. 교권 추락 문제 ··· 56
7. 교권 관련 교육청별 지원 대책 ··· 62

CHAPTER 02 미래 교육 조성 ··· 65
1. 그린 스마트 스쿨 ··· 65
2. 미래학교 모델 ··· 70
3. 온라인 수업 ··· 73
4. 블렌디드 러닝 ··· 78

CHAPTER 03 교육전문성 ··· 82
1. 교직관·교사상 ··· 82
2. 교권과 교육활동 보장 ··· 86
3. 교직원 성장단계별 지원 ··· 90

CHAPTER 04 교육혁신 ··· 92
1. 혁신학교 ··· 92
2. 배움 중심 수업 ··· 96
3. 과정 중심 평가 ··· 100
4. 프로젝트 활동 활성화 ··· 105
5. 전문적 학습공동체(교원학습공동체) ··· 108
6. 마을교육공동체 ··· 111
7. 학교-지역사회 협력 강화 ··· 115

CHAPTER 05 교육과정 다양화 — 117

1. 성장배려학년제·성장 맞춤 교육과정 — 117
2. 자유학기제 — 120
3. 고교학점제 — 123
4. 교과교실제 — 126
5. 독서교육 — 129
6. 예술교육 — 133
7. 창의교육(융합, 발명, 메이커, 영재) — 136
8. 진로·직업교육 — 139

CHAPTER 06 민주시민교육 — 145

1. 실천 중심 시민교육 — 145
2. 세계시민교육 — 148
3. 청소년교육의회 — 151
4. 평화통일교육 — 153
5. 다문화 교육 — 157
6. 지속가능한 생태·환경 교육 — 161

CHAPTER 07 민주적이고 투명한 학교 — 164

1. 학생자치 — 164
2. 교육주체 참여 — 167
3. 인권 존중 문화 — 171
4. 청렴교육 — 176

CHAPTER 08 교육복지 — 179

1. 기초학력 보장 — 179
2. 학업중단 예방 — 182
3. 특수교육 — 186
4. 통합교육 — 189
5. 교육복지 정책 — 192
6. 학생·학부모 상담 — 195

목차 CONTENTS

CHAPTER 09 건강하고 안전한 학교　　　　　　　　　　　　199
　1. 스포츠클럽·체육교육　　　　　　　　　　　　199
　2. 보건교육　　　　　　　　　　　　203
　3. 무상급식·영양교육　　　　　　　　　　　　206
　4. 안전교육·학교 안전　　　　　　　　　　　　210
　5. 학교폭력·아동학대 예방　　　　　　　　　　　　215

CHAPTER 10 생활지도 및 상황별 지도　　　　　　　　　　　　219
　1. 생활지도　　　　　　　　　　　　219
　2. 회복적 생활교육　　　　　　　　　　　　223
　3. 상황별 지도 – 공격적인 학생　　　　　　　　　　　　227
　4. 상황별 지도 – ADHD (의심) 학생　　　　　　　　　　　　228
　5. 상황별 지도 – 무기력, 우울증 학생　　　　　　　　　　　　230
　6. 상황별 지도 – PC, 스마트폰 중독 학생　　　　　　　　　　　　231
　7. 상황별 지도 – 다문화 학생　　　　　　　　　　　　232
　8. 상황별 지도 – 등교 거부 학생　　　　　　　　　　　　234
　9. 상황별 지도 – 학교폭력 관련 학생　　　　　　　　　　　　235
　10. 상황별 지도 – 학업중단 (고민) 학생　　　　　　　　　　　　237
　11. 상황별 지도 – 자해, 자살 (의심) 학생　　　　　　　　　　　　238

PART 03 기출문제 분석하기

들어가기 전에	심층면접 기출문제 답변 구상 방법	241
CHAPTER 01	심층면접 기출문제(2024 초등)	243
	1. 2024년 경기도 초등	243
	2. 2024년 서울 초등	251
	3. 2024년 평가원(공통) 초등	256
CHAPTER 02	심층면접 기출문제(2023 초등)	262
	1. 2023년 강원도 초등	262
	2. 2023년 경기도 초등	268
	3. 2023년 서울 초등	277
	4. 2023년 평가원(공통) 초등	283
CHAPTER 03	심층면접 기출문제(2022 초등)	288
	1. 2022년 강원도 초등	288
	2. 2022년 경기도 초등	296
	3. 2022년 서울 초등	304
	4. 2022년 인천 초등	310
	5. 2022년 평가원(공통) 초등	316
CHAPTER 04	심층면접 기출문제(2021 초등)	321
	1. 2021년 강원도 초등	321
	2. 2021년 경기도 초등	327
	3. 2021년 서울 초등	335
	4. 2021년 인천 초등	340
	5. 2021년 평가원(공통) 초등	346

CHAPTER 05   심층면접 기출문제(2020 초등)   351

1. 2020년 강원도 초등   351
2. 2020년 경기도 초등   357
3. 2020년 서울 초등   363
4. 2020년 인천 초등   368
5. 2020년 평가원(공통) 초등   374

CHAPTER 06   심층면접 기출문제(2024 중등)   379

1. 2024년 경기도 중등(교과)   379
2. 2024년 서울 중등(교과)   388
3. 2024년 평가원 중등(교과)   396

CHAPTER 07   심층면접 기출문제(2023 중등)   405

1. 2023년 강원도 중등(공통)   405
2. 2023년 경기도 중등(공통)   414
3. 2023년 서울 중등(교과)   423
4. 2023년 평가원 중등(교과)   431

CHAPTER 08   심층면접 기출문제(2022 중등)   438

1. 2022년 강원도 중등(공통)   438
2. 2022년 경기도 중등(교과)   445
3. 2022년 서울 중등(교과)   454
4. 2022년 인천 중등(공통)   462
5. 2022년 평가원 중등(교과)   470

CHAPTER	09	심층면접 기출문제(2021 중등)	478

 1. 2021년 강원도 중등(공통)   478
 2. 2021년 경기도 중등(교과)   486
 3. 2021년 경기 중등(비교과)   494
 4. 2021년 서울 중등(교과)   506
 5. 2021년 서울 중등(비교과)   514
 6. 2021년 인천 중등(공통)   524
 7. 2021년 평가원 중등(교과)   533
 8. 2021년 평가원 중등(비교과)   540

CHAPTER	10	심층면접 기출문제(2020 중등)	547

 1. 2020년 강원도 중등   547
 2. 2020년 경기 중등(교과)   554
 3. 2020년 경기 중등(비교과)   561
 4. 2020년 서울 중등(교과)   567
 5. 2020년 서울 중등(비교과)   573
 6. 2020년 인천 중등(공통)   584
 7. 2020년 평가원 중등(교과)   591
 8. 2020년 평가원 중등(비교과)   598

목차 CONTENTS

PART 04 예상문제 풀어보기

CHAPTER 01 구상형 예상문제 — 607

CHAPTER 02 즉답형 예상문제 — 653

PART 05 부 록

CHAPTER 01 심층면접 기출문제(2019 초등) — 705
1. 2019년 강원도 초등 — 705
2. 2019년 경기도 초등 — 706
3. 2019년 서울 초등 — 707
4. 2019년 인천 초등 — 709
5. 2019년 평가원(공통) 초등 — 710

CHAPTER 02 심층면접 기출문제(2019 중등) — 712
1. 2019년 강원도 중등 — 712
2. 2019년 경기도 중등(교과) — 714
3. 2019년 경기도 중등(비교과) — 715
4. 2019년 서울 중등(교과) — 716
5. 2019년 서울 중등(비교과) — 718
6. 2019년 인천 중등(공통) — 720
7. 2019년 평가원 중등(교과) — 722
8. 2019년 평가원 중등(비교과) — 724

PART 01

임용 심층면접 준비하기

CHAPTER 01 　안내의 말
CHAPTER 02 　심층면접 준비 시작하기
CHAPTER 03 　고득점을 위한 Tip 10가지

임용 심층면접 만점교사가 알려주는

면접 바이블

CHAPTER 01 안내의 말

　선생님이 되기 위해 열심히 공부하신 예비 선생님들께 수고하셨다는 말씀부터 드립니다. 기나긴 공부를 거쳐 드디어 1차 시험을 마무리하셨습니다. 그리고 잠깐의 휴식기와 함께 2차 시험을 향해 새로 발걸음을 내딛으실 차례입니다. 저도 임용을 준비하면서 1차 시험이 끝나고 2차 시험을 준비하면서 순간 막막함이 몰려왔습니다. 항상 주변에서 많은 정보를 들었지만, 도대체 어떻게 준비해야 하고 어떻게 내 것으로 만들어야 하는지 어려웠습니다. 그래서 이제 2차 시험을 준비하시는 예비 선생님들께 조금이라도 도움이 되었으면 하는 마음에 본 책을 쓰게 되었습니다.

　교원 임용시험은 교육현장에 적합한 인재를 선발하기 위해서 치르는 시험입니다. 그중 2차 심층면접은 얼마나 교육현장에 대해서 잘 알고 이해하고 있는지, 문제 상황을 잘 헤쳐 나갈 수 있을지, 교사로서의 전문성을 가지고 있는지 등을 종합적으로 파악하는 것이 목적입니다. 그래서 교육청에서도 문제를 제출할 때 사례를 중심으로 질문을 하거나 교육 관련 구체적인 계획을 묻기도 합니다. 따라서 결국 심층면접은 교육현장에 근무를 해본 경험이 있는 현직 교사들, 기간제 경험이 있는 선배들이 훨씬 유리합니다.

　혹시 임용 심층면접이 처음이거나 또는 학교 근무 경력이 짧아 걱정이신가요? 이론만 알고 실제 경험이 없으니 면접장에서 무엇을 어떻게 말해야 할지 걱정이신가요? 그런 분들을 위해 본 책에서는 현직 교사들이 겪은 구체적인 사례를 수록해두었습니다. 서울과 경기도에 재직 중인 집필진이 교육부, 교육청의 시책을 바탕으로 집필하였으며, 해당 시책이 교육현장에서 어떻게 적용되고 있는지 설명드립니다. 그 외 지역도 정책의 이름만 지역별로 다를 뿐, 핵심 개념과 운영 사례는 유사하므로 집필진들의 경험을 간접적으로 느끼고 적극적으로 활용해보시기 바랍니다.

저는 심층면접을 효율적으로 준비하였고, 만점의 점수를 받았습니다. 이 점수를 여러분도 쟁취하기를 바라며 지금부터 임용 심층면접을 준비하는 법을 STEP별로 알려드리도록 하겠습니다. 임용 심층면접을 어떻게 준비하면 좋을지, 스터디를 어떻게 구성하고 모의면접을 어떻게 준비하면 되는지, 어떠한 마음가짐으로 면접을 준비하면 좋을지 본 책을 통해 꼼꼼하게 확인하시기 바랍니다. 그리고 심층면접을 준비하면서 도움이 필요할 때 본 책의 저자인 저에게 언제든지 연락을 주시면 적극적으로 도와드리겠습니다. 임용 심층면접을 위해 함께 첫 걸음을 내딛어볼까요?

[임용 심층면접을 준비하시다가 모르는 부분이 있으면 언제든 저자에게 연락 주세요!]

유튜브 : 안전한 영양균 선생님
인스타그램 : yygteacher

CHAPTER 02 심층면접 준비 시작하기

1 STEP 첫 번째 [스터디 구성하기]

  심층면접을 준비하는 예비 선생님들은 대부분 스터디를 구성하여 준비합니다. 심층면접은 자신의 답변을 스스로 성찰해보고, 타인의 시각에서 자신의 답변을 점검받아야 하기 때문입니다. 스터디 구성에 관한 다양한 팁과 유의사항을 전해드리겠습니다. 다음 내용을 꼭 참고하여 스터디를 구성하시길 바랍니다.

Tip과 유의사항

Q 스터디는 언제 구성하고 언제부터 시작하면 좋나요?

A
- 주변 지인과 함께 스터디를 계획한 경우에는 임용 1차 시험 후 조금 여유롭게 준비해도 되지만, 만약 스터디 팀을 직접 꾸려야 하는 경우라면 임용 1차 시험이 끝나는 날부터 바로 준비를 시작하여야 합니다.
- 임용 1차 시험이 끝난 직후부터 바로 구성하지 않으면 조건이 같은 예비 선생님들은 이미 스터디를 다 구성할 수 있으므로, 반드시 서둘러주세요(스터디는 1~2주 휴식 후에 시작하더라도 반드시 스터디 구성은 먼저 하시길 바랍니다).

Tip과 유의사항

Q 스터디는 어떠한 조건으로 구성하면 좋나요?

A
- 심층면접 스터디는 보통 같은 지역을 응시하는 사람들이 모여 팀을 이룹니다. 심층면접을 자체적으로 출제하는 지역은 해당 지역끼리 모이는 것이 좋고, 평가원에서 출제하는 문제를 공통으로 쓰는 지역은 다른 지역이 혼재되어도 괜찮습니다.

Q 스터디 구성할 때 가장 중요한 것은 무엇인가요?

A
- 스터디원 구성이 어떻게 되는지에 따라 합격 여부가 바뀔 수 있습니다. 그만큼 스터디원을 구성하는 것은 매우 중요합니다.
- 스터디원 조건으로 가장 중요한 것은 '**서로에게 솔직한 피드백을 해줄 수 있는가?**'입니다. 친분 여부와 관계 없이 나의 모습을 그대로 봐주고, 객관적으로 평가해 줄 수 있는 스터디원들을 모으는 것이 가장 중요합니다. 그래서 몇몇의 예비 선생님들은 일부러 모르는 분들과 함께 스터디를 구성하기도 합니다.

2 STEP 두 번째 [스터디 시작하기]

예비 선생님들이 모여 스터디 구성이 완료되었다면, 이제 스터디를 시작할 준비를 합니다. 처음 어떻게 시작해야 할 지, 어떠한 방식으로 운영해야 할 지에 대해 꼼꼼히 살펴보고, 예시를 참고하여 스터디 상황에 맞는 운영 방식을 논의합니다.

Tip과 유의사항

Q 시작 단계에서 스터디원들과 정해야 할 것

A
- 본격적인 스터디 시작 일자
- 스터디 운영 주기 및 시간
- 스터디 장소
- 스터디 운영 방법
- 심층면접 준비 과정에서 기준으로 삼을 자료 및 도서

Q 본격적인 스터디는 보통 언제부터 시작하나요?

A
- 스터디 시작 기간에 대한 정답은 없습니다. 다만, 보통 임용 1차 시험이 끝나면 스터디를 바로 구성한 후 약 1~2주 간의 휴식 시간을 가진 뒤에 시작해도 늦지 않습니다.
- 휴식 기간 동안에는 모든 것을 내려놓는 경우도 있지만 심층면접과 관련된 수기나 정보를 살펴보면서 준비기간으로 활용하는 것이 일반적입니다. 임용 커뮤니티나 선배들의 후기를 꼼꼼히 읽어보는 것이 큰 도움이 됩니다.

Q 스터디는 얼마나 자주 운영하나요?

A
- 스터디 주기는 스터디원들의 스타일에 따라 달라집니다. 아래 예시를 적어보겠습니다.
  예) 매일 모이기, 운영 시간 4~5시간, 2차 항목 중 하나씩 주제를 정하여 1일 집중 운영
  　　매일 모이기, 운영 시간 4~5시간, 2차(심층, 수업실연 등) 항목을 전체 1회씩 연습
  　　주 3회 모이기, 운영 시간 6~7시간, 2차(심층, 수업실연 등) 항목을 전체 1회씩 연습
- 스터디 운영 계획을 수립할 때 가장 중요한 것은 '**스스로에 대해 성찰하는 시간을 확보하는 것**'입니다. 스터디가 시작되면 매일매일 기출문제에 답변을 해보고, 수업 실연을 하고, 피드백을 받게 될 것입니다. 스터디 시간의 대부분이 문제에 대해 구상하고 실연하고, 서로에게 피드백 주는 시간으로 끝나버릴 것입니다. 반드시 자신이 받은 피드백에 대해 고민해보고 성찰하는 시간을 확보해야 합니다. 주 며칠, 몇 시간을 모이든 중요하지 않습니다. 가장 중요한 것은 그 일정 속에서 내가 스스로 성찰하고 수정할 수 있는지, 자기 연습의 시간을 가질 수 있는지가 중요합니다.
- 대체적으로 임용 1차 시험 발표일 전까지는 조금 더 여유롭게 준비하다가 임용 1차 시험 결과 발표 이후에 연습 시간을 늘리는 경우가 많습니다.

3 STEP 세 번째 [스터디 운영하기]

스터디 운영 계획까지 논의가 끝났다면 이제 스터디원들이 모여서 모의면접을 준비합니다. 자료도 준비했고, 합격수기도 읽어보았는데 어떻게 해야 할 지 감이 잡히지 않을 것입니다. 그래서 대부분의 스터디들이 운영 초기에 여러 가지 시행착오를 겪으며 시간을 허비하기 마련입니다. 다음 내용을 참고하여 초기 정착 기간을 단축하고 효율적으로 심층면접을 준비해보세요.

스터디를 시작하면 심층면접 당일까지 약 한 달~한 달 반 정도가 남습니다. 그렇다면 이 기간을 적절하게 안배하여 기출문제 분석, 지역교육청의 시책 확인, 예상문제 적용 단계를 거치며 심층면접을 연습하여야 합니다. 다음에 총 6주를 기준으로 스터디 운영 흐름과 각 주차별로 해야 할 내용을 설명하겠습니다.

기 간	스터디 운영 흐름

1주차	• 기출문제 맛보기 : 모의면접을 진행하기에 앞서 기출문제를 한두 개 정도만 살펴보는 것을 추천합니다. 여러 연도의 문제를 전부 보는 것보다 어떠한 방식으로 출제되는지 잠깐 살펴보는 정도로만 확인합니다. 출제 방식을 대략적으로 파악한 뒤 그것에 적용시킬 면접 자료, 교육청 시책을 준비해야 합니다.
	• 교육청 시책 분석하기
	  - 응시하고자 하는 교육청 홈페이지에 들어가 매년 게시되는 연간계획 파일을 찾고, 스터디원들과 함께 분석합니다.
	  - 일정 분량을 정하고 미리 읽어온 뒤 스터디 시간에 간단하게 발표·정리하는 활동을 해보거나 사회 이슈와 관련지어 예상문제가 무엇이 나올지 토의해보는 것도 좋습니다.
	  - 문제를 내고 답을 찾는 것이 중요한 것이 아니라 최근 교육청의 정책 트렌드와 핵심 요소는 무엇인지 이해하는 것이 중요합니다.
	• 심층면접의 진행 방식 익혀보기
	  - 심층면접 진행 방식은 전국 공통이며 비슷하나 지역마다, 시기마다 조금씩 변동됩니다. 따라서 가장 정확한 것은 전년도 합격자들이 2차 시험장에 대하여 묘사해 놓은 글 찾아보기입니다.
	  - 자신이 응시하고자 하는 지역의 문제는 출제가 어떻게 되는지, 고사장의 책상 배치는 어떻게 되는지, 시계는 보여주는지, 손목시계를 착용하고 스스로 시간을 관리해야 하는지 등 세세한 여부를 자세하게 찾습니다.
	  - 어느 정도 정보가 모였다면 간단한 문제를 가지고 심층면접에 답하는 연습을 시작합니다.

기 간	스터디 운영 흐름
2주차	• 교육청 시책 복습하기 : 교육청 시책에 대해 1회독이 끝났다면 2주차부터는 시책을 한 번 더 살펴보고, 각 정책에 대해 한 줄로 설명해보는 연습을 합니다. 여기서 중요한 것은 한 줄로 설명할 수 있도록 대략적인 내용을 익히는 것입니다. • 기출문제 모의면접하기 – 기출문제를 바탕으로 모의면접을 진행합니다. 자신이 응시하고자 하는 지역의 기출문제를 실제로 응시한다고 생각하며 시간을 측정하며 대답을 합니다. – '안녕하십니까. 관리번호 ○번입니다. ~~ (대답) ~~ 이상입니다.'까지의 형식을 지키며 실제 자신이 생각하는 바를 말로 표현합니다. – 2주차에는 좋은 아이디어를 산출하는 것보다 면접에 대한 감을 잡는 것이 중요합니다. 자신이 말하는 속도는 어떠한지, 구상형과 즉답형에 시간 안배는 어떻게 해야 할 지, 즉답형 문제를 구상하는 데 시간이 얼마나 소요되는지 등에 집중합니다.
3주차	• 키워드화하기 : 3주차부터는 모의면접에 적용할 수 있는 다양한 교육 정책과 아이디어를 키워드로 정리합니다. 스터디원이 힘께 모여 한 가지 주제를 정한 후 해당 주제에 대해 교육청 시책과 면접 자료를 바탕으로 어떠한 답변을 이끌어낼 수 있을지 만능 답, 예시 답을 키워드 중심으로 구상합니다. 예 주제 : 학급 내 문제 해결 → 해결책 : 회복적 생활교육, 학급긍정훈육법, 나 전달법, 어울림 프로그램, 협력활동, 인성교육 ... • 기출문제 모의면접하기 : 2주차와 같은 방식으로 기출문제를 계속 풀어 나갑니다. 자신이 응시하는 지역의 문제를 먼저 해결해보고 문제가 다 마무리되었다면 다른 지역의 문제도 풀어봅니다. 초등과 중등 사이에 경계 없이 해결할 수 있는 문제도 많으므로 같은 교육청 내 서로의 문제도 확인해보기 바랍니다.
4주차	• 예상문제 모의면접하기 : 기출문제가 마무리되었다면, 다음으로는 예상문제를 활용하여 모의면접을 진행합니다. 4주차에는 정리한 키워드를 중심으로 답을 구상해내는 연습을 해야 합니다. 문제를 보고 키워드를 떠올린 뒤, 키워드를 문장으로 서술해내는 훈련을 합니다. • 만능 답, 만능 문장 만들기 : 4주차가 되면 어느 정도 답변에 익숙해지고, 매번 하는 말들이 반복적으로 나온다는 것을 느끼게 됩니다. 그러한 문장들 중 자신의 교육관과 연결시킬 수 있는 만능 답, 만능 문장을 잘 추려내어 정리합니다.
5주차	• 자신의 모습 직접 살펴보기 : 5주차가 되면 면접 문제에 대한 답이 술술 나오기 시작합니다. 하지만 자신의 면접 답변, 태도 등이 고착화되기도 하는 시점이므로, 기출문제, 예상문제를 활용하여 자신의 모습을 되돌아보아야 합니다. 스터디원들이 있더라도 카메라를 활용하여 자신의 모습을 촬영하거나 부담스럽다면 최소한 목소리만이라도 녹음하여 반드시 들어보길 추천하며, 자신이 보는 자신의 모습 중 수정해야 할 부분을 즉각적으로 수정합니다. • 교차 스터디 진행해보기 – 5주차에는 새로운 관점으로 자신의 모습을 바라보는 것이 필요합니다. 따라서 가능하다면 주변에 있는 다른 스터디와 만나 1일 합동 스터디를 진행합니다. 짧게나마 서로의 모습을 살펴보아주는 것만으로도 큰 도움이 됩니다. – 다른 사람의 답변 중 유익하다고 생각되는 것은 동의를 구한 뒤 벤치마킹하여 나만의 스타일대로 재해석해보는 것도 추천합니다.

기 간	스터디 운영 흐름
6주차	• 면접 준비 마무리하기 – 6주차에는 시험이 직전에 다가왔기 때문에 지금까지 준비한 내용을 정리하는 시간을 가져야 합니다. 따라서 새로운 것을 시도하기보다는 지금까지 자신이 쌓아온 내용을 처음부터 다시 살펴보길 바랍니다. – 스터디원들과 면접 환경을 똑같이 만든 뒤 면접에 임합니다. 면접실 형태, 시계 위치, 손목시계 활용, 복장, 면접장 분위기 등을 실제와 같이 준비하여 시뮬레이션을 반복하여야 합니다. • 이슈 분석해보기 – 기출문제, 예상문제에 대한 연습이 끝났다면 해당 연도에 이슈가 되었던 다양한 요소들에 대하여 분석합니다. 과학기술 발전, 사회적 문제, 여러 이슈들을 교육적으로 접근하는 연습을 합니다. – 이슈에 대해 문제 해결 방안, 개선 방안, 발전 방안 등에 논의해보고 키워드화하며, 예상문제로 간단하게 답변해보는 시간을 가져야 합니다.

CHAPTER 03 고득점을 위한 Tip 10가지

1 자신의 교육관과 학급 경영관을 투영시켜라

현직 교사들에게 심층면접에 대한 조언을 구하면 대부분 가장 먼저 교육관에 대해 생각해보라고 말할 것입니다. 이는 교사로서 가져야 할 기본 요소임과 동시에 심층면접 준비를 가장 효율적으로 도와주는 지름길이기 때문입니다. 앞으로 접할 기출문제와 예상문제에서 교육관, 마음가짐, 인성요소 등을 묻습니다. 이러한 문제들을 답해볼 때 자신의 교육관을 먼저 정리해두지 않으면 매번 다른 답변을 하게 됩니다. 매번 다른 답변과 다른 교육관으로 연습한다면, 막상 시험이 다가왔을 때 또는 스터디 중반쯤 만능 답을 만들기 시작하며 '나는 뭐라고 답해야 하지? 하나로 정해서 준비해야 할 것 같은데?'라는 생각이 듭니다.

물론 이때도 늦지는 않았습니다. 하지만 더 효율적인 면접 준비와 고득점 획득을 위해서는 이러한 시행착오를 최대한 줄일 필요가 있습니다. 따라서 가장 먼저 자신의 교육관을 정리해보고, 그것을 바탕으로 면접 자료를 정리하고, 키워드를 추출하고, 만능 답을 만듭니다.

면접 준비 전 반드시 생각해 보아야 할 것
- 나는 어떠한 교사가 되고 싶은가?
- 내가 이상적으로 여기는 교사관, 학생관은 무엇인가?
- 학생지도, 학급 경영에서 가장 중요하게 여기고 싶은 것은 무엇인가?
- 나의 장점, 단점, 교육자로서의 특기는 무엇인가?

Tip 1
면접 준비 전 자신의 교육관을 정리해두기

2 항상 4단계에 집중하자

심층면접을 준비하기 위해 교육청 시책을 분석하고, 교직적성 내용을 공부하게 됩니다. 그리고 모의면접을 진행하며 자신만의 답변을 만들어 나갈 것입니다. 이 두 과정 안에 4단계를 고려하여 공부하여야 고득점을 쟁취할 수 있습니다. 여기서 4단계란 정의, 사례, 나만의 방법, 효과를 뜻합니다.

나만의 답변을 만드는 4단계

① 교육 시책을 공부할 때 어떠한 주제에 대해 해당 개념의 정의는 무엇인지 한 줄로 정리합니다.
② 실제 기사나 학교 현장의 사례를 수집하여 면접 소재를 확보합니다.
③ 학습한 내용과 정보를 바탕으로 내가 이 개념을 활용할 수 있는 방법은 무엇이 있는지, 지도 방안은 무엇을 활용할 수 있는지 답변을 만들어 봅니다. 단, 여기에서 준비하는 답변은 문장을 만드는 것이 아닌 키워드를 추출해내는 것을 말합니다.
④ 이러한 방법을 활용하였을 때 기대할 수 있는 효과, 학생들에게 주는 영향에 대해서 정리해 봅니다.

교직적성에 대해서 공부할 때 이러한 4단계 요소를 중심으로 탐구해보고, 공책에 정리하여 나만의 비책을 만들어도 좋습니다. 이러한 4단계를 면접 답변에 간략하게 녹여내면 답변의 유창성과 전문성이 신장되어 고득점을 받을 수 있습니다. 면접 답변의 흐름을 '정의 → 사례 → 나만의 방법 → 효과' 순으로 말합니다.

Tip 2

4단계로 나만의 답변 만들기
답변을 '정의 → 사례 → 나만의 방법 → 효과' 순으로 말하기

3 키워드를 중심으로 생각하고 말하라

본 책은 키워드에 대해서 여러 번 강조합니다. 심층면접에서 만점을 받고 싶다면 반드시 키워드의 중요성을 알고 키워드를 중심으로 면접을 준비하여야 합니다. 키워드를 어떻게 활용하는지 알려드리겠습니다.

교직적성을 공부할 때 해당 개념의 정의, 사례, 방안, 효과 등에 대해서 공부하게 될 것입니다. 이때 해당 내용에 대해서 모든 것을 문장으로 정리하다 보면 내용이 갈수록 누적되어 기억하기 힘들어지고, 손 틈 사이로 빠져나가는 모래알처럼 대부분 사라져버릴 수도 있습니다. 따라서 모든 공부는 키워드를 중심으로 해야 합니다. 최대한 효율적으로 공부하고, 효율적으로 답을 만들어 낼 수 있도록 해야 합니다.

만약 교육복지에 대해 공부한다면 교육복지란 무엇인지, 실제 사례는 무엇이 있는지, 지도 방안은 무엇이 있는지, 기대 효과는 무엇인지를 살펴 보고 이 내용들을 키워드 중심으로 정리합니다. 다음 예시를 적어보겠습니다.

키워드화 예시
- 주제 : 교육복지
- 정의 : 교육 기회 균등, (교육, 복지, 문화) 지원
- 사례 : 인천 라면 형제 사건
- 지도 방안 : 경제적 지원(학비, 교복, 교재), 교육 지원(방과 후 자유수강권, 사제동행 프로그램)
- 효과 : 교육의 평등 실현, 성장 지원, 학습 격차 해소

이러한 방식으로 교육론, 교육청 시책 등에 대해 공부한 뒤 키워드를 정리하는 것을 추천합니다. 면접을 연습할 때 머릿속에 키워드를 떠올리고, 그것을 바탕으로 답을 서술합니다. 그리고 추가적으로 공부한 내용도 키워드로 정리하여 덧붙여 나가면 마지막 단계에서는 나만의 키워드 만능 노트가 탄생할 것입니다.

Tip 3
교직적성을 공부할 때 무조건 키워드로 만들어 정리하기

4 만능 키워드를 만들어라

　교직적성을 준비하다 보면 본인이 자주 사용하게 되는 답변이나 단어들이 생깁니다. 특히 교육 시책이나 교육방법적 측면에서 대안으로 제시하는 단어들이 굳어지기 쉬운데, 이러한 경우 자신이 너무 일괄된 답변만 하는 것은 아닌지 걱정하기도 합니다. 이럴 때에는 답변을 다양화하기 위해 추가적인 공부를 하는 것도 당연히 좋지만, 무조건 기존의 답을 버리고 새로운 생각을 찾으려고 하는 것은 지양하기 바랍니다. 오히려 이러한 단어들을 만능 키워드로 승화시키는 것이 좋습니다. 자신이 자주 사용하는 키워드들을 더 탐구하고, 자료를 다양화하여 더욱 튼튼한 무기로 발전시키는 것입니다.

만능 키워드 예시

　심층면접 문제에서는 주로 문제점, 해결 방법, 지도 방안, 인성적 자질, 교직관 등을 묻습니다. 각 문제에서 쉽게 사용할 수 있는 키워드들을 정리해보면 좋습니다.

- 예시 1 : (**프로젝트 학습법**) 지도 방안, 문제 해결방법 등에 적극적으로 활용할 수 있는 키워드입니다. 프로젝트 학습법을 만능 키워드로 설정하였다면 프로젝트 학습법의 단계(문제 설정, 계획, 실행, 평가 및 피드백)에 맞추어 어떠한 활동을 할 지 간단하게 구상합니다. 그리고 각 문제에서 자신이 생각했던 프로젝트 학습 단계를 적용하여 효율적으로 답을 구상할 수 있습니다.
- 예시 2 : (**나 전달법**) 학급경영법, 교직관 등에서 주로 사용할 수 있는 키워드입니다. 나 전달법을 만능 키워드로 설정하였다면 나 전달법의 활용 방법과 장단점에 대해서 간단하게 알아보고 이를 바탕으로 만능 답변을 준비합니다.

　이러한 방식으로 만능 키워드를 설정하고 살을 붙여가는 연습을 합니다. 만능 키워드를 중심으로 연습하면 면접장에서 답변을 구상할 때 효율적으로 답을 만들 수 있어 고득점을 받을 수 있습니다. 무엇보다 문제를 보고 즉각적으로 답해야 하는 즉답형에서 키워드는 필수요소라 할 수 있습니다. 교직적성을 공부하는 단계에서 키워드화를 연습하고, 답변해보며 자신에게 맞는 만능 키워드를 찾아봅니다.

Tip 4
자신만의 만능 키워드를 정하고 여러 번 활용해보며 보강시키기

5 답변에 실현 가능성을 부여하라

임용 2차 시험을 준비하다보면 공통적으로 떠오르는 생각이 있습니다.
'내가 지금 하고 있는 말이 조금 인위적인 것 같은데?! 너무 허무맹랑한 소리 아닌가?'
심층면접뿐만 아니라 특히 수업실연에서 더 강하게 드는 생각입니다.

이러한 생각이 들 때 많은 사람들이 조금 더 현실적인 답변을 준비하기 위해 고민을 합니다. 물론 다른 답변 중 현실성도 있으면서 기발하고 좋은 아이디어가 떠오르면 금상첨화이지만, 대부분 그러기 쉽지 않습니다. 답에 대해 현실성을 부여하려고 돌고 돌면 결국 제자리이고, 답안이 더욱 지저분해지기 마련입니다.

인위적인 느낌은 왜 드는 것일까요? 임용 2차 심층면접은 학생들이 없는 상태에서 답을 논하기 때문에 인위적일 수밖에 없습니다. 만약, 심층면접을 준비하다 이러한 생각이 든다면 '경험'을 섞어서 답변합니다. 자신이 겪었던 경험을 짧게 첨가하여 설명하거나 듣거나 보았던 사례를 짧게 설명합니다. 경험이 녹아있는 답변은 면접관이 느끼기에도 실현 가능성이 높아 보이기 때문에 좋은 점수를 받을 수 있습니다.

Tip 5
답변에 경험을 녹여내어 실현 가능성이 느껴지도록 하기

6 답변에 순서를 매기고, 두괄식으로 답하라

대부분의 기출문제가 다양한 조건을 부여하고 있습니다. 'A에 대하여 2가지를 말하고, B에 대하여 3가지를 말하라.' 식으로 질문을 합니다. 이러한 문제에 답을 할 때에는 먼저 순서를 정해 답을 해야 합니다.

'A에 대한 답으로는 첫째, 둘째, B에 대한 답으로는 첫째, 둘째, 셋째입니다.'

의사 전달력을 높이기 위해서는 위와 같이 문장을 정돈해주는 연습이 필요합니다. 순서를 정한 뒤에는 자신이 표현하고자 하는 답을 키워드화시켜 두괄식 문장으로 제시합니다. 듣는 사람이 한 번에 알아들을 수 있도록, 지금 무엇에 대해 이야기하는지 알 수 있도록, 몇 번째 조건을 충족시키고 있는지 알 수 있도록 해주어야 합니다.

면접관들은 하루 동안 수많은 예비 선생님들의 비슷한 답변을 계속 듣고 있습니다. 따라서 답변이 지루하게 느껴질 수도 있고, 명확하게 들리지 않을 수도 있습니다. 자신이 5가지를 전부 답했더라도, 답변이 제대로 전달되지 않으면 4가지로 평가될 수도 있습니다. 심층면접은 문제에서 요구하는 답변의 가짓수를 알맞게 대답했는지를 확인하기도 하므로, 면접관님들이 자신의 답을 놓치지 않게 해야 합니다. 따라서 지나치게 친절하다고 느껴질 정도로, 인위적이라고 느껴질 정도로 답을 정리해서 말해야 합니다.

Tip 6

모든 답변에 순서를 정하고 두괄식으로 이야기하기

예 첫째, (키워드 1)를 활용하는 것입니다.
둘째, (키워드 2)를 활용하는 것입니다.

7 어떠한 답변이든 자신 있게 말하라

면접관들은 채점기준표를 가지고 채점을 합니다. 하지만 채점기준 목록은 한두 가지가 아니기 때문에 모든 평가기준을 동시에 보지는 못합니다. 문제에서 5가지를 말하라고 하였으면 5가지를 말했는지, 3가지를 말했는지 정량적으로 평가되는 부분은 명확하지만, 그 외에 정성적인 부분은 개인차가 있을 수 밖에 없습니다.

평가에 참여하신 선배 선생님들의 의견을 빌리자면 평가기준은 비공개라 밝힐 수 없지만, 결과적으로 정량적 평가보다 정성적 평가가 더 많은 것처럼 느껴진다고 말씀하십니다. 문제에서 요구하는 바와 완전히 다른 방향으로 접근하지만 않는다면 어떠한 답변이든 자신 있게 답했을 때 그것이 더 정확한 정답인 것처럼 느껴질 수 있습니다.

따라서 답변할 때 자신감 넘치고 당당하게 임해야 합니다. 면접관분들이 말씀하시길 자신감 넘치는 응시생, 의사 표현이 분명한 응시생, 교육관이 뚜렷한 응시생이 가장 전문성 있는 교사로 보여 고득점을 획득한다고 합니다.

Tip 7

항상 자신감 넘치게 대답하여 모든 것이 대답처럼 들리게 하기

8 시간이 부족하다면? 무조건 키워드라도 말하기

구상형 문제에 대해 답변을 하다가, 즉답형 문제를 답변하려는 순간 시간이 부족하다는 것을 깨달았다면 어떻게 해야 할까요? 예를 들어 즉답형 문제에서 문제 상황 2가지를 지적하고, 해결 방안을 각각 제시하라고 할 때, 총 4가지 요소를 말해야 하는 경우 어떻게 답하면 좋을까요?

예비 선생님들은 때때로 시간이 부족하더라도, 답변이 잘리더라도 앞에서부터 하나씩 충분히 설명하려고 하는 모습을 보입니다. 시간이 1분 남았더라도 문제 상황 2가지를 충분히 설명하며 자신의 교육관과 전문성을 드러내려고 합니다. 이것이 꼭 틀린 방법은 아니지만 고득점을 얻기 위해서는 때때로 선택과 집중을 하여야 합니다.

심층면접의 평가관들은 체크리스트를 바탕으로 평가를 하기 때문에 우선 각 요소에 대하여 답변을 했는지를 확인합니다. 그 후 각 요소에 대해 충분한 설명과 교육전문성을 드러냈는지 추가적으로 살펴보게 됩니다. 따라서 시간이 부족한 경우에는 남은 시간을 적절하게 활용하여 최대한 가짓수를 맞추어 답하는 것에 초점을 두시기 바랍니다. 1분 안에 문제 상황 2가지와 해결 방안 2가지를 제시해야 할 때에도 한 요소당 두 문장 정도만이라도 모두 답변하는게 좋습니다.

예) 첫번째 문제 상황은 ~입니다. / ~이기 때문입니다.
두번째 문제 상황은 ~입니다. / ~ 이기 때문입니다.
다음으로 각 상황을 해결하기 위한 첫 번째 방안은 ~입니다. / ~한 효과가 있을 것입니다.
두 번째 방안은 ~입니다. / ~한 효과가 있을 것입니다.

이렇게 짧고 간결한 답변이더라도, 말을 조금 서두르더라도 문제에서 요구하는 가짓수를 전부 충족하는 것이 점수를 좀 더 확보할 가능성이 높습니다. 시간이 부족한 위기 상황 속에서 살아남기 위해서는 평소 키워드화를 중심으로 면접 준비를 해두어야 합니다.

Tip 8
시간이 부족하더라도 가짓수를 모두 채워서 말하기

9 시간 관리도 미리 연습해야 한다

　심층면접은 주어진 시간 안에 문제에서 요구하는 요소들을 모두 말하여야 합니다. 만약 문제에서 '~에 대하여 문제점을 2가지 설명하고, 해결 방안을 각각 제시하라'라고 한다면 말해야 할 가짓수는 총 4가지입니다. 앞서 설명한 내용이 아무리 훌륭하여도 가짓수를 충족시키지 못하면 감점을 받습니다. 이러한 경우를 피하기 위해서는 자신이 응시하는 지역의 구상형 문제, 즉답형 문제의 개수를 확인하고 각 문항별로 시간을 배분하여야 합니다. 그리고 그 시간에 따라 모의면접에서도 꾸준히 시간 관리를 연습하여야 합니다.

시간 관리 연습하는 법
- 즉답형 문제를 3개 정도 준비하여 즉각적으로 답변해보도록 합니다. 답변자는 실제 면접이라고 생각하고 자신의 생각을 말하며 시간을 보지 않고 말합니다. 이때 면접관을 맡은 스터디원은 각 문항별 답변 시간을 측정해줍니다.
- 답변이 끝나면 답변자는 자신이 답한 각 문항별 소요 시간을 예상해봅니다.
- 예상한 시간과 측정된 시간을 비교해보며 차이를 확인합니다.
  - 기준보다 시간이 초과된 경우 왜 초과되었는지 원인을 분석해 봅니다(원인 : 사례를 너무 구체적으로 제시, 미사어구를 과도하게 사용, 개념에 대해 장황하게 설명 등).
  - 기준보다 시간이 남은 경우 왜 남았는지 원인을 분석해 봅니다. 그리고 자신의 답변에 보충하면 좋을 내용은 무엇이 있을지 생각해 봅니다(보충 내용 : 개념 정의, 학교 사례, 자신의 경험, 교육적 지식, 기대 효과, 앞으로의 다짐 등).
- 모의면접을 반복하며 자신이 주어진 시간 안에 충분히 답변할 수 있도록, 문제에서 요구하는 답변을 충분히 답할 수 있도록, 부가적인 자신의 강점을 잘 드러낼 수 있도록 답변을 만들어가는 것에 집중합니다.

시간 관리 Tip

지역에 따라 답변자에게 시간을 알려주는 곳도 있고, 알려주지 않는 곳도 있습니다. 만약 시간을 자체적으로 확인해야 하는 경우에는 손목시계를 12시로 맞추어 놓고 활용하는 연습을 합니다. 아날로그시계에 초침과 분침을 돌리는 버튼을 넣고 빼면서 시간을 조정할 수 있습니다. 그 기능을 적극적으로 활용하여 자신에게 남은 시간을 즉각적으로 확인하는 것입니다.

예 (면접 시간이 10분인 경우) 다음과 같이 시간을 설정해두고 답변을 시작하며 버튼을 누릅니다. 그리고 1번 문항에 답변을 한 뒤 잠시 구상지를 내려다보면서 손목시계를 자연스럽게 확인합니다.

- 방법 1 : 손목시계를 11시 50분에 맞추어놓고 시계 정지 → 답변석에 앉으면서 시작 버튼 누르기(분침이 12를 가리키는 순간까지의 남은 시간이 직관적으로 보임)
- 방법 2 : 손목시계를 12시 00분에 맞추어놓고 시계 정지 → 답변석에 앉으면서 시작 버튼 누르기(분침이 2를 가리키는 순간까지의 남은 시간이 직관적으로 보임)

이러한 방법을 사용하면 자신에게 남은 시간을 자연스럽게, 그리고 직관적으로 확인할 수 있습니다. 남은 시간을 고려하여 앞으로 어떻게 활용할지 고려하고 모든 문항에 답을 할 수 있도록 대비합니다. 또한 구상형 답변시간은 조금 단축하고, 즉답형 답변시간에는 여유를 두어 즉답형 문제를 읽고 생각할 수 있는 시간을 확보합니다.

만약 이 방법을 활용할 예정이라면 모의면접을 준비하는 기간 내내 꾸준하게 연습하여야 합니다. 미리 연습하여 습관화하지 않으면 면접 당일에는 깜빡하고 버튼을 누르지 않아 시간 관리에 어려움을 겪을 수 있습니다. 해당 방법이 익숙해지면 심층면접, 수업실연 등 어떠한 분야에서도 유용하게 활용할 수 있습니다.

Tip 9

손목시계를 12시로 맞추어 남은 시간을 직관적으로 확인하기

10 사회 이슈에 대해 공부하기

　　교육과 사회는 필연적이므로, 사회현상은 자연스레 교육에 반영됩니다. 과학기술이 개발되고 요구되는 인재상이 바뀌면 교육 또한 자연스레 바뀌기 마련입니다. 교육이 바뀌면 학교가 바뀌고, 학교가 바뀌면 교사들도 바뀌어야 합니다. 따라서 임용 시험에서도 사회의 요구에 적극적으로 맞추어 변화할 수 있는 교사를 선별하고 싶어합니다.

　　교직적성, 교육시책 공부가 끝났다면 추가적으로 사회 이슈에 대하여 공부합니다. 이슈를 분석하고, 이러한 이슈를 해결하기 위한 방법, 더욱 발전시키기 위한 방법은 무엇이 있는지 교육적으로 생각해 봅니다. 이전에 세월호 사건 이후 안전 요소가 교직논술에 출제되거나 미래교육에 대한 관심을 바탕으로 공간혁신이 심층면접에 출제된 것과 같은 맥락입니다. 따라서 기출문제와 예상문제에 대한 연습이 끝났다면 반드시 올해 발생한 다양한 사회 이슈에 대해서 탐색해보길 바랍니다.

Tip 10
사회 이슈를 교육과 관련지어 보기

교육은 우리 자신의 무지를 점차 발견해 가는 과정이다.

- 윌 듀란트 -

PART **02**

교직적성 타파하기

CHAPTER 01 교육 트렌드 및 예상 출제 요소	CHAPTER 06 민주시민교육
CHAPTER 02 미래 교육 조성	CHAPTER 07 민주적이고 투명한 학교
CHAPTER 03 교육전문성	CHAPTER 08 교육복지
CHAPTER 04 교육혁신	CHAPTER 09 건강하고 안전한 학교
CHAPTER 05 교육과정 다양화	CHAPTER 10 생활지도 및 상황별 지도

임용 심층면접 만점교사가 알려주는

면접 바이블

CHAPTER 01 교육 트렌드 및 예상 출제 요소

1 2022 개정 교육과정

(1) 정 의

사회현상을 바탕으로 미래교육에 대한 비전을 정립하고, 교육 혁신을 꾀하기 위하여 교육부가 발표한 교육과정 계획

(2) 배 경

① 인공지능 시대의 디지털 전환과 학령 인구가 감소하여 인재 개발에 대한 질적, 양적 부족함에 대응하고자 새로운 미래교육의 비전이 필요함
② 코로나19 이후 위기 극복 능력, 미래 불확실성 증대 등으로 유연하게 대처할 수 있는 변화대응력을 갖춘 인재 필요
③ 미래교육의 목표와 함께 여러 정책사업(고교학점제 등)에 부합하는 교육과정 혁신 필요

(3) 미래교육의 변화와 도전 요인

변화 상황	도전 요인
디지털 기술의 발전 및 4차 산업혁명 가속화	• 교육 패러다임의 구조적 변화 요망 • 유연한 교육환경 설비 • 온·오프라인 연계 학습 구축 • 교수·학습의 획기적 확산
미래사회의 불확실성 증기	• 창의력, 변화대응력 중시 • 새로운 일자리에 대비하며 인간 고유의 역량으로 기계와의 차별화
저출산으로 인한 학령 인구 감소 현상	• 삶의 양식을 바탕으로 한 사회상의 변화 • 가치관의 변화를 반영한 혁신적 정책 강구

(4) 시사점

교육 패러다임의 전환	[미래사회를 이끌어 나갈 주체성과 미래 역량을 강화하기 위함] 미래 역량을 구성하는 지식, 기술, 태도, 가치를 융합할 수 있는 교육과정, 교수·학습 방법 혁신
인구 변화에 대한 대응	[모두를 아우를 수 있는 포용교육의 기반 마련] 교육 관련 불평등 해소 및 기본권으로서의 학습권 보장하기 위함(교육 안전망)
디지털 전환에 대한 대응	[디지털 AI 교육환경에 맞는 교수·학습, 평가 시스템 마련] 미래형 교수·학습, 평가 혁신을 통한 학습경험 질 향상 (코로나 상황 속 온·오프라인 융합 교육 시스템 마련 등)
현장과의 소통 강화	[소통이 강화된 교육과정 개발] 현장 수요를 중심으로 한 교육과정 개발 및 교육 주체의 참여 기회 확대

(5) 비전

모두를 아우르는 포용교육 구현과 미래 역량을 갖춘 자기주도적 혁신 인재 양성

(6) 추진 방향

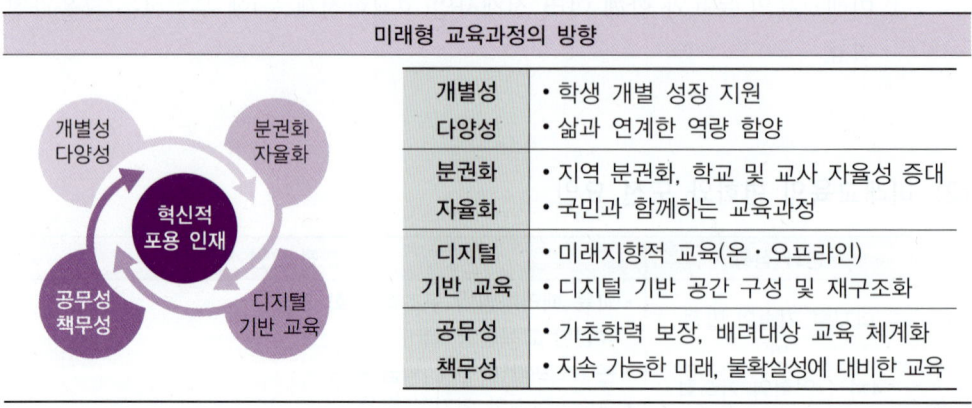

출처 : 교육부 발표자료

(7) 미래 인재상

미래 인재상(안)	
주도성 책임감	**지속가능사회 실현 노력, 자기주도성** 자기정체성을 바탕으로 자기주도적 학습, 사회적 책무성 함양
배려와 포용	**협력, 공감, 회복탄력성** 타인을 배려하며 함께 나누는 포용적 가치관 실천
창의, 혁신	**새로운 발상, 반성, 공동체 의식** 비판적 사고와 새로운 상황에서 다양하고 창의적인 시각으로 문제를 접근하고 해결
문제해결 융합	**융합적 사고, 문제해결 및 적용** 깊이 있는 지식과 역량을 학습하고 다양한 분야에서 융합적으로 적용

미래를 이끌어나갈 혁신적 포용 인재를 길러내기 위해 인구 구조 변화의 뉴노멀에 대응할 수 있는 역량을 중점적으로 인재상 개발

※ 뉴노멀 : 시대가 변화해 나감에 따라 새롭게 떠오르는 기준

출처 : 교육부 발표자료

(8) 중점 사항

2022 개정 교육과정의 중점 사항	
미래 역량 함양을 위한 포용교육 기반 마련	• 교육과정 미래인재상, 역량 재설계 • 기초학력 보장, 교육배려대상(특수교육, 다문화 등) 교육의 체계화 • 학교와 교사의 자율성에 맡기는 교육과정 강화 • 지속가능한 미래 및 불확실성에 대비(디지털교육, 생태전환교육, 민주시민교육 등)
학생 개별 맞춤형 교육 기반 마련	• 미래지향적 교수·학습, 평가 혁신 → 양질의 학습경험 • 역량 함양을 위한 초·중학교 교육과정 개선 • 고교학점제를 기반으로 선택교육과정 운영 및 직업교육 혁신 • 디지털 기반 교육을 통해 미래교육 기반 마련
교육과정 개정 체제 개선	• 협력 거버넌스 체계 구축(교육과정 개정 추진위원회 등) • 대국민 여론 수렴(교육과정 포럼, 교사 네트워크, 국가교육회의 운영 등) • 교육과정심의회 개편 → 연구·조사 및 의견 수렴 기능 강화
교육과정 안착 지원 체제 구축	• 온라인 교과서 도입 및 교과서 발행 시스템 개편 • 고교학점제에 부합하는 학생부, 대입 제도 마련 • 교육과정 전문가가 되기 위한 교원역량 강화 제도 마련 • 삶과 학습의 연결(공간 혁신 등)

출처 : 교육부 발표자료

(9) 세부 내용 총정리

과 제	구체적 방안
미래 역량 함양 교육과정 개발	• (학교 변화) 학생의 선택권 확대, 교육과정 자율성 강화, 디지털 기반 교육 지원 등 • (초) 교육과정 다양성 확대, 놀이·학습 연계 등 발달 수준 고려 • (중) 자유학기(년) 활동 개선, 고교학점제 도입 등 학생 맞춤형 교육지원 • 온라인 연계 '미래형 교과서' 체제 도입 (목표 : 실생활 연계, 학습경험 공유, 자기주도적 학습, 학습자 활동 중심)
학생이 중심인 학습	• 학습경험을 얻을 때 학생이 중심이 되어 주체적으로 배움이 이루어지는 교육을 지향 • OECD는 미래학습을 '학습 나침반'의 모양으로 형상화하여 교육의 목표는 '웰빙', 그리고 '학생의 주체성(Student Agency)'을 중시
기초학력 보장	• (기초학력) 기존의 3R's(읽기, 쓰기, 셈하기)의 범주에서 더 나아가 여러 교과의 기초가 되는 [언어 소양/수리 소양/디지털 소양/데이터 소양] 등을 강조함 • 소양(리터러시)의 정의 : 교과의 지식과 기능을 활용하여 실생활 문제를 다룰 수 있는 능력

과 제	구체적 방안
학교, 교사의 자율성 강조	• 학교와 교사에게 자율성을 부여하여 학생 맞춤형 교육, 개별화교육이 가능해지도록 교육과정의 유연화 추구 • 학교 밖 학습경험 : 에듀테크를 활용하여 민·관·학 합동 프로그램 운영 및 학교 밖 학습경험을 교육과정 이수로 연결
지속가능한 미래와 불확실성 대비	• 역량과 주제를 통합한 종합적 관점에서 프로젝트 기반 선택활동 운영 • 미래사회 대응을 위해 양립 불가능한 요구 사이의 균형을 찾아가는 교육 실천 • 시민 가치를 중심으로 한 다양한 민주시민교육 강화(존중, 자율, 연대, 지속가능, 생태전환 등) AI, SW교육 강화 — 불확실성, 미래사회 생태전환교육 — 기후환경 변화 역량 함양 민주시민교육 — 인간 소외 극복, 존중, 연대 안전한 삶, 생활 — 감염병 확산 등
고교학점제 기반 선택 교육과정	• 자기주도적으로 진로와 학업을 계획하여 나갈 수 있도록 고등학교 교육과정의 혁신 도모 • 1학점(50분 수업 16회)을 기준으로 3년간 192학점이 고등학교 졸업 기준 • 지역 밖 기관, 학교 밖 학습경험을 학점으로 인정해 나갈 수 있도록 지역공동체 활성화
디지털 기반 미래교육 환경 설비	• AI 활용 책임교육 : 'K-에듀 통합 플랫폼'을 활용하여 진단 → 처방 → 보완을 통합적으로 지원 • 맞춤형 개별학습 : 빅데이터, AI와 같은 에듀테크를 활용하여 학생의 특성과 수준을 분석하여 개별학습 제공 및 학습설계 지원 • 온라인 형성평가 시스템 개발(성취수준별 학생 맞춤형 피드백도 함께 제공할 수 있도록) • 관련 방안 : 디지털교과서, AR·VR 활용(현장견학, 과학실험, 안전체험), 타 학교 실시간 공동수업, 국내외 전문가 원격 초빙수업, 대학 및 연구소 연계 원격 실습, 원격상담 및 진로지도
미래형 학교 공간	• 다양화된 학습에 적합한 다목적 종합 공간 구성(공간의 통합, 분리가 용이하도록 설비) • 소규모 0.5실, 대규모 1.5실, 메이커실, 공작실, 돌봄 + 도서실, 음악 + 무용실, 온라인 스튜디오, 개방형 감성 휴식 공간, 옥상 정원, 중정, 체험형 생태교육 공간(학교 텃밭, 실내 정원, 연못), 환경교육 공간(에너지 절감, 친환경에너지, 탄소 저감량 등)
교육과정 개발 협력적 거버넌스 구축	• 교육공동체와 국민이 함께 만드는 미래형 교육과정을 위해 다양한 체제 마련 예 학생·학부모·교원의 대국민 의견 수렴, 개정추진위원회, 각론조정위원회, 정책자문위원회, 교육과정심의위원회, 현장의견 수렴

출처 : 교육부 발표자료

서울특별시교육청 Focus

서울특별시교육청에서는 미래교육 체제로의 전환을 준비하며 개별 맞춤형 원격교육을 준비하고 있습니다. '대안을 넘어 새로운 정상으로'라는 슬로건 아래, 교육의 시공간을 확장하고 개별 맞춤형 교육을 확대하며 미래교육 체제를 선도하고자 합니다. 이와 관련된 사업 중 새로운 내용은 아래를 참고하기 바랍니다.

- 학생 개별 맞춤형 교육을 위한 원격수업, 블렌디드 수업모형 개발
- 민간기관 및 대학과 연계한 에듀테크 시범학교 운영(초 1교, 중 1교)
- 에듀테크 선도교사 선발 및 운영(초중고 교사 총 100명)
- 온라인 관련 사업 : 랜선 야학, 서울 원격수업 지원 플랫폼 운영

경기도교육청 Focus

경기도교육청에서는 '2030 경기미래교육'이라는 타이틀을 가지고 미래사회에 대비한 교육 혁신을 추구하고 있습니다. 경기도에서 가지고 있는 이념과 추구하는 지향점은 다음과 같습니다.

- 학교~마을학교 온라인 e스쿨의 경계를 허무는 학교
- 학생 개개인에게 맞는 개별화 교육과정
- 지역사회와 함께 만들어가는 프로젝트 학습
- 경기도형 학습관리시스템(G-LMS)을 활용한 맞춤형 체계 학습
- ICT 및 스마트 교육환경으로 창의력이 발휘되는 학습 공간

💡 **생각해 볼 문제**

☐ 불확실성에 대비하기 위해 다차원적인 교육과정을 지향할 때 다양성 속에서 놓치게 되는 교육적 본질은 없는가?

☐ 미래형 교육과정은 자기주도적인 개별화교육을 통해 포용적인 인간을 기르는 것이 목표이다. 이러한 목표 속에서 교사가 가지는 역할의 의미는 무엇인가?

☐ 현 시점에서 교사들이 미래형 교육과정을 위해 취해야 할 행동양식은 무엇인가?

2 학교자율시간

(1) 정의
① 지역과 연계하거나 다양하고 특색 있는 교육과정 운영을 위해 교과(군) 및 창의적 체험활동의 일부 시수를 확보하여 국가 교육과정에 제시되어 있는 교과 외 새로운 활동이나 과목을 개발하여 운영하는 시간
② 기존 시수를 재구성하여 학교에서 자율적으로 학생들에게 필요한 특색 교과요소를 가르치도록 신설된 제도

(2) 배경
① 2022 개정 교육과정에 들어서면서 교육과정 편성, 운영 기준 고시안의 내용이 변경되었음. 이에 따라 학교 자율 시간이 신설되게 되었음

> 개정 내용 본문 : 학교는 지역과 연계하거나 다양하고 특색 있는 교육과정 운영을 위해 학교 자율시간을 편성/운영한다 + 학교 자율시간을 활용하여 이 교육과정에 제시되어 있는 교과 외에 새로운 과목이나 활동을 개설할 수 있으며, 이 경우 시도 교육감이 정하는 지침에 따라 사전에 필요한 절차를 거쳐야 한다.

(3) 목적
① 학습자의 주도성과 역량을 기를 수 있도록 다양하고 특색 있는 학교 교육과정 운영
② 학교 교육과정 설계와 운영 과정에 학교의 자율성을 부여하고 책무성을 제고

(4) 운영 방침

내 용
• 주도성과 자율성, 창의성 등 학생의 성장을 지원할 수 있도록 운영해야 함
• 지역과 학교의 여건, 학생의 필요 등을 살피고 교육공동체의 민주적 합의 과정을 통해 다양하고 특색 있는 시간을 운영해야 함
• 연간 34주를 기준으로 학기별 1주의 수업 시간을 확보하여 학기 단위로 운영

(5) 학교자율시간 운영을 위해 고려할 사항

구 분	내 용
특 성	우리 학교의 학생, 학부모, 선생님들의 특성은 무엇인가?
요구사항	학생들이 학교에서 배우고 싶어 하는 것은 무엇인가? 미래 사회의 학생들에게 필요한 교육은 무엇인가?
기 대	학생, 학부모, 선생님은 학교에서 어떠한 교육 활동을 원할까?
방 법	학생들이 선호하는 학습 내용이나 방법은 무엇일까?
인적 여건	우리 학교 교육공동체가 가진 장점은 무엇일까? 지원이 필요한 점이 있다면 무엇일까?
물적 여건	활용 가능한 물품이나 예산은 어떻게 되는가? 학교에서 운영 가능한 교육 프로그램은 무엇인가?
환경 여건	활용 가능한 학교 시설이나 환경이 있는가? 지역 사회에서 활용 가능한 인프라(문화예술, 체육시설, 공공기관, 체험 시설 등)는 무엇이 있는가?

(6) 학교자율시간 운영 형태

구 분	내 용
지역 연계	지역의 환경, 문화, 인적 자원 등을 활용하여 지역 사회와 연계한 활동이나 과목을 개발
교과 통합 설계	교사가 실제 상황의 문제나 여러 교과 지식을 활용해야 하는 상황을 제시하고, 학생이 다양한 상호작용과 탐구를 통해 배운 내용을 적용
기초 소양 강화	언어, 수리, 디지털 소양 강화를 위해 학생의 기초 소양을 체계적으로 강화
학생 주도 설계	학생이 스스로 목표를 세우며, 교사 및 또래와 함께 상호작용, 탐구하며 학생 주도의 협력적 프로젝트를 설계하고 참여

(7) 학교자율시간 편성 방식

구 분	편성 방식	장 점
지속형	매주 시수 편성	• 매주 시수를 확보하여 운영하면 지속성과 안정성 확보 가능 • 교과 간 융합한 교육과정 운영이 용이함
집중형	학기 초, 중, 말 집중적 시수 편성	활동의 특성에 따라 집중적인 학습이 가능해짐
혼합형	지속형과 집중형의 혼합	학교행사, 체험활동 등 다양한 교육활동과 연계가 가능해짐

(8) 학교자율시간 도입을 위한 단계 요약

예시 순서	내 용

1
준비
	• 학교자율시간 설문 및 의견 수렴
	  – 학교 여건 확인/학생 필요 확인/지역사회 여건 분석
	  – 민주적 합의 과정을 통해 의견 수렴

2
설계
편성
	• 학교자율시간 설계 및 편성
	  – 활동 내용, 과목명 선정
	  – 운영 형태/운영 학년, 학기 등 선정
	  – 인정도서 선정 혹은 교재 자체 개발 등 선정
	• 학교자율시간 평가 관련 준비
	  – 성취기준 분석 및 재구성을 통한 평가 기준 수립
	  – 평가 계획 및 내용 마련
	• 교육공동체에게 학교자율시간 운영 안내

3 운영	• 학교자율시간 활동/과목 운영 • 학교자율시간 학생 평가(과정중심평가 및 피드백 제공)

4
평가
	• 학교자율시간 운영에 대한 평가
	  – 교육공동체 교육과정 운영 결과 설문
	  – 교육과정 평가회 실시
	  – 평가 결과 공유 및 개선점 모색
	  – 다음 학년도 학교 교육과정 반영 및 준비

💡 생각해 볼 문제

☐ 학교자율시간 운영의 효과를 극대화하여 본질을 실현시키려면 어떠한 점에 유의하여야 하는가?

☐ 학교자율시간 의무 운영으로 인해 교과의 시수는 감축될 예정이다. 시수 감축으로 인한 교과 교육과정 운영의 어려움 및 학습 결손 초래를 예상하는 목소리도 있는데, 이러한 점을 대비할 수 있는 방안은 없는가?

3 에듀테크와 인공지능

(1) 정의

① 에듀테크 : 교육(Education)과 기술(Technology)의 두 단어가 합성된 용어로, 기술을 통해 교육에서 발생하는 문제점을 해결하고, 교수·학습의 효과성을 높이기 위한 모델
② 초연결사회에 대비하기 위해 다양한 첨단 AI 기술을 교육에 접목하여 새로운 교수·학습을 지향하는 것
③ AI 기반 융합교육을 실천하고 미래형 교육과정과 교육혁신을 꾀하기 위한 도구

(2) 배경과 필요성

① 목적 : 공교육 신뢰도 상승, 학생주도 미래 역량 제고, 미래형 교실수업 혁신
② 인공지능(AI)과 빅데이터 등 첨단과학정보기술을 포용하여 미래 핵심 역량을 기르기 위한 새로운 교수·학습 기술 필요
③ 코로나19 이후 온라인 수업의 한계를 극복하고 디지털 역량 강화를 위한 새로운 교육 니즈
④ 스마트 환경 구축에 발맞추어 개별화 학습이 가능한 교실 교육, 교육혁신 요구
⑤ '초연결', 'AI', '공유와 융합', '포용'의 키워드를 중심으로 한 새로운 교육환경 추구
⑥ 사기업의 상업용 사이트, 사설 사이트의 의존도를 낮추고 공교육의 질과 신뢰도를 높여 가는 미래형 교육을 준비하기 위함

(3) 인공지능 교육 및 에듀테크 중점 과제

중점 과제	추진 항목	세부 내용
AI 융합교육을 통한 공교육 혁신	미래 핵심 역량을 중심으로 한 교육과정	• AI 기반 융합 역량을 기르는 학교 교육과정 • AI 핵심교과와 진로교육 강화 • AI 교육 선순환시스템 마련
	도전, 성장이 있는 교육공동체	• 자기주도적 학습환경 마련 • 도전하는 교원의 성장 지원 • AI 융합교육의 학부모 참여
AI 기반 맞춤형 교육과 교육 격차 해소	성장을 돕는 AI 융합교육	• AI 활용 학생 개별 맞춤형 성장 지원 • AI 윤리·디지털 리터러시 교육
	AI 기반 취약계층 교육복지	• AI 활용 기초학력 보장 • AI 튜터를 통한 취약계층의 책임교육 강화
AI기반 초개인화 교육인프라 마련	AI 기반 융합 미래형 교육환경	• AI, 데이터 활용 교육환경 • AI, 데이터 통합 지원 플랫폼
	학교 안전과 업무경감	• 안전사고 예방, 진단을 위한 AI • AI 활용을 통한 업무 자동화
	AI 기반 공유, 협력 교육문화	• AI, 데이터를 위한 민·관·학 거버넌스 구축 • AI 교육 확산을 통한 글로컬 공유문화 형성

서울특별시교육청 Focus

서울특별시교육청에서는 인공지능 기반 융합교육, 에듀테크 역량 강화를 위하여 다음과 같은 사업을 구상하고 있습니다. 자신의 역량이나 교육관과 관련 있는 사업을 찾아보고, 자신만의 교육적 활용 방안을 미리 구상해 보면 좋습니다.

- 교육대학원 연계 AI 교육전문가 1,000인 양성 프로젝트
  - 초중등교사 5년간 1,000명 양성을 위한 학비 50% 지원
  - 동국대, 서울교대, 성균관대, 세종대, 이화여대, 중앙대, 한국교원대, 서울대, 숭실대
- 2021 AI 기반 융합교육 선도교사단 운영
  - 학교 실천력 강화를 위한 1학교 1AI 퍼실리테이터 양성 지원
  - 인공지능 튜터 활용과 배려대상자의 맞춤형 교육을 위한 실천방안 공유
- 과학전시관 AI 기반 융합교육 심화과정 연수 진행
- 인공지능 튜터 마중물학교 운영
  - 나문화, 탈북학생을 위하여 AI 디고어 지원 프로그램 운영
  - 학습지원, 난독, 난산, 경계선 지능 학생을 위한 AI 튜터와 기초학력 보장
- 서울교육 데이터 기반 통합 플랫폼 구축 계획 : 빅데이터 저장소, 교육정보통계 플랫폼, 뉴쌤 플랫폼 등
- 랜선 야학 : 중학생 3명과 대학생 멘토 1명이 온라인 그룹을 이루어 실시간 쌍방향으로 학습 멘토링을 운영

- 인공지능 고등학교 지원 사업
  - 인공지능 AI 분야에 대한 교육을 강화하고 수업 혁신을 선도할 수 있는 특성화고 운영
  - 직업교육 혁신을 통해 미래사회에 필요한 기술인력을 양성하기 위함
  - 2020년 기준 4개교를 선정하여 인공지능 빅데이터 교육, 스마트팩토리 과정 운영
  - 대한민국 4차 산업혁명 페스티벌에 학교 참가
- 서울형 BYOD 가방쏙! 사업
  - BYOD : Bring Your Own Device
  - 해당 학년의 모든 학생에게 전자기기를 지원하여 서울교육의 디지털 전환을 꾀하고 개별 맞춤형 교육을 실천하고자 함
  - 전체 디지털 교육 운영 시 발생 가능한 학생 개인의 편차(기기 차이, 경제적 차이 등)를 예방하고 온라인 교육의 효율성을 높이기 위함
- AI 면접 보고, 취업 Job Go! 사업
  - 직업계고 학생들의 온라인 면접, AI 역량검사에 대비할 수 있도록 지원
  - 직무 적성 이해도를 높이고 취업률을 높이기 위함
- 직업계고 AI 분야 게임개발대회
  - 게임인재재단과 협력하여 직업계고 학생들의 IT 분야 취업 역량을 높이기 위함
  - 본선 진출자의 시연과 유튜브 생중계를 통해 직업계고 학생의 자신감 고취 및 홍보 유도

※ 출처 : 인공지능 교육 및 에듀테크 지원 정책 모음, 서울특별시교육청

경기도교육청 Focus

경기도교육청에서는 에듀테크를 기반으로 한 미래형 혁신수업을 위해서 '미래클'이라는 사업을 추진하고 있습니다. '미래클'은 미래(未來)라는 한자어와 Classroom의 클이라는 글자를 합성하여 만든 용어입니다. 초연결시대에 에듀테크를 통해 교과서에서 벗어나고, 스마트환경을 통해 학습자가 스스로 배움을 이끌어나가는 학생주도 학습을 추구합니다. 미래클 사업은 다음과 같이 추진되고 있습니다.

- 미래클 수업 플랫폼 구축
  - 여러 사이트와 커뮤니티를 연결하여 학습관리의 효율성을 높이는 LMS 구축
  - 교과서 없는 수업을 위한 배경을 마련하고, 콘텐츠 공유 공간과 전문적 학습공동체를 위한 커뮤니티 공간을 마련하고자 함
- 미래클 수업 콘텐츠 개발
  - 초 3~4학년군, 5~6학년군을 대상으로 한 주제 중심 수업 학습모듈 설계
  - 주문형 콘텐츠 개발, 학생 참여형 주제 중심 콘텐츠 제작
- 미래클 GOE 클래스룸 운영
  - 디지털 도구를 활용하여 주제 중심의 프로젝트 진행과 토의·토론이 가능하도록 지원하고, 과제 수행 및 포트폴리오 관리 등을 에듀테크 기술로 운영함
  - 에듀테크를 활용한 온·오프라인 연계수업 및 교실 교수·학습 방법 다양화

※ 출처 : 미래클 미래형 수업혁신 계획, 경기도교육청

(4) 에듀테크 도구의 예시

	에듀테크/인공지능 학습 서비스
에듀테크 도구 정리	• 학습 정리 관련 : 카훗, 팅커벨, 패들렛, 멘티미터, 잼보드 • 교수 학습 관련 : 메타버스, 미리캔버스, OBS, 쿨로버더빙, 곰믹스, 유튜브, 웨일 스페이스, ZOOM, 교육부 AR/VR 어플 • 정보 활용 관련 : 구글 스프레드시트, 설문(네이버, 구글), 클래스팅, 하이클래스, 네이버 밴드
AI 튜터 앱 (LG CNS)	• 미션 잉글리시 앱 : 상황에 따른 대화 50가지 이상 학습 가능 • 말하톤 앱 : 콘텐츠를 통해 동시 200명의 말하톤 대회 참가 • 한국어 회화 앱 : 학습자의 모국어에 제한받지 않도록 그림 활용 • 스피킹 클래스 앱 : 교사용, 학생용 자료 수록
교육부 앱	• 똑똑! 수학탐험대 앱 : 초등 저학년을 위한 교육과정 기반 콘텐츠 • AI 펭톡 앱 : 펭수와 영어 말하기 연습
원격교육 공공 플랫폼	• 서울newSSEM 사이트 : 서울 시범학교 100교 운영 • e학습터 : 시도특화콘텐츠 탑재 및 상담 게시판 운영 • EBS 온라인 클래스 : EBS 연계 및 웨비나 운영
원격교육 민간 플랫폼	• 구글 클래스룸 : 학교별 G-suite 구축 지원 • MS 팀즈 미팅 : 교원 연수와 컨설팅 지원 • 네이버 웨일 스페이스 : 학교 계정 구축, 교원 연수
서울특별시 교육청 에듀테크 홈페이지	• 꿀맛무지개교실 : 화상수업(VideoSchool) 지원 등 • 서울교육포털 : 설문, 통계활용학습 제공 • 꿀박사 사이버논술교실 : 자기소개서, 대입논술, 기초논술 지원 • 꿀박사 : 학습 중 생긴 교과학습 질문에 대해 답변

(5) 의의 및 기대효과

① 긴급 상황, 재난 상황 속에서도 혁신적으로 운영 가능한 교육시스템 수립
② 개별화교육의 실현성과 안정성을 확보하고, 학생주도 학습으로 학습결손 방지 가능
③ 미래사회에 대비한 교육계의 선제적 대응 가능과 학습자·교사의 디지털 역량 증진
④ 사회의 요구에 부응하는 교육, 소통하는 교육, 현장 중심 교육, 공유하는 교육의 실천
⑤ 인공지능 관련 교육과정의 개발과 안착 지원

생각해 볼 문제

- [ ] 에듀테크 역량 개발로 수업은 다양화되어 가고 있다. 반면 학습자의 입장에서는 지나치게 많은 새로운 도구의 활용으로, 학습과정이 혼란스럽게 느껴진다는 평가도 존재한다. 이러한 상황에 대비하며 학습의 본질을 찾을 수 있는 에듀테크의 활용 기준은 어떻게 정할 수 있을까?

- [ ] 전통주의적 교수·학습 방법과 에듀테크의 혁신적 교수·학습 방법이 혼재되고 있다. 교육과정 수립 시 두 가지 방법의 장점을 양립할 수 있는 방안에는 무엇이 있는가?

- [ ] 공교육의 에듀테크 및 AI 활용으로 인해 온라인 생활시간이 길어지고, 안전하지 못한 온라인 상태에 무분별하게 노출되고 있다. 이러한 문제점을 예방, 극복하기 위한 현실적인 방안에는 무엇이 있는가?

4 인공지능(AI) 윤리기준

(1) 정 의

① 인공지능 시대에 바람직한 방법으로 인공지능 기술을 개발, 활용하기 위해 과학기술정보통신부에서 제시한 지침
② 본 자료와 설명은 과학기술정보통신부의 기준에 따름

※ 출처 : 인공지능(AI) 윤리기준. 과학기술정보통신부(2020)

(2) 배 경

① 인공지능 기술의 발전, 확산에 더불어 인공지능 기술의 윤리적 개발, 활용에 대한 고찰이 필요해졌음
② 에듀테크의 이름 아래 다양한 인공지능 기술이 수업에 활용되는데, 이 과정에서 학생들에게 필요한 필수 윤리 의식이 요구되었음
③ 과학기술정보통신부의 윤리기준 발표를 바탕으로 각 교육청에서는 인공지능 활용을 위한 윤리교육 지침을 발표하기도 함(예 서울형 인공지능 윤리 교육자료 등)

(3) 목 적

① 과학기술정보통신부의 윤리기준은 인간성을 위한 인공지능(AI for Humanity)을 목표로 올바른 인공지능의 활용을 위해 개발됨
② 교육청에서 의도하는 인공지능 윤리교육은 인공지능 시대에 걸맞는 미래교육의 가치를 함양시키고, 인공지능 사회를 선도할 수 있는 사람을 기르기 위함

(4) 인공지능 윤리기준 – 3대 기본원칙

① 인공지능 윤리기준 3대 기본원칙이란 '인간성을 위한 인공지능(AI for Humanity)'을 위해 인공지능 개발에서 활용에 이르는 전 과정에서 고려되어야 할 기준임

1. 인간 존엄성 원칙
• 인간은 신체와 이성이 있는 생명체로 인공지능을 포함하여 인간을 위해 개발된 기계제품과는 교환 불가능한 가치가 있다. • 인공지능은 인간의 생명은 물론 정신적 및 신체적 건강에 해가 되지 않는 범위에서 개발 및 활용되어야 한다. • 인공지능 개발 및 활용은 안전성과 견고성을 갖추어 인간에게 해가 되지 않도록 해야 한다.
2. 사회의 공공선 원칙
• 공동체로서 사회는 가능한 한 많은 사람의 안녕과 행복이라는 가치를 추구한다. • 인공지능은 지능정보사회에서 소외되기 쉬운 사회적 약자와 취약 계층의 접근성을 보장하도록 개발 및 활용되어야 한다. • 공익 증진을 위한 인공지능 개발 및 활용은 사회적, 국가적, 나아가 글로벌 관점에서 인류의 보편적 복지를 향상시킬 수 있어야 한다.
3. 기술의 합목적성 원칙
• 인공지능 기술은 인류의 삶에 필요한 도구라는 목적과 의도에 부합되게 개발 및 활용되어야 하며 그 과정도 윤리적이어야 한다. • 인류의 삶과 번영을 위한 인공지능 개발 및 활용을 장려하여 진흥해야 한다.

(5) 인공지능 윤리기준 – 10대 핵심요건

① 3대 기본원칙을 실천하고 이행할 수 있도록 인공지능 전체 생명 주기에 걸쳐 충족되어야 하는 10가지 핵심 요건임

1. 인권보장
• 인공지능의 개발과 활용은 모든 인간에게 동등하게 부여된 권리를 존중하고, 다양한 민주적 가치와 국제 인권법 등에 명시된 권리를 보장하여야 한다. • 인공지능의 개발과 활용은 인간의 권리와 자유를 침해해서는 안 된다.
2. 프라이버시 보호
• 인공지능을 개발하고 활용하는 전 과정에서 개인의 프라이버시를 보호해야 한다. • 인공지능 전 생애주기에 걸쳐 개인 정보의 오용을 최소화하도록 노력해야 한다.
3. 다양성 존중
• 인공지능 개발 및 활용 전 단계에서 사용자의 다양성과 대표성을 반영해야 하며, 성별·연령·장애·지역·인종·종교·국가 등 개인 특성에 따른 편향과 차별을 최소화하고, 상용화된 인공지능은 모든 사람에게 공정하게 적용되어야 한다. • 사회적 약자 및 취약 계층의 인공지능 기술 및 서비스에 대한 접근성을 보장하고, 인공지능이 주는 혜택은 특정 집단이 아닌 모든 사람에게 골고루 분배되도록 노력해야 한다.

4. 침해금지
- 인공지능을 인간에게 직간접적인 해를 입히는 목적으로 활용해서는 안 된다.
- 인공지능이 야기할 수 있는 위험과 부정적 결과에 대응방안을 마련해야 한다.

5. 공공성
- 인공지능은 개인적 행복 추구뿐만 아니라 사회적 공공성 증진과 인류의 공동 이익을 위해 활용해야 한다.
- 인공지능은 긍정적 사회변화를 이끄는 방향으로 활용되어야 한다.
- 인공지능의 순기능 극대화/역기능 최소화하기 위한 교육을 다방면으로 시행하여야 한다.

6. 연대성
- 다양한 집단 간의 관계 연대성을 유지하고, 미래세대를 충분히 배려하여 인공지능을 활용해야 한다.
- 인공지능 전 주기에 걸쳐 다양한 주체들의 공정한 참여 기회를 보장하여야 한다.
- 윤리적 인공지능의 개발 및 활용에 국제사회가 협력하도록 노력해야 한다.

7. 데이터 관리
- 개인정보 등 데이터를 목적에 부합하도록 활용하고, 목적 외 용도로 활용하면 안 된다.
- 데이터 수집과 활용의 전 과정에서 데이터 편향성이 최소화되도록 데이터 품질과 위험을 관리해야 한다.

8. 책임성
- 인공지능 개발 및 활용과정에서 책임주체를 설정함으로써 발생할 수 있는 피해를 최소화하도록 노력해야 한다.
- 인공지능 설계 및 개발자, 서비스 제공자, 사용자 간의 책임소재를 명확히 해야 한다.

9. 안전성
- 인공지능 개발 및 활용 전 과정에 걸쳐 잠재적 위험을 방지하고 안전을 보장할 수 있도록 노력해야 한다.
- 인공지능 활용 과정에서 명백한 오류 또는 침해가 발생할 때 사용자가 그 작동을 제어할 수 있는 기능을 갖추도록 노력해야 한다.

10. 투명성
- 사회적 신뢰 형성을 위해 타 원칙과의 상충관계를 고려하여 인공지능 활용 상황에 적합한 수준의 투명성과 설명 가능성을 높이려는 노력을 기울여야 한다.
- 인공지능기반 제품이나 서비스를 제공할 때 인공지능의 활용 내용과 활용 과정에서 발생할 수 있는 위험 등의 유의사항을 사전에 고지해야 한다.

💡 생각해 볼 문제

- ☐ 인공지능 교육 및 에듀테크 활성화를 위해 가장 우선시 되어야 할 윤리기준은 무엇인가?
- ☐ 학교 현장에서 인공지능 윤리교육이 활성화 되지 못하는 근본적인 이유는 무엇인가?
- ☐ 인공지능 윤리 지침에 따라 철저한 교육을 실행한다고 하더라도, 에듀테크 활용 과정에서 문제는 발생할 수 있다. 윤리 기준을 바탕으로 교육과정을 운영할 경우, 자신이 더 보충하여 기르치고 싶은 요소는 무엇인가?

5 IB 교육 프로그램

(1) 정 의

스위스 제네바에 설립되어 있는 국제 바칼로레아(International Baccalaureate) 비영리 교육재단에서 운영하는 국제 공인 교육 프로그램

(2) 배 경

① IB 교육 프로그램의 첫 시작은 국제적으로 일관된 교육과정을 운영할 수 있도록 교육 프로그램을 도모한 것임
② 현대사회에서 발생하는 국가적 차원의 교육문제를 해결하기 위하여 세계적으로 도입되고 있음. 미국, 일본 등에서 공교육을 발전시키기 위하여 도입하였으며, 2021년 10월 기준 159개국, 5,400개 이상의 학교에서 다양한 프로그램을 제공하고 있음
③ 현재 우리나라에서는 제주, 대구에서 IB 교육 프로그램이 일부 도입되었으며 서울, 경기, 충남, 경남, 부산 등에서 IB 교육 프로그램을 도입하기 위한 시도를 하고 있음

(3) 목 표

① 탐구, 행동, 성찰의 반복을 통해 학생과 학교가 학습하는 과정을 변화시켜 나가는 것
② 학생들이 자신의 개인적, 문화적 정체성을 탐색하고 구성하는 것
③ 서로 다른 문화를 이해하고 존중하는 인재를 길러내는 것
④ 평화로운 세상을 구축하는 과정에 기여할 수 있는 지식이 풍부하고 탐구심과 배려심을 지닌 인재를 길러내는 것

추구하는 인재상	
• 탐구하는 사람	• 지식이 풍부한 사람
• 사고하는 사람	• 소통하는 사람
• 원칙을 지키는 사람	• 열린 마음을 가진 사람
• 배려하는 사람	• 도전하는 사람
• 균형을 지킬 수 있는 사람	• 성찰하는 사람

(4) 종류 및 운영

종 류	운 영
PYP (Primary Years Programme)	• 1997년부터 시작 • 대상 : 3~12세 • 단계 : 초등학교 과정 • 프로그램 수 : 1,916개
MYP (Middle Years Programme)	• 1994년부터 시작 • 대상 : 11~16세 • 단계 : 중학교 과정 • 프로그램 수 : 1,472개
DP (Diploma Programme)	• 1968년부터 시작 • 대상 : 16~19세 • 단계 : 고등학교 과정 • 프로그램 수 : 3,578개
CP (Career-related Programme)	• 2012년부터 시작 • 대상 : 16~19세 • 단계 : 고등학교(진로직업 과정) • 프로그램 수 : 282개

(5) 장 점

입 장	설 명
학 생	• 비판적으로 사고하고 복잡한 문제를 해결하며 학생주도적으로 성장함 • 세계화 되어가고 빠르게 변해가는 세상 속에서 사람들과 교류할 수 있음 • 학업적, 사회적, 정서적 특성을 강화할 수 있음
교 사	• 혁신적인 다양한 교육활동, 교육소스, 평가도구를 제공함 • 비판적 사고, 자기성찰, 평생학습, 지속적인 개선 과정에 대해 격려하여 전문성을 개발할 수 있게 함 • 학교의 성공을 위해 전문 학습 커뮤니티를 제공(워크숍 등)

(6) 상세 정보

과 정	설 명

[초등]
PYP 과정
	• 전인적 성장, 자신과 타인을 존중하는 학습, 글로벌 마인드 육성이 목표임
	• 학생들이 지식, 개념적 이해, 기술 및 개인 특성을 연결된 전체로서 인지하도록 학습
	• 교육과정 위에 프레임 워크로서의 접근(IB의 프레임에 해당 국가의 교육과정을 투입)
	• 6가지 학습 주제로 탐구 프로그램 운영
	  – 우리는 누구인가
	  – 우리가 있는 장소와 시간
	  – 우리가 자신을 표현하는 방법
	  – 세상이 어떻게 돌아가는가
	  – 우리가 스스로를 조직하는 방법
	  – 지구를 공유하는 것
	    → 초학문적 주제는 경계에 국한되지 않는 진정한 학습경험을 제공함
	    → 과목의 경계를 넘어 실제 문제를 탐구하며 지역사회와 세상과 연결지어 사고함

[중등]
MYP 과정
	• 학습과 삶을 연결하여 타인과 공감하며 의미있는 삶을 추구하는 능동적인 학습자를 강조함
	• 교육과정 위에 프레임 워크로서의 접근(IB의 프레임에 해당 국가의 교육과정을 투입)
	• 커리큘럼에 포함되는 내용
	  – 학습 접근 방식(ATL) : 연구, 비판적 및 창의적 사고, 의사소통, 협업 및 자기관리 능력을 신장시켜 학습자들이 학습방법을 배우도록 도움
	  – 핵심 및 관련 개념 : 학습자들이 중요한 큰 개념을 탐색하도록 도움
	  – 글로벌 상황 : 학습자들이 인류와 지구에 대한 공유된 후견인을 이해하기 위한 연구의 관련성과 중요성을 이해하도록 도움
	• 교육과정 : 8개의 교과로 구성
	  – 언어와 문학
	  – 언어 습득
	  – 개인과 사회
	  – 과 학
	  – 수 학
	  – 예 술
	  – 체육과 보건
	  – 디자인
	• 교과통합학습 : 1년에 2개 이상의 교과에서 1개 이상의 통합단원 운영
	• 프로젝트 학습 : 학습과 삶에서의 실천이 조화될 수 있도록 통합학습활동 운영 및 발표 과정
	• 액션·서비스 : 배운 것을 실제 삶이나 사회에서 실행하여 문제 해결

과정	설명		
[고등] DP 과정	• 전세계 우수 대학에서 인정하는 대학교 입학 자격 취득을 위한 과정 • 교육과정 : 6개의 교과군과 3개의 핵심과정		
	교과군		핵심과정
	언어와 문학		지식이론
	언어 습득		
	개인과 사회		소논문
	과 학		
	수 학		창의, 활동, 봉사
	예 술		
	• 평가방식 : 내부평가와 외부평가로 구성		
	종류	특징	
	내부평가	• 학교에서 여러 차례 실시하고, 최종 1회 결과를 IB 제출 • 방법 : 프리젠테이션, 프로젝트, 보고서, 탐구활동, 실습 등	
	외부평가	• DP 프로그램의 마지막 학기에 IB 주관 평가 • 방법 : 서술형, 논술평 위주의 시험(객관식, 단답형 일부 포함)	

💡 생각해 볼 문제

☐ 해외의 환경에 맞춰져 있는 IB 교육 프로그램이 우리나라의 교육환경에 적합하다고 할 수 있는가?

☐ IB 교육 프로그램을 위한 교육 인프라(학교 환경, 교사 역량, 수업 역량 등)가 갖추어지기 위해서는 어떻게 해야 하는가?

☐ IB 교육 프로그램과 우리나라의 교육과정의 본질이 공존할 수 있는가?

6 교권 추락 문제

(1) 정 의

① 교권이란, 전문직으로 교직에 종사하는 교원의 권리를 뜻함. 넓은 의미에서는 교육권을 뜻하며, 여기에는 교육받을 권리와 교육을 할 권리를 포함함. 교육권에는 학생의 학습권, 학부모의 교육권, 교사의 교육권, 국가의 교육 감독권이 모두 포함된 뜻임.

※ 출처 : 교육학용어사전, 서울대학교 교육연구소, 1995

② 본 교재에서는 최근 교육 현장의 문제가 되는 교권 추락 문제에 대하여 논하며, 그 배경으로는 아동학대, 학교폭력, 학부모의 과다한 민원을 중점적으로 다루고자 함

(2) 배 경

① 아동학대법과 관련하여 교사의 교육, 훈육이 정서적 학대, 물리적 학대로 폄하되는 사건이 다수 발생하고 있음. 정당한 교육활동을 실시하였음에도 학생 또는 학부모의 일방적인 해석으로 아동학대 고소를 받음

② 학교폭력 사안이 발생한 경우, 학부모는 학교폭력 업무를 진행하는 교사에게 자신의 뜻대로 사건진행이 되도록 강요하는 경우가 있음. 만족스러운 해결이 되지 못한 경우, 교사를 상대로 고소하거나 불필요한 지속적 민원제기를 함

③ 업무시간 외, 과도하고 폭력적인 민원, 교사의 인권 모독 등의 사안으로 많은 교사들이 휴직을 하거나 자살하는 경우에 이르고 있음

(3) 현재 교육 현장에서의 교권 추락 흐름

※ 실제 사례를 기반으로 한 예시로서, 학교폭력이 발생하였다는 가정하에 설명함

사건의 흐름	교권 추락 관련 내용
학생 A, B 두 명의 학생이 다툼	교사는 학생들을 싸울 때까지 무엇을 했냐며 방임으로 민원을 받음
학생 A의 과격한 행동을 막기 위해 교사는 멈추라고 큰 소리를 내고, 친구들을 때리려는 팔을 잡음	교사가 소리치는 과정에 아이들이 겁을 먹었기에 정서적 아동학대에 해당되며, 무리하게 팔을 잡아 상처를 주었으니 물리적 아동학대에 해당된다며 학부모의 악성민원이 시작됨
가해 학생 A의 부모는 잘못을 인정하지 않고, 교사의 잘못으로 몰아감. 교사가 잘못을 인정하고, 사과하고, 담임 교체를 희망함	교사가 평소 지도를 잘 해왔기에 교육자료를 제시하고, 정당한 학교폭력 사안 절차를 밟았음을 설명하여도 통하지 않음. 일방적 요청으로 인한 담임 교체는 불가함을 안내함
학부모는 담임 교체를 강제하기 위해 교사를 아동학대로 신고함	아동학대법에 의거하여 교사는 즉시 담임 역할에서 제외됨
아동학대로 고소한 학부모에 대해 교사는 무죄를 증명하기 위해 자료를 모음	하지 않았음을 소명하기 위해 학생들, 동료 교사들, 증인들을 혼자 마주하며 질병휴직에 들어감
소송이 진행되는 과정에서 학부모는 담임교사, 관리자, 학교, 교육청을 상대로 끊임없는 소송과 과도한 민원을 접수함	불필요한 민원에 대응하며 학부모와 대치하지만, 교사는 결국 혼자 이겨내야 하며 관리자 및 교육지원청의 큰 도움을 받지 못함
기나긴 끝에 교사는 무혐의 처분을 받음. 그러나 학부모는 끝까지 항소함	무혐의를 받았지만 교사는 끝나지 않는 싸움에 지침
최종 결론으로 무혐의가 나오더라도 교육청에서는 민원이 지속적으로 들어온 것에 대하여 교사에게 징계를 내림	교사는 무혐의를 받았음에도 이유 없는 징계를 받게 되어버림. 아동학대는 무고죄로 신고가 안 되므로 정신적, 신체적, 경제적 손해를 교사 혼자 고스란히 떠안게 됨
해당 학부모는 자녀가 학교를 졸업할 때까지 온갖 민원을 넣으며 학교를 뒤흔듦	모든 교직원이 해당 학부모와 싸우기 싫어 적극적으로 응대해주며, 학교 교육 자체가 흔들림

→ 교육활동의 본질이 흔들리는 이러한 악순환이 반복되어 교사는 생활지도에 소극적으로 변해감. 학급, 학교 규칙을 어기는 학생에게도 하면 안 된다는 말 한마디만 가능해지며, 그 어떤 교육행위도 아동학대로 고소당할까 전전긍긍하며 최소한의 지도·역할만 임하게 됨

(4) 교권 추락 문제의 각종 의문 분석

Q1. 학교폭력 관련 위원회의 절차대로 문제를 해결하면 걱정할 것이 없는 것 아닌가?

→ 학교 현장에서는 학부모의 민원으로 교사, 관리자, 학교가 고통받는 것을 두려워하는 경향이 강함. 학폭위 매뉴얼 절차대로 사안을 진행하더라도 가해 학생의 학부모가 강하게 반발하며 모든 것들을 문제 삼는 경우가 허다함. 뿐만 아니라 절차대로 했음에도 불구하고 자녀의 잘못이 교사가 제대로 지도하지 않았기 때문이라며 교사에게 책임을 전가하는 경우가 많음. 또한 학폭 관련 사안을 진행하며 자녀가 조금이라도 기분 상하거나 불리한 경우가 생기면 교사와 학교를 대상으로 아동학대 고소를 진행해버림. 절차대로 진행하더라도 조금의 실수도 용납되지 않으며, 모든 사안이 아동학대가 될 수 있음에 교권이 추락해버림.

Q2. 문제 학생이 있는 경우, 교권보호위원회로 교사는 보호받을 수 없는가?

→ 교육부 및 교육청에서는 교권 보호를 위하여 교권보호위원회(교보위)를 열 수 있게 해두었음. 그러나 교사가 교권보호위원회 개최를 희망할 경우, 1차적으로 교사의 능력이 부족해서 학생을 지도하지 못했다며 교사의 책임을 묻기도 함. 또한 몇몇의 학교 관리자들은 교권보호위원회에 소극적으로 응대하며, 개최하더라도 교사의 책임을 문책하는 경우가 있음. 결국 학교 현장에서 교권보호위원회는 교사의 책임을 묻는 청문회가 되기도 하기에 개최를 꺼리기도 함. 가장 심각한 사안은 해당 학생을 교보위에 접수할 경우, 학부모는 온갖 사안을 교사에게 전가하며, 실제 교보위에서 교권침해로 판명나더라도, 학생은 책임을 지지 않고 오히려 교사를 문책하기 위해 공격적으로 대응함. 온갖 교육활동, 생활지도를 기반으로 교사를 아동학대로 신고해버림. 교보위는 교사 자신을 끌어내리는 결말로 끌고감.

Q3. 학부모의 과다한 민원이 들어오더라도, 들어주지 않으면 되는 것 아닌가?

→ 일부 학부모는 교사의 교육권을 침해하며 무리한 요구를 하지만, 교사는 이를 무조건 무시할 수 없음. 모든 민원은 '교육'의 본질과 연결 지을 수 있기에, 일단 들어주어야 하는 상황이 되어버림. 자녀의 자리를 바꾸어 달라, 평가 방식을 바꾸어 달라, 수업 방식이 마음에 안 든다, 시험지에 빨간색으로 채점하지 말라, 과제를 검사할 때에는 꼭 응원의 문구를 적어달라 등 교육과 관련지은 민원들을 무조건적으로 쳐낼 수 없음. 또한 정당한 사유와 교육과정을 기반으로 설명을 해드려도 학부모와의 관계가 틀어지면 교사는 학부모의 과다한 민원과 아동학대 고소로 피해를 볼 수밖에 없는 구조임. 현 상황에서는 학부모가 교사에게 교육 외의 주제로 물리적 피해를 주지 않는 한, 교사를 적극적으로 보호해주지 않는 환경에 이르렀음.

(5) 공교육 회복을 위한 교권 4법

① 2023년 9월 21일 국회에서는 교권을 확보하고 공교육을 회복하기 위한 교권 4법이 통과됨

② 교권 4법이 통과된 이후, 교육청에서는 학생 생활 지도 고시를 발표하고 자세한 해설서를 배포함

	교원의 지위 향상 및 교육활동 보호를 위한 특별법(이하 '교원지위법')
무분별한 아동학대 관련	• 교원이 아동학대범죄로 신고된 경우 정당한 사유 없이 직위해제 처분을 할 수 없음 • 아동학대 사안에 대해 교육감의 신속한 의견제출 의무화
악성 민원 관련	• 교육활동 침해행위를 확장함(반복적 악성민원, 공무집행 방해죄, 무고죄 추가) • 교육활동 침해행위를 한 학부모 제재 조치(서면사과, 재발방지서약, 심리치료 등 → 미이행 시 과태료 부과)
피해교원 보호	• 교육활동 침해행위 사실을 알게 된 경우 가해자와 피해교원을 즉시 분리 가능 • 교육활동 침해행위 시 관할청에서 형사고발 조치 • 학교장 교육활동 침해행위 축소, 은폐 금지 • 교원치유지원센터를 교원활동 보호센터로 개편 • 교권보호위원회 회의 비공개, 비밀 누설금지
행정지원체제 강화	• 학교 교권보호위원회 폐지 → 교육지원청 지역교권보호위원회로 이관 • 국가 등의 교육활동 보호에 관한 종합계획 수립 • 교권보호 공제사업

	초·중등교육법
학교장의 민원처리 책임	• 학교의 민원처리를 학교장이 책임지도록 함
정당한 생활지도 면책	• 교원의 정당한 학생생활지도는 아동복지법 제17조 제3호, 제5호 및 제6호의 금지행위 위반으로 보지 않음
보호자의 의무	• 보호자에 의한 교직원 또는 다른 학생의 인권 침해행위 금지 • 학교의 학생 지도에 대한 보호자의 적극 협력
교원 개인정보 보호	• 학교와 학교의 장이 교원의 전화번호 등 개인정보가 관계 법률에 따라 보호될 수 있도록 조치

	유아교육법
초·중등 교육법 참고	• 원장의 민원처리 책임 • 교원의 정당한 생활지도 면책 • 보호자의 의무 • 교원의 개인정보 보호
유아생활 지도권	• 유치원 원장과 교원이 교원의 교육활동 및 돌봄활동을 위하여 법령과 유치원 규칙으로 정하는 바에 따라 유아를 지도할 수 있도록 함

	교육기본법
보호자의 의무	• 부모 등 보호자가 학교의 정당한 교육활동에 협조하고 존중할 의무에 대해 명확하게 규정하였음

(6) 앞으로의 추구 방향

① 아래 제시되는 내용은 현직교사들이 사회에 강력하게 요구하고 있는 요소들이며, 앞으로 우리가 추구해나가야 할 방향의 일부이며 예시임

사안	예시 방안
아동학대법 개정	• 현재의 아동학대법으로는 교사의 훈육, 교육, 생활지도 모두를 아동학대로 판단해버림 • 교사의 정당한 교육활동을 위해서는 아동학대법이 적용되지 않음을 명시하며 개정 요구
학부모 대응 관련 법 제정	• 교권 4법 통과된 이후, 학부모 악성민원과 관련한 대응책을 계속 강구해 나가야 함(실질성, 효과성, 유효성 등 검토 필요)
민원 접수 방식 변화	• 교사에게 직접적으로 연락하는 현 방식의 민원접수 방식이 교사에게 과중한 업무 부담과 교권침해의 원인으로 지적됨 • 민원접수 방식을 일원화하고, 불필요한 민원이 교사 및 교육과정 운영에 직접적으로 피해를 끼치지 않도록 시스템 변화 요구

학교 내 상주 경찰 제도 도입	• 실제 경찰이 학교폭력 문제를 전담
	  - 교사에게 없는 수사권을 가지고 있으며, 교사는 문제 해결에 조력만 함
	  - 학폭위 결과에 대해서도 교사는 무고하게 희생되지 않음
	  - 교사는 과도하고 불필요한 업무에서 벗어나 수업준비 및 교육과정 운영에 피해를 받지 않음
	  - 일반 학생들의 수업권을 보장할 수 있음

교권침해 학생 분리 방안	• 학생생활지도 고시안에는 교권침해 학생의 즉시분리 방안에 대해 서술되어 있음 → 인력 및 자원을 충원해주지 않고 학교 상황에 따라 기존의 교직원끼리 개별적으로 대처하라는 방식의 안내는 교육현장에 혼란만 가중한다는 비판을 받음
문제 학생 및 학부모의 치료, 교육 의무화	• 교권 4법에 명시된 학부모의 교육 의무 조항을 실질적으로 어떻게 실현시킬지 검토해야 함 → 과태료 대상이 되는 학부모가 학교에 대해 악성 민원을 제기할 여지를 줄 수 있다는 또 다른 우려가 있음
교사의 과중한 행정 업무 경감 대책	• 교사는 교육활동에 전념하여야 하지만, 과중한 행정업무로 교사가 교육권을 침해받고 있음 • 강사채용 및 급여 제공, 물품 구입, 시설 점검 및 관리 등 수업이 아닌 기타 교육 행정 업무를 교사 업무에서 배제하도록 요청

💡 생각해 볼 문제

- [ ] 교권을 학생의 인권과 반대의 개념으로 보는 입장이 존재한다. 이러한 입장에 맞서 교권과 학생인권은 동시에 향상될 수 있다는 근거는 무엇이 있을까?

- [ ] 무고한 아동학대 신고로 교육현장은 소극적으로 변해버렸다. 아동학대법이 개정되고 교사들의 정당한 교육활동이 보장되었을 때, 교육환경을 되돌리기 위해 가장 먼저 해야 할 것은 무엇인가?

- [ ] 학부모 민원을 대응하기 위해서는 관리자(교장, 교감)과 교사가 어떠한 방향으로 협력해 나가야 하는가?

7 교권 관련 교육청별 지원 대책

- 교권과 관련하여 교육청 시책을 인지하고, 심층면접 문제의 대처 방안으로서 다음의 예시를 구술하면 좋음
- 여러 지역의 교육청 주요업무계획을 참고하여 작성한 내용이며, 지역에 따라 적용이 상이할 수 있음

교육청	관련 사업 및 활동
서울 교육청	• 서울특별시교육청 교육활동보호 조례 • '소진교원' 심리상담 지원 (8회) • 서울 교원치유센터(공·감) 센터 운영 • 법률지원 서비스 : 전담 변호사 법률 자문, 소송 지원 등 • 자동녹음시스템 통신환경 구축비 지원
경기도 교육청	• 경기교권보호지원센터 3센터 : 고양, 용인, 수원 • 학교 교육활동 보호 현장 밀착형 통합 지원 : 상담, 법률, 행정 • 경기교권보호위원회 개최 • 교육활동 보호 법률지원단 운영 : 형사고발 사안 자문 3회 • 교육활동 침해 피해 교원 심리상담 치료비 지원 : 1인 100만원 • 교원배상책임보험 가입, 운영
강원도 교육청	• 교원 심층 치유 상담 지원 : 전문상담기관 연계 70명 • 온라인 심리검사 운영 • 교원 치유 프로그램 운영 : 4회, 80명 • 교원 배상 책임보험 운영 • 교원 안심번호 서비스 운영 • 교육활동 보호 법류지원단 및 분쟁조정지원단 운영
세종 교육청	• 안심번호제 운영 • 교원 배상 책임보험 가입 : 학교 업무 수행 중 발생한 사고에 대한 법률 쟁송 지원 • 학부모대상 교육활동 예방프로그램, 분쟁조정 매뉴얼 개발·보급 • 교육활동 침해 예방 토론회 : 학생, 학부모, 교사 5~80명 참석 • 피해 교원, 교직스트레스 교원 맞춤형 심리상담 운영 • '마음회복' 힐링 프로그램 운영 : 명상테라피, 숲치유 등 연4회
인천 교육청	• 법률 자문단, 교원배상책임보험 운영 • 법률, 상담, 의료 원스톱 지원을 위한 온라인 시스템 구축 • 교원 치유지원 운영 : 상담, 의료 • 진단상담 후 외부 전문 상담 및 치료 보호 조치 연계 • 교육공동체 '교원온쉼표' 공모 및 운영

교육청	관련 사업 및 활동
부산 교육청	• 교육활동 침해 피해교원을 위한 One-Stop 지원단 상시 운영 • 행정지원 : 특별휴가(5일 이내), 공무상병가(학교장 재량 6일 이내), 학급교체 및 전보 지원 • 심리치유 지원 : 신체·심리치료비 1인당 연간 최대 100만원 지원, 찾아가는 상담 및 힐링프로그램 지원 • 법률지원 : 법률상담비 건당 30만원, 변호사선임비 1인당 연간 100만원 지원 • 저경력 교사 직무소진 예방 프로그램 운영
울산 교육청	• 교권보호위원회 구성·운영 • 교원치유지원센터, 교권보호긴급지원팀 운영 • 교육활동침해 피해교원 법률자문 및 심리상담 • 교원배상 책임보험 운영 • 교원 보호시스템 운영 지원 • 맞춤형 교원 치유프로그램 운영 • 학교단위 사제동행 및 교원 치유프로그램 운영 • 의료 상담 전문기관 업무협약 체결
대구 교육청	• 교육권보호센터의 교육활동 보호 컨설팅(법률상담, 심리상담) • 교육활동보호지원단의 맞춤형 갈등 조정 자문 및 상담 • 교원 정신건강을 위한 에듀클리닉 운영 • 병원 및 상담센터 연계 심리 치유 및 치료비 지원 • 전 교원 대상 교원배상 책임보험 가입 • 교육활동 침해 예방 및 교원안심번호(투넘버) 서비스 제공 • 다:행복한 소통 프로그램, 교직원 마음챙김 운영 지원 • 1교·1고문 변호사 지원(재능기부)
대전 교육청	• 교육활동 보호 법률지원단 운영 • 교원배상책임보험 가입, 지원 : 1사고당 민사 2억, 형사 5천만 • 교육활동보호 학교사업선택제 운영 – 교원안심번호서비스, 동동프로젝트 운영, 학교녹음전화기 등 교육활동보호 사업 예산 지원을 위한 통합 운영 • 피해교원 치료비 지원 : 1인당 250만원 이내 • 피해교원을 위한 소그룹 체험형 뭉클 프로그램 운영
경북 교육청	• 교원치유센터 운영 : 피해교원 대상 에듀힐링 휴(休) 캠프 운영 • 복귀 교원 모니터링 • 행복학교거점지원센터 통한 법률서비스 : 포항, 구미, 경산, 안동 • 교육활동 침해 학생, 학부모 특별교육, 심리치료 실시 • 교원 안심번호 서비스 지원 학교 공모 선정 • 교육활동 침해 피해 교원 상담, 기록관리, 심리치료, 법률 자문

교육청	관련 사업 및 활동
충남 교육청	• 마음든든 교원안심공제 : 교원 위협 긴급 경호서비스 포함 • 교육법률지원단 운영 • 교육활동 보호 상담 대표전화 운영 : 1588-9331 • 교육회복을 위한 교원치유 지원 캠프 운영 : 10회 • 교원 안심번호 사용료 지원 : 담임, 생활교육담당자 • 학교전화 자동녹음 기능 구축 지원
전북 교육청	• 교육활동 침해 실태조사 : 3월, 9월 • 교권보호위원회와 전북교원치유지원센터 운영 • 힐링과 회복에 주안을 둔 숙박형 치유 휴(休) 프로그램 운영 • 전문인 배상책임보험 가입 • 법률상담 법률지원단 운영
전남 교육청	• 전라남도 교원치유지원센터 운영 • 찾아가는 교원 심리, 치유 프로그램 운영 : 50교 • 업무 수행 중 발생하는 민사상 손해배상 지원 : 1인당 2억 한도 • 교육활동보호 대토론회 운영 • 교권보호책임관, 교육활동보호 업무담당자 연수 : 권역별 2회

CHAPTER 02 미래 교육 조성

1 그린 스마트 스쿨

(1) 정 의
① 전국에 있는 노후학교 2,835동을 대상으로 2025년까지 디지털+친환경 융합형 첨단 학교로 탈바꿈시키는 것
② 언제, 어디서나 온라인, 오프라인 융합교육이 가능한 환경을 구축하는 것

(2) 배 경
① 전체 학교시설의 약 20%가 40년 이상 경과된 노후 건물이며, 이후 타 건물들의 빠른 노후화에 대비하여 안전한 학습 환경 보호가 필요함
② 4차 산업혁명 시대에 걸맞는 스마트 교육, 스마트 환경 구축이 요구되며 이를 활용한 일자리 창출의 필요성 대두

(3) 목 표
① 언제, 어디서나 다양한 학습경험이 가능하도록 유비쿼터스 환경을 구축하고, 지속가능성을 바탕으로 저탄소 친환경 학습 환경을 구성하기 위함
② 학생 중심의 학교 공간 혁신을 구현해 내기 위함
③ 미래 시대를 선도할 미래인재 양성과 미래지향적 친환경 스마트 교육 환경을 실현시키기 위함

(4) 기본방향

구 분	설 명
그린 학교	저탄소 제로에너지를 지향하는 그린 학교
스마트 교실	미래형 교수·학습이 가능해지는 첨단 ICT 기반 스마트 교실
공간 혁신	학생 중심의 사용자 참여 설계를 통한 공간 혁신
학교시설 복합화	지역사회를 연결하는 생활 SOC 학교시설 복합화 ※ 생활 SOC • 보육·의료·복지·교통·문화·체육시설·공원 등 일상생활에서 국민의 편익을 증진시키기 위한 모든 시설로 지자체 주관 사업 • 지자체 : 건립 및 관리·운영, 교육청 : 부지 제공

▼ 그린 스마트 스쿨의 기본원칙

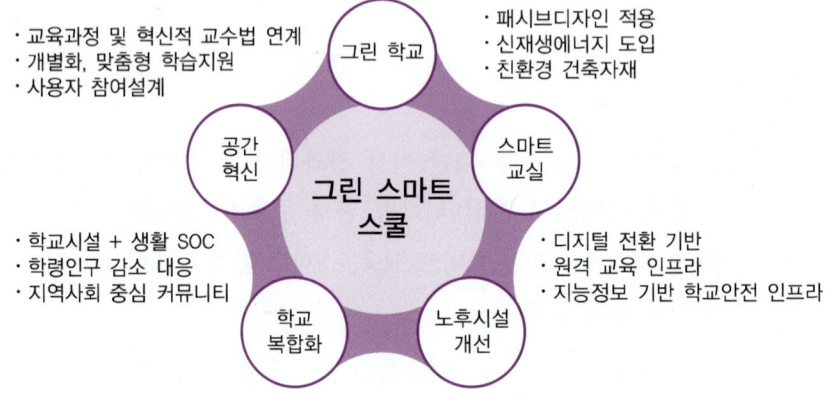

출처 : 교육부 보도자료

(5) 운영 계획-[그린 학교]

① 학생 건강을 우선하는 건축기법 활용
  ㉠ 친환경 단열재, LED 전등, 전열교환기, 이중창, 천창 알루미늄 설치 등
  ㉡ 실내정원 공기정화식물 설치로 미세먼지 예방
  ㉢ 자연채광과 자연환기 활용

② 태양광 발전시설을 설치하여 에너지를 자체 생산할 수 있는 에너지 자립형 학교 설립
③ 학교 자체가 환경교육으로 이어져 기후변화에 대응하는 인재 양성
　㉠ 버려지는 빗물 재활용
　㉡ 학교 내 텃밭 및 공원 설치
④ 탄소중립 사회를 이끌어 갈 역량과 인재 양성
　※ 탄소중립 : 이산화탄소를 배출한 만큼 이산화탄소를 흡수할 대책을 마련하여 이산화탄소의 실질적인 배출량을 '0'으로 만들어 환경보호에 기여하고자 하는 것

(6) 운영 계획-[스마트 교실]

① 학교별, 학급별 첨단 디지털 기반 구축
　㉠ 노후된 PC와 노트북 20만대 교체
　㉡ 1인 1태블릿 환경 마련
　㉢ 가상현실 교육을 위한 VR, AR, 360° 사진·영상 콘텐츠 설비
② 디지털 기술을 활용한 교수·학습 방식 도입
　㉠ 디지털 교과서 활용
　㉡ 가상현실 교육을 위한 VR, AR, 360° 사진·영상 콘텐츠 설비
③ 교원과 학생의 디지털 역량 강화

(7) 운영 계획-[공간 혁신]

① 과거의 정형화된 학교 공간에서 벗어나서 미래교육을 위한 유연하고 창의적인 공간으로 탈바꿈
② 학습과 쉼, 놀이가 공존하는 공간으로 탈바꿈
③ 공간 혁신을 위한 설계 과정에 학생, 교원 등 실사용자들의 참여를 강화

(8) 운영 계획-[학교시설 복합화]

① 다양한 연령층이 교류하고 지역사회의 중심 역할을 할 수 있는 시설로 구성
② 학교시설을 지역과 공유함으로써 지역사회와 연계한 교육을 강화
③ 지역사회 경제를 활성화시킬 수 있도록 일자리 약 12만 개 창출

(9) 그린 스마트 스쿨 적용 사례

구 분	설 명
서흥 공방 (인천, 서흥초)	• 지역의 주민과 학생을 대상으로 목공, 도예, 도시농업, 생태환경 등의 프로그램을 지역과 공유하여 마을과 학교가 함께 발전하는 선순환 모델 구축 - 뚝딱뚝딱 서흥 공방 설치 - 서흥 꿈세움 교육사회적협동조합 설립
메이커 스페이스 (광주, 마지초)	• 방과 후 학생 자율활동을 통한 학생 중심 메이커 교육 프로그램 운영 - 메이커 스페이스 공간인 엉뚱공작소 조성 - 인근 학교 학생들까지 참여하는 메이커 캠프 운영
기후위기대응교육센터 (울산)	• 폐교를 활용하여 기후위기에 대한 경각심을 알리고 미래세대인 학생들에게 환경과 생명에 대한 교육을 실천하기 위해 기후위기대응교육센터 설립 계획 및 추진 중
강원도형 공간 혁신 모델 (강원, 치악고)	• 미래형 교실 조성 : 고교학점제가 요구하는 0.5칸, 1칸, 1.5칸 등의 다양한 교실 마련 • 스마트 교실 조성 : 수업과 휴식이 가능하며, 모둠 수업과 집단 수업이 공존하는 무선 인터넷 교실 마련 • 학생과 교사가 아이디어 모집, 설계, 공사 현장 점검 등 전 단계에 참여 및 의견 제시
제로에너지 그린학교 (충남, 정산중)	• 패시브 건축물 : 고효율 단열재, 1등급 기밀 창호, 햇빛 자동조절 천창 시설 설치 • 액티브 건축물 : 태양광 발전, 지열에너지, 빗물 재활용 시설 설치 • 제로에너지 인증 건축물

(10) 기대효과

① 온라인, 오프라인 수업의 질 향상과 스마트 교육 활성화
② 그린 스마트 스쿨 사업을 통하여 15만 개의 일자리 창출이 가능하며, 이를 통해 지역 경제 활성화가 가능해짐
③ 지역사회 협력을 통한 교육생태계의 확장
④ 온실가스 배출량이 약 19만 이산화탄소톤이 감축되어 지구 환경에 도움이 됨
⑤ 노후건물의 시설 점검 및 재탄생으로 학생의 안전한 학습 환경 보장

> **생각해 볼 문제**
> ☐ 스마트 그린 학교에 요구되는 교사상과 교육전문성은 무엇인가?
> ☐ 스마트 그린 학교 시스템을 학생 지도에 접목시켜 진행해 볼 수 있는 프로젝트 학습은?

2 미래학교 모델

(1) 정의
① '창의적 스마트 학습 공간'과 '민주적 교육공동체 협력 과정을 기반'으로 '학생주도의 학습을 실천'하여 '행복한 성장을 이루는 학교'를 의미
② 경기 : 경기혁신교육 3.0과 2030 경기미래교육 정책을 실현할 학생 중심의 미래형 학교 모델(경기미래학교)

(2) 목표
① 미래사회 변화에 대응하는 미래교육의 방향 제시와 미래학교 모델 개발
② 미래교육 모델 정책 추진을 바탕으로 도전적인 학생주도의 학습 성장 실현

(3) 배경
① 미래사회와 기술 변화에 적합한 미래교육시스템을 제시할 정책 개발 필요
② 학교 공간 혁신과 미래기술 인프라를 갖춘 미래형 학교 모델 개발 필요
③ 미래 역량 함양의 중요성 강조

> **서울특별시교육청 Focus**
> 서울특별시교육청은 '서울학생 미래 역량'을 지성·감성·인성을 기르는 데 필요한 지식·기능·태도·가치·능력과 의지의 총체로 미래 변화에 대응하기 위해 필요한 역량이라 정의하고 있습니다. 그리고 '서울-MOOC'라는 온라인 플랫폼을 지원하는데, 이는 서울학생 원스톱 교수·학습 통합 지원 시스템으로 클라우드 기반, 쌍방향 교수·학습 지원 통합 서비스가 가능하며, 혁신학교와 서울미래학교의 성과를 바탕으로 서울교육이 나아갈 방향을 선도적으로 실천하는 모델학교를 '혁신미래학교'라고 합니다. 인공지능시대, 미래 역량을 갖춘 인재를 기르는 서울교육 브랜드입니다.

(4) 방법

분류	설명
미래교육 환경 조성을 위한 종합 추진계획 수립	• 학령기 학생 인구 변화 분석, 학교 적정화 및 재배치 계획 수립 • 폐교시설 및 유휴시설 활용 방안 수립 • 지역별로 노후학교 개선 방안 및 학교 간 격차 해소 방안 마련
지역 특성과 학교여건을 고려하여 우선적용 모델 운영	• 미래학교 협의체(추진위원회)를 통해 지역 상황에 맞는 미래학교 모델 선정 • 교육과정 운영, 공간 리모델링 등에 대한 행·재정적 지원 방안 마련
지자체 협력 학교시설 복합화 및 생활 SOC 사업 연계 추진	• 돌봄, 방과 후, 학생자치, 문화체육 관련 등 학교시설복합화 추진 • 평생직업교육 측면에서 학교 유휴공간 활용 추진 예 특성화고의 유휴교실을 학생과 지역주민을 위한 메이커센터로 활용

(5) 사례

분류	설명
숲학교 모델	• 기후환경운동과 생태교육 중심의 환경친화적 미래학교 모델 • 숲놀이, 생태교육 중심 교육과정 운영 모델 학교
국제학교 모델	• 다문화국제학교 형식으로 국제화 특구법이 적용된 학교 모델 • 다문화 학생 밀집 지역에 국제 언어, 문화, 생활 이해교육 기관

(6) 고려사항

분류	설명
학생이 디자인하는 학교 공간 조성	• 설계자문위원회 자문 시 학생 의견 필수 반영
학교 공간 혁신	• 학생과 공동체가 함께 참여하여, 학습, 놀이, 휴식, 소통 등 균형 잡힌 삶의 공간으로 학교 만들기
교원 수업 지원 플랫폼 구축	• 교사의 수업 창의성과 자율성을 발휘할 수 있는 종합적인 시스템을 구축하고 수업 콘텐츠 개발 공유
교육 정보화 인프라 구축	• 모든 교실 무선 인프라 구축 • 통신속도 개선과 보안성 강화를 위한 노후 학내 전산망 개선

(7) 효 과

① 미래학교 모델 개발과 구축·운영으로 학생주도적 학습 성장 구현
② 기술 인프라와 스마트 학습공간을 갖춘 미래학교 운영으로 창의적이고 융합적인 배움 실현
③ 학교 및 지역의 특성과 미래 교육환경을 반영한 유연한 공간 조성 가능
④ 학생이 디자인하는 학교 공간으로 학교 혁신 지향
⑤ 교육환경의 변화에 대응하여 체계적인 교육 자원 관리 및 미래 교육 기반 조성

경기도교육청 Focus

경기도교육청은 학생 중심 '미래형 상상학교' 모델 개발 구축에 힘쓰고 있습니다. '미래형 상상학교'란 창의적이고 협력적인 학습활동을 지원하는 미래지향적인 경기도교육청만의 특색있는 선진형 학교시설을 의미합니다. 뿐만 아니라 클라우드 서비스, 모바일, 인공지능, 빅데이터, AR/VR 등 미래기술을 접목한 ICT 교구 및 기자재를 활용하여 학생들의 체험과 활동 중심의 다양한 교과융합수업을 할 수 있는 교수·학습 공간인 '학생주도형 미래교실'을 운영하고 있습니다.

서울특별시교육청 Focus

서울특별시교육청에서는 편리하고 안전한 정보화 환경 조성을 위하여 '스쿨넷 서비스'를 활용하고 있습니다. '스쿨넷 서비스'는 교육부와 시·도 교육청이 통신사와 계약하여 학교에 제공하는 인터넷 서비스를 뜻합니다. 또한 정보 자원의 안정적 백업과 소실 방지를 위하여 시·도 통합으로 구축한 '통합 재해복구센터'도 있습니다.

💡 **생각해 볼 문제**

☐ 학생들에게 필요한 미래 핵심 역량들을 신장시키기 위해서 구체적으로 어떠한 학교가 필요하다고 생각하는가?(핵심 단어를 선택하여 이유를 들어보기)

☐ 미래학교를 구현하는 과정에서 도시와 촌락의 지역별 교육격차가 예상된다. 예상되는 문제점과 극복 방안은 무엇이 있는가?

3 온라인 수업

(1) 정 의
온라인상에서 스마트 기기를 활용하여 교사와 학생이 대면하지 않고 원격으로 수업을 진행하는 것

(2) 배 경
① 코로나 팬데믹 이후 온라인 수업의 필요성이 대두됨
② 각종 상황에 대비하여 등교가 불가할 경우, 온라인 수업으로 학사일정을 운영할 수 있도록 대비되어 있어야 함

(3) 온라인 수업 운영 형태

분 류	설 명	도구 및 방법
실시간 쌍방향 수업	화상회의 프로그램을 활용하여 실시간으로 교수·학습활동이 진행되고 피드백이 제시되는 형태	구글 행아웃, MS팀즈, Zoom, Webex 등
콘텐츠 활용 중심 수업	• 강의형 : 교사가 제작한 학습영상 및 콘텐츠를 시청하고, 교사는 학습내용을 확인 후 피드백을 제시하는 형태 • 토론형 : 학습콘텐츠 시청 후 댓글 등으로 원격 토론을 진행하는 형태	교사 자체제작 학습 콘텐츠, 온라인 학습 플랫폼(e학습터, EBS 온라인 클래스, 위두랑)
과제 수행 중심 수업	교과별 성취기준에 따라 교사가 온라인으로 학생의 자기주도적 학습과제를 제시하고, 이후 확인하여 피드백을 제시하는 형태	• 과제 제시 • 독서 감상문, 활동지, 학습자료 등 활동 수행 • 학습결과 제출 • 교사 확인 후 피드백

(4) 교육현장에 적용해본 온라인 수업 형태별 장단점

분류	장점	단점
실시간 쌍방향 수업	• 학생들의 활동과정을 실시간으로 확인할 수 있음 • 교사가 피드백을 즉시 제공할 수 있음 • 학교에서 진행하지 못했던 다양한 활동이 가능(실습, 실연, 가정연계학습 등)	• 서버 불안정으로 수업 효율 저하(교사와 학생 음향문제, 수업자료와 설명의 싱크 불일치 등) • 발표 및 수업 진행에 추가적인 시간 소모 • 모둠, 전체 활동 제약 • 화상회의 프로그램 활용에 대한 어려움
콘텐츠 활용 중심 수업	• 교사가 학습내용을 정리하여 영상, 콘텐츠를 제작하므로 수업의 질 확보 • 온라인 학습 플랫폼 활용으로 수업 내용, 진도율 등 학습결과 누적기록, 관리 가능	• 형식적인 진도율 채우기 수업 가능성 농후 • 대면, 비대면 수업의 연계성 저하 • 콘텐츠 제작 과정의 부담감 • 교사, 학생의 스마트 기기 활용 역량이 수업의 질에 영향을 미침
과제 수행 중심 수업	• 학생의 자기주도적 학습능력 신장 가능 • 온라인 수업에 대한 여건이 좋지 못할 경우 효율적 학습 가능 • 학습결과를 직접 누적해 나가며 포트폴리오 제작	• 자기주도적 학습능력이 부족한 경우 학습 결손 발생 우려 • 학생의 스마트 기기 활용 역량이 수업의 질에 영향을 미침 • 학습과제 제시와 피드백 제공이 번거로우며 전달력 하락

(5) 온라인 수업에 필요한 교사 역량

① **교육과정 분석 역량** : 교육과정과 성취기준을 살펴보고 각 차시들의 수업 유형 여부를 판단할 수 있어야 함(차시별로 대면 수업, 온라인(비대면) 수업 적합성 판단)

② **수업 기법 활용 역량** : 재구성한 교육과정에 따라 블렌디드 러닝, 플립러닝(거꾸로 교실) 등을 필요에 따라 적절하게 활용할 수 있어야 함

③ **스마트 기기 활용 역량** : 온라인 수업의 질을 높이고 다양한 교육활동, 평가방법을 적용하기 위해 스마트 기기를 능숙하게 작동할 수 있어야 함

④ **디지털 리터러시 역량** : 디지털로 구성된 정보, 교육내용, 수업 콘텐츠 속에서 필요한 요소와 맥락을 읽고 집어낼 수 있는 역량이 필요함

⑤ **창의적 사고 역량** : 개방적이고 창의적인 사고과정으로 교육과정의 다양화를 이끌어 낼 수 있어야 함

⑥ **의사소통 역량** : 기존의 면대면 의사소통 방식을 뛰어 넘어 온라인, 오프라인 생활 속에서 효율적으로 의사소통에 참여할 수 있어야 함

(6) 온라인 수업(원격 수업) 장점

① 학생이 원하는 시간과 장소에서 수업을 들을 수 있다.

② 수업을 중간에 멈추어가며 학생 자신의 요구에 따라 학습 속도를 조절할 수 있다.

③ 학습한 활동과 결과물을 온라인상에 편하게 누적·기록할 수 있다.

④ 학교라는 공간을 뛰어 넘어 공간과 시간의 제약을 받지 않고 다양한 수업을 진행할 수 있다.

⑤ 스마트 교육을 통한 학생들의 내적 동기를 자극시킬 수 있다.

⑥ 등하교 시간을 단축시켜 학생의 학습, 여가시간을 추가로 확보할 수 있다.

⑦ 온라인 플랫폼에 수업을 게시하는 것이 자연스러운 공개수업으로 이어져 교육 사례 공유 및 교육전문성 신장에 도움이 된다.

⑧ 교사들이 서로의 수업을 살펴보기 쉽고, 수업 나눔이 일상화될 수 있다.

(7) 온라인 수업(원격 수업) 단점

① 자기절제력과 집중력이 약한 학생의 경우 교육의 질이 떨어질 수 있다.

② 수업에 대한 피드백, 수업 이탈에 대한 통제가 즉각적으로 이루어지지 않는다.

③ 학생의 연령이 어릴수록 자기주도적 학습이 어렵고 부모의 도움이 필요하다.

④ 인성교육, 민주시민교육, 사회성 교육, 생활지도에 한계가 있다.

⑤ 온라인 수업은 인간 사이의 소통과 공감을 어렵게 하여 대인관계 형성에 어려움을 겪을 수 있다.

⑥ 전자 매체를 활용하는 시간이 길어져 온라인 생활의 문제가 발생하거나 야외 생활에 흥미가 떨어질 수 있다.

⑦ 온라인 수업 및 학습 콘텐츠를 개발하는 것에 있어 교사의 업무가 가중된다.

⑧ 수업 자료와 관련하여 저작권 문제, 초상권 문제에 대한 부담감이 상시 존재한다.

(8) 맞춤형 지원 및 학습 격차 완화 방안

교육급여 수급권자	• 교육급여 수급권자(중위소득 50% 이하)를 대상으로 시도별 스마트 기기 및 인터넷 지원 • 원격 수업 도중 접속오류 등의 발생 시 도움을 받을 수 있도록 콜센터 운영
농어촌 도서지역	• 가정에 IT 인프라가 갖춰지지 않은 농산어촌 및 도서지역의 학생들의 경우 학교 시설을 활용
특수교육	• 장애학생의 경우 시청각장애학생을 위해 원격 수업 자막, 수어, 점자 등을 제공하고, 발달장애학생에게는 다양한 형태의 원격 수업과 순회(방문) 교육 등 장애 유형과 정도를 고려하여 지원 • 특수교사 원격 수업 지원 : 국립특수교육원 "장애학생 온라인 학습방"(www.nise.go.kr)
직업계고	• 직업계고에서는 기간 집중 이수제를 활용하여 온라인 개학 시기에는 전공교과 이론수업을, 등교 이후에는 실습수업을 집중 실시
다문화 학생	• 원격 수업에 소외되지 않도록 이중언어강사 활용 및 다국어 안내를 강화 • 한국어교육을 위한 온라인 콘텐츠를 연계·제공 • 한국어능력 진단-보정 시스템, EBS 두리안, 한국어교수학습샘터 등
대안학교	• 대안교과별 특색에 맞는 원격 수업을 진행 • 체험학습은 출석 수업이 재개된 후 실시

(9) 평가, 생활기록부 관련

제반사항	• 온라인 수업 중에 학생의 학습과정과 결과를 교사가 직접 관찰, 확인하여 평가할 수 있음 • 온라인 수업에서 학습한 내용은 등교수업에서 실시되는 지필평가, 수행평가 범위에 포함 가능
Q&A	Q 교사가 평가과제를 제시하고, 학생들이 이를 수행한 뒤 사진으로 제출하게 하여 평가해도 괜찮은가요? A 평가지침에 따르면 온라인 수업 중 평가를 실시하기 위해서는 교사가 학생들의 학습과정을 직접 관찰하여야 합니다. 따라서 사진으로 받는 경우는 학생이 과제를 수행하는 과정을 직접 보지 못하므로 평가할 수 없습니다. 학생이 평가과제를 수행하는 과정을 온전히 동영상으로 촬영하여 제출하거나 실시간 온라인 수업 때 그 과정을 온전히 공유한다면 교사는 이를 토대로 하여 평가를 실시할 수 있습니다. 다만, 온라인 수업 중 평가에 대한 지침은 계속 수정되고 있으므로, 실시 전 확인이 필요합니다. Q 온라인 수업에서 지도한 내용이나 학생 특성을 학교생활기록부에 기재할 수 있나요? A 학교생활기록부 기재요령도 평가지침과 동일합니다. 교사가 동영상이나 실시간 쌍방향 수업을 통해 학생들의 학습과정을 직접 관찰하고, 그것을 바탕으로 기재할 수 있습니다.

(10) 저작권 관련

제반사항	• 원격 수업 콘텐츠 제작 시 교사가 반드시 확인하여야 할 3가지 　- 접근 제한 조치, 복제 방지 조치 : 수업주체인 학생과 교사만 해당 자료를 이용하도록 로그인 등으로 접근을 제한하여야 함 　　예 온라인 플랫폼 학급을 비공개로 설정하는 것, 유튜브 수업 영상을 일부 공개로 하는 것 등 　- 경고문구 표시 : 본 수업자료는 저작권법 제25조2항에 따라 학교 수업을 목적으로 이용되었으므로, 본 수업자료를 외부에 공개, 게시하는 것을 금지하며, 이를 위반하는 경우 저작권 침해로서 관련법에 따라 처벌될 수 있습니다. 　- 출처 표시 　　ⓐ 학교 수업을 목적으로 저작물을 이용하는 경우(녹화영상, 강의교안, 참고자료 등)에는 저작권법 제37조에 따라 이용 저작물에 관한 저작자의 실명 또는 이명, 출처를 반드시 명시할 것 　　ⓑ 명시하지 않는 경우 저작권 침해에 해당 　　　예 출처 국어교과서 20p, ○○기관 ○○영상 • 수업목적 저작물 이용 기준 　- 이용 주체 : 수업과 관련된 교사와 학생 한정 　- 이용 기간 : 코로나19로 인해 원격 수업을 실시하는 기간 이내(코로나19 종료 후 교육부 원격 수업 체계 개편 시 저작권 이용 범위에 대해 각종 부서와 저작권 단체가 재논의할 예정) 　- 이용 분량 	시·단문	논설·소설	음원	영상 | 　|---|---|---|---| 　| - | 1%까지 사용 가능 | 5%까지 사용 가능 (최대 30초) | 5%까지 사용 가능 (최대 1분) |
Q&A	Ⓠ 온라인 수업 영상을 만들기 위해 타인의 유튜브 영상 자료를 녹화, 다운로드하여 다시 재사용해도 괜찮은가요? Ⓐ 타인의 저작물을 허가 없이 녹화, 다운로드하는 행위는 저작권법에 위배될 수 있습니다. 따라서 허가 받지 않은 영상에 대해서는 유튜브 링크를 제시하여 학생들이 직접 유튜브 영상을 시청할 수 있도록 하는 것이 안전합니다.

💡 생각해 볼 문제

☐ 온라인 수업에서 오는 **학력** 격차와 학습부진이 문제를 저지할 수 있는 예방차원적 지도방안은 '없을까?

☐ 스마트 기기 활용 역량 차이에서 오는 교사별 온라인 수업의 질 차이를 극복할 수 있는 방안은?

4 블렌디드 러닝

(1) 정 의

오프라인 대면 수업(학교)과 온라인 학습(가정)을 결합하여 학습자들에게 시간과 장소의 편리성을 제공하며 학습 내용을 자기주도적으로 공부할 수 있도록 웹기반을 마련해 주는 수업 형태

(2) 목 표

① 블렌디드 러닝을 통해 적합한 시간에 개인의 적합한 학습 스타일에 맞추어 자기주도적으로 학습을 진행하도록 하는 것
② 팬데믹 상황 등 국가비상사태에도 학생들의 학습권을 보장하고 원활한 교육활동을 보장하도록 하는 것

(3) 배 경

① 기존 학습자의 교육환경을 확대하고 실습 학습의 한계를 뛰어넘기 위해 다양한 분야에서 블렌디드 러닝이 연구되고 있었음
② 2020년 전세계적으로 유행한 코로나19로 인해 대한민국 내 교육기관 운영이 중지되고 비대면 수업이 필요해지면서 각종 온라인 수업 플랫폼, 실시간 쌍방향 수업 프로그램의 발전과 함께 블렌디드 러닝이 주목받기 시작함

(4) 운영 방법

분류	설 명
순환 모델 방식	• 면대면 등교 수업과 원격 수업을 정해진 시간에 따라 번갈아가면서 운영하는 방식 예 '플립러닝(거꾸로 교실)' 교육 • 교사는 여러 수업 차시들을 분석하여 대면 수업과 온라인 수업 차시 중 어느 방법이 효율적인지를 고려하여 교육과정 재구성
플렉스 모델 방식	• 원격 수업이 기본이며, 온라인으로 진행하기 힘든 교육활동들을 대면활동으로 운영하는 방식 예 수업은 온라인으로 진행하고 입학식, 졸업식, 시험, 체육행사 등을 대면으로 진행(방송통신대학 등)
알라카르테 모델 방식	• 학생들은 학교에서 대면 수업을 진행하지만 필요에 따라 일부 과목을 온라인 과목으로만 수강하는 방식 • 선택과목 중 필요에 따라 온라인으로 개설
가상학습 강화모델 방식	• 필수과목과 같이 일부 수업만 대면 수업을 하고 나머지 수업은 원격으로 운영하는 방식 • 주 2~3회 오전이나 오후에 등교하여 대면 수업에 참여 • 플렉스 모델 방식과 알라카르테 모델 방식이 혼합된 중간 지점

(5) 특 징

① 블렌디드 러닝을 위해서는 교육을 위한 상세한 계획과 차별화된 온라인 플랫폼 구축이 우선 전제가 되어야 하며, 플랫폼 마련 이후 운영이 가능하도록 교사의 운영 능력이 필수적으로 요구됨
② 블렌디드 러닝의 본질은 학습자가 개별적 학습 스타일에 맞추어 본인이 정한 학습 목표에 도달하는 것임

(6) 장 점

① 학생이 자신만의 교육과정과 학습목표를 직접 설정하여 학습하므로 내적 동기가 강화되고 자기주도적 학습 능력을 기를 수 있음
② 오프라인 대면 수업에서 가지고 있던 시간적, 공간적 한계를 극복할 수 있음
③ 학습자는 원할 때 반복적으로 수업을 들을 수 있음
④ 온라인 시스템을 활용하여 교사가 직접 학습과정을 모니터링하고 기록을 관리할 수 있음

(7) 단 점

① 교사의 행동이나 발문에 거리감이 느껴지며 교사, 학생 간 라포를 형성하는데 한계가 있음
② 중위권, 하위권 학생 또는 무력감을 가진 학생들의 학습, 생활지도의 피드백이 어려움
③ 교사에게 수업 준비 부담이 상당하고 개별 학생에 대한 맞춤 피드백 제공이 힘듦
④ 교육을 통한 인성, 사회성, 협력, 공동체 의식 등의 정의적 요소를 교육하는 데 한계가 있음

💡 생각해 볼 문제

☐ 온라인 수업을 통해서는 정의적 영역을 교육, 평가하는 데 한계점이 있다. 학교 교육이 온라인 수업을 통해서도 전인교육을 실천할 수 있는 방안은 무엇이 있는가?

☐ 블렌디드 러닝을 진행하다 보면 온라인 수업의 효율이 떨어져 대면 수업 때 온라인 수업 내용을 다시 가르쳐야 하는 경우가 빈번하게 생긴다. 이러한 문제점을 극복할 수 있는 방안은 무엇이 있는가?

교사의 교육 철학 + 교육공동체 비전 / 학생의 삶

교육과정 총론 분석
인간상, 핵심 역량,
학교급별 교육목표

⇩

교과별 교육과정 분석
교과 역량, 교과목표
영역별 · 단원별
성취기준, 편제, 시수

학교 및 학생 실태 분석
① 학교 안팎의 교육자원 파악 · 개별 학생의 역량과 요구 진단
  • 학교와 가정의 온라인 학습환경 파악
  • 단위학교별 등교 상황 및 학년별 특성에 맞는 온라인 학습 플랫폼 선정

⇩

성취기준
학년(군)별, 교과별, 주제별 성취기준 활용, 재구조화 및 개발
② 블렌디드 러닝의 관점으로 성취기준 바라보기
  • 단위학교 등교 상황에 따른 교과별 온 · 오프라인 시수 파악
  • 성취기준 다시 바라보기
    – 성취기준 자체의 재구성 필요성 판단하기(성취기준 통합, 재구조화, 개발 등)
    – 기존 성취기준에 대한 블렌디드 비중과 학습량 적정화 판단하기

⇩

교수 · 학습 및 평가계획
성취기준 구현을 위한 배움 중심 수업, 성장 중심 평가 계획 수립
③ 온 · 오프라인 병행의 맥락화된 학습경험 설계(재구성)
  • 기존 학습 및 평가의 온 · 오프라인 배분 및 수정
  • 블렌디드 맥락에 따라 성취기준의 학습내용 전면 재설계
④ 학생 맞춤형 피드백 설계
  • 온 · 오프라인 학습 환경 및 플랫폼에 따른 맞춤형 피드백 방안 설계

⇩

교육과정 운영 및 환류
교육과정-수업-평가 선순환체제 구축
⑤ 교육과정-수업-평가 연계 블렌디드 러닝 운영 및 환류
  • 온 · 오프라인 병행의 맥락화된 학습경험
  • 학생 맞춤형 피드백

경기도교육청에서는 블렌디드 러닝에 대한 심층 이해와 실질적인 사례 공유를 위하여 교육자료집을 개발하여 배포하고 있습니다. 교육과정을 구성하고 진행하는 단계를 구체적으로 서술하여 각 학교에서 온라인 학습의 효율을 재고하고 성공적인 블렌디드 러닝이 운영되도록 돕고 있습니다.

출처 : '경기 블렌디드 러닝의 이해' 자료, 경기도교육청

CHAPTER 03 교육전문성

1 교직관 · 교사상

(1) 정 의
① 교사가 가지고 있는 개인의 가치관으로서 교직을 바라보고 이해하는 인식의 틀
② 교직관, 교사상은 혼재되어 있으며, 교사가 가지고 있는 가치관에 따라 교육목표와 활동 방식, 교육성과에 차이가 나는 근간이 됨

(2) 교직관

분류	설명
성직관	교직을 성직으로 보는 관점 • 우리나라의 전통적 교직관 • 이상적이고 도덕적인 교사상 • 강조점 : 소명의식, 헌신과 사랑, 봉사정신, 높은 도덕적 · 윤리적 행동규범
노동직관	교직을 하나의 노동직으로 보는 관점 • 성직관과 대조 • 교사의 정신적 노동을 다른 직업과 동일한 노동으로 간주 • 교사의 고용 조건과 생계유지로서의 가치를 중요시 • 1999년 '교원의 노동조합 설립 및 운영 등에 관한 법률' 제정으로 교원노동조합이 설립됨(단, 정치활동, 쟁의행위 금지)
전문직관	교직을 고도의 전문성을 바탕으로 자율성을 보장받는 직업으로 보는 관점 • 1996년 UNESCO에서 교직을 전문직이라고 선언함 • 전문성 영역 : 교과지도, 생활지도, 내적 동기 자극, 학생들에게 사회성 학습을 위한 역할 모델, 교과 융합, 통찰력 등 • 강조점 : 정교한 지식, 장기간에 걸친 교육, 엄격한 자격, 전문직 단체 운영, 전문성 신장, 직업윤리, 봉사성

(3) 교직관에 대한 교사의 고민

분 류	설 명
성직관	• '교사는 이래야 한다'라는 사회적 기준에 대해 부담감을 느낀다. • 교직을 때에 따라 이중적 잣대로 판단하는 것에 대한 거부감을 느낀다. • 성직관에 따르면 교사는 봉사, 희생, 높은 윤리적 규범으로만 판단하게 되는데, 이것은 실제 현실과 괴리가 있다.
노동직관	• 많은 수업과 잡무로 인해 교육활동이 노동으로 느껴진다. • 승진에 대한 부담이 생기고, 승진을 준비하다 보면 교육활동이 본질에서 벗어나 업무가 된다. • 교사로서 책임보다 돈을 벌기 위한 가장으로서 책임감이 더 강해진다.
전문직관	• 교사가 전문직이라는 것에 대한 당위성은 무엇인가? • 전문성에 대해 교사들이 가지는 의견 차이가 너무 크다. • 교사들에게 필요한 전문성의 범주가 모호하다.

(4) 교사의 직무

분 류	설 명
법적 접근	• 학생 교육 및 관리 • 교육전문성 신장 • 교원 복무 • 국가공무원으로서의 의무 – 규정 : 성실, 복종, 친절, 공정, 비밀엄수, 청렴, 품위유지, 직장이탈 금지, 영리업무 및 겸직 금지, 정치운동 금지, 집단행위 금지
과업적 접근	• 교과지도 • 교과 외 지도 • 학급담임으로서의 생활지도 • 학급경영 • 학교 경영 참여 • 학부모 및 지역사회와 관계 형성 • 전문성 개발

(5) 교사의 권리

분류	설명
교육할 권리	• 교육과정 결정 및 편성권 • 교재의 선택 및 결정권 • 교육내용과 방법 결정권 및 수업할 권리 • 성적 평가권 • 학생지도 및 징계권

(6) 교사에게 필요한 자질과 역량

개인적 자질과 역량		전문적 자질과 역량	
• 공평함 • 공정함 • 쾌활함 • 개방성 • 모범성 • 안정성 • 정직성 • 윤리성 • 실천력 • 상상력 • 창의력	• 사 랑 • 열 정 • 평정심 • 인내심 • 측은지심 • 사명감 • 봉사정신 • 권 위 • 허용적 태도 • 긍정적인 성격 • 신체적 건강 • 유머감각	• 교육신념 • 소명의식 • 전문성 신장 • 상호작용 능력 • 눈높이를 맞추는 능력 • 의사소통 능력 • 의사결정 능력 • 동기부여 능력 • 놀이를 즐기는 마음 • 심리적 민감성 • 관찰력 • 역사적 안목 • 학문적 독창성 • 변혁적 리더십	• 학습자료 개발 역량 • 교과내용 구성 역량 • 발달 특성에 대한 이해 역량 • 교육에 대한 전문 지식 역량 • 학급경영 역량 • 민주시민교육 역량 • 예술교육 역량 • 융합교육 역량 • S/W교육 역량 • 블렌디드 교육 역량 • 안전교육 역량 • 개별화교육 역량 • 창의적 교육 역량 • 미디어 활용 역량 • 갈등해결 역량

(7) 교육관련 사자성어 및 명언

분류		설명
사자성어		• 줄탁동시 : 병아리가 알에서 깨어나기 위해서는 안에서 병아리가 쪼고 밖에서 어미 닭이 쪼아야 한다는 뜻으로, 학생과 교사가 함께 노력하여 교육하여야 한다는 것 • 교학상장 : 교사와 학생이 서로 가르치고 배우면서 성장한다는 것 • 독서삼도 : 독서하는 데에는 눈으로 보고, 입으로 읽고, 마음으로 깨우쳐야 한다는 뜻 • 착벽인광 : 벽을 뚫어서 불빛을 끌어들인다는 뜻으로, 어려운 환경을 극복하며 열심히 공부해야 한다는 것 • 절차탁마 : 옥, 돌, 상아 따위를 자르고 갈고 닦아서 빛을 낸다는 뜻으로 학문이나 덕을 갈고 닦음을 비유함 • 존사애제 : 제자는 스승을 존경하고, 스승은 제자를 사랑한다는 뜻 • 청출어람 : 푸른색이 쪽에서 나왔으나 쪽보다 더 푸르다는 뜻으로 제자가 스승보다 나은 것을 비유하는 것 • 사제동행 : 스승과 제자가 한마음으로 한길을 가고, 함께 연구하여 나아간다는 것
명 언	교육관	• 교육의 위대한 목표는 앎이 아니라 행동이다(허버트 스펜서). • 아는 자들이여, 실천하라. 이해하는 자들이여, 가르치라(아리스토텔레스). • 교육의 목적은 비어 있는 머리를 열려 있는 머리로 바꾸는 것이다(말콤 포브스). • 참된 스승은 제자들이 자신의 개인적 영향을 받지 않도록 방어한다(에이모스 브론슨 올코트). • 교육이 거둘 수 있는 최고의 성과는 관용이다(헬렌 켈러).
	배움 중심	• 아이들이 답이 있는 질문을 하기 시작하면 그들이 성장하고 있음을 알 수 있다(존 J. 플롬프).
	학생주도, 자기주도	• 나는 폭풍이 두렵지 않다. 나의 배로 항해하는 법을 배우고 있으니까(헬렌 켈러).
	협 력	• 기술은 하나의 도구에 불과하다. 어린아이들의 협동심을 고취하고 의욕을 불어넣는 데는 교사가 가장 중요하다(빌 게이츠). • 뭉치면 서고, 갈라지면 넘어진다(이솝).
	교우관계	• 우정은 풍요를 더 빛나게 하고, 풍요를 나누고 공유해 역경을 줄인다(키케로).
	인성교육	• 남을 행복하게 할 수 있는 사람만이 행복을 얻을 수 있다(플라톤). • 교육의 목적은 인격의 형성이다(허버트 스펜서). • 정직과 미덕의 샘이자 근원은 훌륭한 교육에 있다(플루타르코스).
	독서교육	• 많이 읽어라. 그러나 많은 책을 읽지는 마라(벤자민 프랭클린). • 좋은 책을 읽는 것은 과거 몇 세기의 가장 훌륭한 사람들과 이야기를 나누는 것과 같다(르네 데카르트).
	교육생태계 확장	• 한 아이를 키우려면 온 마을이 필요하다(아프리카 속담).

2 교권과 교육활동 보장

(1) 정 의

교육활동 속에서 교사의 권위와 인권을 존중받으며 자율성과 전문성을 발휘할 수 있는 권리

교권의 종류	구 분
교육할 권리	• 교육과정 결정 및 편성권 • 교재의 선택 및 결정권 • 교육내용과 방법 및 수업할 권리 • 성적 평가권 • 학생 지도 및 징계권

출처 : 이명주, 2017, 교권의 개념적 구조와 교권침해 사례 분석, 공주교육대학교 초등교육연구원

(2) 목 표

① 안전한 교육환경 속에서 교육활동에 전념할 수 있는 실질적인 보호체계를 마련
② 교사와 학생 사이에 존재하는 갈등을 치유하고 학교 내 교권 존중 문화 형성

(3) 배 경

① 학생인권조례의 발표로 학생 개인의 지나친 개성 표현 문화 확산 및 학부모의 자기 자녀 중심의 사고 확산
② 학생자치활동 및 학부모의 교육활동 참여 강화 지침과 관련하여 부정적인 영향 발생

(4) 운영 방법

분류	설명
교권보호조례 제정	• 학생인권조례와 마찬가지로 교권의 권리를 보호하기 위한 장치 • 교권보호센터 설치 및 변호사 지원 : 비용 지원, 자문 지원 • 교육활동 보호를 위한 가이드라인 개발
교권 보호 인프라 마련	• 교원 치유센터 운영 • 학교의 교권보호팀, 교육청의 교육활동보호 긴급지원팀 운영 • 학교교권보호위원회 운영 및 활성화 • 학교 갈등중재 지원단 운영 • 교권 관련 전문가 양성 및 인력풀 구축 • 교육활동 침해행위 실태 조사 : 유, 초, 중, 고, 특수학교 대상 연 2회 실시 • 교권보호 책임관 지정 : 각 학교의 교감 • 녹음기능 전화기 설치 및 각종 설비 구입
교원배상책임 보험 운영	• 교육청 자체 보험 가입 : 지역 내 교사의 교육·업무 활동 중 발생하는 다양한 사고에 대해 배상청구가 제기된 사안의 법률상 손해배상금을 지원함 • 지원 내용 : 변호사 비용, 소송절차 비용, 화해·중재·조정 비용, 손해배상에 지출한 비용, 아동학대 무혐의 판정을 받은 교원에 대한 손해배상, 운동선수로 등록된 자의 지도 담당 교원이 연습, 경기, 지도 중에 생긴 손해배상
교육활동 보호 법률 지원	• 교권 전담변호사 운영 : 교육활동 침해 여부 판단, 분쟁 조정, 교육활동 보호 관련 제반 법률 사항에 대한 지원 실시 • 교육감 단위고문변호사 자문 운영
교육활동 보호 문화 형성	• 교육활동 보호 교육 콘텐츠 개발 • 상담 및 민원 방문 사전예약제 운영 • 교육활동 침해행위 축소, 은폐 금지 명령 • 교육청의 학부모총회 '교육활동 보호 PPT 자료' 개발 및 보급 • 교육활동 보호 길라잡이, 교원용 교원지위법 안내자료 개발 보급

(5) 교권 침해 사례

교권 내용	관련 법규	침해 사례
교육할 권리	초·중등교육법 제23조	• 학교 교육활동 및 행사 관련 학부모의 항의 • 방과 후 교육활동, 보충수업에 대한 학생·학부모의 불만 접수 및 압박 • 방학 기간, 운영 방식 관련 학교 비난 • 수학여행 등 행사 관련 교육부의 과도한 규제
교재의 선택·결정권	초·중등교육법 제29조제1항, 교과용 도서에 관한 규정 제3조	• 검인정교과서 선택 결과에 대한 학부모의 항의 민원 • 수준 관련 학생의 교과서, 교재 거부 • 교재 및 자료 활용에 대한 학교의 압력 • 국정교과서 관련 사항 교육부의 압력
수업할 권리	초·중등교육법 제20조제3, 4항	• 폭언이나 난동 등을 통한 수업 및 업무방해 • 특정 교사 수업을 배제하기 위한 서명운동 등의 명예훼손 • 학생에 의한 교사 성희롱 또는 폭행 사건 • 학교 내외에서 발생하는 물리적 폭력 사건
교육내용과 방법결정권	교육기본법 제12조	• 인터넷과 언론매체를 통한 학생 지도 관련 비방 • 교사의 수업 방법에 대한 학생의 불만 및 수업 거부 행동 • 전화, 문자, 이메일을 통하여 교사 수업에 대한 항의 • 홈페이지 게시판에 교사 수업 방법 비난의 글 게시
성적 평가권	초·중등교육법 제20조	• 학생 평가(관찰 및 실기) 결과에 불만 폭언 • 학생 평가 관련 학부모의 회유 행동 • 학생 평가 관련 금품 제공 행동
학생 지도·징계권	초·중등교육법 제18조, 동법 시행령 제31조	• 학생 징계 과정과 결과에 대한 협박 • 학생 사고에 대한 정보 공개 요구 • 학생 사고 처리 과정에 대한 간섭 및 협박 • 학교폭력 사건 피해자 학부모의 금품 요구 • 체벌 사고에 대한 손해배상 청구 요청 • 체벌 사고에 대한 형사고소 진행 • 학생 사고 학교안전공제회 보상 거부, 직접 보상 요구

출처 : 이명주, 2017, 교권의 개념적 구조와 교권침해 사례 분석, 공주교육대학교 초등교육연구원

(6) 효 과

① 교육활동 보호 조치를 통한 교사의 자율적인 교육과정 운영 및 전문성 발휘 가능
② 학생인권조례와 교권보호조례의 조화로 안전하고 평화로운 학교 분위기 조성 가능

> **생각해 볼 문제**
>
> ☐ 교권이 권력이나 권위주의와 정확하게 구분되기 위해서는 어떻게 하여야하는가?
> ☐ 학생인권조례와 교권보호조례가 서로 대립하게 되는 경우, 어떠한 조례가 우선되어야 하는가?

경기도교육청 Focus

몇 년 전까지만 해도 교권 침해 사건·사고가 많이 발생함에 따라 교사 개개인이 보험회사에 연락하여 직접 교권보호보험을 가입하였습니다. 이제는 경기도교육청이 소속 교원들을 보호하기 위해 자체적으로 교권보호보험을 가입해 주고 있습니다. 관내에 근무 중인 교사(기간제 교사 포함)은 교육활동 중 발생한 사건에 대해서는 지원을 받을 수 있습니다.

3 교직원 성장단계별 지원

(1) 정 의
교직원 생애주기별로 필요한 핵심 역량을 추출하여 학생 중심·현장 중심의 교직원 전문성 강화를 위한 지원 시스템

(2) 목 표
① 혁신교육과 미래교육을 이끌어 갈 교원의 역량 강화
② 제4차 산업혁명 시대 미래형 인재를 길러 낼 교원의 성장 시스템 마련
③ 존엄, 정의, 평화의 가치로 함께 성장하는 학교문화 조성

(3) 방 향
① **전문성** : 교육주체로서 교원 역량 확립 및 맞춤형 전문성 함양
② **공동체성** : 연구하는 학교문화 토대의 연대와 협력으로 더불어 성장하는 교육공동체 지향
③ **미래지향성** : 미래사회의 변화와 현장의 문제를 찾아 해결하는 실천 중심의 교원 역량 강화

(4) 내 용

분 류	설 명
교사 성장단계별(생애주기별) 핵심 역량 개발	• 교사 생애주기별 핵심 역량 추출 및 맞춤형 핵심 역량 직무연수 지원 및 함께 성장하는 교육공동체 역량 강화 방안 마련
교사 자율연구년제	• 교사의 자율적 연구 역량을 강화하기 위한 연구년제
교직원의 성장단계별 역량 중심 연수 운영	• 교직원 개인의 성장단계와 역량에 적합한 연수를 통해 교육 자치 및 혁신교육 역량 강화
현장실습 협력학교 운영	• 초등 예비교사의 교직생활 체험과 학교 문화 이해로 학교 적응력 제고
교원능력개발평가 운영 개선	• 교원능력개발평가 : 교원의 교육활동에 대한 전문성을 진단하고, 결과에 따른 능력개발을 지원하여 학교교육의 질 향상 • 목적에 맞는 교원능력개발평가의 운영 및 학교공동체 기반의 교원능력개발평가로 개선

> **경기도 Focus 교육청**
> 경기도교육청에서는 현장 중심 경기도교육연구회를 운영하고 있습니다. 이는 학교 밖 교사연구회로 성과 나눔 및 현장 모니터링을 하고 있습니다.

(5) 효 과

① 미래교육을 선도할 교원의 역량 개발로 행복한 배움 교육 실현
② 4차 산업혁명 시대에 미래형 인재를 양성하는 교원의 전문성 신장으로 미래교육 체제 구축 및 대비

💡 생각해 볼 문제

☐ 혁신교육과 미래교육을 이끌어 갈 교원의 전문성 신장을 위한 방안은?
☐ 교직원 성장단계별 지원을 위한 방향 3가지는?

CHAPTER 04 교육혁신

1 혁신학교

(1) 정의
① 평등교육과 전인교육을 지향하며 민주적, 창의적인 미래 인재를 육성하는 배움과 돌봄의 행복한 교육공동체
② 학생, 교원, 학부모 마을이 함께 소통하고 협력하여 참여하는 책임 교육
③ 경쟁이 아닌 협력과 서로의 성장을 중심으로 학생들의 긍정적인 변화를 추구하는 교육

(2) 목표
① 평등교육과 학생들의 전인적 발달을 돕는 전인교육을 지향함
② 다양한 교육공동체 구성원의 참여를 통해 민주적, 창의적인 미래 인재를 육성하고자 함
③ 기존의 수직적·관료적 통제 구조를 극복하고 교육활동에 대한 교사의 자율성 존중 및 주인의식 신장

(3) 배경
① 공교육의 획일적인 커리큘럼을 벗어나 창의적이고 주도적인 학습 능력을 배양하기 위해 등장
② 입시위주의 교육에서 나타난 문제점들을 해결하고 공교육을 정상화하기 위해 등장
③ 학교 현장 중심 교육의 필요성 대두

(4) 운영 방법

분 류	설 명
민주적 운영 체제	• 폐쇄적이고 관료적인 학교 조직 문화를 개선하고 소통과 협력을 중시하는 운영을 지향함 • 민주적 의사소통 구조로 혁신과 변화의 리더십을 추구하며 함께 문제를 해결함 • 민주적이고 투명한 예산 편성과 집행
비전 공유와 책무성	• 학교가 추구하고자 하는 비전을 교육공동체 간의 협의를 통해 함께 정하고 이를 공유함 • 비전을 공유함으로써 학교와 교육에 대한 관심을 제고시킴 • 교육공동체가 참여하고 이끌어가는 학교로 책임감을 가지고 각자의 역할에 충실
학생 참여 중심 수업	• 학생의 주도성과 적극적 참여 중시 • 참여와 협력을 바탕으로 한 다양한 학생 중심 활동 추구 • 수업에서 학생 간의 긍정적인 관계를 형성할 수 있는 기회 제공
교육과정-수업-평가 혁신	• 교육과정-수업-평가의 연계성 강조 • 표준화된 교육과정을 탈피하고 발달 단계별 학생들의 특성을 반영한 교육과정 구성 • 학교, 학년 교육과정을 함께 고민하고 설계하여 교사들의 교육과정 기획의 전문성 강화 및 협업적 교육환경 조성 • 참여와 협력이 이루어지는 수업 • 학생 개개인의 성장을 돕는 과정 중심 평가와 전인적 발달을 위한 평가 • 평가 결과를 바탕으로 구체적, 학생 맞춤형 피드백 제공
교육공동체 문화	• 학생, 교사, 학부모 인권을 존중하고 배려하는 학교 문화 • 민주시민으로서 지녀야 할 사회적 소통 협업을 강조하는 학생자치 활성화 • 교육과정 반성회 등을 통해 교육공동체 구성원의 의견 반영 • 학부모의 학교활동 참여 제고를 위한 다양한 연수 및 홍보 • 마을과의 연계를 통해 학생들의 삶을 가꾸는 교육 문화 • 전문적 학습공동체를 통해 함께 연구하고 성장하는 교사 문화

(5) 사 례

분 류	설 명
마을교육 공동체	장애인의 날 교육을 위해 지역사회의 장애복지센터 사회복지사를 일일강사로 초청하여, 사회 교과(지역사회 문제 해결하기)와 인권교육을 재구성하여 우리 마을에 장애인 편의시설을 분석함. 휠체어 경사로 부족, 점자 보도블록 부족, 점자 안내판 부족 등의 문제 해결방법을 탐색함. 학생, 학부모, 교사, 사회복지간이 함께 노력하여 투고 올리기 및 장애인식 캠페인을 진행함
학교 공간 혁신	교실 내 '북 카페'를 운영함. 교실 한쪽에 학년 수준에 맞는 책과 테이블, 매트를 마련하여 학생들이 언제든지 독서할 수 있는 편안한 분위기 조성. 반별로 다른 책을 구매하여 서로 분기에 맞추어 교환함. 학생들이 교실 내 도서관을 통해 더욱 재미있고 다양한 책을 접할 수 있음

(6) 활성화 방안

분류	설명

혁신학교 운영 내실화 및 다양화	• 지역별, 급별, 운영·연차별 특성을 반영한 혁신학교 운영 다양화 및 자율성 확대
	• 지역의 특성을 반영하고 지역과 함께 호흡하는 혁신학교 운영(마을결합형, 다문화 등)
	• 혁신학교 운영 평가 내실화
	  – 학교 자치를 위한 성장 중심 학교 평가
	  – 서면 및 현장 평가로 운영 효과성 평가

혁신학교 질적 성장	• 학생 참여·협력 중심 교육과정-수업-평가 혁신 강화함
	• 지속 가능한 미래 사회를 위한 깊고 넓은 배움 확산
	  – 생태·환경·평화 감수성을 높이는 교육과정 운영 체계화
	  – 반편견, 반차별 교육으로 교육 공공성 강화 및 평등교육 내실화
	  – 디지털 기반 학습 환경의 효과적 활용으로 학습방법 다양화

네트워크 활성화	• 혁신학교 교직원별(교장, 교감, 행정실장, 전입교사, 신입교사, 업무 담당교사 등) 연수 및 워크숍 확대 • 신규지정 혁신학교 및 희망학교 컨설팅 지원 • 혁신학교급별 교원·학부모 자율협의체 및 학교 간 교원학습공동체 운영 지원

(7) 장 점

① 행정업무 중심 학교가 아니라 학생 중심, 교육 중심 학교로 운영됨
② 민주적인 교육공동체 분위기를 통해 창의성, 자율성이 존중됨
③ 다양한 혁신학교 프로그램을 통해 학생들의 배움의 기회 확대

(8) 단 점

① 혁신학교만의 다양한 학교 사업으로 인해 교사들의 업무가 실제로는 늘어남(교사들의 혁신학교 기피 현상 초래)
② 혁신학교의 급격한 확산 및 유행으로 무늬만 혁신학교 등장

💡 생각해 볼 문제

☐ 무늬만 혁신학교가 아닌 교육적 의미를 가지는 혁신학교 운영을 위한 방안에 대하여 설명해 보시오.

☐ 지역별로 특색 있는 혁신학교를 만들기 위한 방안에 대해 고민해 보시오.

 Focus

- 서울특별시교육청에서는 평등교육과 전인교육을 지향하며 민주적, 창의적인 미래 인재를 육성하는 배움과 돌봄의 행복한 교육공동체를 '서울형 혁신학교'라고 불러요. 또한 학교 운영 전반의 자율권을 최대화하고, 학교자치 시스템을 실질적인 자치가 가능하도록 내실화하며, 학생 성장 중심의 미래형 학교 모델을 만들어가는 실험학교를 '혁신자치학교'라고 합니다.

- 혁신학교의 일반화를 위해 교육지원청 중심으로 혁신 교육 확산 방안을 모색하고 사례를 공유합니다. 이는 권역별 자율협의체, 학교혁신한마당, 연수, 컨설팅, 워크숍 등으로 운영되고 있습니다. 학교혁신지원센터를 운영하여 학교혁신 확산을 위한 혁신학교와 일반학교 간 네트워크 활성화도 지원하고 있습니다. 또한 혁신교육 국제 교류를 통해 서울혁신교육을 홍보하고 국외 교육혁신사례를 탐구하여 혁신교육의 질적 성장을 도모합니다.

2 배움 중심 수업

(1) 정의
   ① 학생의 행복한 배움과 삶의 주체적인 성장을 목표로 삼고, 삶에 필요한 역량을 기르기 위해 학생이 자발적으로 배움에 참여하도록 만드는 수업
   ② 학생은 배움의 주체가 되어 학습에 참여하고, 교사는 학습의 조력자가 되어 교육의 효과와 가치를 높이기 위한 것

(2) 목표
   ① 학생이 주체가 되어 수업을 이끄는 학생 참여형 수업을 만들기 위함
   ② 교육과정이 학생의 삶과 유의미하게 연결되고 학생의 자존감과 참된 학습을 확보하기 위함
   ③ 기초학력과 자기주도 학습 능력을 신장시키며 학생이 주도하는 수업, 교육과정, 학교 문화를 만들기 위함

(3) 배경
   ① 학생들이 배우는 내용이 학생의 삶과 분리되어 교육의 의미를 상실해가는 과정에 대한 개선 필요
   ② 교육생태계의 확장에 발맞추어 변화하는 배움 중심 수업의 발전 과제
   ③ 교사가 주도하는 수업 방식은 학생의 내적 동기를 자극시키지 못하며, 학습의 연계성과 지속성을 확보하는 데에 어려움이 있음
   ④ 학생들을 어떻게 잘 가르치는지를 뛰어 넘어 교사가 어떻게 스스로를 성찰하고 개선해 나가는지에 대한 수업 전문성과 자율성 연구

(4) 운영 방법

분 류	설 명
학생 참여형 수업 강화	• 성취기준을 기반으로 한 '교육과정 재구성-수업-평가'의 단계를 일반화하여 학생주도의 수업의 바탕 마련 • 학생의 삶으로 연결짓기를 통해 다양한 수업 운영 방안 연구 • 교과서를 탈피하여 삶의 역량 중심의 프로젝트 수업 일반화 • 학생의 역량을 기반으로 한 교육과정과 과정 중심 평가와 연계
교사·학생 협력적 배움	• 관계 중심의 수업을 실천하여 학생과 교사가 함께 성장하는 것을 추구 • 학생의 배움에 대한 상태 분석, 결핍 원인 파악, 관계지향의 대화, 사회적 상호작용이 생기는 수업을 디자인하기 등
배움 중심 수업을 위한 교원 역량 강화 사업	• 학교 안, 학교 밖 전문적 학습공동체 활성화 지원 사업 • 학교 교사들과 함께하는 실천 중심의 연수 운영 • 권역별 배움 중심 수업 교사 공동체 네트워크 구축 및 연계 지원 활동 • 협력과 나눔을 실천하는 수업 공개 실시(공동지도안 수업공개 등)
미래 배움 중심 수업 준비	• 온라인, 오프라인 병행 블렌디드 수업 연구 지원 • 배움 중심 수업 웹진 및 정책추진단 운영 • 선도요원 선발 및 운영을 통한 지역 현장 맞춤 지원
수업 나눔 문화 확산	• 교사의 수업성찰 능력 확보를 위한 학습공동체 운영 • 저경력과 고경력 교사, 수석교사 제도를 활용한 수업 성찰 기회 확보 • MOOC 플랫폼을 활용하여 교원의 혁신교육 전문성 신장 ※ MOOC : 우수 온라인 강좌 및 민간 우수 학습 콘텐츠 활용 인프라
기초학력 신장 지원 사업	• 학교 교육과정과 연계한 기초학력 보장 계획 수립 및 실천 지원 • 자유학년제, 고교학점제 조성 및 기초학력 보장 프로그램 운영 • 기초학력 신장 우수사례 발굴 및 배포 • 사전 예방적 학습 지원 및 학생 맞춤형 수업을 통하여 최소학업성취수준 확보
자기주도 학습능력 향상	• 학생주도 동아리 지원사업 운영을 통해 학생의 참여 기회 확대 • 또래 배움 동행 운영을 지원하여 자기주도 학습 능력 신장

서울특별시교육청 Focus

- 서울특별시교육청에서는 신학년 집중 준비기간을 운영하여 '교육과정 재구성-수업-평가'의 연계성을 높이고 계획을 수립할 수 있도록 하고 있습니다.
- 수업 나눔의 기회를 확보하기 위해 '수업 나눔의 날'을 운영하거나 수석교사가 기획하는 '수업나눔 콘서트'를 운영하고 있습니다.
- (중, 고) 수업·평가나눔교사단 운영과 수업코칭 전문가를 양성하여 수업성찰과 수업혁신 문화를 확신시키려고 노력합니다.
- (중, 고) 수업나눔카페를 구축하여 교사들이 직접 수업을 나누고 소통할 수 있는 공간을 마련해 두었습니다.
- '20XX 함께 만들어가는 교육과정'을 위해 학교나 유치원별 연수를 지원하고 있습니다.

경기도교육청 Focus

- 도교육청 내 다양한 연구단, 연구 공모전에 학생주도 분과를 개설하여 운영하고 있습니다. 예를 들어 학교안전교육연구단 안에 학생주도 분과를 개설하여 학생들이 어떻게 스스로 안전교육을 실천해 나가며 배움 중심 수업에 참여하게 할 것인지에 대해 연구하고 있습니다. 또는 창의적 체험활동 연계 학생주도 프로젝트 공모를 개최하여 다양한 배움 중심 수업 사례를 모집하고 있습니다.
- 배움 중심 수업을 위해 도 단위의 정책연구회를 운영하고 있습니다.
- 경기도는 학생주도 배움 중심 수업 실현을 위해 권역별 '배움 중심 수업 나눔 한마당' 개최를 목표로 하고 있습니다.
- 경기도조례에 따라 아이들의 놀 권리를 확보할 수 있도록 초등에서는 놀이교육을 활성화하기 위해 노력하고 있습니다.
  ※ 어린이 놀 권리(경기도조례 제6270호 제2조) : '어린이 놀 권리'란 어린이가 놀이와 휴식, 여가를 자유롭게 즐기며 학습하고, 행복한 삶을 누릴 수 있는 권리를 말함

출처 : 2019 초등 정책 추진계획, 2020, 경기도교육청

(5) 장 점

① 학생은 교육과정을 자신이 직접, 친구들과 함께 만들어나가므로 자발적으로 학습동기를 강화하고 배움을 삶과 연계시킬 수 있음
② 교사는 학생과 함께 수업에 참여하고 성찰하며 수업을 재구성하고 교육적 전문성을 신장할 수 있음

(6) 단 점

① '교육과정 재구성-수업-평가'에 대한 교사의 업무 부담감 가중
② 일부 학생들에게는 학생이 주도하고 만들어가는 수업 자체를 부담스러워하여 학습에 대한 도피를 가중시키기도 함
③ 학생이 만들어가는 수업 과정에서 개인차로 인해 생기는 학습 내용의 결핍, 참여도 차이 우려

생각해 볼 문제

☐ 현재 교육현장에서 실현되고 있는 배움 중심 수업의 완성도는 어떠한가?
☐ 전통주의 교육방식을 선호하는 학생이 배움 중심 수업에 부담을 느끼는 경우, 어떻게 지도할 수 있는가?
☐ 배움 중심 수업의 일반화를 위해 학교에서 실질적으로 운영할 수 있는 방안은 무엇이 있는가?
☐ 온·오프라인 병행수업(블렌디드 수업)에서 어떠한 방식으로 배움 중심 학습을 운영할 수 있는가?

3 과정 중심 평가

(1) 정 의
    ① 성취기준을 기반으로 한 학습의 과정에서 학생의 변화에 대해 피드백을 실시하고, 이를 통해 학생의 성장과 발달을 돕는 평가
    ② 학생의 배움·교사의 가르침을 지속적으로 성찰하여 개선하여 모두가 성장하는 평가
    ③ 결과뿐만 아니라 학습의 과정, 성장 정도를 통합적으로 평가하는 방법

(2) 목 표
    ① 학생의 성장과 발달을 촉진하여 진정한 학력과 핵심 역량을 신장할 수 있도록 돕는 평가
    ② 교수·학습과정 전반에 대해 지속적으로 성찰하여 발전해 나갈 수 있도록 함
    ③ 논술형 평가 외 다양한 수행평가 방법을 지향하고, 진실된 학력 신장을 위한 정의적 능력 평가를 강조함

(3) 배 경
    ① 전통주의식 평가방법은 학생들의 근본적인 학습능력을 신장시키지 못하며, 단편적인 암기위주의 학습과정만을 강요하게 되므로 변화가 필요한 상황임
    ② 결과를 중시하며 성적 나열과 선발을 중시하던 평가에서 학생의 발달과 성장을 위한 교육이 필요함
    ③ 교육을 받고 앎에서 끝나는 것이 아닌, 학생이 직접 삶에서 실천해 볼 수 있는 교육이 요구됨
    ④ 학생의 학습결과뿐만 아니라 '어떻게 배워 나가는가?'와 같은 학습 과정 자체도 중요하다는 인식이 확산됨

(4) 운영 방법

분 류	설 명
과정 중심 평가 실시	• 일제식 고사를 폐지하고, 수행평가 실시를 확대함 • 논술형 평가를 중심으로 학생, 교사, 수업에 맞는 다양한 평가방법을 접목시킴 • 수업 중에 학생과 교사의 상호작용 시간을 확보하고 피드백 속에서 학생의 성장을 관찰하는 평가방법 적용 • 학생, 학부모에게 과정 중심 수행평가 결과와 피드백을 수시로 제공(학생 성장을 위한 평가 실시)
진단 활동 강화	• 학기 초 학생의 발달 상황을 종합적으로 관찰하고 진단하기 위한 진단 평가를 실시하고, 이 내용을 바탕으로 학생이 성장해 나갈 수 있는 다양한 교수·학습 방법과 평가를 실시함 • 집중 관찰, 상담, 4R's 및 서울중등기본학력 진단 등의 다양한 활동 실시
교사의 평가권 강화	• 교사가 학생 특성, 교과 내용을 고려하여 적절한 수업과 평가를 계획하고 평가가 하나의 활동이 될 수 있도록 수업을 진행함 • 다양한 평가 도구를 개발하고 적용하여 교사의 평가권 강화 및 교사별 평가의 내실화
학업성적관리 위원회 운영	• 학업성적관리위원회를 수시로 개최하여 학교의 요구에 맞는 다양한 학업 및 성적 관리에 대한 학업성적관리규정 사항을 정함(위원 구성 : 교장, 교감, 교원, 학부모위원 등) • 성장 중심 평가, 과정 중심 평가를 위해 적절한 방안을 모색하고 평가의 객관성, 공정성, 투명성, 신뢰도 제고를 위해 협의
평가를 위한 협의문화 만들기	• 학생의 성장과 발달을 위한 평가를 마련하기 위해 교사, 학생, 학부모의 교육 3주체 협의 기회 마련 • 2월 교육과정 수립, 교육과정 운영 중, 12월 교육과정 운영 후 성찰 단계에서 학교의 여건에 맞게 다양한 협의회를 진행

- 중학교 1학년 자유학년제를 실시하며 과정 중심 평가를 실시합니다. 학생 개개인의 성장과 발달을 지원하기 위해 '과정 중심 평가기록지'를 활용합니다. 또한 과정 중심 평가와 인성교육을 접목시켜 다면적인 인성 요소를 평가 속에서 접근하기도 합니다.
- 서울교육청에서는 중, 고등학교를 대상으로 2015 개정 교육과정에 맞추어 '교육과정-수업-평가'의 일체화를 위한 평가 도구를 개발하는 것을 목표로 합니다.

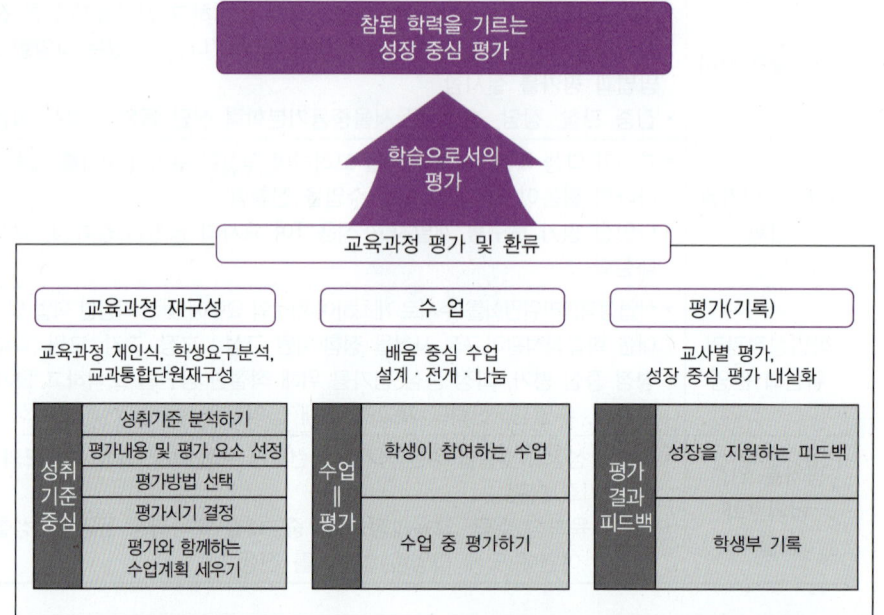

- 경기도교육청에서는 과정 중심 평가의 흐름에 따라 학생의 성장과 발달을 중시하는 학교별 성장 중심 평가를 목표로 하고 있습니다. 따라서 경기도의 경우 '성장 중심 평가'라고 서술하며 면접 답변을 구상해보세요.
- 경기도에서는 도 단위 성장 중심 평가 정책실행 연구회를 운영 중입니다.

출처 : 2019 초등 성장 중심 평가 길라잡이, 경기도교육청

(5) 특 징

① 학생의 참여와 협력을 강조하는 협력 중심의 평가
② 학생의 잠재력과 가능성을 강조하는 발달 중심의 평가
③ 수업에서 평가까지의 과정이 일체화되는 과정 중심의 평가
④ 수업 전체 흐름 속에 지속적인 피드백이 이루어지고, 그 안에서 이루어지는 평가
⑤ 학습자의 지식이 삶과 연관되는 실생활 연계 평가
⑥ 정답이 정해져 있지 않은 학습자의 다양성을 추구하는 평가

(6) 사 례

학습 환경이 좋지 않아 기초부진 학생이 많은 학교에서 학업성취도 상승과 학생 성장 중심의 평가를 진행하기 위하여 교육과정-평가 일체를 재구성하여 운영

	단 계
1	학교 여건 및 비전 확인
2	교육과정 및 평가에 대한 교육공동체 의견 수렴 및 분석하기
3	학교 학업성적관리규정 확인 및 제정·개정 실시
4	교육공동체 협의를 통해 학생평가 계획 수립하기
5	학교·학년·학급 평가계획 수립하기
6	학업성적관리위원회의 심의를 받아 학교장 결재
7	학생 및 학부모 안내, 적극적인 운영, 상시 피드백

(7) 장 점

분 류	설 명
교사 측면	• 수업 중 과정을 지속적으로 살펴 학생발달 정도와 잠재적 발달 능력을 파악할 수 있음 • 교사 스스로 교수·학습 과정을 성찰할 수 있음
학생 측면	• 전인적 성장이 가능해시고 실질적인 참된 학력이 신장됨 • 자신에게 부족한 부분을 학생 스스로 파악하고 학습 계획을 수립할 수 있음
학부모 측면	• 수시 피드백을 통해 자녀의 학습상태와 발달과정을 이해할 수 있음 • 학교와 가정의 소통 증가로 가정연계학습이 가능해지며, 학교는 성취기준 도달에 수월해짐

(8) 단 점

① 평가의 계획-실행-정리의 모든 단계에 교사의 역량에 영향을 많이 받아 학급 차가 발생할 수 있음
② 일제식 평가에 비하여 평가를 준비하는 과정이 어렵고, 교사 개개인의 노력과 연구과정이 많이 필요함
③ 유의미한 평가 결과와 수시 피드백을 위해서는 교육활동 전, 중, 후의 자료를 세세하게 기록하고 연계 분석하여야 함

> **💡 생각해 볼 문제**
>
> ☐ 학생의 성장을 돕는 평가란 무엇인가?
> ☐ 교육과정 재구성 → 수업 → 평가의 연계를 위해 교사는 어떠한 노력을 해야 하는가?
> ☐ 유의미한 성장 중심 평가를 위해 교육공동체가 각자 노력해야 할 점은?
> ☐ 4차 산업혁명의 시대에 학생에게 필요한 성장 중심 평가는 무엇인가?

4 프로젝트 활동 활성화

(1) 정 의

① 학교 안과 밖의 다양한 영역에서 학생들이 주인이 되어 자신의 삶을 계획하고 실행하는 프로젝트 활동
② 스스로 프로젝트 주제나 문제 등을 발견하고 이를 해결하기 위한 방법을 탐구하며 민주시민으로서 거듭나는 과정
③ 교과, 비교과, 범교과의 영역이 통합·융합되어 활동 중심의 새로운 교육과정을 만들어내는 것
④ 학생 중심의 배움 중심 수업을 실현시키기 위한 방법 중 하나
⑤ 가정, 학교, 지역을 유기적으로 연결하여 교육생태계 확장 및 배움의 터전을 넓힐 수 있는 방법

(2) 목 표

① 교육과정 재구성을 통해 교과서를 탈피하고 학생 중심의 맞춤형 수업을 운영할 수 있도록 함
② 소통 시스템을 구축하여 학생의 창의적인 아이디어 반영 및 자기주도적 학습능력 신장
③ 프로젝트 학습을 통해 문제해결력을 신장하고 지역사회에 적용하며 민주시민으로서의 자질 함양

(3) 배 경

① 삶 속에서 문제를 발견하고 해결해 가는 과정이 학습의 중심이 되어 가는 교육문화 반영
② 학생이 교육활동의 중심이자 교육 파트너로 여기는 학교공동체의 인식 전환이 필요함

(4) 운영 방법

분 류	설 명
학생주도 프로젝트	• 프로젝트 수업 단계 : 계획 → 실행 → 나눔 • 학급, 학교 단위의 중·장기 생활 중심, 체험 중심 교육과정으로 재구성하여 배움중심 학생주도 수업 실행 • 교과 외 창의적 체험활동(자율, 동아리, 봉사, 진로)시간을 적극적으로 활용할 수 있는 방법 • 교내 행사, 지역 축제, 발표회, 캠페인, 게릴라 콘서트, 버스킹 등 학교 안 작은 무대 및 마을(지역) 축제의 장 활용
학교 교육활동에 참여	• 학교 및 학급 프로젝트 운영 시 학생이 직접 참여하여 자신의 의견을 제시하고 반영 • 학교교육과정위원회에 학생 참여를 권장 • 교육과정 반성회, 교육공동체 대토론회, 학부모 총회 등에 학생이 참여
시민성 함양 프로젝트	• 사회문제해결, 사회 참여 등과 같이 지역과 함께하는 실천 중심의 프로젝트 운영 • 앎(지식)이 삶과 연결될 수 있도록 실천을 통한 문제해결방안 탐구 활동 실시 • 마을(지역)의 교육자원을 발굴하여 협력 프로젝트 운영
나눔과 공유를 통한 학교 공동체	• 프로젝트 활동에 대하여 기록을 누적하고 정리하여 자신의 삶 속에 적용하고 지역사회에 전파 • 학교 및 학급 홈페이지 공유방 운영, SNS 운영, 유튜브 등을 활용하여 교육공동체 간의 프로젝트에 대한 피드백 실시 • 의견을 나누며 상호 긍정적 피드백, 발전적 피드백을 주고받을 수 있는 평가의 기회를 제공

경기도교육청 Focus

경기도교육청에서는 각 학교별 학생주도성 프로젝트 활동 예산을 편성하여 집행하고 있습니다. 학교당 200만원의 예산을 기획하며 학교 실정에 맞는 다양한 프로젝트를 운영할 수 있도록 지원하고 있습니다. 교사는 자유롭게 학생주도 프로젝트를 기획하고, 학교장의 결재를 받은 뒤 다양한 활동을 운영하게 됩니다.

(5) 특 징

① 학생이 주도하는 활동의 성공사례를 발굴하고 나눔을 통해 학교 현장에 배움 중심 수업과 학생주도의 문화를 안착
② 지역사회나 유관기관과 연계하여 다양한 마을(지역) 프로젝트를 설계할 수 있음
③ 학생의 학습 선택권을 존중하고 확대해 가는 민주적인 교육 방법
④ 배움과 삶을 연결시키는 생활 중심의 교육 방법

⑤ 학생 중심의 활동을 위해 학교 공간의 재구조화를 동시에 꾀함(프로젝트를 실천할 수 있도록 교내 유휴공간 확보 및 학교 공간 재구성)
⑥ 학급·학교 학생자치회의 연계 운영 가능
⑦ 학생 봉사활동을 프로젝트로 운영하고 1365 자원봉사센터, VMS, DOVOL 등의 기관을 통해 활동 등록 가능

(6) 사 례

학교폭력 예방 프로그램 수업 예시	• 체육(표현), 음악(생활화), 창의적 체험활동(자율활동) 시간을 안전교육 프로젝트로 재구성하여 운영 • '교실에서 찾은 희망 UCC 공모전'에 참여하며 학교폭력 예방교육 실시 • 학생들이 주도적으로 춤을 익히고 서로 가르쳐주며 배려 및 협동의식을 신장함 • 교사는 활동에 필요한 물품과 장비를 지원하고 프로젝트 과정을 지속적으로 살피며 피드백 제공

(7) 장 점

① 학생들의 창의성과 의사표현능력을 기르고 민주시민으로서의 성장을 함께 꾀할 수 있음
② 프로젝트 학습으로 접근하면 학생들이 수업을 학업으로 느끼기보다 놀이활동으로 느껴 학습부담을 줄일 수 있음
③ 학급·학년·학교 단위, 중·장기로 자유롭게 프로젝트를 구성할 수 있어 공동의 교육목표를 수립할 수 있음

💡 생각해 볼 문제

☐ 학생주도로 프로젝트 수업을 운영함에 있어 중요하다고 생각되는 요소는 무엇인가?
☐ 학생 중심 프로젝트를 운영하다보면 성취기준과 무관한 활동이 진행되는 경우도 생긴다. 이러한 경우를 예방할 수 있는 방법은 무엇이 있는가?

5 전문적 학습공동체(교원학습공동체)

(1) 정 의

① 교사의 전문성 개발과 학생의 학습력 신장을 목적으로 함께 학습(공동 연구)하고 함께 실천(공동 실천) 및 소통하기 위한 학교 안팎 교사들의 모임
② 교사들이 비판적으로 지식, 경험, 실천 등을 나누고 교육적 실천 및 교수·학습 방법을 개선하도록 반성 및 성찰의 과정을 공유함
※ 지역에 따라 부르는 명칭이 조금씩 상이하므로 확인 요망

(2) 목 표

① 협력적인 학교 문화 조성 : 학교 안에서 교육공동체가 공동 연구, 공동 실천하는 과정
② 학생의 학습력 신장 : 교육과정 연구, 교수·학습 방법 연구·실행
③ 교사의 전문성 개발 : 수업 연구와 반성적 성찰 및 나눔을 통해 전문성을 높이고 학교의 자율 역량 향상

(3) 배 경

① 개인주의와 과중한 업무 등으로 고립되는 교사 문화와 장학 연수의 비효율성에 대한 대안으로 제시됨
② 교육 패러다임의 변화 및 미래 사회에 대비하기 위한 교사의 역할이 강조됨에 따라 등장
③ 교실 개방과 협력, 학교 단위의 공동연구와 실행을 통한 학교 문화 혁신이 이루어짐

(4) 특성

분류	설명
비전·목적의 공유	• 구성원들이 전문적 학습공동체가 나아가야 할 방향과 공동체가 이루고자 하는 목표, 비전, 가치 등을 함께 나누는 것
지원 환경	• 물리적 환경 : 집단의 규모, 의사소통 시스템 구축, 공간의 근접성, 전문성 개발을 위해 소통할 수 있는 장소나 시간의 제공 • 인적 환경 : 구성원들 간의 존경 및 신뢰와 배려 등을 통한 동료 구축
협력적 학습	• 탐구활동을 개인이 아닌 공동체 구성원이 함께하는 방식을 추구하는 것을 의미함 • 집단적 토론을 통해 반성적 사고를 기르는 것이 교수·학습 과정에 대한 폭넓은 이해를 도움 • 자발적인 참여와 협력, 민주적 의사소통과 같은 협력 문화를 바탕으로 한 학습
학생의 학습력 신장	• 모든 학생들에게 의미 있는 학습경험이 이루어지도록 최선을 다하는 것 • 학생들의 잠재 가능성을 향상시키기 위해 수준별로 다양한 교육을 제공하고자 함

(5) 운영

분류	설명
학교 안 교원학습공동체 운영	• 학교교육계획서에 교원학습공동체 운영 계획을 포함하여 교원학습공동체의 시간 확보(매주 또는 격주) • 주제, 학년, 교과 중심으로 교원학습공동체를 운영하여 주제에 대한 깊이 있는 토의, 학년 생활지도, 지도안 작성, 교수·학습 방법에 대한 연구 및 공유
학교 밖 교원학습 공동체 운영	• 관심 있는 과목, 학습 주제, 생활지도, 교실 놀이 등 여러 가지 주제 중심으로 다양한 지역의 교사들이 모여 교류 및 연구
학교 자율장학 계획 및 학교 평가와 연계하여 운영	• 학교 자율장학 계획과 연계 운영으로 자율 역량 내실화 및 업무 간소화 • 수업 공개 계획 시 학교 평가 및 교원능력 평가와 연계하여 운영을 권장
직무연수 인정	• 3인 이상 교원학습공동체 활동을 직무연수로 인정함

(6) 사례

분류	설명
전문적 학습공동체 운영 사례	• 학교폭력 사건이 빈번하게 발생하는 학교에서 전문적 학습공동체 운영을 통해 안전한 학교 만들기 프로젝트를 구상함. 교사들의 전문성 신장을 위해 회복적 생활교육에 관한 책을 읽고 독서토론 시간을 가지며 학교 실정에 맞는 다양한 방안을 진행함 • 매년 있는 학부모 공개수업 및 자율장학 수업을 위해 학년 단위의 연구과목을 선택함. 동학년이 전문적 학습공동체 시간을 활용하여 교육과정을 재구성하고, 공동의 지도안을 개발하여 각 학급에서 수업을 적용하며 수업 전문성 신장

(7) 장 점

① 문제에 대한 공동 연구 및 공동 실천을 통해 교사들의 전문성과 역량 강화
② 협력적이고 개방적인 학교 교직 문화 형성
③ 교사들의 다양한 교육활동 경험과 지도법을 공유함으로써 학생들의 학습력 신장에 도움이 됨

(8) 단 점

① 전문적 학습공동체가 하나의 업무로 여겨지면서 형식적으로 흘러갈 수 있음
② 전문적 학습공동체에 참여하는 교사들의 태도 차이로 인하여 교사 간의 부정적인 관계를 조성할 수 있음

> 💡 **생각해 볼 문제**
>
> ☐ 성공적인 전문적 학습공동체를 이루기 위한 교육청, 학교, 교사의 역할은?
> ☐ 같은 팀으로 배정받은 교사들이 전문적 학습공동체에 대해 소극적인 모습을 보이며 참여를 꺼려하는 경우가 있다. 이러한 상황에서 신규교사가 시도해 볼 수 있는 방안은 무엇이 있는가?

6 마을교육공동체

(1) 정 의

　① 학생들이 삶을 살아가는 터전인 마을에서 삶과 연계된 교육이 이루어질 수 있도록 함께 협력하는 공동체
　② 학생들이 마을에 있는 풍부한 자원을 통해 성장할 수 있도록 교육생태계 확장
　③ 지역과 함께하는 더 큰 학교 + 학교를 품은 마을

(2) 필요성

　① '한 아이를 키우는데 온 마을이 필요하다.'
　② 한 아이도 포기하지 않는 모든 아이들을 위한 학교-마을협력체제 강화(책임교육)
　③ 교육활동은 학생들의 삶과 연계되고 사회적 환경을 고려하여 진행되어야 하기 때문
　④ 교육공간이 학교를 넘어 마을로 확장되면 학생들에게 더욱 다양한 배움 및 성장이 일어날 수 있음
　⑤ 지역사회에 있는 다양한 인적, 물적, 역사적, 환경적 자원을 활용하기 위함

(3) 배 경

　① 모든 아이를 위한 학교 자치 실현의 중요성 대두
　② 학생들이 다양한 교육 환경에 노출되는 경험과 책임교육의 실현 강조

(4) 방법

분 류	설 명
핵심 가치	• 공동체 의식, 연대, 자치, 지속성, 자발성, 민주성, 신뢰, 학생 중심, 소통
운영 시간	• 연관된 교과, 창체(자율활동, 동아리 활동, 봉사활동, 진로활동), 방과 후 및 돌봄 시간 활용
운영 방법	• 마을로 나가기(학교 밖 마을의 인적, 문화적, 역사적, 환경적 자원이 있는 장소) • 학교로 마을이 찾아오기(마을의 인적 자원이 학교로 찾아와서 강연, 인터뷰, 멘토링 등 진행) • 마을과 학교가 함께하기(학생이 마을의 다양한 프로그램에 참여하고 마을의 주인으로 성장하도록 함)

(5) 추진 내용

분 류	설 명
혁신교육지구 성장 지원	• 학교와 지역사회가 적극적으로 소통하고 협력하는 지역교육공동체 구축을 위하여 경기도교육청과 기초지방자치단체가 협약으로 지정한 지역을 의미함 • 지역 권역별 월 1회 이상 네트워크 정례화
지역혁신교육 포럼 활성화	• 지역혁신교육 포럼 발전 방안 공동논의 • 관련 기관 역할 강화 및 제도 장비를 위한 중장기 혁신과제 발굴
교육협동조합 활성화와 사회적 경제 교육	• 교육(학교)협동조합 : 학교 기반의 마을교육공동체가 공동으로 소유하고, 민주적으로 운영되는 사업체를 통하여 공통의 경제적·사회적·교육적 필요와 욕구를 충족하며, 공익적 기여를 하고자 자발적으로 결성한 조직(학교 매점과 문구, 직업교육 등) • 사회적 경제 교육 : 사회적 가치를 협력적 비즈니스 방식으로 해결하는 사회혁신과 사회적 기업가정신 교육 그리고 협동과 상생, 민주주의, 연대 등 사람의 가치를 우위에 두는 교육활동
마을 자원을 활용한 마을 방과 후 및 돌봄 확대	• 마을 자율 동아리, 청소년 자치활동, 학교 밖 방과 후 및 돌봄교실 인프라 확충
마을결합형 교육과정	• 학생들이 학교에서 배운 내용을 삶의 현장(마을)에서 익히고 실천하는 교육내용과 활동, 평가를 체계적으로 조직한 학교 교육계획

서울특별시교육청 Focus

서울특별시교육청도 경기도와 같이 마을교육공동체 성장 지원을 위해 노력하고 있지만 명칭이 조금 다르니 기억해 주세요!
- 서울형 혁신교육지구 : 어린이·청소년이 학교와 마을에서 삶의 주체로 성장할 수 있도록 서울시, 교육청 자치구, 지역사회와 함께 참여하고 협력하여 학교-마을교육공동체를 실현해 나가는 지역으로, 2019년에 서울시 25개 모든 자치구로 확대하였음
- 마을결합중점학교 : 학교 구성원과 주변 지역주민이 거버넌스(협의체)를 구성 운영하여 학생 통합 지원 및 마을결합형 교육과정 활성화를 추진하는 거점학교
- 학교-마을교육공동체 더불어 교실 : 학교와 마을이 함께하는 협력 교육활동으로 마을교육단체와 기관이 제안한 교육활동을 학교가 선택하고, 교사와 마을 강사가 함께 협력수업을 추진하는 프로그램

(6) 사 례

분 류	설 명
마을의 전통 배워보기	• 마을의 어르신을 학교로 모셔 마을의 풍속, 놀이 등 문화 배워보기 • 마을에서 전해져 내려오는 노래 익히기
지역화 교과서 제작	• (서울)마을과 함께 만드는 '초3 사회과 지역화 교과서' 자치구별 제작·보급
벽화 그리기	• 마을의 벽화를 지역주민과 학생들이 협력하여 함께 그리기
지역기관 연계 방과 후 프로그램	• 지역기관과 연계하여 학생들의 댄스, 기타, 미술, 수영 등 방과 후 활동 개설하여 학생들의 문예체 감수성 기르기

(7) 지향점

① 지역 전체가 교육에 대한 관심을 바탕으로 지역 교육력 향상에 이바지하는 자세 필요
② 학교가 지역사회의 중심지이자 학생을 넘어 마을 주민의 배움터가 되어야 함
③ 지역의 다양한 인적 자원들을 활용하고 지역 주민의 집단 지성이 발휘될 수 있도록 해야 함
④ 지역과 학교의 상생을 통해 아동 돌봄 및 교육에 대한 공동 책임의식이 발휘되어야 함
⑤ 학교와 마을 구성원 간의 신뢰와 협력 그리고 소통을 통해 모든 활동을 끊임없이 고민하는 자세 필요

경기도 교육청 Focus

경기도교육청은 경기 꿈의 학교, 경기 꿈의 대학, 몽실학교를 운영하고 있습니다.
- 경기 꿈의 학교 : 학교 안팎의 학생들이 꿈을 실현하기 위해 스스로 참여·기획·운영하는 학교 밖 교육활동(마을교육공동체와 진로교육이 합쳐진 것)으로 학생이 만들어가는 꿈의 학교, 학생이 찾아가는 꿈의 학교, 마중물 꿈의 학교(예비 꿈의 학교)가 있습니다.
- 경기 꿈의 대학 : 경기도교육청 소속 고등학생 및 동일 연령대의 학교 밖 청소년이 경기도교육청과 업무 협약을 맺은 기관에서 특별 개설한 강좌를 희망 선택에 의해 수강합니다. 융합적 사고력과 진로개척 역량을 신장시키는 학생 중심 교육 프로그램으로 방문형과 거점형으로 구분됩니다.
- 몽실학교 : 꿈을 실현하는 학교라는 뜻으로 지역사회 협력 미래형 청소년자치 배움터입니다. '우리가 하고 싶은 것으로 세상을 이롭게 하자'라는 슬로건 아래 청소년주도 프로젝트이며, 학교 교육과정 연계 체험형 교육과정입니다. 마을 협력 학교 밖 배움터를 운영합니다.

생각해 볼 문제

☐ 마을교육공동체가 성공적으로 이루어지기 위한 조건에 대해 고민해 보시오.

☐ 마을과 학교의 협력 활동 중 의견 차이가 발생했을 때 어떻게 대처할지 고민해 보시오.

7 학교-지역사회 협력 강화

(1) 정 의
① 학교와 지역사회과 함께 학습 플랫폼과 네트워크 구축 강화
② 교육시민단체와의 정책 협의를 통해 소통·협력 확대

(2) 목 표
① 지역 거점혁신학교 운영으로 지역의 혁신학교 자생성과 지속가능성 확보
② 학교-지역사회 연계와 협력으로 모든 학교가 진정한 혁신교육 가치 구현

(3) 배 경
① 지역 내에서의 혁신교육 활성화 과제 해결과 마을교육공동체의 중요성 대두
② 체육·예술 문화 체험을 지역사회와 함께 나누는 관계 중시

(4) 내 용

분 류	설 명
마을학교	• 초·중·고등학교 학생과 동일 연령대 하교 밖 청소년의 학습권 실현을 위해 지역성, 관계성, 자발성을 바탕으로 마을교육공동체가 함께 만들어가는 배움터
지역 거점형 메이커 스페이스	• 고등학생(메이커)의 상상력, 창의성, 아이디어를 발굴하고, 이를 기반으로 실험, 제작, 창작 등을 할 수 있는 지역 거점형 공간
마을 연계 방과 후 활동	• 맞춤형 학생성장 방과 후 학교 프로그램 및 운영의 다양화 • 학교 간 연합, 꿈의 학교 연계, 동아리·자유학년제 연계 등 운영 방식 다양화
지방자치단체, 교육시민단체와의 능동적 협력체계 구축	• 학생 중심, 현장 중심 교육환경 조성을 위해 지역 특수성을 반영한 교육지원 확대 유도 • 교육시민단체와의 정책 협의를 통한 소통과 협력 강화

> **경기도 Focus 교육청**
> 경기도교육청에서는 방과 후 연계형 돌봄을 '다함께 꿈터'라고 부릅니다. 학교 내 쉼·놀이공간을 구축하여 정규교육과정 중에 학생들에게 개방하여 활용하고 방과 후에는 연계형 돌봄공간으로 겸용하여 학교 공간 활용 및 돌봄운영의 질적 향상을 도모하기 위한 모델입니다.
> 또한 세월호 참사 피해학생 심리상담 및 치유 지원을 위해 안산교육회복 지원을 하고, 4.16 민주시민교육원 건립을 위한 공사 진행과 프로그램을 개발하고 있습니다.

(5) 사 례

분 류	설 명
도담도담 마을학교 (서울)	코로나19 장기화로 인한 학습격차 심화를 막기 위해 마을학교와 마을강사를 활용하여 원격수업 지원, 멘토링 등을 제공
경기 시흥 군자마을 이야기	시흥시 군자동 마을 안에서 마을탐방을 통하여 마을 역사 이야기 및 생태, 미디어, 직업 등 지역 주민들과 함께하는 다양한 체험활동
마을교사 아카데미	교육청에서 마을교사의 전문성 강화를 위해 입문, 리더, 전문가 과정 연수 운영 및 컨설팅 지원

(6) 효 과

① 지방자치단체, 교육시민단체와 교육청 간 능동적이고 긴밀한 협력체계 구축 가능
② 학생과 학부모의 수요를 반영한 방과 후 학교 프로그램 운영 가능
③ 다양한 마을학교 유형 개발
④ 마을교육공동체의 협력적인 네트워크를 구축하고 지자체, 교육청, 민간이 함께 참여하는 지역교육협의체 내실화

💡 생각해 볼 문제

☐ 지역사회 협력교육이 형식적이고 1회성으로 끝나는 경우가 많다. 이러한 제한점을 극복하고 교육의 실효성을 높이기 위해서는 어떻게 해야 하는가?

☐ 학교 교육활동에 지역사회를 융합하기 위해서는 공식적인 업무 추진과 준비 과정이 필요하다. 이러한 이유로 현장 교사들이 외부 교육 자원을 활용하지 않는 경우가 많은데, 이러한 문제점을 극복할 수 있는 방안은 무엇이 있는가?

CHAPTER 05 교육과정 다양화

1 성장배려학년제 · 성장 맞춤 교육과정

(1) 정 의
① 입학으로 학교급이 바뀌는 학생들이 학교에 안정적으로 정착할 수 있도록 환경을 구성·지원하는 제도(초 1~2, 중 1, 고 1)
② 용어 정의 : 서울(성장 맞춤 교육과정), 경기(성장배려학년제), 기타 지역 별도 확인 요망

(2) 목 표
① 학교급 전환기 학생들을 위해 개인 맞춤형, 안정형 교육과정 제공
② 충실한 기초 교육과 기본 교육의 제공으로 공교육에 대한 신뢰도 신장

(3) 배 경
① 학교급이 전환되는 시기부터 발생하는 학습 부담감과 학습 부진 아동에 대한 지원 필요
② 초등학교 기초학력 보장과 놀이 중심 교육과정의 중요성 대두

(4) 운영 방법

분 류	설 명
기초학력 보장	• (초) 한글 미해득 학생 지원 : 기초학력 강사 활용 • (초) 수 놀이 수업 운영 • (초) 기초학력 지원 사이트 활용 : 꾸꾸(주지과목), 한글 또박또박 등
전문담임교사제	• (초) 학교급 전환기의 학생들의 담임교사를 연임제로 운영. 학부모의 요청이 있을 경우 2학년 때 담임 교체 가능 • (중, 고) 성장배려학년 교사제, 책임담임교사제를 활용하여 교사 또한 같은 학교 재직 경력이 있는 교사들을 분산 배치 등
놀이 중심 교육과정	• 쉼이 있는 놀이 : 블록타임제를 활용하여 학생들의 자율적인 놀이 쉬는 시간 운영 • 놀이 중심 교육과정 재구성 • 놀이 관련 교원 전문성 신장 : 학습공동체, 연구회 등
성장배려를 위한 학급운영	• 받아쓰기 평가 지양 : 받아쓰기에 대한 부담감을 덜고 학습으로서의 접근 지향 • 알림장 활용 개선 : 직접 연락, 인쇄물, 홈페이지 등을 활용하여 학생의 알림장 작성에 대한 부담 완화 • 학부모 교육 자료 제공 : 학부모 총회 등을 활용하여 새로운 학교에 대한 운영 방법 및 특이사항 전파
성장배려를 위한 시설	• 교실·학교 환경개선비 지원 • 놀이 공간 확보 : 학교 내 유휴공간, 교실을 확보하여 놀이 인프라 마련

(5) 특 징

① (초) 놀이 활동을 기반으로 유치원과 초등학교를 자연스럽게 연결해 주고, 어린이의 놀 권리를 보장
② 담임연임제, 책임교사제 등의 운영을 통해 교육공동체의 쉽고 빠른 적응 도모

(6) 장 점

① 입학 후 복잡하고 어려운 학교생활 적응과 교육과정 운영이 원활해짐
② 담임교사는 학생 개개인의 성향과 학습 상태를 파악할 수 있는 환경 조성
③ 학교급 전환기의 학생, 학부모들의 학업 및 적응 부담 완화

생각해 볼 문제

☐ 학교급 전환기의 학생들에게 가장 필요한 것은 무엇이라고 생각하는가?

☐ 학생과 함께 신입·전입 교원에게도 필요한 성장배려제도는 무엇이라고 생각하는가?

서울특별시교육청 Focus
- 서울은 교실환경개선비를 학급당 13,000천원씩 지원하여 안정된 환경을 구축할 수 있도록 하고 있습니다.
- 일부 초등학교에는 '꿈을 담은 놀이터'라고 하여 학생 참여형 놀이터를 마련해 두었습니다. 또한 활성화를 위해서 현장지원단도 운영하고 있습니다.

경기도교육청 Focus
경기도에서는 성장배려학년제 운영을 위해서 학교 기본운영비를 학급당 30만원씩 지원하고 있습니다. 학생들의 적응에 필요한 다양한 물품·환경을 구비할 수 있습니다.

2 자유학기제

(1) 정의

① 일정 기간(학기, 학년) 동안 학생 참여형 수업과 과정 중심 평가를 통해 학생 자신의 흥미와 적성, 잠재력을 탐색하고 가꾸도록 교육하는 제도
② 해당 기간 동안 지식과 경쟁 중심에서 벗어나 삶의 역량을 기르는 학교 자율 교육과정, 각종 진로체험 활동 등을 운영함
③ 자유학기제(1학기 운영)를 발전시켜 자유학년제(1년)로 거듭나는 추세
④ 자유학기 활동 영역은 총 4가지로 구성되어 있음

영역	설명
진로탐색 활동	학생이 적성과 소질을 탐색하여 스스로 미래를 설계할 수 있도록 하는 활동
예술·체육 활동	다양하고 내실 있는 예술·체육 교육을 통해 소질과 잠재력을 개발하는 활동
동아리 활동	학생들의 관심사를 바탕으로 동아리를 조직하고 운영하여 학생자치활동을 활성화하고 특기적성을 개발하는 활동
주제선택 활동	학생의 흥미를 반영한 여러 가지 전문 프로그램으로 운영하며 학습 동기를 유발하는 활동

(2) 목표

① 자유학기제를 통해 학생의 적성을 개발하며 삶과 연결시켜 미래 핵심 역량 함양
② 모든 학생에 대한 맞춤형 교육과정 운영을 위해 학습 선택권 확대를 위함
③ 학문 중심 교육과정에서 탈피하여 교육과정의 유연성과 자율성 확보

(3) 배경

① 학생의 진로 탐색과 문화예술교육, 창의적 체험활동의 활용에 대한 창의적인 접근이 요구됨
② 학교급이 바뀌고 사춘기에 접어드는 중학교 1학년 학생들에 대한 적응 시간 확보 필요

(4) 운영 방법

분류	설명
자유학기제 영역별 활동 다양화	• 학생의 흥미와 의견을 반영하여 주제와 수업 개설 • 영역별 시간이 나누어져 있으므로 각 시간에 맞는 적합한 활동들을 구성 • 학습 동기를 자극하는 학생 참여형 수업을 중심으로 프로그램 개발(프로젝트, 토의, 토론, 협동학습) 예 • 진로탐색 활동 : 진로흥미적성검사, 직업현장 견학, 직업인 초청 등 　• 예술·체육 활동 : 미디어 창작활동, 스포츠, 오케스트라, 뮤지컬 등 　• 동아리 활동 : 디베이트, 시 창작, 환경지킴이, 영화감상 등 　• 주제선택 활동 : 3D 프린터, 과학 탐험부, 놀이 수학 등
자유학년과 일반학기의 연계	• 자유학기제가 끝나고 난 후 나머지 학기에도 자유학기제 프로그램을 연계하여 구성 • 자유학기제 전과 후의 교육과정이 분리되는 것을 막기 위함 예 중학교 1학년 전체가 자유학기였다면 2, 3학년은 연계 자유학년으로 설정하고 2, 3학년에게도 연계 프로그램 제공
교육공동체 의견 반영	• 자유학기제 4 영역 전체에서 학생의 흥미와 관심사를 파악하여 프로그램 계획 및 실시 • 교육공동체(학생, 학부모, 교사)의 사전, 사후 토론회 실시 • 예비 중학생(초6 학부모) 및 현 학부모들을 위한 자유학기제 연수 실시 • 자유학기제 학부모 지원단 구성
자유학년제 운영 역량 강화	• 자유학기제 수업 나눔 페스티벌 운영 : 우수 사례 공유 • 운영 매뉴얼 및 자료 공동 개발 커뮤니티 조성 • 자유학기제, 자유학년제 현장지원단 운영 • 교육과정-수업-평가 역량 강화를 위한 연수 실시
자유학년제 안착 지원	• 외부 견학 수업을 위한 현장체험학습 버스 임차료 지원 사업 • '꿈길' 사이트를 활용한 지역별 진로직업체험센터 연계 • 진로교육협의체, 진로교육 길잡이팀, 진로진학지원단, 진로멘토단 구성

(5) 특 징

① 아일랜드의 전환학년제, 덴마크의 에프터스콜레와 비슷한 모델
② 흥미에 따라 수업을 고를 수 있다는 점이 전통주의 주입식 교육과는 상반되는 점
③ 교육행정정보시스템(NEIS)를 활용하여 개별 학생에 대한 정보 기록 가능
④ 자유학년제에 참가한 학기는 고등학교 입학 전형에 성적 반영 지양
⑤ 자유학기제 영역에 동아리 활동이 있는 것은 창의적 체험활동 시간의 운영 활성화와 학생자치, 학생주도의 교육과정 운영을 도모하기 위함

(6) 장 점

① 학교 공부와 거리가 있던 학생들도 자신의 적성을 찾아가며 학교 교육에 대한 관심도와 내적 동기 강화
② 학교 교육을 학생의 삶과 연관시키고 학생이 직접 교육의 필요성을 느끼게 할 수 있음
③ 학생 개개인의 역량(자기주도적 학습능력, 창의력, 문제해결능력, 의사소통 능력, 합리적 판단능력 등)을 키우는 데 효과가 좋음

(7) 단 점

① 자유학기제 프로그램과 동시에 개인 학업이 진행되므로 예습과 복습에 대한 추가적인 학업 부담감이 있을 수 있음
② 시험이 없어진다고 생각하여 학생들이 학업을 소홀히 하기 쉬움
③ 학생 의견을 반영하며 프로그램을 개설하므로 의견 수렴 과정과 학교 행사 계획에 많은 어려움이 있음
④ 학교별, 지역별 특성에 따라 자유학기제 프로그램 구성, 업체 선정에 차이가 있으므로 교육적 효과도 격차가 생길 수 있음
⑤ 업체 위탁 시 진행 방식, 교육과정 구성에 따라 자유학기제의 효과가 결정되며 차이가 심함

💡 생각해 볼 문제

☐ 자유학기제 운영을 고입, 대입 정책과 연계시켜 생각해 보았을 때, 자유학기제가 가지는 의미는?

☐ 자유학기제에 대해 일부 학부모, 교사가 부정적인 인식을 가지고 있는 원인과 해결 방안은?

☐ 다양한 프로그램 운영에 필요한 교사의 전문성 부족·전문 강사 섭외의 문제점을 극복할 수 있는 방안은?

3 고교학점제

(1) 정의

학생이 자신의 희망, 적성, 진로에 따라 다양한 과목을 선택, 이수하고 누적 학점이 일정 기준에 도달하게 되면 졸업을 인정받는 교육과정 운영 제도

(2) 목표

① 학습 선택권 확대를 추구하며 학생 맞춤형 교육과정의 안정화
② 고교학점제 도입을 통한 고교 교육과정의 혁신 추구
③ 학교 교육과정과 학교 밖 학습경험의 연계 구체화

(3) 배경

학생 개개인의 다양성을 지원하고 미래 사회에 대한 역량을 기르기 위해 학생 자율형 교육과정이 요구되었음. 따라서 교육부 자체적으로 24년도까지 고교학점제 도입 기반을 마련하고 25년부터는 본격 시행을 목표로 하고 있는 상황임

(4) 운영 방법

분류	설명
학습 선택권 확대	• 공유캠퍼스 운영 : 학교 간 협력을 통한 교육과정 운영(지역사회 캠퍼스형, 연합형, 거점형, 쌍방향 온라인형 등) • 교과특성화 학교 운영 : 학교별 상황에 따라 교과특성화 교육과정을 운영한 뒤 일정 권역 내 수업 공유 • 온라인·오프라인 교육과정 클러스터 운영 : 학교 수업을 온라인까지 범주를 넓혀 수업 공유의 물리적 제한조건을 타파 • 주문형 강좌 운영 : 수업 선택을 통한 학생 맞춤형 교육과정 구성 가능
고교학점제 인프라 구축	• 고교학점제 수강 신청 시스템 개발 : 학업을 설계하고 선택, 지원할 수 있는 시스템 마련. 단위학교 내 시간표 운영 및 모니터링 기능 탑재 • 대학원 연계 고교학점제 전문가 과정 운영 • 공간 혁신 : 학교별 홈베이스, 가변형 교실, 교과교실, 진로활동실, 자율학습실 등 마련

분류	설명
소인수 교과 지원	• 소인수 교과 운영 지원 : 신청자가 적은 수업도 개설해 주기 위함 • 순회교사제 운영 : 소인수 수업을 위한 교사 확보 및 교육청 단위 운영
학생, 교사의 책무성 강화	• 교과별 최소 성취수준에 대한 연구 • 최소 성취기준 미도달 학생 지원 프로그램 운영 및 지원 • 고교학점제 전문가를 통한 단위학교의 실천 역량 강화 연수 • 운영 우수 사례 및 매뉴얼 개발

(5) 특 징

① 고교학점제를 위해서는 사전에 교원들의 고교학점제 운영 역량 강화가 필수적임
② 학생, 학부모들의 이해도 제고를 위한 연수 및 홍보물 제공 필요

(6) 장 점

① 각 학생의 상황과 배경에 맞는 100% 맞춤형 개별 교육과정 운영 가능(학습 선택권 보장)
② 기존에 소인수 폐강 수업도 학교별 학생들이 모여 순회교사제로 개강 가능
③ 학교 차원에서도 각 학교의 중점 연구과제에 맞추어 특성화 교육과정, 수업을 운영할 수 있음

(7) 단 점

① 협력 교육과정 및 수강신청·관리 소프트웨어 준비 등 인프라 구성에 어려움이 있음
② 도입 및 운영까지의 시행착오가 예상되고, 참여하는 고등학생들의 대입준비에 대한 우려
③ 협력학교 사이의 운영방식, 이동수업을 위한 물리적 조건 등에 대한 한계
④ 일부 온라인 수업에 대한 고교학점 인정 시 학습 결손에 대한 방지책 필요

> 💡 **생각해 볼 문제**
>
> ☐ 고교학점제가 학생들의 성장에 주는 이점은 무엇이라고 생각하는가?
> ☐ 교사·학교의 입장에서 고교학점제 운영이 가지는 이점은 무엇이라고 생각하는가?
> ☐ 고교학점제 운영으로 발생할 수 있는 교육적 문제와 이를 해결할 수 있는 방안은?

서울특별시교육청 **Focus**

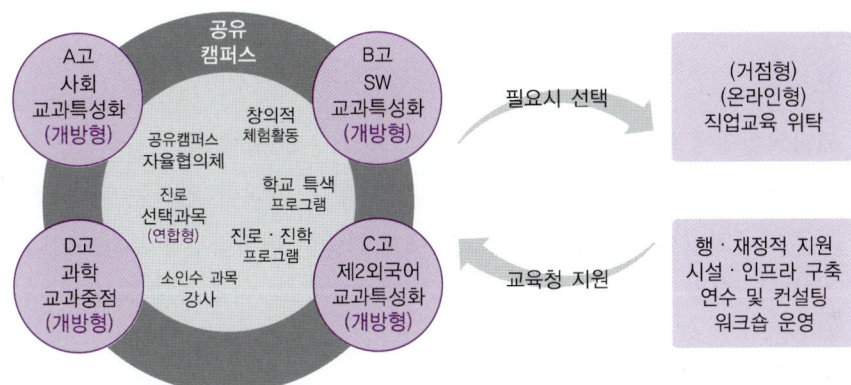

[서울형 고교학점제 재구조화]

출처: 2022 서울교육 주요업무, 서울특별시교육청

서울형 고교학점제를 구상하여 학교의 연계 교육과정을 준비하고 있습니다.
- '꿈담학습카페'를 지정하여 학교당 32,000천원을 지원하여 운영하고 있습니다. 해당 시설은 개방형 선택 교육과정을 원활하게 운영하기 위해 마련한 공간으로 강의가 없는 시간을 활용해 토의 토론, 정보검색, 협력과제 등 다양한 활동을 할 수 있도록 열어 두었다고 합니다.
- 서울에서는 고교자유학년제 '오디세이학교'를 운영합니다. 고등학교 1학년 학생 100명을 대상으로 성찰과 체험 중심의 다양한 교육활동을 진행합니다(독서토론, 프로젝트, 문화예술, 인턴십, 세상읽기, 문학과 성장, 시민참여, 거꾸로 프로그램, 메이커, 예술공방).

경기도교육청 Focus

경기도는 대도시, 중소도시, 읍면 지역 등 다양한 지역을 포함하고 있습니다. 따라서 '교육과정 특성화 시범지구'를 확대하여 다양한 '지역형 운영 모델'을 강구하고 있습니다. 또한 마을 대학이나 지자체와 협력하여 지역사회 학습장 운영 모델도 구축하고 있습니다.

4 교과교실제

(1) 정 의

중·고등학교 교육활동에서 교사가 학급 교실로 이동하는 방식이 아닌, 교과목에 맞게 특성화된 전용교실에서 교사가 상주하고 학생들이 각 교과 전용교실로 이동하면서 수준별·맞춤형 개별화 수업을 듣는 학생 중심 교실 운영 방식의 형태(교육과학기술부, 2009)

(2) 목 표

① 교과교실제에 의한 교과에 적합한 교실 환경 구축 및 학생 중심 수업으로 학교교육 만족도를 제고하고, 학생이 즐겁고 가고 싶은 학교를 만드는 데 중점
② 기존 학급교실제 운영으로 인해 교사에게 과중한 행정업무가 부과되어 수업의 질이 저하되는 것을 막기 위한 연구 중심의 교과교실 구축. 이를 통해 교사의 수업 전문성을 신장하고 단위학교 교육과정 운영의 자율성 제고를 통해 실질적인 학교 자율화의 기반 마련

(3) 배 경

① 공교육 내실화를 위한 학교 수업의 다양화와 교과운영 방식의 전환을 통해 학교 경쟁력 강화의 요구
② 지식·정보화 사회에서 급속하게 변화하는 시대적 요구에 따라 학교교육 환경을 수요자 중심의 교육 환경으로 변화시켜야 할 필요성

(4) 유형

분류	설명
선진형 교과교실제	• 대부분의 교과에 교과교실을 마련하고, 전 학년 대부분 과목을 교과교실로 이동하여 수업 실시
과목 중점형 교과교실제	• 교과목의 특성을 살릴 수 있는 주요과목(국어, 영어, 수학, 과학, 사회)의 교과교실을 만들고 해당 교과목 2개 이상 수준별 수업을 진행하는 수업 실시
수준별 수업형 교과교실제	• 학급 단위의 일반 교실제를 유지하면서 일부 교과에서만 수준별 이동을 실시함 • 3~5개의 수준별 교과를 운영하며 학년, 학기별 교과 집중이수제 실시, 블록타임제 등 수업 시간을 자율적으로 운영함

(5) 장점

① 교육환경 측면
   ㉠ 교과 수업에 부합하는 다양한 수업 기자재 및 활동 도구를 구비하여 매체 활용 수업 가능
   ㉡ 학생 공간인 홈베이스(휴식 공간 + 사물함), 미디어스페이스(공용 컴퓨터 + 스마트 기기 + 와이파이 등), 도서관 구비

② 학생 측면
   ㉠ 자기주도적·능동적인 학습 태도 함양
   ㉡ 다양한 수업 모형을 활용한 수업으로 인해 학생들의 다양한 지능이 발달됨

③ 교사 측면
   ㉠ 교과 중심 교사 조직 구성으로 인해 수업 연구에 집중하는 환경을 조성하고 협업하는 교직 문화 형성
   ㉡ 교과교실에 상주함으로 인해 학생들의 질문, 상담 등 상호작용이 증가하며 이를 통해 교수 효능감, 헌신도가 높아짐

④ 수업 측면
   ㉠ 학생들의 성적과 진로·적성·흥미 등을 고려한 학급 편성으로 학생 수준에 맞는 수업이 이루어짐
   ㉡ 교과에 맞는 다양한 수업모형을 적용시켜 탐구활동, 자기평가, 문제 만들기 등 다양한 활동이 이루어질 수 있는 여건이 조성됨
   ㉢ 학생이 선택할 수 있는 수업과 활동 실현에 기여하며 교과교실의 고유한 시설 및 환경을 활용하여 학생 참여 중심 수업 활성화

(6) 단 점

① 쉬는 시간 동안 교과교실로 계속 이동해야 하는 불편함과 피로감이 누적되며 학생 자신만의 공간이 사라진 것에 대한 불만
② 이동하면서 학생들 간의 갈등이나 문제 발생의 소지가 있으며 복도 혼잡
③ 교과교실제 운영을 위해 활용한 블록타임제 수업 시간에 대한 불만이 커짐. 긴 시간 동안 학생들의 집중도가 떨어지고, 중간에 화장실 가는 학생들로 인해 수업의 흐름이 끊김
④ 교과교실 관리의 문제
⑤ 교과교실의 본래의 취지는 학생 중심, 활동 중심 수업이나 이러한 목적 달성을 위한 내실화된 수업이 이루어지지 않음
⑥ 담임교사 및 학급 친구들과 상호작용 및 라포 형성의 어려움
⑦ 홈베이스에서 모든 학생들이 휴식을 취하기에는 공간이 좁으며, 홈베이스가 특정 학생들의 공간이 되기도 함

💡 **생각해 볼 문제**

☐ 교과교실제 운영을 통해 학생과 교사에게 일어날 수 있는 긍정적인 변화를 생각해 보시오.
☐ 교과교실제의 단점을 극복하기 위해 제안할 수 있는 방법에 대해 설명해 보시오.

5 독서교육

(1) 정 의

① 학생의 인성, 지성, 감성을 종합적으로 성장시키기 위해 독서 역량을 강화하는 것
② 독서를 통해 사회의 변화와 문화적 환경에 적응하고 문제를 해결해 나갈 수 있는 창의융합형 인재를 양성하는 것
③ 책을 통해 동아리 활동 운영 또는 프로젝트 학습 운영을 통해 토론하는 학교 문화를 조성하기 위한 것

(2) 목 표

① 독서에 대한 긍정적인 마음과 토론을 통한 독서습관 형성으로 전 생애에 걸친 학습 기반을 준비
② 교육과정 내에서 독서를 실천하여 문제해결능력 및 자기주도적 학습능력 신장
③ 독서교육을 통해 창의적으로 생각하고 인문소양을 기르며 타인과 함께 더불어 가는 민주시민으로서의 역량 확보

(3) 배 경

① 텍스트를 통해 간접경험을 선사하고, 그 과정에서 폭 넓은 인문소양을 길러 나가기 위해 다양한 분야의 독서가 요구됨
② 2015 개정 교육과정에서 요구하는 창의융합적 사고능력을 함양하기 위해 교육과정에 독서교육을 연계하여야 함

(4) 운영 방법

분 류	설 명
독서 기회 확보	• 교육과정 내 독서시간 확보 : 독서에 친화적인 환경 조성 • 한 학기 한 권 읽기 교육 운영 • 독서 동아리 필수 운영 : 교육공동체(학생, 교사, 학부모) 속에서 독서 동아리, 독서토론 모임 활동 지원 • 학부모 책 읽어주기 : 저학년의 독서습관 형성을 위해 학부모 참여 교육 행사 운영
학생주도 독서문화 형성	• 학생 독서토론 동아리 : 독서 및 토론활동을 통해 비경쟁 독서문화를 확산시키고, 소통하고 공감하는 과정을 통해 비판적 사고능력 향상 • 학생 인문학 동아리 : 독서를 통해 삶과 인문학을 관련짓고, 글쓰기 활동을 통한 결과물 산출 • 독서행사 운영 : 교육과정 공백기(학기 말, 학년 말)이나 학교 축제 및 지역 행사 기간을 활용하여 독서 공유의 장 마련
교육과정 연계 독서교육	• 온 책 읽기 활용 : 모든 학년과 모든 교과에서 교육과정을 재구성하여 학습개념을 온 책 읽기 활동으로 접목 • 독서 수업 일반화 : 독서를 중심으로 교과를 융합하여 프로젝트 학습으로 진행하고, 과정 중심 평가를 확대 • 인문학 토의·토론 수업 : 교과 연계 인문학적 주제와 질문을 중심으로 수업 운영 • 교과·범교과 연계 주제 탐구학습 운영
독서 행사	• 학생 독서토론 한마당 운영 : 학교 내, 학교 간, 지역 내에서 지역공동체 독서 토론 행사를 연계하여 운영 • 방과 후 수업 : 독서 논술 및 독서 토론반 수업 운영 • 방학 중 학교 도서관 독서캠프 운영
교원의 독서 역량 강화	• 교과교사와 사서교사의 협력연구 : 학교 도서관 활용 또는 협력 수업을 위한 모델 개발 • 독서교육 실천가 연수 : 지역 내 독서교육 우수 사례를 공유하여 벤치마킹 • 자격 연수 및 직무 연수에 독서수업 실행에 대한 과정 개발 • 독서교육현장협력단, 독서교육지원단 운영

서울특별시교육청 **Focus**

- 서울특별시교육청에서는 서울형 독서·토론 교육을 위하 다양한 사업을 진행하고 있습니다.
    - 서울형 독서·토론 기반 프로젝트 수업 운영(초, 중, 고)
    - '서울형 심층 쟁점 독서·토론 프로그램' 운영(서울 고교생과 박사 연구자가 함께하는 한 권 깊게 읽기/토론하기/쓰기 활동)
    - 독서교육교사단 운영
    - '아침 책 산책 프로젝트' 운영
    - 독서 인문 교육과정 체계화 운영(초 : 책과 노니는 교실 / 중 : 협력적 책쓰기 / 고 : 사람책 인문학)

경기도교육청 **Focus**

경기도교육청에서는 독서교육 사례 개발과 독서수업 자료 보급을 위해 [솔솔~ 독서바람]을 제작하여 배포하고 있습니다. 또한 경기도교육청 공식 블로그나 SNS를 통하여 각종 추천도서 안내, 독서 방법 지도, 가정 내 독서 연계 지도 등에 대해 홍보하고 있습니다.

(5) 특 징

① 학생은 독서주체, 교원은 독서교육실행 주체로 삼아 각자의 독서 역량을 함께 도모함
② 독서활동에 마을독서자원을 활용하여 지역 기반 독서교육공동체를 꾀함(학교 및 지역 도서관 연계)
③ 학교독서교육 추진계획을 설계하고, 교과교사 및 사서교사의 협력 모델을 개발하여 체계적인 독서교육 추구
④ 토론이 일상이 될 수 있게끔 문화를 형성하여 독서 핵심 역량 지도

(6) 장점

① 미래사회에 필요한 다양한 소양들을 간접경험을 통해 보다 포괄적으로 신장 가능
② 교과지도만으로는 부족한 학생들의 인문학적 소양과 인성교육을 동시에 꾀할 수 있음
③ 독서를 통한 토론지도는 학생들의 의사소통 능력과 비판적 사고능력을 신장하여 생활 속 문제 해결에 기본 바탕이 됨
④ 학생, 교원, 학부모, 지역사회가 독서활동으로 하나가 되어 협동심과 공동체 의식을 가질 수 있도록 기회 마련

💡 **생각해 볼 문제**

☐ 독서교육 프로그램이 지속되지 못하고 1회성으로 끝나는 문제에 대한 극복 방안은?
☐ 독서활동이 또 하나의 학습으로서 부담감을 느끼는 학생들을 위한 지도 방법은?
☐ 교육현장에서 담임(교과)교사와 사서교사가 협력수업을 실질적으로 운영하지 못하는 이유는?

6 예술교육

(1) 정의
① 학교 안 교육과정을 통해 문화적 소양을 길러 민주시민으로서 성장해 나가도록 하는 교육
② 문화적 감수성을 바탕으로 삶의 의미와 가치를 발견할 수 있도록 심미적 감성 역량을 길러주는 교육

(2) 목표
① 예술교과를 정상화하고 예술 기반 융합교육을 활성화
② 학교 예술교육의 역량을 신장시키고 예술 표현활동의 다양성을 확보
③ 지역사회와 협력하여 예술교육생태계를 확장시키고 선순환 구조를 마련

(3) 배경
① 이전 교육과정부터 지속적으로 추구하는 인간상과 핵심 역량에 문화예술 항목이 존재함
② **추구하는 인간상** : 문화적 소양과 다원적 가치에 대한 이해를 바탕으로 인류 문화를 향유하고 발전시키는 교양 있는 사람
③ **핵심 역량** : 인간에 대한 공감적 이해와 문화적 감수성을 바탕으로 삶의 의미와 가치를 발견하고 향유하는 심미적 감성 역량
④ 인간의 삶의 질 향상과 문화 발전에 따라 예술교육에 대한 필요성 대두

(4) 운영 방법

분 류	설 명
예술교육 기회 확대	• 예술강사 지원 사업 운영 : 전문예술강사와 교사의 협력수업 • 예술중점학교, 예술드림거점학교 운영 및 지원 • 자유학년제를 활용한 다양한 예술교육 프로그램 운영 • 악기 교육 활성화 : 교육청, 학교 단위의 악기 배치 및 학교 간 공동 순환 활용 • 학생자치회주도 학교 문화예술교육주간 운영 • 문화소외지역 예술교육 지원 사업 운영(찾아가는 공연 등) • 예술 페스티벌 운영 : 예술동아리, 활동 발표 기회 부여 • 학교 내 유휴교실 및 공간 확보 : 학생 연습실 및 작업 공간
교원 예술교육 전문성 확보	• 예술교과연구회 및 교사연구동아리 지원 • 예술교육 실천가 발굴 및 직무연수 개설
예술교육 생태계 확장	• 지역 연계 예술교육기관 : 서울창의예술교육센터, 경기 학교예술창작소 운영 • 교육지원청 단위 예술교육진흥협의회 구성

(5) 특 징

① 예술교육 강화는 전국 공통이나 지역별로 부르는 명칭이 다름(서울 : 협력종합예술활동, 경기 : 학교예술교육 등)
② 다양한 분야의 전문예술가를 학교로 초청하여 예술교육의 실효성을 높임

(6) 사 례

예술강사 지원사업을 위해 한국문화예술교육진흥원에서 '아르떼'라는 이름으로 다양한 프로그램을 운영 중. 학교별 예술교육 업무 담당자는 학교 교육과정을 분석하고 필요한 예술교육을 선택하여 강사를 신청함(신청 가능 분야 : 국악, 연극, 영화, 무용, 만화·애니메이션, 공예, 사진, 디자인)

(7) 장 점

① (음악, 미술, 체육 등) 특정 교과, 단원 내 표현활동 지도의 어려움 해소
② 학교에서 직접 전문 예술인과의 소통시간 확보 및 진로교육의 기회
③ 문화예술지원사업의 일환으로 예술분야 전문가들의 전문성 발휘 기회 확보

> **생각해 볼 문제**
>
> ☐ 예술활동이 1회성 체험으로 끝나는 것이 아니라 학생들의 삶 속에서 유지되기 위해서는 어떻게 하여야 하는가?
> ☐ 학교·학급 교육과정 내에서 예술교육을 강화하기 위한 방안은 무엇이 있는가?

서울특별시교육청 Focus
- 서울에서는 서울창의예술교육센터를 운영하고 있습니다. 학생들에게 문화예술 창의체험(음악, 미술, 영상, 공연, 전시) 공간을 제공하고 있고, 지역 문화예술 자원을 학교 교육과정과 연계할 수 있도록 지원하기도 합니다.
- 국악배달통, 미술관, 오케스트라 등 학교로 찾아가는 예술 공연단체를 연계해 주기도 합니다.
- 음악교육의 인프라 형성을 위해 학생필하모닉오케스트라와 학교오케스트라를 지원하고 있습니다.

경기도교육청 Focus
- 경기도교육청에서는 다양한 예술교육 정보를 담은 예술편지를 발행하여 보급하고 있습니다.
- 1·1·1 예술교육을 목표로 하고 있습니다. 이는 초중고 생활 중 1인 1악기 활동을 제공하고 1예술동아리를 확신시키자는 것을 의미합니다.
- 학교에서 누구나 전시회나 발표회를 기획하고 참여할 수 있도록 '예술공감터'를 형성하도록 지원하고 있습니다.
- 학생주도예술체험 꿈이음 아트 : 문화 소외계층 학생을 위해 회복이 필요한 학생, 소질과 적성을 찾고자 하는 학생들을 대상으로 하나의 프로젝트를 운영합니다. 문화예술을 통해 학생이 소통과 공감으로 서로의 마음을 잇고, 자존감을 향상하여 삶에 대한 자긍심을 높이기 위한 문화예술 프로젝트를 진행하게 됩니다.

7 창의교육(융합, 발명, 메이커, 영재)

(1) 정 의

① 창의적으로 문제를 해결해가며 동시에 공감, 소통, 협력을 발휘할 줄 아는 민주시민을 기르기 위한 교육
② 과학기술의 발전과 상상력을 바탕으로 바른 인성을 함양하며 자신만의 가치를 창조할 수 있는 인재를 기르기 위한 교육
③ 방법과 분야는 다양함(수학・과학교육, STEAM 융합교육, 메이커교육, 발명교육, 영재교육 등)

(2) 목 표

① 교육과정에 언급된 추구하는 인간상과 같은 인재를 육성(기초 능력의 바탕 위에 다양한 발상과 도전으로 새로운 것을 창출하는 창의적인 사람)
② 창의성과 사고의 유연성을 가지며 인문, 사회, 과학 분야를 조화롭게 학습하여 융합형 인재 육성

(3) 배 경

① 사회와 추구하는 인간상이 다차원적으로 변해가는 만큼 다양한 분야의 교육을 하나로 조화시켜 교육시키는 융합교육에 대한 중요성이 강조되고 있음
② 인문소양을 겸비한 문・이과 통합형 교육을 추구(핵심 역량 : 폭넓은 기초 지식을 바탕으로 다양한 전문 분야의 지식, 기술, 경험을 융합적으로 활용하여 새로운 것을 창출하는 창의적 사고 역량)

(4) 운영 방법

분류	설명
과학교육 내실화	• 탐구, 실험, 토론 중심의 수업과 과정 중심 평가 운영 • 과학중점학교·과학선도학교·과학교육센터 운영 및 사례 개발 • 안전한 과학실 환경 조성 • 역량 강화 연수 : 놀이 중심 과학교육 프로그램 연수, 과학교사·실무사 연수, 실험·실습 역량 강화 연수, 첨단과학기자재 활용 연수 등 • 각종 과학탐구대회 운영 : 과학전람회, 청소년과학탐구대회, 학생과학탐구올림픽 등
융합인재교육 (STEAM)	• STEAM 선도학교, 선도교사단 운영 • 권역별 STEAM 워크숍 개최 • 주제 중심 통합수업을 위한 융합교육과정 프로그램 개발
발명교육, 메이커 교육	• 메이커 교육 : 학생이 상상하고 생각한 것을 디지털 기기와 다양한 도구를 사용하여 하나의 제품, 브랜드로서 직접 제작하고, 그 과정에서 얻은 지식과 경험을 다른 사람과 나눌 수 있도록 하는 과정 중심의 프로젝트 교육방식 • 교과 및 창의적 체험활동 연계 발명교육·메이커 교육 프로그램 지원 • 발명교육센터 지역별 운영 및 활성화 • 학생과학발명품경진대회 운영 • 자유학기제·동아리 연계 지도자료 보급
영재교육	• 영재교육원 : 지역 및 단위학교 중심의 영재교육 프로그램 운영 • 영재교육의 분야 확대 : 수학, 과학, 정보, 음악, 미술, 문예창작, 애니메이션, 무용, 연극, SW 등 다양한 분야에서 잠재력을 가진 학생을 발굴 • 영재교육 선발 문항 및 평가도구 개발 • 영재교육진흥위원회 운영 : 미래 핵심 역량 중심 영재교육 프로그램 개발 • 영재교육 종합 데이터베이스 운영 : 영재교육 및 이력 관리

(5) 장 점

① 다양한 분야와 주제를 바탕으로 주제 중심 학습, 프로젝트 학습, 문제해결 학습이 가능해짐
② 재구성된 학습과정은 학생의 학습 부담을 완화하고 내적 동기를 강화하기 쉬움
③ 상상력과 창의력을 발휘하며 자신만의 끼와 재능을 찾을 수 있음

(6) 단 점

① 각종 창의·융합교육을 진행하기 위해서는 기존의 교육과정 방식의 흐름을 깨아 하므로 교사의 부담이 매우 큼
② 평균 수준 또는 그 이하의 학생들에게는 창의·융합교육은 성취기준 도달에 걸림돌이 될 수 있음
③ 몇몇 교육활동은 일부 상위 학생들에게만 적합하여 학교 전체로 일반화하기에는 무리가 있음

> **생각해 볼 문제**
> ☐ 교육현장에서 운영되고 있는 창의·융합교육은 학생의 창의력을 신장시키는 데 충분한가?
> ☐ 창의·융합교육을 일부가 아닌 모든 수준의 학생들에게 적합하게 운영하기 위한 방법은?

서울특별시교육청 Focus
- (과학) 서울수학과학체험관을 통해 지능형 과학실, 에듀테크 배움터, 빅데이터, 로보틱스, 홀로그래피 등 첨단과학 콘텐츠를 전시하고자 합니다.
- (발명, 메이커) 서울교육청에서는 메이커교육 모델학교를 선정하고, 메이커 스페이스 거점센터(74개소)를 선정하여 운영하고 있습니다.

경기도교육청 Focus
- (과학) 경기 미래형 과학실, 지능형 과학실, 과학점핑학교, 과학중점학교를 마련하여 운영하고 있습니다. 또한 경기학생 과학학술제, 경기 과학교사 한마당을 개최합니다.
- (발명, 메이커) 경기메이커학교를 지정, 운영하며 발명교육센터(29기관)을 운영합니다.
- (영재) 융합, 수학, 과학정보, 예술, SW, 메이커 등 다양한 영재교육을 운영하며 영재교육종합데이터베이스를 활용하여 영재성 발달을 기록합니다.

8 진로·직업교육

(1) 정 의

긍정적 자기이해와 흥미, 적성, 가치관을 바탕으로 자신에게 맞는 진로를 설계할 수 있도록 기초 역량을 배양하는 교육

(2) 목 표

① 협력적 지식정보처리 역량의 강화를 통한 미래를 준비하는 인재 양성
② 산업계와 연계한 진로, 직업 교육의 다양화를 통한 혁신 인재 양성
③ 신뢰도 높은 진로·진학 정보의 제공으로 공교육 활성화 추구

(3) 배 경

① 미래의 사회 모습, 기술 발전이 다양화되고 복잡화됨에 따라 학생들에게도 자신에게 맞는 정보를 취합하고 선택할 수 있는 능력이 요구됨
② 대입 정책 개편으로 인한 학생, 학부모, 교원에 대한 맞춤형 진로진학 교육자료 개발 필요
③ 다양한 진로·직업교육을 위해서 지역사회의 전문가의 협력이 필요한 상황에 교육생태계의 확장을 추진함

(4) 운영 방법

① 진로교육

분 류	설 명
학교 진로교육과정 지원	• (초, 중) 사이버 진로교육 콘텐츠 개발 • (중, 고) 진로 중심 통합형 미래학교 설립 추진 • (고) 진로 중심 미래형 고등학교 모델 개발 • 교과 연계 진로교육 집중학기(학년)제 운영 지원 • 진로교육 자료개발 연구원제 운영 • 소외지역 학교 진로교육 역량 강화 연수(신설고, 저경력교사 비율이 높은 학교 연중 지원)

진로탐색
기회 제공
	• 진로체험지원센터 운영
	  - 서울 : 진로직업체험지원센터 25개소
	  - 경기 : 경기진로교육센터, 경기진학정보센터
	• 특성화고 연계 진로체험 운영 : 초, 중학생을 대상으로 한 진로체험 프로그램 운영 및 특성화고 개방의 날 운영
	• 지역 창업체험센터 운영 : 지역의 도움을 받아 학생 창업체험 기회 제공
	• 진로활동실 구축 : 초, 중, 고에 시설 및 기자재, 진로교육자료 구비 지원

고입, 대입 지원	• 고교-대학 연계 포럼 운영을 통한 새로운 대입제도 연구 • 진로 종합 설명회 운영 : 학생 및 학부모 대상, 주·야간, 주말 개최
현장직업체험 운영 내실화	• 현장진로직업체험 프로그램 : 4시간 이상 현장에 방문하여 직업체험 실시 • 진로직업체험이 가능한 지역 내 인적, 물적 자원 탐색 및 업무 협약 체결

② 직업교육

분 류	설 명
NCS 기반 직업교육 내실화	• NCS(국가직무능력표준) : 산업현장에서 직무를 수행하기 위해 요구되는 지식이나 기술, 태도 등의 내용을 국가가 표준화한 것 • 산, 학, 관 협력 프로그램 : 17개 NCS 기반 교과군에 따른 산업분야별 학습 중심 현장실습(취업)활성화를 위해 산업체와 학계, 교육청이 힘을 모아 진행하는 교육 • 직업계고 학점제 운영 : 특성화고, 마이스터고 수업을 학점제로 운영한 교육과정 모델 개발 및 확산 • NCS 교육과정 직업계고 실습 지원 : 실험·실습기자재 확충, 재료비 지원, 실습실 안전설비 확보, 안전 매뉴얼 보급, 개인보호장비 지원, 유해물질 억제장비 설치, 공기질 개선 시설 확충 등 • 우수교원 확보 : 산학겸임교사, 초빙교사, 공모교장 운영

분 류	설 명

미래지향 특성화고 개편	• 특성화고 재구조화 프로젝트 및 학과 개편 : 미래 직업 수요를 반영
	  예 첨단부품, 소재, 장비를 위한 공업계고 특별 학과 개설
	• 학과 개편을 위한 취업상담전담교사 배치
	• 직업계고 전문교과 교사 부전공 및 전문기술 직무연수 확대
	• 특성화고 교사 역량 강화 연수
	  예 전문교과 교원을 대상으로 한 기술대학교 및 기업인재개발원 위탁 연수 실시, 4차 산업혁명 신기술 중장기 연수 등
	• 특성화고~전문대학 연계 모델 개발
	• 진로직업 중심 종합학교 모델 개발
	• 특성화고교 연계 평생직업교육 모델 개발

현장 연계 교육	• 산업체 학습 병행 프로그램 예 산업체 연계 현장실습, 산학일체형 도제학교, 명장공방 등 운영 • 학교 교육과정과 산업체 현장실습 연계 강화 : 현장실습 교과 개설 및 현장실습 장학금 지원
산학일체형 도제학교	• 명장기술, 기능 이전 교육 : 명장의 기술을 전수하는 특성화 고등학교 운영 • 학교, 도제교육센터, 산업체가 하나로 연계되어 이론과 실습을 균형 있게 교육하는 교육과정 개발
일반계고 직업교육 기회 확대	• 특성화고 위탁교육 운영 : 일반고 학생 중 직업교육을 희망하는 학생을 대상으로 특성화고에서 교육
창업교육 활성화	• 학생 창업동아리 활동 지원 • 직업계고 창의 아이디어 경진대회 운영
교과 속 노동인권교육	• 교육과정 재구성을 통한 노동인권교육 실시(노동가치, 노동인권, 직업윤리, 노동관계법, 실무교육 등) • 지역사회를 기반으로 한 노동인권교육 활성화
특수교육대상자 직업교육 확대	• 발달장애인훈련센터 운영 : 한국 장애인고용공단과 한국 장애인개발원, 지역 교육청(특수학교)의 협력으로 장애학생의 진로·직업교육의 기회 확대 • 현재 발달장애인훈련센터는 13개 운영 중이며, 전국 17개 시도에 19개 운영 계획

서울특별시교육청 Focus
- 소외계층 맞춤형 꿈키움 진로교육을 초, 중, 고에서 추진합니다.
- 진로멘토링 인력풀을 지원하고, 진로체험관(11교)을 운영합니다.
- 진로직업박람회를 개최하고, 자치구별 진로직업체험지원센터를 운영합니다.
- 맞춤형 진학상담 프로그램을 위해 학생, 학부모, 교사용 쎈(SEN)진학나침판 앱을 제공합니다. 쎈진학나침판 앱은 학생의 자기주도적 진로진학 설계를 돕는 온라인 플랫폼입니다.
- 직업계고 학생들을 위해 대학, 공공기관, 산업체와 연계하여 '학교 밖 교육' 프로그램을 운영합니다.
- AI융합 진로직업교육원 구축을 준비 중에 있습니다.

경기도교육청 Focus
- 경기도에서는 진로체험지원센터, 신산업분야 진로체험거점센터를 마련해 운영하며, 미래직업교육박람회를 개최합니다.
- 진학 지원을 위해 경기진학 정보센터를 운영하며, '대입진학지도 리더교사'를 운영합니다.

(5) 특 징

① 진로·직업교육의 중요성이 과거에 비해 많이 부각되었으며, 시작 시기가 많이 빨라졌음
② 교육청 내 자원(특성화고 학생, 교사, 시설 등)을 적극적으로 활용하여 초중고(일반, 자사고) 학생들에게 직업교육의 기회를 확대하려는 추세임
③ 언택트 시대에 들어서며 진로·직업교육 또한 온라인에서 진행할 수 있도록 많은 사이트와 프로그램들이 개발 중임

▼ 면접에서 언급해 보기 : 활용할 수 있는 다양한 진로·직업교육 사이트

이 름	기 관	주 소
원격영상 진로멘토링	한국청년기업가정신재단	http://mentoring.career.go.kr
청소년 기업가체험 프로그램		https://yeep.kr
창의인성교육넷(크레존)	한국과학창의재단	https://www.crezone.net
교육기부		https://www.teachforkorea.go.kr
청소년활동정보서비스	한국청소년활동진흥원	https://www.youth.go.kr/youth
하이파이브 (특성화고·마이스터고 포털)	교육부	http://www.hifive.go.kr
에듀넷	한국교육학술정보원	http://www.edunet.net
워크넷	한국고용정보원	https://www.work.go.kr
한국잡월드	한국잡월드	http://www.koreajobworld.or.kr
커리어넷	한국직업능력개발원	https://www.career.go.kr
SCEP 창의적 진로개발	한국직업능력개발원	http://scep.career.go.kr
꿈길	교육부	http://www.ggoomgil.go.kr
꿈의 학교	경기도교육청	http://village.goe.go.kr
각 시·도별 진로진학정보센터	시·도교육청	인터넷에 **(지역명) 진로정보센터 또는 진로교육센터를 검색해 보세요. 예 • 부산 진로진학지원센터 • 울산 진로직업체험지원센터 등
진로와 직업 SMART BOOK	한국직업능력개발원	https://www.career.go.kr/smartbook

▼ 추가 참고 사이트

이 름	기 관	주 소
잡에이블	국립특수교육원	http://www.nise.go.kr
한국과학창의재단	한국과학창의재단	https://www.kofac.re.kr
한국직업능력개발원	한국직업능력개발원	https://www.krivet.re.kr
한국청소년정책연구원	한국청소년정책연구원	https://www.nypi.re.kr

(6) 장 점

① 체계적인 진로교육을 통해 학생 개개인의 긍정적인 자기이해와 행복한 미래 설계가 가능해짐
② 학생들 스스로 진로교육, 체험에 참여하며 교육에 대한 내적 동기 확보 가능
③ 진로·직업교육을 통해 전인교육에 조금 더 가까워지므로 공교육에 대한 신뢰도 신장
④ 교육청 내 자원과 지역자원(산업체, 공공기관, 대학 등)을 적극적으로 활용 가능

> **생각해 볼 문제**
> ☐ 교육현장에서 이루어지는 진로·직업교육이 실효성이 있는가?
> ☐ 대부분의 진로·직업교육이 1회성으로 그치며 교육적 효과가 미미한데, 이 문제를 해결하기 위한 방안은 없는가?

CHAPTER 06 민주시민교육

1 실천 중심 시민교육

(1) 정 의

① 민주시민교육
  ㉠ 비판적 사고력을 가진 주체적인 시민이 민주주의의 가치를 존중하고 서로 상생할 수 있도록 민주시민으로서의 역량을 향상시키는 교육(교육부, 2018)
  ㉡ 공동체 의식을 가지고 세계와 소통하는 민주시민으로서 배려와 나눔을 실천하는 사람을 기르기 위한 교육(초중등교육과정 총론)

(2) 목 표

① 참여와 실천 중심의 민주시민교육을 통한 주체적이고 공공적인 시민 육성
② 교육과정 연계 실천 중심 시민교육으로 함께 성장하는 시민 육성

(3) 배 경

① 민주시민으로서 사회 참여에 필요한 지식, 가치, 태도를 배우고 실천하는 학교시민(학생, 교직원, 학부모) 양성을 위해 교육과정 내에서의 시민교육 강화 필요
② 미래사회에 대비한 교육과정과 연계하여 교육과정 자체가 시민성이라는 역량을 지향하여 구성될 수 있도록 집중하는 것이 필요

(4) 민주시민적 역량 종류

① **시민적 판단 역량** : 공공의 문제 등을 사실과 가치의 측면에서 분석하고 비판적으로 판단할 수 있는 역량
② **시민적 소통 역량** : 다양한 상황에서 자신의 생각과 감정을 효과적으로 표현하고 다른 사람의 의견을 경청하고 존중하며 소통하는 역량
③ **시민적 실천 역량** : 공동체 의식을 가지고 다양한 삶의 문제에 참여하는 시민으로서 소통 역량을 바탕으로 자율적이고 책임감 있는 삶을 실천하는 역량

(5) 내 용

분 류	설 명
민주시민교육과정 운영	• 민주주의 가치를 추구하는 학교 비전을 수립하고 학교 구성원 간 공유 • 학교 구성원 간의 협의를 통한 민주시민으로서의 학생상 정립 • 교육과정-수업-평가 과정에서 민주주의 가치 반영 및 운영
학생주도의 참여와 체험 중심 민주시민교육 활성화	• 학생주도 중심 사회 참여활동 활성화(사회 참여활동 프로젝트, 학생 사회 참여 동아리) • 교육과정 연계 공간의 민주성 프로젝트 운영
시민적 인성교육 활성화	• 따뜻한 감성이 있는 학교 문화 조성(학교 구성원 간 존중과 배려의 관계문화 형성을 위한 생활 협약 만들기) • 인성교육 중심 교육과정 운영 • 가정-학교-지역이 함께 만들어가는 시민적 인성교육
네트워크 구축	• 학교 및 지역 단위의 자율적 네트워크 활성화(사례 공유 및 확산) • 도 단위 및 전국 단위의 네트워크 형성
학교 구성원 민주주의 역량 강화	• 학생, 학부모, 교직원 대상 교육 및 연수 운영 • 지역사회와 함께하는 학교민주주의와 학교자치 활성화지원체제 구축

경기도 교육청 Focus

경기도교육청에서는 교육과정의 민주주의, 학교문화의 민주주의, 실천하는 민주주의를 위해 '민주시민교육 실천학교'를 운영합니다. 학교 교육과정에서 민주시민교육을 강화하고 민주적인 학교 문화 조성을 통해 학생들이 삶 속에서 민주주의를 실천하도록 하는 학교입니다.

'시민적 인성교육'이란 개인적 수양 및 가치 덕목을 바탕으로 개인의 권리와 책임을 인지하고, 공동체적 협력을 통해 민주시민으로서 갖추어야 할 가치를 내면화하여 공공적이고 주체적인 삶을 실천하는 교육을 의미합니다. 개인적 수양 및 가치·덕목에는 예, 효, 정직, 책임 등이 있습니다.

그리고 민주시민으로서 갖추어야 할 가치에는 자아정체성, 시민적 용기, 비판적·성찰적 사유능력, 공동체성이 있습니다.

서울특별시 교육청 Focus

서울특별시교육청에서는 '학교민주시민교육'을 하고 있습니다. 이는 학교시민(학생, 교직원, 학부모 등)이 민주주의자로 성장하는 것을 지원하는 교육입니다. 또한 '사회현안 논쟁형 독서토론 수업'을 하고 있는데 현안에 바탕을 둔 비판적 독서와 토론을 통해 민주적으로 함께 살아갈 수 있는 학생 시민의 실천능력을 함양하는 수업을 하고 있습니다. 참여와 협력의 서울형 학생봉사학습을 통해 지역사회에 대한 이해 증진과 경험을 통한 학습을 목표로 하는 봉사활동도 주최하고 있고, 서울형 봉사학습실천학교도 운영하고 있습니다.

(6) 효과

① 학교 교육과정과 연계한 민주시민교육을 통해 공동의 비전과 목표를 공유하는 민주적 학교문화 조성 및 학교 민주시민교육 내실화 가능
② 민주시민교육에 대한 인식 확산과 학생 시민으로서의 성장 지원
③ 학생들의 사회 현안에 대한 관심을 제고시키고 비판적 시각을 기를 수 있음

💡 **생각해 볼 문제**

☐ 학교 민주시민교육의 목표와 중요성을 민주시민적 핵심 역량과 관련하여 설명해 보기
☐ 학생들에게 민주시민교육이 필요한 이유 생각해 보기

2 세계시민교육

(1) 정 의

① 세계시민
  ㉠ 세계에 대해 알고 세계시민으로서 자신의 역할을 다하는 사람
  ㉡ 다양성을 존중하고 자신의 행동에 책임질 줄 아는 사람
  ㉢ 세계의 흐름을 이해하고 사회 정의를 실현하기 위해 노력하는 사람
  ㉣ 공정하고 평등하며 지속가능한 세계를 만들기 위해 타인과 협업할 줄 아는 사람

② 세계시민교육
  ㉠ 우리 모두가 지구촌의 시민으로 서로 밀접한 영향을 주고받으며, 우리가 직면한 공동의 문제를 슬기롭게 해결하기 위한 교육
  ㉡ 다양한 문화에 대해 존중하고 다른 사람들과 평화적으로 소통하여 공존하는 공정한 세계를 만들기 위한 교육
  ㉢ 추구하는 인간상 : 문화적 소양과 다원적 가치에 대한 이해를 바탕으로 인류 문화를 향유하고 발전시키는 교양 있는 사람
  ㉣ 관련된 핵심 역량 : 지역·국가·세계공동체 구성원에게 가치와 태도를 가지고 공동체 발전에 적극적으로 참여하는 공동체 역량

(2) 목 표

① 차이와 다양성에 대한 존중을 넘어 공존과 상생을 지향하는 교육

분 류	목 표
지 식	• 세계인식의 지식 및 이해의 측면 • 세계 현상에 대한 내용을 아는 것 : 인간의 보편적 가치의 이해, 문화 및 인식의 다양성 이해, 세계적 문제 지각 등
기 능	• 세계 사회의 다양한 현상을 종합적인 시각에서 상호의존되어 있음을 이해하고, 자국의 시민인 동시에 세계시민의 일원임을 알고 합리적인 판단과 참여할 수 있는 능력 • 정보 관리, 인간관계 기술, 비판적 사고, 의사소통, 문제 해결력 협동 등
태 도	• 다른 나라와 타인에 대한 존중, 정의 및 권리에 대한 존중, 감정이입, 개방적 태도, 생태계 관심 등

(3) 배 경

① 세계화로 인해 지구촌 시대의 도래로 기후변화, 인권 문제, 환경오염, 전염병, 평화 등 지구적으로 서로 영향을 주고받는 환경이 형성됨
② 인류가 당면한 공동의 문제를 해결하기 위해 국가를 넘어 세계적 차원에서 세계시민 의식과 정체성이 중요시 됨

(4) 주 제

세계화 문제	평 등	다문화 이해	국가 간 상호의존
전쟁과 평화	기후변화	인권 존중	세계시민의식
환 경	기 아	빈 곤	난 민
평화로운 세계	지속가능한 발전	공 존	정 의

(5) 방 법

분 류	설 명
세계시민교육 환경 조성	• 학교 교육과정 재구성을 통한 범교과적 세계시민교육 실시 • 세계시민교육 교육과정, 콘텐츠 개발 및 보급
유관기관 연계 및 세계시민교육 네트워크 구축	• 중도 입국 및 외국인 학생 대상 한국 문화 이해와 적응을 위한 지역연계 프로그램 실시 • 유네스코, 월드비전 등 세계시민교육 유관기관 연계 프로그램 확대
세계시민 역량 강화 교원 연수	• 교원들의 세계시민 역량 함양을 위한 워크숍, 우수 사례 나눔 실시
탈북학생 교육 지원	• 탈북학생의 학습과 학교생활 적응 능력 함양을 위한 멘토링(진로, 학습, 상담 등) • 탈북학생 방학학교 운영 • 탈북학생 학부모 진로교육 및 탈북청소년교육지원센터 운영
유네스코 학교	• 평화, 자유, 인권 등 유네스코의 이념을 다양한 교육활동을 통해 실천하고자 하는 학교

경기도교육청 Focus
- 세계시민교육 역량강화를 위해 지역별 실천사례 공유회를 운영, 지원합니다.
- 국제교류지원단 운영을 통해 외국어 교육과정 연계 국제교류 운영 컨설팅을 지원합니다.

서울특별시교육청 Focus
서울에서는 세계시민혁신학교(3교), 세계시민교육 실천학교(210교), 실천동아리(100팀), 글로벌청소년동아리(20팀)을 선정하여 지원하고 있습니다.

(6) 효 과

① 교육과정과 연계 및 재구성을 통한 세계시민교육을 통해 세계적 문제에 대해 학생들의 관심 제고
② 유관기관 연계 및 교원의 세계시민 역량 강화를 통해 학생들에게 유의미한 세계시민교육 실시 가능

💡 생각해 볼 문제

☐ 학교 내에서 세계시민교육은 대부분 다문화교육과 다를 바 없이 진행된다. 공간적 한계를 뛰어넘어 실효성 있는 세계시민교육을 위해서는 어떠한 활동을 진행해 볼 수 있는가?

3 청소년교육의회

(1) 정의

지역청소년교육의회 : 만 10세 이상 18세 미만(재학 시 초등학교 5학년~고등학교 3학년)의 지역 내 청소년이 권리의 주체로서 지역의 교육관련 정책에 직접 참여하고 정책을 제안할 수 있는 의회민주주의 기구

(2) 목표

① 삶과 연결되는 정책을 학생이 적극적으로 고민하고 제안하는 과정을 통해 학생주도 참여 문화 조성 및 내실화된 학생자치
② 지역청소년교육의회를 활성화시키고 참정권 교육을 강화하여 학생의 의사결정권 및 정책 참여 확대

(3) 배경

① 학생자치의 중요성이 강조됨
② 학생의 정책결정 참여 보장 및 청소년 정치 참여 확대 요구

(4) 방향

분류	설명
지역청소년교육의회 운영 지원	• 의장단 및 상임위원회 구성 • 청소년주도의 연간계획 수립 및 운영 • 의회 의원 대상 법교육, 청소년 인권, 토론교육, 정치제안서 작성교육 실시
청소년 제안의 교육정책 반영	• 교육지원청 기본계획 수립에 반영하고 각 지자체와 협력을 통한 정책 반영을 위해 노력 • 교육감과 지역학생대표의 교육정책 토론회를 통해 정책 반영 시스템화
학생 참정권 교육 강화	• 선거권 및 정당가입 연령 하향에 대비하여 참정권 교육 실시 • 선거관리위원회와 협력하여 실제 체험 중심의 참정권 교육 실시(새내기 유권자 연수, 민주주의 선거교실, 미래지도자 열린 캠프)

(5) 사 례

분 류	설 명
정책마켓 프로젝트	• 정책마켓 : 청소년이 직접 만든 혁신적인 정책을 국회의원, 자치단체장, 교육청 관계자 등에게 제안해 정책 실현을 촉구하고 학생 정책 참여 문화를 조성하고자 마련한 행사 • 정책마켓에서 제안된 정책이 실제 반영된 사례 : 청소년교육의회, 지역별 몽실학교 개관, 접경지역 평화·통일 체험학습 사업

(6) 효 과

① 학생 스스로 정책 제안 및 협의하여 결정하는 과정을 통해 정치 참여의 중요성을 깨달을 수 있음
② 실제 체험 중심의 참정권 교육을 통해 학생유권자가 국민으로서 정당한 권리를 행사하고 올바른 책임을 다할 수 있도록 함

💡 생각해 볼 문제

☐ 선거연령 하향에 따른 학생들의 참정권 교육을 위한 방안은?

☐ 교사는 정치적 중립을 지킬 의무가 있다. 이때 학생들의 정치활동이 활성화되면서 생길 수 있는 문제와 지도 방안은?

4 평화통일교육

(1) 정 의
통일교육은 자유민주주의에 대한 신념과 민족공동체 의식 및 건전한 안보관을 바탕으로 통일을 이룩하는데 필요한 가치관과 태도를 기르기 위한 교육(통일교육지원법 제2조)

(2) 목 표
① 다가 올 한반도 평화시대에 맞추어 학생들의 평화 역량 함양 및 평화통일 공감대 확산
② 평화적 통일을 이루어 가는데 필요한 긍정적 인식과 바람직한 태도를 기르는 것

분류	설명
평화통일의 실현의지 함양	• 분단 장기화로 통일에 대한 젊은 세대들의 인식이 부정적임 • 통일의 당위성에 대한 현실적인 이유를 다양한 측면에서 제시해야 함(분단으로 인해 남북한 주민들의 고통과 불편 극복을 위해, 우리 민족의 재도약을 위한 발판으로서 한반도에서 더 나아가 국제평화에 기여한다는 점, 인류 보편적 가치 존중 및 인간다운 삶 보장 등) • 수단과 방법을 가리지 않는 통일 지상주의를 지양하고 평화통일에 대한 긍정적 인식 제고
건전한 안보의식 제고	• 한반도 위험 요인 : 국제안보 환경의 변화, 남북 간 군사적 대치, 북한의 핵 문제 등 • 국가안보의 기초 : 군사적 위험, 사회 구성원들의 평화와 완전을 위협하는 여러 위험요소로부터 인류 보편적 가치와 민주적 제도를 다져나가는 건전한 안보의식 필요
균형 있는 북한관 확립	• 북한 실상을 있는 그대로 이해하면서 북한에 대해 우리 안보를 위협하는 경계의 대상이지만 통일을 함께 만들어가는 협력의 상대로 인식하는 관점
평화의식 함양	• 다른 사회 구성원들이 가지고 있는 사회·문화적 가치관의 차이 인정하고 존중 및 소통하는 자세 중요 • '다름'을 인정하는 자세와 관용의 정신, 평화의식 함양 중요
민주시민의식 고양	• 민주적 의사결정과 문제해결 능력, 민주적 원리와 절차에 따라 행동할 수 있는 능력을 통합적으로 길러야 함

(3) 중점방향

① 통일은 국민적 합의를 바탕으로 추진되어야 하며 지향해야 할 미래이자 민족·국제 문제임
② 통일을 이루기 위해서는 남북한의 주도적 노력과 함께 국제 사회의 지지와 협력이 필요
③ 통일은 튼튼한 안보를 기초로 하여 평화와 번영을 구현하는 방향으로 추진되어야 함
④ 북한은 우리 안보를 위협하는 경계의 대상이면서 함께 평화통일을 이끌어 나가는 협력의 대상
⑤ 북한에 대한 이해는 객관적 사실과 인류 보편적 가치 규범에 기초해야 하며, 북한은 우리와 역사·전통과 문화·언어를 공유한 대상
⑥ 남북관계는 기존의 남북합의를 존중하는 방식으로 발전해야 하며, 남북관계의 발전을 위해서는 화해협력과 평화공존을 위한 노력 필요
⑦ 통일을 통해 모두의 자유·인권·평등·복지 등 인류 보편적 가치를 추구하는 국가 지향
⑧ 통일은 한반도를 넘어 동북아시아 및 세계의 평화와 발전에 이바지할 수 있어야 함
⑨ 통일은 점진적이고 단계적인 방법으로 추진되어야 함

(4) 내용

분류	설명
분단의 배경과 필요성	• 분단의 배경 : 일본제국주의 식민통치에 뒤이은 미·소 한반도 분할 점령으로 시작 → 6.25전쟁으로 고착 • 통일의 필요성 : 분단 장기화로 인한 비용, 분단 구조의 불안전성 극복 및 지속 가능한 발전 도모, 통일을 통한 유·무형의 편익
북한 이해	• 북한의 정치·외교 : 수령 유일 지배, 당-국가체제, 주체사상, 선군사상, 체제 안정 및 생존 중시 대외정책 추구 • 북한의 군사 : 정치적 목적 실현을 위한 도구적 성격, 핵과 같은 무기를 통해 군사적 우위 확보와 체제 결속 및 대외적 협상 수단으로 사용 • 북한의 경제 : 이중경제구조(제도상 사회주의 계획경제이나 현실적으로 시장화가 확산되고 있음), 경제건설 집중노선으로 경제 발전의 중요성 강화 • 북한의 사회문화 : 생활과 사상 통제, 북한 사회의 시장화 확산으로 인해 주민들의 생활, 가치관이 변하고 있으며 계층구조에 변화 초래 • 북한 주민의 인권 : 출신 성분에 따른 차별 및 인권 제한·침해가 많음, 인권 문제를 인류 보편적 가치로 다루어야 함
통일의 과정과 미래상	• 통일의 과정 : 남북 간 상호 이해, 대화와 협상을 통한 점진적 평화 통일 지향, 상호 신뢰를 바탕으로 평화 공존의 기반을 구축하려는 노력이 요구됨 • 통일 미래상 : 모두의 자유와 인권 보장, 풍요로운 삶 향유의 기회 제공, 새로운 성장 동력으로서의 통일, 통일을 통한 한반도 및 동북아 국가들과의 공동번영, 한반도 전쟁 위협 제거, 세계 평화기여

(5) 확산방법

분 류	설 명
교육과정 연계 평화통일교육	• 「평화시대를 여는 통일시민」 교과서 활용 수업 활성화 • 학교 중심 평화통일공감대 확산 및 체험 프로그램 강화(인문학체험, 학생 동아리, 이야기 한마당, 학교주도 프로그램 운영)
교원 평화통일교육 역량 강화	• 교사·관리자 대상 평화통일교육 역량 강화 연수 지원 • 평화통일교육 공감대 형성을 위한 포럼 개최
탈북학생 맞춤형 교육지원 및 어울림교육 강화	• 탈북학생 교육교사 지역별 네트워크 구축(탈북학생 이해교육 및 유형별 지도사례 나눔 제공) • 탈북학생 유형별 맞춤형 교육 프로그램 지원(탈북학생 적응교육, 기초학력 지도, 진로탐색 프로그램, 멘토링 활동 지원 등) • 탈북학생과 지도교사 간 공감대 형성을 위한 어울림교육 지원
동북아 평화 프로젝트 확산 (체험 중심활동)	• 교육과정 연계 동북아 평화교육 실천 • 동북아 평화를 위한 일상적, 상시적 독도교육 실시(교과, 창의적 체험활동, 계기교육 등을 이용한 독도교육 주간 운영) • 해외 독립유적지 탐방 프로젝트, 동아시아 역사 체험 캠프
남북교육 교류 추진	• 남북교육 활성화위원회 구성·운영, 남북 교원·학생 교육교류 추진

(6) 효 과

① 평화 감수성 함양 및 평화교육 역량 증진 가능
② 동아시아 평화·공존을 위한 역사교육교류 및 평화 지향 통일 역량 함양

 초, 중, 고 150팀을 대상으로 학생 체험 통일교육 프로그램을 운영합니다.

생각해 볼 문제

☐ 교육현장에서 교육과정을 운영하다 보면 남북관계가 악화되는 경우가 종종 있다. 관계가 악화되었을 때에는 통일교육을 어떻게 운영해야 하는가?

☐ 일회성 통일교육이 아닌 내실 있는 통일교육을 위한 구체적인 방안을 3가지 말해 보시오.

5 다문화 교육

(1) 정의

① 모든 사람들이 자신의 민족, 인종, 언어, 국적, 성별 요인에 따른 차별이 없는 평등한 교육권리를 보장받으며 양질의 학습기회를 누릴 수 있도록 주안점을 둔 교육
② 다문화 교육은 자신의 정체성을 바탕으로 하여 인종, 민족, 사회적 지위, 성별, 종교, 이념에 따른 다른 집단의 문화를 동등한 가치로 인식하게 하는 것
③ 다른 문화에 대한 고정관념 및 편견을 줄이고 다양한 문화를 이해하기 위한 지식, 태도, 가치 교육을 하는 것

(2) 목표

① 모든 학생이 함께 배우며 성장하는 교육기반 조성
② 다문화 가정 학생의 교육기회 보장과 교육격차 해소
③ 이질적 배경을 가진 사회 구성원들이 편견과 갈등을 해소하고, 차이와 양성을 인정하며 함께 살아갈 수 있도록 도모

(3) 필요성

① 다문화·외국인 가정 증가로 유·초중고 다문화 학생이 급속히 증가하고, 다문화 학생 개인의 이주배경도 다양화됨
② '모든 아이는 우리의 아이'라는 교육철학 아래, 고른 교육기회를 보장할 수 있도록 다문화 학생 교육 사각지대 해소 필요
③ 다문화 감수성은 연령이 어릴수록 높았으며, 다문화 교육을 받은 사람은 다문화 수용성 점수가 더 높게 측정되었다고 함(국민다문화수용성조사, 여성가족부)

경기도 교육청 Focus
경기도교육청에서는 '다문화 감수성 교육'을 중요시합니다. 이는 공동체의 구성원이 모두 다양한 문화적 배경을 가지고 있음을 수용하고 서로 다른 문화를 이해하고 존중하는 태도를 기르는 교육입니다.

서울특별시 교육청 Focus
서울특별시교육청은 '상호문화교육'을 하고 있습니다. 모든 문화적 차이에 긍정적으로 접근하여 적절하고 효과적인 상호작용을 함으로써 상호문화 역량을 함양하게 하는 교육을 의미합니다. '상호문화 역량'이란 다양한 문화들의 공존과 공정한 상호작용, 대화, 상호존중을 통해 공유된 문화적 표현을 만들어낼 가능성이며, 상호문화 역량은 다른 문화를 이해하는 과정(상호작용과 성찰적 행위)을 강조합니다.

(4) 다문화 학생이 겪는 어려움

① 교과 학업 부진 : 한국어 능력 부진으로 인하여 여러 교과 내용에 대해 이해도 및 성취도 떨어짐
② 정체성 혼란 : 문화가 이중으로 혼재되어 있고 서로 다른 문화 차이로 인한 정체성 혼란
③ 교우관계 문제 : 다문화 가정 자녀라는 이유로 따돌림이나 놀림 등을 겪음으로써 마음에 상처를 입는 경우

(5) 방법

분류	설명
교육과정 연계 다문화 교육 운영	• 모든 학생 대상 다문화 이해 프로그램 운영 지원(교육과정 연계하여 연간 2시간) • 다문화 교육 뉴미디어 교육 자료 개발
교육공동체 다문화 역량 성장 지원	• 다문화 이해교육 관련 연수 의무 실시(교원 다문화 교육 관련 3년 내 15시간 연수 이수), 다문화 가정 학부모 대상 자녀 교육 연수 실시

분 류	설 명
다문화 학생 맞춤형 교육 지원	• 이중언어 프로그램 운영 • 다문화 학생의 언어 및 생활 적응 지원을 위한 다문화 언어 강사 배치 • 다문화 학생 통합적 지원을 위한 다문화교육지원센터 운영(다문화 학생 입학절차 안내, 심리상담, 한국어 교육, 문화예술·상담 프로그램 운영, 진로교육) • 학교 밖 다문화 청소년 공교육 진입 지원 • 다문화 특별학급 운영 : 다문화 가정 학생의 조기 적응과 맞춤교육 지원을 위해 다문화 가정 학생 밀집지역 초·중학교에 개설된 특별학급
탈북학생 지원	• 탈북학생 1 : 1 멘토링 및 탈북학생 멘토링 중점 학교를 운영하여 탈북학생의 특성에 따른 다양한 교육적 요구를 반영한 맞춤형 교육 지원 및 학교생활 적응력 향상 • 탈북학생 학부모 대상 자녀 진로교육 실시를 통해 탈북학생 학부모의 자녀의 학교 교육에 대한 이해 향상 • 탈북학생의 북에서의 학력 인정을 통해 공교육 진인 및 자격취득 지원으로 한국사회 적응 기반 마련

경기도교육청 Focus

경기도교육청에서는 다문화 학생들의 언어 교육 및 학교 생활 적응을 위하여 아래 4가지를 운영하고 있습니다.

- 상호문화이해학교 : 다문화 가정 학생과 일반학생 간의 어울림 통합교육 프로그램을 운영하고 일반화시키기 위하여 노력하는 학교
- 한국어 학급 : 학교 밖 다문화 가정 자녀들의 공교육 진입을 위해 경기도 내 초·중학교에 개설된 한국어 집중교육 프로그램을 운영함. 초등은 교육부형으로 학교 내 다문화 가정 학생을 위한 한국어프로그램을 운영하며, 중등은 경기도형으로 학적이 없는 학교 밖 다문화 학생을 포함하여 운영
- 중도입국자녀 한국어 교실 : 중도입국자녀의 한국어 능력과 한국문화 이해를 돕기 위해 한국어 강사가 지원되는 1:1 맞춤형 한국어 집중교육 프로그램
- 위탁형 다문화대안교육기관 : 중고등학교 다문화 가정 학생 중 한국어 및 학교생활 부적응 등의 이유로 학교생활이 어려운 학생을 위탁받아 운영하는 위탁교육기관

서울특별시교육청 Focus

서울특별시교육청에서는 다문화 감수성 제고 및 역량 강화를 위하여 교육과정과 연계한 상호문화교육을 실천하고 있습니다. 다문화 교육 연구학교, 문화다양성교육 실천학교 운영을 통해 우수 사례를 자료집으로 제작하여 일반학교에 부급하고 있습니다. 또한 징검다리 과정을 확대하고 있는데 초·중학교 입학·편입학 예정 다문화 학생을 대상으로 학교생활 조기적응 지원을 위한 준비교육입니다.

(6) 효 과

① 모든 학생에 대한 다문화 교육과 다문화 가정 학생에 대한 맞춤형 교육 지원을 통해 반편견과 상호존중의 학교문화 조성
② 다문화 학생 맞춤형 지원을 통한 공교육 진입 및 적응 지원
③ 다문화 감수성 및 상호문화 역량 함양을 통한 사회통합 기초 마련

> **생각해 볼 문제**
>
> ☐ 학급에 다문화 학생이 있다면 교사로서 도움을 줄 수 있는 방안에 대하여 구체적으로 설명하시오.
>
> ☐ 다문화 학생이 급증하던 시기에 겪던 여러 문제(차별, 학습 부진, 소통의 어려움 등)들은 교육현장에서 많이 해소되었다고 평가된다. 미래사회를 내다보았을 때 다문화 교육 정책이 나아가야 할 방향은 무엇이라고 생각하는가?

6 지속가능한 생태·환경 교육

(1) 정 의

① **지속가능성** : 현재 세대의 필요를 충족시키기 위하여 미래세대가 사용할 경제·사회·환경 등의 자원을 낭비하거나 여건을 저하시키지 아니하고 이들이 서로 조화와 균형을 이루는 것(지속가능발전기본법 제2조)

② **환경 교육**
  ㉠ 환경 문제에 대한 탐구 및 문제 해결을 추구하는 교육
  ㉡ 학생들에게 환경에 대한 올바른 인식을 갖게 함으로써 건전한 인격형성과 당면한 환경 문제를 해결하고 더 나아가 환경 문제를 예방하여 쾌적한 환경을 누릴 수 있게 하는 교육

(2) 목 표

① 기후 비상시대의 생태적 전환을 위한 초중등 생태환경-생명교육의 혁신 지향
② 지속가능한 미래를 위하여 생명과 환경의 가치를 알고 실천하는 생태시민 육성 가능

(3) 배 경

자연과 인간의 조화, 지속가능한 미래사회를 위한 환경 교육 및 기후변화 대응 교육 필요

(4) 방법

분류	설명
교육과정 연계 체험 중심 생태환경 교육	• 생태감수성(생태소양) 향상을 위한 생명이 살아 숨 쉬는 생태적인 학교 운영 • 지역사회와 함께하는 생태환경 프로젝트 운영 • 범교과 교육으로서 생태전환 교육 운영 ※ 생태전환 교육 : 기후 위기시대를 맞아 인간 중심적인 사고에서 벗어나 자연과 인간의 공존과 지속가능성을 목표로 하여 생각과 행동의 변화를 추구하는 교육 • 환경 교육과정 운영 사례 공유를 통한 동반 성장
실천 중심 에너지 절약 교육 및 기후변화 대응교육	• 프로젝트 중심의 에너지 절약 실천운동 전개 • 학생주도 에너지 절약 실천 동아리 운영 지원 • 유관기관 연계 자원순환 교육 운영 지원 • 에너지 절약 실천 사례 공유 • 교육과정과 연계한 기후변화 대응 실천 프로젝트 운영
교육공동체의 환경 교육 전문성 및 실천 역량 강화	• 환경교육 전문성 신장을 위한 지속가능발전교육 직무연수 운영 • 유관기관 연계 실천 중심의 환경 교육 역량 강화 직무연수 운영
학교 환경교육 활성화 지원 체제 구축	• 유관기관 협력 강화를 통한 환경교육 네트워크 활성화 예) 시·군 지자체-교육지원청-지역환경교육센터-학교 협력체제 구축

경기도교육청 Focus
- 환경교육주간(Eco-Cloud) 공동실천을 통해 생태시민 결속력을 강화시키고자 합니다.
- 1인 1씨앗 프로젝트 운영을 통해 생물다양성 및 지속가능발전교육을 확대하고자 합니다.

서울특별시교육청 Focus
'공존'의 세상을 만드는 '한국계 지구인' 인성교육을 꾀합니다(한국계 지구인이란, 빈곤, 기후위기, 질병 등 세계가 함께 직면한 문제에 관심을 가지고 해결하기 위해 노력하는 한국인 및 한국 거주 외국인을 뜻합니다).

(5) 효 과

① 학생들을 생태감수성 및 생태소양을 가진 생태시민으로 육성 가능
② 교육과정 및 유관기관과 연계한 환경 교육을 통해 학생들의 삶 속에 녹아 있는 전문적 환경 교육 실시

💡 **생각해 볼 문제**

☐ 현 교육과정에 반영되어 있는 지속가능 발전 교육에 대해 교사로서 평가는 어떠한가?

☐ 지역사회와 협력하여 학생들의 생태감수성을 길러주기 위한 방안을 설명하시오.

CHAPTER 07 민주적이고 투명한 학교

1 학생자치

(1) 정 의

학생이 학교의 주인이라는 이념 아래 학교 내 의사결정 및 학사 운영에 학생들의 자율성을 최대한 부여하기 위한 교육방식

(2) 목 표

① 학교 민주화를 위해 자율과 참여 중심의 학생자치활동 활성화
② 학생이 배움과 성장의 주체로서 스스로 시민 역량을 함양하며 삶의 변화 추구

(3) 배 경

① 학습자 중심의 학습(학생주도, 배움 중심, 구성주의 등)이 강조되어 가며 하나의 교육활동으로서 학생자치가 각광받기 시작함
② 교육과정에서 추구하는 민주시민으로서의 성장을 위해 핵심 역량과 민주시민 역량교육이 중요해짐

(4) 운영 방법

분류	설 명
학생 선거관리위원회	• 학생 선거문화 정착 : 학생 중 선거관리위원을 선출하여 공약 중심 선거, 공약집 발간, 후보자 간 토론회 운영, 선거공약 중간점검 및 최종 평가 실시 등과 같은 자치활동 실시
학생자치회 내실화	• 교육과정 내 학급자치 시간 확보 : 월 2회 이상 권장 • 학교 주요행사 의결권 부여 : 입학식, 졸업식, 축제, 캠페인 등을 직접 기획하고 운영할 수 있는 구조 마련 • 학생자치회 리더십 함양과정 운영 : 지역교육청 및 청소년수련원 활용
학교 시스템 지원	• 학생자치활동 전담부서 설치 : 해당 부서를 위한 담당교사에게 독립된 업무 부여(학교폭력, 생활교육 등 타 업무와 분리) • 학생자치활동센터 마련 : 자치회 공간 및 기자재 구비 • 학생자율예산 편성 : 학생자치회 운영을 위한 예산 200만원 이상 편성 권장
학생정책결정 참여제	• 학교운영위원회 회의 학생자치회 대표 참여 및 발언기회 보장 : 학교생활인권규정 개정심의위원회, 교복선정위원회, 체험학습 활성화 위원회, 급식소 위원회 등에 참여 • 학생 대토론회 운영 활성화 • 학생참여 위원회 제안 사업 운영
지역 학생자치회	• 지역 청소년 교육의회와 통합 조직 운영 • 지역 학생자치회 주관 교육청 협의회 실시 • 교육지원청 홈페이지에 학생자치회 소통 공간 마련 • 학생자치 지역별 네트워크 구성

(5) 특 징

학생 자치 활동은 교육과정이 추구하는 인간상 및 핵심역량과 부합하는 항목임

① **추구하는 인간상 중 더불어 사는 사람** : 공동체 의식을 바탕으로 다양성을 이해하고 서로 존중하며 세계와 소통하는 민주시민으로서 배려와 나눔, 협력을 실천하는 더불어 사는 사람

② **핵심역량 중 협력적 소통 역량** : 다른 사람의 관점을 존중하고 경청하는 가운데 자신의 생각과 감정을 효과적으로 표현하며 상호협력적인 관계에서 공동의 목적을 구현하는 협력적 소통 역량

(6) 효 과

① 자신들의 목소리가 자신들의 학교생활을 결정하므로 학교 주인의식 신장 가능
② 교육과정 운영, 학교 행사 운영 등 학교 전반에 관련하여 학생들이 주도하므로 배움 중심의 교육을 교과 외 활동에서도 실천할 수 있음
③ 학교 운영에 학생들의 요구를 파악하기 쉽고 새롭고 창의적인 아이디어를 많이 산출할 수 있음

생각해 볼 문제

☐ 학생자치활동은 옛날부터 진행되어 왔는데, '학생자치'에 대한 과거와 현재의 차이점은 무엇이라고 생각하는가?

☐ 교사가 미리 구상해 두고 유도하는 방식이 아닌, 학생들의 진정한 자치활동을 위해서는 어떻게 하여야 하는가?

서울특별시교육청 Focus
학생참여 선순환 체제 : 서울에서는 학생의 의견을 체계적으로 수렴한 뒤, 이에 대한 피드백을 공개적이고 투명하게 제공하며 학생들의 참여를 권장하고 있습니다.

경기도교육청 Focus

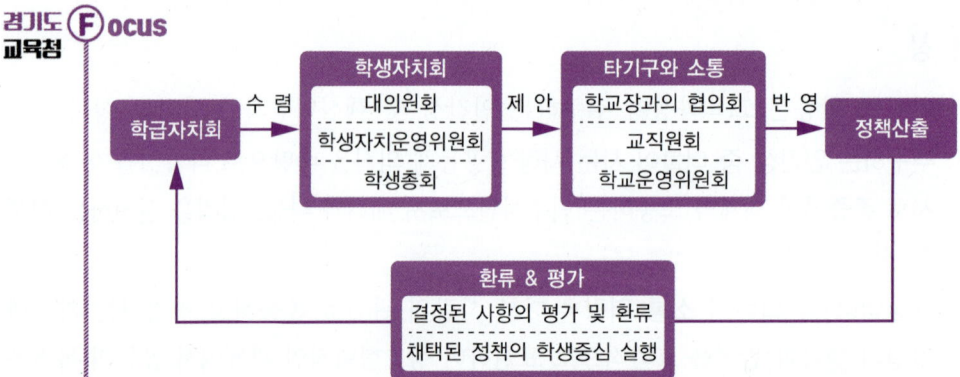

경기도교육청에서는 학생들의 민주적 의사소통 구조 형성을 위해 학생자치회 운영에 대한 구체적인 계획을 제시하고 있습니다. 학급에서 시작된 안건이 정책 산출까지 도달하기 위한 과정 전반에 학생들의 자치활동이 중시됩니다.
출처 : 2020 민주시민교육 정책 추진 계획, 경기도교육청

2 교육주체 참여

(1) 정 의

학교 운영과 교육활동 전반에 대하여 교육공동체의 실질적인 의견을 반영하자는 것으로, 각 주체들의 적극적인 참여와 소통을 통해 민주적인 학교문화를 만들어 나가기 위한 것

(2) 목 표

① 학교 운영을 위한 과정에 학생, 학부모, 교직원의 참여도를 증진시키고 협력적 동반자로서의 관계 형성
② 학교 구성원 간 민주적 소통방식 확립과 수평적 관계 형성

(3) 배 경

① 배움 중심 교육과정을 위해서는 학생과 학부모의 다양한 의견을 반영하여야 한다는 필요성 대두
② 21세기 사회 풍조에 따라 학생, 학부모, 교직원 사이의 민주적 관계형성과 소통방식, 업무 추진 방식이 요구됨

(4) 운영 방법

분 류	설 명
학교 민주주의 지수 활용	• 매년 학교 평가 실시 : 학생, 학부모, 교직원별로 학교 민주주의 지수에 대하여 평가하고, 잘된 부분과 부족한 부분을 점검하는 제도 • 교육주체들이 익명성을 활용하여 학교에 대한 의견을 직접적으로 표출할 수 있음 • 민주주의 지수 결과 공유 → 학교 자체 분석 → 대안 모색 → 차기 교육과정 반영
교직원회 운영 활성화	• 교직원회 구성 및 대표 선출 • 교직원회 대표의 학교교육활동 결정권 강화(학교 관련 행사 전 과정에 의사결정 참여 보장) • 교직원이 함께 만드는 교직원회의 운영 규칙 제정
학부모회 운영 활성화	• 학부모회 네트워크 운영 : 교육지원청 단위의 지역 학부모회 마련 • 학부모회 업무 매뉴얼 보급 및 연수(학부모 대상) • 학부모회 기본 운영비 확보 • 교내 학부모 전용 공간 마련 • 수업 보조교사 학부모 도우미 운영
학교운영위원회 운영 내실화	• 교육 3주체 대표 연석회의 : 학교운영위원회가 학생자치회, 학부모회, 교직원회의 소통의 장으로 발돋움 • 학교운영위원회의 대토론회 운영
학부모 교육 지원	• 학부모 캠퍼스 운영 : 지역사회와 연계하여 학부모 교육 프로그램을 운영하며 교육에 참여할 수 있도록 계획 • 전환기 학부모 교육 운영 : 예비 초등학생, 예비 중학생 학부모를 위한 연수 실시 • 학부모 아카데미와 학부모 리더 교육 운영 • 학조부모교육 운영 : 자녀를 기르는 조부모를 위한 각종 교육 방법 연수 • 학부모지원센터 및 찾아가는 학부모 집단상담 운영
학교 자율성 확대	• 학교 자치권을 확보하여 교육 3주체의 의사결정능력 강화(교육과정, 인사, 예산 편성, 예산 운영 등을 학교 자체적으로 운영할 수 있도록 함) • 학교 자체평가 및 통제시스템 마련

(5) 특 징

① 학교 내 민주적인 문화 확산을 위한 구체적이고 현실적인 방안들이 모색되고 있음
② 학교 내 민주 문화뿐만 아니라 교육청 내 학교 단위의 자율성 또한 강화되고 있음
③ 학생과 관련 있는 모든 환경을 교육주체로 보려고 하며 학교 활동과 학교 평가의 구성원으로서 활용함

(6) 효 과

① 교육주체의 다양화로 개방적인 의견과 여러 요구들이 구체적으로 학교 운영에 반영될 수 있음
② 학생과 학부모의 요청사항을 즉각적으로 반영할 수 있으며, 이에 따른 공교육의 만족도 증가
③ 학교 교육에 지역사회를 포함시키며 교육청 외 타 기관의 예산을 더욱 확충하여 프로그램 기획이 가능해짐

💡 생각해 볼 문제

☐ 현실적으로 일부 학부모만 학교 운영에 적극적으로 참여하는 현 상태를 극복하고 모든 학부모의 다양한 생각을 반영할 수 있는 방법은 무엇이 있을까?

☐ 현재 학교민주주의 지수 평가, 학교 자체평가의 실효성은 어떠하다고 생각하는가?

서울특별시 교육청 Focus

'학부모책'이라고 하여 공모로 선정된 학부모책(강사)이 독자(다른 학부모)와 만나 자녀 교육에 대한 경험과 다양한 이야기를 나누는 소통 프로그램입니다. 이렇듯 서울에서는 학부모의 역량 강화와 학교 교육에 참여를 위해 다양한 프로그램들을 운영하고 있습니다.

경기도 교육청 Focus

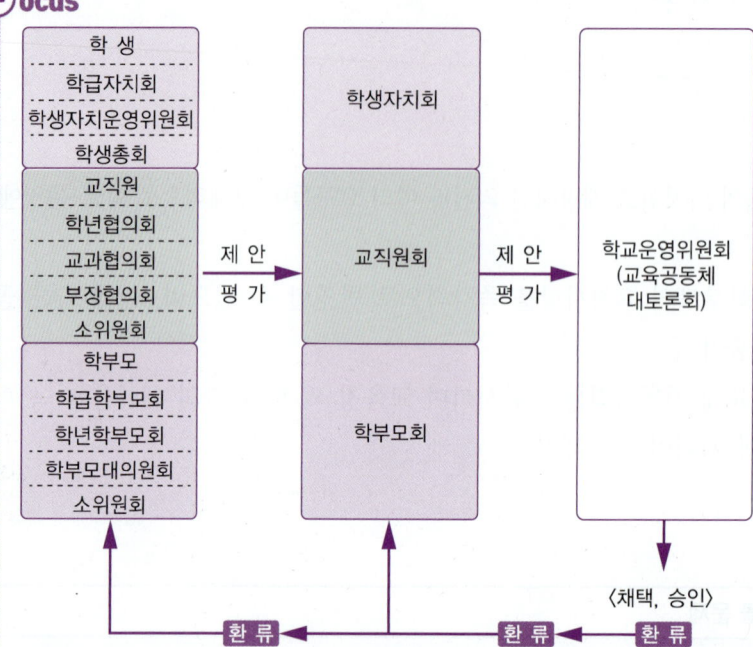

경기도교육청에서는 학교운영위원회를 통한 민주적 의사결정 시스템을 마련하기 위해 위와 같은 구체적인 흐름도를 제시하였습니다. 교육 3주체가 함께 학교운영위원회에 의견을 제출하며, 자체적으로 학교 운영을 결정할 수 있어야 합니다.

출처 : 2020 민주시민교육 정책 추진 계획, 경기도교육청

3 인권 존중 문화

(1) 정 의

학생의 인권에 대한 이해를 증진하고 보호 조치를 강화하여 학교공동체가 인권에 친화적인 문화를 만들어나가자는 것

(2) 목 표

① 교육과정 연계와 체험 중심 인권교육 활성화를 통한 인권친화적인 학교 문화 형성
② 교육공동체의 인권감수성 함양 및 민주시민 역량 신장

(3) 배 경

① 학교 내 학생의 역할이 커지고 교육 의사 결정권자로서 인정받으면서 교육공동체 사이의 관계 확인과 개선점, 앞으로 나아가야 할 발전방향에 대한 논의가 중요해짐
② 학생인권조례의 확산으로 학교 문화 및 사제지간의 관계가 급변하며 인권에 대한 교육이 필요해짐

▼ 학생인권조례 주요 내용

조 항	내 용
제5조 차별받지 않을 권리	학생은 성별, 종교, 나이, 사회적 신분, 출신지역, 출신국가, 출신민족, 언어, 장애, 용모 등 신체조건, 임신 또는 출산, 가족형태 또는 가족상황, 인종, 경제적 지위, 피부색, 사상 또는 정치적 의견, 성적 지향, 성별 정체성, 병력, 징계, 성적 등을 이유로 차별받지 않을 권리를 가진다.
제9조 정규교육과정 이외의 교육활동의 자유	학생은 자율학습, 방과 후 학교 등 정규교육과정 외의 교육활동을 자유롭게 선택할 권리를 가진다.
제10조 휴식권	학생은 건강하고 개성 있는 자아의 형성·발달을 위하여 과중한 학습부담에서 벗어나 적절한 휴식을 누릴 권리를 가진다.
제12조 개성을 실현할 권리	학생은 복장, 두발 등 용모에 있어서 자신의 개성을 실현할 권리를 갖는다.
제13조 사생활의 자유	학생은 소지품과 사적 기록물, 사적 공간, 사적 관계 등 사생활의 자유와 비밀이 침해되거나 감시받지 않을 권리를 가진다.
제14조 개인정보를 보호받을 권리	학생은 가족, 교우관계, 성적, 병력, 징계기록, 교육비 미납사실, 상담기록, 성적지향 등의 개인정보를 보호받을 권리를 가진다.
제16조 양심·종교의 자유	학생은 세계관, 인생관 또는 가치적·윤리적 판단 등 양심의 자유와 종교의 자유를 가진다.
제19조 학칙 등 학교규정의 제·개정에 참여할 권리	학생은 학칙 등 학교 규정의 제·개정에 참여할 권리를 가진다.
제25조 징계 등 절차에서의 권리	학생에 대한 징계는 징계사유에 대한 사전 통지, 공정한 심의기구의 구성, 소명기회의 보장, 대리인 선임권 보장, 재심요청권의 보장 등 인권의 기준에 부합하는 정당한 규정과 적법절차에 따라 이루어져야 한다.
제27조 상담 및 조사 등 청구권	학생을 비롯하여 누구든지 학생인권이 침해당했을 경우에는 학생인권옹호관에게 상담 및 조사 등을 청구할 권리를 가진다.
제28조 소수자 학생의 권리 보장	교육감, 학교의 설립자·경영자, 학교의 장 및 교직원은 빈곤 학생, 장애학생, 한부모가정 학생, 다문화가정 학생, 외국인 학생, 운동선수, 성소수자, 일하는 학생 등 소수자 학생이 그 특성에 따라 요청되는 권리를 적정하게 보장받을 수 있도록 하여야 한다.

출처 : 서울특별시 학생인권조례(시행 2021. 3. 25.), 국가법령정보센터

(4) 운영 방법

분류	설 명
학생인권교육 기회 확보	• 학교로 찾아가는 학생인권교실 운영 • 인권토론 공연 프로그램 운영 • 학교 교육과정상 인권교육주간, 학교공동체 인권의 달 운영 • 학교 인권강사단, 인권교육지원단 및 네트워크 운영 • 학생 참여형(토론식) 인권교육 교육과정 활성화
인권침해 상담 및 구제활동	• 학생인권상담 및 권리 구제 : 서울은 4개 권역별 인권조사관 운영, 경기는 3개 권역별 인권옹호관 운영 • 교육지원청 단위 생활인권담당 부서의 상담 및 장학 지도 • 학생인권교육센터운영 • 학생인권 옹호, 구제 매뉴얼 제작
학생 중심 인권기구 운영	• 학생참여위원회 운영 : 학생의 참여를 통한 학교 현장의 인권 상황 점검 및 정책 수립 • 학생인권심의위원회 운영 : 학생, 교원, 전문가 등의 다수 인원으로 구성
학생생활규정 개정	• 인권친화적인 학생생활 규정을 위한 모니터링 활동 • 개정 시 학생 구성원의 참여 보장 및 전체 의견 수렴 노력 • 학생생활교육위원회 지침 반영

(5) 특 징

① 교육공동체의 인권감수성 신장을 통해 학교 민주주의 지수를 높이며 학교 문화 개선을 동시에 꾀함
② 인권교육이 의무화되어 학생과 교직원을 대상으로 매년 교육활동이 진행 중임
③ 인권침해 사안에 대해서는 학생 또는 교사의 역량이 부족할 가능성이 있으므로 외부 전문가에 대한 협력체계 구축 필요

(6) 효 과

　① 인권교육을 통해 자신의 예방적 차원의 인권보호 정책과 체계를 마련할 수 있음
　② 교육과정에서 추구하는 공동체 의식 신장할 수 있으며, 민주시민이 되기 위한 기반을 다질 수 있음
　③ 높은 인권감수성을 통해 서로를 배려하고 존중하는 평등한 학교문화를 만들 수 있음
　④ 인권 관련 전문성 확보를 위해 지역사회와 학교가 협업하게 되고, 그 과정이 또 하나의 교육 현장이 됨

> 💡 **생각해 볼 문제**
>
> ☐ 학생인권조례를 통해 학생의 인권은 높아져 가는 동시에 교권은 나날이 추락하고 있다는 평을 받는다. 이에 대한 자신의 입장은 어떠한가?
>
> ☐ 학생의 인권과 교권이 함께 존립할 수 있는 구체적인 방안은 무엇이 있는가?

서울특별시교육청 Focus

- 교육감 입안 조례 및 주요 정책에 대한 학생인권영향평가를 실시하고 있습니다.
- 노동인권에 대한 교육을 중점적으로 실시하고 있습니다. 학생과 교직원이 함께 노동인권교육에 참여하여 인권 친화적인 학교 문화를 만들기 위해 노력합니다.
- 자유학기제, 특성화고 현장체험과 연계한 노동인권 체험교육 프로그램 운영
- 학교로 찾아가는 노동인권교실 사업 지원
- 학생 노동인권 증진 협력학교 공모 지정 및 운영
- 학교 노동인권교육 교원지원단 및 국제포럼 운영

경기도교육청 Focus

- 학생인권조례를 발표하고 전국적으로 학생 인권과 학생 문화에 엄청난 영향을 끼치게 되었습니다. 2020년 기준 10주년을 맞이한 학생인권조례는 학생들의 권리 보호와 신장을 위해 도교육청, 교육지원청, 학교급 단위로 다양한 사업을 진행하고 있습니다.
  - 도교육청 단위 : 인권포럼 개최, 인권공모전 개최(시, 포스터, 웹툰, 영상 등)
  - 교육지원청 단위 : 인권친화학교 문화 우수 사례 발굴, 학생참여위원회 주관 토론회 실시 등
  - 각급 학교 단위 : 학생자치회 주관 인권토론회 운영, 도교육청 공모전 참여 등
- '학생인권옹호관' : 정당한 이유나 적법한 절차에 따르지 않은 채 학생들의 인권이 침해되는 경우 도움을 신청할 수 있습니다. 학생인권옹호관은 신청 사안에 관하여 상담, 조사, 구제의 역할을 담당하게 됩니다. 만약 사안이 접수된 경우 옹호관 협의를 통해 학생 인권침해 여부를 결정하고, 침해에 해당되는 경우 학생을 구제합니다.

4 청렴교육

(1) 정의
 ① 청렴
  ㉠ 사전적 의미 : 성품 및 행실이 맑고 깨끗하여 재물 따위를 탐하는 마음이 없음
  ㉡ 사회적 의미 : 부끄럼 없는 깨끗한 마음으로 자기의 직분을 다하며, 사리사욕에서 벗어나 공평하고 투명하게 일을 처리함으로써 사회적 책임을 다하는 것
  ㉢ 국민권익위원회 : 성품과 행실이 높고 맑으며, 탐욕이 없는 상태로 전통적으로 바람직하고 깨끗한 공직자상을 의미
 ② **부패** : 개인의 이익을 위하여 공직을 이용해 위법 행위를 하는 것으로, 부패가 생기는 원인으로는 개인의 지나친 이기심, 부패에 관대한 사회 관행, 부패를 조장하는 사회 구조 등이 있음

(2) 목표
 ① 청렴이 기본이 되는 투명하고 깨끗한 교육문화 실현
 ② 시민이 신뢰할 수 있도록 교육행정의 공정성과 투명성 강화
 ③ 공익 침해, 부패 행위 사전 예방을 위한 학교 자율 감사 기능 및 업무 역량 함양

(3) 배경
 ① 우리 사회의 폐습으로 작용했던 부정청탁 관행의 근절을 위해 청렴 교육행정 강조
 ② 공직사회에 대한 국민들의 매우 낮은 신뢰와 우리나라 부패 인식 수준에 대한 국제사회의 낮은 평가에 대한 새로운 대안 필요

(4) 방 법

분 류	설 명
반부패 청렴정책 추진	• 고위공직자청렴도 평가 실시 : 학교 교직원을 대상으로 교장, 교감의 청렴도 설문 • 현장 중심의 반부패 청렴정책을 추진하고, 청탁금지 연수 및 청렴 어울림 콘서트 운영
예방·자율 감사 체제	• 일상감사 및 특정감사, 사이버 감사 활성화를 통해 주요 정책 사업 예방적 감사 실시 • 회계 장부와 은행잔고 불일치 등 상시 모니터링 실시로 사전 예방 강화
부패방지제도 운영	• 현장 중심의 자율적 부패취약분야 개선을 위하여 반부패·청렴 계획 수립·시행 • 공익제보 활성화와 공익제보자 보호 및 지원 강화
시민감사관제 운영	• 특정감사, 종합감사 등 다양한 분야의 자체검사에 시민감사관 참여 확대 • 시민감사관의 감사 역량 함양 및 시민감사관 제도 개선 및 활동 영역 확대
학교주도 종합감사 운영	• 단위학교 자율감사 시스템 구축과 운영으로 학교 자율성과 책무성 강화
부정청탁금지법 시행	• 청탁금지법 안착 및 불법찬조금 근절을 위하여 각종 청렴 연수 및 리플릿, 학부모 가정통신문 등을 통해 홍보 및 감찰 활동
사립유치원 상시 감사체제 구축	• 사립유치원 감사에 대한 전담팀 운영 및 감사 지속 실시 • 유치원 비리신고센터 상시 운영 • 수요자의 알 권리 충족 및 투명성 강화를 위하여 감사결과 공개

서울특별시교육청 Focus

서울특별시교육청에서는 '학교자율종합감사'를 실시하고 있습니다. 각종 비리를 예방하고 업무를 개선할 목적으로 학교에서 자체 감사반을 편성하고 감사 시기, 방법 등을 계획하고 학교 업무 전반을 감사하고 시정하는 제도입니다. 이를 위해 시민감사관 지원, 매뉴얼 보급, 감사 역량 강화 연수 및 컨설팅 등을 실시하여 내실화된 '학교자율종합감사' 운영이 이루어지도록 노력합니다. 또한 서울특별시교육청은 '청나비 효과'라는 슬로건을 강조하고 있습니다. 이는 '청렴은 나로부터 시작된다.'라는 문구의 줄임말입니다. 교직원 모두가 공직자로서 청렴하고 안전한 교육환경 조성에 대해서 서로 공감하고, 청렴인지도를 높이기 위한 슬로건입니다.

경기도교육청 Focus

경기도교육청에서는 '학교주도형 종합감사'를 운영하고 있습니다. 학교에서 일어날 수 있는 각종 비리를 예방하고 업무를 개선할 목적으로 단위학교가 주도적으로 감사반을 편성합니다. 감사 방법, 시기 등을 계획하고 업무 전반에 대해 자율적으로 감사를 시행하고, 나온 결과를 바탕으로 스스로 개선하는 제도입니다. 이를 통해 현장 중심 및 학교주도형 종합감사를 실시하고 있습니다.

(5) 효 과

① 학교의 공공성을 강화하고 신뢰할 수 있는 교육문화 형성
② 학교 부정·부패 적발 및 지적 감사가 아닌 예방·지원 감사 문화의 실현
③ 반부패 및 청렴문화 확산을 위한 계획·실행을 통해 교원 청렴도 확보

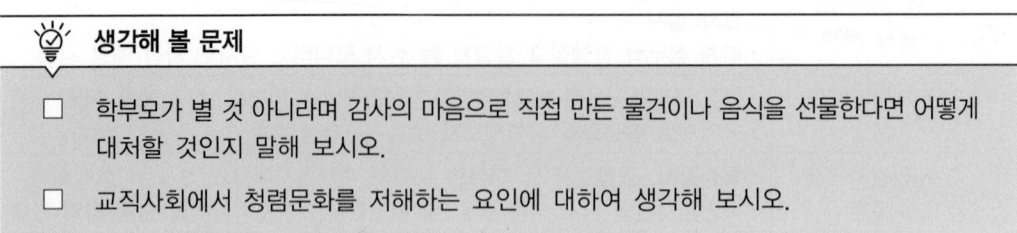

- 학부모가 별 것 아니라며 감사의 마음으로 직접 만든 물건이나 음식을 선물한다면 어떻게 대처할 것인지 말해 보시오.
- 교직사회에서 청렴문화를 저해하는 요인에 대하여 생각해 보시오.

CHAPTER 08 교육복지

1 기초학력 보장

(1) 정 의

학교 교육과정을 통하여 갖춰야 하는 3R's(읽기, 쓰기, 셈하기) + 교과(국어, 수학 등) 최소한의 성취기준을 충족하는 학력인 기초학력을 보장하기 위한 제도

(2) 목 표

① 기초학력 책임 보장을 통한 출발선이 평등한 공정 교육 실현
② 한글 문해 및 기초수학 지도 강화를 통한 기초학력 향상

(3) 배 경

① 현장 중심의 교육 지원을 위한 기초학력 보장 정책에 대한 요구가 높아짐
② 학습부진을 조기 예방하고 기초학습 미달 학생에 대한 맞춤 지원 필요성
③ 단위학교 기초학력 책임지도 지원 강화 요구
④ 기초학력 보장을 위한 학생 맞춤형 교육 모델 개발의 필요성

(4) 내 용

분 류	설 명
기초학력 진단 방법	• 기초학력 진단활동 도구의 다양화 : 학교 자체 개발 문항, 온라인 기초학력 진단보정시스템 활용, 기초학력향상지원사이트 꾸꾸 자료 활용
학생 맞춤형 기초학력 향상 프로그램 운영	• 단위학교 기초학력 담임책임지도제 장착 : 교육과정 연계 기초학력 보장 계획 수립 및 시행, 성장 중심 평가를 연계한 기초학력 진단활동 운영, 전문적 학습공동체를 통한 교원 연수 • 읽기곤란(난독) 학생 지원 체제 : 난독학생 진단 및 치료프로그램 제공, 교원 및 보호자 읽기곤란 인식개선 연수
기초학력 향상 내실화	• 기초학력 담임책임지도제 강화 : 초등학교 입문기(1~2학년) 진단 검사 및 보정, 초 3~6학년 3R's(읽기, 쓰기, 셈하기) 진단활동 및 보정, 초 4~6학년 교과 학생 진단활동 보정 • 두드림학교 운영 활성화 – 두드림학교 : 복합적 요인으로 학습에 어려움을 겪는 학생들의 닫힌 마음을 두드려 꿈을 실현(Do-Dream)할 수 있도록 맞춤형 통합 서비스를 지원하는 학교(구성 : 교감, 담임교사, 교과교사, 전문 상담교사, 교육 복지사 등) • 기초학력 향상 프로그램 사례 발굴 : 단위학교 중심 기초학력 향상 프로그램 운영 우수사례 보급 • 기초학력 선도 및 연구학교 운영 : '수업 내 지원' 모델 개발을 통한 학습부진아의 기초학력 향상 도모
교원 전문성 강화	• 기초학력 부진학생 이해 및 지도교원 연수 실시 : 학습부진아 이해 및 지도를 위한 직무연수, 초등 기초학력 지도 전문가과정 연수, 중등 국·영·수 배움이 느린 학생의 이해 및 학습지원 전략과정 연수, 기초수학 및 한글 문해력 지도 연수 등

경기도 교육청 Focus
- 교실 안 지원 : 학생 맞춤형 교육 선도학교와 '더(T.H.E) 자람 프로젝트'를 운영합니다.
- 학교 안 지원 : 두드림학교, 교과보충, 학습지원 튜터 사업을 진행합니다.
- 학교 밖 지원 : 지역 기초학습지원센터를 통해 학교를 지원합니다.

서울특별시 교육청 Focus
- 학교 안 지원 : 두드림학교, 키다리샘(교과보충), 기초학력 보조인력 지원을 통해 기초학력을 보충합니다.
- 학교 밖 지원 : 서울학습도움센터에서는 난독, 경계선지능 학생에 대해 진단, 중재 과정을 지원합니다.
- 서울에서는 초6, 중3 학교급 전환기 학습지원대상 학생을 위한 기초학력 보장 채움 학기제를 운영하도록 합니다.
- 지역학습도움센터의 '학교로 찾아가는 학습상담' 사업을 운영합니다.

(5) 효 과

① 행복한 배움으로 함께 성장하는 학습공동체 실현
② 학생의 학습 선택권 강화로 학력과 삶의 역량 강화
③ 학생 맞춤형 기초학력 보장으로 출발선이 공정한 교육 실현

💡 **생각해 볼 문제**

☐ 학업수준이 상당수 우수한 학급에서 기초학력이 부족한 학생이 존재할 때, 모든 학생들의 책임교육을 위해 교사가 실질적으로 실천해 볼 수 있는 방안은 무엇이 있는가?

2 학업중단 예방

(1) 정의

학교 안 학생의 학업중단을 예방하고 학교 밖 학생의 학업지속을 지원

(2) 목표

① 학교 부적응 학생의 예방과 치유를 위한 학생생활 안전망 구축·지원
② 학업중단 위기학생 맞춤형 지원을 통한 학업중단 예방 및 학업복귀 지원
③ 단 한명의 아이도 포기하지 않는 책임 교육 실현

(3) 학업중단 내용

분류	설명

학업중단 원인	• 개인적 원인 : 건강상의 이유, 심리적·정신적인 문제의 존재 등
	• 가정적 요인
	  – 가정의 구조적 결손 : 이혼 가정, 한부모 가정, 조손 가정, 경제적 빈곤 등
	  – 가정의 기능적 결손 : 부모의 관여 또는 간섭 및 통제, 바람직하지 않은 부모의 양육 태도, 부모·자녀 갈등 혹은 부부 갈등

학업중단 과정	학업중단 과정 : 부정적 경험 → 내면적 갈등 → 부적응 행동 → 적절한 도움 부재 → 강화·촉발 → 학업중단

분류	설명
학업중단 과정	• 1단계(부정적 경험) : 개인, 가정, 학교, 사회적으로 부정적 경험을 하는 단계 • 2단계(내면적 갈등) : 다양한 원인에 의해 학교 제도에 대해 실망하고 상처 받음 → 가치관 혼란 및 심리적 갈등으로 방황 • 3단계(부적응 행동) : 학교 안팎에서 부적응 행동이 표출됨(지각, 결석, 무단 조퇴, 수업 태만 등) • 4단계(적절한 도움 부재) : 부모나 교사의 관여나 적절한 개인이 없는 반면, 가정·학교 밖의 또래와 유대감을 형성 → 부적응 문제 증폭되고 적절한 도움의 부재 • 5단계(강화와 촉발) : 학업중단과 관련된 직접적 사건이나 계기가 있어 학교를 그만두고자 하는 결심이 확고하게 굳어지는 단계 • 6단계(학업중단) : 학교제도권에서 공식적으로 벗어나는 학업중단 단계 출처 : 학업중단 위기학생을 위한 길라잡이(2015), 서울특별시교육청
학업중단 위기학생 징후	• 학습 의욕 상실, 기초학력 미달, 수업 태만, 무단결석 및 지각, 가출, 교사와의 갈등 및 반항, 친구관계의 문제(비슷한 상황 속 또래와의 어울림, 혼자 다니기, 잦은 싸움 등), 우울·불안 등의 정서적 문제
학업중단으로 인한 영향	• 정서적 불안감 : 불규칙적인 생활, 막연한 미래, 부정적 대인관계로 인한 심리적 동요 • 사회성 결여 : 가족, 교사, 또래와의 정상적 관계 부재로 인하여 발달과정에서 필요한 기술 습득 부재 • 사회적 낙인 : 학업중단이라는 이유 • 취업 및 진로 설계 어려움 : 학력부족으로 인해 대학진학 및 학위 습득 어려움
교사의 태도	• 경청하기 : 진지한 자세로 학생의 말을 들어주기, 신뢰 관계 형성 • 학생을 지지하고 수용적 태도 취하기 : 학생의 정서와 좌절된 욕구 파악하기 위함 • 지속적인 관심과 따뜻한 말 건네기 : 학생에게 관심과 애정을 주고 소외감을 느끼지 않도록 하기 위함 • 적절한 멘토링 및 상담 프로그램 지원 : 학생에게 필요한 프로그램을 파악하여 사회복지사, Wee 클래스 연계 상담 등 지원

(4) 지원 방법

분 류	설 명
학업중단 예방 강화	• 학업중단 예방 지원팀 활성화 : 학업중단 위기학생 조기 발굴 • 학업중단 예방을 위한 교육과정 연계 프로그램 운영(학업중단 예방 캠페인, 체험학습 등) • 학업중단 위기 원인별 맞춤형 프로그램 지원 • 학업중단 예방 원격연수를 통한 교원 역량 강화
학업중단 숙려제 운영	• 학업중단 숙려제 : 학업중단 징후 또는 의사를 밝힌 학생 및 학부모에게 2주 이상의 적정 기간 동안 숙려의 기회를 부여함. 상담, 진로체험, 예체능 등 프로그램을 지원하여 신중한 고민 없이 이루어지는 학업중단을 예방하는 제도(학업중단 예방을 위한 개인 맞춤형 교육과정이자 교육적 처방) • 숙려제 프로그램 : 학생, 학부모와 상의하여 학업중단 위기 원인, 욕구, 주변 환경 면밀히 파악 후 그에 맞는 프로그램 제공(심리·진로 상담, 진로·직업 체험, 문화·예체능 활동, 여행 등으로 학교와 전문상담기관 외에도 기업, 개인영업장, 병원, 문화·체육 시설 대학 등 다양한 장소에서 진행됨)
학교 내 대안교실	• 학교 내에서 정규교육과정의 전부 또는 일부를 대체하여 대안교육 프로그램을 운영하는 별도의 교실 • 최소 2주 이상 실시
학업중단 예방 집중 지원학교	• 학교 및 학생의 특성을 고려한 학업중단 예방 활동 진행 • 학업중단 위기학생을 위한 학교 특색 프로그램 운영 • 학업중단 예방 지원단, 지역 협의체, 유관기관 연계를 통해 학생 맞춤형 지원

서울특별시교육청 Focus
서울특별시교육청에서는 학교 밖 청소년 도움센터 '친구랑'을 운영하고 있습니다. 이는 센터장, 전문상담사로 운영되고 학교 밖 청소년들이 상담하고 휴식하며 학습 지원을 통한 학업 동기부여를 위한 공간입니다. 그리고 '친구랑'에 등록하여 일정 기간 교육프로그램에 참여하고 수당지급 요건을 갖춘 학교 밖 청소년에게 지급하는 교육활동 지원비가 있는데 이를 '교육참여수당'이라고 합니다.

경기도교육청 Focus
경기도교육청에서는 학업에 어려움을 겪는 학생들을 위하여 학업중단 숙려제(초, 중, 고)를 운영하고 있습니다. 또한 위기학생 지원을 위해 학업중단 예방 위원회를 운영하며, 학교 내 대안교실(초, 중, 고)를 마련하고 학업중단 예방 집중지원학교(중, 고)를 운영하기도 합니다.

(5) 효 과

① 학업중단 위기학생과 학부모 상담을 통해 학업중단의 원인을 파악하고 이에 맞는 적절한 맞춤형 지원 가능
② 모든 학생들에게 학업중단 없는 배움의 기회 지원 및 제공 가능

생각해 볼 문제

- ☐ 학업중단 위기학생의 징후에 대해 설명하시오.
- ☐ 학생의 학업중단 예방을 위한 방안 및 제도를 설명하시오.
- ☐ 학업중단을 선언한 학생과 이를 거부하는 부모의 관계 속에서 교사가 취해야 하는 입장은?

3 특수교육

(1) 정 의

비장애학생이 받는 일반교육의 공통성을 토대로 특수교육의 특수성을 추가하는 교육으로, 특수교육대상자의 교육적 요구에 맞추어 이에 적합한 교육내용과 방법으로 필요한 교육적 지원을 하는 것(개별화교육으로 실현)

(2) 목 표

① 일반교육에 대비한 공통성과 특수교육대상자가 가진 특수성을 고려하여 특수교육대상자의 가능성을 최대한 신장시키고, 독립된 생활로 행복하고 유용한 삶을 영위하도록 발판을 마련
② 장애 특성별 맞춤형 지원으로 특수교육대상자 역량 강화 및 지속 가능한 특수교육 지원 환경 조성
③ 공교육 책무성 강화를 통하여 질적인 특수교육 보장 및 균등하고 공정한 교육기회 제공

(3) 특 성

① 특수교육대상자의 교육적 요구에 맞추어 학생의 특성과 수준을 고려해야 함
  예 교육과정 조정 및 수정, 교수 방법 및 내용, 수업 매체(시각, 청각, 감각 매체 등), 평가 방법의 수정 및 보완 필요, 물리적 좌석 배치(대그룹, 소그룹, 개별화 지도 및 학생 특성에 맞는 배치)
② 특수교육대상자의 수업 중 일탈행동 및 문제행동 발생 시 적절한 대처방안 마련
③ 수업 중 적절한 피드백과 강화 제공
④ 학습목표 달성을 위한 의도적으로 구성한 학습 환경 필요
⑤ 특수교육 보조 인력의 적절한 활용이 중요

(4) 방법

분류	설명
특수학교(급) 확충	• 특수학교 원거리 통학 해소 및 특수학교 미설치지역을 위한 특수학교 신설 추진 • 장애특성을 고려한 새로운 형태의 특수교육 기관 설립 추진
특수교육교원의 전문성 신장	• 현직교사 중 특수교육 관련 자격증(점역·교정사, 한국수어통역사, 한국수어능력 인증자 등) 소지 교원에 대한 인센티브 제공 방안을 마련하여 특수교사의 전문 역량 강화 • 전문적 학습공동체 조직·운영 : 학교 밖 특수교육 연구회, 지역 중심의 특수교육 공동 교육과정 개발 • 특수교육교원 역량 강화를 위한 연수 : 교과별 수업 전문가 양성 및 장애특성별 지도 역량 강화
특수교육대상학생 교육편의 제공	• 정당한 교육 편의 제공 환경 구축 : 일반학교 배치 특수교육대상 학생의 평가 조정 및 대안평가 방안 마련 • 특수교육 관련 서비스 지원 : 맞춤형 보조공학기기 확충 및 전문기관 연계 컨설팅
특수교육 보조인력 지원	• 특수교육 보조인력 지원 강화 : 특수교육대상자의 원적학급 내의 수업, 운동회, 체험학습 등에서 특수교육대상자 학생, 비장애 학생 모두의 학습권이 보장되도록 특수교육지도사, 활동보조사, 사회복무요원을 연계 배치

(5) 효과

① 특수교육기관 확충 및 설립 다양화 등으로 특수교육대상자 교육 여건 개선 가능
② 특수교사 연수 확대 등 특수교육교원의 전문성 신장을 통해 특수교육 성과
③ 특수교육대상자를 위한 정당한 교육편의 제공 강화로 교육권 보장 및 학력 신장

서울특별시교육청 Focus

서울특별시교육청에서는 특수교육 관련 서비스를 지원하고 있습니다.
- 보조인력 지원 : 특수교육대상자 보조인력(특수교육실무사) 확충 및 보조인력 인건비 지원
- 치료지원 : 특수교육대상자 중 치료지원을 필요로 하는 학생, 월 120천원 이내
- 가족지원 : 지역사회 유관기관과 연계한 특수교육대상자 가족 지원
- 보조공학기기 및 촉각교구 지원 : 휠체어, 점자정보단말기, 촉각지도 자료 등
- 통학지원 : 통학거리가 2km 이상인 특수교육대상자 통학비 지원
- 건강 장애학생을 위한 병원학교 및 화상강의(꿀맛 무지개학교) 지원

또한 '행동중재특별지원단'을 운영하고 있는데 이는 특수학교 재학 중인 개별적 지원이 필요한 학생을 대상으로 가정과 학교의 행동중재 역량 강화 및 학생과 가족의 삶의 질 향상을 목적으로 운영되는 전문가 지원단입니다. 행동분석, 감각통합, 의사소통, 심리상담 멘토링이 지원단 활동에 포함됩니다.

경기도교육청 Focus

경기도교육청에서는 '복합 특수학급'을 운영하여 특수교육을 지원하고 있습니다. 이는 특수학교 진학을 희망하나 인근에 특수학교가 없어 일반학교 특수학급에 배치된 장애학생과 특수학교 통학거리가 1시간 이상인 장애학생들의 학습권 보장을 위해 일반 학교 유휴교실을 활용한 전일제 형태의 중도·중복 장애 특수학급을 포함하는 1교에 3~6학급 규모의 새로운 형태의 특수학급을 의미합니다. '병원 학교'도 운영하고 있는데 이는 장기 입원 또는 통원치료 등 지속적인 의료적 지원이 필요한 학생들을 위해 병원 내에 설치된 파견학급 형태의 학교입니다.

생각해 볼 문제

☐ 교육현장을 자세히 살펴보면 특수학급, 특수교사는 인원이 극소수이다 보니 교육활동에서 고려 받지 못하고 소외당하는 경우가 많다. 다양한 교육활동, 학교 행사에서 특수학급의 참여를 확산시키고 교육공동체로서의 소속감을 증진시키기 위한 방안에 대하여 설명하시오.

☐ 일반 교사들도 장애아동을 맡아 지도하기 마련이다. 따라서 일반 교사들이 특수교육에 관심을 갖고 전문성을 기르게끔 지원할 수 있는 방안에는 무엇이 있는가?

4 통합교육

(1) 정 의

① **통합교육** : 특수교육대상 학생을 일반학교에서 장애유형·장애정도에 따라 차별 없이 비장애학생과 함께 어울려 학습하고 생활하는 방법을 가르치는 교육
② **통합학급** : 일반학급에서 특수교육대상자와 비장애학생들이 통합되어 교육받는 학급
③ 특수교육대상자의 특수성에 따라 일부 과목은 특수학급에서 개별화교육을 받고, 나머지 과목은 통합학급에서 학습 또는 전일제, 시간제, 순회 특수학급 등의 형태로 운영

(2) 목표 및 필요성

① 통합교육은 학생, 가족, 교사, 지역사회 구성원들이 특수교육대상자의 다양성과 차이에 대한 수용과 소속감, 공동체 의식에 기초한 학교를 만드는 발판이 됨
② 특수교육대상자도 비장애학생과 같이 당연히 평등한 교육 기회 보장을 받아야 하며 이를 통한 책임 교육 실현
③ 통합교육은 물리적 통합, 사회적 통합, 교육과정적 통합을 의미

(3) 방 법

분 류	설 명
일반학교 통합교육 지원	• 일반학교의 일반학급 배치 특수교육대상자 지원 : 특수학급 미설치교 순회교육 등 지원을 위한 통합교육지원실 설치, 통합학급 운영 내실화를 위한 학급 정원 감축(특수교육대상자의 장애 정도 및 특성을 고려하여 학급 정원 1~3명 감축) • 통합교육 지원을 위한 전문가 인적 자원 활용 : 유관기관, 대학 등의 통합교육지원 인력 구축 및 협력체 구성, 대학생 멘토 연계 • 장애 유형별 통합교육 지원 : 특수교사, 심리상담사, 사회복지사, 의학전문가 등으로 구성된 통합교육지원단 운영 • 특수·일반교사 협력 강화 : 정보 공유, 협력 수업 등 협업 강화
교원의 통합교육 역량 강화	• 일반학교 교장·교감 및 통합학급 담당교사의 특수교육 역량 강화 : 특수(통합)교육 워크숍, 장애인식 개선 및 장애인권 연수
통합학급 교육과정 운영	• 장애 특성 반영한 통합학교 교육과정 편성·운영 : 특수교육대상자가 있는 일반학교는 학교교육과정위원회 운영 시 특수교사 참여
특수교육대상자 순회교육 지원	• 순회교육 지원 범위 : 일반학교에서 통합교육을 받고 있는 특수교육대상자 • 순회교육 수업 운영 : 수업일수는 학년도 150일 기준 각급 학교장이 장애 정도와 교육 요구에 따라 결정
개별화교육 실시	• 개별화교육지원팀 : 보호자, 특수교육교원, 일반교육교원, 진로 담당교원, 특수교육 관련 서비스 담당인력 등 • 개별화교육계획 : 특수교육대상자 인적 사항, 교육지원 필요한 부분 학습 수준, 교육목표, 내용, 평가방법 등 • 매학기마다 개별화교육계획에 의거하여 학업 성취도 평가 실시

경기도교육청 Focus

경기도교육청에서는 특수교육대상학생 문화·예술·체육 지원을 하고 있습니다. 이는 장애특성에 적합한 문화·예술·체육 지원을 통해 장애학생의 소질과 재능을 살리는 교육을 실현하기 위함입니다. 장애학생 문화예술 거점 교육기관을 운영하여 문화체험 활동 및 예술 동아리를 지원하며, 장애학생 체육활성화를 위한 프로그램을 개발하여 운영하고 있습니다.

서울특별시교육청 Focus

서울특별시교육청에서는 학생 맞춤형 통합교육을 실현하기 위하여 2가지 지원단을 운영하고 있습니다. '통합교육지원단'은 일반학교의 통합교육 교육과정, 교육활동 지원, 문제행동 중재 등 학교급별 맞춤형 컨설팅 지원단입니다. '긍정적 행동지원단'은 심각한 문제행동으로 학교생활 적응이 어려운 특수교육대상자를 위하여 특수교사, 교수, 상담 및 치료 전문가, 사회복지사 등 행동지원전문가로 구성된 지원단을 의미합니다.

(4) 통합학급 교사의 역할

① 특수교사와 통합학급 교사 간의 긴밀한 협력체계를 구성하여 특수교육대상자에 대한 정보를 공유하고 수업 협력을 함으로써 내실화된 통합학급 운영을 해야 함
② 장애학생이 '할 수 있는 일'과 신체적 조건에 의해 '할 수 없는 일'을 명확하게 구별해야 하며, 비장애학생들이 이를 받아들일 수 있도록 충분한 논의와 시간을 할애해야 함
③ 비장애학생들에게 장애인식 개선 및 장애인 인권 등을 교육하여 차별 없이 장애인을 대하는 태도 함양해야 함
④ 학급의 일에서 장애학생의 역할을 배제하지 않아야 함. 장애학생이 스스로 할 수 있는 역할을 부여하여 장애학생은 학급 내에 소속감을 갖도록 하고, 비장애학생들은 차별받고 있다는 느낌을 받지 않도록 주의해야 함
⑤ 비장애학생과 장애학생이 함께 협력하여 학습할 수 있도록 교육과정 및 수업내용 재구성
⑥ 장애학생 자리 배치(모둠, 소집단 등) 시 장애학생의 신체적 조건을 고려하여 자리를 배정하되 비장애학생들이 이에 대한 불만을 갖지 않도록 충분한 논의 필요
⑦ 모둠활동 시 장애학생이 있는 모둠의 규칙 적용은 다른 모둠학생들과 협의하여 기존의 규칙을 변형하거나 새로운 규칙을 적용함

(5) 효과

① 통합학급에서 특수교육대상자와 비장애학생 간의 원활한 상호작용을 통해 공동체의식을 기르고 사회성 함양 가능
② 일반학교에 배치된 특수교육대상자 지원체제를 구축하여 내실화된 통합교육 운영
③ 특수교사와 일반교사 그리고 지역 유관기관 등의 협력을 통한 통합교육 성과

> **생각해 볼 문제**
>
> ☐ 통합학급 안에서 적응하지 못하고 소외되는 장애학생들이 있다. 장애학생의 삶과 유리된 통합교육, 형식적인 통합교육을 예방하고 내실화된 통합교육을 이루기 위해 필요한 방안을 생각해 보시오.

5 교육복지 정책

(1) 정 의

① 교육복지
㉠ 모든 국민에게 일정 수준의 교육을 받을 수 있는 기회를 제공
㉡ 개인 및 사회 경제적 요인으로 인해 발생하는 교육 소외·부적응·불평등 현상을 해소하여 모든 국민이 각자의 교육적 요구에 맞는 교육을 받음으로써 잠재능력을 최대한 계발할 수 있도록 제반지원을 제공하는 것

(2) 목 표

모든 학생에게 교육·복지·문화 지원 프로그램 등을 통합적으로 제공하여 학교생활 적응을 높이고 건강한 교육적 성장을 도모하여 교육 기회 균등을 실현하고자 함

(3) 특 징

① 교육복지 대상학생의 낙인감 예방과 자존감 보호를 위해 교사 중심의 교육복지 운영을 확대하고 교육복지 사업 대상을 모든 학생으로 전환함
② 참여대상이 모든 학생이기는 하나 교육복지 사업 운영 시, 우선지원학생(기초수급자 학생, 법정 차상위계층 학생, 한부모가족 보호 대상 학생, 중위소득 60% 이하 학생, 탈북 및 다문화 학생, 특수교육대상 학생 등)이 우선적으로 참여할 수 있도록 운영 시에 세심한 배려 요구됨

(4) 방향

교육복지 대상학생 위기요인	설명
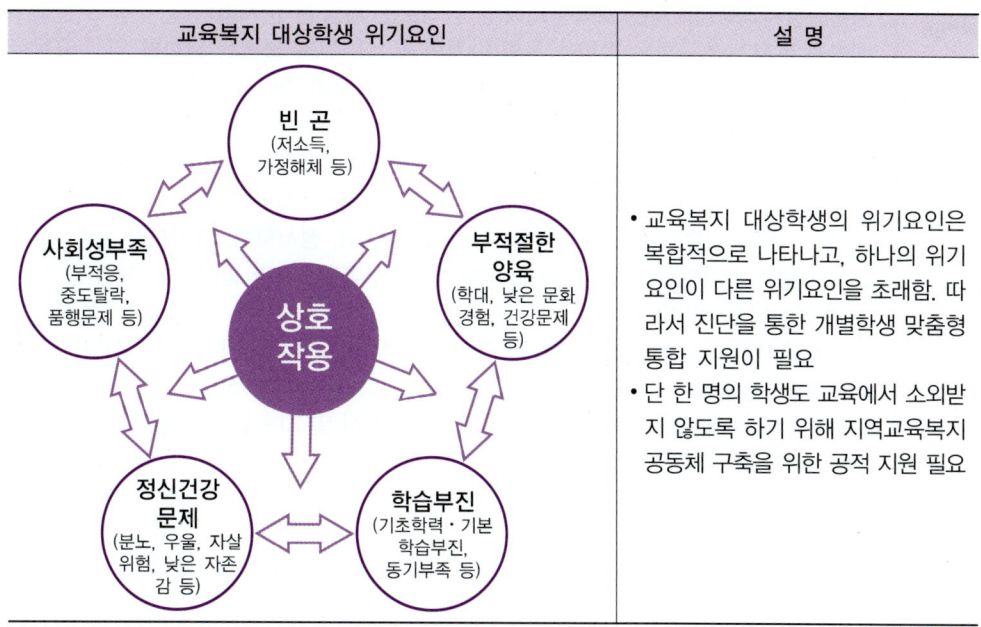	• 교육복지 대상학생의 위기요인은 복합적으로 나타나고, 하나의 위기요인이 다른 위기요인을 초래함. 따라서 진단을 통한 개별학생 맞춤형 통합 지원이 필요 • 단 한 명의 학생도 교육에서 소외받지 않도록 하기 위해 지역교육복지공동체 구축을 위한 공적 지원 필요

(5) 교육복지 사업 종류

분류	설명
교과 학습 활동	• 문자해득, 기초 국어·수학, 영어 보충, 책 읽어주기 등 학습 지원
문화예술 체험활동	• 단위학교에서 추진하기 어려운 전문영역(뮤지컬, 연극 관람, 미술관, 박물관, 숲 체험, 스포츠 관람 등) 프로그램 운영
상담	• 학교 부적응 학생 대상으로 개별·집단 상담 및 지역 상담 센터 연계
경제적 지원	• 교육급여 지원 : 부교재비, 학용품비, 입학금 및 수업료, 교과서대 등 ※ 교육급여 : 기초생활보장제도의 일환으로 전국적으로 지원 기준이 동일한 국가의무사업 • 교육비 지원 : 학비(무상교육 제외), 급식비(무상급식 제외), 방과 후 학교 자유수강권, 소규모 테마형 교육여행비, 수련활동비, 인터넷통신비 등 ※ 교육비 : 시·도교육청 지원 기준에 따른 교육감 재량 사업
건강·보건 복지	• 수요자 맞춤형 건강·보건복지 물품 및 서비스 지원
교육복지 사제동행	• 초중고 학생과 교사 간의 개별 상담 및 교외 사제동행 활동으로 긍정적 관계 증진과 학생의 학교 적응력 향상 • 일회성 활동 지양
지역교육복지공동체	• 마을 기반 교육복지 협력으로 지역 내 교육취약 학생을 위한 생활 밀착형 통합 성장 지원

서울특별시교육청 Focus

서울특별시교육청에서는 교육복지에서 '정의로운 차등'을 중시합니다. 이는 보편적 복지와 선별적 복지가 추구하는 방향을 통합한 개념입니다. 교육 불평등 완화를 위해 균등한 기회 제공 및 공정한 자원 배분을 통하여 모든 학생이 각자의 역량을 발휘하도록 하는 것입니다. 이를 위해 '서울교육복지지표'를 개발하였는데 이는 학교 간·지역 간 격차를 나타내는 학교를 구성하는 여러 요인들을 의미합니다. 즉, 교육과정과 학생의 교육활동에 직접적인 영향을 미치는 복지적 요인들을 대표할 수 있는 통합 지표를 말합니다.

더불어 '지역교육복지센터'를 운영하는데 학교 적응력, 정서행동, 가족지원 서비스를 제공하는 학교협력 지역기관을 나타냅니다. 이를 통해 지역과 학교가 협력하여 '지역기반형 교육복지 협력사업'을 이어나갑니다.

교육복지 사업 예시로는 첫째, '두런두런 프로그램'이 있습니다. 취약계층 유아와 성장 도우미(두두샘)의 맞춤형 1:1 그림책 활동을 이어나갑니다. 둘째, '서울희망교실'을 운영합니다. 도움이 필요한 학생과 교사의 결연을 통해 관계 증진 및 지속적 성장을 지원하고, 담임형과 비담임형으로 운영됩니다.

(6) 효과

① 교육복지 통합 지원체계 구축 및 교육 소외 계층 학생 특성에 맞는 맞춤형 지원
② 저소득가정 학생에 대한 실질적인 지원을 통한 교육기회의 확대

💡 생각해 볼 문제

☐ 교육복지 사제동행에서 멘토 교사로 활동할 때 멘티 학생 선정 시 유의할 점에 대해 설명하시오.

☐ 유의미한 사제동행 활동이 되기 위해 교사로서 노력 및 지원해야 할 점에 대하여 생각해 보시오.

6 학생 · 학부모 상담

(1) 정의
학생이 자신의 문제를 정확하게 파악하고 해결하며 성장할 수 있도록 이해와 통찰의 과정을 지원하는 일련의 과정

(2) 목표
학생 또는 학부모와의 의사소통을 통해 조언, 심리치료, 태도 변화 추구, 행동 수정, 의사결정, 문제해결, 정보제공 등의 목적을 이루는 것

(3) 배경
① 우리나라의 입시 위주의 교육으로 인해 학생들의 스트레스 증가와 학교체제 안에서의 성적문제, 진학문제 등 학교 부적응 현상과 문제 행동이 증가함
② 현대사회의 핵가족화는 가족의 해체와 가정의 교육적 기능을 약화시킴. 동시에 학교 내 생활시간의 증가로 학교에 인지적 발달, 정서적 발달 등의 지원까지 요구하게 됨

(4) 학생 상담

학생 상담의 핵심	• 학생 상담과 지도에서 '관계 형성'이 가장 우선되어야 함 • 학생과 상담할 때에는 조용하고 안정된 환경을 만들어 주는 것이 중요함 • 학생이 긴장하거나 불안해하지 않도록 허용적이고 편안한 분위기에서 진행 • 학생이 스스로 문제를 해결할 수 있도록 도와주는 것이 목표임

학생 상담 단계	설 명
1단계 관계 형성하기	• 비언어적 태도를 통하여 관계를 형성하기 – 약간 앞으로 기울인 자세와 적절한 눈맞춤을 유지한다. – 비판단적 어조로 말은 천천히 하며 대화 중간에 고개를 끄덕이며 경청하는 자세를 보인다.
2단계 학생에 대하여 관심 갖기	• 학생에게 걱정되는 부분이나 상황에 대해 이야기 나누기 • 학생이 말하는 문제 상황 들어주기
3단계 학생 문제에 대한 탐색	• 문제 상황에 대하여 구체적으로 탐색하고 해결방안 모색하기 – 현재 학생의 상황이 어떠한지 구체적으로 알아보는 것이 중요하다. – 교사의 주관적인 판단은 지양한다. – 학생 스스로 해결책을 찾을 수 있도록 지지와 격려를 하며 '왜?', '무엇이?', '어떻게?' 등의 질문을 제시한다.
4단계 대화기법 활용하기	• '나 전달법' 활용하기 – 행동 + 영향 + 감정 + 부탁으로 말하는 연습을 한다. – 문제가 되는 학생의 행동과 상황을 구체적으로 말해 준다. 어떠한 평가나 비판을 해서는 안 된다. • '원무지계' 전략 활용하기 – 원 : 원하는 것이 무엇이니? – 무 : 원하는 것을 위해 무엇을 해봤니? – 지 : 지금부터 어떠한 것들을 할 수 있을지 방법을 찾아볼까? – 계 : 계획을 세워 작은 것부터 실천해 보자.
5단계 긍정적 행동 강화하기	• 성장을 위해 노력할 수 있도록 격려해 주기 – 학생이 문제 해결을 위한 의지를 가졌을 때 적극적으로 지지하고 격려해주어야 한다. – 칭찬은 구체적인 근거를 들고 행동을 한 즉시 칭찬해 주어야 한다. – 학생의 작은 변화도 발견하여 격려한다.

(5) 학부모 상담

학부모 상담의 핵심	• 학부모 상담은 지식의 영역이 아닌 태도의 영역에 근접함 • 학부모 마음에 대한 공감과 주의 깊은 경청이 매우 중요함 • 학생에 대해 관심을 기울이고 있다는 사실을 적극적으로 표현해야 함 • 가정에서 느끼는 힘든 점을 살펴 줌으로써 학부모의 방어적 태도를 완화시키는 단계가 중요함

학부모 상담 단계	설 명
1단계 전화하기	• 전화를 통해 상황 전달 및 상담 요청하기 - 교사가 전화를 할 경우 학부모는 자녀의 문제에 대하여 당황하며 방어적 태도를 취할 수 있다. - 문제 행동만을 노골적으로 이야기하지 않고 학부모가 거부감을 갖지 않도록 순화된 표현으로 상황을 전달한다. - 전화상담 보다는 학교에 방문하여 대면상담을 할 수 있도록 권유한다.
2단계 관심 보여주기	• 학생에게 관심이 많다는 확신을 심어주기 - 학부모가 교사를 신뢰할 수 있도록 학생의 성장을 돕고 싶다는 말로 상담을 시작한다. - 교사가 자녀에 대해 관심과 애정을 가지고 있다는 것을 적극적으로 보여주면 학부모의 상담 태도도 개방적으로 바뀐다.
3단계 학부모의 어려움 살피기	• 가정에서 느끼는 자녀 교육의 어려움 살피기 - (가정에서도 문제가 있는 경우) 교사가 관찰한 문제가 가정에서도 나타나면 자연스럽게 학생이 겪는 문제로 상담을 이어나간다. - (가정에서 문제가 없는 경우) 가정은 편하고 허용적인 환경이지만 학교는 공동체 생활이기 때문에 어려움이 있을 수 있다는 방식으로 상담을 이어나간다.
4단계 교사 입장 전달하기	• 학생의 문제와 관련하여 교사 입장의 지도 방법을 알려주기 - 학부모 상담을 통해 실제로 해결하고자 하는 내용을 표현하는 단계이다. - 문제 상황에 대해 교사가 왜 문제라고 생각했는지 조심스럽게 전달하고 앞으로 어떻게 지도하려고 하는지 계획을 말한다.
5단계 가정에 협조 요청하기	• 가정에서 지도해야 할 구체적인 방법 전달하기 - 학교와 같이 가정에서도 교육을 진행할 수 있도록 지도 방법을 구체적으로 제시한다. - 지도를 통한 바라는 모습을 함께 나누며 미래에 대한 긍정적인 희망을 심어준다.

(6) 효 과

① 상담을 통해 학생들의 학교 부적응, 다양한 문제행동, 스트레스 관리에 대한 예방적 교육활동을 실시할 수 있음
② 허용적인 의사소통 시간을 확보하여 학생 스스로에 대한 자기이해 능력, 반성적 성찰능력을 신장하고 진로교육의 기회로 활용할 수 있음
③ 학생과 학부모에게 실질적으로 필요한 부분을 충족시켜 주며 공교육에 대한 신뢰도를 확보

💡 **생각해 볼 문제**

☐ 학교상담에 대한 상담자의 인식과 태도 조사 결과에 따르면 효과성이나 만족도는 높지 않은 편이라고 한다. 이러한 부분을 해결하기 위한 개선 방안은 무엇이 있는가?

CHAPTER 09 건강하고 안전한 학교

1 스포츠클럽 · 체육교육

(1) 정의
① 학생의 건강 체력 증진, 공동체 의식 함양 등을 위해 여러 가지 스포츠를 익히고 생활 속에서 즐길 수 있도록 습관을 길러주고자 하는 교육
② 운동부 학생선수의 미래를 위하여 기초학력 교육, 진로교육을 실시하고 안전한 운동 환경을 만들어주기 위해 다양한 제도를 구비하는 것

(2) 목표
① 학생들이 학교에서 여러 가지 스포츠를 즐기고 평생 건강 습관을 형성하도록 기회를 제공하는 것
② 스포츠클럽 운영을 통한 지역연계교육 실시 및 학생 진로교육의 기회로 제공
③ 체육교육 내실화를 통해 일반학생의 건강 체력 증진 및 운동부 학생의 기초학력 및 학생선수 보호

(3) 배경
① 2007년 당시 교육인적자원부의 체육교육의 일환으로 '1학생 1스포츠클럽'을 목표로 하였으며, 현재까지 이어져 오고 있음
② 교육청 단위의 문화, 예술, 체육교과 활성화를 위한 지원 사업을 위해 스포츠클럽이 다양한 방식으로 운영되고 있음

(4) 운영 방법

분 류	설 명
스포츠클럽 운영 다양화	• 학생주도 스포츠클럽 : 학생이 원하는 스포츠 종목을 중점으로 인원 구성, 종목 선택, 운영 방식을 자체적으로 정하여 운영하는 방식 • 지역연계 스포츠클럽 : 방과 후, 주말을 활용하여 지역 체육회에서 엘리트 선수 육성을 지원함(교육청과 지역사회의 1 : 1 대응투자) • 마을 단위 스포츠클럽 대회 운영 • 여학생 스포츠클럽 : 여학생의 체육 활동을 활성화시키기 위해 예산 지원 • 교육지원청 단위의 학교 스포츠클럽 축제 활성화
스포츠클럽 운영 지원	• 지역 내 스포츠클럽 협력구조 구축 • 스포츠클럽 활성화 지역협의체 운영 • 학교 스포츠클럽 강사비 및 시설이용료 지원 • 외부 시설 이용을 위한 버스임대비용 지원
체육교육 내실화	• 체육교육 교수·학습평가방법 직무연수 운영 • 학교체육 업무매뉴얼 및 컨설팅 장학자료 보급 • 학교 스포츠강사 배치 지원 • (초) 생존수영 운영 : 최대 12차시(초등생존수영 표준프로그램 활용) • 학교로 찾아가는 이동식 생존수영교실 확대 운영
학교운동부 운영 개선	• 학교운동부 지도자 자격기준 법제화 ※ 필요 자격 : 스포츠지도사, 건강운동관리사, 장애인스포츠지도사, 유소년스 포츠지도사, 노인스포츠지도사 • 학교운동부지도자 평가 실시(체육부장, 담당교사, 학부모 등의 의견 수렴) • 학교운동부 운영경비 집행 투명성 확보(비용학교 홈페이지 공개 의무화) • 체육특기자 입시관련 비리 근절 : 비리 관련 징계 강화 • 학교운동부 갑질 예방교육 실시 • 학교운동부 점검 및 컨설팅 장학 실시 • 학생선수 기숙사 운영 금지 : (초·중) 금지, (고) 통학거리에 따라 운영 가능
운동부 학생 지원	• 학습권 보호 : 초(e학습터), 중·고등(e스쿨) 이수 • 인권 보호 : 전문강사지원 인권교육 프로그램, (성)폭력 예방교육 의무 • 진로교육 : 학교와 교육지원청 연계 진로프로그램 운영 • 고입 체육특기자 내신성적 최저학력 반영 • 최저학력 기준미달 학생선수 기초학력 보장 프로그램 참여 의무화 • 최저학력 기준미달 학생선수 대회 출전 제한 제도

(5) 특 징

① 스포츠클럽 운영은 연간 17시간 이상 운영하고 NEIS 체육 시스템에 기입하여 학생 생활기록부에 기입
② '생활체육 ↔ 학교체육 ↔ 엘리트체육'을 연계하는 선순환 시스템을 추구함
③ 스포츠클럽과 체육교육의 다양화, 전문성 확보를 위해 지역사회의 자원을 적극 활용하자는 추세임

(6) 장 점

① 학생들에게 다양한 스포츠의 체험 기회를 제공하여 진로교육의 기회로 활용 가능함
② 누구나 차별 없이 스포츠를 즐길 수 있는 학생 스포츠복지를 실현시킬 수 있음
③ 학교와 지역의 체육교육 인프라를 통합하여 학교체육 활성화 및 지역 스포츠클럽 문화 정착 가능
④ 생활체육을 기반으로 체육인재를 직접 발굴하고 육성할 수 있는 시스템 마련 가능

(7) 단 점

① 스포츠클럽 운영 17시간을 채우기 위해 아침시간, 쉬는시간, 점심시간에 형식적으로 나갔다가 들어오는 등의 비효율적인 학사시간 운영이 다분함
② 학교 스포츠클럽 대회에서의 수상실적을 위해 연습량을 늘려 학생들에게 부담이 될 수 있으며, 목적이 변질될 가능성이 있음

생각해 볼 문제

- [ ] 학교에서 운영되는 스포츠클럽 운영의 실효성에 대하여 어떻게 생각하는가?
- [ ] 대부분의 학교에서 스포츠클럽 종목 선택 시 학생의 자율성을 존중하기보다 교사가 운영하기 쉬운, 학교가 마련하기 쉬운 종목으로 운영되는 경우가 많다(초등은 줄넘기, 중·고는 축구, 피구 등). 이러한 문제점을 해결하기 위한 방법은 무엇이 있는가?

서울특별시교육청 Focus

- 365+ 체육온동아리를 운영합니다. 온, 오프라인을 연계하여 신체활동 증진을 위한 소규모 프로그램 활동으로 창체 내 동아리, 쉬는시간, 점심시간 등을 활용해 활동할 수 있습니다.
- 학생들의 건강체력을 위해 서울학생 체력회복 '힘힘힘' 프로젝트 건강체력교실을 초, 중, 고 500교에서 진행합니다.

경기도교육청 Focus

- 365+학교스포츠클럽 활동 활성화를 지원합니다.
- '오아시스' 아침운동 운영을 지원하며, 지역학교스포츠클럽 축제(리그)를 진행하기도 합니다.
- 학교 단위 교육과정 연계 학생주도 융합형 건강드림 프로그램 및 학생건강체력교실 통합 연계 모델학교를 운영 지원합니다.

2 보건교육

(1) 정 의
학생의 신체적·정신적 발달 과정을 지원하여 문제행동을 예방하고, 물리적 환경적 요소와 관련하여 안전 시스템을 구축하여 학교 보건 역량을 강화하기 위한 교육

(2) 목 표
① 학생 정서행동 발달 지원의 효율성 제고 및 성장 지원
② 학생의 건강 발달과 질병 예방을 위한 포괄적인 학교 보건 관리 역량 함양
③ 학생 개인과 교육공동체의 협력을 통한 실천 중심의 보건교육 운영

(3) 배 경
① 미군정 시대 교육과정 개편 당시 체육교육과 함께 '보건 및 위생관념'을 강화하기 위해 '보건과' 과목을 초등학교 교과로 신설하였으며, 이후 현대사회의 필요한 건강, 보건교육 요소가 접목되었음
② 코로나, 인플루엔자, 메르스 등 각종 신종 전염병과 학교 관련 안전사고의 발생으로 학교 자체적인 안전시스템 마련 및 보건, 위생교육의 필요성 대두

(4) 운영 방법

분류	설명
보건교육 강화	• 학교 교육과정 내 보건교과 운영 철저 강조 : 초중고 최소 1개 학년에서 연간 17차시 정규교육과정으로 집중 이수 • (중, 고) 선택과목, 창의적 체험활동 시간 활용 운영 • 보건교육 거점학교 운영 및 우수 사례 개발 • 유휴교실을 활용하여 체험형 보건교육실 설치 권장
보건교육 인프라 지원	• 학교보건위원회 운영 : 보건교육 각종 사안 심의 • 학교 보건 관리 컨설팅 운영 : 보건교육, 건강관리, 보건실 운영 관련 점검 • 보건교육 지원강사 운영 확대

분 류	설 명
정서행동 위기학생 지원	• 정서행동특성검사 : (초 1, 4학년・중 1・고 1 대상) 청소년의 정서행동 관련 어려움을 조기에 발견하여 지역사회의 전문기관과 연계하여 상담, 치료하기 위해 실시하는 검사 • 위기학생 지원센터 운영 : 정서, 행동 특성검사 관심군 및 정신건강 위기학생 지원 프로그램 • 학생 정신건강증진협의체 운영
건강관리 지원	• 학생 건강검진 비용 지원 • 소아당뇨학생 지원 체계구축 • 찾아가는 보건교육 실시 : 눈 건강, 흡연 예방 교육, 약물 오남용 교육 등 • 유관기관 연계 건강증진 사업 운영 : 심장질환 무료검진, 저소득층 의료비 지원, 유아 자가시력검진 및 치료비 지원 등
감염병 대응 능력 강화	• 학교 감염병 실태 조사 및 통계 분석 • 감염병 발생 예・경보제 운영 : 감염병 확산을 방지하고 선제적 대응을 위함 • 감염병 대응 훈련 실시 : 학교, 교육지원청, 보건소, 의료기관 협동모의훈련 실시 • 감염병 예방협의회 운영

(5) 특 징

학교는 법령에서 명시한 각종 안전교육을 기준에 맞게 교육과정에 포함시켜 계획, 운영하여야 한다.

▼ 보건교육 관련 법령

아동복지법
제31조(아동의 안전에 대한 교육) ① 아동복지시설의 장, 영유아보육법에 따른 어린이집의 원장, 유아교육법에 따른 유치원의 원장 및 초・중등교육법에 따른 학교의 장은 교육대상 아동의 연령을 고려하여 대통령령으로 정하는 바에 따라 매년 다음 각 호의 사항에 관한 교육계획을 수립하여 교육을 실시하여야 한다. 이 경우 그 대상이 영유아보육법 제2조제1호에 따른 영유아인 경우 아동복지시설의 장, 같은 법에 따른 어린이집의 원장 및 유아교육법에 따른 유치원의 원장은 보건복지부령으로 정하는 자격을 갖춘 외부전문가로 하여금 2에 따른 아동학대 예방교육을 하게 할 수 있다. 1. 성폭력 예방 2. 아동학대 예방 3. 실종・유괴의 예방과 방지 4. 감염병 및 약물의 오남용 예방 등 보건위생관리 5. 재난대비 안전 6. 교통안전

(6) 장 점

① 삶에 필요한 안전 요소들(응급처치, 흡연·음주예방, 위생, 신체이해, 성 가치관 등)을 체계적으로 학습하여 문제 상황에 대처할 수 있는 능력을 기름
② 청소년 시기에 필요한 긍정적 자기이해와 바람직한 생활양식 등 민주시민으로 자라나기 위한 역량을 다질 수 있음

(7) 단 점

① 보건교육을 위한 교육과정 내 수업시수 확보로 인한 교과목 시수 부족 문제 발생
② 보건교사가 수업을 운영하는 동안 담임·교과교사가 보건실을 맡아 책임지는 상황에 대한 부담감 및 응급상황 대처능력 부족의 문제 발생

💡 생각해 볼 문제

☐ 학교 현장에서 보건교육의 입지와 운영 방식에 대한 개선점은 무엇인가?
☐ 입시위주의 한국 교육에서 보건교육이 나아가야 할 방향은 무엇인가?

서울특별시교육청 Focus

마음건강 ONE-STOP 지원센터 운영 : 정서행동특성검사 결과가 관심군으로 나오거나 정신건강에 어려움을 겪는 위기학생을 대상으로 도움을 주기 위한 지원센터를 운영하고 있습니다.

3 무상급식 · 영양교육

(1) 정 의
학생의 발육과 건강에 필요한 영양을 충족시켜주고 올바른 식생활 습관 형성을 도와줄 수 있는 교육

(2) 목 표
① 학생의 건강과 기호, 신체적 특성을 고려한 식단을 구성하여 질 좋은 급식 제공
② 영양교육을 통한 균형 잡힌 식습관 형성 및 위생 관리 역량 강화
③ 무상급식 제공으로 가정의 교육비 부담을 덜어주고 공교육에 대한 신뢰도 제고

(3) 배 경
① 2003년부터 초중고의 전면급식을 실시하게 되었음. 그 이후 2010년 6월 지방선거를 통해 무상급식을 공약으로 내세웠던 일부 교육감 및 지방자치단체장들의 활동으로 무상급식이 일부 시작되기 시작함

> **서울특별시교육청 Focus**
> 서울특별시에서는 2022년부터 국·공·사립 초중고·특수·각종 학교 전학년 친환경 학교급식을 실시하고 있습니다. 무상급식에 필요한 재원은 교육청 50%, 서울특별시 30%, 자치구 20%로 분담하고 있습니다.

(4) 운영 방법

분류	설 명
급식 식재료 품질 향상	• 5無급식 추진 : 잔류농약, 방사능, GMO, 항생제, 화학적 합성첨가물이 없는 급식 만들기가 목표 • 친환경, HACCP 등 안전성과 우수성을 인증 받은 식재료 사용 • (초, 중) 친환경 농산물 70% 이상 사용 유지, (고) 비율 확대 • 한국농수산식품유통공사와 함께 식재료 납품업체 실태조사 실시

맞춤형 교육급식	• 건강상태에 따라 스스로 식품을 고를 수 있도록 영양교육 실시
	• 학생 자율배식 운영 체제 정착 지원
	• 학교별 식이요법 필요 학생 조사 : 식품 알레르기, 비만 등
	• 선택맞춤형 식단 제공
	  - 죽 제공 : 건강상태에 따라 정상급식이 어려운 학생에게 소화가 쉬운 죽을 제공하여 건강회복을 도움
	  - 알레르기 식단 : 식품 알레르기 유증상 학생에게 알레르기 유발식품을 제거하거나 대체식품을 제공하는 식단
	  - 선택식단 : 두 가지 식단을 제공하여 학생이 원하는 식단을 선택하는 급식형태
	  - 이벤트 식단 : 생일, 절기, 세계음식문화의 날 등 주제를 정해 그 의미를 교육하고 이해하는 식단제공 방법

식생활 교육 강화	• (유, 초) 영양체험관 운영 • 초중고별 영양교육과정 개발 지원 • 학교급식과 지역 식생활 문화를 연계한 체험 프로그램 운영 • 영양교육 전문가, 생산과정 전문가 등의 지역 외부강사 초빙 교육 • 학교급식 관련 토의, 토론, 체험, 축제 등 운영 • 학생 영양상담 프로그램 운영 : 부모, 학생 동의 필요 • 비만예방교육, 식습관 교정 체험캠프 운영 • 식생활 동아리 활동, 식생활교육 컨설팅 운영
민주적 교육급식 운영	• 학생 교육급식 참여 활성화 : 급식모니터링 및 학생자치회 활동 • 학교급식위원회, 교육급식 정책 모니터단 운영 • 교육급식정책 공감협의회 운영 : 학생, 학부모, 영양(교)사, 교육청
안전하고 위생적인 급식환경 조성	• 학교급식 식중독 문자서비스 운영 : 교장, 교감, 보건교사, 영양(교)사, 급식담당자 등 참여 • 식중독 예방진단 컨설팅 운영 • 식중독 사고 발생 대비 모의훈련 실시 • 학교급식 위생, 안전 점검요원 전문 연수 • 식새료 납품업체 연수 실시 • 학교급식 아카데미 운영 • 학교 식품접촉표현 미생물검사 실시 : 칼, 도마, 식판 • 식중독균, HAPCCP 검증 검사 실시

(5) 특 징

① 관련 법령 : 학교급식법, 학교급식법 시행규칙, 안전한 학교급식 운영에 관한 조례

▼ 학교급식 관련 법령

학교급식법
제11조(영양관리) ① 학교급식은 학생의 발육과 건강에 필요한 영양을 충족하고, 올바른 식생활습관 형성에 도움을 줄 수 있도록 다양한 식품으로 구성되어야 한다. ② 학교급식의 영양관리기준은 교육부령으로 정하고, 식품구성기준은 필요한 경우 교육감이 정한다. **제13조(식생활 지도 등)** 학교의 장은 올바른 식생활습관의 형성, 식량생산 및 소비에 관한 이해 증진 및 전통 식문화의 계승·발전을 위하여 학생에게 식생활 관련 교육 및 지도를 하며, 보호자에게는 관련 정보를 제공한다. **제14조(영양상담)** 학교의 장은 식생활에서 기인하는 영양불균형을 시정하고 질병을 사전에 예방하기 위하여 저체중 및 성장부진, 빈혈, 과체중 및 비만학생 등을 대상으로 영양상담과 필요한 지도를 실시한다.

(6) 장 점

① 성장기 학생들에게 영양교육과 함께 균형 잡히고 안전한 식사 제공 가능
② 무상급식을 통한 저소득층 가정뿐만 아니라 전체 가정을 대상으로 평등한 교육 복지 실현
③ 학생과 학부모의 요청사항 수렴 및 공교육 만족도 제고

(7) 단 점

① 무상급식 예산 사용으로 인해 대부분의 교육청에서 다른 예산 확보, 운영에 어려움을 겪고 있음
② 지역별 예산 차이에 따른 지역 간, 학교 간 급식의 질 차이 우려

생각해 볼 문제

- ☐ 학생들이 자율적으로 급식을 선택하고 먹을 수 있도록 하는 문화가 강조되고 있다. 하지만 동시에 음식물 쓰레기 양이 지나치게 증가하고 있는 것 또한 사실이다. 이러한 문제점을 줄일 수 있는 교육적 방안은 무엇일까?
- ☐ 학생들의 비만 지수를 낮추기 위해 학교 교육과정과 연계할 수 있는 방안은 무엇일까?

서울특별시교육청 Focus
- 서울특별시교육청에서는 학생건강 증진을 위해 제철 과일을 제공하고, 채식선택제를 확대하고자 합니다.
- 5無(잔류농약, 방사능, 항생제, 화학적합성첨가물, GMO) 급식을 추진합니다.

경기도교육청 Focus
경기도교육청에서는 자율선택급식 운영 내실화를 추구합니다. 자율선택급식 선택식단 및 자율배식 가이드를 안내하고, 전문지원단을 운영합니다. 또한 학생의 건강한 자율권, 선택권 교육 강화를 위해 '영양식생활교육연구단'을 운영하고 다양한 홍보·교육자료를 제작하기도 합니다.

4 안전교육 · 학교 안전

(1) 정의

① 위험요소 인지와 예방으로 자신과 타인의 생명을 존중하며, 즉각적인 대처로 안전하고 건강한 생활을 영위할 수 있도록 하는 교육
② 안전 지식, 기능, 태도를 신장시키고 이를 반복하여 안전한 행동을 습관화시키는 것이 목표인 교육

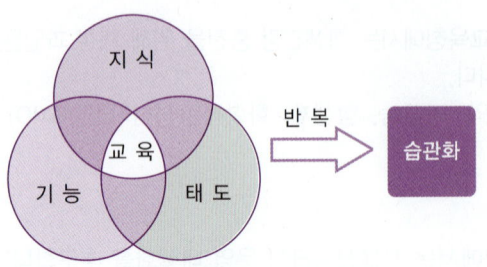

출처 : 국민안전교육 표준실무, 2016, 소방청

(2) 목표

① 체험 중심 안전교육 실시를 통한 위기 대처능력의 강화
② 예방 중심의 안전 관리 시스템을 마련하여 학생의 학습권 보호와 안전한 학교 환경 조성

(3) 배경

① 2014년에 발생한 4.16 세월호 사건으로 시작하여 학교 내 위험요소 진단과 생존수영, 실질적인 체험형 안전 교육에 대한 필요성이 더욱 강조되어 오고 있음
② 화재, 지진, 테러 등과 같이 안전사고가 다량 발생함에 따라 학교차원의 예방 제도, 환경 설비가 요구됨
③ 교육부에서 안전교육을 의무화하기 위해 안전사고를 7개의 분야로 나누어 각 내용을 선정하고, 학기당 기준시수를 고시하였음

▼ 학년별 학생 안전교육의 횟수

구 분	횟 수
생활안전	학기당 2회 이상
교통안전	학기당 3회 이상
폭력예방 및 신변보호	학기당 2회 이상
약물 및 사이버 중독 예방	학기당 2회 이상
재난안전	학기당 2회 이상
직업안전	학기당 1회 이상
응급처치	학기당 1회 이상

- 학력이 인정되는 평생교육시설 및 재외국민의 교육지원 등에 관한 법률 제2조제3호에 따른 재외 한국학교와 초·중등교육법 제2조제4호에 따른 특수학교의 경우는 인정되는 학력에 해당하는 학교급에 맞추어 실시한다.
- 재난안전교육은 재난 대비 훈련을 포함하여 실시하여야 하며, 각종 재난 유형별 대비 훈련을 달리하여 매 학년도 2종류 이상을 포함하여 운영하여야 한다.
- 1단위활동 및 1시간(차시)의 수업시간은 교육과정을 따르되, 기후 및 계절, 학생의 발달 정도, 학습 내용의 성격, 학교 실정 등을 고려하여 탄력적으로 편성·운영할 수 있다.

(4) 안전교육 관련 운영 방법

분 류	설 명
체험 중심 안전교육	• (유, 초, 중, 고, 특수) 학교안전교육 7대 표준안에 따른 안전교육 실시 : 전체 학생과 교원 대상 • 학생 안전 체험교육비 지원 • 체험 중심 안전교육 기자재 지원 : 이론 중심 안전교육에서 벗어나 실질적인 체험을 할 수 있도록 기자재 구입 • 학교안전교육 연구단 운영 • 안전체험관 건립 및 운영 • 유휴교실 활용 학교 안전체험관 건립 • 체험형 안전 직무연수 운영 : 교직원의 업무 특성에 맞추어 분야별 안전교육 직무연수 실시 • 학교관리자 안전 역량 강화 연수
안전사고 예방·대응력 강화	• 체험 중심 교육, 훈련 안전 매뉴얼 개발 • 학교안전관리 지원단 운영 • 안전한국훈련 주간 운영 : 국가 단위의 재난대응 훈련 • 학교안전 평가단 운영 • (유) 어린이 통학버스 안전관리 강화

분류	설명
안전교육 인프라	• 학교배상책임공제 가입 • (초) 교통안전지도 물품 구입비 지원 • 등굣길 교통지도 강화 : 지역사회 연계(어르신 일자리, 모범운전자, 퇴직교원 등의 인력 활용) • 지역사회 협력 교통캠페인 운영 : 경찰청, 도로교통공단, 녹색어머니연합회 등 • 통학로 안전대책협의회 운영

(5) 학교 시설 안전 관련 운영 방법

분류	설명
학교 시설 점검	• 매월 4일 안전점검의 날 운영 • 연 3회(해빙기, 여름철, 겨울철) 추가 정기점검 • 정밀안전점검 및 정밀안전진단 시행 • 외부 민간전문과 협력을 통한 점검 신뢰도 제고 • 교육환경보호위원회 운영
안전한 교육환경 마련	• 사립유치원 환경 위생 점검 실시 • 신축학교 환경위생 특별 점검 : 새 건축자재, 가구류 등의 새학교 증후군 유발물질 점검 • 항공소음대책 지역 내 지원 • 학교주변 유해업소 합동단속 실시 • 교육환경보호구역, 교육환경평가시스템 운영 • 교육환경보호위원회 운영
지진 대비 학교 건물 강화	• 건축물 신축 시 내진 설계 기준 강화 • 학교 시설 내진 보강 사업 • 석면 철거 공사 진행
석면 철거	• 석면 제거 사업 : 냉난방, 소방, 창호 공사 등과 연계 • 학교석면 해체 공사 안전 확보 방안 마련(잔재물조사 : 먼지시료 채취 및 전자현미경 분석) • 학교 석면 모니터단 운영 • 석면 해체 안전성 평가 일정 등급 이상의 업체만 공사 참여
미세먼지 대응	• 미세먼지 담당자 지정 및 교육 • 학교 공기정화장치 설치 및 유지관리 지원 • 공기정화장치 임대료 지원 • 학교 실내공기질 개선위원회 운영 • 산학협력단 위탁공기질 통합관리지원단 운영 • 미세먼지 예·경보제 운영 : 주의보, 경보 문자서비스

(6) 특 징

① 의무사항
  ㉠ 교육부에서 발표한 '학교안전교육 실시기준 등에 관한 고시'에 따라 (유, 초, 중, 고) 모든 학교급에서는 교육과정을 구성할 때 최소 안전교육 시수(51시간)를 확보하여야 함
  ㉡ 학교에 근무하는 교직원은 3년에 최소 15시간 이상, 안전 분야 3분야 이상의 안전 관련 연수를 받아야 함
② 안전의 습관화 또는 내면화를 일회성이나 단기간의 교육으로 이루어질 수 없으며, 생활 속에서 지속적, 반복적으로 이루어져야 함
③ 안전교육은 예방적 차원에서의 교육활동이므로 겉으로 눈에 보이는 성과가 없을 수 있으나 이 점을 간과하면 사고 발생 가능

▼ 교육환경보호구역

교육환경 보호에 관한 법률에 따라 학생의 보건·위생, 안전, 학습과 교육환경 보호를 위하여 학교경계 또는 학교설립예정지 경계로부터 직선거리 200m의 범위 안의 지역을 지칭함. 교육감의 권한 위임에 따라 관할지역 교육지원청의 교육장이 설정·고시함

출처 : 2022 서울교육 주요업무, 서울특별시교육청

(7) 효과

① 학생들이 자신의 삶 속에서 부딪힐 수 있는 위험 상황에 자기주도적으로 사고하고, 자체적으로 판단하여 안전을 확보할 수 있는 역량을 기를 수 있음
② 학교 내에서 발생할 수 있는 다양한 안전사고를 예방하고 발생 시 즉각적으로 대처할 수 있음
③ 각종 자연재난(화재, 지진, 미세먼지 등)으로부터 안심하고 공부할 수 있는 교육환경 마련

💡 생각해 볼 문제

☐ 학교 내에서 안전사고가 발생하였을 경우 교사의 책임은 어디까지인가?

☐ 안전교육의 핵심은 반복과 습관화이다. 하지만 이와 상반되게도 체험 중심 안전교육은 대부분 1회성으로 끝나는 경우가 많다. 이러한 현상이 나타나는 원인과 해결책은 무엇인가?

5 학교폭력·아동학대 예방

(1) 정의

학교 안에서 안심하고 공부할 수 있도록 학교폭력, 아동학대, 성희롱, 성추행, 성폭행으로부터 자유로울 수 있는 환경을 만들어주는 것

구분	정의
학교폭력	학교 내외에서 학생을 대상으로 상해, 감금, 협박, 약취, 유인, 명예훼손, 모욕, 공갈, 강요, 강제적인 심부름, 성폭력 따돌림, 정보통신망을 이용한 음란, 정신 또는 재산상의 피해를 수반하는 행위
아동학대	보호자를 포함한 성인에 의해 아동의 건강과 복지를 해치거나 정상적 발달을 저해할 수 있는 신체적, 정서적, 성적폭력, 가혹행위 및 보호자에 의한 유기와 방임을 포함하는 개념

(2) 목표

① 학교급별 특색에 맞는 학교폭력 예방교육의 운영과 실효성 제고
② 체계적인 문제 사안 처리와 회복적 생활교육을 통한 안전하고 평등한 학교 문화 조성
③ 학교 내 성인지 교육 강화를 통한 성인식 개선 및 성인권 증진

(3) 배경

① 생활 양상이 발전됨에 따라 폭력의 형태가 다양화되고 예측 불가능한 사건들의 발생으로 학교차원의 폭력 및 아동학대 예방교육의 필요성이 대두됨
② 과거에 비해 점점 학교폭력 발생 연령이 낮아지고, 정서적 폭력의 형태가 많아지고 있음

(4) 운영 방법

분류	설명
학교폭력 예방 내실화	• 학교폭력 예방프로그램 지원 : 또래활동, 언어문화, 사이버폭력 예방, 관계회복 등 중점 • 예술 연계 학교폭력 예방교육 실시 : 교육연극 초청공연, 연극동아리 운영 등 • 어울림 프로그램 : 학교폭력예방교육지원센터에서 개발한 교육 프로그램으로, 교육과정과 접목시켜 운영 권장 • '도란도란 학교폭력 예방' 홈페이지 서비스 활용 • 학교폭력 실태조사 실시 : 학생들의 익명성을 보장한 설문조사 실시 의무 • 학교폭력 책임교사 수업시수 경감 지원
학교폭력 사안 처리 지원	• 관계회복 조정기구 운영 : 관계회복 중심의 학교폭력 사안 처리 • 학교폭력대책심의위원회 설치 : 교육지원청 내 설치하여 교사 부담 완화 • 교육법률지원단 운영 : 지원청 단위의 변호사 고용 및 법적 분쟁 법률 상담
학교폭력 안전 인프라 구축	• 117학교폭력신고센터 운영 : 신고 접수 시 긴급 구조, 수사, 법률상담, 쉼터 연계 • 학생보호인력 배치 : 배움터 지킴이, 학교보안관 임명 • (초) 등하교 안심서비스 운영 • 학교 CCTV 교체 지원 사업 : 200만 고화소 CCTV 설치
아동학대 예방	• 아동학대 신고의무자 교육 철저 : 교직원 대상 • 교육과정 내 학생 안전교육 실시 : 7대 안전 영역(신변안전)
성폭력 예방	• 학교 성문화 개선 리더 양성 • 관리자 대상 성인지, 성평등교육 집중 연수 운영 • 성평등 모니터링단 운영 : 정책, 홍보물 등 개발 • 성평등위원회 구성 및 운영 • 성인권 및 성평등교육 현장지원단 운영 • 학교 성희롱 심의위원회 외부위원 인력풀 구축 • 스쿨미투 모니터링 및 신고센터 운영 • 성문제 및 인권 전문가(변호사) 운영 • 학교폭력갈등조정자문단 운영
성 관련 연수 의무화	• 학생 대상 성교육 의무 운영 : 15차시(성폭력 예방교육 3차시 포함) • 성교육 담당교사 직무연수 : 3년마다 30시간 이수 의무 • 찾아가는 교직원 성희롱, 성폭력, 성매매 예방교육 운영 : 매년 3시간 이상 이수 의무 • 교직원 성인지 감수성 및 성범죄 예방 연수 이수 의무

(5) 특 징

전국적으로 학교폭력 예방교육을 위해 '어울림 프로그램'을 적극 활용함

※ 어울림 프로그램
- 학교폭력을 예방하고 안전한 학교문화를 형성하기 위해 개발한 국가 수준의 학교폭력 예방프로그램
- 핵심 역량 : 공감, 의사소통, 갈등해결, 자기존중감, 감정조절, 학교폭력 인식 및 대처

▼ 학교폭력 사건의 특징

사회가 발전하고 학생들의 학교생활 방식이 달라짐에 따라 학교폭력 사건의 양상도 달라지고 있다. 최근에 발생하는 학교폭력 사안의 특징은 다음과 같다.

특 징	설 명
학교폭력의 가해자가 죄의식이 없다.	가해 원인으로 '그냥', '이유 없음', '재미있어서'라고 답하는 경우가 많으며, 피해자에게 미안한 마음을 갖지 않는다.
학교폭력 발생 연령대가 낮아지고 있다.	학교폭력 피해학생 중 53.6%가 초등학교 때 최초로 학교폭력 피해경험이 있다고 한다. 최근 학교폭력은 초등학교 저학년 때부터 발생하기도 한다.
가해자가 집단적 성향을 보인다.	가해자 혼자 학교폭력을 저지르기보다 초중고 각 학교급별 학교폭력 조직과 연결되어 있다.
학교폭력이 학업스트레스와 관련이 있다.	가해 학생 중 학업스트레스 수준이 높을수록 폭력 행동이 빈번하게 나타나는 경우도 있었다.
피해자와 가해자의 구분이 어렵다.	집단으로 가해자가 되거나 가해자가 되기 전에 피해자였던 학생이 자신의 방어를 위해 가해자가 되기도 한다.
폭력의 종류가 신체적 폭력에서 언어적, 정서적 폭력으로 변이되고 있다.	과거에 비해 사이버상의 폭력, 성적인 모독 등의 가해행동이 많아졌다.

출처 : 조종태, 2013, 학교폭력에 대한 효율적 대처 방안, 저스티스, 제134권 제3호

(6) 효 과

① 학교폭력 예방을 위해 인성교육을 다양한 교육방법과 교육내용으로 적용할 수 있음
② 교육공동체의 노력을 통해 안전하고 즐거운 학교문화 조성 가능

생각해 볼 문제

☐ 교육현장에서 학교폭력 담당자 업무는 기피 1순위이다. 이러한 상황을 해결하기 위해서 학교폭력 사안 처리방식이 개선되어야 할 점은 무엇인가?

☐ 학교폭력 관련 학생 사이의 관계회복을 위해서 진정으로 필요한 것은 무엇이라고 생각하는가?

서울특별시교육청 Focus

- 서울에서는 학교폭력 예방을 위해 '관계맺음–관계이음–관계돋움의 사이(42) 좋은 관계가 꿈 프로젝트'를 추진합니다.

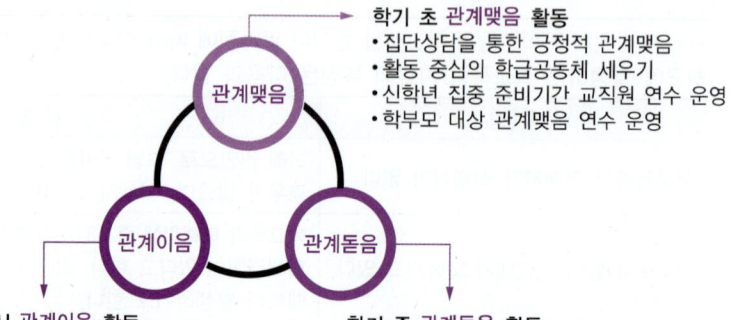

출처 : 2024 서울교육 주요업무

경기도교육청 Focus

- 경기도교육청에서는 학교폭력 제로센터를 운영하여 사안 처리 과정을 지원하고 관계회복, 심리상담, 법률 대응 등 다양한 지원을 하고 있습니다.
- 화해중재단을 운영하여 학교 내 갈등 사안에 대해 맞춤형 지원을 합니다.

CHAPTER 10 생활지도 및 상황별 지도

1 생활지도

(1) 정 의

학생에게 자신의 이해와 현실 환경의 이해를 통하여 건전한 적응을 하며, 자신의 가능성을 발달시켜 계속 건전하게 생활·발달할 수 있도록 조력하는 기술적이고 조직적인 교육활동

(2) 목 표

① 통합적 존재로서 인간의 전인적인 발달을 촉진하고자 함(신체적 성장과 발달, 정의적 발달, 사회적 발달, 도덕적 인격의 발달이 균형 있게 이루어지도록 하고자 함)
② 개인의 여러 활동과 경험을 심리적 세계에서 의미 있게 정리되고 통합되도록 함
③ 환경에 적절하게 대응할 수 있는 인간적 특성의 개발을 목표로 함
④ 자신을 바르게 이해하고 자신의 여러 인간적 특성을 현명하게 활용할 수 있도록 함

(3) 원 리

① 모든 학생을 대상으로 생활지도를 해야 함
② 처벌 위주의 훈육이 아니라 지도와 이해를 바탕으로 함
③ 치료보다 예방에 중점을 둠
④ 과학적이고 객관적인 기초 위에서 생활지도가 이루어져야 함
⑤ 학생의 사율성과 책임을 강조함
⑥ 지속적이고 연속적이며 교육과정 일련의 과정에 해당됨
⑦ 교사, 학부모, 지역사회, 국가의 연계가 필요함

(4) 영 역

① **인성지도** : 학생 개개인의 성격을 올바르게 인식하고 원만한 인격의 소질을 육성하도록 하는 활동
② **교육지도** : 학습활동과 관련된 지도 활동
③ **사회성지도** : 타인과 공동으로 사회생활에 훌륭하게 적응할 수 있도록 하는 지도 활동
④ **건강지도** : 신체 결함, 운동부족, 영양실조, 위생관념 등의 신체적인 면의 지도 및 정신건강 지도
⑤ **여가지도** : 여가활동, 취미·오락활동, 놀이 및 기타 여가 시간 활용에 관한 지도
⑥ **진로지도** : 적성과 능력에 알맞은 학과를 선택할 수 있도록 진학 관련 조력을 하는 지도 활동

(5) 과 정

분 류	설 명
학생이해활동	• 학생의 개별성을 찾는데 초점 두기 • 심리검사를 통해 학생에 관한 정보 수집(지능, 적성, 학력, 흥미 성격 검사와 관찰법, 질문지법, 면접법, 누가기록 등)
정보제공활동	• 교육, 학생생활, 입학 및 진학에 필요한 사항, 교과과정 등 학생에게 필요한 정보를 제공하는 것 • 정보제공은 학생들이 당면한 문제 해결에 필요한 지식을 제공하고, 학생의 자율성을 신장시킬 수 있음
상담활동	• 교사 및 전문적인 상담사가 학생과 상담을 통해 학생 자신의 환경에 대한 이해를 높여 주고, 합리적인 행동 양식을 증진시키며, 의사결정을 내릴 수 있도록 도와주는 활동
정치활동	• 생활지도 활동에서 학생이해, 정보제공, 상담활동을 마친 학생에게 적합한 배치를 제공하는 단계 • 스스로 직업, 학교, 교육과정, 교과 등을 선택하고 활동할 수 있도록 조력하고 기회를 제공하는 활동
추수활동	• 생활지도를 받은 학생들에 대한 사후 점검을 통하여 학생들이 건전하게 적응하면서 생활하고 있는지 살펴보고 대책을 마련하는 활동

(6) 방법(예시)

분 류	설 명

학급긍정
훈육법
(PDC ;
Positive
Discipline in
the
Classroom)
	• 친절하지만 단호한 태도로 학생 생활지도를 하는 훈육법
	  – 친절 : 학생들을 대할 때 인격과 감정에 대해서는 친절하게 행동
	  – 단호 : 학급공동체 구성원으로 지내기 위한 약속과 책임에 대해서는 엄격하게 행동
	• 학급의 규칙은 교사·학생들이 함께 토의하여 정하고 역할 나누기
	• 보상과 처벌보다는 개별 학생에 대한 칭찬과 격려고 훈육하며, 드러난 문제 행동을 보기보다는 행동의 맥락과 학생의 의도를 파악해야 함
	• 교사의 일관적이고 지속성 있는 태도가 중요하며, 결과보다는 태도와 노력, 과정을 칭찬해야 함
	• 감사와 격려, 칭찬을 일상화하여 학생들이 긍정적인 학급 분위기를 느끼게 해야 함
	• 지켜야 할 학급 규칙과 원칙은 단호하게 유지

나 전달법
(I-message)
	• 문제 상황과 교사, 학생, 또는 학급 전체에 대한 그 영향을 이야기하는 방법으로 문제 상황에 대한 느낌(감정)이 포함됨
	• 관찰과 사실 → 느낌 → 욕구와 감정 → 기대, 정중한 부탁
	  – 관찰과 사실 : "선생님이 수업을 하고 있는데, 너희들이 집중을 안하고 떠들면 수업 내용을 제대로 이해하지 못하게 되고, 다른 친구들에게 방해가 돼."
	  – 느낌 : "선생님의 말이 너희에게 전달이 안 되는 것 같아."
	  – 욕구와 감정 : "선생님이 이렇게 말하는데, 너희가 안 들어주면 선생님은 참 속상하고 마음이 아파."
	  – 기대, 정중한 부탁 : "선생님이 수업할 때에는 너희가 바른 자세로 경청해 주었으면 좋겠어."

학생에게 선택권 주기	• 바람직한 행동을 하든지 아니면 문제 행동을 계속하면서 그에 상응하는 처벌을 받든지 학생에게 선택권이 있다고 이야기하기 • 바람직한 행동을 확실하게 설명하고, 행동에 대한 결과를 분명하게 제시함으로써 학생에게 스스로를 통제하는 기회를 제공

(7) 효 과

① 학생 생활지도를 통해 학생들을 지속적으로 관찰하여 학급의 생활 문제를 초기에 발견하고 예방할 수 있음
② 지속적이고 꾸준한 생활지도를 통해 교사와 학생의 상호 간 유대감이 강화되고, 관계 중심 학급 문화를 형성할 수 있음
③ 여러 영역의 통합적인 생활지도를 통해 학생들을 '전인적 인간'으로 키울 수 있음

> 💡 **생각해 볼 문제**
>
> ☐ 학급에서 문제 상황이 있을 때 교사로서 '나 전달법'을 사용하여 지도하는 방법 생각해 보시오.
>
> ☐ 본인의 교직관에 비추어 학생 생활지도에 어떤 부분에 중점을 두고 지도할 것인지 정해 보시오.

2 회복적 생활교육

(1) 정의

분류	설명
회복적 정의	• 응보적 정의와 구별되는 것으로, 발생한 피해가 당사자와 공동체 구성원의 참여를 통해 회복되었을 때 진정한 정의가 이루어진다는 신념 • 피해자의 상처를 어떻게 치유할 수 있느냐에 초점을 맞추고, 용서·평화·화해·회복을 중요시함 ※ 응보적 정의 : 가해자를 어떻게 처벌할지에 대하여 초점을 맞춤
회복적 생활교육	• 잘못된 행동을 변화시키는 방법인 비난·강제·처벌·배제의 방식(응보적 정의)이 아닌 치유·자비·조정·화해의 방법으로 문제를 해결하는 회복적 정의를 학교에서 실천하는 방식 • 갈등문제 해결에만 집중하지 않고 구성원들이 평화롭게 연결되고 서로 존중하는 학교 문화를 만드는 것이 중요함

(2) 목표

① 갈등 당사자 간의 충분한 대화를 통해 관계를 회복하는 것에 목적을 둠
② 공감 및 소통 능력을 향상시키고, 관계에 대한 책임감과 의무감을 함양하여 공동체 역량을 강화고자 함

(3) 배경

① 학교폭력 해결방법으로 사용되던 처벌주의의 생활지도의 한계 존재
② 학생들은 실수 속에 배우며 성장하는 존재이므로, 부적절한 행동을 바르게 수정하고 건강한 사회 구성원으로 성장하도록 돕는 방식의 생활교육의 필요성

(4) 특 징
   ① 방법 : 관계 회복 중심(가해자가 피해자와의 관계를 회복하는 것)
   ② 중점 : 가치 및 구성원들의 욕구 중심
   ③ 문제 행동에 대한 태도 : 문제 행동을 관계의 단절로 여기고 이를 일으키는 내면의 욕구 바라보기
   ④ 행동 동기 : 자발성 및 관계 회복 열망
   ⑤ 조직 문화 : 수평적인 분위기
   ⑥ 문제 해결 : 대화와 공감을 바탕으로 가해자와 피해자의 관계 회복

(5) 핵심요소
   ① 가치(Value) : 회복적 실천의 토대를 이루는 것으로 가치와 분위기 형성(신뢰, 상호존중, 관용)
   ② 기술(Skill) : 회복적 기술들이 삶의 맥락 속에 적용되는 것(공감, 경청, 대화, 조정)
   ③ 진행(Process) : 갈등으로 인한 관계를 회복하고, 발생한 피해에 대하여 책임을 지는 것(회복적 대화, 문제해결 서클, 신뢰서클)

(6) 실천원리
   ① 관계가 공동체 형성의 중심이라는 점 기억하기
   ② 잘못된 행동과 피해를 해결할 수 있는 관계회복 시스템 고안하기
   ③ 단순 규범 위반이 아닌 피해가 발생한 부분에 초점 맞추기
   ④ 피해자가 자신의 목소리를 낼 수 있도록 하기
   ⑤ 공동으로 참여하는 문제 해결 방법 활용하기
   ⑥ 변화와 성장이 가능하도록 힘 실어주기
   ⑦ 모든 생활교육을 통해 구성원의 책임감 키우기

(7) 운영 방법

분류	설명
회복적 생활교육을 위한 환경 구축	• 우리들의 약속 : 교실을 평화로운 공간으로 만들기 위한 합의된 규칙 만들고 지키기 • 체크인·체크아웃 서클 : 무언가를 시작하기 전(체크인), 무언가를 마치고서(체크아웃) 동그랗게 둘러 앉아 서로의 의견을 나누는 모임 • PEACE 평화명상 : Power(파워·신체)명상, Eco(에코·자연)명상, Art(아트·그림)명상, Contact(콘택트·터치)명상, Edu(에듀·교육)명상을 모아 놓은 것

회복적 생활교육을 위한 문화 조성	• 적극적 경청 : 타인의 이야기를 선입견, 판단, 분석을 내려놓고 있는 그대로 듣는 태도와 능력
	• 비폭력 대화
	  - 우리의 본성인 연민이 우러나는 방식으로, 타인과 유대관계를 맺고 자신을 더 깊이 이해하는데 도움이 되는 구체적 대화방법(말하기·듣기)
	  - 우리가 무엇을 관찰하고, 느끼고, 바라고, 무엇을 부탁하는가에 집중하며 자신을 표현하거나 타인의 말에 귀 기울이는 것
	• 학급자치서클 : 학급의 의사소통 방법으로, 학급회의 방식에 회복적 생활교육의 서클(동그랗게 앉아 자신의 의견 말함)을 적용함. 다수결 원칙이 아닌 모두의 의견 경청·반영하는 동의제 활용

회복적 생활교육운영	• 회복적 관계 맺기
	  - 회복적 질문하기 : 관계 회복과 능동적 책임을 돕기 위한 열린 질문하기
	    예 "네가 수업 시간에 늦은 것에 대해 이야기 해줬으면 해."
	       "네가 수업에 늦을 때 무엇을 느끼고 어떤 생각이 들었니?"
	       "이 행동이 너에게 어떤 영향을 주었니?"
	  - 적극적 경청을 통한 회복적 개입 : 감춰진 욕구를 찾아내어 읽어주고 전달하기
	  - 일탈행위에 대한 회복적 대화 : 일탈행위 시 학생의 입장을 충분히 듣고 개인 및 공동체를 위한 대안 찾기
	  - 회복적 학부모 상담 : 학부모의 생각과 욕구를 이해하고 함께 해결하기
	  - 회복적 성찰문 : 자신의 행동이 공동체에 주는 영향을 이해하고 책임질 수 있는 방법 성찰하기
	• 서클운영 방식(원형으로 둘러앉아 평등·안전하게 자신의 이야기하기)
	  - 신뢰서클 : 이야기를 나눔으로써 서로를 연결하여 공동체성 강화하기
	  - 문제해결서클 : 공동으로 다루어야 할 문제를 서클로 해결하기
	  - 회복적 서클을 통한 또래 조정 : 회복적 서클 진행방식을 활용한 갈등 조정하기(또래 친구가 중립적 3자가 되어 대화를 통해 문제해결)
	  - 수업서클 : 수업의 주제에 대해 서클로 공동 학습하는 방식
	  - 교사서클 : 교사들이 존중하는 분위기 속에서 서로를 연결하고 평등하게 의사소통함으로써 함께 문제를 해결하는 방식

분류	설 명
회복적 서클	• 학급이나 동아리 또는 학교와 지역사회 안에서 갈등이 발생했을 때 활용할 수 있는 대화 체계로 둥글게 모여 앉아 이야기를 나눔으로써 서로의 마음이 연결되어 관계 회복이 일어나는 대화 모임 • 사전 대화 모임(본 대화 모임 참여자 신청 및 동의) → 본 대화 모임(갈등 해결을 위한 대화 및 약속 정하기) → 사후 대화 모임(약속 점검 및 성찰을 통해 앞으로의 행동 정하기)
회복적 정의 조정자 모델	• 당사자들 사이에 발생하는 갈등과 폭력으로 인한 문제를 해결하기 위해 중립적인 제3자인 조정자의 도움을 받아 당사자들이 서로에게 도움이 되는 대화 방식으로 자신들의 문제를 해결할 수 있도록 조정 절차를 진행
회복적 정의 컨퍼런스	• 심각한 갈등 상황이나 다자간 갈등 상황을 다루는 문제해결 대화 모임 • 담임교사 혼자 해결하기 힘든 상황에 학생(인권생활)부장이나 전문 진행자가 진행함 • 회복적 질문을 사용하여 문제와 관련된 당사자, 학부모, 교사들이 참석하여 문제해결 방법과 책임 이행, 바람직한 방향에 대해 의사결정을 함

(8) 효 과

① 학생들에게 갈등을 인간의 상호작용에서 나타나는 자연스러운 현상으로 인식하게 하며, 이를 성장과 배움의 기회로 활용
② 회복적 생활교육을 통해 학교폭력을 사전에 예방할 수 있음
③ 갈등 발생 시에는 갈등을 통제하거나 제거하는 것이 아니라 당사자들의 참여를 통해 갈등을 다루면서 실제적으로 관계를 회복시켜 나갈 수 있음

💡 **생각해 볼 문제**

☐ 회복적 생활교육의 의미와 중요성을 설명하고, 자신이 학급을 운영할 때 어떤 방식으로 적용할지를 말해 보시오.

☐ 회복적 생활교육을 통해 함양할 수 있는 학생들의 태도 및 역량은 무엇인지 생각해 보시오.

3 상황별 지도 - 공격적인 학생

분류	설 명

특 성	• 아동, 청소년기에는 감정의 뇌가 활발하게 활동하여 격렬한 감정이나 충동이 수시로 타오름
	• 환경적 요소가 학생의 분노와 공격성을 키움
	  - 부모가 지나치게 엄격하거나 처벌적인 양육태도인 경우
	  - 또래들로부터 강한 거부를 당하거나 거부가 지속된 경우
	  - 일상생활 속 적절한 지도가 부족한 경우
	  - 성장 과정에서 정서적 학대, 방임, 정신적 외상을 당한 경우(가정폭력, 가정불화 등)

교사의 마음가짐	• 학생의 공격성을 뇌의 발달과정으로 이해하고 공격적인 행동을 해석하며 의미를 재구성하여야 함 • 무조건적으로 공격성을 이해하는 것이 아니라 용납할 수 없는 행동에 대한 한계점을 정해 두어야 함 • 교실에서 학생과 대결해서는 안 되며 다른 학생들이 문제를 구경하게 두어서는 안 됨
지도 방법	• 문제 상황을 환기시키고 일단 끝내기 : 숫자세기, 심호흡, 선생님 바라보기 등의 방법을 활용 • 교사가 문제 상황을 판단하고 가르치는 것이 아니라 화난 감정을 들어주려 한다는 태도를 보여주기 • 화난 학생의 이야기를 먼저 들어주기 • 화난 학생, 상대 학생의 행동을 서로의 시각으로 보는 기회 제공하기 • 진정된 이후에 서로에 대해 질문하는 시간 갖기 • 선택지 2개 제시하기 : 학생 입장에서 따르기 싫은 선택지를 먼저 제시하고 이후에 긍정적인 선택지를 제공하여 학생을 유도 • 부모 훈련 및 가족 중재 : 부모와 자녀 사이의 강압적인 관계를 끊는 것을 목표로 함
유의점	• 지도의 핵심 : 분노의 감정을 이해 → 분노 인정 → 분노를 바람직하게 표현 → 분노의 감정을 짧게 끝내고 다른 생각으로 환기시키기 • 학생과 언쟁을 해서는 안 되며 분노의 동기를 찾아보아야 함 • 분노 조절에 어려움을 겪는 학생에게 평소에 화가 난 자신을 알아차리게 지도하여야 함 • 화가 날 때 한 행동들이 어떠한 결과를 초래할 수 있는지 지도하여야 함 • 화가 날 때 도움이 되는 행동을 미리 알려주어야 함

4 상황별 지도 – ADHD (의심) 학생

분류	설 명
특 성	• ADHD : 주의력결핍 과잉행동장애로 지속적으로 주의력이 부족하여 산만하거나 활동이 과다하고, 충동성을 보이는 경우를 뜻함 • 원인 : 유전, 분만 전후의 합병증, 가벼운 뇌손상 등의 다양한 원인이 있음 • 부모의 양육태도, 문제 대처 방식을 ADHD의 원인으로 보는 경우도 있으나 직접적인 원인은 아님

ADHD 증상	• 부주의
	  – 세부적인 상황에 주의를 기울이지 못하거나 학습 활동에서 부주의한 실수를 종종 함
	  – 다른 사람의 말을 경청하지 않는 것처럼 보임
	  – 순차적인 과제를 처리하는 것을 어려워 함 : 물건 정리, 시간 관리 등
	  – 외부 자극을 쉽게 받아들이고 쉽게 산만해짐
	  – 일상적인 활동을 자주 잊어버림 : 생활 약속 등
	• 과잉행동과 충동성
	  – 손발을 계속 만지며 몸을 자주 꿈틀거림
	  – 참을성을 요구하는 상황을 버티지 못함 : 의자에 앉기, 수업 듣기 등
	  – 조용히 있지 못하고 끊임없이 움직이거나 수다스럽게 말함
	  – 상대의 말이나 질문이 끝나기도 전에 성급하게 대답함
	  – 상대의 말이나 행동을 방해함
	  – 자신의 차례를 기다리지 못함

교사의 마음가짐	• ADHD는 하나의 질병으로서 생각하고 도와주어야 함 • ADHD 학생에게 교사는 학교에서 유일하게 지지자이며 긍정적인 역할 모델임 • 교사의 지도는 학생의 심리사회적 치료가 가능해지는 근간을 만들어주는 것임 • 학생이 일부러 말을 무시하거나 반항하는 것이 아니라는 사실을 알아야 함

지도 방법	• 분명하고 일관성 있는 규칙을 마련하기 : 학급규칙, 시간표, 수행 과제 등을 분명하게 정하고 교실에 게시해 두기
	• 지도할 때에는 침착하고 사실적인 목소리로 짧고 분명하게 반복해서 지도하기
	• 바른 행동을 보일 때를 찾아 즉각적으로 보상하기
	• '부주의' 증상 지원하기
	  – 주의가 분산되는 경우 다시 집중할 수 있는 신호 정하기
	  – 교사의 지시사항을 따라 말하도록 하여 기억하게 하기
	  – 소음(자극)이 덜한 자리, 환경을 마련해 주기
	  – 복잡한 일은 단계를 세분화하여 알려주기
	• '과잉행동' 증상 지원하기
	  – 몸 움직임을 제재하고 대안으로 할 수 있는 작은 행동을 제시해 주기 : 팔을 흔들 때 작은 물건을 주어 만질 수 있게 하기
	  – 자신의 차례에만 말하도록 신호 정하여 말하기
	  – 수업시간에 자연스럽게 움직일 수 있는 기회 주기 : 자료 배부, 심부름 등
	  – 방해가 되지 않을 경우에는 허용적으로 움직임 받아들여 주기
	  – 움직여도 괜찮은 시간과 장소를 구체적으로 알려주기

분류	설명
유의점	• 부모에게 협조를 요청할 경우 - 가정과 학교의 일관성 있는 교육이 중요하다는 점 알리기 - 자녀를 야단쳐서는 안 되고 하나의 질병임을 이해시키기 - 자녀의 강점과 재능을 발견할 수 있도록 관점을 전환시키기 - ADHD가 가진 강점(넘치는 에너지, 높은 창의성 등)을 알리기 • ADHD에는 약물치료가 효과적이지만 사회적 기능에는 심리사회적 교육활동이 효과적이므로 동시에 이루어져야 함

5 상황별 지도 – 무기력, 우울증 학생

분류	설 명

특 성	• 짜증이 많아지고 반항하며 신체 증상을 호소하기도 함
	• 집중력 저하를 겪고 무기력하며 모든 것이 무가치하다고 생각함
	• 불행한 모든 것들이 자신의 잘못이라고 여기거나 죄책감을 느낌
	• 원 인
	  – 생물학적 요인 : 신경전달물질(세로토닌계)의 전달 이상으로 인함
	  – 심리, 사회, 환경적 요인 : 사랑하는 대상의 상실, 부모자녀 관계의 문제, 부모의 학대 및 방임, 미래에 대한 불안함, 인지왜곡 등

교사의 마음가짐	• 학생의 행동변화와 감정, 생각의 변화에 예의주시하여야 함 • 학교생활에 부적응이 지속될 경우 우울증의 가능성을 염두해야 함 • 적극적으로 개입하기보다 적극적인 지지자가 되려고 노력해야 함

지도 방법	• 강요하기보다 이해해 주기
	• 학생의 입장에서 생각하고 지지해 주기
	• 상황을 평가하려고 하기보다 격려와 응원으로 성취를 유도하기
	• 신체 증상과 기분의 연관성에 대해 지도하기
	• 공통의 흥미를 탐색하여 라포 형성하기
	• 지지기반 형성해 주기
	  – 힘들 때 도움을 요청하는 것도 용기라는 점을 학급 전체에 지도하기
	  – 모둠활동, 동아리 활동을 통해 자연스럽게 어울리는 기회를 마련하기
	• 심리치료 연계하기 : 놀이치료, 인지행동치료, 사회기술훈련
	• 부모교육과 가족치료에 참여시키기

유의점	• 무기력감이나 우울증은 위험 요인으로 인한 증상일 수 있으므로 반드시 상황을 진단해 보아야 함 : 따돌림, 사회적 고립, 학업부진, 부모의 학대나 방임 등 • 학생의 우울증이 상당히 진행되어 문제가 발생한 이후에 발견하는 경우가 많으므로 평소에 예방적 교육활동과 세심한 관찰이 필요함

6 상황별 지도 – PC, 스마트폰 중독 학생

분류	설 명
특 성	• 과의존 상태 : 습관적으로 또는 지나치게 인터넷이나 스마트폰에 의존하며 자신이 기기를 만지지 못할 때 불안함과 정신적인 긴장감을 느껴 일상생활이 불가능한 상태 • 밤에 잠을 잘 자지 못하고 눈과 신체에 피로감을 많이 느낌 • 평소와 다르게 기기 사용을 중단했을 때 훨씬 많은 분노를 표출함 • 지나치게 몰두하면서 현실적인 시간감각이 둔해짐
교사의 마음가짐	• 인터넷이나 스마트폰도 하나의 취미생활로서 건전하게 활용 가능하다는 것을 인정해 주어야 함 • 무조건적으로 하지 말아야 한다는 마음가짐은 지양
지도 방법	• 학생 상황 알아보기 : 며칠 동안 인터넷, 스마트폰 사용 시간과 용도, 사용 장소를 적어보도록 약속하기 • 가정의 분위기와 가족 관계 대하여 확인해 보기 • 스스로 미디어 기기의 사용 조절의 필요성을 느끼게 하기 • 실천 가능한 목표를 정하고 사용 시간 줄이기 • 욕구를 해소할 수 있는 방법이나 다른 취미로 이끌기 • 실천 결과를 학생과 함께 평가해 보고 목표 다시 정하기
유의점	• 지도를 위해 가정에 협력을 요청하여야 하며 가정 분위기와 가족 관계가 문제 해결에 중요한 핵심이라는 것을 잘 전달해야 함 • 미디어 중독은 대인관계 문제, 건강 문제 등 다양한 합병증을 유발할 수 있는 위험한 상태임을 인지하여야 함

7 상황별 지도 – 다문화 학생

분류	설명				
	유형	의미	세부유형	의미	국적
다문화 학생의 유형	국제결혼 가정자녀	한국인과 외국인이 결혼한 가정에서 태어난 자녀(초혼가정, 이혼가정, 재혼가정 포함)	국내출생	국내에서 태어난 구제 결혼가정의 자녀	한국
			중도입국	외국에서 태어나 성장하다 부모의 재혼 및 취업 등으로 부모를 따라 입국한 자녀	외국 또는 한국 (귀화 시)
	외국인 가정자녀	외국인과 외국인이 결혼한 가정에서 태어난 자녀(외국인근로자, 유학생, 재외동포 포함)			외국

출처 : 담임교사를 위한 학생 상담 가이드, 경기도교육청

분류		설명
다문화 학생의 어려움	국제결혼가정자녀 (국내출생 학생)	• 부모님이 외국인일 경우 학생의 언어 발달 상태가 지연되는 경우가 있음 • 듣기, 말하기에는 차이가 없더라도 읽기, 쓰기에 더욱 취약함 • 학생 스스로 한국인이라는 정서를 가지고 있으나 혼란이 길어지면 학업중단을 하기도 함
	국제결혼가정자녀 (중도입국 학생)	• 중도입국하기 전 본국의 교육 상황에 따라 학력 차이가 심하게 나타남 • 입국 초기에 한국어 능력, 비자 및 체류 문제, 학력증빙 등과 같이 여러 준비과정이 필요함 • 새로운 가정환경과 학교 문화로 인해 어려움을 느끼고 친밀감 형성에도 한계가 있음
	외국인가정 학생	• 한국어 구사 능력이 낮고 문화 차이가 많아 적응 시간이 많이 필요함 • 자신의 나이보다 어린 연령대의 학년으로 입학, 취학, 편입되는 경우가 있어 의사소통이 어렵고 친구를 사귀기 어려워 함 • 모국어에는 능숙하나 한국어가 취약하여 국어, 사회 등의 과목에 취약함
교사의 마음가짐		• 학생의 이주 배경과 본국의 문화에 대한 이해를 기반으로 지도하여야 함 • 의사소통이 되지 않는 학생인 경우 언어를 강요하기보다 학생의 특기를 활용하여 자존감을 높여 주어야 함 • 다양한 방법을 강구하여 학생이 학교 활동에 참여하는 기회를 마련해 주어야 함

분 류	설 명
지도 방법	• 긍정적인 모습 바라보기 　– 다문화라는 배경이 자신에게 주는 장점을 생각해 보고 부각시키기 　– 주위의 편견에 신경 쓰지 않고 이겨낼 수 있는 내면의 힘을 기르도록 자존감 높여주기 　– 여러 문제와 과거에 집중하기보다는 해결과 미래에 집중하며 긍정적인 내일을 그려보기 • 학급 내 도와주는 친구 두기 • 학급 내 다문화 감수성 제고 프로젝트 수업 진행하기 • 대학생 멘토링 프로그램 등 적극 활용하기 　– 다문화 학생의 기초학력 제고, 학교 적응을 도우며 대학생의 다문화 감수성과 봉사의식을 신장시키기 위해 2011년부터 추진하고 있는 사업 　– 학습지도와 더불어 친누나, 친언니처럼 조언자의 역할도 가능 • 기초학력 및 한국어 이해 지원 　– '스스로 배우는 교과 속 어휘' 교재 활용 : 다문화교육포털 사이트 　– 두드림학교, 학습종합클리닉과 연계 　– 지역의 다문화가족지원센터의 '언어발달프로그램' 홍보 • 이중언어 교육 장려하기 : 이중언어 말하기 대회, 글로벌 브리지 사업, 다문화 언어강사 배치 등의 다양한 프로그램 안내
유의점	• 다문화 학생을 지도할 경우에는 부모님에게도 적절한 교육정보를 제공해 주어야 함 　– 국가평생교육진흥원 유튜브 채널 : 한국교육제도 및 진학정보 제공 　– 다문화 가족지원 포털 '다누리' : 중도입국, 외국인 학생에게 필요한 교육 정보 및 다문화 가족 지원센터 현황 등 안내

8 상황별 지도 – 등교 거부 학생

분류	설 명
특 성	• 등교를 거부하는 학생의 증상 – 신체화 증상 : 직접적인 말보다 신체적인 증상으로 등교할 때 여러 신체증상이 나타나기도 함(메스꺼움, 두통, 복통, 설사, 잦은 소변 등) – 반복적인 지각이나 조퇴 – (초) 저학년의 경우 학교 자체에 대한 두려움이 아닌 부모와의 분리 불안인 경우도 있음 • 등교를 거부하는 원인 – 학업 관련 : 과중한 학업부담, 낮은 학구열, 학습능력 부족, 과제 미수행 등 – 대인관계 : 또래 갈등, 따돌림, 학교폭력, 교사와의 부정적 관계 등 – 정서적 심리적 문제 : 불안감과 우울감, 심리적 문제로 불면증, 식욕 상실 등 – 가족문제
교사의 마음가짐	• 학생이 학교에 안 오는 것이 아니라 못 오는 것일 수 있다는 마음으로 학생의 상태를 먼저 들어 주어야 함
지도 방법	• 질책하지 말고 이야기를 들어 주며 학생의 마음을 드러내기 • 학생의 긍정적 행동과 변화에 관심을 갖고 칭찬해 주기 • 긍정적 표현을 사용하며 해결방안 제시하기 : '~하지 말자' 보다는 '~를 멈추고 ~하면 더 좋을 것 같다'라는 긍정적인 표현 사용하기 • 등교 거부 원인 분석하기 : 학생이 등교를 거부하는 근본적인 원인을 확인하고 이에 맞는 해결 방안 제시하기 • 인식 변화시키기 : 학생이 등교를 거부하는 원인에 대하여 새롭게 해석하는 방법을 제시하여 학교에 대한 인식을 바꾸어 주기 • 등교와 학업과정에 강하게 거부감을 갖는다면 대안학교와 학업중단 숙려제를 안내하여 고려해 볼 수 있는 기회를 주기
유의점	• 새학기 증후군 : 새학기가 시작되면 어느 정도의 긴장과 불안감을 느끼는 증상을 뜻하며, 이는 자연스러운 현상이므로 교사가 학생의 상태를 들어 주고 지원해 주어 완화시켜 주어야 함

9 상황별 지도 – 학교폭력 관련 학생

분류		설 명
학교폭력 징후	피해학생 징후	• 늦잠을 자며 몸이 아프다고 하며 등교를 거부함 • 성적이 떨어짐 • 학교생활이나 교우관계에 대한 질문에 예민함 • 갑자기 짜증이 많아지고 주변 사람들에게 폭력적으로 대함 • 용돈을 평소보다 많이 요구하고 스마트폰 요금이 과하게 부과됨 • 스스로 학교나 학원을 옮겨달라고 이야기함
	가해학생 징후	• 친구관계를 더욱 중요시하며 귀가 시간이 늦어지거나 불규칙해짐 • 자신의 문제 행동에 대해 이유나 핑계가 많음 • 과도하게 자존심이 강해짐 • SNS에 누군가를 비하하거나 저격하는 발언을 게시함
	사이버폭력 징후	• 정보통신 기기를 불안한 기색으로 자주 확인함 • 부모가 자신의 기기를 만지는 것을 극도로 싫어함 • 갑자기 SNS 계정을 탈퇴하거나 아이디가 없음 • SNS 상태 글귀를 갑작스럽게 부정적으로 바꿈
교사의 마음가짐		• 여러 징후를 발견했을 때 성급하게 학교폭력의 가해자, 피해자로 특정지어서는 안 되며 판단을 유보하고 여러 상황을 종합적으로 확인하여야 함
교사의 역할		• 교사는 학교폭력을 감지하고 인지하기 위하여 노력하여야 함
	피해학생 관찰	• 피해학생이 신체적, 심리적, 정서적으로 어떠한 어려움을 겪고 있는지 구체적으로 파악
	가해학생 관찰	• 가해학생이 특정 학생, 다수의 학생을 어떻게 괴롭히는지 확인하고 다른 친구들과 어떠한 관계를 맺고 있는지 확인
	주변학생 관찰	• 목격학생들의 심리상태도 함께 파악
관련 학생 상담 방법	피해학생 상담	• 학생의 이야기를 듣고 어떠한 판단, 충고도 하지 않고 적극적인 위로와 지지해 주기 • 피해 상황 속 학생의 욕구를 파악하기 • 가해학생으로부터 보복을 당하지 않도록 교사로서 책임감을 가지고 관리할 것을 인지시키기 • 학교폭력자치위원회 절차와 내용 진행 과정, 준비 사항, 보호 조치 등을 상세히 알려주기

분류		설명
관련 학생 상담 방법	가해학생 상담	• 폭력은 어떠한 이유에서도 용납되지 않음을 인지시키기 • 저지른 행동이 잘못된 것이라는 사실을 알려주고 피해학생이 당한 상처를 이해시키기 • 가해학생이 폭력적인 행동을 한 이유에 대하여 파악하기 • 가해학생에게 진행될 과정과 조치 설명하기 • 가해행동에 대하여 사과 의지가 있는지 여부를 확인하고 희망할 경우 공개적이고 진심어린 사과의 방법을 지도하기 • 가해행동 재발 방지를 위한 약속 정하기
	목격학생 상담	• 철저한 비밀보장을 약속하며 문제 해결에 대한 도움 요청하기 • 신뢰관계 형성으로 보복에 대한 두려움을 갖지 않도록 하기 • 이야기를 경청하고 학생의 심리적인 혼란과 충격을 위로해 주기
관련 학부모 상담 방법	피해학생 학부모 상담	• 피해학생 학부모가 흥분하고 격앙될 수 있음을 이해하고 수용하기 • 학부모의 말을 온전히 들어주고 학생의 피해 사실에 대해서 객관적으로 인지하기 • 학생 피해에 대하여 사과와 유감을 표현하기 • 피해학생과 학부모님이 원하는 것이 무엇인지 정확하게 파악하기 • 문제 처리 과정에 대하여 설명하고 사실에 근거하여 문제를 해결할 것을 약속하기 • 피해학생 보호와 생활 안정을 위한 학교의 노력 안내하기
	가해학생 학부모 상담	• 가해자가 된 자신의 자녀에 대해 인정하지 않고, 잘못을 인정할 경우 피해를 입을지도 모른다는 것을 우려한다는 특성 이해하기 • 가해자 학부모의 감정은 받아주되 가해 행위는 정확하게 알려주기 • 가해행동을 인정하지 않을 경우 사실에 근거하여 과정과 결과를 설명하기 • 추후 진행 과정과 사과의 중요성에 대해 인지시키기 • 학교가 교육적으로 지도할 것을 약속하기
유의점		• 학교폭력대책자치위원회의 결과가 나오기 전까지는 피해학생과 가해학생을 구분해서는 안 되며 '관련 학생'이라고 불러야 함 • 관련 학생, 학부모를 한 장소에 불러 상담하는 경우 피해학생에게 불안감을 조성할 수 있음을 유의 • 가해학생에게 평가나 비판을 할 경우 문제 해결에 역효과를 일으키므로 심문하는 태도를 지양하여야 함 • 학부모 상담을 진행할 때 피해, 가해 어느쪽의 편을 들고 있다는 인상을 주지 않도록 각별히 유의하여야 함 • 가해학생에 대한 징계 수위나 피해 학생에 대한 보호 조치 수준을 발설하지 않아야 함 • 조사 요령 : 교사가 문제 상황을 인지하고 있다고 먼저 말하기보다 학교생활이나 교우관계 등에 대해 물어가며 파악하는 것이 좋음

10 상황별 지도 – 학업중단 (고민) 학생

분류	설 명
특 성	• 학업중단의 원인 　– 개인적 요인 : 낮은 자아존중감, 신체적 심리적 질환이 있는 경우, 낮은 학업 　　성적, 학업에 대한 무기력감 등 　– 가정환경적 요인 : 부정적인 양육태도, 부부 갈등, 빈약한 교육지원 등 　– 학교 요인 : 또래 문제, 학력 위주의 학교문화, 학교에 대한 소속감 결여 등
교사의 마음가짐	• 학생들의 어려움을 존중하지만 학업중단을 급하게 결정하지 않도록 끈기를 가지고 소통하여야 함(학교 밖에서 겪게 될 일들에 대해 신중하게 고민하지 않는 경우를 방지) • 학생의 강한 요구가 있을 경우 '학업중단 숙려제'를 적극적으로 활용하여야 함
지도 방법	• 학업중단 위기원인 탐색하기 : 학업중단을 선언한 학생의 원인을 탐색하되 문제 행동에 초점을 두지 않고 지도하기 • 중단을 선언한 심정에 대하여 적극적으로 공감해 주기 • 학업을 중단할 경우 미래에 대하여 객관적으로 생각해 보기 • 학업중단을 하고 싶은 이유를 극복할 수 있는 다른 방안 모색하기 • 학교 밖 교육활동 안내하기 : 학교 내, 학교 밖의 다양한 교육활동을 제공하여 자기 이해와 진로 탐색의 경험 갖기(대안학교, 학업중단 숙려제 등)
유의점	• 학업중단 숙려제의 조건과 과정에 대해서 세밀한 이해가 필요함 　– 적용 대상 1 : 학교 측에 학업중단 의사를 밝히거나 학업중단 위기에 처해 있다고 판단되는 학생 　– 적용 대상 2 : 미인정결석 연속 7일 이상 또는 연간 누적 30일 이상인 학생 　– 숙려 기간 : 공휴일 포함 최소 2주(14일) 이상 ~ 최대 7주(49일) 이하 학교장이 부여 　– 상담 과정 　　ⓐ 숙려 기간 1~3주 : 전문상담(교)사 또는 외부기관 상담 주 1회 이상 실시 　　ⓑ 숙려 기간 4~7주 : 전문상담(교)사 또는 외부기관 상담 주 2회 이상 실시

11 상황별 지도 – 자해, 자살 (의심) 학생

분류	설 명

특 성	• 자해 : 죽음을 목적으로 하지는 않지만 고의적으로 자신의 신체를 손상시키는 행동을 뜻함(죽음을 목적으로 하지 않으므로 자살시도와는 다름)
	• 자해 행동 원인의 이론적 관점
	  – 학습이론 : 불쾌한 생각이나 느낌을 감소시키기 위해, 관심을 받고 필요한 것을 얻기 위해
	  – 자기자극 : 적절한 감각의 부재를 보상하기 위해서 스스로 감각을 제공하기 위해
	  – 자기처벌 : 스스로 자기 자신을 처벌하기 위해
	  – 자기통제 : 환경을 마음대로 통제할 수 없을 때 자신의 신체를 통제하려는 욕구로 인해
	  – 발달특성 : 청소년기의 특성상 특별한 외적 상태를 갖추어 또래에게 멋지게 보이고 싶은 욕구로 인해

교사의 마음가짐	• 상황에 대해 훈계하지 않고 평가하지 않으며 학생의 어려움을 공감하기 • 대안 없이 행동을 멈추라고 하지 않고, 교사와 함께 방법을 찾아가야 한다는 조력자의 마음 갖기
지도 방법	• 감정을 수용하고 학생에게 믿음 주기 • 구체적인 상황을 대답하게 하는 개방적 질문 제시하기 • 학생이 질문에 대답하지 않을 경우 그러한 것이 당연하다며 다독여 주고 발언을 기다리며 관찰하기 • 스트레스 감소시킬 수 있는 대안을 함께 찾아보기 : 자신의 분노, 폭력성을 푹신한 인형에 해소하기 • 대인관계 기술을 향상시킬 수 있는 기회 제공하기 • 심리치료 안내하기 : 인지행동치료, 변증법적 행동치료, 문제해결치료 등
유의점	• 무조건적으로 학생에게 '다 잘될 거야'라고 단정 짓는 말은 학생이 '교사는 문제 해결에 관심이 없다!'라고 느껴 마음을 닫을 수 있음 • 위험행동 자체에만 관심을 두고 접근하면 부정적인 행동으로 주위의 관심을 얻으려는 의식적, 무의식적 행동이 강화될 수 있음 • 모든 자해, 자살시도가 관심을 끌고 싶어서 하는 것은 아니라는 점을 인지하고 있어야 함 • 자해, 자살시도를 하는 학생들을 보고 반드시 성적, 육체적 학대를 당하거나 폭력적 가정환경으로 인함이라고 단정지어서는 안 됨

PART 03

기출문제 분석하기

들어가기 전에	심층면접 기출문제 답변 구상 방법
CHAPTER 01	심층면접 기출문제(2024 초등)
CHAPTER 02	심층면접 기출문제(2023 초등)
CHAPTER 03	심층면접 기출문제(2022 초등)
CHAPTER 04	심층면접 기출문제(2021 초등)
CHAPTER 05	심층면접 기출문제(2020 초등)
CHAPTER 06	심층면접 기출문제(2024 중등)
CHAPTER 07	심층면접 기출문제(2023 중등)
CHAPTER 08	심층면접 기출문제(2022 중등)
CHAPTER 09	심층면접 기출문제(2021 중등)
CHAPTER 10	심층면접 기출문제(2020 중등)

임용 심층면접 만점교사가 알려주는

면접 바이블

들어가기 전에 — 심층면접 기출문제 답변 구상 방법

    이번 장에서는 가장 최근에 출제되었던 심층면접 문제를 다룹니다. 한국교육과정평가원 문제를 공통으로 출제하는 지역과 자체 문제를 출제하는 지역으로 나누어 수록하였습니다. 초등과 중등, 비교과로 나누어 수록하였으나 학교급 간을 넘어서 교육의 본질을 다루는 문제들을 다양하게 살펴보기 바랍니다(해당 기출문제는 임용 시험에 응시한 수험생들의 복기자료를 바탕으로 구성한 문제이므로, 실제 문제와 약간 다를 수 있습니다).

    심층면접에서 고득점을 얻기 위해서는 빠른 시간 내에 문제를 분석하고, 핵심을 간파하는 답변을 준비해야 합니다. 대부분의 수험생은 문제를 이해하는 것은 어려워하지 않지만, 구체적인 답변을 만들어내는 과정에서 어려움을 겪습니다. 이러한 문제를 해소하고 고득점을 받기 위해 필요한 것은 바로 '키워드 중심'의 답변입니다. 자신이 답변을 구상하는 과정에서 문장을 떠올리지 말고 키워드를 떠올려 답을 구상해보세요.

임용 심층면접 Tip

답안을 구상할 때에는 문장이 아닌 키워드를 떠올리기

1. 문제에서 요구하는 바를 충족시킬 수 있는 단어를 연상하고 브레인스토밍처럼 구상지에 적어보세요.
2. 키워드 종류가 잘 떠오르지 않는 경우에는 '교육과정 인간상, 핵심 역량, 인성 가치·덕목, 교수·학습 모형, 교육심리학 용어'들을 떠올려보세요.
3. 키워드 브레인스토밍이 끝났으면 구상지를 보고 필요 없는 단어들을 지우고, 연결시킬 수 있는 단어들을 선택해보세요.
4. 단어들을 선택하였으면 어떠한 순서로 답변을 구상할지 간단한 흐름도를 작성해보세요.
5. 전체적인 흐름을 계획하였다면 흐름도만 보고 문장을 서술하는 연습을 진행해보세요.

임용 심층면접 Tip

위의 과정을 연습하기 위해 본 책에서는 기출문제 밑에 구상 메모 칸을 마련해 두었습니다. 문제를 보고 먼저 떠오르는 **핵심 키워드**를 적어보세요. 그 후에 키워드를 선택하고 배열하여 답안을 구상해보세요.

[예 시]

Q 이 교사가 비대면 수업의 효과를 높이기 위해 노력해야 하는 사항 3가지를 말하시오.

A 나만의 답변 구상하기

[핵심 키워드]
블렌디드 교육, 교육과정 재구성, S/W교육, 컴퓨팅사고력, 온라인 플랫폼, 학생 중심 교육, 과정 중심 평가, 스마트 기기 활용, 연수…

[답변 구상]
도 입 : 비대면 수업의 필요성
    1. 교육과정 재구성
    2. 블렌디드 교육 역량 강화
    3. 스마트 기기 활용을 통한 활동 및 평가의 다양화
마무리 : 교사로서 다짐

구상형 문제에서 고득점을 받기 위해서는 위와 같은 과정으로 키워드 중심의 답변을 구상한 뒤 흐름도만 보고 문장을 서술하는 연습을 해야 합니다. 자신의 경험이나 좌우명을 짧게 설명하거나 인용 어구를 준비하여 도입과 마무리 문장에 적극적으로 활용해보는 것도 좋습니다. 연습을 진행하다 보면 자신에게 맞는 일정한 흐름, 만능 답변, 키워드들이 정리되기 시작합니다. 이러한 것들을 따로 정리하여 만능 답변으로 준비하다 보면 즉답형 문제에도 막힘없이 대처할 수 있는 역량이 생기게 됩니다.

지금부터 다음 페이지를 활용하여 자신이 응시하는 지역의 방식에 맞추어 모의면접을 진행하여 봅시다.

CHAPTER 01 심층면접 기출문제(2024 초등)

[1] 2024년 경기도 초등

구상형

1 경기도 교육청의 기본목표 중 '균형'의 관점에서 기대하는 학생상을 제시하시오. 더불어 그러한 학생상을 실현시킬 수 있는 교육 방안을 교과지도·생활지도 측면에서 각각 1가지씩 서술하시오.

> 균형은
> 교육의 본질에 집중하겠다는
> 경기교육의 다짐입니다.
>
> 경기교육은
> 서로의 다름을 인정하고 존중하며
> 교육공동체의
> 조화로운 성장을
> 지원하겠습니다.

나만의 답변 구상하기

[핵 심 키 워 드]

[답 변 구 상]

2 본인이 따뜻한 한마디를 주고받은 경험을 말하고, 이와 관련한 자신의 교직관을 서술하시오. 또한 그에 따른 교육 방안을 2가지 서술하시오.

> [드라마 - 이상한 변호사 우영우]의 대사 중
>
> "너는 봄날의 햇살이야"

나만의 답변 구상하기

[핵심 키워드]

[답변 구상]

3 다음 제시문이 의미하는 시사점과 이를 해결하기 위한 교사로서의 실행 방안 2가지를 서술하시오.

> 학부모와 교사 사이의 신뢰 관계에 대하여 설문조사를 실시한 결과 다음과 같은 키워드가 선정되었다.
>
> "소통"

나만의 답변 구상하기

[핵심 키워드]

[답변 구상]

즉답형

1 자신이 제시문의 선생님이라고 생각하고 빈칸에 들어갈 말을 시연해보시오. 그리고 그렇게 말한 이유와 교육적 의도를 덧붙여 설명하시오.

> [학생 A와 선생님의 대화 내용]
> 선생님 : 학생A~ 요즘 수업시간에 왜 이렇게 떠드니?
> 학생 A : 선생님! 저 말고 B도 떠들었는데, 왜 저한테만 뭐라고 그러세요?
> 선생님 : _____

나만의 답변 구상하기

[핵심 키워드]

[답변 구상]

2 교육 실습 경험을 떠올려보고, 담임교사가 갖추어야 할 역량 2가지를 설명하시오. 또한 이러한 역량을 신장시키기 위한 계획을 설명하시오.

나만의 답변 구상하기

[핵심 키워드]

[답변 구상]

2024년 경기도 초등 해설

> **구상형**

1 **문제요약**
- 경기도 교육 기본목표 '균형'에 대한 학생상 설명하기
- 경기도 교육 시책을 실현시킬 수 있는 교과지도, 생활지도 방안 설명하기

> **채점기준(예시)**

구 분	평가항목 예시		
'균형' 관점에서의 학생상	• 경기교육의 기본 3원칙 : 자율, 균형, 미래 　- 균형 : 서로 다름을 인정하고 존중하며 교육공동체의 조화로운 성장을 지원하는 것 • 균형의 설명 문구에서 추출할 수 있는 키워드인 [다름, 인정, 존중, 조화로운 성장] 중에서 학생상을 연결 지어 말하기 　- 다름 : 다문화를 세계를 존중하는 학생, 나와 친구의 다름을 통해 협력하는 학생, 다름의 아름다움을 느끼는 학생 　- 인정 : 자신의 단점, 부족한 점을 인정하고 극복하려고 노력하는 학생, 타인의 장점을 인정하고 칭찬하는 학생 　- 존중 : 타인을 존중하는 학생, 공동체 규칙/생활을 존중하는 학생 　- 조화로운 성장 : 장단점을 함께 계발하는 학생, 또래/교사와 함께 성장할 줄 아는 학생, 지덕체를 조화롭게 발달시키는 학생		
학생상 실현 교과지도 방안	• 프로젝트 수업 형식으로 구상하면 대답하기가 수월함 　- 다름 : 도덕+사회 수업을 활용한 다문화 체험 수업(문화의 다양성을 통한 이점을 알아보고 함께 살아감을 느끼기) 　- 인정 : 도덕 교과를 활용한 칭찬 샤워 수업/단점을 장점으로 바꾸어 생각해보는 긍정회로 수업 　- 존중 : 국어 딜레마 토론 수업을 활용한 존중 토론회 진행 　- 조화로운 성장 : 미술 교과를 활용한 학급 전체 협동작품 제작 프로젝트(교사, 학생 모두가 함께하여 게시판 꾸미기 등)		
학생상 실현 생활지도 방안	- 다름 : 매일 다른 국가의 인사말로 인사해보기, 아침시간 다문화 책 돌려 읽기, 매일 다른 친구와 1인 1역 함께하기 　- 인정 : 매일 아침/하교 전 짝꿍 칭찬 습관화 지도 　- 존중 : 급훈 '그럴 수 있지'를 통한 존중어 안착 　- 조화로운 성장 : 지덕체 알림장을 통해 매일 자신의 지, 덕, 체에 어떠한 성장이 있었는지 기록해보기 등		
채점기준		배점	점수
경기도의 교육 방향성을 적절하게 이해하고 있는가?		0~4	
교육시책을 교과 지도 측면에서 반영시킬 수 있는가?		0~3	
교육시책을 생활 지도 측면에서 반영시킬 수 있는가?		0~3	

> **구상형**

2 **문제요약**
- 따뜻한 한마디 경험 말하기
- 자신의 교직관과 교육 방안 2가지 서술하기

채점기준(예시)

구 분	평가항목 예시
따뜻한 한마디 경험	• 자신에게 인상적이었던 경험이면 무엇이든 좋으나, 하나의 키워드 단어와 연관시킬 수 있게 설명하기 – "너는 봄날의 햇살이야" → 행복, 안정, 도움 – "너가 없었으면 하지 못했을 것 같아" → 협력, 신뢰, 성장 – "너는 진짜 최고야!" → 자신감, 자존감 – "너는 무한한 가능성을 가지고 있어" → 용기, 기대
교직관	• 따뜻한 말을 학생에게 했을 때, 어떠한 효과가 있을지 생각해보기 – "너는 봄날의 햇살이야" → 안정된 성장을 돕는 교사 – "너가 없었으면 하지 못했을 것 같아" → 함께의 힘을 가르치는 교사 – "너는 진짜 최고야!" → 학생의 자존감을 채워주는 교사 – "너는 무한한 가능성을 가지고 있어" → 동기를 만들어주는 교사
교직관 관련 교육 방안	• "너는 봄날의 햇살이야" – 학급 도움 제도 만들기(또래 교사, 마니또 활동, 2인 1역 등) – 창체 봉사활동 시간 활성화하기(타인 도움 제공) • "너가 없었으면 하지 못했을 것 같아" – 학급구호 '너 덕분이야' 생활화 – 등산 체험학습을 통해 고난 극복 프로젝트 • "너는 진짜 최고야!" – 1일 1인 칭찬샤워를 통해 자존감 채워주기 – 하교 전 오늘의 MVP 선정 시간을 마련하여 모범학생 칭찬 • "너는 무한한 가능성을 가지고 있어" – 학생 자율동아리를 통한 잠재력 키워주기 – 진로 체험 박람회에 참여하여 학생의 색다른 면모 찾아주기

채점기준	배 점	점 수
따뜻한 말을 교직관과 연관되게 설명하고 있는가?	0~2	
교직관을 실현시킬 수 있는 교육 방안을 구체적으로 제안하는가?	0~6	
교사로서 바람직한 태도와 마음가짐을 가지고 있는가?	0~2	

> 구상형

3 〔문제요약〕 문제의 시사점을 말하고 해결하기 위한 교사 실행 방안 2가지 설명하기

〔채점기준(예시)〕

구 분	평가항목 예시
제시문의 시사점	• 교육공동체의 일원이 소통 부족을 느끼고 있음 • 교육공동체가 함께 나아가려면 소통이 필요함 • 학부모와 교사의 관계도 인간관계이므로 소통이 가장 중요함 • 학교 문화를 위해서는 서로 의사소통하고 포용할 수 있어야 함
교사의 실행 방안	• 온라인 학습 소통방 개설 : 1대1 상담 창구 추가 마련 • 어플을 통한 소통 방식 다양화 : 비밀게시판, 채팅, 쪽지 등 기능 활용 • 온라인 클래스에 학생의 학습기록을 학생, 학부모, 교사가 함께 누가기록 해가기 • 학교 소통함 교문 앞 마련 • 교육공동체가 함께하는 교육대토론회 실시 • 학부모회에서 진행하는 창의적 체험활동 시간 확보(학교폭력 예방 인형극, 인성 동화책 낭독회 등) • 학부모와 함께하는 학교 창체 봉사활동 시간 운영 • 학부모가 함께하는 학교 동아리 창설 • 도서관 협조를 통한 학부모 북콘서트 진행 • Wee클래스 협조를 통한 교육공동체 상담 연수 • 학부모운영위원회를 통한 학부모 의견 수렴 창구 확대 • 학부모 위원이 함께하는 학생 자치활동 지원을 통해 소통 기회 확대 • 가정 연계 학습 프로젝트 추가 확보

채점기준	배 점	점 수
제시문에서 시사하는 바를 적합하게 논하였는가?	0~2	
학부모와 소통할 수 있는 교육방안을 구체적으로 제시하였는가?	0~6	
소통의 중요성을 알고 의견을 말하고 있는가?	0~2	

즉답형

1 문제요약 문제 행동을 보이는 학생에게 해줄 말과 교육적 의도 설명하기

채점기준(예시)

구 분	평가항목 예시
학생에게 해줄 말	• 어떠한 교육적 의도를 설명할지 먼저 정하고, 학생에게 해줄 말을 정하는 것이 좋음 – "우리가 학급회의 시간에 정했던 규칙이 무엇이었죠?" – "선생님이 왜 이렇게 말하는지 이유를 다시 생각해볼까요?" – "A친구가 이전과 다른 모습이 걱정되어서 그래요"
교육적 의도	• "우리가 학급회의 시간에 정했던 규칙이 무엇이었죠?" – 학급회의 시간에 자신이 정한 규칙이므로, 스스로 지켜야 함을 깨닫게 해주기 위하여 – 자치 활동을 통한 결과를 알려줌으로써 학급 규칙을 강조하기 위하여 – 학생A뿐만 아니라 학급 전체에게도 간접적인 교육 효과를 전달하기 위하여 • "선생님이 왜 이렇게 말하는지 이유를 다시 생각해볼까요?" – 선생님이 직접 정답을 알려주지 않고, 학생이 자기주도적으로 잘못을 생각해보도록 하기 위하여 – 자기주도적인 성찰 과정을 지도하기 위하여 – 학생이 순간적으로 반항하는 마음을 진정시킬 수 있게 다시 생각할 시간과 기회를 주기 위하여 • "A친구가 이전과 다른 모습이 걱정되어서 그래요" – 학생의 성장을 위해 교사가 노력하고 있다는 점을 전하기 위하여 – '나 전달법'을 통해 교사의 마음을 전하고, 올바른 감정 표현법의 모범이 되기 위하여 – 학생의 반발심을 낮추기 위하여

채점기준	배 점	점 수
문제 상황에 학생에게 필요한 말을 적절하게 하는가?	0~2	
교사의 발언과 교육적 의도가 일맥상통한가?	0~4	
문제 해결을 위한 역량과 전문성을 갖추고 있는가?	0~4	

즉답형

2 〔문제요약〕 교육 실습 경험을 바탕으로 담임교사의 역량 2가지 설명하고 신장 계획 말하기

채점기준(예시)

구 분	평가항목 예시
담임교사의 역량	• 학생의 가능성과 잠재력을 살피는 관찰력 • 많은 학생들의 정보를 동시에 수용하는 정보처리능력 • 수시로 바뀌는 학생들의 요구사항에 대응할 수 있는 임기응변능력 • 학생들이 좌절하지 않도록 도와주는 지도력 • 내적 학습 동기를 끌어내는 동기 유발 능력 • 문제나 시련을 긍정적으로 이겨내는 회복탄력성 • 다양한 이야기를 모두 수용할 수 있는 허용적 태도 • 필요한 인적자원을 적극적으로 연계하는 협력적 문제 해결 역량 • 미래 교육과 디지털 교과서를 대비한 에듀테크 역량 • 학급 내 문제를 적극적으로 해결하려는 자주적 문제해결 역량 • 아이들의 언어능력 지도를 위한 디지털 문해력 역량 • 세심한 이야기도 들어줄 수 있는 의사소통 역량 • 다양한 아이들을 하나로 묶어줄 수 있는 공동체 역량 • 수업과 문제를 다양한 방법으로 해결할 수 있는 창의적 사고 역량
역량 신장 계획	• 관찰력 : 학생 관찰 일지 작성, 관찰법 연구, 발달 특성 연수 • 임기응변 능력 : 다양한 지도법 숙지, 학생지도 연수, 문제 상황에 빠르게 대처할 수 있는 매뉴얼 작성해두기 • 동기 유발 능력 : PPT 및 드로잉 연습을 통한 학습 자료 자체 제작, 교과 재구성 연구, 프로젝트 학습법 탐색 • 허용적 태도 : 공감 언어 연습, 나 전달법 연수, 회복적 생활지도 및 써클 지도법 연구 • 에듀테크 역량 : 태블릿 활용법 연구, AIDT 연수, 온라인을 통한 학급 운영 방식 기틀 마련 • 공동체 역량 : 협력 놀이 연수, 공동체와 협력을 중심으로 한 생활지도법 개발 • 창의적 사고 역량 : STEAM 연수로 교과재구성 준비, 브레인스토밍과 발명기법 숙지, SWOT 및 ERRC 분석법 연구 등

채점기준	배 점	점 수
담임교사에게 필요한 역량에 대해 깨닫고 있는가?	0~2	
역량을 키우기 위한 올바른 계획을 갖고 있는가?	0~6	
교육의 본질에 대하여 이해하고 바른 교직관을 갖고 있는가?	0~2	

2 2024년 서울 초등

구상형

1. [자료 1]과 [자료 2]를 읽고 AI 교육에 대한 시사점을 말하고, 교사의 역할을 설명하시오. 더불어 이러한 역할을 위한 자신의 실천 계획을 말하시오.

> [자료 1]
> - A교사 : 학생들이 영상 자료를 찾아볼 때, 스스로 찾지 않고 추천 영상만 봅니다.
> - B교사 : 동료장학 수업에서 생성형 AI에 학생의 질문을 입력했었는데, 그럴싸하지만 잘못된 답이 나왔어요.

> [자료 2]
> - 기사 1 : 디지털 교과서 논쟁 '맞춤형 학습 가능' VS '독해력 해칠 수도'
> - 기사 2 : ALT 스쿨의 실패
>   2013년 미국에서는 ALT 스쿨이라는 미래형 학교가 문을 열었다. ALT 스쿨의 결과는 참담했다. 학생들의 심각한 학력 저하를 이끌었으며, 이러한 ALT 스쿨은 현재 대부분 문을 닫거나 다른 기관에 인수되었다. 학생들은 제시한 콘텐츠를 제대로 학습하지 않았으며, 일부 학생은 학습 장애를 겪기도 하였다(ALT 스쿨 : IT 기술을 기반으로 개인 맞춤화교육을 중심으로 하는 학교).

나만의 답변 구상하기

[핵심 키워드]

[답변 구상]

즉답형

1 6학년 학생들과 함께 '기후 위기'를 주제로 협력적 프로젝트를 진행하려고 한다. 예상되는 학생들의 질문을 3가지 말하고, 그에 따른 적절한 피드백을 제공하시오.

나만의 답변 구상하기

[핵심 키워드]

[답변 구상]

2 제시문의 내용을 참고하여 자신의 교육철학에 대하여 설명하시오.

> 의사의 의무는 죽음을 늦추거나 환자에게 예전의 삶을 돌려주는 것이 아니라,
> 삶이 무너져버린 환자와 그 가족을 가슴에 품고 그들이 다시 일어나
> 자신들이 처한 실존적 상황을 마주보고 이해할 수 있을 때까지 돕는 것이다.
> 상처를 회복하고 공동체로 다시 돌아올 수 있게 하는 것이 중요하다.

나만의 답변 구상하기

[핵심 키워드]

[답변 구상]

2024년 서울 초등 해설

구상형

1 **문제요약**
- AI 교육과 관련하여 시사점과 교사의 역할 설명하기
- 교사의 역할을 위한 자신의 계획 설명하기

채점기준(예시)

구 분	평가항목 예시
시사점	• 자신이 교사의 역할·계획과 연결하여 설명하기 쉬운 것으로 언급하기 • 시사점 　- 콘텐츠 활용 학습에서 학생들의 자기주도성이 감퇴하고 있다 　- 개별 맞춤형 학습과 자기주도적 학습 사이에 간극이 생긴다. 　- AI 기능이 학생들에게 잘못된 오개념을 심어줄 수 있다. 　- 생성형 AI는 저작권 위배와 같은 문제에 휘말릴 수 있다. 　- 학생들의 독해·사고 능력을 현저히 떨어뜨릴 수 있다.
교사의 역할	• 교육 디자이너 역할 : 수업의 흐름을 구상하고, 적절한 기술을 접목시켜 효과적인 교육과정의 틀을 디자인해야 함 • 조력자 역할 : AI 기능이 온전히 채워주지 못하는 부분(사회성, 의사소통 등)을 교사가 직접 돕는 역할 • 확인자 역할 : 인공지능의 내용이 수업에 적합한지, 성취기준 도달에 도움이 되는지 수시로 확인하는 역할 • 교육 전문가 역할 : 학생들의 상태를 수시로 확인하고 적재적소에 필요한 에듀테크 기능을 접목시켜주는 역할 • 안전 확인 역할 : 개인정보 유출, 저작권 침해 등의 문제에 휘말리지 않도록 사이버 안전을 점검하는 역할
자기 실천 계획	• 에듀테크 기초·심화 연수 참여 • 교육공학 실험실·연구실 견학 • 빅데이터 인프라 및 활용법 공부 • 디지털 리터러시·디지털 시민성·AI 윤리 지도법 연수 • 저작권 및 개인정보 유출 관련 유의점 사전 연수 • 교육과정 분석 및 재구성 사전 준비 : AI를 적재적소에 활용하기 위함 • AI 기술의 약점 분석 및 지원 계획 수립 • 사회성, 의사소통 기술 지도법 연수 : AI 기술이 가르쳐줄 수 없는 부분을 미리 부완하는 차원이 준비

채점기준	배점	점수
주어진 자료에서 말하고자 하는 시사점을 정확하게 분석하였는가?	0~4	
시사점에 따른 교사의 역할을 구체적으로 언급하는가?	0~3	
교사의 역할에 따라 적절한 자기 실천 계획을 말하는가?	0~3	

즉답형

1 **문제요약** 기후위기 프로젝트와 관련된 예상 질문 3가지 언급하고 적절한 피드백 제공하기

채점기준(예시)

구 분	평가항목 예시
답변 방향	• 주제 핵심어는 기후위기이므로, 기후위기와 관련하여 학생들이 궁금해하거나 의구심을 가질 만한 요소로 답변을 구상하여야 함
서울특별시교육청 기후위기 관련 시책	• 2022 개정 연계 생태전환교육 지원 : '생태전환교육의 달' 운영 • 신학년 집중 준비기간 생태전환교육 연수 • 교사 – 학생 – 학부모 기후행동 365 협력적 네트워크 구축 운영 • 시작해요! 자원순환교육 : 1회용품 줄이기, 자원순환경제교육 실시 • 흙을 밟는 도시아이들! 농촌유학 : 생태체험교육교류 사업
기후위기 예상 질문 및 피드백	• 선생님! 기후위기가 뭐예요? → 여러 문제들로 인해 지구의 평균 기온이 상승하여 환경적, 사회적으로 위기에 도달한 상태를 이르는 말 • 선생님! 기후위기 관련해서 무슨 활동해요? → 기후위기의 원인인 이산화탄소를 줄이는 것을 목표로 다양한 활동을 할 수 있음(전기 절약, 물 절약, 쓰레기 줄이기, 대중교통 이용 등 활동 일체) • 선생님! 기후위기 프로젝트로 평가도 하나요? → 과정 중심 평가·정의적 영역을 중심으로 다양한 평가법 실시 가능(기후위기 행동 발표, 행동 지속 실천, 가정 연계 평가 등) • 선생님! 기후위기 행동 언제까지 해야 해요? → 미래를 살아가는 후손들을 위해서 끊임없이 실천해야 함 • 선생님! 선생님도 기후위기 행동하고 있어요? → 가능한 범위에서는 항시 실천하고 있음을 설명해야 함. 텀블러 사용 또는 친환경 물품 사용 등을 아이들에게 지속적으로 보여주며 선생님도 항시 신경 쓰고 있음을 모범 보이기 • 선생님! 제가 하면 뭔가 바뀌긴 하나요? → 나비효과, 눈덩이 효과처럼 개인의 행동이 모여 큰 변화를 이끌어낼 수 있음을 강조. 자신의 행동이 지구에 바로 직접적으로 영향을 주지 못하더라도, 문화 확산 효과로 지구를 지킬 수 있음 • 선생님! 해외에서도 기후위기 행동하고 있어요? → 우리나라뿐만 아니라 전 세계적으로 기후위기를 막기 위해 각종 협약과 행동을 보여주고 있음(정부기구 및 비정부기구 예시 활용)

채점기준	배 점	점 수
기후위기와 관련된 수업을 진행할 만한 전문성을 갖고 있는가?	0~4	
학생들이 할 수 있는 예상 질문을 적절하게 설명하는가?	0~3	
예상 질문에 대해 예비교사로서 적절하게 응답하는가?	0~3	

> 즉답형

2 문제요약 제시문을 참고하여 교육철학 설명하기

> 채점기준(예시)

구 분	평가항목 예시
답변 방향	• 제시문의 내용에서 핵심 키워드를 추출해보면, 이해, 돕는 것, 회복, 공동체로 정리할 수 있음. 따라서 자신의 교직관을 이와 관련하여 풀어내는 방식으로 답변할 수 있음

교육철학 예시	• '이해'와 관련한 교육철학(교직관)
	  – 자신을 이해하는 학생이 되도록 가르치고 싶음(자신의 장점, 단점을 이해하고 발전적 성장이 가능하도록 지원)
	  – 다름을 이해하고 존중하도록 가르치고 싶음(인성교육 및 학교폭력 예방 측면에서의 교육)
	• '돕는 것'과 관련한 교육철학(교직관)
	  – 돕는 행동이 행복이 되도록 가르치고 싶음(이기적인 마음을 버리고 서로 사랑하는 학급 문화 형성 목표)
	  – 돕기가 생활이 될 수 있도록 가르치고 싶음(학급 운영, 창체 시간 활용하여 항시 타인을 돕도록 지도)
	• '회복'과 관련한 교육철학(교직관)
	  – 갈등이 상처가 아닌 성장의 기회가 되도록 가르치고 싶음(회복적 생활교육을 통해 관계를 치유하고, 서로의 성장을 도모)
	  – 회복탄력성을 길러 지덕체가 건강한 학생으로 만들어주고 싶음(세심한 관찰과 정서적 지원으로 내적 면역력을 길러주고 싶음)
	• '공동체'와 관련한 교육철학(교직관)
	  – 언제나 공동체를 소중히 여기는 마음을 가르치고 싶음(학급 자치 활동 강화, 협력 놀이 등으로 공동체 의식 신장)
	  – 공동체의 힘을 알고 활용하도록 가르치고 싶음(문제 상황에 혼자가 아닌 함께 해결하는 방법을 중점적으로 지도)

채점기준	배 점	점 수
제시문과 관련하여 자신의 교육 철학을 적절하게 설명하는가?	0~4	
교육철학에 대한 자신의 신념이 적절한가?	0~4	
교사로서의 태도와 마음가짐이 올바른가?	0~2	

3 2024년 평가원(공통) 초등

구상형

1 [사례 1]에서 문제 행동을 보이는 학생에 대해 학교에서 지원할 수 있는 방법 2가지를 구체적으로 설명하시오.

> [사례 1]
> 학생 A는 수업시간에도 계속 돌아다닌다. 더불어 같은 내용을 여러 번 설명해도 이해를 하지 못하는 것 같다. 무기력한 모습을 자주 보이며 거듭 지도해도 행동이 변화되지 않는다.

나만의 답변 구상하기

[핵심 키워드]

[답변 구상]

2 [사례 2]에서 교사가 학부모에게 요청할 수 있는 가정 협조 사항 2가지를 말하고, 그 이유를 설명하시오.

> [사례 2]
> 학생 B는 학교에서 산만한 편이다. 학부모 상담을 진행해보니 가정에서는 자기 뜻대로 되지 않을 때 동생을 함부로 대하거나 가끔은 때린다고 한다. 그리고 항상 스마트폰을 들고 있으며, 약속한 사용시간을 훌쩍 넘기는 경우가 많다고 한다.

나만의 답변 구상하기

[핵심 키워드]

[답변 구상]

즉답형

1 제시문을 참고하여 공개수업과 관련해 후배 교사가 가져야 하는 태도 3가지를 말하고 이유를 설명하시오.

> - 선배 교사 : 공개수업 준비 잘 되어가나요?
> - 후배 교사 : 저는 공개수업 하는 것이 꺼려져요. 수업 준비하는 과정에서 동료교사와도 갈등이 생기고, 공개수업 후에는 다른 선생님들께 지적받는 것 같아 자존심도 상하고요.
> - 선배 교사 : 그래도 열심히 준비하면서 새롭게 인공지능 교육도 알아보고, 스마트 기기 사용법도 알게 되고, 좋은 점도 있지 않나요?
> - 후배 교사 : 새롭게 배운 에듀테크 기능들이 그다지 좋은지 모르겠어요. 그저 보여주기식 교육인 것 같아요.

나만의 답변 구상하기

[핵심 키워드]

[답변 구상]

2 다음의 A교사에게 요구되는 인성적 자질 3가지를 설명하시오.

> 민호의 부모님은 A교사에게 자주 전화하여 요청사항을 이야기한다. 자녀가 짐을 두고 왔다는 전화를 하거나, 자녀의 문제에 대해 전화를 걸어 불만을 이야기하기도 한다. A교사는 학부모의 전화를 귀찮게 생각하였고, 가끔은 전화를 받지 않을 때도 있었다. A교사는 학부모와의 통화 중에도 잘 생각나지 않는다고 질문에 둘러대거나, 바쁜 일이 있어서 더 이상 시간이 없다며 통화를 거절하기도 하였다.

나만의 답변 구상하기

[핵심 키워드]

[답변 구상]

2024년 평가원(공통) 초등 해설

구상형

1 문제요약 문제 행동을 보이는 학생에 대하여 학교에서 지원할 수 있는 방법 2가지

채점기준(예시)

구 분	평가항목 예시
학교에서 지원할 수 있는 방법	• 학교에서 진행 가능한 정서행동특성 검사 실시 　- 학생의 심리적, 정서적, 학습적 어려움에 대해 명확한 원인 분석하기 　- 원인 분석을 통해 학생 행동 개선 방안을 모색하고, 적절한 지원 및 조치를 취하기 • weeclass 상담 교사와 연계하여 학생 지도 　- weeclass 상담 교사와의 정기적인 심리 상담 및 정서행동 교정을 통해 학생의 문제행동 줄여 나가기 • 학교 내 다중지원팀의 도움 받기 　- 학교 관리자, 특수 교사, 담임교사 등 학교 내 도움을 받을 수 있는 여러 교사들이 협력하기 　- 교사들의 협력적 지원을 통해 학생의 문제를 다중적, 복합적, 적극적으로 지원 • 방과후 기초학력 학습지도 프로그램 연계하기 　- 학생이 수업에 집중하지 못한 것은 누적된 기초학력 부진이 원인이 되었을 가능성도 있음 　- 방과후 기초학력 교실이나 담임교사의 기초학력 지도 프로그램을 통해 학생의 학습 결손과 격차 줄이기 • weeclass 예산 지원을 통한 병원 풀배터리 검사 실시 　- 학생의 심리적, 행동적 문제 행동 원인 분석 및 교정을 위한 병원 풀배터리 검사 지원을 통해 적극적 해결 방안 모색하기 • 학생 맞춤형 기초학력보장 학습컨설팅 및 멘토링 운영하기 　- 학생의 학습적 어려움을 파악하고 기초학력 보장을 위한 적절한 학습 코칭 및 멘토링 실시하기 • 통합지원협의체 연계를 통한 학습 지원 　- 통합지원협의체 연계를 통하여 학생의 어려움 유형별 학습 지원하기 • 학생상담안전망 지원 강화하기 　- 학생에게 필요한 지원 방안을 학교 단위에서 복합적으로 검토하고 체계적 진단과 치료 지원하기

채점기준	배 점	점 수
학생의 문제 행동에 대한 적절한 해결 방안을 제시하는가?	0~4	
제시된 방안은 구체적이고 실현가능성이 있는가?	0~4	
교사로서 사명감과 책임감을 가지고 있는가?	0~2	

> 구상형

2 문제요약 교사가 학부모에게 요청할 수 있는 가정 협조 사항 2가지와 이유 설명하기

채점기준(예시)

구 분	평가항목 예시
가정 협조 사항 2가지와 이유	• 감정을 긍정적인 방향으로 다룰 수 있는 방법 지도하기 　- 자신의 뜻대로 되지 않아 부정적인 감정이 생길 때, 그 감정을 타인에게 푸는 것은 옳지 않은 방법임을 명확히 지도하기 　- 부정적 감정을 승화시킬 수 있는 다른 방법이 여러 가지 있다는 사실을 알려주고, 자신의 화를 절제하고 조절할 수 있도록 꾸준히 연습하기 　- 예를 들어 자전거 타기, 음악 듣기, 영화 감상 등 부정적 감정을 잊을 수 있는 여러 가지 방법을 함께 실천해보기 • 스마트폰 과다 사용을 절제할 수 있는 체크리스트 만들기 　- 스마트폰 과다 사용의 위험성과 문제점을 충분히 알려주기 　- 스마트폰 사용을 점차적으로 줄일 수 있도록 함께 실천할 수 있는 체크리스트를 만들고 스스로 자기 조절능력을 기르고 성취했을 때 충분히 칭찬해주기 • 가족과 함께할 수 있는 취미활동 가져보기 　- 스마트폰 사용 외에 가족과 함께 할 수 있는 취미활동을 가져 정신적 안정감과 건강한 성장을 도모할 수 있음 • 학교 내 위기관리위원회에 학생 등록에 대한 동의 구하기 　- 학교에서의 지속적, 적극적 관리를 위하여 위기관리위원회 학생 등록 및 지도 방안에 대하여 지속적으로 학부모와 상담하기 • 지역연계기관을 통한 가족상담 프로그램 신청하기 　- 지연연계기관에서 실시하는 주기적 가족상담 프로그램을 매칭하여 학생과 가족의 건강한 생활습관 및 가정생활 지원 받기 • 심리·정서적 위기 학생 올바른 지도에 관한 부모 연수 신청하기 　- 위기 학생에 대한 이해, 올바른 지도 방법에 대한 연수를 통해 적절한 부모 교육과 부모 스트레스 예방하기

채점기준	배 점	점 수
학부모에게 요청할 수 있는 가정 협조 사항 2가지를 적절하게 제시하는가?	0~4	
가정 협조 사항 2가지에 대한 적절한 이유를 구체적으로 설명하는가?	0~4	
가정 협조 사항 2가지는 효과적이고 실현 가능성이 있는가?	0~2	

즉답형

1 **문제요약** 공개수업과 관련하여 후배 교사가 가져야 하는 태도 3가지와 이유 설명하기

채점기준(예시)

구 분	평가항목 예시

교사가
가져야 할 태도
	• 소통하는 태도
	  – 다른 교사들과 충분한 소통을 통해 다른 사람의 입장을 이해하고, 자신의 의견을 적절히 제시하여 갈등 상황을 해결할 수 있음
	• 공유하는 태도
	  – 자신의 수업을 공유함으로써 수업에 대한 적절한 피드백과 조언을 받고, 교사 전문성 및 수업 스킬을 향상시킬 수 있음
	• 도전하는 태도
	  – 교육 현장은 새롭게 변화하고 있고 그에 따른 교육적 트렌드와 새로운 기능들에 대해 교사로서 도전하고 충분히 익히고자 하는 태도가 필요함
	• 노력하는 태도
	  – 에듀테크 기능에 대해 부정적으로 바라볼 것이 아니라 자신의 수업에 잘 활용할 수 있도록 연구하고 노력하는 태도가 필요함
	• 수용적 태도
	  – 수업에 대한 다른 교사들의 피드백을 지적이 아닌 조언으로 받아들이고, 수용하여 자신을 성찰할 수 있는 기회로 바꾸는 태도가 필요함
	• 협력하는 태도
	  – 공개수업 준비를 하면서 다른 교사들과 새로운 기능, 수업 방법에 대해 협력하고 함께 연구하여 학생의 학습 성장과 교사의 전문성을 높이기 위해 노력해야 함
	• 교사로서 전문성을 개발하려는 태도
	  – 교사로서 변화하는 학교 현장, 사회에 맞게 자신의 전문성과 능력을 개발하고자 하는 태도
	• 자기 장학 태도
	  – 공개수업과 최신 수업 지원 도구에 대하여 보여 주기식이 아닌 자기 장학의 태도로 여기고 참여하기

채점기준	배 점	점 수
후배 교사가 가져야 할 태도에 대하여 적절하게 제시하는가?	0~3	
후배 교사가 가져야 할 태도와 관련된 합당한 이유를 설명하는가?	0~6	
교사로서의 사명감과 바른 마음가짐을 가지고 있는가?	0~1	

> **즉답형**

2 문제요약 A교사에게 요구되는 인성적 자질 3가지 설명하기

채점기준(예시)

구 분	평가항목 예시

인성적 자질	• 경청
	  – 학생과 관련된 학부모의 이야기를 경청하고 교사로서 도움을 줄 수 있는 방안에 대하여 생각하는 태도 필요
	• 소통
	  – 학부모와 충분한 소통과 대화를 통해 학생의 올바른 성장에 대해 꾸준히 관심 갖고 이야기를 나누는 태도 필요
	  – 학부모의 반복되는 전화가 힘들다면 학부모에게 교사의 상황에 대하여 충분히 설명하고, 학교에서 교사가 실시할 수 있는 구체적 학생 지도에 대하여 안내하고 지도할 것임을 이해시키기
	• 협력
	  – 학생의 문제를 학부모 혼자만 온전히 해결하는 것이 아닌 교사와 학부모가 협력하여 해결하고자 하는 태도 필요
	• 열정 및 성실
	  – 학생의 전인적 성장과 발달을 위해 학생의 일에 열정과 성실함을 가지고 학부모와 함께 고민해야 함
	• 주체성
	  – 학교에서 학생의 부모는 교사인 만큼 학생의 보호자로서 주체성을 가지고 학생의 일에 관심을 가져야 함
	• 책임감 및 사명감
	  – 학생의 문제 해결을 위해 교사로서 책임감과 사명감을 가지고 학부모와 함께 문제의 원인과 해결방법 모색하기
	• 인내
	  – 학생의 문제는 한순간에 해결되는 것이 아니므로 인내심이 필요함. 인내심을 가지고 꾸준하게 학부모와 소통하고 학생을 지원하는 태도 필요
	• 공감
	  – 학생의 문제에 대하여 학부모의 어려움을 충분히 공감하고 교사로서 도움과 지원 방법을 함께 고민하기

채점기준	배 점	점 수
교사로서 가져야 할 인성적 자질 3가지를 적절하게 제시하는가?	0~3	
교사로서 가져야 할 인성적 자질과 관련된 합당한 이유를 설명하는가?	0~6	
교사로서의 사명감과 바른 마음가짐을 가지고 있는가?	0~1	

CHAPTER 02 심층면접 기출문제(2023 초등)

[1] 2023년 강원도 초등

구상형

1. 교육은 공정한 출발선을 보장하여야 하며, 이를 위해서는 교육공동체가 노력하여야 한다. 학교 현장에서 공정한 출발선 보장을 위해 할 수 있는 교육 방안에 대하여 5가지 설명하시오.

나만의 답변 구상하기

[핵심 키워드]

[답변 구상]

즉답형

1 학생의 자기주도성 함양 및 신장을 위한 교육방법을 5가지 설명하시오.

나만의 답변 구상하기

[핵심 키워드]

[답변 구상]

2 최근 교육현장에서는 AI 디지털을 활용한 교육이 주목을 받고 있다. 본인이 교사가 되어 학교 현장에 이를 활용한다면 어떠한 교육과정을 운영하고 싶은지 5가지 설명하시오.

나만의 답변 구상하기

[핵심 키워드]

[답변 구상]

3 회복적 생활교육 운영과 관련지어 본인이 가진 장점을 설명하고, 실제로 운영하기 위한 방안을 3가지 설명하시오.

나만의 답변 구상하기

[핵심 키워드]

[답변 구상]

2023년 강원도 초등 해설

구상형

1 **문제요약** 공정한 출발선을 보장하기 위한 교육 방안(시책) 5가지

채점기준(예시)

구 분	평가항목 예시

강원도 참고자료	• 교육회복(교육결손 해소)
	  – 코로나19 장기화에 따른 모든 학생의 결손을 해소하고 일상으로의 회복을 위하여 학생 맞춤형 교과학습 보충, 심리·정서 등을 종합적으로 지원하는 사업
	  – 2021년도에 시작되었으며 2023. 03.부터는 기초학력보장종합계획(2022. 10.)에 의거하여 교육결손 해소 사업으로 2025년까지 3년간 진행 예정이라고 함

강원도 5대 정책 방향 중 더 높은 학력 관련 내용	• 교육결손 해소 집중 지원
	  – 소인수 맞춤형 교과보충 프로그램 운영
	  – EBS 연계 온라인 교육 멘토링 운영(초3~고3)
	  – 전환기 연계형 자기주도학습 교재 제작 및 지원(초6~고3)
	• 더나은학력지원관 관련
	  – 더나은학력지원관 : 강원 학생의 기초기본학력의 보장을 위한 종합적 학력을 진단하거나 지원해주는 기구
	  – 학생성장진단시스템 활용
	  – 학생맞춤형 프로그램 활용(자기주도학습, 한글문해교육, AI학습, 전환기 연계형 프로그램 등)
	• 기초기본학력 책임교육
	  – 읽기 유창성, 연산 유창성 지원시스템 활용
	  – 한글 미해득 지원시스템 활용(담임–학습종합클리닉센터–난독 전문기관 연계)
	  – 강원도형 수학나눔학교 운영
	  – 초1~4 똑똑! 수학탐험대 자기주도적 학습교재 활용

채점기준	배 점	점 수
강원도의 책임교육 관련 시책을 5가지 제안할 수 있는가?	0~5	
제시한 교육 방안이 공정한 출발선을 위해 도움이 되는가?	0~3	
교사로서의 전문성을 갖고 설명하는가?	0~2	

> 즉답형

1 > 문제요약 학생의 자기주도성 촉진을 위한 교육방법 5가지

> 채점기준(예시)

구 분	평가항목 예시
학생의 자기주도성 관련 정보	• 학생주도 교육 : 학생이 배움의 주체가 되어 삶의 역량을 기를 수 있도록 하는 것, 학생 개개인의 차이와 다양성을 존중하며 교육과정 운영을 통해 고유성과 독특성을 발현하도록 하는 것 • 학생주도성 : OECD 교육 2030 학습나침반에서는 학생주도성(Student Agency)과 교육공동체의 공동주도성(Co-Agency)을 강조함. 학생주도성은 학습자가 핵심역량을 바탕으로 자신에게 필요한 교육을 찾아가며 스스로 교육과정을 구성하는 과정을 지향하고 있음
강원도 학생주도 관련 교육시책	• EBS Math, ASK Math, 똑똑! 수학탐험대 등의 온라인 콘텐츠 활용 • 유~초 전환기 교육과정 실시로 자기주도적인 교육과정 참여 유도 • 학생이 주도하는 학생 예술 활동 실시(강원도의 학생 예술활동 지원 확대 사업) • 문화예술 자율기획 프로젝트 운영 • 학생주도 계기교육 프로젝트 운영 : 양성평등, 민주시민, 약물중독 등
학생주도 교육활동 예시 (타지역 포함)	• 학생 중심 교육과정 편성, 운영 • 학생 주도 디지털 시민교육 실천학교 운영 • 성장중심평가, 프로젝트 학습 활성화를 통한 주도성 강조 • 학생주도 놀이중심교육 활성화 • AI 기반 학생 자기주도형 초등 말하기학습 AI 펭톡 운영 • 학생주도 학교폭력 예방활동 활성화 : 학생자치회, 또래상담, 특별교육주간 활용 등 • 학생주도 학교 언어순화운동 운영 • 학생주도 동아리 운영

채점기준	배 점	점 수
학생의 자기주도성이 필요한 이유를 설명할 수 있는가?	0~2	
학생의 자기주도성을 위한 교육 방안을 5가지 제안하는가?	0~5	
제시한 방안은 자기주도성을 촉진시키는 데 도움이 되는가?	0~3	

> 즉답형

2　문제요약　AI를 활용한 디지털 교육과정 방안 5가지

채점기준(예시)

구 분	평가항목 예시
강원도 시책 중 AI 관련	• AI 학습 및 평가 지원시스템 시범 운영 중(2023) • EBS 연계 영어 말하기 인공지능 'AI펭톡' 활용 지원 중(초) • 강원 AI 진로교육원 운영(교육감 공약) • 창의융합형 공동실습소 운영(인공지능, 스마트팩토리, IoT 등) • 소프트웨어, 인공지능 운영학교 • AI 집중교육기간 운영, AI 중점학교 운영 • 교육과정 내 디지털리터러시 교육 및 정보통신윤리교육 운영 • 강원도 영재교육 운영 중(IT, 발명, 로봇, 문화기술 등) • AI 서술형평가 시스템 구축 운영
AI를 활용한 교육과정 예시	• 페이퍼리스 교실 운영 : 환경교육 프로젝트를 실시하고 학습지를 전자기기로 배부하여 페이퍼리스 실천 • 패들렛 포트폴리오 교육과정 : 활동지, 활동사이트 등을 패들렛 학급게시판 사이트로 안내함. 학생들은 자신의 활동 결과물을 패들렛에 누적해 나가고, 동시에 학습자끼리 공유하며 댓글 소통 • 자문자답 질문 시스템 구축 : AI 응답기를 교실에 배치하여 학생들이 사소한 질문은 AI를 통해 해결하는 학급경영방식 • 챗GPT를 활용한 교과연계 수업(정보탐색용) 　- 사회 : 지역사회의 문제점을 탐색하고 원인 분석하기 　- 국어 : 제안하는 글쓰기에서 제안한 글을 투고하기 위해 정보탐색 　- 미술 : 학습 주제에 따라 미술작품을 탐색(검색봇 활용) • 디지털 콘텐츠 제작 프로젝트 　- 학습 정리활동으로 콘텐츠를 제작해야 할 경우, 콘텐츠 제작 능력을 배양하여 다양한 주제에 활용 가능 　- 포스터 만들기, 문구 만들기 등 　- 학급운영을 위한 1인 1역 소개서 디지털 제작 후 인수인계 • 가상현실(VR) 및 증강현실(AR) 교육 콘텐츠 • 교육부 제작 실감형 콘텐츠 어플리케이션 활용 • 게임 놀이 기반 교육과정 운영 : 실시간 퀴즈, 문제 만들기 활동 • 오토드로우, 퀵드로우 사이트를 활용한 미술, 발명 수업

채점기준	배 점	점 수
실질적인 AI 디지털 교육 방안을 5가지 제시하는가?	0~5	
제시한 방안은 학생들의 디지털 소양을 길러줄 수 있는가?	0~3	
디지털 AI 교육에 대해서 전문성을 지니고 있는가?	0~2	

> 즉답형

3 `문제요약` 회복적 생활교육과 관련지은 본인의 장점을 말하고, 회복적 생활교육 운영 방안 3가지 제시하기

채점기준(예시)

구 분	평가항목 예시

회복적 생활교육 관련 정보	• 회복적 생활교육의 핵심 3요소(Hopkins, 2004)
	  – 진행 : 회복적 서클, 회복적 정의 조정자, 회복적 정의 컨퍼런스
	  – 기술 : 서클, 회복적 대화, 또래 조정, 공감, 경청
	  – 가치 : 존중, 공감, 적극적 경청 문화
	• 실천 원리
	  – 공동체 형성을 중심으로 관계를 맺어나가야 한다.
	  – 공동으로 참여할 수 있는 문제 해결 방식을 활용한다.
	  – 변화와 성장이 가능하도록 지원하며 책임감을 길러줘야 한다.

회복적 생활교육 관련 교사의 장점	• 회복적 생활교육과 관련된 교사 역량을 생각하여 답하기
	• 자신의 장점이 회복적 생활교육에 어떻게 도움이 되는지 첨언하기
	• 활용 가능한 교사 역량 및 장점
	  – 소통 및 경청을 잘함
	  – 갈등 조정 능력이 뛰어남
	  – 분위기 형성을 잘함
	  – 역지사지 능력이 뛰어남
	  – 원인 분석 능력이 좋음
	  – 존중과 공감을 잘함

회복적 생활교육 운영 방안	• 회복적 대화법 실천하기
	  – 문제 상황에 대하여 비난이 아닌 문제점을 되돌아볼 수 있도록 회복적 질문 반복하기
	  – 회복적 대화 원칙 명시하고 돕고 싶다는 입장 표명하기
	• 회복적 학부모 상담 실시
	• 회복적 성찰문
	  – 자신의 행동이 가진 영향력과 앞으로의 해결방안을 중심
	• 신뢰 서클 활동 : 둥글게 앉아 한 사람씩 자신의 삶을 이야기하고 공통점을 찾아 라포를 강화하기
	• 문제해결 서클 활동 : 둥글게 앉아 문제 상황에 대한 생각을 순서대로 이야기하고, 비방과 비난 없이 해결방법을 제안하여 실천해보기
	• 회복적 서클 이후의 또래 상담 및 또래 조정 활동
	• 학급 사지회를 활용한 학급 법정 운영

채점기준	배 점	점 수
회복적 생활교육의 의미에 대하여 알고 있는가?	0~4	
장점을 회복적 생활교육과 연결지어 알맞게 설명하는가?	0~3	
학교에서 실시 가능한 회복적 생활교육 방안을 제시하는가?	0~3	

2 2023년 경기도 초등

구상형

1. 경기도교육청은 다양한 방법으로 디지털교육을 강조하고 있다. 다음 그림과 같이 에듀테크와 지역협력체제를 강화하는 경기도교육에 대한 자신의 교육적 관점을 설명하고, 이를 위해 교사가 실천할 수 있는 방법을 '교육과정' 및 '학급경영' 측면에서 각각 설명하시오.

나만의 답변 구상하기

[핵심 키워드]

[답변 구상]

2 제시문 (가)와 (나)에서 공통적으로 강조하는 사항을 찾고, 자신의 교육관과 관련하여 학생 주도성을 촉진시키기 위한 방법을 3가지 설명하시오.

> (가)
> 경기교육의 원칙 [자율]
> 자율은 다양성과 창의성을 보장하는 경기교육의 원동력입니다.
> 경기교육은 신뢰를 바탕으로 소통과 협력을 통해 교육공동체가 스스로 결정하고 책임감 있게 실천할 수 있도록 힘쓰겠습니다.
>
> (나)
> OECD에서 발표한 교육 2030 학습나침반에서는 학생주도성(Student Agency)과 교육공동체의 공동주도성(Co-Agency)을 강조하고 있다. 학생주도성은 학습자가 핵심역량을 바탕으로 자신에게 필요한 교육을 찾아가며 스스로 교육과정을 구성하는 과정을 지향하고 있다.

나만의 답변 구상하기

[핵심 키워드]

[답변 구상]

3 다음 제시문에서 시사하는 바를 말하고, 이러한 환경 속에서 신규교사가 건강한 학교 문화를 만들기 위해 노력할 점을 3가지 말하시오.

> 현재 MZ세대 교사들은 공동체 의식보다는 개인주의 성향이 강하다는 연구결과가 있다.
> 또한 기성세대 교사들은 반대로 공동체성이 강하며 개인주의 성향이 약하다는 연구결과가 있다.

나만의 답변 구상하기

[핵심 키워드]

[답변 구상]

> 즉답형

1 자기성장소개서에 작성한 교사의 역량을 자신의 대학 시절 경험과 관련지어 어떻게 역량을 향상시킬 수 있었는지 설명하시오.

나만의 답변 구상하기

[핵심 키워드]

[답변 구상]

2 급변하는 미래 사회 대비하는 학생 맞춤형 진로교육의 필요성을 3가지 설명하시오. 더불어 이와 동시에 필요한 교사의 자질에 대해서 설명하시오.

나만의 답변 구상하기

[핵심 키워드]

[답변 구상]

2023년 경기도 초등 해설

구상형

1 문제요약 경기도 교육시책 에듀테크+지역교육협력에 대한 교육적 관점을 말하고, 교사의 시책 실천 방안 제시하기

채점기준(예시)

구 분	평가항목 예시
경기도 시책과 그림에 따른 교육적 관점	• 경기교육의 기본 3원칙 　- 자율 : 신뢰를 바탕으로 소통과 협력을 통해 교육공동체가 스스로 결정하고 책임감 있게 실천할 수 있도록 하는 것 　- 균형 : 서로 다름을 인정하고 존중하며 교육공동체의 조화로운 성장을 지원하는 것 　- 미래 : 모든 학생이 저마다의 꿈을 스스로 펼치고 함께 만들어갈 수 있도록 미래에 대비하는 것 • 경기교육의 기본 3원칙을 인용하여 미래교육을 대비하기 위해서는 에듀테크와 지역교육협력이 필수적임을 강조하기 • 로켓 그림 설명 　- 로켓의 본체는 교육과정이며, 학교와 교실이 교육의 근간이 됨 　- 로켓이 추진하기 위해서는 보조 장치가 필요한데, 이는 기술적 측면과 인프라가 해당됨 　- 따라서 에듀테크 기술과 지역교육협력은 학교와 교실의 교육과정을 촉진시키는 주요 부분임 　- 본인의 교육관은 교육과정의 본질을 찾고 미래교육에 대비하기 위해서는 에듀테크와 지역사회의 협력의 조화가 필수적이고 생각함
경기도 시책 교사의 실천 방안 [교육과정 측면]	• AI 기반 학생 맞춤형 교수학습 지원 • 기초학습지원센터를 활용한 진단, 보정 통합 교육과정 • 공공학습관리시스템을 교육과정과 연계 운영 : 거꾸로 학습, 블렌디드 등 • 교원 전용 AI 플랫폼 활용 : 지식샘터, 잇다 사이트 등 • 지역대학 연계 AI 튜터 교육 운영 • AI 코스웨어와 대학생 멘토 결합한 여름/겨울학교 운영

구 분	평가항목 예시
경기도 시책 교사의 실천 방안 [학급경영 측면]	• 스마트한 교실 만들기 운영 : 탐구용 태블릿 교실 배치 후 학생들의 단순질문을 스마트봇에게 요청하여 자율적 문제해결 • 온라인 학급 시스템 운영 : 학급 패들렛 사이트로 활동지 배부 및 질의응답, 활동자료 포트폴리오 누적 • 페이퍼리스 교실 운영 : 학습지를 태블릿으로 배부하여 미래사회, 환경문제를 대비한 종이 사용 줄이기 • 1인 1스마트기기를 활용한 1인 1역 부여(태블릿 관리자, AI 또래교사, 스마트 미세먼지 관리자 등) • 학교 안팎 디지털 생활 규칙 제정 • 디지털 기기를 활용한 지역 문제 프로젝트 운영(디지털 기기를 활용하여 문제 해결방안 발굴 및 캠페인 실시)

채점기준	배 점	점 수
경기도의 교육 방향성을 적절하게 이해하고 있는가?	0~4	
교육시책을 교육과정 측면에서 적절하게 운영할 수 있는가?	0~3	
교육시책을 학급경영 측면에서 적절하게 운영할 수 있는가?	0~3	

구상형

2. 문제요약: 학생 주도성을 이끌어낼 수 있는 방안을 교직관과 연결 지어 설명하기

채점기준(예시)

구 분	평가항목 예시
학생 주도성	• 학생주도 교육 : 학생이 배움의 주체가 되어 삶의 역량을 기를 수 있도록 하는 것, 학생 개개인의 차이와 다양성을 존중하며 교육과정 운영을 통해 고유성과 독특성을 발현하도록 하는 것
학생 주도성 연관시킬 수 있는 교직관	• 조력자로서의 교사 • 학생의 의견을 존중하는 교사 • 이끌고 가기보다 근접발달영역을 살피어 비계를 제시하는 교사 • 적절한 맞춤형 교육을 제시하는 교육과정 디자이너로서의 교사
학생주도성 관련 경기도교육청의 교육 제도	• 학생중심 교육과정 편성, 운영 • 경기이룸학교 운영 : 학생 자율이 강조되는 도전형 프로그램 • 학생 주도 디지털 시민교육 실천학교 운영 • 성장중심평가, 프로젝트 학습 활성화를 통한 주도성 강조 • 학생주도 놀이중심교육 활성화 • 학생 주도성 살리는 융합교육 실천 : 경기 미래형 과학교육 교육과정 운영 • 학생 중심의 특색 있는 예술교육 실천 • AI 기반 학생 자기주도형 초등 말하기학습 AI펭톡 운영 • 학생건강을 위한 학생주도 건강드림 프로젝트 운영 • 학생주도 학교폭력 예방활동 활성화 : 별별 프로그램, 학생자치회, 또래상담, 특별교육주간 활용 등 • 학생주도 학교 언어순화운동 운영 • 학생주도 안전 프로젝트 사례 활용 • 학생주도 동아리 운영

채점기준	배 점	점 수
학생주도성의 의미를 이해하고 있는가?	0~2	
학생주도성을 촉진하기 위한 교육 방안을 적절하게 제시하는가?	0~4	
제시한 방안은 학생주도성 신장에 효과적인가?	0~4	

> 구상형

3 > 문제요약 세대별 교사 문화에 대한 시사점을 말하고, 신규교사의 노력할 점 3가지 말하기

> 채점기준(예시)

구 분	평가항목 예시
제시문의 시사점	• 인간 개인의 고유성을 존중하듯 세대의 특성 또한 존중해야 함 • 다름을 인정하고 소통을 통해 서로 협력해야 함 • 건강한 학교 문화를 위해서는 서로 존중하고 포용할 수 있어야 함 • 다양한 세대의 문화 포용하기(학생, MZ, 기성 등)
신규교사의 노력할 점	• 전문적 학습 공동체 참여하기 • 교단일기를 쓰며 성찰하는 자세 갖기 • 동료장학 활성화하기 • 교육지원청 관할 수업 컨설팅 참여하기 • 수업 나눔 활성화하기 • 교육공동체 대토론회에 적극적으로 참여하기 • 가진 것을 학교 선생님들과 공유하는 자세 갖기 • 선후배 멘토, 멘티 교사 제도 참여하기 • 선배 교사, 수석 교사에게 적극적으로 조언 청하기 • 학교 교직원 동아리 참여하여 라포 형성하기 • 문화가 있는 날을 활용하여 동학년 의견 교환하기

채점기준	배 점	점 수
제시문에서 시사하는 바를 적합하게 논하였는가?	0~4	
신규교사로서 할 수 있는 노력할 점을 적합하게 제시하였는가?	0~4	
건강한 학교문화를 만들기 위한 바람직한 태도를 지녔는가?	0~2	

즉답형

1 **문제요약** 교사의 역량을 키울 수 있었던 경험 말하기

채점기준(예시)

구 분	평가항목 예시
답변 방향	• 방법1 : 자신에게 인상적이었던 대학 경험을 먼저 떠올리고, 그것에 어울리는 교사역량을 정한 뒤 구술하기 • 방법2 : 교사 역량 관련하여 준비해둔 만능 답변이 있다면, 해당 답변을 그대로 활용하되 관련 경험만 떠올려서 연결 짓기
교사 역량과 관련 경험 예시	• 자주적 문제해결 역량 : 관현악 동아리 활동을 하며 합주가 맞지 않는 부분을 직접 찾고, 여러 방법을 구안해보며 화음을 맞추어 간 경험 • 디지털 문해력 역량 : 기존의 디지털 콘텐츠를 분석하여 지역사회의 문제를 지적하는 새로운 디지털 콘텐츠 공모전 출품한 경험 • 의사소통 역량 : 학회장을 맡아 학과 공연, 졸업전시회 등을 준비한 경험 • 지식정보처리 역량 : 대학 과제를 수행하기 위해 학교 안에서 설문조사를 실시하여 다양한 정보를 유의미하게 처리했던 경험 • 공동체 역량 : 다문화 가정과 함께하는 모국 찾아가기 프로젝트에 멘토교사로서 참여하여 다양한 공동체의 의미를 깨달은 경험 • 창의적 사고 역량 : 교생 실습에 나가 교과서의 활동내용을 창의적으로 변형하여 수업하여 창의적인 수업의 중요성을 느꼈던 경험

채점기준	배 점	점 수
교사의 역량에 대해 심층적으로 이해하고 있는가?	0~3	
구술한 경험이 해당 역량과의 관련성이 있는가?	0~3	
교사의 역량과 전문성을 갖추기에 적합한 사람인가?	0~4	

즉답형

2 **문제요약** 급변하는 사회에 대비하는 맞춤형 진로교육의 필요성 3가지를 제시하고, 맞춤형 진로교육을 위해 교사에게 필요한 자질 말하기

채점기준(예시)

구 분	평가항목 예시
맞춤형 진로교육 필요성	• 학생 개인이 스스로 진로개발역량을 갖추어야 학습자가 자신에게 닥친 진로 문제 상황을 해결할 수 있기 때문 • 결과가 아닌 문제 해결 과정을 가르치는 교육 트렌드에 부합하기 위하여(물고기 대신 물고기 잡는 법을 가르치기) • 급변하는 사회 속에서 미래의 진로 상황을 예측할 수 없기 때문 • 융합을 통해 학급 내 학생 특성 또한 무궁무진하게 다양화되어가기 때문 • 전체 대상의 진로 교육보다 개인 맞춤형의 자기 이해가 선행되어야 하기 때문 • 학생 개인의 회복탄력성 및 진로탄력성 신장이 우선이 되어야 하기 때문 • 국가 인재 개발을 위한 초석이 되기 때문 • 초등교사의 전문성은 일괄된 지식 전달이 아닌 학생 개인의 자질 발견 및 신장이 우선이 되어야 하기 때문
맞춤형 진로교육을 위해 교사에게 필요한 역량	• 학생의 잠재력을 살피는 관찰력 • 많은 학생들의 정보를 동시에 수용하는 정보처리능력 • 수시로 바뀌는 학생들의 요구사항에 대응할 수 있는 임기응변능력 • 학생들이 좌절하지 않고 다음 단계로 더 나아갈 수 있도록 인도하는 동기 유발 능력 • 문제나 시련을 긍정적으로 이겨내는 회복탄력성, 진로탄력성 • 다양한 이야기를 모두 수용할 수 있는 허용적 태도 • 필요한 인적자원을 적극적으로 연계하는 협력적 문제 해결 역량 • 다양한 진로교육 프로그램을 활용할 수 있는 에듀테크 역량

채점기준	배 점	점 수
맞춤형 진로교육의 필요성에 대해 깨닫고 있는가?	0~4	
맞춤형 진로교육을 위해 필요한 역량을 적절하게 제시하는가?	0~4	
진로교육의 본질에 대하여 이해하고 바른 교직관을 갖고 있는가?	0~2	

[3] 2023년 서울 초등

> **구상형**

1 교사의 생애주기를 다음과 같이 나누었을 때, 각 시기에 따라 중요하게 여기고자 하는 것을 교육공동체, 전문성, 자아실현 중 한 가지씩 고르시오. 그 다음 이와 관련지어 괄호를 채워 문장을 완성한 뒤, 이를 실현하기 위해 자신이 해야 할 것을 2가지씩 설명하시오.

교육공동체 전문성 자아실현 시기별 택1	문 장
	1. 나는 3년차 ( )한 교사다.
	2. 나는 15년차 ( )한 교사다
	3. 나는 30년차 ( )한 교사다.

나만의 답변 구상하기

[핵심 키워드]

[답변 구상]

> **즉답형**

1 디지털 사회가 되어감에 따라 교실의 모습도 바뀌어 갈 수 있다. 만약 다음과 같은 상황 속에서 자신이 교사라면 어떻게 대처할 것인지 학생관, 교사관, 지식관과 관련지어 지도 방안을 답하시오.

> 학생 A : 선생님! 어제 선생님이 가르쳐주신 내용이 궁금해서 인터넷에서 찾아봤는데요. 선생님이 말씀하신 내용이 인터넷 내용이랑 달라요!
> 학생 B : 저도 궁금해서 검색해봤는데 내용이 많기도 했고, 말이 달랐어요!

나만의 답변 구상하기

[핵심 키워드]

[답변 구상]

2 다음의 서울 교육 정책을 참고하여 교사가 되어 활용하고 싶은 것 3가지를 고르고, 이를 자신의 경험 및 특기와 관련지어 설명하시오.

> 유수불부[流水不腐]
> – 흐르는 물은 썩지 않는다는 뜻
> – 늘 끊임없이 운동하는 것은 썩지 않음을 비유하는 말
>
> 서울시 교육청 정책 예시
> 서울형 독서 토론/아침 책 산책 프로젝트/기초학력 지원(서울가나다, 서울구구단, 서울ABC)/키다리샘, 건강더하기+/농촌유학 활성화(흙을 밟는 도시 아이들)/실시간 국제공동수업 활성화/디벗 및 에듀테크 활용 혼합수업 활성화/서울형 메타버스 플랫폼 구축/수학 점핑학교 등

나만의 답변 구상하기

[핵심 키워드]

[답변 구상]

2023년 서울 초등 해설

구상형

1 **문제요약** 교사의 생애주기별로 교육공동체, 전문성, 자아실현 중 중요시 여기는 것과 이를 실현하기 위한 방안 2가지 제시

채점기준(예시)

구 분	평가항목 예시
나는 3년차 (교육공동체)의 성장과 발전을 위해 노력하는 교사다.	• 다양한 교원학습공동체 경험하기 • 관심 및 연구 분야 설정을 위해 다양한 연수, 장학, 컨설팅 경험하기 • 교원학습공동체를 통해 수업 및 교육과정 연구 활성화 • 교원학습공동체간 수업 및 우수 사례 나눔을 통하여 교사 스스로 성찰 및 반성하는 기회 갖기
나는 15년차 교육 전문가로서 (전문성)을 갖춘 교사다.	• 교사 교육과정 디자인 역량 강화를 위한 맞춤형 연수 참여 • 교육과정, 수업, 평가 등 교사 전문성 신장을 위한 대학원 석사 및 박사 학위 취득 • 교사 전문성 함양을 위한 교원학습공동체 참여 • '수업친구 나눔 교사단' 공모 참여를 통한 초등 배움·나눔 수업 성장 프로젝트 실시
나는 30년차 교육 현장 이해와 교직 실무 능력을 겸비하여 (자아실현)을 이룬 교사다.	• 동료 교사들의 어려움(학생 지도, 업무 처리 등)에 대해 자문을 구할 수 있는 창구 만들기 • 학교 내외 교원학습공동체 설립을 통해 고경력교사로서 가진 경험과 노하우 나누기 • 교육 전문직이 되어 학교 교육 현장에 알맞은 교육 시책 구상 • 교감 및 교장이 되어 미래 사회에 모두가 행복한 책임 교육을 실현하기 위한 학교 특색 사업 실시

채점기준	배 점	점 수
교사의 생애주기별로 교육공동체, 전문성, 자아실현 중 적절한 것을 선택하였는가?	0~4	
교사의 생애주기별로 교육공동체, 전문성, 자아실현 중 선택한 것에 대한 적절한 실현방안을 제시하였는가?	0~4	
교사로서의 사명감과 책임감을 가지고 있는가?	0~2	

> 즉답형

1 > 문제요약 교사가 가르친 내용과 학생이 인터넷에서 찾은 내용이 다를 경우 학생관, 교사관, 지식관과 관련하여 지도 방안 말하기

> 채점기준(예시)

구 분	평가항목 예시
학생관 교사관 지식관	• 학생관 　- 스스로 공부하는 학습자 　- 주체적이고 능동적인 학습자 　- 다양한 환경에서의 탐색 및 경험을 통해 성장 • 교사관 　- 교학상장(敎學相長) : 가르치고 배우면서 함께 성장 　- 학습의 컨설턴트이자 학생의 발달 수준에 맞게 정선된 자료 및 경험을 제공하는 역할 　- 학생의 학습 및 성취에 대해 격려하고 피드백하는 교사 • 지식관 　- 지식은 시간의 흐름에 따라 변함 　- 지식은 사회적 합의에 따라 구성되는 것
지도 방안	• 학생 스스로 탐구하고 자료를 찾은 점에 대하여 칭찬 및 격려하기 • 교사도 학생과 함께 배우면서 알고 있는 지식을 확장해간다는 사실을 이해시키기 • 지식은 시간의 흐름에 따라 유동적이고 상대적으로 변할 수 있다는 사실을 설명하기 • 학생이 찾은 자료의 타당성 검증을 학생들과 함께하여 새로운 지식을 구성하기

채점기준	배 점	점 수
교사로서 적절한 학생관, 교사관, 지식관을 가지고 있는가?	0~4	
학생관, 교사관, 지식관에 부합하는 지도 방안을 제시하는가?	0~4	
제시한 방안은 구체적이고 실현가능한가?	0~2	

> 즉답형

2 > 문제요약 서울 교육 정책과 관련하여 교사가 되어 활용하고 싶은 3가지를 경험, 특기와 함께 설명하기

> 채점기준(예시)

구 분	평가항목 예시
서울형 독서·토론 수업	• 서울형 독서·토론 수업 　– 교육과정 연계 독서·토론 수업 활동으로 함께 책을 읽고 질문 및 의견을 나누며, 자신의 생각을 글로 표현하고 공유로 이어지는 소통과 협력의 독서·토론 　– 창의 지성, 협력적 인성을 갖춘 민주시민을 육성하고자 함 • 어린 시절부터 독서를 통한 다양한 지식 습득 및 간접 경험을 이루었고, 이를 통해 어휘력, 비판력, 창의력 신장이 가능했음 • 블로그를 하는 교사가 학생과 서울형 독서토론을 통해 작품을 만들어 블로그에 게시하여 포트폴리오형 누적활동 실시 • 서울형 독서토론 수업 후 소감을 시로 작성하여 '시 낭독회' 운영 • 미디어 콘텐츠 제작 능력이 있는 교사가 토론회의 활동 결과물을 영상으로 제작하여 교육청 ucc 공모전 제출
키다리샘	• 키다리샘 : 학습지원대상 기초학력보장 활동 참여 희망 교사를 통해 소규모 학생 지도 • 보드게임을 잘하는 교사가 두뇌형 보드게임을 활용한 놀이 수업을 통해 기초연산, 문해력 지도 • 영화 감상을 즐기는 교사가 학생과 함께 사제동행으로 영화 관람 후 의견 교환을 통한 학생의 문화 감수성 향상 및 비판적 사고능력 증진
서울학생 건강 더하기 프로젝트	• 서울학생 건강 더하기 프로젝트: 신체건강, 마음건강, 사회건강 지원을 통하여 학생건강 증진 • 신체, 마음, 사회적 대인관계가 건강해야 학생이 전인적으로 성장할 수 있음 • 학생과 학교스포츠클럽 운영을 통해 관내 스포츠클럽 대회 참여 • 학생이 지속적으로 운동할 수 있는 환경 마련해주고, 보건실에 있는 BMI 측정기를 활용하여 신체적 변화 체감해 나가도록 지도

채점기준	배 점	점 수
서울교육정책에 대해 이해하고 있는가?	0~2	
서울교육정책을 자신의 특기, 경험과 연결 지어 실현시킬 수 있는가?	0~6	
제시한 방안은 구체적이고 효과적인가?	0~2	

4 2023년 평가원(공통) 초등

> **구상형**

1 아래의 상황을 보고 B교사와 C교사가 접한 학생의 문제행동 유형을 파악하고, 두 교사가 해당 학생에게 할 수 있는 개별형 지도 방안을 1가지씩 설명하시오. 더불어 이러한 문제 상황을 사전에 예방할 수 있는 수업 운영 방법에 대하여 1가지 설명하시오.

> 경력이 있는 A교사와 초임교사인 B교사, C교사가 대화하고 있다.
>
> A교사 : 선생님들이 느끼시기에 요즘 수업은 잘 되시나요?
> B교사 : 수업 자체는 괜찮은데, 몇몇 학생이 교사를 힘들게 하는 것 같아요.
> A교사 : 어떤 상황이길래 그러시나요?
> B교사 : 교사에게 많은 것들을 요구하는 한 학생이 있어요. 자기 스스로 해야 하는 것이나 충분히 할 수 있어 보이는 것도 교사에게 도움을 요청해요. 그리고 수업시간에도 엉뚱한 질문을 해서 수업 흐름이 깨질 때가 있어서 고민이에요.
> A교사 : 선생님의 관심을 받고 싶은데, 잘못된 방식으로 표현하는 학생인가 보네요? 힘드시겠어요. C선생님은 어떠신지요?
> C교사 : 이야기를 들어보니 제가 가진 고민과는 조금 유형이 다른 것 같네요. 제가 고민인 학생은 수업에 너무 관심이 없고 참여하지 않으려는 학생이에요. 수업에 관심도 없고 흥미도 없어 보이며, 책상에 엎드려있거나 발표도 안 하는 학생이에요. 그리고 무엇보다 친구들과 대화도 잘 안 되고, 모둠 활동도 당연히 참여하지 않고요.
> A교사 : 선생님들의 말씀을 들어보니 고민이 많으시겠어요. 그러한 학생들은 보통 다른 원인이나 문제가 내재되어 있더라고요. 해당 학생들이 가진 문제의 원인을 살펴보고 개별적으로 대응하면 문제 상황이 해결될 수도 있을 겁니다.
> C교사 : 일단 해당 학생이 가진 문제의 원인을 면밀하게 살펴보아야겠어요.
> A교사 : 그런 문제를 사전에 예방할 수 있는 교육 방법을 마련해서 미리 대비하는 것도 좋아요.

나만의 답변 구상하기

[핵심 키워드]

[답변 구상]

> **즉답형**

1 제시문을 읽고, 김 교사가 교사의 전문성을 신장하고 교원 학습 공동체에 참여하기 위하여 가져야 할 태도 3가지와 그 이유에 대해 설명하시오.

> 김 교사는 학교 현장에서 강조되고 있는 미래 교육의 중요성에 대해 느끼고 있다. 그러나 김 교사는 꼭 교원 학습 공동체에 참여해야 할 이유를 잘 모르겠고, 자신의 행복한 삶을 위한 여유를 누리고 싶다고 생각하는 중이다.

나만의 답변 구상하기

[핵심 키워드]

[답변 구상]

2 마을 축제를 원활하게 진행하기 위하여 이 교사에게 필요한 인성적 자질 3가지를 말하고, 그 이유를 설명하시오.

> 이 교사는 학교와 마을의 협력을 통한 마을 축제를 진행하게 되었다. 이 교사가 원하는 바는 아니었지만 학교 교육과정을 위해 어쩔 수 없이 맡게 되어버렸다. 이 교사는 학교와 마을이 협력해야 한다는 점이 가장 큰 걱정이며, 업무를 위해 모르는 마을 사람들에게 계속 만나 말을 걸고 소통해야 한다는 점이 부담된다.

나만의 답변 구상하기

[핵심 키워드]

[답변 구상]

2023년 평가원(공통) 초등 해설

구상형

1 문제요약 B교사, C교사가 접한 학생의 문제유형과 개별형 지도 방안 1가지씩 설명하고 문제 상황을 사전에 예방할 수 있는 수업 운영 방법 1가지 말하기

채점기준(예시)

구 분	평가항목 예시

B교사	• 학생의 문제 유형
	  – 관심형, 주의 집중 부족형
	• 개별형 지도 방안
	  – 상담을 통해 스스로 할 수 있는 일, 해야 하는 일들에 대한 기준을 명확히 세우기
	  – 교사의 관심을 끄는 행동이 아닌 학생이 잘한 행동에 대하여 반복적으로 칭찬하고 격려하기
	  – 수업에 방해되는 행동을 할 때에는 교사가 반응을 보이지 않고, 추후 학생과 1 대 1로 상담을 통해 잘못된 행동 교정 지도

C교사	• 학생의 문제 유형
	  – 소극형, 의지 부족형, 사회성 부족형
	• 개별형 지도 방안
	  – 심층 면담을 통해 학생이 수업에 집중할 수 없는 원인이 무엇인지 파악하기
	  – 학생의 흥미와 관심을 파악하여 수업 주제에 적용하기
	  – 학생과 교사의 충분한 대화를 통해 라포를 형성하고 사회성 향상시키기

예방할 수 있는 수업 운영 방법	• 학생들의 흥미와 관심을 파악하여 학생 참여 중심 수업 구상하기(프로젝트 학습, 조사학습, 토의·토론 학습) • 학생들의 관심을 고려하여 다양한 학습 프로그램 및 교구 사용하기 • 짝 활동, 모둠 활동 등 또래 학습 수업을 실시하여 학생들이 서로 배우고 가르치면서 수업 참여 유도하기 • 실생활 관련 학습 주제, 문제를 통해 학생들이 자연스레 학습에 관심을 갖도록 유도하기

채점기준	배 점	점 수
B교사, C교사가 접한 학생의 문제 유형을 정확히 제시하는가?	0~4	
B교사, C교사가 접한 학생의 문제 유형에 알맞은 개별형 지도 방안을 제시하는가?	0~4	
제시한 문제 상황 예방 수업 방안은 실천가능하고 교육적 효과가 있는가?	0~2	

> 즉답형

1 > 문제요약 교사가 전문성을 신장하고, 교원학습공동체에 참여하기 위해 가져야 할 태도 3가지와 이유 3가지 설명하기

> 채점기준(예시)

구 분	평가항목 예시
교사로서 가져야 할 태도	• 책임 : 학생의 성장과 학습력 신장, 교사의 전문성 향상을 갖고 꾸준히 발전하도록 책임감을 갖고 교원학습공동체 참여해야 하기 때문 • 열정 : 교사로서 열정을 가지고 유수불부(流水不腐) 자세로 끊임없이 스스로를 성장시키기 위하여 노력해야 하기 때문 • 협력 : 교사 자신의 수업만 보고하게 되면 더 나은 발전이 어려움. 교원학습공동체를 통해 함께 연구하고 고민한다면 더 큰 발전이 있을 것이기 때문 • 나눔 : 자신이 수업에서 잘 활용하는 방법, 수업 도구, 발문 등을 교원학습공동체에서 서로 나누고 배우면서 함께 성장할 수 있기 때문 • 성찰 및 반성 : 교원학습공동체를 통해 자신의 수업에 대하여 스스로 반성하고, 다른 교사들의 의견을 들으며 개선점 찾을 수 있기 때문 • 빠른 변화에 대한 수용적 자세 : 변화무쌍한 사회만큼 교육 환경도 빠르게 바뀌기 때문에 미래 교육에 대비하기 위해서는 교원학습공동체에 참여해야 함 • 진취적인 자세 : 새로운 배움이 행복이 될 수도 있기 때문에 무엇이든 적극적인 자세로 참여하는 자세가 필요함 • 라포를 형성하려는 태도 : 교육 공동체와 라포를 형성하는 것 또한 효과적인 교육과정, 생활지도가 이루어질 수 있기 때문 • 교육공무원으로서의 성실함 : 교사는 언제나 교육과정의 목표를 수행할 수 있어야 하므로 교육과정이 개정될 때마다 성실히 교사의 전문성을 신장시킬 필요가 있기 때문

채점기준	배 점	점 수
교사로서 가져야 할 태도에 대하여 구체적으로 제시하는가?	0~6	
교사로서 가져야 할 태도에 알맞은 이유를 제시하는가?	0~3	
교사로서 소명과 자질을 가지고 있는가?	0~1	

> 즉답형

2 〈문제요약〉 교사로서 마을 축제를 진행하기 위해 필요한 인성적 자질 3가지, 이유 3가지 설명하기

〈채점기준(예시)〉

구 분	평가항목 예시
인성적 자질	• 소통 : 마을과 학교가 함께하는 축제이므로 양측과 꾸준한 소통 및 대화를 통해 축제 진행해야 함. 마을 사람들에게 마을 축제 방향 및 계획에 대하여 이해시키고 조율시켜야 하기 때문 • 협력 : 학교 교육과정에 온전한 완성을 위해서는 마을 주민 및 교육 공동체와의 협력이 필수적임을 깨달아야 하기 때문 • 열정 및 성실 : 마을 축제를 성공적으로 이끌기 위해 최선을 다하고, 축제 업무에 대해 마을 사람들이 이해하고 참여하도록 노력해야 하기 때문 • 주체성 : 처음 맡는 어려운 업무지만 다른 학교 마을 축제 우수 사례 등을 주체적으로 공부하고 연구해야 하기 때문 • 책임감 및 사명감 : 마을 축제 또한 학생들이 주체가 되는 교육활동의 일환이기에 교사가 끝까지 조력해야 한다는 책임감과 사명감을 가져야 하기 때문 • 개방적인 마음 : 지역 주민들을 만나는 것은 마을 내 인적자원을 보고 배울 수 있는 기회임. 따라서 교사의 전문성을 높이기 위해 개방적인 자세를 가져야 하기 때문 • 인내 : 마을 축제 진행에 있어 어려움이 있더라도 교육 공동체의 라포 형성을 위해 필요한 축제라는 점을 인지하고 인내해야 하기 때문 • 청렴 : 마을과 학교의 협력 축제이기 때문에 큰 예산을 사용해야 하는 부담감이 있음. 그러나 적절한 예산 활용을 통해 지역 교육에 기여하겠다는 청렴한 마음이 필요하기 때문

채점기준	배 점	점 수
교사로서 가져야 할 인성적 자질 3가지를 적절하게 제시하는가?	0~3	
교사로서 가져야 할 인성적 자질과 관련된 합당한 이유를 설명하는가?	0~6	
교사로서의 사명감과 바른 마음가짐을 가지고 있는가?	0~1	

CHAPTER 03 심층면접 기출문제(2022 초등)

[1] 2022년 강원도 초등

구상형

1 다음의 제시문을 읽고 물음에 답하시오.

> OECD 학습 프레임 워크 교육 2030은 불확실성의 사회 속 학습자의 행위 주체성(Student Agency)을 강조하고 있다. 2030 강원 미래교육에서도 학생을 존엄성을 지닌 존재, 성장과 변화의 주체로 정의하고 있다. 학생의 행위 주체성은 학생이 스스로 목표를 설정하고 행동하는 것이며, 자신에 대한 질문과 그 대답을 찾아나가는 것을 뜻한다. 미래사회는 학습자의 행위 주체성이 필수적인 사회가 될 것이며 더불어 학생, 교사, 마을공동체가 협력하는 협력적 주체성(Co-Agency) 또한 강조될 것이다.

1-1. 학생의 행위 주체성의 중요성에 대하여 설명하시오.

나만의 답변 구상하기

[핵심 키워드]

[답변 구상]

1-2. 미래교육을 위한 교육과정 운영 방안을 4가지 제안하시오.

나만의 답변 구상하기

[핵심 키워드]

[답변 구상]

즉답형

1 생태환경교육과 관련된 강원도교육청의 정책을 1가지 설명하고, 교육과정과 연계하여 진행해 보고 싶은 생태환경교육 활동 2가지와 그 이유를 함께 설명하시오.

> - 교육기본법 제22조의2(기후변화환경교육) : 국가와 지방자치단체는 모든 국민이 기후변화 등에 대응하기 위하여 생태전환교육을 받을 수 있도록 필요한 시책을 수립·실시하여야 한다.
> - 강원도교육청에서는 지속가능한 미래와 기후적응, 기후정의 실현을 위해 강원형 생태환경 교육과정을 추진하고 있다. 환경 재난 시대, 생태감수성을 바탕으로 탄소중립을 실천하는 생태시민을 양성하고자 한다.

나만의 답변 구상하기

[핵심 키워드]

[답변 구상]

2 강원도 내 정서적, 심리적 위기를 겪는 학생들이 늘어나고 있다. 강원도교육청 정책을 활용하여 이러한 위기학생을 지원하기 위한 방안을 3가지 제안하시오.

나만의 답변 구상하기

[핵심 키워드]

[답변 구상]

3 다음의 상황을 참고하여 학교장 자체해결제의 요건 4가지를 설명하고, 자신이 담임교사라면 어떻게 생활지도를 할 것인지 말하시오.

> 학생 A는 학생 B에게 돈을 빌려달라고 요구하였다. 학생 B는 이를 거절하였으나, 학생 A는 갑자기 학생 B의 지갑을 빼앗았다. 이러한 일을 겪고 당황한 학생 B는 다음날 담임교사에게 상담을 요청하였다. 그리하여 학생 A는 지갑을 주인에게 돌려주며 사과를 하였다. 이후 학생 B의 부모는 학교폭력대책위원회의 개최를 원하지 않았으며, 단지 학생 A의 지도를 부탁하기만 하였다.

나만의 답변 구상하기

[핵심 키워드]

[답변 구상]

2022년 강원도 초등 해설

구상형

1 문제요약 1-1. 학생의 행위 주체성의 중요성에 대해 설명하기

채점기준(예시)

구 분	평가항목 예시
행위 주체성의 의미	• 행위 주체성 : 자신이 세운 목표에 도달하기 위해 자율적으로 시간과 노력을 투자하고, 반성적 사고를 바탕으로 자신의 선택에 스스로 책임을 질 수 있는 것 • OECD 학습 프레임 워크 2030은 불확실성의 사회 속에 필요한 요소로서 학생의 행위 주체성(Student Agency)의 의미를 강조함 ※ 강원도교육청은 미래교육의 방향성으로 학생 주체성을 강조함
행위 주체성의 중요성	• 학습자마다 성장속도, 개성이 다르기 때문에 맞춤형 교육과정을 위해서는 생활과 학습 전 과정에서 주체성을 중심으로 한 교육과정 운영이 중요하며, 행위 주체성은 개별화 교육의 기반이 됨 • 자유학기제 및 고교학점제 운영의 전제조건임 • 불확실성의 사회 속에 필요한 교육은 단순 지식 전달이 아니며, 직면한 문제에 능동적으로 사고하고 대처하기 위해서는 행위 주체성이 기반이 되어야 함 • 구성주의 학습, 프로젝트 학습, 문제해결 학습 등은 행위 주체성을 바탕으로 학습목표를 달성함 • 교육과 삶을 연결시키기 위해서는 행위 주체성을 통한 실천의 기회가 있어야 함 • 학생 개인의 행위 주체성(Student Agency)이 있을 때 교육공동체의 공동 주체성(Co-Agency)이 실현될 수 있음 • 행위 주체성은 학교자치 거버넌스 및 마을교육생태계 조성의 원동력이 됨 • 학교 단위의 자율형 학교 교육과정 수립 및 운영을 위해서는 주체성을 통한 참여형 의사소통이 필요함

채점기준	배 점	점 수
행위 주체성의 의미에 대해 알고 있는가?	0~3	
행위 주체성의 중요성을 교육 현장과 관련지어 설명할 수 있는가?	0~4	
강원도교육청의 정책을 이해하고 있는가?	0~3	

구상형

1 **문제요약** 1-2. 미래교육을 위한 교육과정 운영 방안 4가지 제안하기

채점기준(예시)

구 분	평가항목 예시
강원도교육청의 구체적 방안	• 강원도형 시민교육 강조 교육 : 생태, 평화, 탄소중립, 실천적 세계시민, SDGs • 지역교육 중심 교육 : 마을교육공동체, 마을교육자치협력센터 연계 교육과정 • 사고력 중심 평가, 성장을 돕는 평가 실시 • 민·관이 함께 하는 교육 거버넌스 연계 : 온마을돌봄배움터 등 • 강원도 청소년자치배움터 연계 • 지역 내 학교급을 뛰어넘는 통합교육과정 운영 • 자치활동을 강조하는 교육 : 학생동아리, 학생자치회, 학교캠페인 • 교내 교육공동체협의회 활성화 : 교직원자치 + 학생자치 + 학부모자치 • 미래 역량 강화 교육 : 콘텐츠 개발, 미디어 리터러시, 정보윤리, 에듀테크, 메타버스, 빅데이터 활용
강원도교육청의 교육방향	• 학생이 주도하는 교육과정 운영 : 교육과정 계획 수립, 운영, 피드백 과정에 학생이 참여하여 행위 주체성을 신장시킴 • 기쁨을 느낄 수 있는 교육과정 운영 : 학생이 흥미와 경험을 바탕으로 개념을 형성해 나갈 수 있도록 구성주의적 교수법 활용 • 모두의 성공을 추구하는 진로교육 : 잠재력과 가능성을 확인하며 모두가 특별하다고 느낄 수 있도록 긍정적 자아정체성 교육 • 살아갈 힘을 기르는 교육방식 : 창의적 사고, 문제해결력, 의사소통 능력, 핵심역량, 지성·감성·시민성과 같은 역량 중심 교육과정 운영

채점기준	배 점	점 수
미래교육에 대하여 심층적으로 논의하고 있는가?	0~3	
미래형 교육과정 운영 방안을 구체적으로 제시하는가?	0~4	
강원도교육청의 정책을 이해하고 있는가?	0~3	

> 즉답형

1 문제요약 생태환경교육 관련 강원도교육청의 정책 1가지 및 진행해보고 싶은 생태환경교육 활동 2가지와 이유 설명하기

> 채점기준(예시)

구 분	평가항목 예시
생태환경교육 관련 강원도교육청의 정책	• 2022 개정 교육과정 학교 자율시수를 활용한 생태평화지역 교과 개발 제도 • 탄소중립학교로 전환 : 제로에너지 학교 • 실천적 생태환경교육 제도 : 쓰레기 분리수거, 잔반 남기지 않기 활동을 통한 포인트 제공 • 강원생태학교 운영 : 생태환경교육 체험 프로젝트
생태환경교육 예시	• 실과 교과 연계 올바른 자원의 활용방식 탐구 • 국어 교과 연계 제안하는 글쓰기 환경교육 연계 • 음악 교과 연계 환경 지키기 노래 만들기 • 미술 교과 연계 기후위기 포스터 공모전 • 생활 속 탄소 발생 정도 점검 프로젝트 • 영화를 통한 생명, 환경 존중 의식 기르기 • 생태환경 관련 온 책 읽기 • 손수건 사용하기 캠페인 • 학교 내 교육공동체 중고 아나바다 운영 • 지역 환경교육기관 연계 교외 체험학습 • 학교 외 공원 쓰레기 줍기 봉사활동 실시 • 미세먼지 저감을 위한 공기정화식물 기르기 • 학교 숲, 학교 텃밭, 옥상정원, 쉼터 조성 • 제로웨이스트 및 업사이클링 캠페인

채점기준	배 점	점 수
강원도교육청의 정책을 알고 적절하게 설명하는가?	0~4	
제시한 교육활동은 생태환경교육에 유의미한 것인가?	0~4	
교육과정 재구성을 위한 교육 전문성을 가지고 있는가?	0~2	

> 즉답형

2 문제요약 　강원도교육청 정책 내 위기학생 지원 방안 3가지 제안하기

채점기준(예시)

구 분	평가항목 예시
위기학생 지원 관련 강원도 교육정책	• 위기학생 통합 지원 시스템 운영 • 통합 사례 관리를 통한 학생 지원 및 관련 기관 연계 강화(도내 17센터) • 병원 Wee 센터 자살, 자해학생 위기 지원 강화(도내 3센터) • 위기 사안 대응 시스템 권역별 구축 : 권역 신속대응팀, 위기상황지원단 • 지역별 학생지원 유관기관 발굴 및 업무 협약 • 위기학생 통합 지원 역량 강화 연수 운영 : 게이트키퍼 교육 등 • 권역별 위기 사안 신속 대응 역량 강화(춘천, 원주, 강릉)
학생 심리 지원을 위한 강원도 교육정책	• 학생 중심의 '진단-상담-치유' 종합상담서비스 제공 • Wee 클래스 운영 확대(415개교) • 전문적 Wee 센터를 통한 다중안전망 강화(17센터) • 치유, 관계회복, 성장을 위한 상담수련공동체 활동(30팀) • 위기학생 상담, 치유과정 운영 : 강원학생교육원, 사임당교육원 • 가정형 Wee 센터 가정 밖 학생 지원(춘천, 원주) • 정신건강의학과 전문의 자문 프로그램 운영 • 화상 시스템 활용 원격화상자문 Wee 닥터 서비스 지원 • 교실 안 희망교실 운영 • 담임교사와 위기학생의 멘토·멘티제 운영 • 생명존중 상담주간, 자살예방 캠페인 학기별 1회 실시 • 위기 개입 매뉴얼과 교육자료 제작 및 보급 • 학교방문지원사업 위탁형 거점센터 운영 • 학생정서, 행동특성검사 실시(초 1학년, 초 4학년, 중 1학년, 고 1학년) • 교육복지 안전망 강화를 위한 행복나눔 교육복지센터 운영(18센터) • 교육복지사 미배치학교 지원을 위한 협력학교 제도

채점기준	배 점	점 수
위기학생 지원의 중요성을 느끼고 있는가?	0~2	
강원도교육청에서 실시하는 정책에 대하여 이해하고 있는가?	0~6	
교육청 정책을 활용할 수 있는 전문성을 가지고 있는가?	0~2	

즉답형

3 **문제요약** 학교장 자체해결제의 요건 4가지를 설명하고 생활지도 방법 말하기

채점기준(예시)

구 분	평가항목 예시
학교장 자체해결제 요건 4가지	학교장 자체해결제는 다음의 기준에 충족될 경우 학교장이 학교폭력 사안을 처리할 수 있다. • 요건 1 : 2주 이상의 신체적, 정신적 치료를 요하는 진단서를 발급받지 않은 경우 　※ 피해학생이 학교에 진단서를 제출한 이후에는 회수할 수 없음 • 요건 2 　- 재산상 피해가 없거나 즉각 복구된 경우 　- 가해학생 보호자가 재산상 피해 복구를 확인해주고 피해학생 보호자가 인정한 경우 　※ 재산상 피해는 신체적, 정신적 피해의 치료비용을 포함 • 요건 3 : 학교폭력이 지속적이지 않은 경우 • 요건 4 : 학교폭력에 대한 신고, 진술, 자료 제공 등에 대한 보복행위가 아닌 경우 　※ 가해학생이 조사과정 중에 있는 사안에 대해 신고, 진술, 증언, 자료 제공 등을 한 학생에게 학교폭력을 행사하였다면 보복행위로 판단
생활지도 방법	• 관계회복 프로그램 운영 • 자치활동 강화 : 창체를 통한 학급 다시 세우기 • 교육과정 내 학교폭력 예방교육 실시 : 미술 포스터 그리기, 음악 친구사랑 노래 만들기 등 • 학교전담 경찰관 초청 강연 실시 • 학부모회 연계 교내외 순찰활동 강화 및 캠페인 운영 • 진로교육 연계 : 경찰, 법조인 등 면담 시간 • Wee 클래스 협조 : 개인, 모둠, 학급 단위 상담 실시 • 학부모 상담주간 적극 운영 • 온 책 읽기 : 협력, 배려, 존중 가치 중심 독서

채점기준	배 점	점 수
학교장 자체해결제의 취지와 요건에 대해서 알고 있는가?	0~4	
담임교사로서 할 수 있는 생활지도 방법을 적절하게 제시하는가?	0~4	
학교폭력 예방교육의 중요성을 알고 대처 역량을 갖고 있는가?	0~2	

2 2022년 경기도 초등

구상형

1. 미래사회에 대비하여 교사가 지녀야 할 역량을 말하고, 이를 갖추기 위해 노력해야 할 점을 자신의 교직관과 관련지어 설명하시오.

> [2022 경기도교육감 신년사 일부]
> 새해에는
> 우리 아이들을 더 사랑하고,
> 더 소중하게 존중하며,
> 더 공감 능력을 길러주고,
> 더 협동하는 마음 여백을 만들어 주며,
> 더 당당하고 스스로 위기를 기회로 만들 수 있도록
> 그 어느 때보다도 더 정성을 기울일 것입니다.

나만의 답변 구상하기

[핵심 키워드]

[답변 구상]

2 경기도교육청은 학생이 중심이 되는 배움을 강조하고 있다. 학생이 중심이 되는 배움의 의미를 설명하고, 이를 위한 실행 방안을 제시하시오.

나만의 답변 구상하기

[핵심 키워드]

[답변 구상]

3 경기도교육청은 그린 스마트 미래학교에서 광장형 공간을 활용하고자 한다. 광장형 공간이 필요한 이유를 설명하고, 이를 활용하기 위한 방안을 3가지 제안하시오.

나만의 답변 구상하기

[핵심 키워드]

[답변 구상]

즉답형

1 학년 초의 '새학년 준비기간'에 담임교사로서 준비해야 할 사항을 3가지 설명하시오.

나만의 답변 구상하기

[핵심 키워드]

[답변 구상]

2 성인지 감수성 부족으로 인하여 학교 내에서 발생할 수 있는 문제점과 이를 위한 해결 방안을 설명하시오.

나만의 답변 구상하기

[핵심 키워드]

[답변 구상]

2022년 경기도 초등 해설

> 구상형

1 　**문제요약**　미래사회에 교사가 지녀야 할 역량을 말하고, 노력해야 할 점을 교직관과 관련지어 설명하기

> 채점기준(예시)

구 분	평가항목 예시
답안 예시	답안은 '교직관 → 역량 → 노력할 점'의 흐름으로 설명하는 것이 좋다. • (교직관) 미래교사는 교육 디자이너가 되어야 한다. 　(역량)　교육과정 재구성 역량 　(노력)　주제 중심 프로젝트 학습법 연구, 과정 중심 평가법 분석, 동학년 교원학습공동체 운영 등 • (교직관) 교육은 학생들의 마음을 어루만져주는 것이다. 　(역량)　공감적 의사소통 역량 　(노력)　담임 소통채널 추가 확보, 소통이 있는 교실 운영, 또래상담가 제도 운영 등 • (교직관) 변화무쌍한 사회 속에서 살아남을 수 있도록 가르쳐야 한다. 　(역량)　사회 변화 대응 역량 　(노력)　NIE 활동 연구, 콘텐츠 활용 교육, 문제해결학습법 연계, 마을교육공동체 활용
미래사회 교사의 역량	• 수업 문제해결 역량 • 학습 과정 평가 역량 • 정보윤리 역량 • 학습생태계 관리 역량 • 맞춤형 학습 디자인 역량 • 학습 데이터 분석 역량 • 학습 자원 활용 역량 • 빅데이터 활용 역량 • 미디어 리터러시 역량

채점기준	배 점	점 수
미래사회에 필요한 교사의 역량을 적합하게 이야기했는가?	0~4	
역량을 기르기 위한 노력 방안이 효과가 있는가?	0~4	
뚜렷한 자신만의 교육관을 가지고 있는가?	0~2	

구상형

2 **문제요약** 학생이 중심이 되는 배움의 의미를 설명하고, 실행 방안 제시하기

채점기준(예시)

구 분	평가항목 예시

학생이 중심이 되는 배움의 의미	• 학생주도 교육
	  – 학생이 배움의 주체가 되어 삶의 역량을 기를 수 있도록 하는 것
	  – 학생 개개인의 차이와 다양성을 존중하며 교육과정 운영을 통해 고유성과 독특성을 발현하도록 하는 것
	• 학생주도성 : OECD에서 발표한 교육 2030 학습 나침반은 학생주도성(Student Agency)과 교육공동체의 공동주도성(Co-Agency)을 강조하고 있음

학생주도성 관련 경기도교육청의 교육제도	• 학생 중심 교육과정 편성 및 운영 • 성장 중심 평가, 프로젝트 학습 활성화를 통한 주도성 강조 • 학생주도 놀이 중심 교육 활성화 : 교육청의 자료 지원 활용 • 학교 교육과정과 학교 밖 학습경험을 연계하는 주도성 프로젝트 : 학습생태계 구축 • 학교 교육과정 자율화·재구성을 통한 교사 교육과정 자율성 확보 • 학생주도 영양, 식생활 교육 프로젝트 공모전 참여 • 학생 건강을 위한 학생주도 건강드림 프로젝트 운영 • 학생주도 학교폭력 예방활동 활성화 : 별별 프로그램, 학생자치회, 또래상담, 특별교육주간 활용 등 • 학생주도 학교 언어순화운동 운영 • 학생주도 금연 활동 참여 : 흡연예방실천학교 • 학생주도 안전 프로젝트 사례 활용 : 경기도 학교안전교육연구단 • 학생주도 동아리 운영

채점기준	배점	점수
학생 중심 배움의 중요성을 정확하게 이해하고 있는가?	0~3	
학생주도성을 기반으로 한 실행 방안을 적절하게 제시하는가?	0~5	
경기도교육청의 교육방향을 이해하고 있는가?	0~2	

> **구상형**

3 **문제요약** 그린 스마트 미래학교에서 광장형 공간의 필요성을 설명하고, 활용 방안 3가지 제안하기

채점기준(예시)

구 분	평가항목 예시
광장형 공간의 필요성	• 학생주도 학습 환경구성 및 교육과정 다양화를 위한 공간 필요 • 여러 가지의 민주시민 역량을 관련시킬 수 있는 교실 밖 공간 필요 • 쉼, 휴식, 평화가 있는 학교 숲 조성을 위한 공간 필요 • 학교 내외의 교육공동체가 소통할 수 있는 마을거점장소 필요 • 학습자의 니즈를 반영하여 구축 가능한 교육환경 장소 • 디지털 기반 스마트 교육 환경 구축
활용 방안	• 학생자치회의 협력과 소통의 장 • 교육공동체 참여를 위한 공감 포럼 운영 • 계기교육주간 주제에 맞춘 공연 운영 • 등하교 시간, 점심시간을 활용한 음악·미술 예술공감터 • 지역 내 인적자원을 초청하여 독서 모임 진행 • 마을교육공동체 활동 공간 제공으로 지역사회 거점화 • 광장 정원, 학교 숲 구성을 통한 생태환경교육 운영 : 학교 숲, 생태학습 정원, 바이오월, 중정, 생태 텃밭 등 • 명절기간 학년 공통 전통놀이 스테이션 학습 • 스마트 환경을 활용한 블렌디드 교육 운영 • 광장 활용을 통한 놀이 중심 교육과정 운영 • 광장 체육 프로그램 운영을 통한 학생 건강 관리

채점기준	배점	점수
그린 스마트 미래학교 정책에 대하여 이해하고 있는가?	0~2	
광장형 공간의 목적에 적합한 활용 방안을 제시하였는가?	0~6	
교육환경을 활용할 수 있는 교육적 전문성을 가지고 있는가?	0~2	

즉답형

1 `문제요약` '새학년 준비기간'에 담임교사의 준비사항 3가지 설명하기

채점기준(예시)

구 분	평가항목 예시
교육환경 관련	• 학교 구성원 간 학교 철학 및 비전 공유하기 • 동학년 교사와 논의하여 학년 교육과정 논의하기 • '교육과정-수업-평가'의 일체화 방안 탐색하기 • 교육과정 관련 체험처 발굴 및 탐색하기 • 인적, 물적 인프라 탐색 및 활용 계획 준비하기 • 각종 위기상황에 대한 탄력적 학급 교육 방안 마련하기 • 학생, 학부모 대상 교육활동 안내 자료 준비하기 • 학생 및 가정 소통 인프라 마련하기 • 소통이 가능한 환경으로 교실 꾸미기
학생 관련	• 학년의 특성 및 특이점 파악하기 • 학생 사이의 교우관계 파악하기 • 새학년 친구 사귀기 프로그램 운영하기 • 학교폭력 예방교육 실천하기 • 등하굣길 안전 예방수칙 교육하기 • 방과 후 시간을 활용한 라포 형성 활동하기 • 학급회의를 통한 학급 규칙 세우기 • 공동체 1인 1역 또는 학급 업무 분배하기 • 학급 동아리 활성화 방안 마련하기 • 참여하는 수업, 학생 중심 수업 등 수업방식 익히기

채점기준	배 점	점 수
'새학년 준비기간'의 준비사항을 구체적으로 제시하는가?	0~3	
준비사항의 필요성과 방법을 적절하게 설명하는가?	0~3	
담임교사로서 전문성을 가지고 있는가?	0~4	

> 즉답형

2 문제요약 성인지 감수성 부족으로 학교 내 발생 가능한 문제점과 해결 방안 설명하기

채점기준(예시)

구 분	평가항목 예시
예상되는 발생 가능한 문제점	• 학교 및 학급 교실환경에서 드러나는 성 고정관념 문제(예 남자 파랑, 여자 분홍 등) • 생활지도 관련 성 고정관념 문제(예 남자는 울지 않아야 한다, 여자는 차분해야 한다 등) • 진로교육상의 성 고정관념 문제(예 소방관은 남자, 미용사는 여자 등) • 1인 1역 분담 시 성 고정관념에 따른 역할 분배 • 부적절한 언어(단어 및 말투) 사용으로 인한 교우관계 문제
해결 방안	• 성 인식 주간 운영을 통한 올바른 성 의식 고취 • 성 전문가를 초청하여 강의 운영 • 보건 및 체육 교과 연계 주제 중심 학습 • 사회 교과 연계 인권 프로젝트 학습 : 차이와 차별의 이해 • 실과 및 창체 진로 수업을 활용한 올바른 직업의식 신장 • 조례 및 종례시간의 성평등 교육 일상화 • 생각 및 감정 전달법 훈련 : 감정그림카드, 감정단어, 나 전달법 등 • 미술 교과 연계 픽토그램 제작 수업 : 성평등 픽토그램 • 차별 없는 올바른 언어 사용 캠페인 운영 • 학생자치회 주관 양성평등 캠페인 운영 • 디지털 성문제 예방 교육

채점기준	배 점	점 수
학교 내에서 발생할 수 있는 성 문제를 적절하게 지적하였는가?	0~4	
제시한 해결 방안은 문제해결에 도움이 되는가?	0~4	
교사로서 소양과 참된 마음가짐을 가지고 있는가?	0~2	

[3] 2022년 서울 초등

구상형

1 신학년 집중 준비기간의 필요성을 2가지 설명하시오.

나만의 답변 구상하기

[핵심 키워드]

[답변 구상]

2 다음과 같은 상황을 고려하여 자신이 하고 싶은 학급특색활동의 주제를 이유와 함께 설명하고, 이와 관련된 구체적인 교육 방안을 제안하시오.

- 우리학교의 교육목표는 '한 명 한 명 맞춤형 교육'이다.
- 우리학급에는 한국말이 서툴고 소극적인 다문화 학생이 있다.

나만의 답변 구상하기

[핵심 키워드]

[답변 구상]

즉답형

1 다음 신규교사의 고민거리를 보고, 이를 해결하기 위한 방안을 3가지 제시하시오.

> 동학년 동료선생님들은 생활지도를 잘 하시지만, 나는 그렇지 못한 것 같다. 학생들은 담임교사인 나에게 기대에 찬 눈빛을 보내지만, 이러한 눈빛이 부담된다. 그리고 학부모 상담주간이 다가오고 있는데, 많이 떨리고 걱정스럽다.

나만의 답변 구상하기

[핵심 키워드]

[답변 구상]

2 서울특별시교육청에서 진행한 워크숍 주제에 대한 자신의 생각을 말하고, 교사로서 갖추어야 하는 자질을 이유와 함께 설명하시오.

> 지난 ○월 ○○일에는 서울특별시교육청에서 "교사는 살아있는 교육과정이다!"라는 주제로 워크숍을 개최하였다.

나만의 답변 구상하기

[핵심 키워드]

[답변 구상]

2022년 서울 초등 해설

구상형

1 **문제요약** 신학년 집중 준비기간의 필요성 2가지 설명하기

채점기준(예시)

구 분	평가항목 예시

교육환경 관련	• 신학년 집중 준비기간은 1년의 학사 일정 및 학급 운영을 준비하는 결정적인 시기임
	• 학교 구성원 간 교육목표 및 비전 공유
	• 학년 교육과정 및 학급 교육과정을 작성하는 기간으로 신학년 집중 준비기간을 통해 계획적·체계적인 학급 운영이 가능함
	  – 동학년 교사와 논의하여 학년 교육과정 작성
	  – 학급 특색이 드러나는 학급 교육과정 작성
	• 각종 교육활동에 대한 구체적 실천 전략 수립
	• '교육과정-수업-평가'의 일체화 및 과정 중심 평가 방안 탐색
	• 새 학기 학생, 학부모 대상 교육활동 안내 자료 준비
	• 학생들을 따뜻하게 맞이하는 안전하고 쾌적한 교실환경 정비

학생 및 수업 관련	• 학년의 특성 및 특이점 파악 • 학생들의 교우관계 파악 • 첫날 담임 소개 및 학급 운영 방안에 대한 자료 탐색 및 준비 • 첫날 친교활동 및 친구 사귀기 프로그램 운영 방안 탐색 및 준비

채점기준	배 점	점 수
신학년 집중 준비기간의 필요성에 대하여 구체적으로 제시하는가?	0~4	
신학년 집중 준비기간의 필요성에 대한 근거를 적절하게 설명하는가?	0~4	
교사로서 전문성을 가지고 있는가?	0~2	

> **구상형**

2 `문제요약` 맞춤형 교육 및 다문화 학생을 고려한 학급특색활동의 주제와 이유를 설명하고, 구체적인 교육 방안 제안하기

`채점기준(예시)`

구 분	평가항목 예시
교실 내 작은 도서관 운영	• 아침시간을 활용한 아침 독서 활동 운영 　- 교실 내 작은 도서관을 마련하여 다양한 수준의 도서 구비 　- 한국어가 서툰 다문화 학생도 부담 없이 독서하며 어휘력을 기를 수 있음 • 구체적인 교육 방안 　- 아침 독서 후 느낀 점을 매일 '한 줄 독후감'으로 작성하기 　- 국어 교과 독서단원과 연계하여 학생들이 매주 정해진 요일에 자신이 읽은 책에 대한 생각을 공유하는 시간 갖기 　- 다양한 문화와 관련된 도서를 함께 읽고 상호문화교육활동과 연계하기
주제 중심 프로젝트 운영	• 다문화 관련 요소를 바탕으로 주제 중심 프로젝트 운영 　- 한국어가 서툴고 소극적인 다문화 학생도 자신의 문화에 대하여 부담 없이 소개하고, 친구들과 교류할 수 있는 기회 확대 • 구체적인 교육 방안 　- 학생들이 각자 관심 있는 다양한 나라의 문화 자료 찾기 　- 찾은 자료를 정리하여 나만의 방식으로 문화 소개하기 　- 친구의 소개를 듣고 궁금한 문화에 대하여 질문 및 답변하기
개별 맞춤형 '1인 동아리 활동' 운영	• 학생들의 흥미와 적성을 고려한 '1인 동아리 활동' 운영 　- 동아리 활동과 연계한 맞춤형 진로 탐색 및 학생들의 소통 기회 확대 　- 학급 동아리가 아닌 개별 동아리 운영을 통해 학생들의 적극적 참여 유도 및 소극적인 다문화 학생의 수업 참여 확대 • 구체적인 교육 방안 　- 스스로 만드는 동아리 활동 계획서 작성을 통해 학생들의 개별 흥미를 고려한 '1인 동아리 활동' 운영 　- 자신이 원하는 활동을 동아리 시간에 하기(예 비즈 공예, 수채화 그림 그리기, 레고 만들기, 코딩 등) 　- 친구의 '1인 동아리 활동'을 체험하고 배워보는 시간 갖기

채점기준	배 점	점 수
맞춤형 교육 및 다문화 학생을 고려한 학급특색활동 주제와 이유를 제시하는가?	0~4	
맞춤형 교육 및 다문화 학생을 고려한 학급특색활동의 구체적인 교육 방안을 제시하는가?	0~4	
교사로서 소양과 자질을 가지고 있는가?	0~2	

즉답형

1 **문제요약** 신규교사의 고민 해결 방안 3가지 제시하기

채점기준(예시)

구 분	평가항목 예시
생활지도의 어려움	• 생활지도 관련 교원학습공동체(전문적 학습공동체) 참여하기 • 생활지도 관련 도서 및 교육청 주관 연수 참여하기 • 동학년 선생님께 생활지도 관련 좋은 방법 자문 구하기 • 생활지도 관련 컨설팅 및 멘토링 신청하기 • 학급 경영 및 학생 상담 관련 성공적 사례 자료 찾아보기

학생들의 기대에 대한 부담	• 많은 준비와 노력을 통해 자신감 갖기
	  – 수업 교재 연구 및 교육활동 자료 탐색 충분히 하기
	  – 교수·학습 지도안을 작성하며 수업의 흐름 구상하기
	  – 학생들의 예상 질문을 작성하고 예상 답변 구상하기
	• 학생에게 먼저 다가가는 연습하기
	  – 밝은 미소로 학생들에게 인사 건네기
	  – 쉬는 시간에 학생들과 많은 이야기 나누며 친해지기
	• 신규교사로서 잘 못하더라도 스스로를 다독이기
	  – 교사로서 제대로 못한 부분은 반성적으로 성찰하되, 비관적으로 생각하지 않기
	  – 매일 감사일기를 통해 교사 자신의 마음 다독이며 자신감 불어넣기

학부모 상담주간 운영	• 학부모 상담 관련 도서 및 연수 듣기
	• 학부모와 상담할 때 활용할 수 있는 매뉴얼 작성하기
	  – 인사말 준비하기
	  – 학생의 특성, 학업 능력, 친구관계, 학생 작품 등 학부모에게 안내할 자료 미리 준비하기
	• 편안한 상담 분위기 조성하기 : 상담을 위한 책상 배치 및 교실환경 정리하기
	• 학부모와 상담한 내용을 기록하며 공감하는 자세 갖기

채점기준	배 점	점 수
신규교사의 고민 해결 방안 3가지를 모두 제시하는가?	0~2	
고민 해결 방안 3가지는 구체적이고 실현 가능한가?	0~6	
교사로서 소양과 자질을 가지고 있는가?	0~2	

즉답형

2. 문제요약: 워크숍 주제에 대한 자신의 생각을 말하고, 교사로서 갖추어야 하는 자질과 이유 설명하기

채점기준(예시)

구 분	평가항목 예시
워크숍 주제 "교사는 살아있는 교육과정이다!"에 대한 생각	• 똑같은 교육과정이더라도 교사의 운영 및 구현 방식에 따라 수업이 다르게 진행될 수 있음 • 교사가 경험하고 느끼는 모든 것들은 수업에 필요한 살아있는 교육적 자료가 될 수 있음 • 교사로서 다양한 경험과 체험을 하는 것이 중요함 • 연수, 수업 참관, 동학년 회의 등 교사로서 참여하는 것들에서 얻을 수 있는 교육자료 수집의 필요성 • 교사로서 꾸준한 자기계발 및 전문성 신장 필요성 • 자신의 수업과 교육방향에 대한 반성적 성찰의 필요성 • 학교 현장과 학생에 대한 전문가는 교사이므로, 학급 상황에 맞는 교육과정 재구성을 위한 교사의 노력과 통찰력이 중요함

교사로서 갖추어야 할 자질과 이유	• 교육과정 작성 및 운영 역량
	  – 2022 개정 교육과정은 교사의 자율성을 강조하므로, 학급 특성에 맞는 교육과정 작성 및 운영 역량이 필요함
	  – 학생들의 수준을 고려한 교육자료 활용 및 교과서 재구성을 통해 모두가 참여하고 배움이 있는 수업을 진행
	  – 수업에 대한 지속적 연구를 통해 교사 교육과정 실현
	• 학생지도 역량
	  – 학생들과 소통하고 공감할 수 있는 태도를 함양하여 학생과 라포 형성
	  – 생활지도 문제가 생겼을 때 이를 대처할 수 있는 역량을 강화하여 긍정적인 학급 분위기 형성
	• 행정 업무 처리 역량
	  – 교육과정 운영을 지원하기 위해서는 교사로서 행정 업무 처리 능력이 뒷받침 되어야 함
	  – 원활한 행정 업무 처리를 통해 효율적·계획적인 교육과정 운영이 가능함

채점기준	배점	점수
워크숍 주제에 대한 생각을 적절하게 제시하는가?	0~4	
교사로서 갖추어야 할 자질과 이유를 적절하게 제시하는가?	0~4	
교사로서 소양과 자질을 가지고 있는가?	0~2	

4 2022년 인천 초등

구상형

1 다음의 제시문을 보고 원주민 문명의 예상되는 결과와 시사점을 말하고, 이를 바탕으로 공교육의 방향성에 대해 설명하시오.

> 아프리카의 한 원시부족은 강을 따라 살아가고 있었다. 그 강의 상류에는 거대한 댐이 지어지고 있었으나, 원시부족은 그 사실을 모르고 있었다. 원시부족은 그저 기존의 방식대로 강에서 물고기 잡는 법, 카누 만드는 법, 농사짓는 법을 자식들에게 계속 가르쳤다.
>
> — 앨빈 토플러

나만의 답변 구상하기

[핵심 키워드]

[답변 구상]

> 즉답형

1. 체육활동을 진행하다 보면 안전사고가 자주 발생한다. 이를 예방하고 대처하기 위한 방안에 대하여 설명하시오.

나만의 답변 구상하기

[핵심 키워드]

[답변 구상]

2. 다음의 문제 상황 중 1가지를 선택하고, 그에 대한 지도 방안을 3가지 제시하시오.

> - 교우관계에 어려움이 있다.
> - 주의력결핍 과잉행동장애를 겪고 있다.

나만의 답변 구상하기

[핵심 키워드]

[답변 구상]

3. 인천교육 정책은 휴먼 디지털 교육을 역점사업으로 강조하고 있다. 이와 관련하여 교사의 전문성을 신장시키기 위한 방안을 설명하시오.

나만의 답변 구상하기

[핵심 키워드]

[답변 구상]

2022년 인천 초등 해설

구상형

1 **문제요약** 원주민 문명의 결과와 시사점을 말하고, 공교육의 방향성에 대해 설명하기

채점기준(예시)

구 분	평가항목 예시
원주민 문명의 결과와 시사점	• 제시문에 이어지는 앨빈 토플러의 이야기는 본래 '댐이 만들어지자 원시부족과 문명은 흔적도 없이 사라졌다'임 • 사회 변화를 인지하지 못하여 현대사회에 매몰됨 • 사회는 끊임없이 변화하며, 변화를 간과하면 도태되기 쉬움 • 과거를 통해 현재를 보고, 현재를 통해 미래를 내다보아야 함 • 진취, 개방적이지 못한 사고방식은 사회와 단절을 초래할 수 있음
공교육의 방향성	• 교육은 사회의 변화를 토대로 진화해 나가야 함 • 미래사회에 필요한 역량을 분석하여 교육과정은 미리 대비하여야 함 • 역사와 전통을 유지하며 발전해 나갈 수 있는 방법을 연구하여야 함 • 새롭게 요구되는 역량을 길러줄 수 있는 교육환경, 인프라 구축에 대비하여야 함 • 단순한 학습지식 전달에서 벗어나 지식을 활용하여 복잡한 사회문제를 해결할 수 있는 역량을 길러주어야 함 • 메타인지적 사고방식으로 현재를 통해 미래를 내다볼 수 있는 사고습관을 길러주어야 함 • 민주시민이 되어 사회의 문제점을 분석하고, 적극적으로 대비할 수 있도록 가르쳐야 함 • 주체적으로 사고하는 자기주도성을 길러주어야 함 • 공동체 역량을 통해 사회에 관심을 기울이도록 하여야 함(공동주도성)

채점기준	배 점	점 수
제시문에서 암시하고 있는 시사점을 논리적으로 분석하였는가?	0~4	
공교육이 나아가야 할 방향에 대해 적절하게 설명하는가?	0~4	
자신만의 교직관과 소명의식을 가지고 있는가?	0~2	

즉답형

1 **문제요약** 체육활동 진행 시 안전사고를 예방하고 대처하기 위한 방안 설명하기

채점기준(예시)

구 분	평가항목 예시
체육활동 진행 시 안전사고 예방 대책	• 체육활동을 위한 철저한 준비운동과 정리운동 진행 • 사용하고자 하는 체육기구에 대한 안전교육 진행 • 수업 전, 수업 중, 수업 후 과정에서 학생 컨디션 상시 체크 • 운동기구, 골대 등의 안전설비 사전점검 : 바닥 고정, 노후화 등 • 학생들이 주도적으로 논의하여 만드는 체육 안전 규칙 • 사고 사례를 바탕으로 집단토의 진행 및 피드백 • 위험이 내포되어 있는 그림을 보며 사고예측을 하는 위험예측훈련 실시 • 위급상황 인지법 및 대처법 훈련 • 일상 속 안전감수성 및 안전문화 확산 교육 • 학생 안전체험시설을 활용한 안전체험형 교육 강화 • 인천 교실형 안전체험관 연계 교육 • 학생주도 안전 동아리 활성화
체육활동 진행 시 안전사고 대처 방안	• 응급구조 매뉴얼에 따른 적절한 응급처치 실시 • 보건교사 긴급 도움 요청 • 필요시 119 신고 및 제세동기 확보 요청 • 사후 관리자, 보호자 연락 및 동향 보고 • 학교안전공제회 상담 및 안내 • 회복 과정 지원 및 학생 심리상담 지원

채점기준	배점	점수
체육활동 진행 시 안전사고를 예방하기 위한 적절한 예방 대책을 세웠는가?	0~4	
사고 발생 시 대응할 수 있는 대처 능력을 가지고 있는가?	0~4	
인천광역시교육청의 제도와 학교 교육 시스템에 대해 이해하고 있는가?	0~2	

즉답형

2 **문제요약** 문제 상황에 대한 지도 방안 3가지 제시하기

채점기준(예시)

구 분	평가항목 예시
교우관계	• 학급 구성원 전체를 대상으로 교우관계 파악 설문 진행 • 창의적 체험활동 시수를 활용한 친교 자율활동 • 교우관계에 어려움이 있는 학생의 장점을 활용할 수 있는 주제로 학급 동아리 운영 • 더불어 살아가기 위한 사회성 교육 실시 • 라이프스킬 교육 : 커뮤니케이션 능력 등 • 스트레스 관리법 지도 • 긍정적 자기이해, 자아존중감, 회복적 탄력성 신장 • 감정전달법 훈련 : 나 전달법, 감정카드, 역할놀이 등 • 교사의 긍정훈육법 • 학급 내 회복적 생활교육 실시 • 필요시 상담교사 및 Wee 클래스 연계 상담
ADHD	• 지나치게 많이 움직이므로, 움직임의 범위를 구체화하여 알려줘야 함 • 충동적인 행동을 억누를 수 있도록 단계적 훈련 실시 • 모든 것을 자제시키기보다 적당한 허용으로 학생의 조절 능력 신장 • 교사의 설명 간결화 및 명료화 • 할 수 있는 행동약속을 함께 정함 • 지켜야 할 약속을 목록화하여 자주 보이는 곳에 게시 • 생활수칙을 단계화하여 1단계부터 차례대로 밟아나갈 수 있도록 지도 • 감정전달법 훈련 : 나 전달법, 감정카드, 역할놀이 등 • 특수교사와 연계하여 전문교육 실시 • 필요시 상담교사 및 Wee 클래스 연계 상담 • 전문 진단 및 심리치료를 위한 병원 연계

채점기준	배 점	점 수
문제 상황 속 어려움을 겪는 학생을 지원하기 위한 전문지식을 갖고 있는가?	0~4	
제시한 지도 방안은 효과적이고 실현 가능한 방법인가?	0~4	
책임교육을 위한 교사의 소명과 책임감을 갖고 있는가?	0~2	

즉답형

3 **문제요약** 휴먼 디지털 교육을 위한 교사 전문성 신장 방안 설명하기(사례를 활용하여 자신이 가진 에듀테크 역량 설명)

채점기준(예시)

구 분	평가항목 예시
교사 전문성 신장 방안	• 인천 에듀테크 지원단 참여 • 인천광역시교육청 배포 디지털 문해력 컨텐츠 활용 • 인천형 인공지능 교육과정 연구 • 인천SW미래채움 교육페스티벌 참여 • 미디어 리터러시 연구회 활동 • 전문적 학습공동체를 통한 콘텐츠 제작 연구 • 성장기별 교원 연수를 통한 디지털 활용 능력 신장 • 교내 역할 분담을 통한 블렌디드 교육과정 운영 • 인천형 미래교육 플랫폼, 인천무크(i-MOOC) 플랫폼 활용 • 메타버스 교육 프로그램 활용 연수 • 무선인터넷망, 학생용 스마트 패드, 교사용 노트북 인프라 마련 및 활용 방안 강구 • 교직원 동아리 개설 : 창작 소프트웨어 개발 등
(참고) 에듀테크 역량	• 콘텐츠 개발 능력 • 디지털 교과서 활용 능력 • 빅데이터 응용 능력 • 에듀 플랫폼 활용 능력 • 스마트 교실 활용 능력 • S/W교육 역량 • 코딩 메이커 교육 역량 • AR/VR 활용 능력 • 스마트 기기 활용 능력 • 교육 어플 활용 능력

채점기준	배 점	점 수
휴먼 디지털 교육을 위한 교사 전문성 신장 방안을 알고 있는가?	0~6	
인천광역시교육청의 정책에 대해서 이해하고 있는가?	0~2	
휴먼 디지털 교육, 에듀테크의 필요성을 느끼고 있는가?	0~2	

5 2022년 평가원(공통) 초등

구상형

1. 다음에 제시된 상황 1을 읽고 온라인 수업의 문제점 1가지와 해결 방안 2가지를 제시하시오. 그리고 상황 2에 대하여 교수·학습 매체의 문제점 1가지와 해결 방안 2가지를 제시하시오.

> [온라인 수업 상황 1]
> - 학생 A : 선생님! 온라인 수업에서도 토의나 토론 활동하면 안 되나요? 그냥 수업 들으니까 지루해요.
> - 학생 B : 선생님께 개인적으로 이야기하거나 질문할 수 있는 시간이 없으니 속상해요.
> - 학생 C : 수업 듣고 있으니 옆에서 엄마랑 언니가 계속 도와주겠대요. 어떻게 할까요?
>
> [온라인 수업 상황 2]
> - 교사 : 온라인 수업을 진행하다 보니 콘텐츠를 만드는 것도 힘들고, 업로드해서 관리하는 것도 힘들다. 다른 반 선생님들도 전부 바빠 보인다. 교사로서 어떻게 해야 할지 모르겠다.

나만의 답변 구상하기

[핵심 키워드]

[답변 구상]

> 즉답형

1 다음 제시문을 읽고, 교사의 문제점 2가지와 교사로서 가져야 할 바람직한 태도 2가지를 설명하시오.

> - 이번에 맡은 학생들은 학습 성취도가 매우 높아서 생활태도도 걱정 없다.
> - 우리 학교의 학부모님들은 관심이 많으니, 학교생활도 문제없이 1년이 편하게 흘러갈 것 같다.

나만의 답변 구상하기

[핵심 키워드]

[답변 구상]

2 다음 상황에서 교사가 가져야 할 인성적 자질 3가지와 이유를 함께 설명하시오.

> 학생들을 관찰하니 언어생활이나 생활습관에 대하여 많은 문제점이 보였다. 이와 관련하여 지금까지 여러 번 지도해보고, 화도 내봤지만 고쳐지지 않아서 답답할 따름이다. 나는 이미 충분히 지도할 만큼 한 것 같다.

나만의 답변 구상하기

[핵심 키워드]

[답변 구상]

2022년 평가원(공통) 초등 해설

구상형

1 **문제요약** 온라인 수업과 교수·학습 매체의 문제점 1가지와 해결 방안 2가지를 각각 제시하기

채점기준(예시)

구 분	평가항목 예시
상황 1	• 온라인 수업의 문제점 　- 교사 중심의 강의전달식 교수·학습 방법을 사용함 　- 학생 참여 중심의 교수·학습 방법을 사용하지 않음 　- 토의, 질문 기회 감소 　- 교사와 학생의 소통 기회 부족 　- 온라인 학습을 할 수 있는 학습환경이 조성되지 않음 • 해결 방안 　- 교사 중심 수업이 아닌 학생이 참여할 수 있는 수업 진행 : 소회의실 사용, 패들렛, 카훗 등 　- 질문 및 응답할 수 있도록 상호작용 시간을 늘림 : 1 대 1 질문방 만들기 　- 비대면 소통 창구 마련하기 : 전화, 문자를 통한 비대면 상담 진행 　- 온라인 수업 시 가정에서 학생들이 온전히 수업에 집중할 수 있도록 학부모에게 협조 요청 　- 학생 혼자 온라인 수업에 참여할 수 있도록 온라인 수업 매뉴얼 자세히 안내
상황 2	• 교수·학습 매체의 문제점 　- 온라인 교수·학습 매체의 질 저하 　- 온라인 교수·학습 매체에 맞게 학습 자료를 만드는데 익숙하지 않음 　- 온라인 교수·학습 자료 개발에 대한 교사 간 소통 부족 　- 온라인 교수·학습 자료 개발에 많은 시간이 소요됨 • 해결 방안 　- 동학년 선생님과 협력하여 수업 자료 만들기 　- 온라인 교수·학습 매체와 관련된 연수를 활용하여 전문성 함양 　- 온라인 교수·학습 매체와 관련된 교원학습공동체 참여 　- 교사 커뮤니티 내 자료를 학급 학생 수준에 맞게 변형하여 활용 　- 온라인 교수·학습 자료 우수 사례 활용하기 　- 자기 장학 및 대학원 진학을 통해 디지털 활용 역량 강화하기

채점기준	배점	점수
온라인 수업의 문제점과 해결 방안을 적절하게 제시하는가?	0~4	
교수·학습 매체의 문제점과 해결 방안을 적절하게 제시하는가?	0~4	
제시한 방안은 실천 가능하고 교육적 효과가 있는가?	0~2	

> **즉답형**

1 **문제요약** 제시문에 나타난 교사의 문제점 2가지와 교사로서 바람직한 태도 2가지 설명하기

채점기준(예시)

구 분	평가항목 예시
교사의 문제점	• 문제점 1 – 학습 성취도로 학생들의 생활태도를 섣불리 판단함 – 학습 성취도가 좋은 학생은 생활태도도 좋을 것이라는 편견을 지님 – 생활지도에 대한 안일한 태도를 보임 • 문제점 2 – 학부모의 학교 관심에 대해 성급한 일반화 – 공교육의 책무성을 잊고 가정교육에 의존하고자 함
교사로서 바람직한 태도	• 문제점 1에 대한 바람직한 태도 – 학습 성취도로 학생들의 생활태도를 판단하지 않고, 충분한 관찰과 상담을 통해 학생들을 파악하려고 노력해야 함 – 교사로서 책임감과 사명감을 갖고 생활지도를 해야 함 – 학생의 발달 단계에 따라 행동 특성이 달라지므로, 이를 정확히 파악하고 생활지도를 꾸준히 해야 함 • 문제점 2에 대한 바람직한 태도 – 교사로서 수업, 학생지도, 학부모 상담 등 여러 부분에 열정을 지니고 소홀하지 않아야 함 – 공교육과 교사의 역할에 대한 책무성을 가져야 함 – 교사 스스로에 대한 성찰과 반성의 자세 필요

채점기준	배 점	점 수
제시문에 나타난 교사의 문제점을 적절하게 제시하는가?	0~4	
교사로서 가져야 할 바람직한 태도에 대하여 구체적으로 제시하는가?	0~4	
교사로서 소명과 자질을 가지고 있는가?	0~2	

즉답형

2. 문제요약 제시된 상황에서 교사가 가져야 할 인성적 자질 3가지와 이유 설명하기

채점기준(예시)

구 분	평가항목 예시
교사의 문제점	• 학생들과 충분한 소통 및 대화를 하지 않고, 교사의 관찰로만 학생이 문제라고 섣부른 판단을 함 • 교사의 지도에만 초점을 두고 학생들을 변화시키려 함 • 교사로서 책임감과 사명감이 부족함 • 단기간에 학생들을 변화시키려 함 • 끈기와 인내를 갖지 않고 포기하려는 마음
인성적 자질	• 포용성 및 개방성 : 학생들의 입장에서 이해하려는 마음이 필요함 • 책임감 및 사명감 : 교사로서 학생에 대한 책임감을 가져야 함 • 공감 및 수용 : 학생들의 입장에 대하여 공감하고 수용하는 긍정적인 태도를 보여주며 문제를 해결해야 함 • 소통 : 교사 위주로 문제를 해결하려는 권위적인 태도를 버리고, 학생들과 충분한 대화를 통해 학생들이 스스로 문제를 해결할 수 있도록 해야 함 • 인내와 성실 : 단시간에 문제가 해결될 것이라는 기대를 버리고 인내심을 가지고 꾸준히 노력해야 함 • 존중 : 학생의 자율성을 존중하며 학생과 함께 학급 규칙 만들어야 함 • 열정 : 어려운 상황에서도 학생들과 끝까지 함께하려는 마음을 가져야 함 • 성찰 : 교사 자신의 문제는 없는지 돌아보고 반성하는 태도를 보여야 함 • 협력 : 혼자 해결하기 어려운 문제는 다른 교사와 협력을 통해 해결해야 함

채점기준	배 점	점 수
제시된 상황에 나타난 교사의 문제점을 인식하고 있는가?	0~3	
교사로서 가져야 할 인성적 자질을 언급하고 합당한 이유를 설명하는가?	0~5	
교사로서 사명감과 바른 마음가짐을 가지고 있는가?	0~2	

CHAPTER 04 심층면접 기출문제(2021 초등)

[1] 2021년 강원도 초등

구상형

1 학교 중심 수업성장 일상화의 의미를 설명하고, 교육과정 기반 삶을 위한 수업을 구현하는 방안 4가지를 제시하시오.

> 강원도교육청은 '백인백색 수업성장'을 강조하며 2021년도 목표로 설정하였다. 백인백색 수업성장이란 모든 아이들이 각자의 조건과 특성에 맞는 수업을 통해 성장하도록 하는 프로젝트이다. 이러한 교육활동을 위해 강원도의 교육공동체는 인사, 예산, 연수 등 교육행정의 모든 역량을 수업과 평가 개선을 위해 지원할 것이다.
> 강원도교육청은 강원교사 커뮤니티 플랫폼을 구축하거나, 온·오프라인 수업자료집을 개발하여 보급하고 있다. 또한 학교 중심 수업 성장 일상화를 위해 교육과정 설계와 운영과정에 학교 구성원의 참여를 보장하며, 수업과 평가의 자율성을 높이는 학교자치를 적극 격려한다. 수업 중심 환경 조성을 위해서는 디지털 기반 학습환경을 확대 지원하고, 교권 향상과 소통을 위한 교원안심번호 서비스를 도입하기도 한다. 이 외에도 배움 중심 공동체 확장을 위해서 현장기획 상시 연수체제와 수업 중심 교원학습공동체를 확대하여 운영할 계획이다.
>
> ※ 복기 내용 중 관련 핵심만을 임의 발췌

나만의 답변 구상하기

[핵심 키워드]

[답변 구상]

[즉답형]

1 ○○초등학교에서 근무하는 교사로서, 본인이 실시하고 싶은 교육활동 3가지와 그 이유에 대해서 설명하시오.

> [○○초등학교 현황]
> - 농어촌 지역에 위치하며, 교원은 총 8명이며 학생은 총 38명이다.
> - 다문화 가정과 조손 가정의 비율이 높다.
> - 최근 인근 지역에 귀농 가정이 증가하는 추세이다.
> - 학부모들의 공교육과 교사에 대한 신뢰도가 낮으며, 다양한 요구사항이 있는 편이다.

나만의 답변 구상하기

[핵심 키워드]

[답변 구상]

2 원격수업의 형태 3가지를 말하고, 원격수업 시 발생할 수 있는 교육 격차를 해소하기 위한 방안 3가지를 말하시오.

나만의 답변 구상하기

[핵심 키워드]

[답변 구상]

3 교육과정 중심의 진로교육을 실천할 때 고려해야 할 사항 4가지를 설명하시오.

나만의 답변 구상하기

[핵심 키워드]

[답변 구상]

2021년 강원도 초등 해설

구상형

1 **문제요약** 학교 중심 수업 성장 일상화의 의미와 교육과정 기반 삶을 위한 수업을 구현하는 방안 4가지 제시하기

채점기준(예시)

구 분	평가항목 예시

학교 중심 수업 성장 일상화의 의미	• 교사가 수업을 성장시켜나가는 과정을 일상화하되 그 주체를 교육청이 아닌 학교, 교사, 학생에 두는 것
	• 학생들이 각자의 조건과 특성에 맞는 수업을 받고 성장할 수 있는 '백인백색 수업성장'과 관련이 깊음
	• 개별화교육을 활성화시켜 학생들의 실질적인 성장을 지원하기 위해서는 교육을 필요로 하는 학생, 그리고 교육을 실시하는 교사와 학교가 중심이 되어야 함
	• 교육청은 수업이 성장해나갈 수 있도록 다양한 지원을 함
	  - 강원교사 커뮤니티 플랫폼
	  - 수업성장 중심의 연수
	  - 디지털 교육 인프라 조성 등

교육과정 기반 삶을 위한 수업 구현 방법	• 교육공동체의 교육 수요 조사를 명확하게 실시·반영
	  - 교육토론회, 온라인 ○○학교 커뮤니티 등을 조성하여 적극적으로 의견 반영
	  - 개별화교육 자료 수집
	• 학교 상황 중심 프로젝트 수업 강화
	• 학부모 인적 자원 활용 특색 교육 진행
	  - 학부모 동아리, 학부모회 등 학부모 단체 적극 활용
	  - 학부모 일일 선생님 운영
	• 디지털 미디어를 활용한 스마트 수업 운영 : 미디어 콘텐츠에 과다 노출되고, 코로나로 온라인 수업이 중요해진 배경적 요소를 기반으로 삶에 필요한 역량 중점 교육
	• 삶과 연계 짓는 배움공책 운영
	• 자기주도 생활교육 강화(학습 관리, 생활 관리)

채점기준	배 점	점 수
강원도교육청의 정책을 이해하고 있는가?	0~3	
교육과정과 삶을 연결하는 구체적인 방안을 제시하는가?	0~4	
제시한 방법은 운영 과정이 현실성 있는가?	0~3	

즉답형

1 **문제요약** 학교 상황에 맞는 하고 싶은 교육활동 3가지와 그 이유 설명하기

채점기준(예시)

구 분	평가항목 예시
고려사항	• 보기에서 주어진 다음의 요소를 활용, 지원할 수 있는 답안이 제시되어야 함 – 조건 : 농어촌, 적은 교원과 학생, 다문화·조손·귀농가정, 낮은 신뢰도, 학부모의 요청사항
교육활동	• 나만의 텃밭 가꾸기 운영(환경생태교육) • 디지털 교과서를 활용한 스마트 교육 • 학급 동아리 국제문화부 운영 • 학교 전체 프로젝트 수업 운영 : 학생 수가 적으므로 학교 전체 교육과정 운영 실현 가능성 높음 • 학년군별 코티칭 수업 : 학년군별 교사가 협업한 교육과정 재구성 코티칭 수업 운영 • 학부모 초청 교육 – 농부 학부모를 통한 식생활 교육 – 조부모님을 활용한 우리 지역 옛날이야기 – 다문화 학부모 이중언어, 문화 학습

채점기준	배 점	점 수
학교 상황에 맞는 교육활동을 제시하였는가?	0~3	
방안은 교육적이고 실천 가능한가?	0~3	
학생의 삶과 연계된 교육방법인가?	0~4	

> **즉답형**

2 `문제요약` 원격수업 형태 3가지와 교육 격차 해소 방안 3가지 말하기

`채점기준(예시)`

구 분	평가항목 예시
온라인 학습 유형 3가지	• 실시간 쌍방향 수업 : 화상회의 프로그램을 활용하여 실시간으로 교수·학습활동이 진행되고 피드백이 제시되는 형태 • 콘텐츠 활용 중심 수업 - 강의형 : 교사가 제작한 학습영상 및 콘텐츠를 시청하고 교사는 학습내용을 확인 후 피드백을 제시하는 형태 - 토론형 : 학습 콘텐츠 시청 후 댓글 등으로 원격 토론을 진행하는 형태 • 과제 수행 중심 수업 : 교사가 온라인으로 교과별 성취기준에 따라 학생의 자기주도적 학습 과제를 제시하고, 이후 확인하여 피드백을 제시하는 형태
교육 격차 해소 방안	• 자기주도 학습 능력 신장 : 스스로 학습을 계획, 운영, 점검할 수 있는 능력이 있을 때 온라인 개별화교육의 효과 상승 • 질문 활성화 수업 분위기 : 질문을 자유롭게 할 수 있어야 학습 격차가 해소될 수 있으며, 온라인 수업 시 질문하기 더 어렵기 때문 • 온라인 소통 플랫폼 다양화 : e학습터, 학급밴드, 메신저, 댓글 게시판, 학급전화, 문자, 실시간 영상통화 등 소통매체 적극 확대 • 학습기록장 운영 : 대면 수업 시 중간점검 후 추가 지도 • 포트폴리오를 통한 성장 중심 학습 평가 운영 • 프로젝트 수업 운영 • 교원학습공동체를 통한 온라인 학습력 제고 방안 연구 • 강원도교육청 배부 온라인 학습 자료 적극 활용 • 블렌디드 교육 내실화

채점기준	배 점	점 수
원격수업의 형태와 특징에 대하여 이해하고 있는가?	0~3	
교육 격차가 발생하는 원인을 인지하고 있는가?	0~2	
교육 격차 해소를 위한 방안이 적절하고 효과적인가?	0~5	

> **즉답형**

3 문제요약 교육과정 중심 진로교육 실천 시 고려해야 할 사항 4가지 설명하기

채점기준(예시)

구 분	평가항목 예시
진로교육 고려사항	• 진로교육의 핵심 이해하기 　– 긍정적 자기이해 　– 기초적 직업정보의 탐색 　– 체험, 놀이 중심의 진로인식교육 • 발달특성에 맞는 진로교육 운영 : 초등학생 시기 안에서도 3단계로 진로 발달단계가 있음 　– 환상기 : 스스로에게 환상을 가지며 진로 희망 　– 흥미기 : 자신의 취미, 흥미를 중심으로 진로 희망 　– 능력기 : 자신의 능력 수준을 인식하여 이를 기준으로 진로 희망 • 미래 핵심 역량을 중심으로 한 진로교육 : 학생들의 진로는 미래지향적으로 진행되어야 함 • 진로탄력성을 길러줄 수 있는 일상적 교육과정 운영 　– 진로탄력성 : 학생이 주변의 여건이나 환경 등으로 인해 진로장벽에 부딪혔을 때, 스스로 자신의 진로를 다시 수정하여 개척해 나갈 수 있는 능력 　– 교육과정 내 진로교육이 따로 분리, 배정되는 것이 아닌 통합적 관점에서의 운영 • 진로교육이 일회성 행사처럼 끝나는 경우가 많으므로 사전・사후 작업을 통해 체계적인 진로교육이 운영될 수 있도록 하여야 함

채점기준	배 점	점 수
교육과정 중심 진로교육의 의미를 이해하고 있는가?	0~2	
고려해야 할 사항을 적절하게 제시하고 있는가?	0~4	
자신의 의견에 대한 설명이 충분한가?	0~4	

[2] 2021년 경기도 초등

구상형

1 다음 제시문을 읽고 마지막 문장의 의미를 설명하고, 교사가 되어서 학교 교육활동에서 중점을 두어 진행해보고 싶은 것은 무엇인지 설명하시오.

> [2021~2023 경기교육기본계획]
>
> 멀게만 여겨졌던 미래가 예상보다 훨씬 빠르게 우리의 삶 속으로, 그리고 교실 안으로 들어왔습니다. 이렇게 갑자기 찾아온 미래는 우리에게 학교와 교육의 본질에 대한 질문을 던졌고 경기교육은 이 질문에 대한 답을 학교 현장으로부터 찾고자 하였습니다.
>
> 학교 교육활동에서 중점을 두어 해보고 싶은 것은 무엇입니까?

나만의 답변 구상하기

[핵심 키워드]

[답변 구상]

---

2 제시문과 관련하여 교육활동을 실시할 때, 교육활동의 주제를 제시하시오. 그리고 교육과정과 연계하여 어떻게 지도할 것인지 구체적인 방안을 제시하시오.

> - 파리기후협정에서 지구 온도를 3℃ 낮추자고 했지만 실제로 이루어진 것은 없다. 또한 지구의 온도가 2℃ 높아지면 해양생태계는 무너지고 바다는 산성화되며, 수십만 명이 기아로 고통받을 수 있다고 한다.
> - 기후환경이 급격하게 변하면 전염병이 새로운 숙주를 찾아 쉽게 전염시킬 수 있는 기회의 순간이 온다는 주장이 존재한다.
>
> ※ 복기 중심 내용 임의 구성

나만의 답변 구상하기

[핵심 키워드]

[답변 구상]

3 다음은 코로나19로 인하여 등교 인원이 1/3으로 제한되면서 교직원 회의에서 등교방법에 대해 논의한 내용이다. 회의 내용에서 D교사가 말한 의견을 바탕으로 D교사는 어떠한 의견을 제시할 것인지와 그 이유에 대해 설명하시오.

> - 사회자 : 지금부터 등교 인원 감축으로 인한 등교방법에 대해 회의를 시작해 보겠습니다.
> - A교사 : 저는 학급별로 1/3씩 등교하면 좋을 것 같아요.
> - B교사 : 그렇게 하면 1/3은 등교수업을 하고 2/3는 원격수업을 진행하는 것인가요?
> - A교사 : 맞습니다. 등교수업과 원격수업을 병행하자는 의견입니다.
> - B교사 : 그렇다면 저는 2개 학년씩 교대로 등교하면 좋을 것 같아요.
> - C교사 : 동의합니다.
> - D교사 : 저는 아닙니다. 왜냐하면 교육의 공공성 측면에서 …

나만의 답변 구상하기

[핵심 키워드]

[답변 구상]

> 즉답형

1 코로나19로 인해 의사소통의 기회가 줄었고, 공동체성을 함양하는 데 어려움을 겪고 있다. 이러한 상황에서 본인이 공동체성을 함양하기 위해 노력한 경험을 말하고, 이를 교육활동에 어떻게 적용할 수 있는지 설명하시오.

나만의 답변 구상하기

[핵심 키워드]

[답변 구상]

2 1학년 학생들이 학교에 처음 오면서 새로운 환경에 대한 두려움을 갖고 있다. 신입생이 가질 수 있는 어려움은 무엇이며, 교사로서 이를 해결하기 위한 방안을 제시하시오.

나만의 답변 구상하기

[핵심 키워드]

[답변 구상]

2021년 경기도 초등 해설

구상형

1 **문제요약** 마지막 문장의 의미와 교사가 되어서 해보고 싶은 활동 설명하기

채점기준(예시)

구 분	평가항목 예시
마지막 문장의 의미	• 마지막 문장 : 학교 교육활동에서 중점을 두어 해보고 싶은 것은 무엇입니까? – 2020년의 경험을 통한 학교와 교육의 본질을 성찰할 수 있도록 돕는 것 – 교육공동체가 소통을 통해 서로의 1년을 나누게 돕는 것 – 포스트 코로나 시대와 4차 산업혁명을 위해 미래 핵심 역량을 내다보는 것 – 교육이 나아가야 할 앞으로의 방향성을 지시하는 것 등
해보고 싶은 활동	• 답변의 제한은 없으나, 2020년의 교육을 바탕으로 앞으로 교육의 본질과 앞으로 나아가야 할 미래교육의 방향성을 함께 제시하여야 함 – 인성교육 – 회복적 생활교육 – 미래 핵심 역량 교육 – 정보처리 능력 교육 – 기후변화 대응 교육 – 미디어 리터러시 교육 – 자기주도 학습능력 교육 – 진로탄성 능력 교육 – 자기관리 능력 교육 – 소프트웨어 교육

채점기준	배 점	점 수
문장의 의미를 이해하며 설명하고 있는가?	0~3	
제시하는 활동이 교육의 본질에 부합하는가?	0~4	
의견의 근거가 구체적이고 적절한가?	0~3	

> 구상형

2. 제시문과 관련된 교육활동의 주제와 지도 방안 설명하기

채점기준(예시)

구 분	평가항목 예시
관련 주제	• 기후변화 대응 교육 • 자연생태교육 • 환경교육
지도 방안	• 학급 특색 활동으로 기후변화 대응 교실 만들기 • 지구를 지키는 1인 1역 설정 • '우리 지구는 지금?' 학급 게시판 만들기 • '20년 전 오늘' 기후보고서 만들기 • 탄소중립 프로젝트 교육 • 교육과정 재구성을 통한 프로젝트 수업 운영 • STEAM 활용 수업 • 가정 연계 활동을 통한 환원 교육 • 스마트 기기 활용 수업 • AR, VR 활용 지구 살피기 활동 • 블렌디드 교육 활용 • 스스로 지구 지키기 프로젝트(가정 연계 개별 프로젝트) • 기후변화 대응 포트폴리오 작성 • 지구를 아프게 하는 나의 생활습관(자기반성 활동) • 텃밭, 식물 가꾸기를 통한 정서교육

채점기준	배 점	점 수
주제와 관련지은 자신만의 교육활동을 제시하는가?	0~2	
제시한 지도 방안이 교육적 효과가 있는가?	0~4	
제시한 지도 방안은 구체적이고 실현 가능한가?	0~4	

> 구상형

3 문제요약 D교사의 의견과 그 이유 설명하기

채점기준(예시)

구 분	평가항목 예시
D교사의 의견	• D교사의 의견에 정해진 답은 없으나, 다양한 방안을 제시하되 교육의 공공성과 평등성을 주장할 수 있는 근거를 제시하여야 함 • 하이플렉스 수업 : 일부 등교와 일부 온라인 실시간 쌍방향 수업의 동시 진행 • 오전, 오후 분할제 수업 : 대면 수업 활성화를 위해 시간차를 둔 분할 등교 방식 • 전체 온라인 수업 후 개별 등교, 개별 지도 방식 등
이 유	• 교육의 공공성을 위해서는 모든 학생의 평등성과 교육권이 확보되어야 함 • 사회구성원으로서 필요한 공동체 역량을 교육하는 것 또한 교육의 공공성을 확보하는 길로, 대면과 온라인 학생들이 최대한 소통하고 교류할 수 있는 환경을 마련해 주어야 함 • 온라인 수업과 대면 수업을 온전히 분할시키는 이분법적 사고는 교육과정의 분리와 학습 격차를 유발할 수 있음 • 교육권의 확대를 위해 헌법에 청소년의 인권을 증진시키는 내용을 추가하자는 의견이 있으며, 어린이의 안전과 인권의 보장을 위해서는 교사와 학생의 면대면 소통 기회가 최대한 확보되어야 함

채점기준	배 점	점 수
교육의 공공성에 대해 논리적으로 설명하고 있는가?	0~4	
제시문의 조건에 부합한 적절한 방법을 제시하고 있는가?	0~2	
교육의 본질을 바탕으로 타당한 근거를 제시하고 있는가?	0~4	

> **즉답형**

1 > **문제요약** 공동체성 함양 경험과 교육활동 적용 방안 말하기

> **채점기준(예시)**

구 분	평가항목 예시
공동체성 함양 경험	• 개인의 경험 중 공동체와 관련된 이야기면 가능 • 자신의 경험이 교육 방안으로 직접적으로 연결될 수 있는 방안을 제시하는 것이 좋음 – 학창시절 반장, 전교 임원과 대표, 학생자치회 경험 등 – 집단, 기관의 대외활동 등 – 지역사회 봉사활동 경험 등
적용 방안	• 순번제 반장 활동 • 학급자치회와 학생자치회 활성화 • 학급, 학교 단위의 행사 계획 및 운영(페스티벌, 캠페인 등) • 협력 놀이 교실 운영 • 관계 중심 회복적 생활교육 운영 • 교육과정 재구성(공동체의 안전을 지키는 영상 만들기 활동 등) • 민·관·학 개최 대외활동 참여(교실에서 찾은 희망 등) • 지역 봉사활동 단체 참여

채점기준	배 점	점 수
공동체성 함양 경험에 대한 설명이 적절한가?	0~2	
공동체성 함양을 위한 교육활동을 구체적으로 제안하는가?	0~4	
제안한 활동이 교육적이고 효과가 기대되는가?	0~4	

> **즉답형**

2 `문제요약` 초등학교 신입생이 느낄 수 있는 어려움과 교사로서 지원 방안 제시하기

`채점기준(예시)`

구 분	평가항목 예시
1학년 신입생의 예상되는 어려움	• 교육과정 운영 방식의 변화 • 한글 미해득 학생의 학업 부담(공책 및 알림장 작성이 학업 부담으로 이어질 수 있음) • 수개념 및 연산에 대한 거부감 • 새로운 교우관계로 인한 부적응 • 학급 및 학교 단위의 공동체 생활 부적응 • 자기주도 학습 및 생활시간의 증대

지원 방안	• 성장배려학년제 적극 활용
	  – 1~2학년 전문담임교사제를 활용한 연임 운영
	  – 쉼이 있는 학급공동체 시간 운영
	  – 한글교육책임제 운영
	  – 놀이 중심 교육과정 재구성
	  – 소통 플랫폼 증대를 통한 가정과의 직접 통신 강화(학부모와의 직접적인 소통이 적응에 도움이 됨)
	  – 인쇄물 적극 활용(알림장 작성 부담 완화)
	  – 신입생 및 학부모 대상 학교교육 설명회 개최

채점기준	배 점	점 수
신입생이 겪는 어려움과 특성을 알고 있는가?	0~3	
어려움을 완화할 수 있는 방안을 적절하게 제시하는가?	0~5	
교사로서 소양과 참된 마음가짐을 가지고 있는가?	0~2	

3 2021년 서울 초등

구상형

1 다음 제시문을 읽고 교사에게 요구되는 역할 3가지를 말하고, 각각에 대한 실천 방안을 설명하시오.

> [자료 1]
> 서울특별시교육청은 초등학교 1학년 학생을 대상으로 매일 등교 수업을 실시할 계획이다. 이러한 방침은 온라인 수업으로 발생할 수 있는 교육 격차를 해소하고 신입생들의 학교생활 적응에 도움이 될 것으로 예상된다.
>
> [자료 2]
> - 온라인 수업이 개시된 이후 설문조사를 실시한 결과, 교사들의 부담이 매우 커졌다는 점이 드러났다. 대부분의 교사는 새로운 수업 플랫폼과 운영 방식, 학생지도 관리 등 이전과는 다른 교육 방식에 어려움을 느끼고 있다.
> - 코로나19로 인해 학생들은 고립감과 우울감, 불안감이 생겼다는 연구 결과가 나타났다. 그 원인은 코로나로 인한 불안정한 기간이 길어지고 있기 때문이라고 한다.
> - 아동은 그 또래와 만나서 소통하며 성장해야 한다. 하지만 코로나19로 인해 교류가 어려워지며 성장생태계가 무너지고 있다.

나만의 답변 구상하기

[핵심 키워드]

[답변 구상]

즉답형

1 자신이 가진 학생관과 부합하는 문장을 고르고, 그 이유를 자신의 경험과 관련지어 말하시오.

- 너는 특별하단다.
- 너는 특별하지 않단다.

나만의 답변 구상하기

[핵심 키워드]

[답변 구상]

2 서울특별시교육청에서는 교원학습공동체를 활발하게 운영하고 있다. 원격 수업과 대면 수업을 병행하는 상황에서 교원학습공동체의 활성화를 위한 신규교사로서의 역할에 대해 설명하시오.

나만의 답변 구상하기

[핵심 키워드]

[답변 구상]

2021년 서울 초등 해설

구상형

1 **문제요약** 교사에게 요구되는 역할 3가지와 각각의 실천 방안 설명하기

채점기준(예시)

구 분	평가항목 예시
요구되는 역할	• 사례에서 드러나는 문제점들을 개선할 수 있는 역할 제시(명사 또는 동사형으로 자유롭게 제시 가능) – 교육 디자이너 – 콘텐츠 활용가 – 세밀한 소통가 – 블렌디드 전문가 – 디지털 전문가 – 실시간 상담자 – 성장 지원가
실천 방안	• 자신이 제시한 역할과 제시문의 문제점을 조합하여 적절한 방안 제시 – 교육 격차 해소 도움반 운영 – 온·오프라인 학부모 협력체계 구성 – 서울특별시교육청 홈페이지의 원격 수업 콘텐츠 적극 활용하기 – 교육과정 및 성취기준 분석을 통한 재구성 – 프로젝트 중심 수업 운영 – 다양한 교육 플랫폼 활용 연수 이수 – 콘텐츠 중심의 융합교육 – 학급 UCC 공모전 참여 – 디지털 리터러시 역량 신장 – 교원학습공동체 운영 – 실시간 쌍방향 상담실 운영 – 학급 소통 인프라 증대 – 온·오프라인 교실 협력 놀이 운영 – 온라인을 통한 학생자치회 운영 – 온라인을 활용한 서울형 협력적 독서 인문 교육반 운영 – 서울창의예술교육센터를 연계한 온라인 예술교육 기회 제공

채점기준	배 점	점 수
제시문과 연관 지어 교사의 역할을 적절하게 제시하는가?	0~4	
실천 방안이 교육적이고 효과가 있는가?	0~4	
미래지향적 교사관과 소명의식을 가지고 있는가?	0~2	

> **즉답형**

1 　**문제요약**　자신이 가진 학생관과 부합하는 문장을 골라 경험과 관련지어 이유 설명하기

> **채점기준(예시)**

구 분	평가항목 예시
답변 맥락	• 자신이 가진 경험을 먼저 떠올리고, 그에 부합하는 학생관을 설정하여 답변하는 것이 수월함 • 서울교육청에서 중시하는 분야를 학생관과 연결지어 설명하는 것이 좋음 • 답변의 제한은 없으나 구체적인 경험과 활용 방안, 교사로서 소양이 드러나도록 답변
학생관	• '너는 특별하단다.' 선택의 경우 　– 삶의 주인공 　– 개척자 　– 자주적 인간 　– 창의적 인재 • '너는 특별하지 않단다.' 선택의 경우 : 교육 공공성, 평등성 측면에서 접근하되 교육적으로 풀어나갈 수 있도록 설명 필요 　– 평등하게 사랑받을 존재 　– 공동체의 일원 　– 사회 규율의 지킴이

채점기준	배 점	점 수
교사로서 자신만의 확실한 학생관을 가지고 있는가?	0~3	
경험을 바탕으로 자신만의 학생관을 적절하게 풀어 나가는가?	0~5	
교사로서 소양과 자질을 가지고 있는가?	0~2	

즉답형

2 **문제요약** 원격 수업, 대면 수업 병행 속 교원학습공동체에서 신규교사로서의 역할 설명하기

채점기준(예시)

구 분	평가항목 예시
교원학습공동체의 신규교사 역할	온·오프라인 병행을 연구하는 과정에 신규교사만이 가진 능력을 생각하여 답변 • 온라인 학습 경험을 나누는 역할(시행착오 및 노하우) • 다양한 교육 플랫폼을 공유하는 역할 • 콘텐츠의 유행, 흐름을 알리는 역할 • 온라인 학습 콘텐츠 제작 능력 발휘 역할
신규교사 관련 역량	• 스마트 기기 활용 역량 • 자료 제작 역량 • 공감대 형성 역량 • 콘텐츠 이해 역량 • 인프라 활용 역량 • 에듀테크 역량

채점기준	배 점	점 수
역할에 대한 의견과 근거가 부합하며 타당한가?	0~4	
신규교사가 가지는 능력에 대한 신뢰와 자신이 있는가?	0~3	
교육공동체에 참여하고자 하는 마음가짐이 있는가?	0~3	

[4] 2021년 인천 초등

구상형

1 다음 시를 읽고 교사의 입장에서 의미 있다고 생각되는 부분과 이를 바탕으로 자신이 추구하는 교사상을 설명하시오.

> 밤길
>
> 어두운 밤길에서
> 넘어질까봐
> 달님이 따라오며
> 비추어줘요
>
> 혼자서 걸어가면
> 심심할까봐
> 개구리 개굴개굴
> 노래해줘요

나만의 답변 구상하기

[핵심 키워드]

[답변 구상]

즉답형

1 학생들의 안전을 위해 학생교육 안전망이 중요해지고 있다. 이를 실현할 수 있는 구체적인 교육 방안을 말하시오.

나만의 답변 구상하기

[핵심 키워드]

[답변 구상]

---

2 인천 지역 내에는 원도심, 신도시, 농어촌, 도서 지역 등 다양한 지역이 존재한다. 여러 지역 중 하나를 선택하여 해당 지역의 특색을 고려한 문화예술교육 방안을 제시하시오.

나만의 답변 구상하기

[핵심 키워드]

[답변 구상]

---

3 다음 제시문을 읽고 자신이 가진 에듀테크 역량이 무엇인지 구체적인 사례를 들어 설명하시오.

> 에듀테크 기반 인천미래교육을 추진하여 미래교육을 위한 디지털 인프라를 확대 구축하고, 미래를 여는 학교교육 지원을 강화하겠습니다. 에듀테크 기반 인천미래교육은 코로나19로 촉발된 '먼저 온 미래교육'의 씨앗을 키워 인천교육의 기둥으로 삼는 것입니다. 미래사회가 요구하는 창의융합형 인재를 키우기 위해 전통적인 대면 수업에서 나아가 온·오프라인 혼합(Blended) 수업, 4차 산업혁명시대 맞춤형 수업환경을 지원하겠습니다.

나만의 답변 구상하기

[핵심 키워드]

[답변 구상]

2021년 인천 초등 해설

구상형

1 **문제요약** 시에서 의미 있다고 생각되는 부분과 교사상을 연결지어 설명하기

채점기준(예시)

구 분	평가항목 예시

답변 방향	• 어절과 관련된 교사상을 선택하여 시의 문맥과 교사로서 가치관을 조화시켜 답변
	• 자신이 가진 교사관을 실현할 수 있는 방안을 곁들여도 좋음
	• 교사관 설명 방법
	  – 명사, 동사, 형용사와 관련 짓기
	  – 명언, 사자성어에 비유하기
	  – 가치, 자질, 핵심역량, 교육 요소를 중점으로 설명하기

교사관 관련 소재	• 사랑, 열정, 평정, 인내, 봉사, 허용, 긍정, 건강, 유머, 모범, 정직, 윤리, 실천, 상상, 창의
	• 상호작용, 의사소통, 동기 부여, 관찰력, 학습 자료 개발 능력, 전문성, 역사, 리더십, 독창성, 학급경영, 갈등 해결
	• 민주시민, 예술교육, 융합교육, S/W교육, 블렌디드 교육, 안전교육, 개별화교육, 미디어 활용, 놀이교육
	• 사자성어 : 줄탁동시, 교학상장, 독서삼도, 착벽인광, 절차탁마, 존사애제, 청출어람, 사제동행
	• 명 언
	  – 교육의 위대한 목표는 앎이 아니라 행동이다(허버트 스펜서).
	  – 교육의 목적은 비어 있는 머리를 열려 있는 머리로 바꾸는 것이다(말콤 포브스).
	  – 교육이 거둘 수 있는 최고의 성과는 관용이다(헬렌 켈러).
	  – 나는 폭풍이 두렵지 않다. 나의 배로 항해하는 법을 배우고 있으니까(헬렌 켈러).
	  – 뭉치면 서고, 갈라지면 넘어진다(이솝).

채점기준	배 점	점 수
교사상을 시와 연결지어 설명하고 있는가?	0~3	
자신의 교사관에 대하여 심도 있는 고찰을 할 수 있는가?	0~4	
교사로서 사명감을 가지고 있는가?	0~3	

즉답형

1 **문제요약** 학생교육 안전망의 구체적인 교육 방안 말하기

채점기준(예시)

구 분	평가항목 예시
인천광역시교육청 학생교육 안전망의 정의	• 학생의 삶이 중심이 되는 학습, 돌봄, 생활, 방역의 통합 교육 안전망 • 학습 안전망과 생활 안전망으로 나누어 제시하고 있음
학습 안전망 (인천광역시교육청 지침 기준)	• 기초학력 보장 지원(두드림학교) • 읽기돋움 지원 확대(난독증) : 학교로 찾아가는 난독 지원, 한글 해득검사, 지능검사 • 온・오프라인 기초학력 콘텐츠 개발 : 온・오프라인 소통 중심 교재 • 원격 수업 및 가정에서 활용할 수 있는 '스스로 기초학력' 교재 • 학생의 자기주도성 강화를 위한 콘텐츠 • 디지털 문해력 • 1수업 2교사제 운영 • 학습종합클리닉센터 연계 활동 • 취약계층 학습정서 강화 캠프 참여 • 취약계층 찾아가는 학습 매니저 연계

생활 안전망
(인천광역시교육청
지침 기준)
	• 학생 참여 중심 감염병 예방 교육 자료 활용
	• 유형별, 대상별 학교폭력 예방교육 프로그램 활용
	• 시민 생명지킴이(게이트키퍼) 연계 활동
	• 자살 징후 조기 발견 프로그램 운영(학생정서행동특성검사)
	• 등교 맞이 학교폭력 예방, 자살 예방 캠페인
	• 온・오프라인 학교폭력 예방, 자살 예방 캠페인
	  – '우리학교는 평안합니다' 언어 문화 개선 주간 캠페인
	  – 'YOY 서로 공감하는 상호존중' 프로젝트
	  – 온라인 IN 토크쇼
	• 같이가치걷자 인식 개선 캠페인

채점기준	배 점	점 수
학생교육 안전망의 개념에 대하여 알고 있는가?	0~2	
시책을 바탕으로 학습 안전망을 위한 다양한 방안을 제시하는가?	0~4	
시책을 바탕으로 생활 안전망을 위한 다양한 방안을 제시하는가?	0~4	

즉답형

2 **문제요약** 원도심, 신도시, 농어촌, 도서 지역 중 하나를 선택하여 특색을 살린 문화예술교육 방안 제시하기

채점기준(예시)

구 분	평가항목 예시
답변 방향	• 각 지역의 특색을 하나 골라 음악, 미술, 체육의 교과 내용과 연관지어 프로젝트 형식으로 구성하면 답변이 수월함
원도심	• 우리 마을의 전통적인 구조물 묘사하기 • 아름다운 마을 거리 사진 찍기 • 할머니가 들려주는 우리 마을 이야기 동화책 만들기 • 마을 전통시장 홍보 노래 만들기
신도시	• 새마을 속에 숨어 있는 예술작품 찾아보기(아파트 단지, 공공기관, 공원 등) • 생활 소음을 음악으로 표현하기 • 단지의 모습을 통해 미술조형요소 탐색하기(반복, 통일, 대조 등)
농어촌	• 지역 농산물과 특산물 홍보 팸플릿(미술)과 홍보송(음악) 만들기 • 우리 마을의 산과 들에서 아름다움 찾기 • 생명의 소중함을 예술로 승화하기
도서 지역	• 섬의 역사박물관 꾸미기 • 자연의 소리를 몸으로 표현하기 • 바다 환경 보존을 위한 캠페인 포스터 그리기

채점기준	배 점	점 수
제시한 방안은 학생들의 문화예술 소양을 기를 수 있는 방법인가?	0~4	
지역적 특색을 고려한 창의적인 방법인가?	0~4	
방안이 구체적이고 충분히 실행 가능한 것인가?	0~2	

즉답형

3 **문제요약** 자신이 가진 에듀테크 역량의 사례를 활용하여 설명하기

채점기준(예시)

구 분	평가항목 예시
에듀테크 역량	• 콘텐츠 개발 능력 • 디지털 교과서 활용 능력 • 빅데이터 응용 능력 • 에듀 플랫폼 활용 능력 • 스마트 교실 활용 능력 • S/W교육 역량 • 코딩 메이커 교육 역량 • AR/VR 활용 능력 • 스마트 기기 활용 능력 • 교육 어플 활용 능력

채점기준	배 점	점 수
에듀테크를 활용한 교육적 방안을 제시하고 있는가?	0~4	
자신의 역량을 교육적으로 풀어낼 자질이 있는가?	0~4	
미래교육의 배경과 필요성에 대하여 인지하고 있는가?	0~2	

5. 2021년 평가원(공통) 초등

구상형

1. 두 장면에서 교사가 겪는 학부모와의 어려움을 각각 말하고, 이러한 상황에서 어려움을 해결하기 위한 대응 방안 2가지와 그 이유를 함께 설명하시오.

[장면 1] 경민이 어머님과의 통화
- 교사 : 경민이가 최근 원격 수업에 빠지는 경우가 있어 연락드렸습니다.
- 부모 : 그런가요? 남편과 저는 출근하느라 그런지 몰랐네요.
- 교사 : 경민이와 이야기해보니 밤늦게까지 스마트폰을 하느라 수업에 참여하지 못했다고 하네요. 뿐만 아니라 e학습터에 올려야 하는 과제도 자주 빠트리고 있는 상태입니다.
- 부모 : 저와 남편은 일 때문에 바빠서 경민이에게 신경 쓸 시간이 없어요.

[장면 2] 은송이 아버님과의 통화
- 부모 : 선생님, 이번 학예회는 온라인으로 진행된다고 들었습니다. 그런데 다른 아이들은 2가지를 발표한다고 하던데 은송이는 왜 1가지만 발표하나요? 저희 은송이도 2가지를 발표할 수 있도록 도와주셨으면 좋겠습니다.
- 교사 : 아버님, 지난번에 보내드린 가정통신문을 보시면 한 학생당 최대 2가지씩 발표를 할 수 있다고 안내해 드렸습니다. 하지만 은송이는 당시 피아노 연주 하나만 신청하여서 그렇게 편성되었습니다. 이미 일정이 정해져서 변경이 어렵습니다.
- 부모 : 은송이가 노래 연습을 열심히 했습니다. 그러니까 2가지 모두 발표할 수 있었으면 좋겠는데, 노래도 발표하게 해주세요.

나만의 답변 구상하기

[핵심 키워드]

[답변 구상]

즉답형

1 다음 제시문을 읽고 학급 규칙에 대하여 어떠한 교사의 입장을 선택할 것인지 자신의 아동관과 관련지어 설명하시오. 더불어 자신이 선택한 교사의 입장에서 학급 규칙을 제정하기 위한 구체적인 실천방안 3가지를 설명하시오.

> 이 교사는 학생들은 자치 역량을 지니고 있으므로, 교사의 도움 없이 스스로 규칙을 만들 수 있다고 생각한다. 반면 김 교사는 학생들은 아직 미성숙한 존재이고 스스로 학급 규칙을 만드는 경험이 부족하므로 교사가 시범을 보여 학급 규칙을 만들어 제시해 주어야 한다고 생각한다.

나만의 답변 구상하기

[핵심 키워드]

[답변 구상]

2 다음 상황에서 신규교사인 권 교사에게 필요한 인성적 자질 3가지와 이유에 대하여 설명하시오.

> 선배교사인 최 교사는 신규교사인 권 교사의 수행평가계획서를 보고 수정할 부분이 있다고 조언하였다. 그런데 권 교사는 "저는 교직 과목에서 이렇게 계획하는 것이라고 배워서 배운대로 하였습니다."라고 대답하였다. 이에 대해 최 교사는 "이론이 항상 맞는 것은 아니지요. 현장을 반영하여 평가를 계획해야 하지 않을까요?"라고 말했다. 권 교사와 최 교사는 수행평가에 대한 입장 차이를 좁히지 못해 서먹해졌다. 권 교사는 평가 방식과 선배교사의 관계에 대해 큰 고민이 생겼다.

나만의 답변 구상하기

[핵심 키워드]

[답변 구상]

2021년 평가원(공통) 초등 해설

> 구상형

1 **문제요약** 각 장면 학부모와의 어려움을 말하고, 대응 방안과 그 이유를 각각 2가지씩 설명하기

채점기준(예시)

구 분	평가항목 예시
장면 1	• 학부모에 대한 교사의 어려움 　– 학부모가 학생에 대한 관심이 적다. 　– 학교의 협조 요청에 적극적이지 않다. 　– 가정에서의 지도 및 관리가 원활하지 못하다. • 대응 방안 　– 학생의 자기주도 학습 능력, 자기관리 능력 신장 　– 스마트폰 중독 예방 교육 실시 　– 가정 연계 캠페인 실시 　– 자기반성표, 생활기록표 운영 　– 학부모 대상 추가 연수 진행 　– SNS을 활용한 학부모 전용 알림장 수시 배부 　– 추가 지도, 피드백, 격려를 통한 동기 부여
장면 2	• 학부모에 대한 교사의 어려움 　– 소통의 실패 　– 학부모의 자기중심적 발언 　– 학교 상황에 대한 이해 결여 • 대응 방안 　– 학급 활동시간을 활용한 추가 발표회 　– 평소 음악 교육과정 시간을 활용한 가창 발표회 　– 학생 합창 동아리 참여 권유 　– 학부모 전용 학급 소통망 추가 확보(메신저, SNS) 　– 지속적인 학부모 상담 실시

채점기준	배 점	점 수
학부모 관계에서 오는 어려움을 파악하고 있는가?	0~3	
문제 상황에 적절하게 대처할 수 있는 방안을 제시하는가?	0~5	
제시한 방안은 학생, 학부모, 교사 모두에게 유효한 것인가?	0~2	

> **즉답형**

1 **문제요약**
- 제시문과 관련하여 교사의 입장을 선택하고 자신의 아동관과 관련지어 설명하기
- 학급 규칙 제정을 위한 실천 방안 3가지 설명하기

채점기준(예시)

구 분	평가항목 예시
이 교사 선택	학생 자치 역량을 중점으로 아동관과 실천 방안을 제시 • 아동관 　- 아동은 삶의 주인 　- 타인을 배려할 줄 아는 존재 　- 약속을 지키는 시민 • 실천 방안 　- 국어 교육과정 재구성을 통한 토의 능력 신장 　- 선거 참여 의무화 　- 자치 활동의 중요성 교육 　- 학급 규칙 개정회 정기 개최 　- 학급 문제를 중심으로 문제해결학습 적용 　- 개인, 모둠, 학급 단위의 성찰일지 작성
김 교사 선택	학생을 존중하되, 자치 역량을 길러주는 것을 중점으로 아동관과 실천 방안을 제시 • 아동관 　- 배움이 필요한 존재 　- 주인이 되어가는 존재 　- 실수를 인정받을 수 있는 존재 • 실천 방안 　- 사회학습 이론, 모델링 이론을 적용한 도덕 교육 활성화 　- 교사의 규칙 실시 이후 자체 규칙 수립 　- 학급 교육 전반의 단계별 접근 교육(교육의 주체를 교사에서 시작하여 점차 학생에게 이양)

채점기준	배 점	점 수
자신이 선택한 입장과 아동관을 적합하게 연결하여 설명하였는가?	0~4	
자치 역량을 길러줄 실천 방안을 적절하게 제시하였는가?	0~4	
교육적 본질에 대해 고민하고 답변하는가?	0~2	

즉답형

2 **문제요약** 신규교사인 권 교사에게 필요한 인성적 자질 3가지와 이유 설명하기

채점기준(예시)

구 분	평가항목 예시
권 교사에게 필요한 인성적 자질	• 성찰, 반성 : 자신의 생각에 대해 항상 되돌아볼 수 있는 자세 • 배려, 예의, 친절 : 인간관계에 있어서 기본 소양 • 협력 : 협력과 집단 지성은 발전을 가져옴 • 감사 : 인간은 항상 타인의 도움에 감사함을 표현 • 탐구 : 더 나은 방안은 없는지 탐구하고자 하는 자세 • 소통, 공감 : 타인의 의견을 귀 기울여 듣고 공감하려는 자세 • 존중 : 선배교사의 경험과 의견을 존중하며 배우려는 자세 • 책임감 : 자신의 업무에 대해 책임감을 가지고 살피려는 자세

채점기준	배 점	점 수
권 교사의 문제점을 인식하고 있는가?	0~3	
교사로서 가져야 할 인성적 자질을 언급하고 합당한 이유를 설명하는가?	0~5	
교사로서 사명감과 바른 마음가짐을 가지고 있는가?	0~2	

CHAPTER 05 심층면접 기출문제(2020 초등)

[1] 2020년 강원도 초등

구상형

1. 다음 제시문을 바탕으로 학교폭력과 관련하여 '학교장 자체해결제'의 중요한 의미를 말하고, 초등학교 저학년 특성에 알맞은 관계 중심 생활교육 프로그램 3가지를 설명하시오.

> A 교사는 소규모 학교에 2학년 담임교사로서 첫 발령을 받았다. 해당 학급의 아이들은 서로에게 욕을 하거나 다투고, 따돌리기까지 하여 A 교사를 당황하게 하였다. 가끔은 도를 넘는 언행으로 학교폭력이 우려되기도 하였는데, 아직까지는 학교폭력대책자치위원회가 열리지는 않았다. 담임교사로서 아이들을 잘 지도하고 싶은데, 교육적으로 문제를 해결하기 위해 고민이 필요한 것 같다.

나만의 답변 구상하기

[핵심 키워드]

[답변 구상]

즉답형

1. 초등교사는 전인적 성장을 목표로 하여 개인별 발달 정도가 다른 학생들을 대할 때 포용적인 태도가 중요하다. 만약 학급 안에 천천히 배우는 학생이 있다면 이 학생을 지원하기 위한 방안 4가지를 설명하시오.

   나만의 답변 구상하기
   [핵심 키워드]

   [답변 구상]

2. 온라인 생활시간이 길어지는 요즘, 민주시민교육 활성화를 위해 교실에서 할 수 있는 미디어 리터러시 활동 4가지를 설명하시오.

   나만의 답변 구상하기
   [핵심 키워드]

   [답변 구상]

3. 강원도교육청의 지표는 '행복한 학교 함께하는 강원교육'이다. 삶을 살아갈 기초학력을 기르고 모두가 행복한 교육을 만들기 위해서는 교육과정-수업-평가-기록의 일체화를 강화하여야 한다. 이를 위해서 교사가 단계별로 해야 하는 일이 무엇인지 설명하시오.

   나만의 답변 구상하기
   [핵심 키워드]

   [답변 구상]

2020년 강원도 초등 해설

구상형

1 `문제요약` 학교장 자체해결제의 의미와 관계 중심 생활교육 방안 3가지 설명하기

`채점기준(예시)`

구 분	평가항목 예시
학교장 자체 해결제의 의미	• 학교폭력 사안처리 과정에 교육적 의미를 되살린다는 점 　– 법률 제13조의2에 따라 2019년 9월 1일부터 시행 　– 기존에는 학교폭력 사안이 발생하면 가해 학생과 피해 학생 사이에서 중립을 지키기 위해 노력하였음 　– 교육보다는 업무로서 사안 처리에 임함 　– 학교 자체적으로 사안을 처리할 수 있도록 법률적 권한을 줌으로써 경미한 사안에 대해서는 학교가 교육적으로 개입할 수 있게 됨 　– 중대한 사안은 교육청에 소속된 해결 전문 조직으로 처리를 이관함으로써 전문성과 객관성 확보 　– 중대 사안에 대한 학교의 부담 완화
관계중심 생활지도 방법	• 문제에서 저학년 특성에 맞는 활동방법을 구상하라고 하였으므로, 학생의 인지발달 특성을 고려하여 답안 구성. 관계 중심 생활지도 단계를 바탕으로 저학년 활동을 구상하기 　– 1단계 : 관계회복 약속하기 　– 2단계 : 미해결 감정 해결하기 　– 3단계 : 긍정적 관계 그려보기 예 존중하는 친구 사이 선서하기 　뇌구조, 그림, 단어 카드를 활용하여 감정 표현하기 　'친구와 함께한다면?' 상상화 그리기 　애플데이(사과의 날) 운영 　엽서 그리기 　친구 사랑 동요 부르기 　우정 동화 읽기 　협동 창작 활동 : 협동화, 종이접기, 만들기 등 　협력 놀이 활동 　올바른 친구 사이에 대해 생각해보기

채점기준	배 점	점 수
학교폭력에 대한 교육청의 정책을 이해하고 있는가?	0~2	
교직실무에 대해 이해하고 구체적인 방안을 제시하는가?	0~4	
제시한 방법은 관계회복에 대해 효과가 있는 것인가?	0~4	

> **즉답형**

1 **문제요약** 천천히 배우는 학생을 지원하기 위한 교사로서 지도 방안 4가지 설명하기

채점기준(예시)

구 분	평가항목 예시
천천히 배우는 학생	• 천천히 배우는 학생 : 학습부진아의 대체 용어로서 강원도교육청에서 학습지원대상 학생을 지칭하는 용어
지원 방안	• 다양한 진단활동 실시(기초학력, 인지·정서·심동 발달 수준) • 협력교사제, 협력강사제를 통해 국어, 수학 협력수업 진행 • 학생 상담을 통해 흥미요인, 내적 동기 요인, 부정적 요인 파악 • 기초학력 다중 지원팀을 통해 학생 개별 맞춤형 지원 • 전문기관과 연계한 지원 • 가정과 연계한 지원(학부모 상담)

채점기준	배 점	점 수
천천히 배우는 학생을 지원하기 위한 방안을 적절하게 제시하였는가?	0~4	
방안이 구체적이고 실천 가능한가?	0~3	
학생의 삶과 연계된 교육방법인가?	0~3	

즉답형

2 **문제요약** 민주시민교육 활성화를 위한 교실에서 할 수 있는 미디어 리터러시 활동 4가지 설명하기

채점기준(예시)

구 분	평가항목 예시
민주시민교육	• 비판적 사고력을 가진 주체적인 시민이 민주주의의 가치를 존중하고 서로 상생할 수 있도록 민주시민으로서의 역량을 향상시키는 교육 • 역량 : 시민적 판단 역량, 시민적 소통 역량, 시민적 실천 역량
미디어 리터러시	• 미디어에 능숙하게 접근할 수 있으며, 미디어가 제공하는 정보를 분석적·비판적으로 이해하고 활용할 수 있는 능력 • 미디어를 활용하여 창조적으로 표현하고 소통할 수 있는 능력
민주시민교육 활성화를 위한 미디어 리터러시 교육	• 스마트폰, 태블릿을 활용한 인터넷 사용 에티켓 교육 • 미디어 매체를 활용하여 지역사회 문제 조사하고 글쓰기 및 말하기 교육 • 학생들이 직접 동영상 뉴스 제작 • 동일 사건에 대한 다양한 관점의 뉴스를 비교·분석하여 토론 • 학급 SNS 활용하여 민주적인 소통의 공간 마련하기

채점기준	배 점	점 수
민주시민교육 활성화를 위한 미디어 리터러시 교육을 적절하게 제시하였는가?	0~4	
방안이 구체적이고 실천 가능한가?	0~3	
해당 개념을 정확하게 이해하고 이야기하는가?	0~3	

즉답형

3 **문제요약** 교육과정-수업-평가-기록의 일체화 단계별 교사의 역할 설명하기

채점기준(예시)

구 분	평가항목 예시
교육과정	• 강원도교육청 목표 : '미래 핵심 역량을 기르는 교육과정 혁신' 　- 학생의 특성과 성취기준을 중심으로 교육과정 재구성 　- 교과 내, 교과 외 다양한 활동 연계 　- 학년 간, 학교급 간 연계를 고려하며 교육과정 재구성 　- 교육공동체, 지역사회를 활용하기 위한 교육과정 재구성 　- 학생의 삶과 직결될 수 있는 교육과정 재구성 • 교사에게 필요한 역량 : 학습자 실태 분석 역량, 교육공동체 요구사항 파악 역량, 국가 교육과정 분석 역량, 교육과정 재구성 역량
수 업	• 강원도교육청 목표 : '즐거운 배움을 위한 수업 혁신' 　- 학생 참여형 수업 활성화 　- 하브루타, 협동학습, 협력학습, 토의·토론학습, 프로젝트학습 적용 　- 수업 나눔의 일상화 　- 수업의 질 개선 노력 　- 성취기준 도달에 중점을 둔 수업 실천 　- 학생의 소질과 적성, 진로에 맞는 다양한 학습 경험을 제공할 수 있는 수업 운영 　- 학생 간, 학생교사 간 피드백 시간을 충분히 확보한 수업
평 가	• 강원도교육청 목표 : '배움의 의미를 찾는 평가 혁신' 　- 과정 중심 평가를 중심으로 다양한 평가도구, 방법 적용 　- 성취기준 도달 정도, 학생의 변화 정도를 측정하는 평가 실시 　- 정량평가, 정성평가를 적절하게 활용 　- 확산형 발문으로 창의적인 답을 요구하는 평가 실시 　- 학생의 인성과 자질을 함양할 수 있는 평가 실시
기 록	• 기록의 체계화 • 피드백을 중심으로 세심한 관찰과 기록 • 모든 상황을 구체적으로 기록할 필요는 없으며 중요한 순간을 선택적으로 기록 • 학생의 변화와 성장을 구체적이고 객관적으로 기록 • 맥락을 중심으로 기록

채점기준	배 점	점 수
교육과정-수업-평가-기록의 과정과 의미를 알고 있는가?	0~4	
단계별 교사의 역할에 대해서 적절하게 설명하고 있는가?	0~4	
교직실무에 대한 전문성을 가지고 있는가?	0~2	

2 2020년 경기도 초등

구상형

1. 교사로서 자신이 가지고 있는 강점과 약점을 설명하시오. 그리고 자신의 강점을 어떻게 발휘할 수 있을지, 약점을 어떻게 보완할 수 있을지에 대해 설명하시오.

   나만의 답변 구상하기

   [핵심 키워드]

   [답변 구상]

2. 빠르게 변하는 사회 속 미래교실의 모습을 제시하고, 경기혁신교육 3.0과 관련하여 교사에게 필요한 역량에 대해 설명하시오.

   나만의 답변 구상하기

   [핵심 키워드]

   [답변 구상]

즉답형

1 자신의 경험을 바탕으로 다음에 제시된 문장의 의미를 설명하시오. 그리고 이를 교실에서 어떻게 실현할 지 말하시오.

> 온 마을은 학교다.

나만의 답변 구상하기

[핵심 키워드]

[답변 구상]

2 교사가 존재하는 이유를 생각하여 ( ) 안에 들어갈 말을 정하고, 자신의 경험에 빗대어 설명하시오.

> 교사는 (　　) 같은 존재이다.

나만의 답변 구상하기

[핵심 키워드]

[답변 구상]

2020년 경기도 초등 해설

> **구상형**

1 　**문제요약**　자신의 강점과 약점, 강점 활용 방안, 약점 보완 방안 설명하기

채점기준(예시)

구 분	평가항목 예시
강 점	• 자신이 가진 강점을 교육활동으로 어떻게 연결 지을 수 있을지 고민하여 서술하기 　- 흥이 많음 : 동기부여, 수업 분위기 증진, 교우관계 개선 　- 성실함 : 학생에게 모델링, 꼼꼼한 업무 추진, 수업 준비 　- 스마트 기기 활용 능력 우수 : 디지털 교과서 활용, 스마트 교실 운영, 교원 대상 소프트웨어 연수 실시 　- 공감 능력 우수 : 학급 상담실 운영, 집단 상담 가능 　- 글쓰기 능력 우수 : 학급 신문, 학교 신문 발간 프로젝트
약 점	• 약점이더라도 교사로서 강점이 될 수 있는 요소를 언급하고 보완방법과 활용방법 함께 서술하기 　- 의욕이 넘침 : 한 번 더 생각하고 행동하기, 의욕을 바탕으로 교육 전문성 개발하기, 선배교사에게 조언 구하기 　- 지나치게 활발함 : 학생참여 수업에 교사도 적극적으로 참여하기, 학생 자율동아리 함께 운영하기 　- 즉흥적임 : 교육과정 운영과 업무 추진에 대해 구체적인 계획을 세워 실천하기, 즉흥성을 바탕으로 창의적인 아이디어 내기

채점기준	배 점	점 수
교사로서 사명감을 가지고 있는가?	0~4	
교육적 본질에 대해 고민하고 답변하는가?	0~4	
답변에 일관성이 있는가?	0~2	

구상형

2 문제요약 본인이 생각하는 미래교실의 모습을 제시하고, 경기혁신교육 3.0과 관련하여 교사에게 필요한 역량에 대해 설명하기

채점기준(예시)

구 분	평가항목 예시
미래교실의 모습	• 블렌디드 러닝 활성화(오프라인, 온라인 병행) • 플립러닝(거꾸로 교실) 활성화 • 디지털 교과서 활용 수업 • 미디어 리터러시 교육 강화 • 배움의 장 확대(마을교육공동체) • 스마트 학습 공간 확대
혁신교육 관련 교사에게 필요한 역량	• 블렌디드 러닝 활성화를 위한 교육과정 재구성 능력 • 미디어 소통, 공감 역량 • 미디어 매체 활용 역량 • 책임감, 사명감

채점기준	배 점	점 수
미래교실의 모습을 적절하게 제시하였는가?	0~3	
교사에게 필요한 역량을 적절하게 제시하였는가?	0~4	
접근 방법이 분석적이고 타당한가?	0~3	

즉답형

1 **문제요약** '온 마을은 학교다.' 의미 설명하기, 교실에서 실현 방안 말하기

채점기준(예시)

구 분	평가항목 예시

'온 마을은 학교다.' 의미	• 경기도교육청에서 추구하는 이념을 바탕으로 자신의 경험을 서술
	  – 학생, 교사, 학부모, 지역인재 등 다함께 학생교육에 참여하는 마을교육공동체의 실현
	  – 지역사회의 다양한 요소들도 교육자원이 될 수 있는 교육생태계의 확장

실현 방안	• 학부모회 활용 : 도움이 필요한 수업 차시에 보조교사로 참여 • 진로체험의 날 : 유관기관의 교육 사업을 통해 전문가를 초청하여 다양한 교육 프로그램과 진로 탐색 시간 확보 • 청소년 단체 운영 : 한국119소년단(소방서), 명예소년경찰단(경찰서) • 지역사회의 문제를 해결하는 프로젝트 학습 • 현장견학 체험학습 : 교과서에 나오는 내용을 현장체험학습으로 연계 • 지자체 협력 교육기회 확충 : 방과 후 수업, 돌봄 교실 등

채점기준	배 점	점 수
교육청에서 추구하는 정책에 대하여 알고 있는가?	0~3	
문장의 의미를 정확하게 이해하고 이야기하는가?	0~3	
제시한 방법은 실천 가능하며 효과가 있는가?	0~4	

> 즉답형

2 > 문제요약 '교사는 (　　) 같은 존재이다.' 문장을 완성시켜 경험과 관련지어 설명하기

> 채점기준(예시)

구 분	평가항목 예시
교사는 (　　) 같은 존재이다.	교육관에 연결시킬 수 있는 사물이나 인성 가치·덕목 등을 선택하여 유의미하게 서술하기 • 교사는 울타리 같은 존재이다. • 교사는 부모 같은 존재이다. • 교사는 공기 같은 존재이다. • 교사는 시계 같은 존재이다. • 교사는 친구 같은 존재이다. 등

채점기준	배 점	점 수
자신의 경험을 바탕으로 문장을 의미 있게 해석하였는가?	0~4	
교사로서 가치관과 자질을 가지고 있는가?	0~4	
답변에 일관성이 있는가?	0~2	

[3] 2020년 서울 초등

> 구상형

1 제시문 A와 제시문 B에 나타난 문제점 3가지를 찾고, 각각의 문제점을 해결할 수 있는 구체적 방안을 설명하시오.

- 제시문 A
  - 김 교사 : 초등학교 3학년 담임을 맡고 있는데, 읽고 쓰기를 못하는 학생들이 갈수록 늘어나 큰일입니다. 또 수업시간에 바른 자세로 앉아서 집중하는 태도 역시 부족해요. 수업 시간에 집중하지 못하고 친구와 장난치고, 자꾸 돌아다니는 학생이 많습니다.
  - 박 교사 : 맞아요. 저는 초등학교 5학년 담임인데, 기초셈하기를 못하는 학생들이 많아서 수업을 진행할 수가 없었어요.
  - 하 교사 : 초등학교 2학년과 3학년 담임을 연달아 맡았어요. 공부도 문제지만 학생들이 친구들과 소통하는 것 자체에 어려움이 많습니다. 친구의 말을 듣는 자세, 배려하는 자세가 부족해요.
- 제시문 B
  - 김 교사 : 초등학교 3학년 담임을 맡고 있는데, 학생들의 기초셈하기 능력이 많이 부족해요.
  - 학부모 : 제 아이가 학교 수업이 어렵다는 이야기를 자주해요. 아이가 수업을 따라가지 못하고 흥미를 잃게 될까봐 걱정이 됩니다.

나만의 답변 구상하기

[핵심 키워드]

[답변 구상]

> **즉답형**

1 교사로서 생활을 하다 보면 단순히 인지적 지식뿐만 아니라 경험을 통해 얻게 되는 실천적 지식도 중요하다는 것을 알게 된다. 자신이 동료교사에게 배우고 싶은 실천적 지식은 무엇인지 말하고, 그 이유에 대해서 설명하시오.

> Elbaz가 연구한 바에 따르면, 실제 수업 사례를 관찰함으로써 교사들이 가르치는 일의 모습을 결정하고 방향 짓기 위하여 사용하는 일련의 이해 체계가 있음을 발견하였다. 교사들이 가지고 있는 이러한 이해 체계를 실천적 지식(Practical Knowledge)이라 명명하였으며, 실천적 지식을 '교사 개개인이 가지고 있는 지식을, 자신이 처한 실제 상황에 맞도록, 가치관이나 신념을 바탕으로 종합하고 재구성한 지식'이라고 정의하였다.
>
> ※ 이해를 돕기 위해 관련 논문을 발췌하였습니다.

(추가질문) 자신이 동료교사에게 알려줄 수 있는 실천적 지식이 무엇인지 말하고, 이유에 대하여 설명하시오.

나만의 답변 구상하기

[핵심 키워드]

[답변 구상]

---

2 서울특별시교육청에서는 관내 초등학교의 중간 놀이 시간을 15분에서 30분으로 확대할 계획이다. 이러한 상황에서 교육적이며 안전한 중간 놀이 시간을 운영하기 위해 교사가 할 수 있는 노력에 대하여 설명하시오.

나만의 답변 구상하기

[핵심 키워드]

[답변 구상]

2020년 서울 초등 해설

구상형

1 **문제요약** 제시문에 나타난 문제점 3가지를 찾고, 각각의 문제점을 해결하기 위한 방안 설명하기

채점기준(예시)

구 분	평가항목 예시
문제점	• 3R's(읽기, 쓰기, 셈하기) 부진 • 기본생활습관, 기본학습습관이 형성되어 있지 않음 • 협력, 배려하는 태도 부족
해결 방안	• 서울학생 기초학력 보장제도 활용(초2 집중학년제, 서울 기초학력 지원 시스템의 진단-보정 프로그램 활용, 학습부진 요인별 학습 상담과 전문 치료기관 연계 맞춤형 지원) • 서울학습 도움센터 활용 : 맞춤 학습 상담, 학습 전략 상담, 방학 캠프 등 • 3단계 학습 안전망 : 교실-학교-학교 밖 도움센터 활용하여 학습지원대상 통합 지원 • 서울초등기초학력 지원 : 읽기, 쓰기, 셈하기에 미래사회 핵심 역량 관계성을 더한 것 • 학교와 가정 연계한 기본생활습관, 기본학습습관 형성 • 학생들과 함께 정하는 교실 수업 규칙 • 협력 수업, 협력적 프로젝트 활용 • 협력적 인성교육, 협력종합예술활동 실시

채점기준	배 점	점 수
접근방법이 분석적이고 타당한가?	0~4	
제시문의 문제점을 명확하게 분석하였는가?	0~3	
해결 방안을 적절하게 제시하였는가?	0~3	

즉답형

1 **문제요약**
- 동료교사에게 배우고 싶은 실천적 지식과 그 이유 설명하기
- (추가질문) 자신이 알려주고 싶은 실천적 지식과 그 이유 설명하기

채점기준(예시)

구 분	평가항목 예시
실천적 지식	• 실천적 지식이란 자신이 알고 있는 이론적 지식을 실제 상황에 적용해보았을 때 비로소 알 수 있는 사항들을 이야기함 – 인지적 지식 : 프로젝트 학습모형의 계획 단계에서는 학생들이 스스로 주제를 선택하고 문제를 선정하게 하여야 한다. – 실천적 지식 : 실제로 프로젝트 학습모형을 적용해보니 계획 단계에서 교사가 학생들에게 오롯이 주제와 문제를 선정하게 하니 어려움이 많았다. 이때 배경 지식을 활성화하거나 삶과 연계시키기 위해 사진이나 기사문을 제시하였더니 학생들이 훨씬 유의미한 프로젝트 주제를 선정하게 되었다.
배우고 싶은 실천적 지식	• 초임교사라서 부족하거나 시행착오를 겪을 수 있는 부분을 생각해보고, 자신의 교육관이나 다짐과 연결 지어 서술하기 – 학생과 라포를 형성하는 방법 : 교사가 되지 않은 상태에서 실질적으로 경험할 수 없는 실천적 지식이므로 – 학생 평가 방법 : 구술평가, 면접평가, 관찰평가를 진행함에 있어 객관성을 유지하기 위해 – 동기유발 방법 : 학생의 흥미를 파악하고 교육과정과 연계시키기 위해 – 진로지도 방법 : 상담을 통해 학생에게 필요한 진로 정보를 주기 위해 – 학급 경영 방법 : 선배교사의 학급 경영 제도를 벤치마킹하기 위해
알려드리고 싶은 실천적 지식	• 초임교사라서 선배교사에 비해 가지고 있는 장점을 활용하여 학교 현장에 헌신할 수 있는 점 서술하기 – 스마트 교육을 효율적으로 운영하는 방법 – 학생들의 관심사를 파악하는 방법 – AR, VR을 활용하여 수업하는 방법 – 교과수업에 비주얼 싱킹을 적용시키는 방법 – 온라인 수업의 질을 개선하는 방법

채점기준	배 점	점 수
교원의 전문성에 대해 고민하고 답변하는가?	0~4	
함께 성장할 수 있는 학교를 만들기 위한 방안을 제시하고 있는가?	0~4	
답변에 일관성이 있는가?	0~2	

즉답형

2 **문제요약** 안전한 중간 놀이 시간을 위해 교사가 할 수 있는 노력 설명하기

채점기준(예시)

구 분	평가항목 예시
안전한 중간 놀이 시간을 위한 교사의 노력	• 안전 규칙 제정하기 • 운동장 및 놀이터 안전점검 실시하기 • 학생들과 함께 안전점검의 날 참여하기 • 체험 중심 안전교육 실시하기 • 미세먼지 예·경보제 활용하기 • 학급 경영 제도 개선하기 : 1인 1역 안전지킴이 운영 등 • 교육과정 재구성을 통한 안전교육 시수 확보하기 • 학부모회 협력으로 중간 놀이 시간 안전 확보하기 • 협력 놀이, 협력 스포츠 활동 연구하기 • 체육 교과 교원학습공동체 운영하기

채점기준	배 점	점 수
학생들의 안전을 관리하기 위한 구체적인 방안을 제시하는가?	0~4	
제시한 방법은 실천 가능하며 효과가 있는가?	0~4	
교사로서 사명감을 가지고 있는가?	0~2	

[4] 2020년 인천 초등

구상형

1 다음 보기를 보고 A 교사와 B 교사가 겪고 있는 문제에 대한 해결 방안을 각각 2가지씩 제시하시오.

> - A 교사 : 행정업무가 너무 많아져 수업 준비를 소홀하게 하는 것 같다. 그래서인지 내가 가지고 있던 교사로서 사명감과 긍지가 낮아지는 것 같다.
> - B 교사 : 우리 학교는 학부모님들의 민원이 매우 많다. 민원이 너무 많아 지치고 학부모와의 관계 속에서 어떻게 중심을 잡아야 할 지 고민이다.

나만의 답변 구상하기

[핵심 키워드]

[답변 구상]

즉답형

1. 삶 속에서 독서를 생활화하기 위해서는 습관 형성이 중요하다. 따라서 학생들의 독서습관을 형성할 수 있는 지도 방안을 구체적으로 설명하시오.

   나만의 답변 구상하기

   [핵심 키워드]

   [답변 구상]

2. 학교에서 교사로서 근무를 하다보면 다른 교사와 협업이 필요한 경우가 많다. 그만큼 동료교사와 갈등을 겪을 경우도 많이 발생하는데, 갈등이 생겼을 경우 어떻게 해결할 것인지 자신의 생각을 말하시오.

   나만의 답변 구상하기

   [핵심 키워드]

   [답변 구상]

3. 지역사회 또는 마을의 인적 자원을 수업에 활용할 수 있는 방안을 설명하시오.

   나만의 답변 구상하기

   [핵심 키워드]

   [답변 구상]

2020년 인천 초등 해설

구상형

1 **문제요약** A 교사와 B 교사가 겪고 있는 문제의 해결 방안 각각 2가지씩 설명하기

채점기준(예시)

구 분	평가항목 예시
A 교사의 문제 해결 방안	• 직무연수, 원격연수 등을 활용하여 수업 연구하기 • 문서등록대장에서 검색하여 작년 업무의 흐름 파악하기 • 업무 전임자에게 자문 구하기 • 선배교사들에게 업무에 관하여 조언 구하기 • 교원학습공동체(전문적 학습공동체)에서 공동으로 수업 구상 및 준비
B 교사의 문제 해결 방안	• SNS, e학습터 등을 활용하여 학부모님들과 충분히 소통하여 학부모님들의 궁금증을 해결하고 신뢰관계 구축 • 학급일지, 나이스 누가 기록에 꾸준히 근거 자료 남기기 • 학부모 민원 발생 시 경청하고 충분히 공감하는 자세 가지기

채점기준	배 점	점 수
각각의 상황에 해결 방안을 적절하게 제시하였는가?	0~4	
제시한 방안은 실천 가능하며 효과가 있는가?	0~4	
답변에 일관성이 있는가?	0~2	

> **즉답형**

1 **문제요약** 독서 습관 형성을 위한 지도 방안 설명하기

채점기준(예시)

구 분	평가항목 예시

독서 습관 형성 지도 방안	• 학급, 학교, 가정 단위로 세분화하여 구체적인 방안 제시
	• 학급 단위
	  – 교실 내 작은 도서관 만들기 : 안락의자, 쿠션, 원형 탁자, 학급문고 마련
	  – 책 중심 교육과정 재구성 : 성취기준을 책과 연결지어 책에서 시작하고 책으로 끝나는 프로젝트 수업 진행
	  – 다양한 독서기법 활용 : 한 달에 한 권 읽기, 온책읽기 활동 등
	  – 독서 포트폴리오 제작 : 독후감, 책 추천편지, 독서 신문, 도서 서평 등 작성
	• 학교 단위
	  – 학생자치회를 통한 추천 도서 목록 작성
	  – 학생주도 행사 운영 : 독서 토론대회, 독서 골든벨, 독서 퀴즈대회, 독서 방송의 날, 책 읽어주는 친구 라디오 등
	  – 작가 초청 행사 진행 : 학생들이 책 한 권을 선정하고 온책읽기를 실시한 뒤 학교 차원에서 작가를 초청하여 각종 질의응답 및 진로 상담 진행
	• 가정 단위
	  – 학교의 독서교육 프로그램이 가정으로 연결될 수 있도록 협조
	  – 학생자치회와 학부모회를 함께 초청하여 독서 행사 계획
	  – 가정 연계 독서 프로그램 운영 : 가족 책 토론회, 가족이 함께 한 권 읽기 등
	  – 가정통신문, 학급 SNS를 활용하여 독서 활동지 제공 등

채점기준	배 점	점 수
독서교육의 필요성을 알고 답변하는가?	0~3	
독서습관을 형성할 수 있는 지도 방안을 구체적으로 제시하는가?	0~4	
제시한 방안은 실현 가능하며 교육적 효과가 있는가?	0~3	

즉답형

2 `문제요약` 동료교사와 갈등이 생겼을 때 해결 방안 제시하기

`채점기준(예시)`

구 분	평가항목 예시

갈등 해결 방안	• 동료교사의 입장에서 생각해보기
	   – 교사들은 맡은 학년, 과목, 업무, 환경 등이 모두 다르기 때문에 다른 의견이 도출될 확률이 높음
	   – 하지만 모두 공동의 목표를 바라보고 있으므로 서로의 입장에서 문제를 생각해보면 공감하고 이해할 수 있음
	• 솔직한 대화 요청하기
	   – 문제해결을 위한 대화를 요청하여 의사소통능력을 발휘하여야 함
	   – 자신의 감정과 생각을 솔직하게 전하여 함께 해결하는 협력적 대화 시간 필요
	• 학교 행사 활용하기
	   – 교직원회를 활용하여 소통 기회 늘리기
	   – 교원학습공동체(전문적 학습공동체)를 통해 회복적 생활교육을 교사들이 직접 실천해보기
	   – 매월 수요 문화체험의 날에 함께 활동에 참여하며 라포 형성

채점기준	배 점	점 수
문제를 해결하기 위한 방안을 구체적으로 제시하는가?	0~4	
제시한 방안이 효과가 있는가?	0~4	
학교 민주주의를 실현하기 위해 노력하고자 하는 마음이 있는가?	0~2	

> 즉답형

3 문제요약 마을 인적 자원을 수업에 활용할 수 있는 방안 설명하기

채점기준(예시)

구 분	평가항목 예시
마을 인적 자원 활용 방법	• 진로체험 활용 • 협력종합예술 동아리 시간 활용 • 음악 시간 활용 : 마을에서 전해져 오는 노동요, 민요 배우기 • 국어 시간 활용 : 마을 방언 배워보기 • 사회 시간 활용 : 우리 마을 문화재 알아보기, 우리 마을로 나가보기

채점기준	배 점	점 수
제시한 교육적 방안은 교육적 효과가 있는가?	0~4	
마을 인적 자원 활용 방법을 적절하게 제시하였는가?	0~3	
해당 개념에 대하여 정확하게 이해하고 있는가?	0~3	

5 2020년 평가원(공통) 초등

구상형

1. 다음은 A 학생에 대하여 교사가 기록한 누가기록과 종합의견이다. 이를 참고하여 A 학생에게 필요한 지도 방안 4가지를 말하고, 그 이유를 각각 설명하시오.

> [학생 누가기록]
> - 나에게 다가와 '선생님 제가 다른 애들보다 잘했지요?'라고 말하며 칭찬을 요구하였음
> - A 학생이 다른 친구들이 활동에 참여하는 모습을 보더니, 자신보다 친구가 잘하는 것 같다고 생각하였는지 갑자기 활동을 포기함
> - 자신이 잘하는 과목은 좋아하고, 어려워하는 과목은 싫어한다고 함
> - 자신이 못하는 과목도 흥미만 가지면 다 잘할 수 있다고 말함
> - 공부는 타고나는 것이라고 말함
> - '선생님! 이번 시험 쉽게 내주세요! 제가 시험을 잘 못 보면 애들이 저 공부 못한다고 생각할 수도 있잖아요. 그런거 싫어요!'라고 이야기함
>
> [종합의견]
> A 학생은 다른 사람의 평가에 민감하게 반응한다. 우월감 느끼는 것을 좋아하며, 부족한 모습을 보이는 것에 걱정이 많은 편이다. 스스로 목표를 설정한 뒤 노력하여 목표에 도달하는 주체적인 삶의 태도가 필요해 보인다.

나만의 답변 구상하기

[핵심 키워드]

[답변 구상]

즉답형

1 다음의 글을 읽고, 박 교사의 잘못된 태도 2가지와 해결할 수 있는 방안 2가지를 설명하시오.

> 박 교사는 새로운 디지털 교과서 도입에 불만이 많다. 현재 활용되고 있는 교과서에 이제야 적응했는데, 디지털 교과서로 수업을 하려니 막막한 기분이다. 박 교사는 '애들이 잘 활용하지도 못하고, 수업 분위기만 흐려지겠지. 스마트 기기를 사용하는 것은 오히려 애들이 학습 내용보다 스마트 기기에 관심을 빼앗기게 될 걸. 아무리 수업 준비를 해도 학생들은 흥미를 느끼지 못할 걸.'이라고 생각했다.

나만의 답변 구상하기

[핵심 키워드]

[답변 구상]

2 다음 사례에서 이 교사는 아동학대를 신고한 이후 난처한 상황이 되었다. 이러한 경우 이 교사가 해야 할 후속 조치 2가지와 교사에게 필요한 인성적 자질 2가지를 설명하시오.

> 이 교사는 담임을 맡고 있는 학급의 학생인 진수와 대화하다가 눈 주위의 상처를 발견하였다. 진수에게 상처에 대해 묻자 "부모님이 그랬어요"라고 말하였다. 이 교사는 아이의 발언과 증상을 바탕으로 아동학대가 의심되어 신고하였으나, 수사기관의 조사 끝에 아동학대가 아니라는 판정을 통보받았다. 이 교사는 자신의 신고로 학생과 학부모가 경찰 조사를 받게 되었고, 그 과정에서 당사자 사이의 갈등이 생기지는 않았을까 걱정하고 있다.

나만의 답변 구상하기

[핵심 키워드]

[답변 구상]

2020년 평가원(공통) 초등 해설

구상형

1 **문제요약** A 학생에 대한 지도 방안 4가지와 그 이유 설명하기

채점기준(예시)

구 분	평가항목 예시
지도 방안과 이유	• 배움에 대해 토의해보기 : 배움은 자신의 삶을 건강하고 행복하게 만들기 위함이지 타인과 비교하기 위한 것이 아님을 A 학생이 깨달을 필요가 있음 • 협력 과제 제시 : 자신만 잘한다고 되는 것이 아닌 모두가 함께 잘해야 하는 경우도 있음을 알려주기 위함 • 공동체 의식 강화 : 자신과 남을 비교하지 말고 우리 모두가 행복해지자는 가치관을 교육 • 과정 중심 평가 활용 : 평가가 남들보다 우수한 결과를 얻어 이기기 위한 것이 아니라 자신이 얼마나 성장하였는지가 중요하다는 것을 알려주기 위함(평가는 자신의 노력에 대한 결과) • 진단활동 실시 : A 학생이 자신 없어 하는 과목에 대해 진단활동을 실시하고, 결과를 바탕으로 적합한 수준의 수업을 준비하여 자신감을 가질 수 있도록 하기 위함 • 동료 교수 활동 강화 : A 학생 스스로 자신 있어 하는 부분을 친구들에게 나누어줄 수 있는 기회를 만들어 학습공동체 정신을 길러주기 위함 • 성공 기회 제공 : 자신의 약점이라고 생각했던 부분과 관련하여 성공경험을 얻으며 콤플렉스를 극복하고 동시에 내적동기를 강화하기 위함

채점기준	배 점	점 수
학생의 특성을 바탕으로 실효성 있는 지도 방안을 제시하는가?	0~5	
제시한 방안은 구체적이고 실천 가능한가?	0~3	
교육의 본질에 대하여 고민하고 답변하는가?	0~2	

> **즉답형**

1 **문제요약** 박 교사의 잘못된 태도 2가지와 해결할 수 있는 방안 2가지 설명하기

채점기준(예시)

구 분	평가항목 예시
박 교사의 잘못된 태도	• 새로운 수업 방식에 대한 거부감 • 수업 자료를 연구하는 자세와 역량 부족 • 디지털 교과서의 활용과 중요성에 대한 부정적인 태도 • 학생들의 능력, 역량에 대한 낮은 인정도
해결 방안	• 교육 트렌드, 사회적 변화에 맞추어 수용하고 적극적으로 노력하는 태도 필요 • 디지털 교과서의 활용 방법, 필요성, 좋은 점 등에 대해 자세히 공부할 필요가 있음 • 디지털 교과서를 주제로 한 교원학습공동체(전문적 학습공동체)를 구성하여 함께 연구하기 • 학생들의 능력, 역량을 인정하고 존중하려는 자세

채점기준	배 점	점 수
상황을 정확히 분석하고 문제점을 적절하게 제시하였는가?	0~4	
해결 방안을 적절하게 제시하였는가?	0~4	
교육적 본질에 대해 고민하고 답변하는가?	0~2	

즉답형

2 **문제요약** 문제상황 후속 조치 2가지와 교사에게 필요한 인성적 자질 2가지 설명하기

채점기준(예시)

구 분	평가항목 예시
아동학대 신고 후속 조치	• 학생 정서 지원 : 학생의 불안정한 감정을 이해해주고 안도시켜주기 • 관찰 일지 작성 : 신고 이후에도 더욱 세심한 관찰을 통해 학생의 말과 행동, 신체 상태를 구체적으로 관찰 일지에 기록 • 학부모 상담 요청 : 학생의 정서 상태에 대한 안내 및 가정의 이야기 경청 • Wee 클래스 및 상담교사 협조 : 필요시 전문 상담 지원 요청 • 심리 검사 및 치료 기관 안내 • 아동보호기관 또는 112 신고
교사에게 필요한 인성적 자질	• 사 랑 • 공 감 • 소 통 • 배 려 • 책임감 • 이 해 • 자긍심 • 친 절

채점기준	배 점	점 수
아동학대 사안에 대한 처리 과정을 이해하고 구체적인 후속 조치 방안을 제시하는가?	0~4	
교사로서 가져야 할 인성적 자질을 언급하고 합당한 이유를 설명하는가?	0~4	
교사로서 사명감을 가지고 있는가?	0~2	

CHAPTER 06 심층면접 기출문제(2024 중등)

[1] 2024년 경기도 중등(교과)

구상형

1. 경기형 인성교육을 실시할 때, 공동체적 인성 가치 중 1가지를 선택하여 '인성브랜드'를 고안하여 이유와 함께 설명하시오. 그리고 이를 실천할 수 있는 학생주도적인 학급 자치활동 방안을 2가지를 설명하시오.

> 경기 인성교육 모델 중
> [공동체적 인성]
> - 존중   - 배려   - 협력   - 책임

나만의 답변 구상하기

[핵 심 키 워 드]

[답 변 구 상]

2. 다음의 수업 철학과 방향을 참고하여 생태환경교육을 위한 교과 수업 방안을 2가지 제안하시오.

> • 수업 철학 : 깊이 있는 수업/사유하는 학생
> • 수업 방향 : 삶으로 확장하는 수업/질문과 탐구하는 수업

나만의 답변 구상하기

[핵 심 키 워 드]

[답 변 구 상]

3 ○○학교에서 실시한 조사 결과와 경기도교육감의 신년사 내용에 관하여 교과교사와 담임교사로서 실천 방안을 각각 2가지씩 제안하시오.

[자료 1] ○○학교 설문 조사 결과 분석

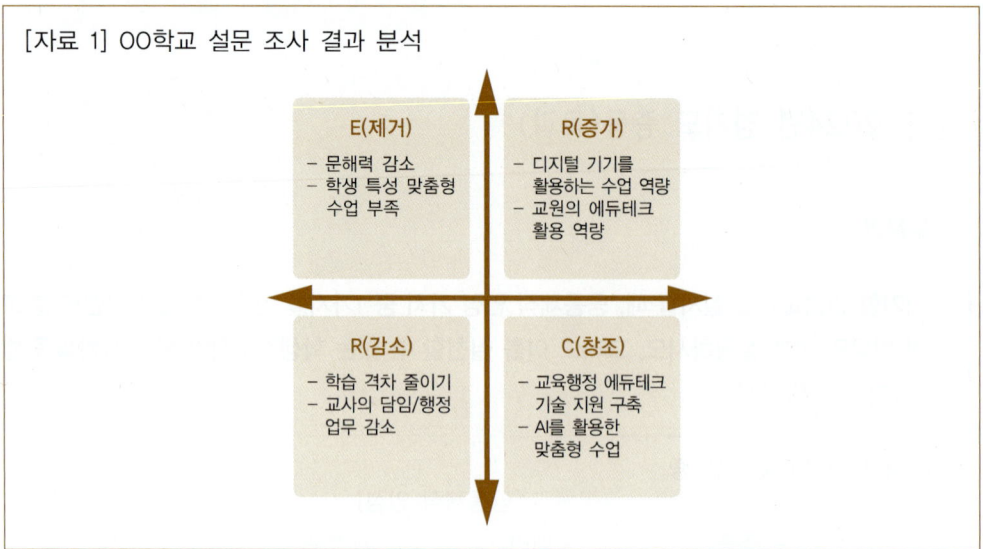

E(제거)
- 문해력 감소
- 학생 특성 맞춤형 수업 부족

R(증가)
- 디지털 기기를 활용하는 수업 역량
- 교원의 에듀테크 활용 역량

R(감소)
- 학습 격차 줄이기
- 교사의 담임/행정 업무 감소

C(창조)
- 교육행정 에듀테크 기술 지원 구축
- AI를 활용한 맞춤형 수업

[자료 2] 경기도교육감 신년사 중

2024 경기교육은 기초·기본학력을 보장하는 책임교육으로 모든 학생의 학력 향상을 위해 노력하겠습니다. 학생의 기초체력과 의사소통 능력을 균형 있게 키우겠습니다.
경기교육은 디지털 대전환 시대에 맞는 수업을 위해 학생 1인 1스마트기기를 보급하고 있습니다. 또한 AI 교수학습 플랫폼 '하이러닝'을 구축해 시범 적용을 거쳐 확대 운영하고 있습니다. 올해에는 선생님의 우수 수업 콘텐츠를 발굴해 하이러닝에 널리 공유할 수 있도록 힘쓰겠습니다. AI에 기반한 학생 1:1 맞춤형 교육으로 디지털 활용역량을 강화해 성장을 지원하겠습니다. 이를 위해서는 선생님의 역할이 무엇보다 중요합니다. 선생님의 에듀테크 활용 수업 역량 강화를 위해 특별 재원을 투입하여 적극 지원하겠습니다.

나만의 답변 구상하기

[핵심 키워드]

[답변 구상]

즉답형

1 다음 제시문 상황에서 각 교사가 해야 할 대처 방안을 제시하시오.

> - 교사 A : 학생이 수업 방해 행동을 하여 주의를 주었습니다. 하지만 반항하며 지도에 불응하기 일쑤라 너무 힘듭니다. 다른 학생들의 학습권도 함께 침해 받는 것 같아요.
> - 교사 B : 원하는 업무는 받지 못하고, 처음으로 학교폭력 업무를 맡게 되었어요. 아는 것이 너무 없어서 생소하고 당황스럽습니다. 계속 이 업무를 시킬 것 같아요.

나만의 답변 구상하기

[핵심 키워드]

[답변 구상]

2 설문조사를 실시하여 다음과 같은 결과가 나왔다. 학생들의 행복감을 증대하기 위한 방안을 교과교사, 담임교사의 측면에서 말하시오.

> [학교 생활 만족도 조사 결과]
> 학생들이 현재 만족하고 있다고 답한 비율은 다음과 같다.
> - 친구 관계 만족도 : 60%
> - 급식 만족도 : 35%
> - 교과 수업에 대한 만족도 : 25%
> - 교사와의 관계 : 20%
> - 진로 직업 : 16%

나만의 답변 구상하기

[핵심 키워드]

[답변 구상]

2024년 경기도 중등(교과) 해설

> **구상형**

1 **문제요약** 인성브랜드 고안 이유 설명하기 + 실천할 수 있는 학생주도 자치활동 2가지 말하기

채점기준(예시)

구 분	평가항목 예시

경기인성교육
배경지식
	• 경기인성교육 모델의 목표
	  – 자기 삶의 주인으로 미래사회 변화에 유연하게 대응하며, 윤리적 책임을 통해 나와 공동체의 행복을 추구하는 인성 함양
	• 경기인성교육 브랜드 : Together 인성교육
	
	              TOGETHER 인성교육
	
	※ 출처 : 경기도교육청 '경기인성교육 함께하기 리플릿'
	  – T는 경기교육이 추구하는 미래 인재를 표현
	  – 배경 : 인성교육은 모든 교육활동에서 모든 교육공동체가 함께 실천해야 교육적 실효성이 있음

인성브랜드와
자치활동
	• 존중 관련 예시 : 너, 나, 우리
	  – 너와 내가 서로를 존중하면 우리가 될 수 있음을 뜻함
	  – 학급 인사 만들기 : 서로에게 속상했던 말을 사과와 함께 전하고, 학급특색 인사(사랑해) 등을 함께 곁들이기
	  – 학급 약속 만들기 : 여러 가지 문제 상황에 직면하였을 때 서로를 존중하며 문제를 해결하기 위해 학급약속을 미리 만들어두기
	• 배려 관련 예시 : 내가 먼저
	  – 서로를 배려하며 살기 위해서는 무조건 내가 먼저 용기 내어 손을 내밀어야 함을 뜻함
	  – 손 내밀기 캠페인 : 도움이 필요할 때, 갈등에 직면하였을 때 내가 먼저 배려하여 손 내밀 수 있도록 분위기 형성
	  – 고마워 생활화 : 학생들이 사소한 것에도 고마워 인사를 반복하며 사소한 배려에도 감사할 줄 알도록 하며 고마워 왕을 선정
	• 협력 관련 예시 : 티끌 모아 태산
	  – 우리의 힘이 하나씩 모이면 큰 힘을 발휘할 수 있음을 내포
	  – 창체 봉사활동 시간을 활용한 협력 봉사 실시 : 우리가 다 함께 쓰레기를 주우면 환경이 깨끗해짐을 직접 느낄 수 있도록 함
	  – 협력 학급 놀이 : 혼자서는 하지 못하는 놀이를 진행하여 또래 사이의 관계를 다지고 협력의 중요성을 깨달음
	• 책임 관련 예시 : 보고 또 보고
	  – 자신의 행동이 초래하는 결과에 대해 보고 또 생각해보면서 책임감을 갖자는 의미
	  – 메타인지 성찰 보고서 : 자신이 무심코 한 행동이 어떠한 결과를 초래할지 행동에 대한 생각을 해보며 성찰해보는 활동
	  – 자율동아리 운영 : 자율동아리 창설 및 운영을 위해 공동체가 1인 1역을 맡아 책임감 및 공동체의식 신장

채점기준	배점	점수
경기도교육청이 추구하는 교육방향에 대해 이해하고 있는가?	0~3	
자신만의 인성 브랜드를 제안하고 적절한 설명을 하는가?	0~3	
활동은 인성요소를 신장시킬 수 있는 자기주도적인 활동인가?	0~4	

구상형

2 **문제요약** 수업 철학과 방향을 참고하여 생태환경교육을 위한 교과 수업 방안 2가지 제안하기

채점기준(예시)

구 분	평가항목 예시
답변 방향	• 수업 철학과 수업 방향에서 각 요소를 반영할 수 있는 수업모형/활동/평가방법을 생태환경 개념에 결합하여 제시 － 깊이 있는 수업 : 가치 탐색, 브레인스토밍, 에듀테크 활용 등 － 사유하는 학생 : 딜레마, 메타인지, 토의토론 등 － 삶으로 확장하는 수업 : 문제해결모형, 가정연계 학습 등 － 질문과 탐구하는 수업 : 문답법, 발견학습모형, 구성주의 수업 등
교과 수업 방안	• 국어 － 토의토론 수업 : 생태환경 보존을 위해 쓰레기 처리에 대한 세금을 더욱 강하게 부과해야 하는지에 대해 논의 • 수학 － 가정연계 학습 : 각 가정에서 배출되는 쓰레기 양을 조사하여 그래프 보고서를 만들고, 이를 게시하여 쓰레기 양 줄이기 • 사회 － 조사학습 : 지역 내에서 생태환경을 위해 실시 중인 제도를 조사해보고, 현장 답사하여 보고서로 발표하기 • 과학 － 발견학습모형 : 샴푸 한 방울이 물에 미치는 영향을 비교실험해보고 이와 공통점이 있는 물질들을 추가 실험해보며 환경보전의 어려움 깨닫기 • 영어 － NIE : 외국의 쓰레기 문제 기사문을 읽어보고 우리나라 제도와 비교해보기 • 미술 － 브랜딩 활동 : 멸종 위기 동물들을 홍보하기 위한 브랜드 제품을 만들고 판매하며 생태계 홍보 활동하기 • 음악 － 환경 콘서트 개최 : 환경을 지키기 위한 약속을 담은 영상을 제작하고, 중간에 음악 연주를 곁들여 콘서트를 개최 • 체육 － 환경 여가활동 : 경보, 조깅 등의 활동을 하며 쓰레기를 줍는 플로깅을 체육시간에 함께하며 환경 문제 직감하기

채점기준	배 점	점 수
제시문의 내용이 시사하는 바를 정확하게 설명하는가?	0~3	
제시문의 조건을 반영한 적절한 교과 활동을 제시하는가?	0~4	
교과 활동이 생태환경 문제를 해결하는데 도움이 되는 것인가?	0~3	

> 구상형

3 문제요약 제시문의 내용을 참고하여 교과교사와 담임교사로서의 실천방안 2가지씩 제시하기

채점기준(예시)

구 분	평가항목 예시
답변방향	• 두 가지 자료의 시사점에서 키워드를 추출하여 교과, 담임 지도 방안으로 연결하여 말하기 • [자료 1] 시사점 　- 문해력 부족/학습격차/교원의 에듀테크 활용/행정 업무 경감 필요 • [자료 2] 시사점 　- 에듀테크/AI 활용/개인 맞춤형 교육/기초 역량
교과 지도 방안	• 각 교과별 특성을 반영하여 아래의 요소를 가르치는 수업방안 제시 • 문해력 부족 → 각 교과 정보를 책을 통해 습득하는 지도방안 • 학습 격차 → 진단 평가를 통한 학습격차 확인 및 수준별 활동 제안 • 교원 에듀테크 → 여러 어플리케이션을 활용한 교과 수업 • 행정 업무 경감 → 온라인 클래스를 통해 학생의 교과 학습물 진행/제출 • 개인 맞춤형 교육 → 수업 주제 제시 후 개방적인 활동을 통해 개별적 교과 학습 진행하고, 다양한 방식으로 산출물 제출 • AI 활용 → 태블릿 소프트웨어를 통한 교과 평가 실시 및 개별 피드백 제공 및 누가 기록
담임 지도 방안	• 문해력 부족 → 아침 독서시간 활성화, 독후감 과제 활성화 • 학습 격차 → 학교 차원의 지원 확대(기초학력 프로그램 등 제안) • 교원 에듀테크 → 여러 어플리케이션을 활용한 학급 특색활동 진행 • 행정 업무 경감 → 챗GPT 기능 연수를 통한 기본 문서 작성 등 활용 • 개인 맞춤형 교육 → 온라인 클래스 개설을 통한 학생 개별적 과제 수행 및 결과 누적을 통한 개인 맞춤형 피드백 활성화 • 기초 역량 → 개별 상담을 활용한 학업, 생활 측면의 체크리스트 실시, 지원 • AI 활용 → 학급 내 태블릿을 마련하여 학교 챗봇을 통한 단순 질문 처리/1인 1태블릿을 활용한 단순 만족도 조사 처리를 통해 업무 경감

채점기준	배 점	점 수
두 가지 제시문에서 시사하는 바를 적절하게 찾아내었는가?	0~2	
교과교사로서의 효과적인 지도 방안을 제안하였는가?	0~4	
담임교사로서의 효과적인 지도 방안을 제안하였는가?	0~4	

> **즉답형**

1 **문제요약** 제시문 상황에서 각 교사가 해야 할 대처 방안 설명하기

채점기준(예시)

구 분	평가항목 예시

교사 A
상황 및 대처방안
	• 문제 : 학생의 수업 방해 행동, 반항, 학습권 침해
	• 대처방안
	  – 학생 개별 상담을 통한 문제점 확인
	  – 교권 확립 및 학습권 보호 지침 함께 확인 및 훈육
	  – 학생 자기주도적인 성찰 및 반성의 기회 제공
	  – 기초 학력 부족으로 인한 수업 방해라면 방과후 수업 및 교과 보충 시간을 활용하여 기초학력 증진
	  – 정서 문제로 인한 수업 방해일 경우에는 Wee클래스 연계
	  – 학부모 상담 및 필요시 전문기관 연계를 통한 지원
	  – 교육공동체(교감 등)를 통한 수업 분리 지도 협조 요청
	  – 학생의 관심사 분석 후 수업 재구성을 하여 수업 참여도 증진
	  – 동료교사 및 선배교사의 조언을 통해 학생 지도 점검
	  – 공개수업 및 자기장학을 적극 활용하여 학생 지도법 고안
	  – 문제 학생 지도 관련 연수 참여 및 적용
	  – 학생과의 라포 형성을 위한 사제동행 프로그램 운영
	  – 학생 중심의 동아리 활동 준비 및 교사의 지원

교사 B
상황 및 대처방안
	• 문제 : 학교폭력 업무 부담, 다음 연도 업무에 대한 걱정
	  – 업무 관련 커뮤니티 가입 및 능동적인 업무 자세 준비
	  – 전임자 선생님을 통한 조언 및 협조 체계 구축
	  – 업무 관련 어려움이 발생했을 경우 'e다산 현장지원센터' 활용
	  – 교육청 현장의견 수렴 시 어려움 제안
	  – 교육공동체(부장, 교감, 교장, 교육청 등) 수시 상담 요청
	  – 업무 매뉴얼 및 이전 업무 처리 과정 학습
	  – 인사위원회 참여 및 의견 개진을 통한 후년도 업무 분장 제도 개선
	  – 교직원회의 활성화를 통한 업무 분장 및 어려움 공유
	  – 업무 연구회 가입 및 업무 전문성 증진
	  – 첫 1년간 업무 개선점을 정리하여 2년차부터는 개선된 업무 처리 시스템 제안

채점기준	배 점	점 수
상황 속 문제점을 정확하게 진단하고 있는가?	0~2	
문제를 해결하기 위한 구체적인 해결 방법을 제시하고 있는가?	0~6	
교육활동을 통해 문제를 해결하려는 의지를 가지고 있는가?	0~2	

즉답형

2 **문제요약** 학생들의 행복감 증대를 위한 방안을 교과교사, 담임교사 측면에서 제안하기

채점기준(예시)

구 분	평가항목 예시
답변 방향	• 학생 만족도가 낮은 것들을 우선하여 개선책을 제안하는 것이 좋을 듯함. 특히 진로직업/교사와의 관계/교과수업의 3가지 요소가 만족도가 현저히 낮고, 교사로서의 지도 방안을 제시하기에 좋음

교과교사 입장	• 진로직업 관련
	  – 자신의 교과와 관련된 다양한 직업군에 대해 1일 1소개 활동
	  – 교과 예산 활용하여 직업 체험해볼 수 있는 노작활동 실시
	• 교사와의 관계 관련
	  – 학기초, 학기말에 설문조사를 실시하여 학생과의 소통을 강조하는 교과 수업 운영
	  – 학생과 함께하는 교육공동체 동아리 운영하여 라포 형성
	  – 교육과정 평가회, 교육과정 대토론회에 학생 위원 의견 소통
	• 교과수업 관련
	  – 온라인 질문창구를 마련하여 학생의 교과 수업 만족도 증진
	  – 수준에 맞는 체험 중심의 교과 수업을 추진
	  – 학생들과 함께하는 수업 나눔 시간 확보

담임교사 입장	• 진로직업 관련
	  – 현장체험학습 기회를 진로지도와 연계하여 계획 수립
	  – 창체 시간을 활용하여 전문가 초청 진로 프로그램 마련
	  – 부모님 1일 교사 프로그램 : 다양한 직업군의 학부모님들을 인적자원으로서 학교 교육에 활용
	• 교사와의 관계 관련
	  – 교실에 마음 상자를 마련하여 쪽지로 소통
	  – 학급 SNS 소통망을 마련 : 메신저, 밴드 등을 활용하여 1:1 대화
	  – 학급 자치 시간을 활용한 적극적 의견 조율
	  – 학생과 주고받는 교환일기 프로그램 진행
	• 교과 수업 관련
	  – 교과선생님께 말씀드리기 어려운 부분을 담임교사에게라도 요청하여 전달할 수 있도록 의견 수렴 장치 마련
	  – 아이들이 원하는 교과와 담임교사의 교과를 융합하여 학급특색활동을 운영하여 담임이 교과 수업 만족도 증진
	  – 학생 관찰 일지를 작성하여 학생별 교과 어려움 파악 및 지원

채점기준	배 점	점 수
교과교사의 입장에서 학생들의 만족도를 높일 수 있는 방안인가?	0~4	
담임교사의 입장에서 학생들의 만족도를 높일 수 있는 방안인가?	0~4	
학생들의 요청사항을 수렴할 수 있는 교육 전문성을 갖고 있는가?	0~2	

2 2024년 서울 중등(교과)

구상형

1 (가)의 내용을 참고하여 (나)의 수업 상황에서의 문제점을 3가지 말하시오. 그리고 교사로서의 해결방안을 각각 제안하시오.

> (가) 서울특별시교육청 생성형 AI 활용 지침서 중
> 수업 및 교육활동에서 활용할 경우 사전에 생성형 AI 원리와 한계점, AI의 윤리적 사용에 대하여 학생 교육을 필수로 실시하여야 한다. 또한 생성형 AI 서비스 사용 시 약관을 통하여 사용 가능 연령을 필수적으로 확인하여야 한다. Open AI 서비스의 경우 이용 약관에 따라 만 13세 미만은 서비스를 직접적으로 사용할 수 없으며, 만 13세 이상~만 18세 미만은 부모나 법적 보호자의 동의가 필요하다. 다만, 교사는 법적 보호자에 해당하지 않는다.
>
> (나) 수업 관련
> 탄소 중립에 관한 수업을 2차시로 진행하였다. 1차시에는 생성형 AI를 통하여 관련 정보를 수집하고, 2차시에는 탄소 중립 실천을 위한 캠페인 관련 활동을 하고자 하였다. 학생들은 AI를 통하여 정보를 수집하였고, 모둠원의 목소리를 음성 변조하여 캠페인 영상을 제작하였다. 그러다 한 학생이 개인 SNS에 영상을 업로드하여 유포하게 되었다.

나만의 답변 구상하기

[핵심 키워드]

[답변 구상]

2 다음 사례의 공통 원인을 찾고, [사례 1]의 해결방안을 담임교사 차원에서 2가지 말하시오. 그리고 [사례 2]의 해결방안을 학교 차원에서 2가지 말하시오.

> [사례 1]
> 학급 회의를 진행하여 학교 축제 부스를 정하고자 하였다. A안과 B안에 대해 투표를 진행하였으며, A안은 16명/B안은 11명이 투표하였다. 학급 회장이 다수결로 결정하자 학급 내 학생들 사이에 갈등이 생기기 시작했다.

> [사례 2]
> 교원의 학생 생활지도 규정에 대하여 학칙을 개정하고자 하였다. 이 과정에서 교사와 학부모의 의견은 다수 반영되었으나, 학생들이 의견을 많이 내지 않아 학생들의 입장이 배제되었다고 느껴진다.

나만의 답변 구상하기

[핵심 키워드]

[답변 구상]

(추가질문) 학교생활 중 스마트폰을 사용하는 학생을 교사가 제지하려고 하자, 해당 학생이 학생 인권을 주장하며 교사의 지도를 거부하고 스마트폰을 계속 사용하려고 한다. 이 학생을 지도해야 하는 이유와 그 지도방안에 대하여 설명하시오.

나만의 답변 구상하기

[핵심 키워드]

[답변 구상]

즉답형

1. A교사와 B교사 중 자신의 생각과 비슷한 교사를 선택하고 그 이유를 설명하시오. 더불어 C교사의 입장에서 자신이 선택하지 않은 교사에게 조언할 수 있는 방안을 말하시오.

> 〈교사들의 대화〉
> - A교사 : (퇴근 5분 전) B선생님, 급한 회의가 있어서 그러는데 지금 관련 업무 문서를 작성해 주시겠어요?
> - B교사 : 저는 시간이 되어 곧 퇴근하고자 합니다. 선약이 있어서 우선 오늘은 퇴근하고, 내일 처리해드릴게요.
> - C교사 : _____

나만의 답변 구상하기

[핵심 키워드]

[답변 구상]

(추가질문) 교사의 권위는 어디에서 오는지에 대하여 자신의 생각을 1~3순위로 정리하여 순서대로 말하시오.

나만의 답변 구상하기

[핵심 키워드]

[답변 구상]

2024년 서울 중등(교과) 해설

구상형

1 **문제요약** 수업 상황에서의 문제점 3가지 말하고 교사로서의 해결방안 각각 제시하기

채점기준(예시)

구 분	평가항목 예시

문제점과 각각의 해결방안	• 문제점 : 생성형 AI 기능에 대한 윤리교육을 실시하지 않았다.
	  → 프로젝트 수업을 진행할 때, 1차시에 반드시 관련 윤리교육을 실시해야 한다.
	  → 서울특별시교육청에서 배포한 '서울형 인공지능 윤리 교육자료'를 활용, 참고하여 학생들을 지도할 것이다.
	• 문제점 : 생성형 AI 기능의 연령 확인 및 약관 검토가 필요하다.
	  → 사전에 해당 사이트에 접속하여 사용 연령 및 약관 검토를 철저하게 실시한다.
	  → 사이트에 게시되어 있지 않거나 확인이 불가한 경우, 사용을 자제하며 꼭 필요한 경우에는 제조사에 직접 문의하여 확인한다.
	• 문제점 : 생성형 AI를 학생들이 직접 사용하는 과정에 보호자의 법적 동의를 얻지 않았다.
	  → 연령 확인 후, 사용을 위해서 학부모들께 지도 계획을 동봉하여 동의서를 얻도록 한다.
	  → 학생들이 직접 사용하지 않도록, 교사가 일부 필요한 부분에 의해서는 자료를 얻고 검토한 후 간접적으로 제공한다.
	• 문제점 : 목소리 음성변조 및 제작 과정에 인권 및 개인정보 보호에 대한 지도를 하지 않았다.
	  → 목소리 변조 및 제작 결과물에 대한 저작권 관계가 생기고, 위험성이 있음을 지도한다.
	• 문제점 : 저작권 침해 및 유포로 인한 위험성을 지도하지 않았다.
	  → 저작권 교육 및 유포에 대한 개인정보 침해가 발생할 수 있음을 지도한다.
	• 문제점 : 생성형 AI에서 제공하는 정보가 부정확할 수 있음을 지도하지 않았고, 정보에 대해 비판적 사고역량을 길러주지 못했다.
	  → 생성형 AI가 엉뚱한 답을 내놓는 사례를 준비하여, 부정확성을 가르치고 학생들이 비판적으로 자료를 검토할 수 있도록 지도한다.

채점기준	배 점	점 수
제시문의 상황에 내포되어 있는 문제점을 지적할 수 있는가?	0~4	
발견한 문제점을 해결할 수 있는 올바른 해결책을 제안하는가?	0~4	
생성형 AI의 교육적 활용법에 대하여 정확히 이해하고 있는가?	0~2	

> 구상형

2 **문제요약** 사례의 공통 원인을 찾고, [사례 1]의 해결방안을 담임교사 차원에서 2가지, [사례 2]의 해결방안을 학교 차원에서 2가지 말하기

채점기준(예시)

구 분	평가항목 예시
사례의 공통 원인	• 소수의 의견이더라도 최대한 반영하려는 노력이 부족하였음 • 모든 학생의 의견이 잘 반영되지 못하였음
[사례 1]의 담임 측면의 해결책	• 다양한 의견을 도출할 수 있는 방법을 지도하여 소수의 의견도 최대한 반영되도록 함 • 다수결 결과 이후에 소수의 의견도 반영할 수 있는 방법 모색 • 투표권의 의미와 의사결정 과정에 대한 지도 실시 • 소수의 학생들도 만족할 수 있도록 학급운영 방식과 관련지어 추가 보상 제시 • 학교 축제 이후에 학급 축제를 자체적으로 운영하여 B안의 행사 추가 제안 • 학급 동아리 활성화를 통해 협력심과 공동체 의식 도모
[사례 2]의 학교 측면의 해결책	• 학교 교육공동체 대토론회 운영을 통한 학생 적극 참여 유도 • 온라인/오프라인 소통망 추가 확보하여 학생 의견 수렴 • 학급~전교 자치회의를 학부모회의/교직원회의와 연결 짓는 기회 제공 • 전교 자치 활동이 교장선생님께 공유되는 과정을 학생들에게 공유 • 학생 대표가 학교운영위원회에 참여할 수 있도록 개선 • 학교 단위의 교육과정 개정을 통해 올바른 의사소통 방법에 대해 교육 • 문제 상황의 주제에 대해 학생 토론 대회를 운영하여 학생들의 의견이 직접 교류되고, 그 결과물이 학칙에 반영될 수 있도록 제안 • 민주시민교육의 활성화를 통해 학생들의 사고 영역 확장 도모

채점기준	배점	점수
두 가지 사례 속 문제 원인을 적절하게 지적하는가?	0~2	
[사례 1]의 해결책은 담임교사가 실천할 수 있으며 효과적인가?	0~4	
[사례 2]의 해결책은 학교가 실천할 수 있으며 효과적인가?	0~4	

구상형

문제요약 (추가질문) 스마트폰 사용하며 지도를 거부하는 학생을 지도해야 하는 이유와 지도방법 말하기

채점기준(예시)

구 분	평가항목 예시
지도해야 하는 이유	• 해당 학생을 지도하지 않는 것은 다른 학생의 학습권을 침해하는 것과 같기 때문 • 지도하지 않고 넘어가는 것은 다른 학생들에게 문제행동을 허용하는 간접적인 공표와 같기 때문 • 해당 학생이 문제 행동을 인식하지 못하고, 점점 더 잘못된 행동으로 확장해 나갈 수 있기 때문 • 학생의 잘못된 행동을 지도하는 것은 교사로서의 역할이자 책임이기 때문 • 과오를 하루 빨리 잡아주는 것이 미래에 초래될 학생의 더 큰 과오를 예방할 수 있기 때문
지도 방법	• 자기주도 성찰문을 적게 하여 자신의 행동을 반성할 기회 제공하기 • 문제가 반복되었을 때, 어떻게 대처할지 함께 생각하고 약속하기 • 학생 면담을 실시하여, 문제 행동이 다른 학생들의 학습권과 선생님의 수업권에 어떤 부정적 영향을 주는지 설명하고 이해시키기 • 학생 부모님과 연락하고, 문제 행동에 대하여 가정의 협조 구하기 • 지도 불응 행동이 지속 될 경우 wee-class, 지역 연계 기관 등과 협력하여 학생의 문제 행동 줄일 수 있도록 지원하기 • 교육부 학생 생활지도 고시안을 함께 살펴보고 정당한 처리 절차에 대해 안내하기 • 위기관리위원회/생활관리위원회 등의 위원회에 회부하여 문제 행동 수정에 적극 개입하기 • 교장, 교감선생님 등 교육공동체의 협조를 구하여 해당 문제를 공론화시켜 지도하기

채점기준	배 점	점 수
지도에 불응하는 학생을 지도해야 하는 이유를 알고 있는가?	0~3	
문제 행동을 수정하기 위한 올바른 지도 방법을 제안하는가?	0~4	
문제 상황에 대처할 수 있는 교육 전문성을 갖고 있는가?	0~3	

즉답형

1 **문제요약**
- 자신의 생각과 비슷한 교사를 선택하고 이유 말하기
- 자신이 선택하지 않은 교사에게 C교사로서 조언하기

채점기준(예시)

구 분	평가항목 예시
A교사를 선택한 경우	• 학교 업무의 원활한 진행을 위해 개인의 일은 잠시 미룰 수 있다고 생각하기 때문 • 다른 교사가 급하게 부탁할 정도라는 것은 특별한 상황이라는 점을 감안할 수 있기 때문 • 같은 교육공동체로서 서로 도움을 주고받을 경우가 생기므로, 자신이 도움을 줄 수 있을 때 돕고 싶기 때문
B교사를 선택한 경우	• 다음날 출근하여 업무에 집중하는 것이 업무 처리의 정확성과 효율성을 높일 수 있기 때문 • 개인적인 사정이 있을 경우, 학교 일은 다음날 충분히 도와드릴 수 있기 때문 • 모두가 퇴근하여 업무를 처리하는 것보다 다음날 출근하여 업무를 처리하였을 때, 모든 선생님들이 출근해 계시므로 업무 진행이 더욱 수월해질 수 있기 때문 • 민주적인 학교문화에 부정적인 영향을 끼칠 수 있기 때문
(자신이 B교사 입장을 선택한 경우) C교사가 되어 A교사에게 조언	• A교사가 혼자 남아 급한 일을 처리하기 힘들어보이므로, C교사 및 남은 교사들이 자발적으로 A교사를 도울 수 있도록 제안 • B교사만 할 수 있는 일이라면, A교사의 요청을 정리하여 B교사에게 전달해주는 협조 제안 • 급한 일이나 필요한 안건은 최대한 퇴근시간 전 여유를 남기고 제안할 수 있도록 상황 설명
(자신이 A교사 입장을 선택한 경우) C교사가 되어 B교사에게 조언	• 급한 일이 A교사의 개인 용무가 아닌, 학교의 사안일 수 있으니 시급성을 고려해달라고 상황 설명 • 오해가 생겨 A교사에 대해 부정적인 감정을 가질 수 있으니, 다급한 요청이 A교사의 부당한 지시가 아님을 이해할 수 있도록 설명 • C교사 자신이 최대한 도와주면 B교사가 저녁에 자택에서라도 처리해줄 수 없는지 조율 시도

채점기준	배 점	점 수
제시문과 관련된 자신의 의견을 논리적으로 제시하고 있는가?	0~4	
갈등 상황을 현명하게 해결할 수 있는 대안을 제시할 수 있는가?	0~4	
건강한 교육공동체로서 근무할 수 있는 자질이 있는가?	0~2	

> **즉답형**

> **문제요약** (추가질문) 교사의 권위가 어디서 오는지 1~3순위 정리하여 설명하기

> **채점기준(예시)**

구 분	평가항목 예시
답변 방향	• 교사의 권위에 대한 자신의 생각을 정리하되, 자신이 명확하게 근거를 내세울 수 있는 요소부터 1순위로 제안하기
교사의 권위는 어디서 오는가?	• 교육 전문성 – 교육과정 운영과 수업 운영 능력은 교사 역할의 본질이자 기본이기에 교육 전문성을 보일 때 권위가 생김 • 교사의 인간성 – 학생들에게 모범이 되어야 할 교사가 훌륭한 인간성을 갖고 본이 될 때 권위가 생김 • 올바른 교육문화 – 교육공동체가 교사의 교육활동을 존중해주고, 학생들의 성장만을 위해 힘을 모아준다면 그때 교사의 권위가 다시 세워짐 • 교육에 대한 사명감 – 교사가 자신의 교육에 대해 책임감과 사명감을 가질 때 • 자신만의 확고한 교육철학 – 교사 개인이 자신이 하고 있는 교육에 대해 명확한 의지와 목표의식을 갖고 학생들에게 공유, 실천해나간다면 이 자체가 권위로 자리 잡힘 • 학생 개개인에 대한 맞춤형 교육 능력 – 교사가 학생들 개개인에 대해 세심히 관찰하고, 그들의 자질을 파악하여 키워줄 때 학생들이 교사에 대해 인정하며 권위 생성 • 학생들의 존경심 – 학생들이 교사를 한 명의 인간으로서 존경할 때 교사라는 직위에 대해서도 권위가 발생 • 학생과의 의사소통 능력 – 학생과 항상 함께해야 하는 직업인 만큼 교육 대상자인 학생들과 의사소통이 원활하게 되었을 때 권위를 얻을 수 있음 • 사제 간 라포 형성 능력 – 다양한 방식으로 학생들과 깊은 라포가 생겼을 때, 학생들이 마음을 열며 교사를 인정, 존중해주기 시작함 • 학생에 대한 포용력 – 다양한 학생들이 다양한 문제 상황에 직면할 때 모든 이들을 포용하고 도와줄 수 있는 교사가 학생들에게 권위를 얻음

채점기준	배 점	점 수
교사의 권위가 어떻게 발생하는지 이해하고 있는가?	0~3	
권위에 대한 생각을 자신의 교직관과 관련하여 설명하는가?	0~3	
교사로서 올바른 가치관과 소양을 지니고 있는가?	0~4	

3 2024년 평가원 중등(교과)

구상형

1 수업 설계상의 문제점을 1가지 말하고, 이에 대한 해결책을 1가지 제안하시오.

> [수업 설계 고민]
> 이 단원을 수업하기 위해 고민했지만, 아이들의 실생활과 연계하기가 힘들었다. 그리고 설명하기 힘든 부분이라 시각 자료 없이는 이해시키기 힘들 것 같다. 이전에는 자료 없이 말로 설명해도 전달이 가능했는데, 이제는 학생들이 자료가 없으면 이해하지 못하는 것 같다.

나만의 답변 구상하기

[핵심 키워드]

[답변 구상]

2 최근에는 테크놀로지를 활용한 수업이 활발해지고 있다. 하지만 이에 따른 위험성이나 문제점도 많이 발생하고 있다. 따라서 에듀테크를 수업에 활용할 때의 유의점을 1가지 언급하고, 교사로서 이와 관련된 전문성을 어떻게 키울 것인지 구체적인 방안을 1가지 설명하시오.

나만의 답변 구상하기

[핵심 키워드]

[답변 구상]

3 다음 두 관점 중 자신의 교육관과 비슷한 것을 고르고 그 이유를 설명하시오. 그리고 이를 실현할 수 있는 교육활동을 1가지 구체적으로 제안하시오.

> - A 관점 : 시대가 변하면 진리도 따라서 변해야 한다. 미래 사회의 변화에 대해 교육도 능동적으로 변해야 하는 것이다.
> - B 관점 : 시대가 변하더라도 진리는 변하지 않는다. 미래 사회가 변화해도 교육에서 가르쳐야 하는 진리는 변하지 않는 법이다.

나만의 답변 구상하기

[핵심 키워드]

[답변 구상]

즉답형

1 제시문의 내용을 읽고 다음의 물음에 답하시오.

> 지민이는 평소에 성실하고 수업 태도도 적극적인 학생이다. 하지만 모둠별 수행평가를 진행하면 매번 다른 모습을 보인다. 평소 수업 태도와는 다르게 소극적이고 의견도 잘 내지 않아 어려움이 있다. 모둠별 평가이다 보니 교사가 개입해야 할지 고민이다.

1-1. 자신이 생각하는 교사의 역할을 설명하고, 위 상황에서 어떻게 행동할 것인지 말하시오.

나만의 답변 구상하기

[핵심 키워드]

[답변 구상]

1-2. 자신이 선택한 방법으로 행동할 때, 유의해야 할 점을 2가지 말하시오.

나만의 답변 구상하기

[핵심 키워드]

[답변 구상]

2024년 평가원 중등(교과) 해설

구상형

1. 문제요약: 수업 설계상의 문제점 1가지와 해결책 1가지 제안하기

채점기준(예시)

구 분	평가항목 예시
문제점과 해결책(1)	• 문제점 – 학생들에게 실생활과 연관된 사례를 제공하지 못하여 수업 이해도를 높이기 힘듦 • 해결방안 – 모형과 구체물을 활용한 수업을 진행함. 모형을 통해 학생들의 시각적 이해도를 높이고 친근하게 접근할 수 있음 – 실제 관련된 여러 가지 사례와 예시를 제공하거나, 학생들이 이와 관련된 사실을 직접 조사할 수 있는 충분한 시간을 제공하여 학생의 참여도와 이해도를 높임
문제점과 해결책(2)	• 문제점 – 학생의 흥미와 특성을 반영하여 수업과 자료를 설계하지 못한 점 • 해결방안 – 학생들의 흥미와 특성이 무엇인지 파악하기 위하여 충분한 소통의 과정을 거쳐, 학생들의 흥미도와 관심사를 파악해야 함 – 설문조사와 같은 요구 분석 과정을 거쳐, 학생들의 의견을 조사하고 이를 바탕으로 배움중심수업을 이루어나가야 함
문제점과 해결책(3)	• 문제점 – 학생들이 경험하지 못한 내용으로 수업을 설계해 학생들의 수업 이해도가 낮음 • 해결방안 – 켈러의 ARCS이론을 적용하여 학생 주변의 비슷한 경험 사례를 찾아 수업에 접목시킴으로써 학생의 흥미, 관심, 동기를 유발시킴 – 마을연계 프로그램, 지역기관을 통해 학생들이 실제 사례를 경험하고 이해할 수 있도록 체험중심의 수업을 구상하기

채점기준	배 점	점 수
수업 설계상의 문제점에 대하여 적절하게 제시하는가?	0~4	
수업 설계상의 문제점을 해결하기 위한 해결책을 구체적으로 제시하는가?	0~4	
교사로서 충분한 지식과 전문성을 가지고 답변하는가?	0~2	

> **구상형**

2 **문제요약**
- 에듀테크를 수업에 활용할 때의 유의점 1가지 제시하기
- 에듀테크 수업과 관련하여 교사로서 전문성을 키울 수 있는 구체적인 방안 1가지 제시하기

채점기준(예시)

구 분	평가항목 예시

에듀테크를 수업에 활용할 때 유의점	• 교육과정 및 수업 내용 분석을 통해 에듀테크 활용이 적합한지 유의해야 함
	  - 단순히 학생들의 관심과 흥미를 고취시키는 용도로만 활용되어서는 수업 목적에 어긋날 수 있음
	  - 철저한 교육과정 분석을 통해 에듀테크 활용이 학습 목표 및 성취기준을 도달하기 위한 지원 도구로 활용되어야 함
	• 교사만 에듀테크를 활용하여 전달하는 강의식 수업이 되지 않도록 유의해야 함
	  - 중, 고등학교는 교사의 지도·관리하에 학생이 직접 에듀테크 도구를 활용하여 수업에 참여하고 이해도를 높일 수 있는 수준임
	  - 학생들이 직접 성취기준을 달성하기 위해 적절한 수준과 난이도의 에듀테크를 활용하여 학생중심 참여형 수업을 실현해야 함
	• 에듀테크 수업 도구의 윤리적 사용에 대한 교육이 이루어졌는지 유의해야 함
	  - 에듀테크 관련 윤리성 교육을 사전 실시하여, 건강하고 교수-학습 중심으로의 에듀테크 수업이 이루어지도록 해야 함

교사로서 전문성을 키울 수 있는 방안	• 연구, 시범학교 에듀테크 수업 사례를 참고 및 활용하여 학생의 흥미와 참여를 높이고, 교수-학습을 설계하였는지 분석하여 전문성 신장시키기 • 교내, 교외 에듀테크 전문적학습공동체에 참여하여 다양한 에듀테크 기능들을 익히고 체험하여 수업에 적합한 에듀테크 기능을 선별하고 활용할 수 있는 능력을 신장시키기 • 에듀테크, AI활용 맞춤형 교육 가이드 참고하기, 하이러닝 관련 연수 참여를 통해 에듀테크 역량을 강화시키고 학생맞춤형 학습 지원 가능하도록 노력함 • 교육청에서 주관하는 에듀테크 교사지원단 및 에듀테크 역량 강화 콘텐츠 적극 활용하여 에듀테크 수업의 이해, 윤리성 교육 방법 익히기

채점기준	배 점	점 수
에듀테크를 수업에 활용할 때의 유의점을 적절하게 제시하는가?	0~5	
에듀테크 수업과 관련하여 교사의 전문성을 키울 수 있는 방안을 구체적으로 제시하는가?	0~3	
에듀테크 수업과 관련하여 교사의 전문성을 키울 수 있는 방안은 실현가능하고 유의미한가?	0~2	

> 구상형

3 > 문제요약
- 자신의 교육관과 비슷한 교육관을 고르고 이유 설명하기
- 자신이 선택한 교육관을 실현할 수 있는 교육활동 1가지 구체적으로 제시하기

> 채점기준(예시)

구 분	평가항목 예시
A교사 주장 선택	• 교육관 – 교육이란 다변화하는 현실 속에서 학생들을 전인적 인간으로 만드는 것 – 교사와 학교는 단순히 지식만 전달하는 것이 아닌, 학생의 올바른 성장을 도모하고 이를 통해 사회에서 접하는 다양한 문제를 해결할 수 있는 역량을 기르는 것. 급변하는 미래 사회 속에서 학생이 스스로 문제를 탐구하고 해결하고 시대에 맞는 올바른 해결책을 찾을 수 있도록 교육해야 함 – 미래 사회에 걸맞게 교육 내용, 방식도 변해야 과거에 머무는 학생이 아닌 미래를 살아갈 수 있는 자기 주도적인 학생으로 성장시킬 수 있음 – 미래 사회에서는 특정 지식을 아는 것보다 스스로 문제를 찾아내고, 창의적으로 해결하는 역량이 필요함 • 교육활동 제시하기 – 과거와 다른 현재의 모습, 내용, 가치를 주제로 하여 조사학습 및 토의토론활동을 진행하여, 변화하는 미래 사회를 살아가기 위해 필요한 역량, 능력, 가치들을 무엇인지 탐구해보는 기회 마련 – 사회와 교육현장의 변화에 따라 에듀테크, 인공지능 등을 활용한 다양한 수업을 통해 학생들의 디지털 활용 역량 및 미디어 리터러시 역량 강화하기 – 변화하는 현실과 관련된 다양한 프로젝트 수업을 실시하여, 학생들의 미래문제해결 역량 및 자기주도성 강화시키기 – 가상현실, 증강현실 등 디지털 경험의 다양화를 통해 창의성 신장 및 미래 진로 체험기회를 확대하기

구 분	평가항목 예시
B교사 주장 선택	• 교육관 　– 교육이란 다변화하는 현실 속에서도 변하지 않는 고유한 가치, 양심, 올바른 인성, 문해력, 사고력 등을 가르치는 것 　– 오랜 기간 동안 중요시 되었던 것들에 대해 배우고 익힘으로써 급변하는 사회 속에서도 중심을 잃지 않고 살아갈 수 있음 • 교육활동 제시하기 　– 변화하는 사회 속에서도 중요시 되는 도덕적 내용과 가치를 가르치기 위해 딜레마 가치 토의토론 활동 실시 　– 다양한 책읽기와 비문학을 통해 작가의 의도 확인하기 및 문해력 신장시키기 　– NIE 수업을 통해 신문 사설 읽고 비판적으로 생각해보기 　– 매일 아침 10분, 점심시간 10분 운동장 조깅을 통해 기초체력 신장시키기 　– 음악 작품, 미술 작품의 아름다움과 표현 방법을 살펴보고 자신의 언어로 표현하거나 가치 논해보기

채점기준	배 점	점 수
자신의 생각을 교육관과 관련지어 적절하게 설명하였는가?	0~4	
자신이 선택한 교육관을 실현하기 위한 교육활동을 구체적으로 제시하는가?	0~4	
교육자로서 전문적 소양을 갖추고 있는가?	0~2	

> 즉답형

1 > 문제요약 1-1. 자신이 생각하는 교사의 역할과 주어진 상황에서 어떻게 행동할지에 대해 설명하기

1-2. 자신이 선택한 방법으로 행동할 때 유의할 점 2가지 제시하기

> 채점기준(예시)

구 분	평가항목 예시
답변 예시(1)	• 교사의 역할 – 모든 학생이 소외되지 않고 수업 및 과정중심평가에 참여할 수 있도록 지원하는 역할 • 행동 방법 – 학생이 모둠별 수행평가 시에 어려워하는 점이 무엇인지 파악하기 위해 평소에 충분한 상담 및 소통하기 – 모둠별 수행평가 시 순회 지도를 통해 어려움을 겪는 학생들에게 구체적 피드백하기 • 유의할 점 – 수행평가의 목적이 학생들을 평가만 하기 위한 것이 아니라 성장과 배움이 일어나기 위해서라는 점을 전체 학생들에게 평가 전에 명확히 안내하기 – 순회 지도 시 직접적인 정답을 알려주지 않도록 주의하기, 잘하고 있는 점 격려하기, 의견 교환이 원활히 이루어질 수 있도록 보조하기, 확산적 발문하기, 비계 제공하기
답변 예시(2)	• 교사의 역할 – 학생이 어려워하는 부분을 파악하고 찾아내어, 개별 맞춤형 자료를 안내하고 코칭할 수 있는 역할 • 행동 방법 – 학생이 친구들과 모둠별 상호 작용에 어려움이 있으니, 의사소통의 과정이 안내된 예시 문장, 자료로 제시하기 • 유의할 점 – 한 학생만을 위한 자료 제시가 아닌 모든 학생들이 참고할 수 있도록 전체 학생에게 안내된 자료 제시하기 – 학생이 바로 변화하지 않아도 꾸준히 기다려주고, 매번 모둠 활동 시에 적극적으로 소통할 수 있도록 안내된 자료, 맞춤형 자료를 제시하며, 인내하고 격려하기

구 분	평가항목 예시
답변 예시(3)	• 교사의 역할 　– 학생이 학습의 과정 및 학교에서의 교우 관계를 통해 성장할 수 있도록 돕는 역할 • 행동 방법 　– 모둠 구성 시에 친구들을 이끌고 격려할 수 있는 구성원이 균일하게 포함되도록 조정 및 구성하기 • 유의할 점 　– 모둠활동에 충분히 적응할 수 있을 때까지만 모둠 구성에 교사가 신경 쓰기. 계속 교사와 친구의 배려를 받는다면 학생의 성장과 발달이 저해될 것임 　– 모둠 활동 경험을 더 많이 제공하고 익숙해 질 수 있는 충분한 시간을 제공하기 　– 학생이 모둠활동에서 이끄는 역할을 하는 친구를 보고 배울 수 있도록 적절한 피드백 하기

채점기준	배 점	점 수
[1-1] 자신이 생각한 교사의 역할과 주어진 상황에서의 행동 방법에 대하여 구체적으로 설명하는가?	0~4	
[1-2] 대처방안 실천 시 유의할 점을 알맞게 제시하는가?	0~4	
교사로서의 책임감과 사명감을 가지고 있는가?	0~2	

CHAPTER 07 심층면접 기출문제(2023 중등)

[1] 2023년 강원도 중등(공통)

구상형

1 다음 자료를 보고 아래의 물음에 답하시오.

〈자료 1〉 학교 상황
이 교사는 학생들과 잘 지내며 친구 같은 선생님이 되고 싶다. 학생들이 하는 이야기도 잘 들어주고 장난도 치며 적절하게만 관계를 유지하면, 학생들이 고민이 있을 때도 보다 편하게 찾아올 것이라도 생각한다. 하지만 김 교사는 이 교사를 바라보며 학생들을 풀어주는 것이 걱정된다. 학기 초에 학생들을 잡지 않으면 나중에 필요할 때 학생들이 통제되지 않기 때문이다. 시간이 흐를수록 점점 선을 넘는 학생들의 행동에 김 교사는 고민이 깊어지고 있다.

〈자료 2〉

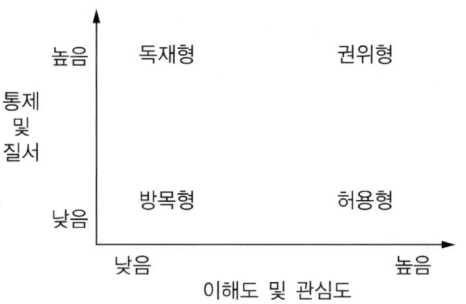

〈자료 3〉 강원교육 지향 가치와 실현 방향
존중 : 교육공동체 구성원 한 명 한 명을 자기 삶의 주체이자 존엄한 존재로서 존중한다.
균형 : 모든 학생이 기본적인 학력과 교양, 인성과 건강을 두루 갖추도록 한다.
신뢰 : 학생·교직원·학부모·지역 주민이 자율과 협력으로 서로 신뢰하도록 한다.

1-1. 〈자료 1〉을 보고 이 교사의 생활교육 방식이 〈자료 2〉 중 어디에 해당하는지 고르시오. 그리고 해당 방식이 가지는 장점과 약점에 대하여 각각 2가지씩 설명하시오.

[핵심 키워드]

[답변 구상]

1-2. 담임교사로서 평화로운 학급 운영을 위해 할 수 있는 교육 프로그램을 3가지 구상하고, 이유를 〈자료 3〉의 강원교육 지향 가치와 연결하여 설명하시오(지향 가치는 중복할 수 있음).

[핵심 키워드]

[답변 구상]

즉답형

1 다음 상황을 보고 B교사가 A학생을 지원할 수 있는 방법 4가지를 제안하시오.

> ○○고에 다니는 A학생은 물리 수업을 듣고 싶다. 하지만 ○○고는 소규모학교라 물리 교사는 없고 생명과학 교사만 있기에 A학생은 물리 수업을 듣지 못하고 있다. 반면, ◇◇고에 근무 중인 B교사는 물리를 전공하여 물리 수업을 가르치지만, 학교 상황으로 인해 다른 과학 수업까지 담당하고 있다.

나만의 답변 구상하기

[핵심 키워드]

[답변 구상]

2 아래 제시문은 미래교육 선도학교에 근무하는 교사들의 대화이다. 미래교육 선도학교를 운영하기 위한 교사들의 노력 방안을 4가지 제시하시오.

> A교사 : 우리 학교는 미래교육 선도학교이기에, 학생들이 직접 참여할 수 있는 수업 방법을 모색하여야 합니다. 또한 단편적인 수업에서 벗어나 융합형 수업을 운영하여 교육 효과를 높일 수 있어야 해요.
> B교사 : 학생들의 수업 참여도를 높이기 위해서는 학생들에게 다양한 교육활동을 제공하는 것이 중요할 것 같아요.
> C교사 : 미래교육을 위한 학교 교육과정을 원활하게 운영하려면 교사 간의 소통과 공유가 꼭 필요합니다. 교사들이 힘을 모아 고민하고 함께 노력해야 하니까요.

나만의 답변 구상하기

[핵심 키워드]

[답변 구상]

3 다음 상황을 보고 해당 교사의 문제점을 2가지 설명하시오. 또한 학기말 교육과정을 내실화하기 위해 필요한 방안을 4가지 제시하시오.

> 학기말이 되어 수업을 들어가야 하는데 교과서 진도가 모두 마무리되었다. 교사는 교육과정이 마무리되었다고 생각하여 교과와 관련은 없지만 학생들이 좋아할 만한 영화를 준비하여 수업시간에 보여주었다. 영화를 좋아하는 학생들도 많았지만, 관심 없는 학생들은 잠을 자거나 친구들과 떠들며 수업시간을 보내었다. 또한 장난을 치는 학생들까지 생겨 수업시간이 제대로 통제되지 않는 느낌이 있다.

나만의 답변 구상하기

[핵심 키워드]

[답변 구상]

2023년 강원도 중등(공통) 해설

구상형

1 **문제요약** 1-1. 이 교사의 생활지도방식을 고르고 해당 방식의 장단점 각 2가지 말하기

채점기준(예시)

구 분	평가항목 예시
지도 유형의 특징	※ 본 문제의 정답은 허용형이나, 다른 유형의 특징도 참고 • 허용형 　– 학생의 의견을 경청하고 수용해주는 것이 학생의 자존감과 자신감을 계속 높여준다고 생각하게 됨 → 오해일 수 있음 　– 특정 상황에서는 학생에 대한 기대가 없는 것으로 느껴지기도 함 　– 비판적 사고, 논쟁, 토론의 기회가 부족하여 사회성 결여 가능 • 방임형 　– 무관심 속에 학생이 성장하게 됨 → 충동성 강화 우려 　– 자신의 가치를 중요하게 생각하지 않게 됨 → 자해, 자살 우려 • 권위형 　– 학생에 대한 기대감을 높임과 동시에 애정을 담아 대함 　– 상호 존중 속에 대화와 토론을 통해 높은 자존감을 기를 수 있음 • 독재형 　– 학생에게 애정이 부족하며, 학생은 라포 형성이 어려움 　– 문제 상황이나 고민에 대해서 교사에게 털어놓지 못함
허용형의 장점과 약점	• 허용형 장점 　– 교사가 행하는 관심과 애정이 학생들에게 전달됨 　– 사제지간의 라포 형성이 쉽고 빠르게 됨 　– 학생이 교사에게 자신의 의견을 표현하기가 쉬워짐 　– 학생 주도의 교육과정 및 학급운영이 가능해짐 • 허용형 약점 　– 무조건적인 허용으로 인해 올바른 규칙을 간과할 수 있음 　– 선생님이 무조건 허용해 줄 것이라는 무의식 속에 충동적인 행동이 유발될 수 있음 　– 적절한 교육과 훈육이 필요한 상황에서 교육이 결여될 수 있음 　– 올바른 생활을 하는 학생들이 학업, 생활적으로 피해볼 수 있음

채점기준	배 점	점 수
문제 상황을 이해하여 생활지도 방식 중 올바른 유형을 선택하였는가?	0~2	
생활지도 방식이 가지는 장·단점을 각각 2가지씩 적절하게 설명하였는가?	0~6	
올바른 생활지도를 위한 자신만의 교육관을 갖고 있는가?	0~2	

구상형

2 문제요약 1-2. 강원도 교육 지향 가치와 연결 지어 교육 프로그램 구상 3가지

채점기준(예시)

구 분	평가항목 예시
답변 방향	아래의 강원도 지향 가치별 관련 교육시책, 사업을 바탕으로 자신의 교과와 연계하여 프로그램을 제안
존중 관련 강원도 교육사업	• 존중 : 자신의 교육 기회를 확보하는 나를 존중하는 교육과 타인, 학교의 교육을 존중하는 학교와 관련한 프로그램 제안 • 인권교육 : 학생의 인권과 교사의 인권을 상호존중하는 인권보호주간 운영 • 학생자살예방 및 생명존중 문화 캠페인 • 단점을 장점으로 바꾸어보는 '긍정적인 나' 활동 • 서로를 아끼며 칭찬하는 '칭찬 샤워 데이' 운영
균형 관련 강원도 교육사업	• 균형 : 모든 학생이 기본학력, 교양을 갖출 수 있도록 하며, 조화와 협력을 추구하는 학교문화와 관련한 프로그램 제안 • 기초학력 확보를 위한 AI, 에듀테크 활용(EBS Math, ASK Math 등) • 학생 맞춤형 교육을 위한 학생주도 자유학기제 운영 • 학생 불균형 체형 예방, 관리를 위한 PAPS 자세평가 실시(강원도 2023 신규 사업) • 토요 스포츠 활동 운영을 통한 건강교육 • 지역별 균형 있는 교육과정 운영을 위한 학교 공동 교육과정 운영
신뢰 관련 강원도 교육사업	• 신뢰 : 학생·교직원·학부모·지역 주민이 자율적으로 협력하고, 지역교육 생태계 구축과 관련된 프로그램 제안 • 학력 향상을 위한 지역기관 협력 연계 프로그램(초,중,고) • 지역 내 교육공동체가 공동으로 활용할 수 있는 직업교육지원 센터 활용 • 지역산업과 연계한 창의융합형 공동실습소 활용 • 가정, 지역사회 협동 인성교육(향교, 노인회, 재향군인회 등) • 학교폭력 예방 유관기관 협력사업(경찰청, 국립춘천병원, 지자체, 상담기관 등) • 지역 예술자원과 연계한 지역 맞춤형 예술교육 운영 • 학생, 교사, 학부모가 함께하는 강원 인문학 여행 참여

채점기준	배 점	점 수
강원도의 교육 지향 가치에 대하여 적절하게 이해하고 있는가?	0~2	
해당 가치를 함양할 수 있는 교육 프로그램을 3가지 제시하는가?	0~6	
제시한 방안은 유효하며 학교에서 실현할 수 있는 것인가?	0~2	

즉답형

1 **문제요약** 학교가 다른 B교사가 A학생을 지원할 수 있는 방안 4가지

채점기준(예시)

구 분	평가항목 예시
지원 방안	• 시·도 간 공동교육과정 운영 • '학교 밖 교육' 프로그램 인프라를 활용한 수업 제공 • 고교학점제 순회교사 신청 및 강사 풀 활용 • 고교학점제 소인수 선택과목 개설 운영 안내 • 온/오프라인 연계 수업 운영 • '꿈 더하기 대학 연계 공동교육과정' 활용 • 무한 캠퍼스 교육과정 활용 • 권역별 체험 및 교육활동 지원을 위한 수리과학정보 체험센터 활용 • 지능형 과학실 ON 플랫폼 활용 • 메타버스를 활용한 원거리 지도 • 학생동아리, 학교 밖 동아리를 활용한 추가 지도
강원도 교육청 시책	• 무한 캠퍼스 교육과정 : 지역 특화 교육과정 개발을 통해 학생의 진로·적성에 따른 과목 선택권을 보장하고 학교 교육의 경계를 확장하여 운영하는 학생 맞춤형 교육과정

채점기준	배 점	점 수
강원도의 교육 시책을 활용하여 해결 방법을 4가지 제안하는가?	0~4	
강원도 교육 사업에 대한 이해도가 높은가?	0~4	
교사로서의 소명감과 자질을 가지고 있는가?	0~2	

즉답형

2 **문제요약** 미래교육 선도학교를 운영하기 위한 방안 4가지

채점기준(예시)

구 분	평가항목 예시
답변 방향	• 미래교육과 관련된 강원도 교육사업을 자신의 교과, 계기교육 주제와 연결하여 답변을 구상하면 좋다(아래 예시는 강원도 교육사업 관련).
융합형 및 다양한 프로그램 운영 방안	• 창의융합형 공동실습소 활용 : 인공지능, 스마트팩토리, 사물인터넷 등의 영역 • 직업계고 학점제와 연계한 교육과정 운영 • 소프트웨어, 인공지능 교육과정 전반을 주도할 담당교사 배치 • 학생 중심의 융합 프로젝트 운영 : 식생활, 지구온난화, 문해력 부족, 지역문제 등 • 찾아가는 AI 교실 프로그램 연계 • 교육과정 내 디지털리터러시 교육, 정보통신윤리교육 운영 • 미래형 융합교육 (STEAM) 프로그램 계획 • 강원메타버스교육체험관 연계 교육 • 강원 AI 서술형평가 시스템 활용 • 미래교육과 예술을 연계한 학생 주도 예술동아리 운영 • 융합, 독서, 인문, 토론교육 프로그램 활용 : '꿈 있는 인문학' 프로그램 • 챗GPT를 활용한 교과 교육과정 공동 연구 • 스마트 교실과 발명 수업을 연계하여 미세먼지 문제 극복 프로젝트 운영 • 빅데이터와 통계자료를 활용한 기후변화대응 교육 • 그린스마트스쿨 사업을 활용한 민주시민교육 프로젝트 • 세계시민역량을 위한 온라인 영어 토론회 운영 • 해외 학교 연계 공동 교육과정 수립 및 운영
교사 전문성 및 소통 관련	• 교내, 관내 교원 학습공동체 운영 활성화 • 교과 중심, 학년 중심의 SW, AI 교육과정 연구 • 학생, 학부모, 교사, 지역 전문가 등이 모인 교육과정 토론회 운영 • 강원도 정보교육지원단 운영 참여 • 교육대학원 연계 AI 교육대상자 지원 프로그램 신청 • 교육과정 연계 SW, AI 운영 우수사례 협의회 참여

채점기준	배 점	점 수
미래교육 선도학교를 운영하기 위해 필요한 사안을 설명하는가?	0~4	
강원도 교육청에서 추구하는 미래교육의 방향성과 같은가?	0~4	
제시한 방안은 미래교육의 발전에 도움이 되는 것인가?	0~2	

즉답형

3 **문제요약** 제시문의 교사가 가지는 문제점 2가지와 학기말 교육과정 내실화를 위한 방안 4가지

채점기준(예시)

구 분	평가항목 예시
교사의 문제점	• 학교 학사일정에 맞춘 적절한 교육과정 시수 안배 실패 • 교과, 교육과정과 관련 없는 영상으로 비교육적 활동 시행 • 수업시간 내 정상적인 학업 태도, 학교 생활 태도 지도 불이행 • 일부 학생들의 수업결손 및 학습권 피해 • 동일 교과 교사, 동학년 지도 교사들과의 교육과정 협의 부족

학기말 교육과정 내실화 방안	• 교과 연계 계기 교육 프로젝트 운영(예시 : 기후변화)
	  – 국어 : 기후변화 논설문을 중심으로 기고문 작성하기
	  – 수학 : 지구의 환경문제 통계자료를 활용한 빅데이터 활용 수업
	  – 사회 : 마을과 지역사회에 직접적인 영향을 주는 기후변화 문제 원인 분석
	  – 미술 : 기후변화의 심각성을 알리는 설치 미술 작품 전시회 운영
	  – 음악 : 점심시간에 기후변화 캠페인을 실시하기 위한 연주회 연습
	• 교과 연계 진로교육 프로젝트 운영
	  – 국어 : 도서의 삶을 분석하여 가치관이 삶에 주는 영향 이해해보기
	  – 과학 : 신개발 과학기술을 탐색하여 미래 직업 구상하기
	  – 영어 : 외국 기사문을 분석하여 자신이 역량을 발휘할 수 있는 직업 찾기
	  – 도덕 : 철학적 관점에서 자신의 장점과 단점을 분석해보기
	  – 체육 : 또래교사가 되어 자신의 여가활동을 친구들에게 가르쳐보기
	• 교과 관련 영화 감상을 통한 토론회 운영
	• 학기말 책 콜라주 활동 : 폐교과서를 활용하여 학습 개념을 콜라주 작품으로 제작하고, 모둠별 단원을 분배하여 학기 내용 전체 복습
	• 스마트 기기를 활용하여 학급별 교과 성과회 온라인 개최
	• 교육과정 변경을 통한 1일 교과 골든벨 운영
	• 학습 내용을 담은 만화, 웹툰, 미디어 콘텐츠 제작하기
	• 글로벌 역량 강화를 위한 해외 교과서 탐방하기
	• NIE를 활용하여 시사 문제 속 교과 내용 탐색하기
	• 학습 내용 중 개념 1가지를 골라 콘셉트 있는 교실 환경 꾸미기
	• 1학기 교육과정을 돌아보며 2학기 교육과정 학습 계획 함께 수립하기
	• 다음 자유학기 운영을 위한 기초 교과 배경지식 다져놓기

채점기준	배 점	점 수
제시문 속 교사의 문제점을 정확하게 분석하였는가?	0~2	
학기말 교육과정의 내실화를 위한 구체적인 방안을 제안하는가?	0~4	
학기말 교육과정의 중요성을 이해하고 있는가?	0~4	

[2] 2023년 경기도 중등(공통)

구상형

1 아래의 글을 참고하여 본인의 교과를 활용한 기초학력 증진 프로그램을 구상하시오.

> 〈2023 경기도교육감 신년사 중〉
> 에듀테크 활용으로 학생 맞춤형 교육을 실시하겠습니다.
> 1인 1기기 스마트 단말기 보급을 앞당겨 학생의 디지털 활용 역량을 높이고 인공지능 기반의 교수학습 플랫폼 구축으로 AI 튜터가 학생 맞춤형 학습과 선생님의 수업·평가를 지원하겠습니다. 에듀테크를 활용한 기초학력 진단으로 학생 맞춤형 학력 향상과 함께 학생의 교육격차를 줄이기 위해 노력하겠습니다.
> 학교가 본연의 활동에 충실하기 위해서는 학교가 안고 있는 무거운 짐을 덜어주어야 합니다. 이를 위해 에듀테크를 활용하여 교사가 가르치는 수고를 분담하게 하고 지역교육 협력 체계 구축으로 학교를 적극 지원하겠습니다.

나만의 답변 구상하기

[핵심 키워드]

[답변 구상]

2 학교폭력이 발생한 갈등상황을 분석하고 해결방안을 제시하시오. 더불어 그 과정에 유의해야 할 점을 설명하시오.

> A학생 : 급식시간에 밥 받으려고 기다리고 있었어요. 그런데 B가 갑자기 욕을 했어요. 기분이 나빠져서 제가 B를 밀었는데, B가 먼저 저를 학교폭력으로 신고한 거예요. 제가 몸을 민 것은 잘못이지만, B가 저한테 먼저 욕해서 싸움을 만들었으니까 언어폭력으로 신고하고 싶어요.
> B학생 : 저는 A한테 장난치려고 말을 걸었어요. 말로 장난쳤을 뿐인데 갑자기 A가 제 몸을 밀면서 싸움을 시작했어요. 제가 친 말장난이 A의 기분을 상하게 했을 수는 있지만, 몸에 손을 대면 안 되잖아요.

나만의 답변 구상하기

[핵심 키워드]

[답변 구상]

3 각기 다른 교육환경 속에서 학교는 교육공동체와 의논하여 학교 자율 과제를 설정하여야 한다. 아래의 SWOT를 참고하여 학교 자율 과제 문장을 완성하고, 그렇게 정한 이유를 설명하시오. 더불어 학교 자율 과제에 따른 구체적인 실현 방안을 제시하시오.

〈 학교 자율 과제 〉
(   )을/를 통한 (   )

학교의 SWOT	
S (강점)	W (약점)
- 학생들이 학교 교육에 대해 신뢰한다. - 교육공동체가 인성교육의 필요성을 느끼고 있다.	- 학생들의 상호 배려가 부족한 편이다. - 교과와 연계한 인성교육 프로그램이 부족하다.
O (기회)	T (위협)
- 인성교육에 활용할 수 있는 예산이 증대되었다. - 우리 지역은 활용할 수 있는 인적, 물적 인프라가 풍족한 편이다.	- 가정에서의 지도와 협력이 잘되지 않는 편이다. - 자극적인 미디어 콘텐츠에 대한 노출이 크다.

나만의 답변 구상하기

[핵심 키워드]

[답변 구상]

즉답형

1 모둠활동을 진행하다보면 여러 문제 상황에 직면할 수 있다. 아래의 문제 상황을 파악하여 이를 해결하기 위한 방안을 제시하시오.

> 학생 A는 모둠활동을 할 때 학생들이 자신의 말만 하고, 다른 사람의 이야기를 듣지 않는다. 하고 싶은 말이 많아서 다른 학생들이 힘들어한다.
> 학생 B는 활동 내용을 잘 이해하지 못하는 것 같다. 기초학력이 부족해보이며, 과제를 이해하지 못하니 모둠활동 자체에 참여하기 힘들어한다.
> 학생 C는 매우 열심히 모둠활동에 참여한다. 하지만 다른 학생들이 무임승차를 많이 해서 본인이 억울해한다.

나만의 답변 구상하기

[핵심 키워드]

[답변 구상]

2 설문 조사 결과를 참고하여 학생들이 원하는 교사가 되기 위하여 어떻게 하여야 하는지 담임교사의 관점과 교과 교사의 관점에서 각각 이야기하시오.

> 어떠한 선생님을 원하는지에 대한 설문을 실시한 결과, 학생들은 '우리의 목소리를 들어주어 소통이 잘 되고, 요청을 잘 들어주는 선생님'을 가장 선호한다고 답하였다.

나만의 답변 구상하기

[핵심 키워드]

[답변 구상]

2023년 경기도 중등(공통) 해설

구상형

1 문제요약 본인의 교과를 활용한 기초학력 증진 프로그램 제안하기

채점기준(예시)

구 분	평가항목 예시
답변 방향	• 경기도교육청의 기초학력 증진 사업을 연계하여 교과 프로그램을 제안하여야 함 • AI, 디지털기기, 에듀테크 등의 기법을 기본적으로 활용해야 하며, 이에 덧붙여 지역사회의 협력을 받는 프로그램으로 제안하여야 좋음
경기도 교육청 기초학력 관련 정책	• 지역대학 연계 AI 튜터 및 멘토링 운영을 통한 자기주도 학습력 향상 지원 • AI코스웨어와 대학생 멘토가 결합한 온라인 여름, 겨울학교 운영 • 기초학습지원센터를 활용한 진단, 보정 통합지원 강화 • 에듀테크 기반 온라인 기초학력 진단보정시스템 활용 • 기초학력 학생 자율학습시스템 '배·이·스 캠프' 활용(중1~고1) • 학생이 스스로 만들어가는 꿈의 학교 운영 • 다양한 지역 교육자원 활용 기초학력 프로그램 운영 : 지역기업, 대학, 마을공부방, 상담기관, 체험학습장 등 • 중학교 자유학기제 중 기초학력 보장 및 적응 지원 강화를 위한 중점학년제 운영 • 중, 고등학교 IT체육교실 설치 지원 : 저체력 보강
기초학력 프로그램 예시	• 수업 전 AI 문제풀이 기능을 통한 선수학습 진단 강화 • 사전 개념 복습을 위하여 디지털기기를 활용한 거꾸로학습 실시 • AI 튜터 활용한 진단 내용, 학습 중 형성평가 결과 기록 및 피드백 • 온라인 학습 스터디 카페 운영 : 정해진 시간에 쌍방향 화상회의실에 들어와 자율학습 및 질문 • 학생 자율동아리 창설 : 학생이 중심이 되어 퀴즈를 풀며 노는 학습동아리 운영 • 지역 대학생 멘토링 운영을 통한 학습, 생활 상담창구 운영

채점기준	배 점	점 수
경기도교육청이 추구하는 교육방향에 대해 이해하고 있는가?	0~4	
기초학력 증진 프로그램을 위하여 적절한 단계를 계획하였는가?	0~4	
해당 프로그램은 학생들의 기초학력 증진에 도움이 되는가?	0~2	

구상형

2 **문제요약** 학교폭력 사안을 보고 갈등상황을 분석하고 해결방안을 제시하고, 해결방안을 실천하는 과정에서 유의할 점 말하기

채점기준(예시)

구 분	평가항목 예시
갈등 분석	• 우발성과 자기중심성으로 학교폭력 사안으로 심화됨 • 대화로 해결할 수 있는 문제상황이지만 소통이 매우 부족함 • 역지사지의 자세와 자아성찰의 과정이 결여되어 있음
해결방안	• 학생, 학급, 학년 단위에서 회복적 생활교육 실시하기 • 경기형 관계 회복 프로그램 워크북 활용 • 역할교환검사를 통한 상호 감정 교류하기 활동 • Wee클래스 연계 집단상담 실시 • 나전달법 훈련을 통한 올바른 의사소통 방법 교육 • 학교폭력 예방교육 실시 : 어울림 프로그램, 학급 UCC 활동 참여, 캠페인 영상 제작, 예술활동 등 • 학급놀이, 체육활동을 통한 학생 라포 강화 • 인성 덕목과 교과를 연계한 교육 프로그램 운영 • 학생의 동의하에 또래중재 또는 학급자치법정 운영 • 참여형 역할극 수업 운영을 통한 거울치료 유도 • 미술을 통한 간접 치료 활동 : 미술심리치료, 샌드아트 등 • 감정카드, 이미지 프리즘을 활용한 감정 객관화하기 교육
유의할 점	• 기본적으로 학생의 의견을 적극 경청하고 공감해주어야 함 • 학생들의 행동을 교사가 지적하거나 비난하지 않아야 함 • 교사의 주관이 들어가지 않도록 하며, 객관적으로 소통하기 위해 노력하여야 함 • 학생들의 화난 감정이 진정된 이후에 진솔한 대화로 이끌어나가야 함 • 교사가 함부로 판단하고 사과시키지 않아야 함 • 학생들이 스스로 관계회복을 원할 경우에는 학생들이 이끌어갈 수 있도록 조력하며, 방법을 모르는 경우에는 선택지나 힌트를 제시할 수 있음 • 문제해결을 통해 성찰이 이루어지면, 똑같은 행동이 유발되지 않도록 재발 방지 약속을 해야 함

채점기준	배점	점 수
학교폭력 갈등 상황을 분석하여 원인을 명확하게 발견하였는가?	0~2	
해당 학생들에게 필요한 교육적 해결방안을 제시하였는가?	0~6	
해결방안을 실천하는 과정에 유의할 점은 합당한 것인가?	0~2	

> 구상형

3 　문제요약　SWOT 결과를 바탕으로 한 학교자율과제를 설정한 뒤 그 이유를 말하고, 학교 자율과제를 위한 실현 방안 제시하기

채점기준(예시)

구 분	평가항목 예시
답변방향	• (A)을/를 통한 (B) 　– A : 방법, 핵심가치 등 　　(공감, 의사소통, 경청, 지역사회 연계, 디지털기기, 교과) 　– B : 인성교육 관련 목표 도달점 　　(SWOT를 보면 인성교육이 중점이 되어야 함을 암시)
학교자율 과제 예시와 그 이유	• 지역사회 연계를 통한 민주시민 되기 　– 학교 지역은 물적, 인적 인프라가 뛰어나므로 이를 인성교육, 민주시민에 접목 • 경청을 통한 예의 바른 우리 학교 　– 학생들의 상호 배려가 부족하다는 문제점을 해결하기 위해 경청을 통해 예의를 갖추는 법을 가르쳐 인성교육 실시 • 디지털 교육을 통한 올바른 인터넷 문화 만들기 　– 미디어 노출이 크고 가정에서의 관리가 부족한 특성을 고려하여 디지털 교육을 통해 안전한 온라인 생활을 유도 • 교과 학습을 통한 마음 단련하기 　– 인성 요소와 상호 배려가 부족함을 극복하기 위해 교과를 활용하며, 학교의 약점인 교육과정 부분을 개선하여 인성교육 실천
실현 방안	• 지역사회 연계를 통한 민주시민 되기 　– 지역사회의 예술인들을 초청하여 인성 뮤지컬 준비하기 　– 인성교육 캠페인을 준비하여 방과후 마을 캠페인 실시 • 경청을 통한 예의 바른 우리 학교 　– 감정 표현 연습, 또래상담부 운영을 통해 경청을 연습하기 　– 문제 발생 시 학급자치활동에서 의견을 경청하고 관계회복 실천 • 디지털 교육을 통한 올바른 디지털 문화 만들기 　– 스크린타임 핸드폰 생활 점검하여 생활패턴 바꿔보기 　– 익명의 위험성을 느껴보고 아름다운 댓글 챌린지 참여하기 • 교과 융합 학습을 통한 마음 단련하기 　– 미술, 음악 연계하여 상호존중 공연 준비 후 지역사회에서 전시회 　– 수학 통계자료와 국어 논설문 자료를 분석하여 사회성 증진 방안 모색

채점기준	배 점	점 수
SWOT 결과를 바탕으로 필요한 학교자율과제를 제시하였는가?	0~2	
학교자율과제를 설정한 이유가 타당한가?	0~3	
제시한 실현방안은 학교자율과제의 목표 도달에 적합한가?	0~5	

즉답형

1 문제요약 모둠활동 중 발생할 수 있는 문제의 해결방안 제안하기

채점기준(예시)

구 분	평가항목 예시
학생 A 관련	• 모둠 리더 선정하여 발언 과정 체계화하기 • 개인과제·평가로 모둠 내 여러 의견을 정리해오도록 청취 유도하기 • 토킹스틱을 배부하여 발언권을 배부하기 • 모래시계를 활용하여 1인 발언 시간 갖기 • 가장 말하고 싶은 1가지만 말하도록 훈련하기 • 의견 말하기보다 의견 듣기에 노력하였을 때 과정을 칭찬하기 • 서기의 역할을 주어 경청과 기록의 과정에 중점을 두기
학생 B 관련	• 모둠 교사 역할 지정하여 지원체계 마련하기 • 추가힌트 쪽지 준비해두어 필요시 제공하기 • 기초학력을 높일 수 있는 추가지원 실시하기 　– (경기 시책) 지역대학 연계 멘토링 제도 운영 　– (경기 시책) 기초학습지원센터 활용, 진단, 보정 지원 　– (경기 시책) AI 기반 학습 지원 : 배·이·스 캠프 등 　– 교과보충제도 활용 　– 학생자율동아리를 활용한 학습놀이부 운영
학생 C 관련	• 자기평가, 동료평가제도 적극 활용 • 과정중심평가, 성장중심평가를 기반으로 한 평가제도 개편 • 개별성찰일지 작성을 통한 모든 학생들의 참여도를 점검 • 열심히 참여하는 학생들에게 집중한 칭찬 피드백 시간 확보 • 교사에게 속마음을 호소할 수 있는 마음 창구 마련 • 무임승차를 줄일 수 있는 모둠 분담 과업 제공 • STAD, TGT를 활용한 모둠 협력형 수업 실시

채점기준	배 점	점 수
상황 속 문제점을 정확하게 진단하고 있는가?	0~2	
문제를 해결하기 위한 구체적인 해결 방법을 제시하고 있는가?	0~6	
교육활동을 통해 문제를 해결하려는 의지를 가지고 있는가?	0~2	

> **즉답형**

2 `문제요약` 학생들이 원하는 교사가 되기 위한 방법을 담임 교사 입장과 교과 교사 입장에서 말하기

`채점기준(예시)`

구 분	평가항목 예시

담임 교사 입장	• 학생들과 소통할 수 있는 창구를 여러 방면으로 마련
	  – 교실에 마음 상자를 마련하여 쪽지로 소통
	  – 학급 SNS 소통망 마련 : 메신저, 밴드 등을 활용하여 1 대 1 대화
	• 학급 자치 시간을 활용한 적극적 의견 조율
	• 월별 학급 생활 설문을 실시하여 학생들의 생각 수렴
	• 학급 동아리 신청을 받아 학생 중심의 학급 생활 지원
	• 학생과 주고받는 교환일기 프로그램 진행
	• 학생 관찰 일지 작성
	• 교사 자아 성찰을 위한 교무수첩 작성

교과 교사 입장	• 학기초, 학기말 활동 시간을 활용한 설문조사로 교육방향 수립 • 온라인 질문창구를 마련하여 학생들이 자유롭게 질문할 수 있도록 하며, 질문에 답을 달고 모든 학생들이 보며 서로 보고 배우며 공부할 수 있도록 함 • 다양한 교수학습모형을 활용하여 학급, 학년에 효과가 좋은 모형을 중심으로 프로젝트 운영 • 학생들과 함께 하는 수업 나눔 시간 확보 • 학기말 교육과정 평가회, 교육과정 대토론회에 학생 위원 참여 • 전문적 학습공동체를 통한 교과 교사들의 의견 공유 및 전문성 신장

채점기준	배 점	점 수
담임 교사의 입장에서 학생들의 의견을 수렴할 수 있는 방안인가?	0~4	
교과 교사의 입장에서 학생들의 의견을 수렴할 수 있는 방안인가?	0~4	
교육공동체의 일원으로서 바른 마음가짐을 갖고 있는가?	0~2	

3 2023년 서울 중등(교과)

> **구상형**

1 (가)의 내용을 참고하여 (나)의 학부모에게 교사로서 할 수 있는 답변을 3가지 말하시오. 더불어 (다)에 제시된 교사의 고민을 해결할 수 있는 방안을 2가지 제안하시오.

> (가) 서울특별시교육청 디벗 운영계획 중 일부
> 　　서울특별시교육청에서는 더욱 잘 가르치고 더욱 잘 배울 수 있는 교수, 학습 혁신을 위하여 「디벗」 사업을 시행하고 있다. 「디벗」이란 'Digital+벗'의 줄임말로, '스마트기기는 나의 디지털 학습 친구'라는 의미를 담고 있다. 미래사회에 대비하여 교육환경에서 스마트기기 활용을 극대화하고, 이를 통해 학교 교육에서 디지털 역량을 신장시키고, 건강한 디지털 시민성을 갖추고자 하는 것이 목표이다.
>
> (나) 학부모 질의
> 　　요즘에는 학교에서 태블릿 PC를 나누어주고, 이것으로 수업도 한다면서요? 어떠한 수업을 하는지 궁금합니다. 그리고 이러한 방식이 수업과 평가에 어떠한 장점이 있는지 궁금합니다.
>
> (다) 교사 교무수첩
> 　　요즘에 에듀테크가 강조되니까 태블릿 PC로 수업을 하는데 고민되는 것들이 많다. 모든 수업에 정보기기를 쓰려고 하다 보니 학생들에게 기기 활용법, 어플리케이션 활용법 등을 알려주는 데 시간이 너무 많이 든다. 그리고 학습이 반복될수록 학생들에게 교과 내용을 전달하기보다는 기기로 퀴즈나 재밌는 것들만 하게 되고, 결국 학생들의 이목이나 흥미를 끌기 위한 도구적인 방법으로만 쓰이는 것 같다. 또한 막상 이러한 것들을 활용하여 평가를 해야 하니 막막하다.

나만의 답변 구상하기

[핵심 키워드]

[답변 구상]

2 다음은 교내에서 실시한 학교 교육 만족도 조사의 결과이다. 이러한 문제가 발생한 원인을 이야기하고, 이에 대한 해결책을 4가지 제안하시오.

> 〈학생 설문 응답〉
> - 국어, 과학, 영어, 사회 시간에 계속 신문 만들기 활동만 하니까 지겨웠어요.
> - 여러 과목의 수행평가 기간이 겹치니까 준비하는 것이 힘들어요.
>
> 〈교사 설문 응답〉
> - 다른 과목 선생님들이 어떻게 수업하시는지 궁금합니다. 그런데 매번 여쭈어보기가 조심스러워서 묻지 못해 아쉽습니다.
> - 본인 스스로 수업을 잘하고 있는지 의문이 들 때가 있습니다. 그리고 어떻게 하면 더 잘할 수 있을지 고민이에요.

나만의 답변 구상하기

[핵심 키워드]

[답변 구상]

(추가질문) 본인이 한 학급의 담임을 맡고 있을 때, 동료교사가 찾아와 본인 학급의 학생의 수업 방해에 대해 고충을 호소한다. 해당 학생이 수업 시간에 지도에 따르지 않으며, 그래서 본인이 매우 힘들다고 이야기하는 동료교사에게 담임교사로서 어떻게 응답할지 말해보시오.

나만의 답변 구상하기

[핵심 키워드]

[답변 구상]

즉답형

1 다음의 내용 중 밑줄 친 부분에 대하여 실현 방안과 그렇게 생각한 이유를 각각 이야기하시오.

> 〈교사와 학생 사이의 대화〉
> 학생 : 저는 교사가 되고 싶어요. 교사가 되기만 하면 그다음에는 아무런 연구나 공부를 하지 않아도, 계속 학생들만 가르치면 되니까요.
> 교사 : 그러한 것은 아니란다. 교사가 되어도 꾸준히 공부하고 연구를 하며 성장을 위해 노력해야 한단다.
>
> 〈교사들의 대화〉
> 멘티 교사 : 좋은 교사가 되고 싶어요. 그런데 좋은 교사란 무엇인지 잘 모르겠습니다.
> 멘토 교사 : 교사란 수업 내용을 잘 전달하는 것 외에도 다른 여러 방면에서도 성찰이 필요합니다.

나만의 답변 구상하기

[핵심 키워드]

[답변 구상]

(추가질문) 학교 내의 공간 중에서 바꾸고 싶은 부분이 있다면, 어떻게 바꾸고 싶은지 자신의 교직관과 관련지어 설명하시오.

나만의 답변 구상하기

[핵심 키워드]

[답변 구상]

2023년 서울 중등(교과) 해설

> **구상형**

1 **문제요약** 제시문과 '디벗'에 관련하여 교사로서 학부모에게 할 수 있는 답변 3가지를 말하고 (다)에 제시된 교사의 고민을 해결할 수 있는 방안 2가지 제안하기

채점기준(예시)

구 분	평가항목 예시

'디벗' 관련 교사로서 할 수 있는 답변	• 수업 방법 측면 : 다양한 앱을 활용하여 학생 참여 중심 수업이 가능함을 앱 활용 수업 방법을 통해 설명하기
	  – 잼보드(Jamboard) : 공유 기능 링크를 디벗을 통해 학생에게 링크하여 칠판처럼 사용하거나 학생들의 의견 취합, 개별 학생의 풀이 과정 확인이 가능하고, 수업 주제에 대한 브레인스토밍, 브레인스토밍한 자료 분류하기를 통해 효율적인 수업 운영 가능
	  – 니어포드(Nearpod) : 학생들의 학습을 교사가 실시간으로 확인 가능한 학습 도구로 짝맞추기, 퀴즈, 비디오로 소통 가능한 플랫폼. 교사가 만든 문제로 실시간 게임을 통해 배운 내용 복습이 가능하고, 교사가 구성한 수업 흐름 방식에 따라 생동감 있는 영상 확인, 매칭 문제 풀이, 그림 그리기 등을 통해 짜임새 있는 수업 가능
	  – 구글 공유문서 : 학생들이 모둠활동 시 각자 찾은 자료를 활용하여 구글 ppt, 한글 파일에 실시간으로 활동을 공유하고 나누며 발표 자료 효율적으로 만들기 가능
	• 디벗 활용 수업과 평가의 장점
	  – 학생들이 학습에 참여하고 있는지 교사가 디벗을 활용하여 즉각적으로 확인 가능
	  – 학생이 어려워하는 부분을 교사의 디벗으로 확인하고, 수업 과정 중 개별 지도 및 추가 자료 학생에게 디벗으로 제공 가능
	  – 교사의 강의식 수업이 아닌 학생들이 디벗으로 직접 자료를 찾고, 공유하고, 의견을 나누는 과정에서 진정한 학생 참여형 수업 운영 가능
	  – 디벗을 활용하여 체험, 소통, 협업, 창작 등의 도구를 활용하여 수업의 효과성, 효율성, 매력성을 높일 수 있음

고민 해결 방안	• 디벗, 에듀테크 활용 교원 역량 강화 연수를 통해 디벗의 효과적 사용 및 평가 방법 배우기 • 디벗 활용 방법에 대한 교원학습공동체에 참여하여 학생 디벗 기능 지도 방법 및 디벗 활용 수업 방법 연구하기 • 디벗 활용 수업 우수 사례집 탐독하기, 선배 교사에게 디벗 사용 자문하기 등을 통해 학습에 실효성 있는 디벗 사용법 익히기 • 교육청 주관 디벗 사용 공개수업 참관 신청하여 효과적 수업 도구로서 디벗 사용법 배우고 적용해보기

채점기준	배 점	점 수
디벗과 관련하여 학부모에게 할 수 있는 답변을 적절하고 구체적으로 제시하는가?	0~6	
교사의 고민을 해결할 수 있는 방안은 효과적인가?	0~2	
디벗의 교육적 활용법에 대하여 정확히 이해하고 있는가?	0~2	

> 구상형

2 **문제요약** 학교 교육 만족도 조사 결과 속 문제의 원인을 설명하고 이에 대한 해결책 4가지 제시하기

채점기준(예시)

구 분	평가항목 예시
문제의 원인	• 학교 문화 차원 　– 타교과 교사들 간의 교육과정, 평가시기, 수업 방식 공유 및 소통 부족 　– 교직원들의 공동체 의식 및 소통하고 협력하는 분위기 부족 　– 타교과, 동학년 교사들과의 수업, 학생 등의 고민을 나눌 수 있는 회의 시간 및 장소 부재 　– 교원들의 자발적 연구문화 형성되어 있지 않음 • 교사 개인 차원 　– 타교과 교사들과의 원활한 소통 시도 부족 　– 교과 특수성을 넘어 타교과와 연계한 수업에 대한 이해 및 노력 부족 　– 스스로 수업 과정 및 교수학습 방법에 대한 자기 장학 부족
해결책	• 타교과 교사들끼리 교육과정 운영 및 학생 지도에 대하여 공유하고 소통할 수 있는 회의 시간 마련하기 • 학교 단위 장학 공개수업이나 교육청 단위 수업 컨설팅 등을 실시하여 다양한 교수학습방법을 배우고 시도할 수 있도록 지원하기 • 교수학습 방법, 수업 도구 활용 방법 등의 주제로 교원학습공동체 만들고 원하는 교사들이 참여할 수 있도록 지원하기 • 동학년 타교과 교사들이 서로 원활히 소통을 주기적으로 실시하여 평가 시기, 수업 방법 등이 겹치지 않도록 일정을 조율하기 • 학교에 교수학습 방법과 관련한 강사 초청하여 연수 진행하고, 교사들이 참여하여 다양한 수업 방법에 대하여 배울 수 있는 기회 마련하기 • 자기장학 방법, 수업 컨설팅, 수업 코칭 등 교사의 전문성과 수업 진행 능력의 향상시킬 수 있는 여러 방법을 안내하고, 교사가 원할 때 도움과 자문을 받을 수 있도록 제도 마련하기

채점기준	배 점	점 수
학교 교육 만족도 조사 결과 속 문제의 원인을 적절하게 제시하는가?	0~4	
제시한 해결 방안은 사례의 문제를 해결할 수 있는 방안인가?	0~4	
문제의 원인과 해결 방안은 서로 관련성이 있는가?	0~2	

구상형

문제요약 (추가질문) 학생의 수업 방해로 힘들어하는 동료교사에게 학생 담임교사로서 해줄 수 있는 조언 설명하기

채점기준(예시)

구 분	평가항목 예시
답변 방향	• 동료교사가 힘들어하는 수업 방해 상황을 들어주고 충분히 공감하기 • 수업 방해를 하는 학생을 학급 담임으로서 어떻게 같이 지도하고 조력할 수 있을지 필요한 도움에 대해 동료교사에게 의견 묻기 • 수업 방해를 하는 학생의 행동에 대하여 어떻게 누가 기록할지 논의하기 • 수업 방해 학생 면담을 통해 문제 행동을 하는 원인 조사하고, 문제 행동이 다른 학생들의 학습권과 선생님의 수업권에 어떤 부정적 영향을 주는지 설명하고 이해시키기 • 학급 담임교사로서 해당 학생 부모님과 연락하고, 수업 중 문제 행동에 대하여 가정의 협조 구하기 • 형식적, 일회적인 협의가 아닌 동료 교사와 주기적인 상담을 통해 문제 학생의 수업 방해를 어떻게 지도할지 지속적으로 논의하여 함께 해결하기 • 동료교사, 담임교사, 수업 방해 학생 3자 대면을 통해 수업 방해 행동에 대하여 충분히 이야기 나누고, 앞으로 수업 시에 어떻게 행동해야 올바른 것인지 함께 정하기 • 수업 방해 행동이 지속될 경우 wee-class, 지역 연계 기관 등과 협력하여 학생의 방해 행동 줄일 수 있도록 노력하기 • 수업 방해 학생과 동료 교사가 원활히 대화하고 좋은 관계를 유지할 수 있도록 조력자 역할하기

채점기준	배 점	점 수
학생의 수업 방해로 힘들어하는 동료 교사의 마음에 공감하는가?	0~2	
학생의 수업 방해로 힘들어하는 동료 교사를 담임교사로서 도울 수 있는 방안을 제시하는가?	0~4	
제시한 방안은 구체적이고 효과가 있는가?	0~4	

즉답형

1 〔문제요약〕 제시문과 관련된 실현 방안과 이유 말하기

채점기준(예시)

구 분	평가항목 예시
교사 전문성 성장	• 연구하고 싶은 분야 설정 및 심도 있는 이해를 위해 대학원 관련 학과 진학 • 교육과정 운영 및 교수학습방법은 시대적 흐름, 학생의 개별적 특성에 따라 달라지기 때문에 끊임없이 교육과정 연구 및 분석 필요하므로, 교육과정 개정 연수 및 다양한 연수 듣기 • 교원학습공동체 참여하여 여러 선생님들로부터 수업 방법, 수업 자료, 교사의 피드백 등 다양한 정보 얻고 공유하기 • 교육청 주관 수업 컨설팅 신청하여 자신의 수업에 대하여 반성적 성찰 이루어 나감을 통해 교사의 전문성 향상시키기 • 다양한 연구 대회 참여하는 경험을 통해 교사로서의 수업 전문성 향상시키기 • 학생의 학습 수준과 발달 수준 파악하는 능력을 신장시키기 위하여 다양한 기초학력 지원 프로그램 참여하기
여러 방면에서의 성찰	• 교사는 수업 내용을 전달하는 역할을 넘어 학생들이 학교라는 사회에 적응하고 전인적 인간으로 성장하도록 돕는 조력자임. 따라서 학생 상담 및 학생 생활 지도 분야에서 스스로의 역할을 성찰하며 발전하기 위해 노력해야 함 • 교사는 교육의 주체로서 학부모를 이해하고, 학부모가 가정에서 학생들을 잘 지도할 수 있도록 도와주는 역할을 함. 따라서 학부모 상담 및 학부모 교육 관련 성찰이 필요함 • 교사는 학 학급을 이끌어나가는 역할을 하므로, 학급 경영 및 학생 생활 지도 부분에서 끊임없는 연구와 반성적 성찰을 통해 긍정적인 학급 분위기를 형성하도록 노력해야 함 • 교사의 언행은 학생에게 큰 영향을 줄 수 있으므로, 적절한 언어 사용과 학생들에게 본보기가 될 수 있는 모범적인 모습을 보이도록 스스로를 성찰해야 함

채점기준	배 점	점 수
제시문과 관련된 자신의 의견을 논리적으로 제시하고 있는가?	0~4	
제시문과 관련된 실현방안과 이유를 적절하게 제시하고 있는가?	0~4	
교사로서의 전문성과 역량을 가지고 있는가?	0~2	

즉답형

문제요약 (추가질문) 학교 내의 공간 중 바꾸고 싶은 부분에 대해 교직관과 관련지어 설명하기

채점기준(예시)

구 분	평가항목 예시
학교 공간 혁신	• 학교에 태양열 패널, 빗물 수확 시스템, 주변 공기 질을 개선할 수 있는 녹색 지붕과 같은 친환경 장치 설치하기 　- 기후 위기, 지구 온난화 등 지구는 수많은 환경적 문제에 직면해 있으므로 지속 가능한 발전을 도모하는 것은 미래 시민에게 필수적 요소임 　- 환경 친화적 장치들을 통해 학교 운영 비용 및 에너지를 절감할 수 있고, 절감된 예산은 학생의 학습과 체험 비용으로 사용할 수 있어 친환경적이고 효율적인 교육 환경 마련이 가능함 　- 그린스마트 미래학교를 친환경 녹색 교육 그리고 미래를 위한 녹색 시민을 길러낼 수 있음 • 학교의 틈새 공간을 학생들을 위한 힐링 및 학습 공간으로 재디자인하기 　- 학생들이 다니는 복도, 복도 옆 작은 공간, 등굣길 옆 작은 학교 숲 등 학교에는 사용되지 않는 틈새 공간들이 있음 　- 공간들을 학생들이 휴식을 취할 수 있는 휴게 공간 및 테라스(도란도란존), 미니 작품 전시관, 작은 도서관, 생태 식물 키우기(그린존), 수납 공간 등으로 활용할 수 있음 　- 이를 통해 배움과 쉼 놀이가 공존하는 미래학습환경을 조성하고, 학생들이 주인인 학교, 학생들의 창의성과 감성을 개발할 수 있는 교육 환경 마련이 가능하리라 생각함 • 교실 내 가구들을 움직일 수 있는 가구로 배치하기 　- 다양한 교육 활동 중 교실 내 가구들이 제약되는 경우가 많음 　- 교실 내 가구를 학생들이 자유자재로 움직일 수 있어, 교실 무대 공간 만들기, 학습 대형(모둠, 전체, 짝, 개별) 자유자재로 변형 등을 통해 학생들이 공간에 구애받지 않고 유연한 사고를 하도록 만들 수 있음 • 학생들이 조별 과제 및 모둠 활동 시에 활용할 수 있는 개별 소회의실 만들기 　- 소회의실에는 학생들이 자료를 찾을 때 사용할 수 있도록 무선 네트워크망, 정보화 기기 등을 구비하고, 학생들의 아이디어를 자유로이 발표하고 설명할 수 있는 화이트보드 등을 구비하여 학생들이 협력적 인성을 함양하고, 의사소통 능력을 기를 수 있도록 교육 환경 조성하기

채점기준	배 점	점 수
학교 내의 공간 중 바꾸고 싶은 부분을 적절한 이유를 들어 구체적으로 설명하는가?	0~4	
학교 내의 공간 중 바꾸고 싶은 부분을 자신의 교직관과 관련하여 설명하는가?	0~4	
교사로서 올바른 가치관과 소양을 지니고 있는가?	0~2	

[4] 2023년 평가원 중등(교과)

> 구상형

1 다음은 학생들이 메타버스를 활용하여 수업에 참여한 뒤 제시한 피드백 내용이다. 각 학생의 의견에서 드러나는 문제점을 말하고, 문제의 해결방안을 각각 제안하시오.

> 학생 A : 메타버스에 참여하는 것 자체가 어려웠어요. 수업 중에 저도 모르게 로그아웃되거나, 문제가 있을 때 어떻게 조작해야 하는지 몰라서 당황했어요.
> 학생 B : 메타버스 화면 구성이 복잡해서 수업 내용에 집중하거나 이해하기가 어려웠어요.
> 학생 C : 메타버스로 수업하는 것이 새롭고 즐거웠어요. 그런데 퀴즈같이 평소에 하던 평가 방식만 사용하니 아쉬웠어요.

나만의 답변 구상하기

[핵심 키워드]

[답변 구상]

2 교사의 교직관과 사명에 비추어 교사가 학생을 칭찬해야 하는 이유에 대하여 2가지를 설명하시오. 그리고 제시문의 학생 A를 칭찬하기 위해 어떻게 하면 좋을지 노력 방안 2가지를 제안하시오.

> 〈교사의 교무 일지〉
> 연수에 참여했을 때, 교사는 모든 학생들을 칭찬해주어야 한다고 들었다. 학생의 강점을 파악하거나 향상도를 인지하여 구체적인 칭찬을 해야 한다고 알고 있다. 그래서 모든 학생들을 칭찬하려고 노력하지만, 유독 학생 A는 칭찬하기가 어려운 것 같다. 학교에서 교칙을 잘 지키는 편이라 문제 행동을 하지는 않지만, 그렇다고 장점이 눈에 잘 보이지도 않는다.

나만의 답변 구상하기

[핵심 키워드]

[답변 구상]

3 다음 두 교사의 입장 중, 자신의 교육관에 더욱 부합한 주장을 선택하여 이유를 말하시오. 또한 자신이 선택한 교육관을 통해 어떠한 교사상을 실현하고 싶은지 설명하시오.

> 교사 A : 학생의 학업 성취에 가장 큰 영향을 끼치는 것은 학생의 사회, 경제적 배경입니다. 따라서 사회, 경제적 여건이 부족한 학생에게 더 많은 지원이 이루어져야 합니다.
> 교사 B : 학생 자신의 재능과 노력이 학업 성취에 가장 큰 영향을 끼칩니다. 따라서 학생의 발전 가능성과 잠재력이 중요합니다.

나만의 답변 구상하기

[핵심 키워드]

[답변 구상]

> **즉답형**

1 제시문의 내용을 읽고 아래의 물음에 답하시오.

> 올해 우리 학교는 [탄소 저감 교육 시범학교]로 선정되었다. 이 학교의 교사A와 교사B는 친분이 두터우나, 탄소 저감 교육 계획을 구성하는 단계에서 갈등을 빚고 있다. 교사A는 탄소 저감을 다양한 방법으로 교육시키고 싶기에, 학생들이 참여할 수 있는 이벤트를 중심으로 교육 프로그램을 구성하자고 주장하고 있다. 반면 교사B는 모든 교과 수업에 탄소 저감 내용을 포함시켜 교과 중심으로 프로그램을 구성하는 것이 교육 목적에 부합하다고 생각한다. 교사A는 다른 의견도 존중하지만, 이번만큼은 꼭 본인의 의견대로 교육과정을 운영하고 싶어 하는 상황이다.

1-1. 자신이 교사A의 입장이라면, 이러한 상황에서 어떻게 대처할 것인지 설명해보시오.

나만의 답변 구상하기

[핵심 키워드]

[답변 구상]

1-2. 본인이 제시한 대처방안을 실천할 때, 유의할 점에 대해서 말하시오.

나만의 답변 구상하기

[핵심 키워드]

[답변 구상]

1-3. 만약 본인이 교사 A와 교사 B의 갈등을 중재해야 하는 입장이라면, 어떻게 할 것인지 설명하시오.

나만의 답변 구상하기

[핵심 키워드]

[답변 구상]

2023년 평가원 중등(교과) 해설

구상형

1 **문제요약** 메타버스 활용 수업 문제점을 언급하고, 문제점 해결방안 각각 제시하기

채점기준(예시)

구 분	평가항목 예시
학생A	• 문제점 – 메타버스 사용법이 충분한 숙지가 되지 않았음 – 사전 메타버스 사용법에 대한 연습 및 안내 부족 • 해결방안 – 학생들에게 친숙한 메타버스 플랫폼 활용하기 – 메타버스 설명회를 개최하여 학생들이 메타버스 수업 전에 충분히 연습하고 익힐 수 있는 시간 제공 – 메타버스 활용 안내서를 만들어 학생들이 메타버스 수업 관련 어려움을 겪을 때 참고할 수 있도록 하기
학생B	• 문제점 – 학생이 메타버스 수업 내용에 대해 이해하지 못하여 집중할 수 없음 • 해결방안 – 메타버스 활용 수업에 대한 교사 역량 강화를 위해 메타버스 활용 연수 참여하기 – 메타버스 관련 또래 선생님 모집 및 교육하여, 수업 내용 이해하지 못하는 학생들에게 즉각적인 도움 제공하기
학생C	• 문제점 – 퀴즈형식과 같은 단편적 활동으로만 이루어짐 – 평가 방식의 다양성 부족 • 해결방안 – 메타버스 활용 평가 우수 사례를 참고하여 메타버스에 알맞은 평가 방식 연구 및 적용하기 – 게더타운을 활용한 모둠활동 및 동료 평가, 구글 공유 문서를 활용한 수행 과정 평가 등을 적용하여 평가 방식을 다양화하기

채점기준	배 점	점 수
메타버스 활용 수업의 문제점을 학생별로 적절히 제시하는가?	0~3	
문제점에 따른 적합한 해결방안을 제시하는가?	0~6	
교사로서 전문성과 자질을 가지고 답변하는가?	0~1	

> 구상형

2 문제요약 교직관과 사명에 비추어 교사가 학생을 칭찬해야 하는 이유 2가지 설명하고 제시문의 학생 칭찬을 위한 노력 방안 2가지 제안하기

채점기준(예시)

구 분	평가항목 예시
교사가 학생을 칭찬해야 하는 이유	• 단 한 명의 학생도 포기하지 않는 책임 교육, 모두를 위한 교육을 실현해야 하는 교사로서의 사명감 • 모든 학생 칭찬을 통해 학생들이 학습에 참여할 수 있도록 해야 함 • 가능성과 미래를 여는 교육에 대한 사명감으로부터 학생의 잠재력과 가능성을 이끌어내기 위한 격려의 칭찬이 필요함 • 학생의 성장의 원동력은 교사의 칭찬으로부터 시작된다고 생각함 • 정적 강화를 통해 배움이 행복하고 학교가 즐거운 학생을 기를 수 있음 • 학생에 대한 교사의 칭찬은 긍정적이고 서로 격려 및 응원하는 학급 분위기를 형성함 • 교사의 칭찬을 들은 학생들은 다른 친구를 칭찬할 수 있는 학생으로 자랄 수 있음 • 학생들이 건강하고 행복한 분위기에서 성장할 수 있도록 환경을 조성해야 하는 것이 교사로서의 사명감
칭찬하기 위한 노력 방안	• 학생 관찰 노트 작성 및 누가 기록을 통해 학생의 학교생활에 대해 관심을 갖고 이를 통해 학생의 아침 활동 모습, 독서 습관, 수업 태도 등을 관찰하여 학생의 칭찬할 점 찾기 • 학생의 이전 생활기록부를 살펴보고, 다른 선생님들의 관점에서 학생을 바라보아 이를 통해 학생의 장점을 발견하여 사소하고 작은 것이라도 칭찬해주기 • 사제동행 프로그램 진행하여 학생의 교실 내 모습이 아닌 다른 모습 살펴보고, 학생의 생활 모습 측면에서 잘하는 점 발견하여 칭찬하기 • 학생에게 학급 1인 1역을 부여하고, 이 역할을 잘 수행했을 때 칭찬하기 • 수업 시간에 칭찬샤워 실시하여 교사의 눈이 아닌 학생들이 친구의 칭찬할 점을 발견하도록 하기 • 가정 협력 칭찬활동 실시하여 가정에서 '우리 자녀를 칭찬합니다'를 작성해 학생이 이를 발표하게 하여 이를 통해 학생에게 칭찬할 거리를 발견하기 • 학생에게 자율 동아리 개설을 권유하여, 학생이 자신이 잘하는 재능을 바탕으로 동아리 만들도록 하여 이를 통해 학생의 잘하는 점 발견하고 교사가 칭찬하기

채점기준	배 점	점 수
교사가 학생을 칭찬해야 하는 이유를 교직관과 사명에 비추어 제시하였는가?	0~4	
제시문의 학생을 칭찬하기 위한 노력방안은 구체적이고 실현가능한가?	0~4	
교사로서 올바른 사명감과 교직관을 가지고 있는가?	0~2	

> **구상형**

3 문제요약 자신의 교육관에 부합한 주장 선택하여 이유를 말하고, 자신이 선택한 교육관을 실현하고 싶은 교사상 설명하기

채점기준(예시)

구 분	평가항목 예시
A교사 주장 선택	• 교육관에 부합하는 이유 – 학생 개개인의 능력도 중요하지만 학생의 사회, 환경, 경제적 배경이 학업 성취에 주는 영향을 무시할 수 없음. 보고 배울 것 없는 환경, 지원이 불가능한 환경에서는 학생들이 꿈을 가꾸어 나가기 어려움. 아이가 가진 환경과 배경이 미래를 좌우하는 현실이 교육격차로 나타나고 있는 현재 실정임. 학생의 노력으로 극복할 수 없는 한계적 요인으로부터 학생이 자신의 꿈과 능력을 펼칠 수 있도록 지원하는 역할이 교육이고, 교사의 역할이자 정의로운 차등 구현이라고 생각함 • 실현하고 싶은 교사상 – 물리적·경제적 환경을 지원해줄 수 있는 교사 : 학교의 교육복지 프로그램, 학생 지원 장학금 등 학생의 물리적·경제적 환경을 지원할 수 있는 제도에 관심을 갖고 적절하게 연결하고자 함 – 심리적·문화적 환경을 지원해줄 수 있는 교사 : 사제동행 프로그램, 학급 내 학습 및 상담 멘토링 등을 통해 학생에게 부족한 문화적 활동 및 정서적 지원을 제공하는 교사가 되고자 함
B교사 주장 선택	• 교육관에 부합하는 이유 – 학생 개개인이 지닌 가능성과 잠재능력은 각각 다르고, 교사는 학생의 이러한 능력을 이끌어 내주고, 잘 발현될 수 있도록 관찰하고 격려하며, 기회를 만들어 주는 역할을 해야 함. 이러한 교사의 역할을 통해 학생은 교사를 믿고 의지할 수 있으며, 자신의 능력을 개발하기 위해 끊임없이 노력할 것임 • 실현하고 싶은 교사상 – 칭찬하고 격려하는 교사 : 학생의 잠재력을 이끌어내기 위하여 교사가 끊임없이 관심을 보이고, 격려하고 칭찬하는 교사로 학생의 정서적 지지자인 교사가 되고자 함 – 소통 및 경청하는 교사 : 학생의 잠재력이 발현될 수 있도록 학생과 많은 대화를 나누며 소통하고, 학생의 고민, 이야기를 경청하며 공감하는 교사가 되고자 함 – 잠재력 발현 기회 제공하는 교사 : 학생의 잠재력이 발현될 수 있도록 다양한 활동 참여의 기회를 만들고 수업과 연계하여 제공하는 교사

채점기준	배 점	점 수
자신의 생각을 교육관과 관련지어 적절하게 설명하였는가?	0~4	
자신이 선택한 교육관을 실현하기 위한 교사상을 구체적으로 제시하였는가?	0~4	
교사로서의 책임감과 사명감을 가지고 있는가?	0~2	

즉답형

1 **문제요약**
1-1. 교사A의 입장에서 대처방안
1-2. 대처방안 실천 시 유의할 점
1-3. 중재자의 입장에서의 대처방안

채점기준(예시)

구 분	평가항목 예시
[1-1] 답변 예시	• 티타임을 가지며 편안한 분위기 속에서 이야기 나눌 수 있는 분위기 형성하고 자신의 입장 말하기 • 학생들이 탄소 저감이 무엇인지 알고, 관심을 보이는 것이 프로젝트의 시작이자 참여 정도를 결정하기 때문에 이벤트를 중심으로 시작하는 것이 중요하다는 의견 전달하기 • 탄소 저감 교육 계획을 교과 수업에 먼저 연계시키게 될 경우, 학생들이 수업으로만 생각하고 삶과 연계해서 이루어지지 않을 수 있음을 말하고 설득하기
[1-2] 답변 예시	• 자신의 입장만 주장하는 것이 아니라 교사 B의 이야기도 듣고 공감하는 태도 유의하기 • 자신의 의견을 전달할 때는 강한 어조가 아닌 부드럽고 온화한 표현 및 표정 사용하기 • 상대의 의견을 경청하고, 상대를 존중하고 배려하는 태도 유의하기
[1-3] 답변 예시	• 두 교사의 의견에서 종합하여 사용할 수 있는 부분은 함께 조율하여 조정 방안 구상 및 고민하기(교과 프로젝트와 창의적 체험활동 연계하여 진행) • 두 교사의 의견을 융합하여 유의미한 활동을 함께 구상해보도록 협력하는 분위기 조성하기 • 두 교사를 중재하기 위해서는 최대한 중립의 자세 유지하기 • 민주적인 소통의 시간을 마련하여 두 교사의 의견을 충분히 나누고, 서로 좋은 부분을 취합하여 탄소 저감 교육을 이루어 나가도록 노력하기

채점기준	배 점	점 수
[1-1] 교사 A의 입장에서 대처방안을 구체적으로 설명하는가?	0~4	
[1-2] 대처방안 실천 시 유의할 점을 알맞게 제시하는가?	0~4	
[1-3] 중재자의 입장에서 올바른 대처방안을 제시하는가?	0~2	

CHAPTER 08 심층면접 기출문제(2022 중등)

[1] 2022년 강원도 중등(공통)

구상형

1 다음 제시문을 읽고 물음에 답하시오.

> 국제엠네스티는 세상의 부당함에 맞서 차별에 대항하고 인간의 권리를 보호하는 것을 목표로 하는 국제단체이다. 현재 어린이, 인종, 소수자, 언론 및 종교 탄압, 사형제도 폐지 등 여러 방면에서 인권을 보호하는 활동을 이어나가고 있다. 또한 코로나19, 기후위기 등과 같은 시민활동도 하고 있다.

1-1. 인권 친화적인 학교문화 만들기를 위한 학생의 참여를 저해하는 차별 유형을 4가지 말하시오.

나만의 답변 구상하기

[핵심 키워드]

[답변 구상]

1-2. 강원도교육청의 교육 정책과 관련하여 학생의 학교 운영 참여를 활성화시킬 수 있는 방안을 4가지 제시하시오.

나만의 답변 구상하기

[핵심 키워드]

[답변 구상]

즉답형

1 다음 상황에서 박교사가 미흡했던 점 3가지와 문제를 해결하기 위한 방안 3가지를 말하시오.

> 신규교사인 박교사는 지각을 자주하는 학생 A에게 지속적으로 생활지도를 해왔다. 학부모에게 협조를 요청하고 상담을 진행해도 바뀌는 것은 없었다. 그러던 중, 또 지각을 한 학생 A를 지도하는 과정에서 박교사가 화를 참지 못하고 학생 A를 밀치고 말았다.

나만의 답변 구상하기

[핵심 키워드]

[답변 구상]

2 통합학급 운영을 활성화시키기 위해 담임교사가 할 수 있는 교육활동과 학교가 할 수 있는 지원 방안을 3가지 제시하시오.

나만의 답변 구상하기

[핵심 키워드]

[답변 구상]

3 담임교사 또는 교과교사로서 생태환경교육을 실시할 수 있는 방안을 4가지 제시하시오.

> 강원도교육청에서는 지속가능한 미래와 기후적응, 기후정의 실현을 위하여 생태환경 교육과정을 운영하고자 한다. 이러한 교육은 환경 재난시대에 있어 생태감수성을 기르고 탄소중립을 실현시키는 생태시민 양성에 이바지할 것이다.

나만의 답변 구상하기

[핵심 키워드]

[답변 구상]

2022년 강원도 중등(공통) 해설

구상형

1 **문제요약** 1-1. 학생 참여를 저해하는 차별 유형 4가지 말하기

채점기준(예시)

구 분	평가항목 예시

차별 유형	• 인종 및 피부색 차별 : 서로 다름을 존중하지 않는 이들로 인하여 다문화 학생들의 참여 저하를 야기함
	• 정치색 차별 : 특정 정당에 유리한 발언을 함으로써 학생의 참여를 특정 방향으로 선동하거나 의문을 제기하는 학생을 소외시킴
	• 종교 차별 : 종교의 자유를 추구하지 않는 교사의 종교적 발언으로 종교에 대한 배타적 감정을 갖게 하거나 학생들의 참여 욕구를 저하시킴
	• 성 차별
	  – 남녀 학생을 구분한 수업 활동 및 수행평가 시 성 차별로 인하여 공정성 문제가 제기되며, 동등한 참여 기회를 박탈함
	  – 성 차별적 발언으로 인해 학생들의 참여 욕구를 저하시킴
	• 장애인 차별 : 장애인과 비장애인을 임의로 구분짓고, 장애라는 소수성을 열등하거나 차별의 근거로 학습하게 함
	• 성적에 따른 차별 : 성적이 좋은 학생에게 참여 기회를 더 제공하고, 성적이 좋지 않은 학생에게 참여 기회를 제한함

채점기준	배 점	점 수
차별 유형 4가지를 말하였는가?	0~4	
유형에 맞는 구체적인 사례를 언급하였는가?	0~4	
학생들에게 인권 친화적인 교육을 할 수 있는 바람직한 태도를 가지고 있는가?	0~2	

구상형

1 **문제요약** 1-2. 강원도교육청의 교육 정책과 관련하여 학생의 학교 운영 참여 활성화 방안 4가지 제시하기

채점기준(예시)

구 분	평가항목 예시
학생의 학교 운영 참여 활성화 방안	• 학생자치 역량 강화 - 학교 규칙 및 학교 생활 규정 개정하기 : 인권 친화적인 내용과 학생, 보호자, 교사 등의 의견을 반영하는 민주적인 방식으로 학교 생활 규정 개정을 추진함 - 리더십 캠프 운영 : 강원도교육청이 추진하는 '학생자치 역량 강화 나라사랑 체험 프로그램' 또는 학교 자체 내에서 리더십 캠프를 추진하여 학생의 자치 역량을 강화함 - 학생자치 세미나 운영 : 연초, 연중, 연말 시기에 학교별 학생회 임원들을 한곳에 모아 연초에는 학교별 학생자치회의 추진 공약을 비교하고, 연중에는 공약 추진 과정을 공유하여 의견을 공유하며, 연말에는 공약 달성도를 평가하며 성찰의 기회를 제공 • 캠퍼스형 고교 체제 : 학생들이 자신에게 맞는 교육을 받을 수 있도록 학교 간 공동교육과정과 지역사회 연계 교육과정을 운영 • 미래형 강원종합고 구축 : 동일 학교 내에서 일반 계열과 특성화 계열의 교육과정을 함께 운영 • 강원형 진로 종합고 구축 : 일반고, 직업계고, 각종 학교 등을 연계하여 공동교육과정을 운영 • 대학 연계 고등학교 진로선택 지원 프로그램 운영 : 고등학생의 적성과 흥미를 고려한 다양한 전공체험, 학과체험, 직업체험 등의 기회 제공 • 새꿈학교 운영 : 진로 전환 위탁교육을 전문적으로 수행하는 새꿈학교를 통해 다양한 학생의 수요를 교육과정에 반영 • 학교자치 열매맺기 - 지역과 연계하는 '학교에서 마을로, 마을에서 학교로' : 마을결합형 학교 교육과정 운영을 통한 학생 참여 유도 - 학습공원(Learning Park) 학교자치 플랫폼 구축 및 활성화

채점기준	배 점	점 수
학생의 학교 운영 참여 활성화 방안 4가지를 제시하였는가?	0~4	
위 방안에 대하여 구체적으로 설명하였는가?	0~2	
강원도교육청의 교육 방향성을 이해하고 있는가?	0~4	

즉답형

1 **문제요약** 박교사가 미흡했던 점 3가지와 해결 방안 3가지 말하기

채점기준(예시)

구 분	평가항목 예시
첫 번째 미흡했던 점과 해결 방안	• 미흡했던 점 : 학생에 대한 상담 부재(학생과 대화하기 전 학부모와 먼저 상담을 진행함) • 해결 방안 – 학생과 라포를 형성하기 위하여 대화를 지속적으로 시도 – 학생과 함께하는 사제동행 프로그램 참여 – 학부모 내교를 요청하여 학생, 학부모와 함께 해결 방안 모색
두 번째 미흡했던 점과 해결 방안	• 미흡했던 점 : 교사가 자신의 감정 및 행동을 조절하지 못함 • 해결 방안 – 비폭력 대화 및 학급 운영에 관한 연수 이수 – 시도 교원치유지원센터 방문하여 심리 역량 강화
세 번째 미흡했던 점과 해결 방안	• 미흡했던 점 : 학생의 문제 행동에 변화를 이끌어내지 못함 • 해결 방안 – 동료교사들과 이야기를 통해 협력적 지도 체계 수립 – 성장을 중심으로 학생의 변화 과정에 초점 두기 – 학생의 긍정적 자기이해, 내적 동기 격려

채점기준	배 점	점 수
교사가 미흡했던 점 3가지를 언급하고 있는가?	0~4	
교사가 미흡했던 점에 대한 해결 방안 3가지를 언급하고 있는가?	0~4	
제시한 해결 방안은 실천 가능하고 효과적인 것인가?	0~2	

> **즉답형**

2 `문제요약` 통합학급 운영 활성화를 위한 담임교사의 교육활동과 학교의 지원 방안 3가지 제시하기

`채점기준(예시)`

구 분	평가항목 예시
담임교사의 교육활동	• 청각, 지체, 시각장애 이해 프로그램 실시 : 학급 인원을 분리하여 체험 인원과 보조 인원을 구분하고, 일정 시간이 지난 후 역할을 교체하여 모든 학급 학생들에게 체험의 기회 부여 • 계기교육 관련 영상 시청 : 드라마 '슈퍼맨 하늘 날다' 일부분을 시청하게 하고 느낀 점 공유 • 특수교사와 협력적인 관계 구축 : 특수교사의 협력하에 특수학생에 대한 정보를 교환하면서 관련 학생에게 더 나은 학교생활을 제공함 • 학급 1인 1역 속에 또래도우미를 포함하여 학급 운영 : 특수학생이 겪는 위기 극복을 도와주기 위한 또래도우미를 선정하고, 활동을 관찰하여 역할을 잘 수행했을 경우 시상
학교의 지원 방안	• 전교생 및 교원에게 통합교육 연수 기회 제공 • 창의적 체험활동, 현장체험학습 시간을 이용하여 장애 이해 프로그램 실시 • 권역 종합 '특수교육지원센터'와 연계하여 서비스 지원 • 교사, 보호자를 대상으로 통합교육 멘토링 활성화 • 특수학급에 체험활동 프로그램 비용 지원 • 통합교육지원부를 조직하여 제도적으로 통합학급을 지원하는 시스템 구축 • 학기 초 시간표 작성 및 학교행사 시 통합학급 우선적 배려

채점기준	배 점	점 수
통합학급 운영 활성화의 필요성에 대해 언급하고 있는가?	0~2	
담임교사의 교육활동 3가지를 제시하였는가?	0~4	
학교의 지원 방안 3가지를 제시하였는가?	0~4	

즉답형

3 **문제요약** 담임교사 또는 교과교사로서 생태환경교육 실시 방안 4가지 제시하기

채점기준(예시)

구 분	평가항목 예시
담임교사	• 아침조회, 창의적 체험활동, 종례시간을 이용하여 계기교육 영상 시청 　- 생태환경에 관련된 영상을 시청하고, 생태환경교육의 필요성 주지시킴 　- 탄소중립학교, 아시아 저개발 국가 방문 세계시민 봉사활동 등 안내 • 학급 1인 1역에 생태환경 교육자료 및 영상 제작 역할 추가 • 주변의 환경(기존의 숲, 생태 텃밭)을 활용한 생물 다양성 교육 실시 • 급식 잔반 줄이기 캠페인 실시 : 잔반 없이 다 먹은 학생이 인증샷을 찍어 주변 학생들에게 캠페인 참여 독려 • 1회용품(플라스틱) 없는 Eco 강원교육 실천 : 1회용품(플라스틱) 없는 학급 교실 조성 및 습관화를 위한 학급 다이어리 작성
교과교사	• 모든 교과 　- 생태환경 교육과정을 필수로 이수한 후 관련 내용을 교과수업에 적용하여 학생들에게 전달 　- 생태평화지역 교과 개별 및 교육 : UN 지속가능발전목표(SDGs) 이해 및 지역문제 해결 프로젝트 학습 　- 학교의 탄소 배출 점검하기 & 배출 줄이기 프로젝트 실행 • 영양 교과 : 저탄소 건강한 밥상 '채식 사랑 급식' 실천

채점기준	배 점	점 수
생태환경교육에 대해 이해하고 있는가?	0~4	
생태환경교육 실시 방안을 적절하게 제시하고 있는가?	0~4	
제시한 방안은 교육적 효과가 있는가?	0~2	

2 2022년 경기도 중등(교과)

구상형

1 다음 상황에서 담임교사로서 대처할 수 있는 방법을 설명하시오.

> 고등학교 2학년 담임교사로서 상담을 진행하였다. 학생들의 이야기를 들어보니 아직 무엇을 하고 싶은지 모르겠다며 진로 결정을 힘들어하는 학생들이 있었다. 또 다른 학생들은 선택과목을 신청해야 하는데, 교과목 종류가 많아서 고민되거나 반대로 자신이 듣고 싶은 과목은 개설이 되지 않았다고 이야기한다.

나만의 답변 구상하기

[핵 심 키 워 드]

[답 변 구 상]

2 코로나19로 인해 교육을 통한 사회성 신장의 기회가 줄어 들었다. 이러한 문제를 해결하기 위해 다음 활동 중 1가지를 선택하고, 그것을 선택한 이유와 구체적인 실행 방법에 대하여 설명하시오.

> - 창의적 체험활동
> - 주제 중심 체험활동
> - 또래활동

나만의 답변 구상하기

[핵 심 키 워 드]

[답 변 구 상]

3 다음과 같이 학생들이 학급 공동 규칙을 만들 때 교사가 취해야 하는 조치에 대하여 설명하시오.

> - 학생 A : 친구들과 토의하는 시간을 갖고 싶어요. 학급에 문제점들이 많으니, 해결방법에 대해 논의해야 해요.
> - 학생 B : 학급 규칙을 만들어야 하는 이유를 모르겠어요. 학교 규칙이 학급 규칙에도 해당되는 것 아닌가요?
> - 학생 C : 지난번에 수업태도 지적을 받았어요. 선생님이 만든 규칙으로 인해 청소를 해야 했는데 기분이 안 좋았어요.

나만의 답변 구상하기

[핵심 키워드]

[답변 구상]

> **즉답형**

1 다음 상황에서 본인이 담임교사라고 가정했을 때 갈등상황에 대한 해결 방안을 제시하시오.

> 동료교사 A는 교과시간이 끝나고, 우리 반에서 있었던 일을 담임교사인 나에게 이야기한다. 담임교사인 내가 학급 생활지도를 해야 한다고 말한 적이 있어, 학생상담을 이어나가고 있었다. 하지만 동료교사 A가 수업이 끝난 뒤, 우리 반의 생활지도에 대해 반복적으로 말하니 난처하기도 하고 지쳐가는 것 같다.

나만의 답변 구상하기

[핵심 키워드]

[답변 구상]

2 경기도교육청은 여러 가지 역량들을 강조하고 있다. 다음 중 중요하다고 생각되는 교원의 역량을 1가지를 선택하고, 신장 방안에 대해 설명하시오.

> - 교수 역량
> - 생활지도 역량
> - 자기계발 역량
> - 공동체 역량

나만의 답변 구상하기

[핵심 키워드]

[답변 구상]

CHAPTER 08 _ 심층면접 기출문제(2022 중등)

2022년 경기도 중등(교과) 해설

구상형

1 **문제요약** 담임교사로서 진로 관련 고민 대처 방법 설명하기

채점기준(예시)

구 분	평가항목 예시
대처 방법	• 자기이해를 위한 진로체험 프로그램 연계 • 학생주도 개별화교육과정 운영 • 성장 중심 평가 체계 구축 • 교과순회 전담교사제 활용 • 고교학점제 공동교육과정 활용 : 강좌 부족 문제 해소 • 관내 교사연구회 운영 및 협력 네트워크 구축 • 교육과정 마을캠퍼스 지구 운영 • 학교 공간 재구조화 : 진로체험 및 온라인 활동을 위한 공간 마련 • 온라인 학습을 통해 물리적 한계 극복
경기도교육청 진로지도 관련 정책	• 꿈키움 멘토단 활용 : 1 대 1 학교생활, 진로 설계 지원 등 상담 • 진로체험 활동 연계 학교 도서관 운영 • 제2캠퍼스(가칭) 활용 : 원적교에서 벗어나 학생이 중심이 되어 온라인 수업, 학생주도 프로젝트 등에 참여하며 자아 탐색, 진로설계 탐색 • 경기진학정보센터 활용 : 화상상담, 사이버진로진학상담 등 • 경기도청 '고등학생 진로진학 길찾기 사업' 참여 • 진로진학 지도 자료 활용 : 학생부종합전형 사례집, 대입레터 꿈진 • 경기 꿈의 학교 개설 또는 참여 • 경기도녹색체험학습장 활용 • 경기 미래직업교육 박람회 참여 • 징검다리 진로체험 거점교실, 직업계고 학과체험 활용 • 일반고~특성화고 연계 진로교육과정 운영 • 디지털 환경 조성을 통한 학습 공간 재구조화 및 확장

채점기준	배 점	점 수
학생의 삶과 진로를 연계할 수 있는 지도법을 알고 있는가?	0~4	
경기도교육청의 진로교육 방향에 대해 이해하고 있는가?	0~4	
학생을 도울 수 있는 교사로서 전문성을 지니고 있는가?	0~2	

구상형

2 문제요약 사회성 신장을 위한 활동을 선택하고 이유, 구체적인 실행 방법 설명하기

채점기준(예시)

구 분	평가항목 예시
창의적 체험활동을 선택한 경우	• 이 유 　- 동아리, 진로, 봉사활동의 영역을 연계하여 폭넓은 사회성 교육이 가능함 　- 창의적 체험활동 시수를 이용하면 교육과정 재구성의 부담이 적고, 시수 확보가 용이함 • 실행 방법 　- 봉사활동을 통한 마을 가꾸기 프로젝트 운영 　- 동아리 운영을 통한 공동체 의식 양성 : 진로교육, 하브루타 등 　- 민주시민 양성을 위한 학급특색활동 운영 : 생태교육, 인권교육, 경제교육 등
주제 중심 체험활동을 선택한 경우	• 이 유 　- 주제 중심 활동을 통해 학생들의 내적 동기를 자극하고 삶과 연계한 교육 실현 　- 여러 교과의 교육과정을 연계하여 보다 심층적인 접근이 가능함 • 실행 방법 　- 메타버스 학급 공간 만들기 프로젝트 　- 지구를 지키기 위한 SDGs 목표 실천 프로젝트 　- 학급 단합을 위한 학교 체육대회 또는 축제 준비 프로젝트 　- 마을 기관 견학 프로그램 운영 : 마을교육공동체 활성화
또래활동을 선택한 경우	• 이 유 　- 교육활동의 주도권이 학생에게 있을 때 학생들의 자기주도성 신장 가능 　- 또래활동의 과정에서 일어날 수 있는 갈등과 협력의 경험이 사회성의 근간이 됨 • 실행 방법 　- 평가 체제 개선 : 동료평가, 모둠평가, STAD, TGT 등 활용 　- 공동체 중심 학급 운영 제도 : 자치활동, 학생주도 강조 　- 또래상담 활동 운영

채점기준	배 점	점 수
선택한 활동의 이유가 교육적으로 적절한가?	0~3	
제시한 실행 방법은 학생들의 사회성 신장에 도움이 되는가?	0~5	
활동을 운영하기 위한 교사로서 역량을 가지고 있는가?	0~2	

> 구상형

3 문제요약 학급 공동 규칙 수립 과정에서 교사의 조치 사항 설명하기

채점기준(예시)

구 분	평가항목 예시
학생 A 관련	• 역량 중심 교육활동 : 의사소통 역량, 문제해결 역량 연습 • 학생자치회 활성화 : 학급회의, 전교회의 • 창의적 체험활동 시간을 활용한 학급특색활동 실시 • 국어 교과 연계 토의·토론 학습 실시 • 사회 교과 연계 문제해결학습 프로젝트
학생 B 관련	• 민주시민 교육 프로그램 운영 • 공동체 역량 및 사회성 강화 • 딜레마 학습을 통한 규율의 필요성 강조 • 학교생활 및 교육활동에 대한 내적 동기 자극
학생 C 관련	• 학생주도 규칙 수립을 통한 학생 수용 유도 • 스스로 만든 규칙에 대한 규칙 준수 의식 강화 • 교육공동체 협의를 거친 올바른 보상과 벌에 대한 기준 형성 • 규칙 존재의 이유와 중요성 탐색 • 가치 중심 교육 : 책임, 존중, 배려, 성실 등

채점기준	배 점	점 수
문제 상황 속에서 교육적으로 요구되는 사안들을 적절하게 파악하는가?	0~3	
문제점을 해결하기 위한 적절한 조치 사항을 제시하였는가?	0~4	
학급 운영을 위한 교육적 역량을 가지고 있는가?	0~3	

즉답형

1 문제요약 담임교사의 갈등 상황 해결 방안 제시하기

채점기준(예시)

구 분	평가항목 예시
교사로서 해결 방안	• 교과 연계 협력수업 제안 • 교과시간의 지도 내용과 지도 요청사항을 구체적으로 요청 • 제3자 교사에게 협력 요청하여 문제 진단 • Wee 클래스 및 학급상담 연계하여 문제 진단 • 해당 교과교사의 동료장학을 권유하여 학급상태 파악 • 학생지도 기록을 공유하며 논의 • 전문적 학습공동체를 활용하여 공론화 • 교내외 장학 프로그램 참여 • 학급 운영 연구회 활동 참여 • 경기교원 핵심 역량 중심 연수를 함께 신청(전문 역량 : 수업, 생활지도, 교육공동체 참여 등) • 교원 관계 회복을 위한 활동 참여 : 경기 지역 맞춤형 교원 힐링 프로그램 등
학급 상태 개선을 위한 해결 방안	• 학생 설문 실시 : 교육적 요구사항, 문제 상황 파악 • 학생-교사 소통 창구 추가 마련 • 빛깔 있는 혁신교육을 통한 학급 맞춤형 교육 실시 : 외부강사 등 • 체험활동을 활용한 학급 세우기 특색활동 • 학급자치회를 통한 학급 규칙 재정비 • 학급 내 안정을 위한 교육활동 실시 : 회복적 생활교육, 또래상담, 미술치료, 나 전달법 교육 등 • 문제 진단 후 학생주도 문제해결학습 실시 • 학습권 및 교권보호 교육 : 경기교권보호지원센터 프로그램 이용 • 상담주간을 활용해 학생, 학부모 협력 도모

채점기준	배 점	점 수
상황 속 문제점을 정확하게 진단하고 있는가?	0~2	
문제를 해결하기 위한 구체적인 해결 방안을 제시하고 있는가?	0~6	
교육활동을 통해 문제를 해결하려는 의지를 가지고 있는가?	0~2	

즉답형

2 문제요약 교원 역량의 중요성과 신장 방안 설명하기

채점기준(예시)

구 분	평가항목 예시
교수 역량	• 중요성 　- 교사가 교육활동을 통해 학생들의 지적 능력을 높여주는 것이 핵심 임무임 　- 학습내용, 생활지도, 인성교육 등 교육 분야를 망라하여 교수 역량이 부족하면 그 무엇도 전달되기 힘듦 • 신장 방안 　- 경기도 혁신교육 포럼 적극 참여 　- 수석교사 장학, 교육청 장학 프로그램 신청 　- 교내 전문적 학습공동체 : 교과 지도법, ICT 지도법 연구 등
생활지도 역량	• 중요성 　- 질풍노도의 시기인 학생들과 소통하며 생활지도 역량을 기르면 교과지도에도 긍정적인 영향을 줌 　- 학교 교육에서 가장 중시되어야 할 것은 생활과 관련된 정의적 요소임 : 기본 생활습관, 인성교육, 민주시민 역량 등 • 신장 방안 　- 경기교원 핵심 역량 기반 연수 수강 　　ⓐ 기본 역량 : 성찰, 교사리더십 　　ⓑ 전문 역량 : 수업, 생활지도, 교육공동체 등 　- Wee 클래스 및 상담교사 연계 상담 기법 학습
자기계발 역량	• 중요성 　- 불확실하고 변화무쌍한 사회에 대비하는 능력을 기르기 위해서는 교사가 우선적으로 자기계발을 통해 역량을 함양하여야 함 　- 교사의 성장은 교육활동의 질과 직접적인 연관이 있음 • 신장 방안 　- 교직원 동아리를 통한 자기계발 실시 　- 경기 꿈의 학교 운영·참여를 통한 학생·교사의 역량 강화 　- 교원 자율연수비 지원을 활용하여 외부 프로그램 참여

구 분	평가항목 예시
공동체 역량	• 중요성 　– '한 아이를 키우려면 온 마을이 필요하다'와 같이 교육공동체가 협력하여야만 교육의 본질을 찾을 수 있음 　– 학생과 교사의 공동체 역량은 미래사회의 필수 역량임 • 신장 방안 　– 소통하는 학교 만들기 : 학교 공간 재구조화 　– 마을교육공동체 활성화 : 교육공동체가 함께 읽는 책 프로그램, 마을스포츠교육공동체 프로그램 등

채점기준	배 점	점 수
교원 역량의 중요성에 대해 적절하게 설명하는가?	0~4	
제시한 신장 방안은 해당 역량을 기르는데 도움이 되는가?	0~4	
교육공동체의 일원으로서 바른 마음가짐을 갖고 있는가?	0~2	

[3] 2022년 서울 중등(교과)

> 구상형

1 학교에서 제시문 (가)를 바탕으로 교육계획 (나)를 수립하였다. (다)의 관점을 근거로 (나)의 한계점 2가지와 개선 방안을 구체적으로 말하시오.

(가) 대한민국 정부는 2050년까지 탄소중립을 시행하겠다는 목표를 발표하였다. 또한 G20 정상회의에서 '2050년까지 석탄 발전을 전면 폐기할 것'이라 언급하며, 탄소중립 정책에 박차를 가하고 있다. 세계가 힘을 모아 기후위기에 대비할 수 있도록 노력하여야 한다.

(나)

3월 2주	교문 현수막 게시 〈탄소중립〉
4월 1주	환경 캠페인 운영
5월 1주	급식 잔반 줄이기(잔반이 없는 반에 시상)
6월 2주	북극곰 관련 환경다큐 시청

(다) 한 마리의 제비가 봄을 만드는 것이 아니며 좋은 날 하루가 봄을 만드는 것이 아닌 것처럼, 하루나 짧은 시간이 지극히 복되고 행복한 사람을 만드는 것도 아니다.
― 아리스토텔레스

나만의 답변 구상하기

[핵심 키워드]

[답변 구상]

2. 다음 2가지 상황의 공통적인 원인을 학교문화 차원, 교사 개인 차원에서 각각 제시하고, 교사 A와 교사 B의 입장에서 문제를 해결할 수 있는 방안을 제시하시오.

> - 상황 1 : 교사 A는 교육과정을 분석하여 주제 중심 통합 교육과정 운영을 제안하였다. 그러나 다른 교사들은 교과 특수성을 이유로 거절하였다.
> - 상황 2 : 교사 B는 블렌디드 수업을 제안하였으나, 다른 교사들은 '자신의 교과는 오프라인 수업이 중요하며 블렌디드 수업은 적합하지 않다'며 거절하였다.

나만의 답변 구상하기

[핵심 키워드]

[답변 구상]

(추가질문) 교사가 되어 운영하고 싶은 교원학습공동체가 무엇인지 이유와 구체적인 운영 방안을 포함하여 말하시오.

나만의 답변 구상하기

[핵심 키워드]

[답변 구상]

즉답형

1 다음 제시문에 대한 자신의 의견을 각각 말하고, 이를 바탕으로 앞으로 미래학교가 나아가야 할 방향을 3가지 설명하시오.

> (가) • 학생 A : 학교 원격수업보다 인터넷 강사 강의가 공부가 잘되어요.
> • 학생 B : 온라인 방송이나 1인 미디어 콘텐츠에서 배울게 더 많아요. 원격수업보다 혼자 온라인으로 내가 배우고 싶은 것을 배우는 게 더 좋아요.
> • 학생 C : 학교는 졸업장 받으려고 다니는 거지요.
> (나) 한국 학생들은 미래에 필요치도 않은 지식과 존재하지도 않을 직업을 위해 하루 10시간 이상을 허비하고 있다.
>
> — 앨빈 토플러

나만의 답변 구상하기

[핵심 키워드]

[답변 구상]

(추가질문) 교사로서 학생들이 어떠한 사람으로 성장하길 바라는지 말하시오. 더불어 이를 위해 교사로서 지녀야 할 자질을 2가지 설명하시오.

나만의 답변 구상하기

[핵심 키워드]

[답변 구상]

2022년 서울 중등(교과) 해설

구상형

1 **문제요약** 제시문과 관련된 교육계획의 한계점 2가지와 개선 방안 말하기

채점기준(예시)

구 분	평가항목 예시

생태
전환
교육
	• 의미
	  – 생태적인 삶, 지속가능한 미래를 위한 생태시민 육성
	  – 기후위기 비상시대, 환경과 건강, 생명존중을 위한 탄소저감 실천 확대
	
	출처 : 2022 서울교육 주요업무, 서울특별시교육청

한계점	• 일회적이고 단편적인 생태전환교육을 실시하고 있음 • 학생들이 직접 몸으로 느끼고, 배우고, 말하며, 행하는 기회가 부족함 • 1달 1번 정도의 활동으로 학생들의 삶에 녹아있는 생태전환교육이 실시되지 않고 있음 • 생태전환교육이 학교 안에서만 이루어지고 있으며, 지역사회와 연계하여 생태문명을 지향해야 함
개선 방안	• 일회적이고 분절적인 생태전환교육이 아니라 원인부터 해결책 그리고 캠페인 활동까지 학생들이 주체가 된 환경 활동 실시 계획하기(교과 속에서 환경과 관련된 주제들을 통합하여 환경문제를 해결하기 위한 프로젝트 계획-준비-실시-반성 및 성찰-공유-지속적 점검 및 실천) • 기후변화와 환경오염의 문제 등을 학생들이 직접 조사하고, 찾아볼 수 있는 기회를 제공해 환경문제에 대하여 민감성 갖기 • 지역사회와 연계한 환경 캠페인, 환경 동아리를 주기적으로 실시하고 나 혼자의 노력이 아닌 우리 모두의 노력이 필요함을 공유하기 • 지구를 위해 실천할 수 있는 생태행동 방법을 학생들과 함께 찾고 이를 습관화할 수 있는 습관 통장 만들기

채점기준	배 점	점 수
제시문과 관련된 교육계획의 한계점을 적절하게 제시하였는가?	0~4	
한계점을 개선할 수 있는 방안을 구체적으로 제시하였는가?	0~4	
제시한 개선 방안은 교육적으로 유의미하며 실천 가능한가?	0~2	

> 구상형

2 `문제요약` 두 상황 속 공통적인 원인을 학교문화 차원, 교사 개인 차원에서 각각 제시하고, 교사 A, 교사 B의 입장에서 문제 해결 방안 제시하기

채점기준(예시)

구 분	평가항목 예시

공통적인 원인	• 학교문화 차원
	  - 학교의 비전과 교육목표에 대한 공유 부족
	  - 교원들의 공동체 의식 부족 및 소통하고 협력하는 분위기 미형성
	  - 교원들의 자발적 연구문화가 형성되어 있지 않음
	  - 주제 중심 통합 교육과정, 블렌디드 수업에 대한 교사들의 관심을 제고할 수 있는 연수 기회 부족
	• 교사 개인 차원
	  - 교과 특수성을 넘어 타 교과와 연계한 수업에 대한 이해 및 노력 부족
	  - 공동협력수업과 효과적인 교육과정 연구 및 운영에 대한 의지 부족
	  - 온라인 수업에 대한 연구 및 노력 부족

해결 방안	• 교사 A의 입장
	  - 주제 중심 통합 교육과정의 필요성과 취지에 대하여 충분히 설명하기
	  - 주제 중심 통합 교육과정이 교과 특수성을 넘어 학생들의 성장과 발전에 도움이 됨을 납득시키기
	  - 다른 교사들과 충분한 대화와 소통을 통해 주제 중심 통합 교육과정의 구체적인 운영 방안 구상하기
	• 교사 B의 입장
	  - 교육과정 차시별 블렌디드 수업 운영이 필요한 항목에 대하여 충분히 설명하기
	  - 블렌디드 수업의 효과와 긍정적 측면 이해시키기
	  - 협력적 수업 연구 및 구상을 통해 학생들의 학습 성장을 도모할 수 있음을 설명하기

채점기준	배 점	점 수
상황 속 공통적인 원인을 적절하게 지적하였는가?	0~4	
제시한 해결 방안은 각 상황의 문제를 해결할 수 있는 방안인가?	0~4	
교사로서 전문성과 역량을 가지고 있는가?	0~2	

> 구상형

2 문제요약 (추가질문) 교사가 되어 운영하고 싶은 교원학습공동체와 이유, 구체적인 운영 방안 말하기

채점기준(예시)

구 분	평가항목 예시
답변 방향	교원학습공동체 운영 목적은 학생의 발달과 성장, 공동체 협력을 통한 교사의 전문성 강화이므로, 운영 목적과 주목받는 교육 주제를 연결하여 답변해야 함

답변 예시 1	메이커 교육을 통한 창의성 함양 교원학습공동체
	• 이 유
	  - 창의적 문제해결력과 협력, 공유 능력 함양 중심의 메이커 교육을 통해 미래사회에서 원하는 역량을 갖춘 창의적 인재 육성
	  - 학생들이 만드는 과정을 통해 문제를 해결하고 재미를 느끼며 사고력 함양 가능
	  - 수업 자료 공유와 상호 멘토링을 통한 교사의 수업 전문성 함양
	• 운영방안
	  - 학생들의 창의성과 문제해결력을 함양할 수 있는 연구 활동 주제 설정하기
	  - 매주 협의를 통해 교과 수업 재구성을 통한 창의적 메이커 교육 실현하기
	  - 매달 1회 메이커 관련 도서 탐독 및 창의성 관련 연수를 통해 수업 전문성 신장하기
	  - 집단 지성과 협력을 통해 공동 지도안을 작성하고 실행한 후 나누기

답변 예시 2	맞춤식 수업을 통한 기초학력 보장 교원학습공동체
	• 이 유
	  - 교실 수업 혁신 및 학생 중심 맞춤형 수업 연구를 통해 학생들의 기초학력을 보장하고자 함
	  - 학습부진 복합 요인에 따른 학생 맞춤형 수업 운영 사례를 공유해 교사의 전문성 및 지도 역량 강화
	• 운영 방안
	  - 맞춤식 수업 및 기초학력과 보장을 위한 연구 활동 주제 설정하기
	  - 매주 협의를 통해 수업 계획 및 자료를 공유하고 반성적 성찰하기
	  - 매달 1회 기초, 기본, 개별화와 관련된 기초학력 교육 관련 도서 탐독 및 성공적 지도 사례 공유하기
	  - 집단 지성과 협력을 통해 공동 지도안을 작성하고 실행한 후 나누기

채점기준	배 점	점 수
운영하고 싶은 교원학습공동체를 이유와 함께 적절하게 제시하였는가?	0~3	
운영하고 싶은 교원학습공동체의 운영 방안을 구체적으로 설명하는가?	0~4	
운영하고 싶은 교원학습공동체는 교사의 전문성 및 학생의 성장에 도움이 되는가?	0~3	

즉답형

1 〔문제요약〕 제시문과 관련된 자신의 의견을 말하고, 미래학교가 나아가야 할 방향 3가지 설명하기

채점기준(예시)

구 분	평가항목 예시
의 견	• (가) 의견 : 학교의 존재 의미에 대한 의견 제시하기 　- 학교는 학습뿐만 아니라 친구들과 상호작용하며 사회성, 인성을 함양하는 공간임 　- 미래사회에서는 혼자 힘으로 문제를 해결하기 보다 타인과의 협력과 집단 지성을 통한 효과적이고 효율적인 문제 해결 능력이 필요함 • (나) 의견 　- 미래사회에서 과학적 발견은 새로운 지식과 진리를 만들어 내고 있으며, 지식은 시대적 상황과 발달에 따라 변화함 　- 맹목적인 암기, 주입식 교육은 미래사회에서 요구하는 역량을 함양할 수 없음 　- 학교 교육은 단순히 내용을 암기하는 것이 아닌 개념을 이해하고 더 나아가 여러 내용을 다차원적으로 융합하고 통합적으로 사고할 수 있도록 해야 함
미래학교의 방향	• 지성, 심성, 시민성을 함양한 생각하는 사람, 참여하는 시민을 기르는 교육 • 학생주도 개인별 맞춤 학습과 개인의 흥미와 적성, 강점에 기반을 둔 교육 지향 • 빅데이터에 기반한 4차 산업혁명 교육 • 급변하는 사회현상을 이해하고 적응할 수 있는 변혁적 역량을 함양하는 교육 • 교사는 학생을 가르치는 사람에서 더 나아가 학생에게 필요한 자료를 찾고 매칭하여 주는 학습 컨설턴트의 역할 수행 • 타인과 충분한 의견 교환 및 상호작용할 수 있는 환경 구성을 통해 협동, 공감, 갈등관리 역량 함양 • 미래사회의 변화를 학생주도적으로 깨닫고 스스로 준비하게 인도하는 교육 • 지식을 다차원적인 시각으로 바라보고 이를 융합하고 통합적으로 사고할 수 있는 교육

채점기준	배 점	점 수
제시문과 관련된 자신의 의견을 논리적이고 제시하고 있는가?	0~4	
제시문과 관련된 미래학교의 방향을 적절하게 제시하고 있는가?	0~4	
교사로서 전문성과 역량을 가지고 있는가?	0~2	

즉답형

1 _{문제요약} (추가질문) 교사로서 바라는 학생의 성장 모습과 이를 위해 지녀야 할 교사의 자질 2가지 설명하기

채점기준(예시)

구 분	평가항목 예시

예시 답안 1	• 학생의 성장 모습 : 자신을 사랑하고 타인을 배려하는 학생
	  – 자신을 사랑하는 학생이 삶에 대한 주체성을 가질 수 있으며, 어려운 상황 속에서도 끈기를 가지고 주체적인 삶을 영위할 수 있음
	  – 자신을 사랑하는 사람이 타인에 대해서도 온전하게 이해하고 다름을 인정하며, 배려하고 함께 어울릴 수 있는 인성을 가질 수 있음
	• 교사의 자질
	  – 포용력 : 학생 개개인을 이해하고 포용하므로서 학생들이 자신에 대해 이해하고, 스스로를 돌아볼 수 있도록 하기
	  – 소통 및 공감 : 사춘기 학생들과 충분히 대화하며 학생의 입장을 공감하고 이해하므로써 학생들의 올바른 자아관을 갖게 하기
	  – 존중 및 경청 : 학생을 인격체로 존중하고 학생들의 이야기를 경청하므로써 학생들이 교사에게 소중한 존재임을 느끼게 하기

예시 답안 2	• 학생의 성장 모습 : 자기 주체성을 발휘하는 학생
	  – 삶에 대한 능동적・진취적인 태도로 자신의 학습과 진로를 스스로 개척할 수 있음
	  – OECD에서 강조하고 있는 역량으로 본인의 삶에 대한 주체성을 넘어, 자신의 선택과 행위가 타인・사회에 영향을 미치고 있다는 책임감을 의식하는 학생
	• 교사의 자질
	  – 관심 및 칭찬 : 학생의 개성과 강점을 찾아내고 적극적으로 칭찬하고 독려하여 자기효능감 갖도록 하기
	  – 학습 코칭 능력 : 학생의 동기 및 능력 수준을 고려하여 학습을 촉진하고 필요한 자료를 매칭할 수 있는 능력
	  – 자기계발 : 동료교사와 협력, 연수, 독서 등을 통해 학생들의 자기 주체성 함양을 위한 방법에 대해 연구하기

채점기준	배 점	점 수
교사로서 바라는 학생의 성장 모습을 적절하게 제시하고 있는가?	0~4	
교사가 가져야 할 자질에 대하여 구체적으로 설명하는가?	0~4	
교사로서 올바른 가치관과 소양을 지니고 있는가?	0~2	

[4] 2022년 인천 중등(공통)

구상형

1 다음 중 자신이 중요하게 생각하는 것을 1가지 골라 이유를 설명하고, 선택한 것과 관련하여 구체적인 실천 방안을 4가지 제시하시오.

- 학습결손 지원
- 심리·정서 지원

나만의 답변 구상하기

[핵심 키워드]

[답변 구상]

2 자신이 실천할 수 있는 진로교육 프로그램을 5가지 제시하고, 이에 필요한 교사의 역량 5가지를 함께 설명하시오.

나만의 답변 구상하기

[핵심 키워드]

[답변 구상]

즉답형

1. 학교 현장에서 학생들은 혐오 표현을 사용하여 문제가 되기도 한다. 혐오 표현 사용을 예방하고 지도할 수 있는 교육 방안을 5가지 설명하시오.

나만의 답변 구상하기

[핵심 키워드]

[답변 구상]

2. 미디어 사회를 살아가는 현대사회에서는 미디어 리터러시가 중요하다. 학생의 미디어 리터러시 역량을 신장시킬 수 있는 방안 5가지를 설명하시오.

나만의 답변 구상하기

[핵심 키워드]

[답변 구상]

2022년 인천 중등(공통) 해설

구상형

1 **문제요약** 자신이 중요하게 생각하는 것을 1가지 골라 이유를 설명하고, 구체적인 실천 방안 4가지 제시하기

채점기준(예시)

구 분	평가항목 예시
학습결손 지원	이 유 • 학생이 살아가면서 겪는 문제들을 합리적으로 해결할 때 다양한 영역의 지식과 정보가 필요함 • 학습을 통한 지식 획득은 창의성의 기반이 됨 • 지식정보처리 역량, 창의적 사고 역량 등을 신장시켜 창의융합형 인재를 육성함에 있어서 학습결손이 나타나지 않도록 교사는 노력해야 함
	실천 방안 • 교과 방과 후 프로그램 운영 • 또래교사 지정 : 학급 내 성실하고 마음이 따뜻한 친구를 또래교사로 지정하여 교과 수업 진행 시 학습에 어려움이 있는 학생에게 도움을 제공하는 학급문화를 조성하고, 또래교사 또한 친구에게 설명하는 과정에서 지식의 정교화가 이루어져 성장의 계기 마련 • 협력교사 신청 및 도움이 필요한 학생에게 지원 : 기초학력 협력교사는 정규교과 수업시간 내 담임교사의 수업을 협력·보조하여 학습에 어려움이 있는 학생이 수업에 원활하게 참여할 수 있도록 함 • 두드림학교 운영 : 기초학력 부진학생 중 복합적인 요인으로 어려움을 겪는 학생 지원 • 외부기관과 연계·협력 : 기초학력 지원을 위한 학습종합 클리닉센터 활용

구 분	평가항목 예시
심리·정서 지원	이 유 • 학교 부적응 및 정서·행동의 문제, 문화적 소외 등 어려움을 겪는 학생들이 심리·정서상 불안하면 정상적인 사고와 활동이 어려워짐 • 높은 청소년 자살률과 '코로나 블루'라 표현되는 코로나19 사태로 겪는 우울감과 우울증은 무시할 수 없는 큰 사회적 문제임 • 행복한 청소년기의 경험을 제공해주기 위해 교사는 노력해야 함

	• 관계 중심 생활교육 실시 : 아침조회 시간이나 창의적 체험활동 시간 등을 이용한 학급 운영이나 교과 수업 진행 시 관계 중심 생활교육 실시
	• 학생주도 학급활동 지원
	• 또래활동 지원
	• 자율동아리 운영 지원을 통한 관계성 및 협력 역량 신장
	• 외부기관과 연계·협력 : Wee 센터, 건강지원센터 등 활용
	  – 디딤돌 교실, 디딤돌 학교 등을 통해 학생의 심리·정서적 지원 제공
	  – 따뜻하게 위(Wee)로 하는 'Wee 프로젝트'를 실시하여 서비스 제공
	    ※ Wee 프로젝트 : 학생 위기 상담 종합지원 서비스로 지원 대상은 학생과 학부모, 교사이며, 지원 대상에 대한 모든 서비스는 무료로 제공됨(Wee 클래스, Wee 스쿨, Wee 센터, 가정형 Wee 센터)

채점기준	배 점	점 수
자신이 선택한 사안에 대한 이유를 논리적으로 설명하는가?	0~4	
자신이 선택한 사안에 대해 구체적인 실행 방안 4가지를 제시하는가?	0~4	
자신의 교직관을 바탕으로 교육 전문성을 발휘할 수 있는가?	0~2	

> **구상형**

2 **문제요약** 진로교육 프로그램 5가지를 제시하고, 이에 필요한 교사의 역량 5가지 설명하기

채점기준(예시)

구 분	평가항목 예시

진로교육 프로그램	• 자기이해 기반 진로체험
	  – 진로검사–진로상담–진로체험 원스톱 프로그램 운영 : 단위 학교별 진로검사·상담·체험 실시
	  – 진로체험 프로그램 실시 : 진로교육주간 운영
	  – 학교 교육과정 내에 진로교육주간을 편성하여 운영
	• 지역사회 연계 진로교육 프로그램 조성 : 진로체험지원센터 활용
	• 창의적 문제해결을 위한 진로체험 프로그램 운영
	  – 융합교육체험센터를 활용하여 융합교육 프로그램, 주말 상설 프로그램에 참여
	  – 가족이 함께하는 주말 발명 프로그램, 상상실현 프로젝트에 참가
	• 주제 중심 고교 진로 프로그램
	  – 프로젝트형 진로체험 아카데미 : 진로와 연계한 프로젝트형 수업, 지역대학 및 기업체와 협력
	  – 차세대 리더 멘토링 : 교수 등 분야별 전문가와 대학(원)생이 멘토로 3명 내외의 멘티와 연계한 진로 멘토링
	• 공교육 중심 진학 지원시스템 활용 : 대학 전공 탐색 프로그램 → 개인별 전공 탐색 검사 실시 후 진로 멘토링, 대학생 멘토링 실시
	• 진로·진학 종합 플랫폼인 인천 사이버 진로교육원 활용

진로교육 프로그램에 필요한 교사의 역량	• 관찰 역량 : 학생을 세심하게 살펴 강점과 단점을 발견하고, 학생이 보지 못하는 부분을 유도해 낼 수 있는 역량 필요 • 지식정보처리 역량 : 학생의 진로에 맞는 방향성과 과정을 찾기 위해 다양한 영역의 지식과 정보를 처리하고 활용할 수 있는 지식정보처리 역량 필요 • 의사소통 역량 : 진로를 정하지 못해 불안해하며 갈팡질팡하는 학생의 이야기를 경청하고 존중하는 의사소통 역량 필요 • 동기부여 역량 : 진로에 관심 없는 학생들에게 삶의 의욕을 고취시키고, 자신의 강점과 단점을 분석하여 알맞은 진로를 찾아 나설 수 있게 학생을 동기부여할 수 있는 역량 필요 • 맞춤형 진로지도 역량 : 학생이 교사에게 진로에 관한 도움을 요청할 때 교사가 학생에게 필요한 진로 정보지식을 제공하고 조력해 줄 수 있는 맞춤형 진로지도 역량 필요 • 에듀테크 활용 교수 역량 : 에듀테크를 활용하여 전도유망한 직업에 대한 상세 정보를 제공해줄 수 있는 역량 필요 ※ 에듀테크 : 인공지능, 빅데이터 등 데이터와 소프트웨어를 기반으로 학습자에 대한 분석과 의사소통, 정보관리를 용이하게 함으로써 학습 효과에 초점을 둔 기술

구 분	평가항목 예시		
진로교육 프로그램에 필요한 교사의 역량	• 디지털 리터러시 교수 역량 : 4차 산업혁명 시대로 인터넷에 다양한 정보들이 쏟아지는 상황 속에서 필요한 정보를 정확하고 신속하게 선별하고 활용하여 학생들에게 제공할 수 있는 역량 필요 ※ 디지털 리터러시 역량 : 디지털시대 속 인터넷에서 필요한 정보를 정확하게 선별하고 활용하기 위한 디지털 활용·참여, 창의와 혁신, 디지털 정서 지능, 디지털 보안 등의 다양한 역량임		
채점기준		배 점	점 수
진로교육 프로그램에 필요한 교사 역량을 적절하게 제시하였는가?		0~4	
역량에 대한 근거는 논리적이고 충분한가?		0~4	
교육적 지식과 전문성을 가지고 답변하고 있는가?		0~2	

즉답형

1 문제요약 학생들의 혐오 표현 사용을 예방하고 지도할 수 있는 교육 방안 5가지 제시하기

채점기준(예시)

구 분	평가항목 예시
혐오 표현 사용 예방 및 지도 방안	• 계기교육 영상 시청 후 후속 활동 실시 : 혐오 표현 사용으로 인해 갈등을 빚는 집단들의 모습을 보고, 우리 모두를 위한 공존과 평화의 시대를 살아가기 위해 우리는 어떤 말과 행동을 해야 할지 생각해보는 후속 활동 실시하기 • 입장 바꿔 생각하기 활동 실시 : 혐오 표현을 들었을 때 느끼는 감정과 생각을 말하고, 혐오 표현 사용을 자제해야 함을 스스로 느낄 수 있게 하기 • 혐오 표현 예방·대응 가이드라인 교육 : 국가인권위원회에서 제공하는 '혐오 표현 예방·대응 가이드라인'을 학급 게시판에 부착하여 아이들이 자연스럽게 접할 수 있도록 평화로운 학급환경 조성하기 • 학급 또는 학생자치회 주도하에 바른 언어 사용하기 캠페인 실시 : 바른 언어 사용하기 캠페인을 실시하여 상대방의 기분을 나쁘게 하는 혐오 표현을 사용하지 않는 학급 또는 학교문화 조성하기 • 혐오 표현 사용 예방을 위한 공연 또는 연극 활동 기획하기 : 학급 또는 학교 단위 현장체험학습활동 형태로 혐오 표현 사용 예방을 위한 공연을 감상하러 가거나 교과 수행평가 형태로 혐오 표현 사용 예방하기를 주제로 한 연극 활동 기획하기 • 표현의 자유에 대한 주제로 토의·토론 실시 : 교과 수업 시간 또는 학급자치회의 시간을 활용하여 토의·토론 실시 • 비폭력대화법 교육 실시 : 교사 또는 유관기관을 통해 비폭력대화법을 교육하여 학생 간에 갈등이 있을 때 욕설, 은어, 혐오하는 표현이 아닌 비폭력대화법을 사용할 수 있도록 교육

채점기준	배 점	점 수
혐오 표현 사용 문제를 이해하고 있는가?	0~2	
문제를 해결할 수 있는 교육 방안을 구체적으로 제시하였는가?	0~6	
교육 방안이 학생의 가치관과 태도 변화를 이끌어낼 수 있는가?	0~2	

즉답형

2 **문제요약** 학생의 미디어 리터러시 역량을 신장시킬 수 있는 방안 5가지 설명하기

채점기준(예시)

구 분	평가항목 예시
미디어 리터러시 역량의 의미	다양한 미디어에 접근하고, 미디어가 제공하는 정보와 콘텐츠를 비판적으로 이해하며, 자신의 생각을 미디어로 책임 있게 표현하고 소통할 수 있는 능력
미디어 리터러시 역량 신장 방안	• 창의적 체험활동 기반 통합적 미디어 리터러시 교육 • 중점 교과 중심의 미디어 리터러시 교육 추진 • 자유학기제·고교학점제 연계 미디어 리터러시 교육 • 미디어를 활용한 학생사회참여형 공모전 개최 및 참여 • 학교로 찾아가는 미디어 리터러시 교실 운영 • 청소년 미디어 리터러시 교실 운영하기 : 토요 미디어 리터러시 교실, 학교와 연계한 미디어 청소년 활동 실시 • 마을과 함께하는 미디어 시민교실 : '학교-마을-지역사회'를 연계하는 프로그램 운영 → 마을 이야기를 담은 마을 방송국, 마을 기자, 우리마을 오디오북 등 더불어 사는 민주시민을 경험하고 체험하는 미디어 리터러시 교실 운영 • 리터러시 전문 강사 초청 수업하기 • 리터러시 중심 교육과정 프로젝트 운영 • 작가 초청 문해력 토크쇼 진행

채점기준	배 점	점 수
미디어 리터러시 역량 신장 방안 5가지를 적절한 근거와 함께 제시하였는가?	0~5	
학생의 역량을 신장시킬 수 있는 효과적인 방안인가?	0~3	
자신의 교직관을 바탕으로 교육 전문성을 발휘할 수 있는가?	0~2	

5 2022년 평가원 중등(교과)

구상형

1 다음 제시문을 읽고 학생 A, B, C가 가지는 동기적 특성을 각각 1가지씩 설명하고, 각 학생들에게 적절한 과제를 부여하시오.

> 교사는 수업 첫 시간에 학생들에게 '이번 학기에 수업을 통해 무엇을 얻어가고 싶은가요?'라고 물었다. 이에 대해 학생들은 다음과 같이 대답하였다.
> - 학생 A : 노력해서 좋은 성적을 받아보고 싶어요. 그리고 이 과목에 대해 자신감을 높이고 싶어요.
> - 학생 B : 기존에는 선생님들이 발표나 과제의 주제를 정해주셨잖아요. 이번에는 제가 직접 정해서 공부해보고 싶어요.
> - 학생 C : 저는 친구들과 사이좋게 지내고 싶어요. 친구들과 함께 과제를 해결하고 싶어요.

나만의 답변 구상하기

[핵심 키워드]

[답변 구상]

2 코로나19로 인하여 학습결손이 커지고, 기초학력 부족 문제가 대두되고 있다. 기초학력 보장이 학교 교육의 책무라는 관점에서, 기초학력이 부족한 학생을 지도할 경우 교사에게 필요한 인성적 자질과 전문적 자질에 대해 각각 1가지씩 설명하고, 이러한 자질을 기르기 위한 방안을 구체적으로 각각 1가지씩 말하시오.

나만의 답변 구상하기

[핵심 키워드]

[답변 구상]

3 다음은 교사의 SNS 활동에 대한 두 교사의 대화내용이다. 자신의 가치관에 비추어 두 교사 중 어느 교사의 가치관을 선호하는지 이유를 들어 설명하고, 자신이 선택한 입장이 학교 조직 문화에 끼칠 영향을 고려해 유의할 점을 1가지 설명하시오.

> A교사 : SNS 활동은 개인의 자유입니다. 그러므로 SNS 활동을 제약해서는 안 된다고 생각합니다.
> B교사 : 교육활동과 지나치게 관련 없는 SNS 활동은 교육적이지 못하고, 교사의 품위에 손상이 갈 것 같아요.

나만의 답변 구상하기

[핵심 키워드]

[답변 구상]

즉답형

1 다음 글을 읽고 물음에 답하시오.

> • 선배교사 A : 학생을 전적으로 신뢰해야 합니다.
> • 선배교사 B : 학생을 전적으로 신뢰하는 것은 교육적이지 못합니다.

1-1. 두 선배교사의 조언 중 어느 쪽을 따를 것인지 선택하고 그 이유를 설명하시오.

나만의 답변 구상하기

[핵심 키워드]

[답변 구상]

1-2. 본인이 선택한 선배의 조언을 따를 경우의 유의점에 대하여 설명하시오.

나만의 답변 구상하기

[핵심 키워드]

[답변 구상]

1-3. 본인이 선택한 선배의 조언을 지키기 위하여 어떠한 노력을 할 것인지 설명하시오.

나만의 답변 구상하기

[핵심 키워드]

[답변 구상]

2022년 평가원 중등(교과) 해설

구상형

1 **문제요약** 학생이 가지는 동기적 특성을 각각 1가지씩 설명하고, 이에 따른 적절한 과제 부여하기

채점기준(예시)

구 분	평가항목 예시

학생 A	• 동기적 특성
	  – 목표 지향성 이론 : 학생이 가진 목표 지향성에 따라 학습 동기를 가짐(숙달목표 : 과제 숙달 및 이해 증진을 통해 스스로의 자신감 형성)
	  – 성취동기 이론 : 보상과 관계없이 도전적으로 어려운 과제를 성공적으로 수행하려는 욕구
	• 적절한 과제
	  – 성공적 경험 제공 : 자기효능감 성취
	  – 숙달에 초점을 둔 피드백과 보상 제공
	  – 실패회피 동기보다 성공추구 동기가 높아지도록 활동 유도

학생 B	• 동기적 특성
	  – 자기결정성 이론 : (자율성) 기본 욕구 중 자신이 원하는 것에 따라 행동하고자 하는 욕구
	  – 자기효능감 이론 : 개인이 특정 과제를 성공적으로 완료할 수 있다는 스스로의 능력에 대한 믿음
	• 적절한 과제
	  – 자율적 학습환경 마련
	  – 성공적 경험 제공
	  – 대리 간접 경험 : 모델링
	  – 구체적인 학습 전략 지도 및 구성주의 학습환경 마련

학생 C	• 동기적 특성 : 자기결정성 이론
	  – (관계성) 기본 욕구 중 타인과 안정적, 긍정적인 관계를 형성하고자 하는 욕구
	  – (유능감) 환경과 상호작용하며 자신의 능력을 활용하고 성취하는 경험 추구
	• 적절한 과제
	  – 친밀한 사회적 관계 형성의 기회 마련
	  – 협동학습 활용 및 동료평가 제도 운영
	  – 자치활동을 통한 프로젝트 학습 활용

채점기준	배 점	점 수
학생이 가지는 동기적 특성을 적절하게 설명하였는가?	0~3	
동기적 특성에 따른 적절한 과제를 부여하였는가?	0~3	
동기이론에 대한 교육적 전문성을 가지고 있는가?	0~4	

> 구상형

2. 문제요약
코로나19로 인해 기초학력이 부족한 학생 지도할 경우 교사에게 필요한 인성적 자질과 전문적 자질 각각 1가지씩 설명하고, 구체적인 방안 각각 1가지씩 말하기

채점기준(예시)

구 분	평가항목 예시

기초학력의 중요성	• 기초학력의 의미 : 어떤 교육을 받는데 기초적으로 필요한 학습 능력으로, 읽기·쓰기·셈하기와 같은 능력을 말함
	• 중요성
	  - 학생들이 삶을 영위해 나가는데 필수적·기본적인 요소임
	  - 현 단계에서 다음 단계의 학습을 이어나가기 위한 기초 능력이므로 중요함
	  - 기초학력이 형성되어 있지 않으면 학습, 진로, 사회생활에서 지속적인 학습 무력감 및 좌절감을 느낄 가능성이 높음
	  - 기초학력은 개인적 자아실현의 기초이자 국가 발전의 원동력이므로 공교육의 책무에 해당함

인성적 자질	• 교사는 학습의 조력자이자 촉진자 역할 임을 명심하기 • 인내와 공감 : 부진학생이 느리게 배우고, 교사의 기대보다 잘 못하더라도 부진학생의 입장을 이해하고 기다려주는 태도 • 성실 : 부진학생의 기초학력 향상에 필요한 자료를 준비하고 수업 연구를 성실하게 하는 태도 • 끈기 : 기초학력 부진학생이 학습 성취가 느리더라도 끈기있게 기다리고 노력하는 태도 • 사랑과 긍정적 피드백 : 기초학력 부진학생의 경우 학습된 무기력이 있을 수 있으므로, 사랑과 관심을 갖고 칭찬해주는 태도
전문적 자질	• 기초학력 부진 원인 및 학생 수준 판단 능력 : 기초학력 관련 도서 및 연수 듣기 • 교육과정에 대한 이해 : 교육과정 분석 및 연구를 통해 학습의 계열성에 대한 명확한 이해 도모하기 • 학생의 수준 파악 능력 : 학생 관찰, 학부모 상담 등을 통해 학생의 환경적 맥락을 파악하고, 학습 수준을 파악할 수 있는 진단평가 자료 찾아보기 • 학생 수준에 맞는 지도 전략 수립 및 코칭 능력 : 기초학력 관련 연수 및 동학년 선생님들의 생생한 경험 경청하기, 학습부진 지도 성공적 사례 찾아보기 • 학습부진을 타개하고자 부모님과 협력할 수 있는 능력 : 학생·부모님과 충분한 라포를 형성하도록 주기적인 상담하기 • 학생의 정의적 영역에 대한 동기를 향상시킬 수 있는 능력 : 학생과 꾸준한 상담을 통해 학생의 흥미, 적성 등을 파악하기

채점기준	배 점	점 수
기초학력이 부족한 학생을 지도하기 위한 인성적·전문적 자질을 알고 있는가?	0~4	
인성적·전문적 자질을 기르기 위한 방안을 적절하게 제시하였는가?	0~4	
기초학력의 중요성에 대하여 알고 있는가?	0~2	

구상형

3. 문제요약
선호하는 가치관을 가진 교사의 입장을 선택하여 자신의 가치관과 관련지어 설명하고, 학교 조직문화에 끼칠 영향에 있어 유의할 점 1가지 설명하기

채점기준(예시)

구 분	평가항목 예시

A교사 입장	• 선택한 이유와 가치관
	  - SNS 활동은 개인의 자유이자 권리임
	  - SNS는 자기 PR의 기회이자 의견 표현의 장으로 활용 가능함
	  - SNS 활동을 통해 다양한 사람들과 소통하며 다양한 의견을 들을 수 있음
	  - 교육적 SNS 운영을 통해 학생, 학부모 상담이나 교사가 가진 재능을 나눌 수 있는 장으로 활용 가능함
	  - SNS를 활용하여 학생 학습 자료, 계기교육 자료를 게시해 교사가 가진 자료와 능력을 사회에 환원할 수 있는 장으로 활용 가능함
	• 학교 조직문화에 있어 유의할 점
	  - SNS를 개인적인 사생활 공유의 용도가 아닌 교육적인 용도로 활용하기
	  - 개인적인 사생활인 담긴 SNS는 비공개로 운영하기
	  - 교육 관련 SNS 운영 시 학교장, 학부모와 충분히 협의하여 운영하기
	  - 학생의 초상권 및 개인정보 관련 문제가 생기지 않도록 조치 취하기
	  - SNS 활동 지침, 성실 의무, 품위 유지의 의무 등 공직자의 의무 명심하기

B교사 입장	• 선택한 이유와 가치관
	  - 교사는 교육자로서 학생에게 영향을 끼치는 존재이므로, 학생의 롤모델이자 모방 대상임을 명심해야 함
	  - 교사는 공교육을 행하는 교육 공무원이므로 공직자의 역할 및 의무를 다 해야 함
	  - 개인적인 사생활을 공유하는 SNS 활동은 학생과 학부모의 민원 소지 가능성이 있음
	• 학교 조직문화에 있어 유의할 점
	  - 교사 개인의 자율성을 존중할 수 있는 학교문화를 조성하기 위한 노력하기
	  - 교사로서 개인과 인간으로서 개인을 구분하여 존중하도록 노력하기
	  - 조직 내 다양한 의사소통이 자유롭게 가능하도록 허용적인 교직문화 형성하기

채점기준	배점	점수
교사의 입장을 자신의 가치관과 관련지어 적절하게 설명하였는가?	0~4	
자신의 가치관과 관련하여 학교 조직문화에 끼칠 영향에 있어 유의할 점을 알맞게 제시하였는가?	0~4	
교사로서 책임감과 사명감을 가지고 있는가?	0~2	

즉답형

1 **문제요약** 1-1, 1-2, 1-3. 선배교사의 조언에 대한 자신의 선택과 이유, 조언을 따를 경우 유의점, 노력할 점 설명하기

채점기준(예시)

구 분	평가항목 예시

[1-1]
답변 예시
	• 선배교사 A의 조언을 선택한 이유
	  – 학생에 대한 교사의 무한 신뢰를 통해 학생과 라포를 형성하고 교사에 대한 학생의 신뢰를 얻을 수 있음
	  – 학생에 대한 신뢰가 모든 교육의 출발점이므로, 믿음을 통해 학생의 자존감을 높이고 스스로 소중한 존재라는 인식을 가질 수 있음
	  – 신뢰를 통한 학생의 긍정적 자아 형성은 자기결정성, 주체성 등 자신의 삶에 대한 적극적인 태도를 형성하도록 함
	  – 학생 신뢰는 사실의 진위 여부를 넘어 교사가 학생의 입장에서 공감하고 생각해볼 수 있는 기회임
	• 선배교사 B의 조언을 선택한 이유
	  – 학생을 소중한 존재로 존중하고 사랑해야 하나 사회적 경험이 적은 학생은 사회와 교육에서 보호해야 할 존재임
	  – 전적으로 학생을 신뢰하기 보다는 학생의 옆에서 조언자, 촉진자로서 좋은 방향으로 이끄는 것이 교사의 역할임

[1-2]
답변 예시
	• 선배교사 A의 조언을 따를 경우 유의점
	  – 학생에 대한 무한 신뢰는 학생의 도덕적, 윤리적 잣대와 삶의 가치관에 혼란을 주지 않는 방향에서 이루어져야 함
	  – 학생의 부정적인 행동과 신념에 교사가 긍정적인 지원이 되지 않도록 해야 함
	  – 학생이 잘못된 행동을 했을 경우 어떠한 방향으로 학생을 신뢰하고 지지해야 할지 교사의 고민이 필요함
	• 선배교사 B의 조언을 따를 경우 유의점
	  – 학생이 교사가 자신을 신뢰하지 않다고 느끼지 않도록 유의해야 함
	  – 학생이 잘하고 있는 부분에서는 긍정적인 지원과 격려를 아끼지 않고, 진심으로 학생을 대하여 충분한 라포를 형성해야 함
	  – 학생과 교사 사이에 라포가 형성되어야 교사가 학생의 조언자 역할을 할 때 학생이 긍정적으로 받아들일 수 있음

구 분	평가항목 예시		
[1-3] 답변 예시	• 선배교사 A의 조언을 지키기 위해 노력할 점 　- 학생의 이야기를 경청하고 항상 학생의 입장에서 이해하려고 노력하기 　- 학생이 교사의 신뢰를 받고 있다고 느낄 수 있도록 학생에 대한 긍정적인 지원과 격려를 충분히 표현하기 　- 학생과 꾸준히 소통하기 위한 소통 창구 및 고민 상담 창구 열어 두기 • 선배교사 B의 조언을 지키기 위해 노력할 점 　- 학생의 행동에 대하여 조언을 할 경우 학생의 감정이 상하지 않도록 표현하는 배려대화법 연습하기 　- 학생이 교사의 조언과 충고를 받아들일 수 있도록 평소에 많은 관심과 사랑을 보여주기 　- 학생과 꾸준히 소통하기 위한 소통 창구 및 고민 상담 창구 열어 두기		
채점기준		배 점	점 수
[1-1] 어느 선배교사의 조언을 따를 것인지에 대한 적절한 이유를 설명하는가?		0~4	
[1-2] 선택한 선배교사의 조언을 따를 경우 유의점을 알맞게 제시하는가?		0~4	
[1-3] 교사로서 사명감과 책임감을 가지고 있는가?		0~3	

CHAPTER 09 심층면접 기출문제(2021 중등)

[1] 2021년 강원도 중등(공통)

구상형

1 다음 자료를 보고 물음에 답하시오.

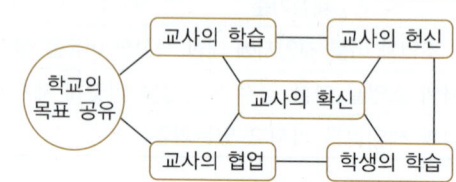

[자료 1]
- 교사 A : 코로나19로 인해 현재 원격 수업을 하고 있는데 진행이 어렵네요. 교사마다 미디어 역량이 달라서 수업을 제작하는 것도 차이가 많이 나요. 이미 ICT 활용이 가능한 교사는 교육과정 운영을 쉽게 하는데, 능력이 부족한 교사는 어렵고 너무 힘들어요.
- 교사 B : 맞습니다. 이렇게 어려운 상황일 때 선생님들이 협력, 협동하여 같이 해결했었지요. 이미 협력을 잘하고 계신 선생님들도 많으시지만 아직 전혀 참여하지 않는 선생님들도 계십니다.

[자료 2]
- 학생 A : 스마트폰으로 수업을 듣다 보니 집중하기 힘들고 과제하는 것이 어려워요.
- 학생 B : 진도가 빨라서 따라가기 어려워요. 그리고 궁금할 때 질문할 수 없어요.
- 학생 C : 수업을 들으며 출석을 하고, 과제를 빨리 하고 나면 시간이 많이 남아요. 그때 다른 것을 해요.
- 학생 D : 원격 수업과 등교 수업의 내용이 달라서 혼란스럽게 느껴져요. 연계가 안 되는 느낌이에요.

1-1. 그림을 바탕으로 자료 1에 나타난 문제점을 설명하시오. 더불어 문제를 해결하기 위한 교사의 해결 방안 3가지를 제시하시오.

나만의 답변 구상하기

[핵심 키워드]

[답변 구상]

1-2. 자료 2에 나타난 문제점을 언급하고, 해결 방안을 교사와 학교 측면에서 각각 2가지씩 제시하시오.

나만의 답변 구상하기

[핵심 키워드]

[답변 구상]

즉답형

1 먼저 고교학점제의 의미를 설명하시오. 그리고 고교학점제의 중점사항과 관련하여 제시문의 A학교에서 나타난 문제점을 해결할 수 있는 방안 3가지를 말하시오.

> A학교는 교원 수급을 중점으로 하여 교육과정을 편성, 운영하고 있다. 교사 수급이 원활하지 않아 개설이 용이한 과목만 개설 중인 상태이기에 학생들은 원하지 않는 과목을 수강하고 있다. 또한 1학년의 약 50% 정도의 학생들은 아직 진로를 정하지 못하고 과목도 선택하지 못하고 있다.

나만의 답변 구상하기

[핵심 키워드]

[답변 구상]

---

2 강원도교육청의 교육 안전망 정책을 바탕으로 자해(자살)하는 학생을 지도할 수 있는 방안 4가지를 설명하시오.

> 교사는 학생과 상담을 하던 중 학생이 자해했다는 사실을 알게 되었다.

나만의 답변 구상하기

[핵심 키워드]

[답변 구상]

---

3 강원도교육청의 학교 혁신을 위한 추진 과제에 대하여 4가지를 설명하시오. 그리고 그중 2가지를 선택하여 교사로서 본인이 실천할 수 있는 운영 방안에 대해 설명하시오.

나만의 답변 구상하기

[핵심 키워드]

[답변 구상]

2021년 강원도 중등(공통) 해설

> **구상형**

1 **문제요약** 1-1. 자료 1에 나타난 문제점을 설명하고, 해결 방안 3가지 제시하기

채점기준(예시)

구 분	평가항목 예시

문제점	• 그림에 나타난 요소를 중심으로 연결지어 설명
	  – 학교의 목표 공유 : 각 과목의 원격 수업도 학생 교육의 일환이므로, 학교 전체 목표의식을 공유할 필요가 있음
	  – 교사의 협업 : 원격 수업을 위한 ICT 활용 능력을 공유하지 않고 있음
	  – 교사의 헌신 : 자신의 업무, 과목, 수업이 아니므로 능력을 공유하지 않고 있음
	  – 학생의 학습 : 모든 수업의 질 향상은 학생의 학습의 질 향상임에도 이 점을 간과하고 있음

해결 방안	• 강원도교육청의 다양한 연수 시스템 활용하여 ICT 역량 신장
	  – 전문적 학습공동체
	  – 학교 내 교원학습공동체 활성화
	  – 강원도교육연수원 활용(강원교육과학정보원 등)
	  – 지역거점 연수기관 간 공동연수과정
	  – 미래형 연수 및 현지맞춤형 연수
	• 교사 간 라포 형성
	  – 교직원 동아리 운영
	  – '저녁엔 연수' 프로그램 참여
	  – 문화의 날 행사 참여
	• 헌신하는 문화 만들기
	• 교직원 교육토론회 및 평가회 운영
	• ICT 활용 강사 초청

채점기준	배 점	점 수
상황 속의 문제점을 정확하게 파악하고 있는가?	0~3	
문제점을 해결하기 위한 방안은 실효성이 있는가?	0~5	
학교의 일원으로서 공동체 역량을 가지고 있는가?	0~2	

구상형

1 　**문제요약**　1-2. 자료 2에 나타난 문제점을 언급하고, 해결 방안을 교사와 학교 측면에서 2가지씩 제시하기

채점기준(예시)

구 분	평가항목 예시
문제점	• 기기 문제로 학습 효과가 떨어짐 • 일방적인 수업 콘텐츠들로 자신의 학습 속도를 조절할 수 없음 • 실시간 질의응답이 불가능함 • 개인의 학습 정도와 수준에 맞는 개별화 학습이 불가능함 • 원격 수업과 대면 수업의 이분법적 운영
교사 측면의 해결 방안	• 온라인 수업 플랫폼의 다양화 　- 실시간 쌍방향 수업, 온라인 콘텐츠 제시 수업, 과제 수행 중심의 방법을 혼용하되 유형별 단점을 보완할 수 있도록 플랫폼을 다양화하여 운영함 　- 플립러닝, 패들렛, 구글시트 등을 활용 　- 학생 소통 인프라 추가 확충(학급밴드, SNS 메신저 등) • 자유롭게 질문할 수 있는 분위기 촉진 • 성취기준 중심 교육과정 분석 및 재구성 : 온·오프라인 유연성 부여 • 이분법적 운영을 막기 위한 프로젝트 수업 • 수준별 학습자료 개발을 통한 개별화교육 • 온라인상의 학습 포트폴리오 제작 • 수시로 학생 상담 진행(학습, 생활상의 어려움 조사)
학교 측면 해결 방안	• 스마트 기기 지원 사업 • 음향장치, 무선망, 카메라 등 환경 설비 지원 • 온라인 수업 피드백 적극 조사 　- 학교 평가 설문 추가 실시 　- 학교 교육 토론회 운영 　- 온라인상 학교 건의함 설치 및 안내 • 온라인 수업 연구 교직원 연수 • 교원학습공동체 지원

채점기준	배 점	점 수
상황 속의 문제점을 정확하게 파악하고 있는가?	0~2	
교사가 실천할 수 있는 적절한 해결 방안을 제시하였는가?	0~4	
학교가 실천할 수 있는 적절한 해결 방안을 제시하였는가?	0~4	

즉답형

1. 문제요약 고교학점제의 의미를 설명하고, 문제점을 해결할 수 있는 방안 3가지 말하기

채점기준(예시)

구 분	평가항목 예시
고교학점제 의미	• 학생 자신의 특성을 고려하여 다양한 교과목을 선택하고, 이수를 통해 학점을 누적하여 기준이 충족되었을 때 졸업을 인정해주는 교육 제도 • 일반계, 직업계고 혁신을 위해 고교학점제 도입 추진 • 학생 개개인이 잠재력과 역량을 최대한 발휘할 수 있게 돕고, 책임감을 기반으로 한 자기관리 역량 신장을 꾀함
첫 번째 문제점과 해결 방안	• 문제점 : 교원 수급의 문제로 학생들이 희망하는 과목들이 제대로 개설되고 있지 않음 • 해결 방안 　- 지역 내 학교와 공동교육과정 운영 　- 물리적 한계를 넘는 온라인 공동교육과정 이수제 운영 　- 민·관·학 협력 교육체제 수립
두 번째 문제점과 해결 방안	• 문제점 : 1학년 학생들이 아직 진로를 선택하지 못하여 교과목 선택에 지장을 받음 • 해결 방안 　- 우선적으로 1학년을 대상으로 진로 개발 프로젝트 운영 　- 진로선택과목 수업 자료 개발 프로젝트 자료 활용(강원도교육청) 　- 지역맞춤형 진로체험 프로그램(강원도교육청) 　- 대학 연계 진로선택지원 프로그램(강원도교육청) 　- 강원도진로연수교육원 활용
세 번째 문제점과 해결 방안	• 문제점 : 교과목에 대한 정보가 부족해 제대로 된 선택 어려움을 겪고 있음 • 해결 방안 　- 개설 교과목 설명회 운영 　- 진로별 교과목, 개설 가능 교과목 추가 설명 　- 설명 자료 및 영상 온라인 탑재 　- 유관기관을 중심으로 타 학교의 정보 공유

채점기준	배 점	점 수
교육청의 정책을 이해하고 있는가?	0~4	
정책의 개선점을 발견하여 언급할 수 있는가?	0~3	
제시한 방안은 실천 가능하고 효과적인가?	0~3	

즉답형

2 문제요약 강원도교육청 교육 안전망 정책을 바탕으로 자해(자살) 학생 지도 방안 4가지 설명하기

채점기준(예시)

구 분	평가항목 예시

시책 중심
자해(자살) 학생
지도 방안
	• 학교 위기관리위원회 개최
	• 교내 Wee 클래스 협조 요청
	• 전문성이 필요한 경우 교육청 지원 프로그램 활용
	  – 병원 Wee 센터 연계
	  – 온라인 상담시스템 활용
	  – 위기 학생 상담치유과정 프로그램 참여
	  – 외부 심리상담 및 치료비 지원 프로그램
	• 교실 안 희망교실 운영 : 교사와 위기 학생이 멘토, 멘티가 되어 라포 형성
	• 도담도담 학생정신건강 지원
	  – 정서, 행동특성검사 실시(초 1, 4학년/중·고 1학년)
	  – 학교 생명존중문화 만들기 교육, 캠페인
	  – 지역사회 연계 정신건강모델학교 운영
	• 아동 청소년 행복지수 적용
	• 학업 중단 예방사업 활용

채점기준	배 점	점 수
교육청의 정책을 이해하고 있는가?	0~4	
정책을 바탕으로 적절한 지도 방안을 제시하고 있는가?	0~4	
문제 상황에 즉각적으로 대처할 수 있는 역량을 가지고 있는가?	0~2	

> 즉답형

3. 문제요약: 학교 혁신 추진 과제 4가지 및 운영 방안 설명하기

채점기준(예시)

구 분	평가항목 예시
학교 혁신 추진 과제 4가지	**민주적 학교** 참여와 소통, 배려와 존중의 학교 문화 조성 **전문적 학습공동체** 학교 업무 정상화를 통한 교육활동 중심의 교원학습공동체 활성화 모두가 함께하는 **학교 혁신** **지역사회와 함께하는 학교** 지역과 유기적으로 협력하는 학교-마을교육공동체 구축 **학생 중심 교육과정** 학생의 배움과 성장을 지원하는 교육과정-수업-평가 운영

민주적 학교 실천 방안	• 학생 자치 활용 방안
	  – 학생-교사-학부모-교육청 연계 의사소통 시스템 운영
	  – 교육과정 내 학급자치 시간 확보 : 규칙 재정회, 개정회
	  – 학교 주요 행사 의결권 부여
	  – 학생정책결정참여제

전문적 학습공동체 실천 방안	• 학교 중점 사업 중심 전문적 학습공동체 운영 • 재능 나눔 공동체 운영 : 교사별 재능을 중심으로 강사 활동 • 학교 공간 혁신을 통한 소통 체제 개선
지역사회와 함께하는 학교 실천 방안	• 마을교육공동체 활용 교육과정 운영 • 계기교육 지역인사 활용 • 공공기관 운영 청소년단체 참여 • 그린 스마트 스쿨 : 지역 공유센터 운영 • 주말 지역 문화 배움터 설치
학생 중심 교육과정 실천 방안	• 학생주도 체험학습 실시 • 온·오프라인 블렌디드 러닝 • 교육과정-수업-평가 중심의 학교 중점교육 수립 • 과정 중심 평가 확대 • 개별화교육과 학생 맞춤형 피드백 제공을 위한 플랫폼 운영

채점기준	배 점	점 수
학교 혁신을 위한 정책에 대해 이해하고 있는가?	0~4	
정책을 실현하기 위한 교육 방안을 적절하게 제시하고 있는가?	0~4	
제시한 방법은 교육적 효과가 있는가?	0~2	

2 2021년 경기도 중등(교과)

구상형

1 다음 상황에서 교사 A, B의 의견 중 자신이 지지하는 의견이 무엇인지 말하고, 이유를 설명하시오.

> [상 황]
> 교과융합수업을 3차시로 진행한 뒤 수행평가를 실시하였다. 마지막 3차시 수업이 종료되었으나 학생 C는 이동저장장치(USB)의 오류로 결과물을 제출하지 못했다.
>
> [의 견]
> - 교사 A : 1, 2차시 수업 결과물만 수행평가에 적용하고 3차시 수업 결과물은 미제출로 처리해야 한다고 생각해요.
> - 교사 B : 추가 제출 기회를 제공하여 학생이 최종적으로 3차시 수업 결과물까지 제출할 수 있도록 해야 한다고 생각해요.

나만의 답변 구상하기

[핵심 키워드]

[답변 구상]

2 학생 A~C의 행동 특성을 고려하여 담임교사로서 실천할 수 있는 종합적인 지도 방안을 말하시오.

> • 학생 A : 면담 중 교사가 지적했음에도 계속 다른 곳을 응시했다.
> • 학생 B : 교사가 지각하지 말 것을 계속 강조해 왔지만, 결국 또 지각했다.
> • 학생 C : 교사가 주의를 주었음에도 계속 수업을 방해하는 행동을 했다.

나만의 답변 구상하기

[핵심 키워드]

[답변 구상]

3 교사의 대면지도가 가지는 교육적 효과를 코로나19로 인하여 운영하고 있는 원격 수업과 비교하여 학습지도 측면과 인성지도 측면에서 각각 설명하시오.

나만의 답변 구상하기

[핵심 키워드]

[답변 구상]

> **즉답형**

1 다양한 매체를 활용하여 독서교육을 실시할 수 있다. 자신의 교과와 연계하여 매체를 활용한 독서교육 방안을 구체적으로 설명하시오.

나만의 답변 구상하기

[핵심 키워드]

[답변 구상]

2 제시문과 같은 상황에서 자신이 A 교사라면 갈등을 원만하게 해결하기 위해 어떻게 할 것인지 설명하시오.

> A 교사는 학교 체험활동 담당교사인 B 교사로부터 학년 전체 진로체험 업무를 맡아달라고 부탁받았다. A 교사는 지금까지 진로체험활동 지도 경험이 없어 당황스러웠다. 또한 학기 초에 정해진 업무 배정 이외의 다른 업무를 받아 부담스러웠다.

나만의 답변 구상하기

[핵심 키워드]

[답변 구상]

2021년 경기도 중등(교과) 해설

구상형

1 **문제요약** 자신이 지지하는 교사를 고르고 이유 설명하기

채점기준(예시)

구 분	평가항목 예시
교사 A의 선택	학생의 추가 제출을 받지 말아야 하는 이유 • 다른 학생들과의 형평성을 위하여 • 학생의 책임감에 대하여 교육하기 위하여 • 해당 평가 외에 다른 영역에서의 추가 기회가 존재하기 때문
교사 B의 선택	학생의 추가 제출을 받아 주어야 하는 이유 • 교육의 본질은 학생의 성장 지원이기 때문 • 추가적인 논의를 통해서라도 점수를 줄 수 있기 때문 • 과정 중심 평가 기준에서 보았을 때, 노력한 과정을 함께 평가해주면 3차시 과제도 일부 감점 후 점수를 부여해줄 수 있기 때문 • 이번 기회를 통해 오히려 책임감을 부여해줄 수 있기 때문

채점기준	배 점	점 수
자신이 지지하는 의견에 대한 적절한 근거를 제시하였는가?	0~4	
교육을 통해 학생의 삶을 성장시킬 수 있는 방향인가?	0~4	
자신만의 교육관을 가지고 일관성 있는 답변을 하는가?	0~2	

> 구상형

2. 문제요약 - 학생의 행동 특성을 고려하여 담임교사로서 할 수 있는 종합적인 지도 방안 말하기

채점기준(예시)

구 분	평가항목 예시

종합적
지도 방안
	• 라포 형성 프로그램 운영
	  - 사제동행 프로그램
	  - 학생의 취미를 중심으로 한 학생자율동아리 운영 및 지도교사 지원
	• 반성적 성찰 능력 신장
	  - 감정노트, 하루 다이어리 쓰기
	  - 교사와 함께 교환일기 쓰기
	• 자기관리 능력 신장 : 하루 실천 목표 설정
	• 취미를 활용한 진로교육 실시
	• 마음치유 상담 프로그램 진행 : Wee 클래스 연계
	• 가정 연계 개선 프로그램 운영
	• 미술심리치료 실시

채점기준	배 점	점 수
학생의 특성을 고려하여 지도 방안을 제시하였는가?	0~4	
제시한 지도 방안은 효과적이고 실천 가능한가?	0~4	
교사로서 사명감을 가지고 있는가?	0~2	

> 구상형

3 **문제요약** 대면지도가 가지는 교육적 효과를 원격 수업과 비교하여 설명하기(학습지도, 인성지도 측면)

채점기준(예시)

구 분	평가항목 예시
대면지도의 학습지도 측면 효과	• 학습목표의 도달 정도 확인 수월 • 학습 결손 방지 • 즉각적인 상호교류 가능 • 다양한 교육 활동 진행 수월 : 문답식, 토의식, 문제해결식 등 • 가정으로부터의 교육 방임 방지 • 수준별 지도 수월
대면지도의 인성지도 측면 효과	• 가치 역량 교육이 효과적임 　- 인성 역량 : 사회성, 협동심, 배려심, 예의, 친절, 갈등 해결 등 　- 민주시민 역량 • 전인교육 가능 • 회복적 생활교육 운영 가능 • 성장기 아동의 안전 확보 : 물리적, 심리적 • 또래관계 형성으로부터 얻는 안도감

채점기준	배 점	점 수
온라인 수업에 비교하여 대면지도의 특성을 이해하고 있는가?	0~4	
각 효과에 대한 이유로 적절한 근거를 제시하고 있는가?	0~3	
교직실무에 대한 전문성을 가지고 있는가?	0~3	

즉답형

1 **문제요약** 교과와 연계한 매체 활용 독서교육 방안 설명하기

채점기준(예시)

구 분	평가항목 예시
교과 연계 매체 활용 독서교육 방안	• 국어 교과 　- 작품 소개 스토리텔링 영상 만들기 　- 온라인 독서장 포트폴리오 　- 권장도서 패들렛 소통 공간 개설 • 수학 교과 　- 수학 독서 후 온라인 토론회 　- 수학자의 일대기 독서 후 온라인 자료 탐색 • 영어 교과 　- 디지털 도서관을 활용한 원서 찾아 읽기 　- 원서에 등장한 해외 유적지 온라인 탐방 • 사회 교과 　- 책을 통해 사회의 문제를 찾고, 인터넷 청와대 게시판에 청원하기 　- 사회 학습 후 관련 직업 탐색하기(독서 + 인터넷 사이트) • 과학 교과 　- 과학 서적 독서 후 과학 저널 사이트를 탐색하여 보고서 작성하기 　- 생생한 3D, AR, VR 과학 전자책 독서

채점기준	배 점	점 수
자신의 교과와 연계하여 구체적인 독서 지도 방안을 제시하는가?	0~4	
제시한 독서교육 방안은 매체를 효과적으로 활용하는가?	0~4	
학생들이 독서에 대한 흥미를 가질 수 있게 하는 방안인가?	0~2	

> 즉답형

2 문제요약 제시문의 상황 속 A 교사의 입장에서 해결 방법 설명하기

채점기준(예시)

구 분	평가항목 예시

문제 상황
해결 방안
	• 업무 승낙의 경우
	  – 먼저 업무에 대한 이해 시도
	  – 전년도 기록을 찾아 시행계획과 운영 결과 탐색
	  – 담당교사 B와 관련된 업무 부장에게 협조 요청(자신이 주가 되거나 자신이 보조가 되는 방식으로 업무에 참여 의사 표현)
	  – 필요시 전문적 학습공동체로 확장시켜 운영
	• 업무 거절의 경우
	  – 섣부른 거절보다 업무에 대한 이해 시도
	  – 전년도 기록을 찾아 시행계획과 운영 결과 탐색
	  – 업무가 불가능한 합리적인 이유를 공손하게 표현

채점기준	배 점	점 수
문제를 해결하기 위한 적절한 방안을 설명하였는가?	0~4	
자신의 주장에 적합한 근거를 제시하였는가?	0~4	
교육공동체의 일원으로서 바른 마음가짐을 갖고 있는가?	0~2	

[3] 2021년 경기 중등(비교과)

구상형

1. 학년별 목표를 중점으로 교과 연계 융합교육을 진행하려고 한다. 다음의 제시문을 보고 1가지를 골라 자신의 교과와 타 교과를 융합한 수업의 구체적인 활동 내용을 제시하시오.

   - 1학년 : 자유학년제 운영 활성화
   - 2학년 : 인성교육 체험형 학습
   - 3학년 : 맞춤형 진로탐색교육

   나만의 답변 구상하기

   [핵심 키워드]

   [답변 구상]

2. 학생들을 중심으로 하여 사회의 문제를 탐색하고 해결 방안을 모색하는 동아리 활동을 구상하려고 한다. 이때 교사로서 가능한 지원 방안을 설명하시오.

   나만의 답변 구상하기

   [핵심 키워드]

   [답변 구상]

3 부진 학생을 대상으로 교육을 진행할 때 자신의 교과와 연계하여 지원할 수 있는 방안과 이유를 말하시오.

> [부진 학생의 상태]
> - 교과 중 수학, 국어, 영어 순으로 점수가 낮음
> - 항상 우울감을 느끼고 무기력함
> - 기본 생활습관이 부족하고 부모님의 보살핌을 기대할 수 없는 상태임
> - 교우관계가 원만하지 않음
> - 학습 능력이 부족함

나만의 답변 구상하기

[핵심 키워드]

[답변 구상]

4 학부모가 각 교사에게 다음과 같이 요청하고 있다. 자신에게 해당되는 상황 속에서 교과를 연계하여 학부모와 원만한 관계를 형성할 수 있는 방안을 설명하시오.

> - 영양 : 우리 아이는 식품 알레르기가 있어요. 급식을 먹을 때 우리 아이를 위한 식단을 따로 제공해주셨으면 해요.
> - 상담 : 우리 아이가 분노 조절이 심하긴 해도 조금 짜증을 내는 것뿐이에요. 정신과 치료는 필요 없어요.
> - 보건 : 우리 아이가 자주 복통을 호소해요. 보건실에서 편하게 시간 제한 없이 쉴 수 있게 해주세요.
> - 사서 : 교육과정에는 없어도 별도의 문예대회를 진행해 주세요.

나만의 답변 구상하기

[핵심 키워드]

[답변 구상]

즉답형

1 미래의 교사 역할이 다음과 같을 때, 1가지를 선택하고 자신의 과목과 연계하여 어떠한 교사가 될 것인지 설명하시오.

> • 학습촉진자
> • 프로젝트 관리자
> • 상담자

나만의 답변 구상하기

[핵심 키워드]

[답변 구상]

2 다문화 감수성 함양 교육을 위한 방안을 자신의 과목과 연계하여 제시하시오.

나만의 답변 구상하기

[핵심 키워드]

[답변 구상]

3 청소년 수련관, 박물관, 미술관, 문화센터, 행정복지센터 중 1가지를 선택하여 자신의 과목을 연계한 교육활동 프로젝트를 설명하시오. 더불어 그에 따른 기대효과를 설명하시오.

나만의 답변 구상하기

[핵심 키워드]

[답변 구상]

4 진로 특강을 위한 강사로 강의를 하게 되었다. 교사를 꿈꾸는 학생에게 자신이 교직을 선택한 동기를 포함하여 교사로서 필요한 소양은 무엇인지에 대해 말하시오.

나만의 답변 구상하기

[핵심 키워드]

[답변 구상]

2021년 경기 중등(비교과) 해설

> **구상형**

1 **문제요약** 1가지 주제를 골라 자신의 교과와 타 교과를 연계한 융합수업 활동 제시하기

채점기준(예시)

구 분	평가항목 예시
답변 방향성	• 각 학년의 주제를 중심으로 자신의 교과와 관련된 교육 소재를 탐색함 • 그 소재와 관련된 타 교과를 탐색하여 연결지어 나가는 것이 답변에 수월함

자유학년제
선택 시
	• 자유학년제 중심 주제로 선택 가능한 활동
	  – 계기교육 활동 : 탄소 중립, 기후변화 대응, 학생 안전망
	  – 예술·체육 활동 : 미디어 창작활동, 스포츠, 오케스트라, 뮤지컬
	  – 동아리 활동 : 디베이트, 시 창작, 환경지킴이, 영화 감상
	  – 주제선택 활동 : 3D프린터, 과학 탐험부, 놀이 수학

인성교육
체험형 학습
선택 시
	• 인성 중심 주제로 선택 가능한 활동
	  – 학교폭력 예방
	  – 민주시민교육
	  – 회복적 생활교육

맞춤형
진로탐색교육
선택 시
	• 진로 중심 주제로 선택 가능한 활동
	  – 교과서, 책, SNS, 미디어 매체를 활용한 직업정보 탐색
	  – 진로흥미적성검사
	  – 직업인 초청
	  – 직업현장 견학

채점기준	배 점	점 수
주제와 융합교육 방법이 조화롭게 어우러지는가?	0~3	
각 교과의 성취기준을 모두 달성할 수 있는 방법인가?	0~4	
제시한 방안은 교육적이며 효과가 있는가?	0~3	

구상형

2 문제요약 사회문제탐색 동아리 활동의 지도교사로서 지원 방안 설명하기

채점기준(예시)

구 분	평가항목 예시
답변 방향	• 해당 동아리의 본질을 달성할 수 있는 교사의 방안을 제시함 • 자신의 전공과 관련된 구체적인 교육 방안을 제시하여도 됨
지도교사 지원 방안	• 안내자의 역할 : 지역사회의 문제점 탐색 과정에서 방향을 잘 찾을 수 있도록 안내 • 조력자의 역할 : 필요 비품을 위해 학생 동아리 예산 활용 • 격려자의 역할 : 학생주도성과 참여 동기를 부여 • 보호자의 역할 : 지역사회 체험, 실천 과정에서 예측 가능한 위험 문제 예방 • 조율가의 역할 : 학생들의 프로젝트 계획과 학교 교육과정, 환경과의 조율

채점기준	배 점	점 수
지원 방안이 구체적이고 실천 가능한가?	0~4	
동아리 활동의 교육적 본질에 대해 고민하고 답변하는가?	0~4	
교사로서 사명감을 가지고 있는가?	0~2	

> 구상형

3 문제요약 부진 학생 지도 방안을 자신의 교과와 연계하여 말하고, 이유 설명하기

채점기준(예시)

구 분	평가항목 예시
답변 방향	• 구체적인 부진을 지도하기보다 학생의 기초적인 학습습관, 생활습관을 재정립해나갈 수 있도록 교과와 연계하여 지도 방안 제시
보 건	• 건강한 생활습관 기르기 • 매일 5분 건강 체조 함께하기
영 양	• 아침 간식 수다시간 운영 • 꿈 키워주기(식생활 영역 관련 취미활동을 통해 진로 동기)
상 담	• '나를 사랑하기' 프로젝트(자기애, 자기효능감, 자존감) • 회복적 생활교육 운영
사 서	• 점심시간 선생님과 함께하는 10분 책 읽기 운영 • 독서로 마음 치유하기 프로젝트

채점기준	배 점	점 수
전공과 연계하여 효과적인 지도 방안을 제시하는가?	0~4	
제시한 방안은 학생의 배경을 고려한 것인가?	0~4	
교사로서 사명감을 가지고 있는가?	0~2	

구상형

4. 문제요약 자신의 교과 연계를 통한 학부모와 원만한 관계를 형성할 수 있는 방안 설명하기

채점기준(예시)

구 분	평가항목 예시
영 양	• 식품 알레르기에 대한 영양교육 실시 • 학생 주도 영양 성분표 활용 지도 : 색으로 알기 쉬운 표시, 오늘의 알레르기 주의 그림 표시 등 • 학생, 학부모 설문을 통한 대체식품 다양화 • 가정과 연계한 주간 식품 분석 활동지 제공 • 영양교사 소통망 제공
상 담	• 학생 취미 지원을 통한 라포 형성 • 정서 상태 확인 및 검사 • 놀이 활동, 예술 활동을 통한 간접 치료 유도 • 진로상담을 통한 생활 동기 부여 및 태도 개선
보 건	• 학생 건강 기초조사 재실시 : 병력 변동 사항 확인 • 신체적, 심리적 상태 확인 : 교내 상담 또는 병원 진료 • 담임교사, 보건교사, 상담교사 협력 체제 구축 및 안내 • 안도감 형성 : 보건교사 소통망 제공
사 서	• 학부모 연계 문예 행사 진행 : 학부모가 소개하는 추천도서, 학부모 참여 독서토론회 등 • 수업시간을 활용하여 행사 도서에 대한 사전교육 실시(토의식, 문답식, 스토리텔링 등) • 마을교육공동체의 중요성과 의의 강조

채점기준	배 점	점 수
자신의 교과와 연계하여 문제 상황을 해결할 수 있는 적합한 방안인가?	0~4	
제시한 방안은 학부모와의 원만한 관계를 형성할 수 있는 방안인가?	0~4	
교육전문가로서의 능력을 갖추고 있는가?	0~2	

> 족답형

1 문제요약 미래의 교사역할을 고르고 자신의 과목과 연계하여 교사상 설명하기

채점기준(예시)

구 분	평가항목 예시
방향성	• 미래사회에 인간만이 가질 수 있는 역량을 고민하고, 제시문의 역할과 비교하며 근거를 수립해 나가면 답변이 수월함 • 과목별 연계 방안은 아래 제시되는 여러 요소들을 중점으로 해당 교과의 구체적 사례를 연계하여 답변 준비

근거 예시	• 학습촉진자
	   - 학생의 내적동기를 자극할 수 있는 자극 제시 능력은 인간만이 가질 수 있음
	   - 수업의 이수 여부, 평가 결과만으로 학생을 평가할 수 없으므로 종합적 학습 능력을 파악하여 촉진시키는 역할
	• 프로젝트 관리자
	   - 미래사회의 교육은 다양하고 즉각적인 교육이 요구될 것으로 예상되므로 교사는 교육과정을 자유자재로 변모할 수 있어야 함
	   - 미래교육은 학생 개개인에 맞는 개별화교육이 강조되므로 학생 맞춤형 프로젝트 학습을 제안할 수 있는 관리자
	• 상담자
	   - 로봇, 인공지능이 가지지 못하는 능력인 정의적 역량을 베풀 수 있는 교사
	   - 공감, 배려, 사랑을 베풀 수 있는 교사
	   - 학생이 겉으로 드러내지 않는 내적 갈등까지도 유추하여 지원할 수 있는 능력

채점기준	배 점	점 수
미래교육과 관련지어 자신만의 교육관을 수립하고 있는가?	0~4	
교과를 바탕으로 미래교사에 대해 적절하게 설명하고 있는가?	0~4	
교사로서 사명감과 직업의식을 갖고 있는가?	0~2	

즉답형

2 문제요약 자신의 교과를 활용한 다문화 감수성 함양 교육 방안 제시하기

채점기준(예시)

구 분	평가항목 예시
답변 방향성	• 교육적 요소를 고려하여 지식, 기능, 태도의 측면으로 나누어 접근하면 답변이 수월함(예시답안의 3단계 활동 맥락)
영 양	• 외국의 식재료, 식생활, 식문화 탐구하기 • 다문화 체험의 날을 지정하여 외국 음식 맛보기 • 다문화 학부모 일일 교사 초청 • 우리 마을의 다문화 음식점 찾아보기 • 다문화 음식을 바탕으로 자신의 브랜드 만들기 메이커 교육
상 담	• 외국 놀이를 통한 라포 형성하기 • 상담실 다문화 특별활동 운영 : 외국 간식, 예술품 만들기 교실 • 다문화 학생과 함께 또래 상담실 운영 • 세이브 더 칠드런 아기모자 뜨기 행사에 참여하며 상담시간 갖기 • 감정을 전하는 다양한 방법 체험하기(외국인의 제스처 등) • 자기 사랑법을 통해 타인(다문화) 사랑하기
보 건	• 외국 의료시설 벤치마킹하기 • 외국 응급체계 사례를 통해 의료진에게 감사하는 마음 갖기 • 외국 의료봉사 다큐 시청 후 인류애의 중요성 알기 • 다양한 응급처치 방법 탐색하기
사 서	• 다문화 도서관 꾸미기 • 다문화 가정 학부모가 소개하는 외국 도서 체험 • 다문화 도서 코너 지정 • 문화 알리기 독서 대회 운영

채점기준	배 점	점 수
다문화 감수성의 중요성에 대해 이해하고 있는가?	0~3	
자신의 교과와 연계하여 실천 가능한 방안을 제시하는가?	0~4	
제시한 방안은 다문화 감수성 신장에 효과적인가?	0~3	

즉답형

3 | 문제요약 | 청소년 수련관, 박물관, 미술관, 문화센터, 행정복지센터 중 선택하여 자신의 교과를 연계한 교육활동과 기대효과 설명하기

채점기준(예시)

구 분	평가항목 예시
영 양	• 청소년 수련관 : 캠핑 음식 만들기를 통한 영양교육 • 박물관 : 유물 견학을 통한 식생활, 식문화 역사 탐방 • 미술관 : 미술관 작품을 활용하여 교양 있는 급식실 만들기 • 문화센터 : 문화센터 내 다도 수업을 이수하고 '차(茶)로 통하는 친구 사이 캠페인'을 점심시간에 운영 • 행정복지센터 : 견학, 연계를 통해 우리 지역의 음식물 쓰레기 보고서 만들기
상 담	• 청소년 수련관 : 또래 캠프를 통해 자기애 높이기 • 박물관 : 학예사 연계 진로 상담 프로그램 • 미술관 : 미술작품을 통한 감정 드러내기 활동(도슨트 연계) • 문화센터 : 문화센터 수업을 이수하고 취미를 만들어 상담실 내 취미 동아리 운영 • 행정복지센터 : 사회복지사 연계를 통해 지역 어르신 상담 활동
보 건	• 청소년 수련관 : 수련관 내 학생 응급처치 대응반 • 박물관 : 박물관 내 AED 홍보 캠페인 • 미술관 : 미술작품을 활용한 보건, 위생 팸플릿 만들기 • 문화센터 : 학생 제작 보건 교육 자료를 문화센터 내 전시회 운영 • 행정복지센터 : 우리 마을 보건 취약장소 분석 및 개선 방안 시의회 제출 활동
사 서	• 청소년 수련관 : 함께 읽는 북캠프 활동(1가지 책을 다양한 방법으로 음미하는 수련활동) • 박물관 : 전시 유물과 상호 텍스트성을 갖는 도서 찾아 읽기 • 미술관 : 미술 작품을 소개하는 나만의 책 만들기 • 문화센터 : 시민과 함께하는 도서 만담회 운영 • 행정복지센터 : 센터 내 어린이 도서관 봉사활동 참여

채점기준	배 점	점 수
기관의 특성을 교과와 연계하여 적절하게 제시하였는가?	0~5	
교육 활동의 과정과 의의를 목적에 맞게 설명하였는가?	0~3	
지도 방안이 학생의 삶에 도움이 되는가?	0~2	

> **즉답형**

4 **문제요약** 진로 특강 진행 상황 속 교직 선택 동기를 포함하여 교사에게 필요한 소양 말하기

채점기준(예시)

구 분	평가항목 예시
방향성	• 자신의 중요하다고 여기는 소양을 진로 동기와 함께 연결지어 설명하는 것이 좋음 • 소양은 덕목, 가치, 핵심 역량에서 접목 가능
교사 필요 소양	• 덕목 및 가치 : 사랑, 열정, 나눔, 평정, 인내, 봉사, 허용, 공평, 쾌활, 개방, 모범, 안정, 정직, 윤리, 실천, 상상, 창의 등 • 핵심 역량 : 학습 자료 개발, 교과 재구성, 학급 경영, 민주시민교육, 예술교육, 융합교육, 콘텐츠 제작, 미디어 활용, S/W 교육, 블렌디드 교육, 안전교육, 개별화교육, 갈등 해결 등

채점기준	배 점	점 수
자신의 교직 동기를 바탕으로 필요 소양을 제시하였는가?	0~4	
제시한 소양은 교사에게 필요한 것이며, 그 근거가 적합한가?	0~4	
교사로서 사명감과 직업의식을 갖고 있는가?	0~2	

4 2021년 서울 중등(교과)

구상형

1. 다음은 A학생과 B학생의 다툼에 대해 김 교사가 작성한 학급일지 내용이다. 긍정적 관계 회복을 위해 A학생과 B학생에게 해주고 싶은 조언에 대하여 말하시오. 더불어 화해와 관계 회복을 위한 학급 분위기 조성을 위해 함께 실천해볼 수 있는 학급 활동을 구체적으로 설명하시오.

> [관찰일지]
> - 3월 : A학생과 B학생이 다투는 것을 발견하였다. A학생이 B학생을 실수로 때리게 되었고, 바로 사과하지 않았다. 이에 화가 난 B학생은 A학생의 복부를 때리고 험한 욕설을 퍼부었다고 한다. 학급의 많은 학생들이 이 광경을 목격하였다.
> - 4월 : 가벼운 학교폭력 사안으로 A학생에게 동의를 받아 학교장 자체해결제로 처리되었다.
> - 5월 : B학생은 잘못을 인정했고 서로 화해하였다. 하지만 A학생과 B학생은 아직도 서로 서먹해하는 것 같다.
>
> [학생 개별 면담]
> - A학생 : 친구들 앞에서 제가 그런 일을 당해서 자존심이 상했어요. 지금도 B랑 있으면 불편해요.
> - B학생 : 제가 잘못한 것은 인정해요. 하지만 솔직히 A가 바로 사과했더라면 이렇게 문제가 되지 않았을 것 같아요. 이번 사건으로 저는 부모님한테도 크게 혼났고, 친구들도 저를 이상하게 보는 것 같아서 마음이 좋지 않아요.

나만의 답변 구상하기

[핵심 키워드]

[답변 구상]

2 다음은 원격 수업 상황에서 발생한 여러 학생들의 상황이다. 교과교사로서 각 사례의 문제점을 지적하고 해결 방안을 각각 제시하시오.

> - 사례 1 : A학생은 기존에 수업 참여도가 좋은 편이었다. 하지만 원격 수업이 진행되면서부터 수업 참여도가 저조해졌다. A학생의 의견은 원격 수업은 강의식 수업이 많아 집중이 잘되지 않는다고 한다. 또한 이해가 안 되는 부분을 바로 해결할 수 없어 답답하다고 하였다.
> - 사례 2 : B학생은 수업을 이수할 때, 출석이 인정되는 부분까지만 듣고 그 이후부터는 듣지 않는다. 교사는 B학생을 수업에 참여시키기 위해 계속 문자를 보내고 전화를 걸어서 참여를 격려하지만, 결국 그때 잠시 참여할 뿐이다.
> - 사례 3 : C학생은 실시간 쌍방향 수업에서 진행되는 과정 중심 평가에 불만이 많은 편이다. 일부 학생들은 다른 사람의 도움을 받기도 하고, 친한 친구들끼리 SNS를 통해 답을 공유하고 있기 때문이다.

나만의 답변 구상하기

[핵심 키워드]

[답변 구상]

(추가질문) 신규교사로서 새 학기가 시작되었을 때, 가장 먼저 실천해보고 싶은 학급 활동을 말하고, 그 이유를 자신의 교직관과 연결지어 설명하시오.

나만의 답변 구상하기

[핵심 키워드]

[답변 구상]

즉답형

1 다음의 사례를 참고하여 자신의 교육관을 바탕으로 기본학력책임지도제의 필요성을 설명하시오. 더불어 학생의 지원 방안을 인지적 영역과 정의적 영역으로 나누어 각각 제시하시오.

> [학생 정보]
> - 진단평가 결과 기초학력이 부족한 편이며 그중 국어, 영어, 수학의 능력이 부족하다.
> - 정서행동검사를 실시한 결과 ADHD 성향이 있다고 확인되었다.
> - 학교생활에서 자신감이 부족하고 교우관계를 잘 형성하지 못한다.
> - 기본 생활습관이 부족하며 식사습관, 영양 균형, 위생관리 등 규칙적인 생활이 어렵다.

나만의 답변 구상하기

[핵심 키워드]

[답변 구상]

(추가질문) 부진 학생에게 기본학력책임지도제 프로그램 참여를 권유할 때, 거부하는 학생이 있을 수 있다. 이때 학생의 참여율을 높일 수 있는 방안 3가지를 설명하시오.

나만의 답변 구상하기

[핵심 키워드]

[답변 구상]

2021년 서울 중등(교과) 해설

구상형

1 **문제요약**
- A, B학생에게 해주고 싶은 조언 말하기
- 화해와 관계 회복을 위한 학급 활동을 구체적으로 설명하기

채점기준(예시)

구 분	평가항목 예시
학생 A, B에게 조언	• 다양한 경험을 바탕으로 문제 상황에 도움을 주는 조언 언급 • 조언 내용 예시 – 실수를 인정하는 힘 – 스스로 반성해보는 습관 – 진정한 용기란 자신이 먼저 손을 내미는 것 – 갈등을 잘 해결할 수 있는 것이 진정한 민주시민
화해와 관계 회복을 위한 학급 활동	• 학급 단위 회복적 생활교육 프로그램 – PEACE 평화 명상 : Power(파워·신체) 명상, Eco(에코·자연) 명상, Art(아트·그림) 명상, Contact(콘택트·터치) 명상, Edu(에듀·교육) 명상 – 적극적 경청 – 비폭력 대화 – 회복적 질문하기 : 관계 회복과 능동적 책임을 돕기 위한 열린 질문 – 회복적 성찰문 작성하기 – 회복적 서클 운영 : 신뢰 서클, 문제해결 서클, 또래 조정 서클 – 회복적 정의 컨퍼런스 운영 – 회복적 정의 조정자 모델 – 우리들의 약속 제정

채점기준	배 점	점 수
문제점을 이해하여 학생들에게 필요한 조언을 언급하였는가?	0~3	
화해와 관계 회복을 위한 학급 활동을 적절하게 제시하였는가?	0~4	
문제 상황을 해결할 수 있는 교사의 전문성을 지니고 있는가?	0~3	

> 구상형

2 문제요약 원격 수업의 각 사례에서 문제점을 지적하고 해결 방안 제시하기

채점기준(예시)

구 분	평가항목 예시
사례 1	• 문제점 − 일방적 강의식 수업으로 인한 학생 집중도 및 참여도 저하 − 온라인 학습 중 질의응답 체계 미비 • 해결 방안 − 수업 주체를 학생으로 가져오기 : 문제해결 학습, 협력학습, 토의 − 다양한 플랫폼 활용 : 학생 참여도 증진을 위하여 − 질의응답 창구 추가 마련 : 실시간 채팅, 학급밴드, 교사 SNS 메신저 등
사례 2	• 문제점 − 학생의 학습 동기 및 자기주도 학습 능력 결여 − 교사의 지도가 통하지 않음 • 해결 방안 − 자기주도성 교육 프로그램 운영 − 하루 계획, 단기목표 수립, 성찰 일기 쓰기 − 교사와 라포 형성을 통해 지속적 상담 : 의욕 갖기
사례 3	• 문제점 − 온라인 평가의 맹점을 활용한 부정행위 − 정당한 평가를 치룬 학생에게 끼치는 부정적 영향 • 해결 방안 − 블렌디드 교육을 계획하여 대면 중심 평가 실시 − 성장 중심 평가 본질 찾기 : 논술형, 포트폴리오 등의 방식으로 학생 개개인의 성장 정도를 중점적으로 판단하기

채점기준	배 점	점 수
각 사례의 문제점을 적절하게 지적하였는가?	0~4	
제시한 해결 방안은 각 사례의 문제를 해결할 수 있는 방안인가?	0~4	
교사로서 전문성과 역량을 가지고 있는가?	0~2	

> 구상형

2 `문제요약` (추가질문) 신규교사로서 새 학기에 실천해보고 싶은 학급 활동을 교직관과 연결 지어 말하기

채점기준(예시)

구 분	평가항목 예시
답변 방향	• 자신의 교직관을 바탕으로 주목받는 교육 주제를 연결하여 답변할 수 있음 　– 교직관 예시 : 각종 가치·덕목, 핵심 역량 등 　– 교육 주제 예시 : 기후변화 대응 교육, 저탄소, 스마트 스쿨, 미래교육, S/W 교육, 인성교육, 민주시민교육 등
답변 예시 1	• 교직관 : 나눔을 즐기는 교사 　– 학생들이 나눔을 즐기고 생활화할 수 있는 학급 경영 제도 　– 재능 나눔 잔치, 세이브 더 칠드런 아기모자 나눔 행사, 지역 기부 참여 캠페인 등
답변 예시 2	• 교직관 : 콘텐츠를 활용할 줄 아는 교사 　– 미디어 사회에 살아가는 학생들이 콘텐츠에 대한 적절한 인식과 바른 태도를 갖도록 교육하고자 함 　– 교과 UCC 공모전 참여, 바른 우리 학급 브이로그 제작, 바른 콘텐츠 생활 제작회 등

채점기준	배 점	점 수
자신의 교직관을 명확하게 설립하고 있는가?	0~3	
교직관과 연계한 학급 활동을 구체적으로 설명하고 있는가?	0~4	
교직관에 따른 학급 활동이 학생의 삶에 도움이 되는가?	0~3	

즉답형

1 **문제요약**
- 기본학력책임지도제와 관련하여 필요성을 교직관과 연결지어 설명하기
- 학생 지원 방안을 인지적 측면과 정의적 측면으로 나누어 제시하기

채점기준(예시)

구 분	평가항목 예시
기본학력책임지도제 필요성	• 자신의 교직관(핵심 역량, 가치·덕목 등)과 관련지어 필요성 언급 • 서울특별시교육청의 기본학력책임지도제 시책과 연관 짓기

학생 지원 방안	• 다음의 서울특별시교육청 시책을 참고하여 인지적, 정의적 영역을 나누어 답변
	  - 3단계 학습 안전망(서울특별시교육청)
	    ⓐ 1단계 : (교실 안) 교사 진단, 보정활동 강화/기초학력 지원 강사
	    ⓑ 2단계 : (학교 안) 기초학력 다중지원팀, 서울두드림학교 운영
	    ⓒ 3단계 : (학교 밖) 서울학습도움센터, 찾아가는 학습상담, 지역밀착형 학습 지원
	  - S.O.S. 단위학교 기본학력 책임지도제 슬로건
	    ⓐ Schooling for Life Basic Skill : 사회적 삶을 영위하기 위해 필요한 최소한의 능력
	    ⓑ Opportunity for the Future : 미래 학력 미래 역량의 기본이 되는 학력
	    ⓒ Support Every Student : 진단보다 지원(진단은 단순하게, 보완은 다양하게, 지금 해야 원하는 꿈을 이룰 수 있다)
	  - 서울학습도움센터 : 난독, 경계선 지능팀 네트워크 활용
	  - 정서행동특성검사 및 관찰을 통한 정의적 영역 진단, 지원
	  - 서울서로성장학교 : 권역별 교육청-사범대 연계 지원 프로그램

채점기준	배 점	점 수
기본학력책임지도제의 필요성을 논리적으로 설명하는가?	0~4	
교육청 방향과 맞는 학생 지원 방안을 제시하고 있는가?	0~4	
교사로서 전문성과 역량을 가지고 있는가?	0~2	

> 즉답형

1 >문제요약< (추가질문) 기본학력책임지도제에 참여를 거부하는 학생 지도 방안 3가지 설명하기

>채점기준(예시)<

구 분	평가항목 예시

거부 학생 지도 방안	• 서울 기본학력책임지도제 슬로건 : 진단보다 지원(진단은 단순하게, 보완은 다양하게, 지금 해야 원하는 꿈을 이룰 수 있다)
	• 기초학력 프로그램에 대한 인식 개선하기
	• 또래와 함께하는 프로그램 운영
	• 라포 형성하기 : 지속적 상담 진행
	• 학습보다 삶의 의욕 찾아주기 : 예술문화 프로그램, 진로교육, 체험학습, 취미활동 등을 통한 목표의식 고취
	• 서울특별시교육청의 활용 가능한 프로그램
	  – 서울서로성장학교 : 교육지원청별 사범대 연계 프로그램
	  – 서울희망교실 : 교육 취약 학생 4~10명과 교원이 멘토, 멘티가 되어 삶의 영역에서 함께 참여하는 교육복지활동
	  – 용기프로젝트 : 굿네이버스 등 대외협력 예산 활용

채점기준	배 점	점 수
제시한 방법은 학생의 거부감을 낮출 수 있는 방법인가?	0~4	
기본학력책임제도의 의미를 이해하여 답변하고 있는가?	0~4	
교사로서 전문성과 역량을 가지고 있는가?	0~2	

5 2021년 서울 중등(비교과)

구상형

1 학교 동아리 내에서 학교폭력이 발생하였고, 학교장 자체해결제로 마무리되었다. 다음 사례를 읽고 다음 질문에 답하시오.

> 학생 A는 학생 B를 때리며 학교폭력을 하였다. 학생 A는 학생 B에게 사과를 했지만, 아직 불편한 마음을 느끼고 있다. 다른 친구들이 자신을 이상하게 보는 것 같고, 부모님에게도 많이 혼나서 야속한 감정까지 느낀다고 한다. 하지만 같은 동아리기 때문에 앞으로도 계속 보아야 하는데, 어떻게 하면 좋을지 모르겠다고 한다.

1-1. 학생 A의 성장과 회복을 중심으로 실제로 학생 A와 상담을 진행하는 것처럼 시연하시오.

나만의 답변 구상하기

[핵심 키워드]

[답변 구상]

1-2. 교사가 학생 A와 학생 B의 관계 회복을 위해 대화할 때, 유의하여야 할 점 3가지를 설명하시오.

나만의 답변 구상하기

[핵심 키워드]

[답변 구상]

1-3. 관계 회복을 위해 동아리 프로그램을 진행하려고 한다. 자신의 전공과 연계한 프로그램을 구체적으로 설명하시오.

나만의 답변 구상하기

[핵심 키워드]

[답변 구상]

2 (상담교사) 다음 지문을 읽고 문항에 답하시오.

> 이 교사의 수업에서는 화가 났을 때 소리를 지르고 물건을 던지는 학생이 있다. 이 교사가 지도를 하거나 주의를 주어도 호전되지 않으며, 계속 화를 낸다.

2-1. 사례와 같이 화를 내는 학생에 대한 조치 방안 2가지를 설명하시오.

나만의 답변 구상하기

[핵심 키워드]

[답변 구상]

2-2. 해당 학생의 담임교사로서 상담 방안 2가지를 설명하시오.

나만의 답변 구상하기

[핵심 키워드]

[답변 구상]

2-3. 이 교사에 대한 심리적 지원 방안에 대하여 2가지를 설명하시오.

나만의 답변 구상하기

[핵심 키워드]

[답변 구상]

(추가질문) 학생이 외부 상담 기관과 연계가 필요하다는 사실을 학부모에게 알렸을 때, 학부모가 비협조적으로 반응하며 상한 기분을 표현할 수 있다. 이러한 상황에서 어떻게 대처할 수 있는지 3가지 방안을 구상하여 표현하시오(실제 학부모와 대화하는 것처럼 말하시오).

나만의 답변 구상하기

[핵심 키워드]

[답변 구상]

3 (영양교사) 다음 지문을 읽고 문항에 답하시오.

> 몇몇 학교에서는 학생들을 위한 자율배식을 운영하고 있다. 이러한 자율배식제도 이후 학생들은 주요 음식과 육류 음식만 집중적으로 배식받는 실정이다.

3-1. 자율배식제도로 인해 발생할 수 있는 문제점을 다양한 측면에서 3가지 제시하시오.

나만의 답변 구상하기

[핵심 키워드]

[답변 구상]

3-2. 이러한 문제점을 해결할 수 있는 참여형 교육 프로그램을 제안하시오. 프로그램 이름과 교육목표, 활동 내용을 구체적으로 설명하시오.

나만의 답변 구상하기

[핵심 키워드]

[답변 구상]

(추가질문) 계절 특성상 여름철에는 식중독 발생 확률이 높다. 식중독을 예방하기 위한 방안을 학생, 교사, 조리종사원 측면에서 각각 제시하시오.

나만의 답변 구상하기

[핵심 키워드]

[답변 구상]

4 (사서교사) 다음 지문을 읽고 문항에 답하시오.

> [사제동행 독서 동아리 활동 계획]
> • 운영 방법 : 대면, 비대면(원격) 병행
> • 대상 : 교내 학생 중 독서 동아리 신청자
> • 일정 : 교육과정 동아리 시간 활용

4-1. 동아리 활동 준비 단계에서 비대면(원격) 활동과 관련하여 고려해야 할 점 3가지를 설명하시오.

나만의 답변 구상하기

[핵심 키워드]

[답변 구상]

4-2. 대면·비대면(원격) 병행 수업으로 가능한 독서 동아리 활동을 구상하여 구체적으로 설명하시오.

나만의 답변 구상하기

[핵심 키워드]

[답변 구상]

(추가질문) 사람책을 활용한 진로탐색의 필요성을 언급하고, 이를 활용할 수 있는 방안 2가지를 제시하시오.

나만의 답변 구상하기

[핵심 키워드]

[답변 구상]

※ 구상형 2~4번 문제는 과목별 기출문제가 상이하므로 해설 생략함

즉답형

1 다음의 사례를 참고하여 자신의 교육관을 바탕으로 기본학력책임지도제의 필요성을 설명하시오. 더불어 아래 학생의 지원 방안을 인지적 영역과 정의적 영역으로 나누어 각각 제시하시오.

[학생 정보]
- 진단평가 결과 기초학력이 부족한 편이며 그중 국어, 영어, 수학의 능력이 부족하다.
- 정서행동검사를 실시한 결과 ADHD 성향이 있다고 확인되었다.
- 학교생활에서 자신감이 부족하고 교우관계를 잘 형성하지 못한다.
- 기본 생활습관이 부족하며 식사습관, 영양 균형, 위생관리 등 규칙적인 생활이 어렵다.

나만의 답변 구상하기

[핵심 키워드]

[답변 구상]

(추가질문) 부진 학생에게 기본학력책임지도제 프로그램 참여를 권유할 때, 거부하는 학생이 있을 수 있다. 이때 학생의 참여율을 높일 수 있는 방안 3가지를 설명하시오.

나만의 답변 구상하기

[핵심 키워드]

[답변 구상]

2021년 서울 중등(비교과) 해설

구상형

1 **문제요약** 1-1. 성장과 회복을 중심으로 학생 A와의 상담을 시연하기

채점기준(예시)

구 분	평가항목 예시

상담 내용	• 상담 시연을 통해 회복적 생활교육의 대화를 보여주어야 함
	• 상담 내용에 포함될 내용 예시
	  – 공감, 경청 : 마음의 상처를 치유하고 관계를 열 수 있도록
	  – 바꾸어 말해주기 : 원래 전하고 싶은 속뜻을 다시 짚어 말해주는 대화 기술
	  – 입장과 욕구 구별 : 대립된 주장을 이해하여 실제 의도(관심, 욕구 등)를 파악한 뒤 다시 문제 상황을 살펴보기
	  – 감정언어 이끌어내기 : 논리적 사고보다 마음을 표현하도록

채점기준	배 점	점 수
학생의 성장을 위해 도움이 되는 상담이었는가?	0~4	
상담 내용은 상처 치유 및 관계 회복에 유효한가?	0~4	
교육 상담가로서의 역량과 전문성을 갖고 있는가?	0~2	

> 구상형

1 문제요약 1-2. 교사가 학생 A와 B에게 관계 회복을 위해 대화를 할 경우, 유의하여야 할 점 3가지 설명하기

채점기준(예시)

구 분	평가항목 예시
회복적 대화 관련 유의사항	• 회복적 대화 원칙 　- 회복적 대화의 참여는 반드시 자발적(필요시 대리인 가능) 　- 진행하는 교사는 회복적 대화 기술에 전문성을 가져야 함 　- 회복적 대화 전, 중, 후의 3단계를 지켜야 함(예시답안 내용 확인) 　- 문제해결 또한 당사자들이 자발적으로 찾아야 함 　- 교사, 진행자 등 어른들의 강요로 문제점과 해결 방안을 도출해서는 안 됨 　- 회복적 대화의 모든 내용은 보안 유지 • 회복적 대화 내용 　- 공감 : 단절된 관계를 열고 마음에 귀를 기울일 수 있도록 　- 바꾸어 말해주기 　- 입장과 욕구를 구별하기 　- 감정언어를 활용하기 : 논리적 사고보다 감정을 전하기 　- 선입견에서 벗어나 있는 그대로 바라보기

채점기준	배 점	점 수
회복적 생활교육의 의미를 알고 답변하는가?	0~4	
제시한 유의사항은 관계의 회복과 성장과 관계가 깊은가?	0~4	
문제 상황을 해결할 수 있는 역량을 가지고 있는가?	0~2	

> 구상형

1 **문제요약** 1-3. 관계 회복을 위한 동아리를 자신의 전공과 연계하여 프로그램 구상하기

채점기준(예시)

구 분	평가항목 예시
답변 방향성	• 자신의 교과를 활용한 활동으로 학생들의 자발적 참여를 이끌어내고, 관계 회복과 성장을 도모할 수 있는 프로그램 제안
영 양	• 요리 실습을 통한 관계 회복 : '디저트로 달콤한 시간' 갖기 • 음식물 쓰레기 줄이기 캠페인으로 서로를 아끼는 인류애 신장
사 서	• '평화' 스토리텔링 책 만들기 • 책을 대본으로 바꾸는 관계 회복 연극 발표회 개최
상 담	• MBTI를 활용한 친구 이해하기 활동 • 취미로 함께하는 마음 친구 만들기 : 학생 재능 기부 형식
보 건	• 마음 건강 치유 교실 운영 : 또래 진단, 치유 • 라이프스킬 육성 프로젝트 : 목표 설정, 의사결정 능력, 스트레스 관리 능력, 커뮤니케이션 능력을 신장하여 QOL 높이기

채점기준	배 점	점 수
전공과 연계하여 관계 회복을 위한 방안을 제시하였는가?	0~3	
활동 내용은 상처 치유 및 관계 회복에 유효한가?	0~5	
활동 내용은 학생들의 삶에 도움이 되는 교육인가?	0~2	

> **즉답형**

1 **문제요약**
- 기본학력책임지도제와 관련하여 필요성을 교직관과 연결 지어 설명하기
- 학생 지원 방안을 인지적 측면과 정의적 측면으로 나누어 제시하기

채점기준(예시)

구 분	평가항목 예시
기본학력 책임지도제 필요성	• 자신의 교직관(핵심 역량, 가치·덕목 등)과 관련지어 필요성 언급 • 서울특별시교육청의 기본학력책임지도제 시책과 연관 짓기

학생
지원 방안
	• 다음의 서울특별시교육청 시책을 참고하여 인지적, 정의적 영역을 나누어 답변
	  - 3단계 학습 안전망(서울특별시교육청)
	    ⓐ 1단계 : (교실 안) 교사 진단, 보정활동 강화/기초학력 지원 강사
	    ⓑ 2단계 : (학교 안) 기초학력 다중지원팀, 서울두드림학교 운영
	    ⓒ 3단계 : (학교 밖) 서울학습도움센터, 찾아가는 학습상담, 지역밀착형 학습 지원
	  - S.O.S. 단위학교 기본학력 책임지도제 슬로건
	    ⓐ Schooling for Life Basic Skill : 사회적 삶을 영위하기 위해 필요한 최소한의 능력
	    ⓑ Opportunity for the Future : 미래 학력 미래 역량의 기본이 되는 학력
	    ⓒ Support Every Student : 진단보다 지원(진단은 단순하게, 보완은 다양하게, 지금 해야 원하는 꿈을 이룰 수 있다)
	  - 서울학습도움센터 : 난독, 경계선 지능팀 네트워크 활용
	  - 정서행동특성검사 및 관찰을 통한 정의적 영역 진단, 지원
	  - 서울서로성장학교 : 권역별 교육청-사범대 연계 지원 프로그램

채점기준	배 점	점 수
기본학력책임지도제의 필요성을 논리적으로 설명하는가?	0~4	
교육청 방향과 맞는 학생 지원 방안을 제시하고 있는가?	0~4	
교사로서 전문성과 역량을 가지고 있는가?	0~2	

즉답형

1 문제요약 (추가질문) 기본학력책임지도제에 참여를 거부하는 학생 지도 방안 3가지 설명하기

채점기준(예시)

구 분	평가항목 예시

거부 학생 지도 방안	• 서울 기본 학력책임지도제 슬로건 : 진단보다 지원(진단은 단순하게, 보완은 다양하게, 지금 해야 원하는 꿈을 이룰 수 있다)
	• 기초학력 프로그램에 대한 인식 개선하기
	• 또래와 함께하는 프로그램 운영
	• 라포 형성하기 : 지속적 상담 진행
	• 학습보다 삶의 의욕 찾아주기 : 예술문화 프로그램, 진로교육, 체험학습, 취미활동 등을 통한 목표의식 고취
	• 서울특별시교육청의 활용 가능한 프로그램
	  – 서울서로성장학교 : 교육지원청별 사범대 연계 프로그램
	  – 서울희망교실 : 교육 취약 학생 4~10명과 교원이 멘토, 멘티가 되어 삶의 영역에서 함께 참여하는 교육복지활동
	  – 용기프로젝트 : 굿네이버스 등 대외협력 예산 활용

채점기준	배 점	점 수
제시한 방법은 학생의 거부감을 낮출 수 있는 방법인가?	0~4	
기본학력책임제도의 의미를 이해하여 답변하고 있는가?	0~4	
교사로서 전문성과 역량을 가지고 있는가?	0~2	

[6] 2021년 인천 중등(공통)

구상형

1 제시문을 읽고, 다음의 질문에 답하시오.

> 인천광역시시교육청은 '기후위기대응'과 '생태환경교육'을 2021학년도의 역점정책사업으로 결정하였다. 미래를 위해서는 협력을 통해 지속가능한 발전이 이루어지도록 노력해야 하며, 생태적 실천이 습관화되어야 한다. 이를 위해서 인천광역시는 민·관·학 거버넌스를 구축하여 협력할 계획이다.
>
> ※ 복기 내용 바탕으로 서술, 편집한 내용임

1-1. 학교에서는 생태환경교육을 위한 동아리를 조직하고자 한다. 동아리의 이름을 제시하고 그 이유를 설명하시오.

나만의 답변 구상하기

[핵심 키워드]

[답변 구상]

1-2. 자신의 교과와 연계하여 동아리 활동 방안 5가지를 구상하여 말하시오.

나만의 답변 구상하기

[핵심 키워드]

[답변 구상]

2 제시문을 읽고, 다음의 질문에 답하시오.

> 코로나19로 인하여 블렌디드 러닝에 대한 관심이 높아졌고, 실제 학교 현장에 적용되는 사례가 늘고 있다. 블렌디드 교육이란 교육 활동을 위해 두 가지 이상의 수업 형태가 결합되는 것을 말한다.

2-1. 블렌디드 러닝을 위해 교사가 가져야 할 역량 4가지를 설명하시오.

나만의 답변 구상하기

[핵심 키워드]

[답변 구상]

2-2. 자신이 언급한 역량을 기르기 위한 방안을 각각 제시하시오.

나만의 답변 구상하기

[핵심 키워드]

[답변 구상]

> **즉답형**

1 학부모의 우려에 대하여 학교 교육의 신뢰도를 높일 수 있는 문제해결 방안을 교사, 학교 차원의 방안을 종합하여 4가지 제시하시오.

> [학부모와의 통화 내용]
>
> 학부모가 코로나로 인해 자녀를 학교에 보내는 것 자체를 불안해하며 고민하고 있다. 자녀의 말에 따르면 쉬는 시간에 마스크를 쓰지 않는 학생이 많고, 다수의 아이들이 거리두기를 하지 않은 채 어울려 노는 경우가 왕왕 있다고 한다. 학부모는 자녀의 말을 듣고 매우 불안해하고 있다.

나만의 답변 구상하기

[핵심 키워드]

[답변 구상]

2 제시문을 읽고 가정통신문에 기록할 학급 운영 방향 5가지를 제시하고, 그 이유를 함께 설명하시오.

> 우리 반에는 다문화 학생, 장애 학생, 학습 부진 학생, 가정환경이 어려운 학생 등 다양한 조건의 학생들이 모여 있다. 이러한 배경 속에서 담임교사는 급훈을 '더불어 사는 우리! 어울려 함께하자!'로 정하였다. 교사는 급훈에 맞추어 학부모들의 참여를 독려하기 위해 가정통신문을 작성하고 있는 상황이다.

나만의 답변 구상하기

[핵심 키워드]

[답변 구상]

2021년 인천 중등(공통) 해설

> 구상형

1 > 문제요약 1-1. 생태환경교육 동아리의 이름과 이유 설명하기

> 채점기준(예시)

구 분	평가항목 예시
답변 방향	• 생태환경교육과 관련된 소재를 바탕으로 근거를 뒷받침하며 설명
생태환경교육 동아리 이름 관련 요소 정리	• 생태전환교육 : 기후 위기의 시대 속에서 인간과 자연이 공존하며 지속가능한 삶을 살기 위해 개개인의 생각, 행동, 조직문화, 시스템 등 전반적으로 전환해 나가는 것을 교육하는 것 • 탄소배출제로(탄소중립) : 기후변화 주범인 온실가스의 순 배출량을 0으로 맞추기 위해 노력하는 것 • 반기문 전 유엔사무총장님 연설 : 우리에게 차선책으로 살아갈 행성(Planet B)이 없으므로, 대신 두 번째 계획(Plan B)도 있을 수 없다. • 지속가능의 5가지 목표 : 지구환경, 번영, 사람, 평화, 파트너십 • 생태학 제4법칙(출처 : 원은 닫혀야 한다) 　- 생태학 제1법칙 : 모든 것은 다른 모든 것에 연결되어 있다. 　- 생태학 제2법칙 : 모든 것은 어딘가로 가게 되어 있다. 　- 생태학 제3법칙 : 자연에 맡겨 두는 것이 가장 낫다. 　- 생태학 제4법칙 : 공짜 점심 따위는 없다.

채점기준	배 점	점 수
생태환경교육의 의미를 이해하고 있는가?	0~4	
생태환경교육의 교육적 의미를 논리적으로 서술하고 있는가?	0~4	
교육 전문가로서의 역량과 지식을 갖추고 있는가?	0~2	

> 구상형

1 문제요약 1-2. 자신의 교과와 연계한 생태환경교육 동아리 활동 방안 5가지 말하기

채점기준(예시)

구 분	평가항목 예시
답변 방향	• 다음에 제시되는 생태환경교육의 단계 및 방법들을 먼저 설정하고, 그 이후 자신의 교과를 연결해서 설명하는 것이 수월함
생태환경교육 활동 예시	• 생태전환교육 5단계 　- 배우기 단계 : 기후 변화 결과, 환경문제 원인, 지속가능발전 등 개념 학습 　- 느끼기 단계 : 기후 위기, 환경문제에 대한 위기감 느끼기 　- 행동하기 단계 : 지구를 위한 행동을 실천하기 　- 공유하기 단계 : 생태 행동에 대한 경험, 노하우를 알리고 생태환경문화 형성하기 　- 말하기 단계 : 지역, 사회적 연대가 가능하도록 정책 제안하기 등 • 생태환경교육 활동 내용 　- 지구의 날 교육 및 활동 : 아나바다 　- 자원 순환 장치 운영 : 재활용품, 우유갑, 양파망 등 　- 푸드마일리지를 줄이는 기후 먹거리 생활화하기 　- 폐휴대폰, 폐가전제품 등 기부사업 참여 　- 생활 속 에너지 절약 습관화하기 　- 음식물 쓰레기 줄이기 　- 스마트 기기 활용을 통한 종이 없는 생활 　- 친환경 에너지의 중요성 알리기 　- 적극적으로 손수건 사용하기

채점기준	배 점	점 수
생태환경교육의 의미를 이해하고 있는가?	0~2	
생태환경교육을 실천할 수 있는 구체적인 방안을 제시하고 있는가?	0~4	
제시한 방안은 학생들의 생태환경 역량을 키우는 데 유효한가?	0~4	

> 구상형

2 문제요약 2-1. 블렌디드 러닝을 위해 교사가 가져야 할 역량 4가지 설명하기

채점기준(예시)

구 분	평가항목 예시
블렌디드 교육 관련 역량	• 에듀테크 역량(디지털 교육 역량) • 미디어 콘텐츠 역량(선택, 활용, 수정, 제작) • 지식정보처리 역량 • 공동체 역량 • 미디어 리터러시 역량 • 플랫폼 활용 역량 • 개별화교육 역량(맞춤형 교육) • 가정 연계 역량 • 기기 활용 역량

채점기준	배 점	점 수
블렌디드 교육에 필요한 교사 역량을 적절하게 제시하였는가?	0~4	
역량에 대한 근거는 논리적이고 충분한가?	0~4	
교육적 지식과 전문성을 가지고 답변하고 있는가?	0~2	

> 구상형

2 > 문제요약 2-2. 자신이 언급한 역량을 기르기 위한 방안을 각각 설명하기

> 채점기준(예시)

구 분	평가항목 예시
답변 방향성	• 자신이 제시한 핵심 역량을 바탕으로 인천광역시교육청의 시책, 사업, 교육목표를 연관 지어 설명
역량 신장 방안	• 에듀테크 역량 　- (인천) 교사 교수·학습 자료 지원 활용 　- (인천) 지능형 학습 분석 및 콘텐츠 큐레이션 활용 　- (인천) 에듀테크지원단, 에듀테크 활용 우수사례 가이드 활용 　- 구글과 같은 에듀케이터 자격 취득 • 미디어 콘텐츠 역량 　- (인천) 교원 미디어 리터러시 연수 　- (인천) AI융합교육대학원 연계 전문과정 참여 　- (인천) 인천교육 플랫폼 탐색을 통한 콘텐츠 보는 힘 • 지식정보처리 역량 　- (인천) AI 정책학교, 인공지능융합교육 체험실 참여 　- 온라인 포트폴리오, 패들렛 활용 방법 분석 • 공동체 역량 　- (인천) 블렌디드 수업지원단, 블렌디드 수업 나눔 워크숍, 블렌디드 학부모 공감 토크 　- 학교 내 : 전문적 학습공동체, 연수 나눔, 학교 교육과정 토론회, 평가회, 프로젝트

채점기준	배 점	점 수
제시한 역량을 기르기 위한 방법을 구체적으로 제안하였는가?	0~4	
제안한 방법은 교육적이고 효과적인가?	0~4	
미래교육을 지향하는 교사로서 전문성을 갖추고 있는가?	0~2	

즉답형

1 **문제요약** 문제 상황 해결을 위한 교사, 학교 차원의 방안 4가지 제시하기

채점기준(예시)

구 분	평가항목 예시
교사 측면	• 안전과 교육과정 연계 • 가정 연계 학습 실시 : 캠페인을 통한 문화 확산 • 지속적인 상담 • PBL을 통한 학생 주도의 문제해결 시도 • 안전 문화를 위한 학급제도 운영
학교 측면	• 학교 교육 토론회 운영 : 학부모님 의견 수렴 • 교육 평가 설문 배부 • 학부모회 적극 활용 : 학부모 동아리, 학교운영위원회, 방역도우미 등 • 필요한 물적·인적 자원 지원 • 안전관리 우수 학교 사례를 통한 벤치마킹

채점기준	배 점	점 수
사례에 제시된 문제의 원인을 이해하고 있는가?	0~3	
문제를 해결할 수 있는 방안을 구체적으로 제시하였는가?	0~4	
교사와 학교가 해야 할 일을 구분하여 제시하고 있는가?	0~3	

> 즉답형

2 > 문제요약 가정통신문에 기록할 학급 운영 방향 5가지를 이유와 함께 말하기

> 채점기준(예시)

구 분	평가항목 예시
답변 방향성	• 가치·덕목, 학생상, 핵심 역량, 계기교육 등에서 5가지를 추출하여 학급 운영 방식과 접목시켜 설명

학급 운영 방향성 예시	• 가치·덕목 : 협력, 소통, 나눔, 배려, 친절, 안전, 성장, 책임, 긍정, 자주, 용서, 사랑, 예의
	• 학생상
	  – 배려와 책임감을 지니고 행동하는 학생
	  – 자신을 사랑하고 존중하는 학생
	  – 맡은 일에 최선을 다하고 열심히 참여하는 학생
	• 핵심 역량 : 창의적 사고 역량, 지식정보처리 역량, 공동체 역량, 자기관리 역량
	• 계기교육 : 민주시민, 안전, 나라사랑, 인성, 진로, 독서, 경제

채점기준	배 점	점 수
학급 운영 방향 5가지를 적절한 근거와 함께 제시하였는가?	0~5	
학생들의 특성을 지원할 수 있는 효과적인 방안인가?	0~3	
자신의 교직관을 바탕으로 교육 전문성을 발휘할 수 있는가?	0~2	

[7] 2021년 평가원 중등(교과)

구상형

1. 다음 제시문를 통해 학생들의 문제점을 각각 1가지씩 언급하시오. 그리고 자신이 담임교사라면 어떻게 해결할 수 있을지 지도 방안을 각각 제시하시오.

> • 민수 : A과목을 좋아해서 흥미롭게 느껴지지만, 내신 성적은 잘 못 받을 것 같아요.
> • 수지 : B과목은 진로에 도움이 되겠지만, 암기할 내용이 많아 지루할 것 같아요.

나만의 답변 구상하기

[핵심 키워드]

[답변 구상]

2. 이 교사가 가진 자질 2가지를 설명하고, 앞으로 교사가 된다면 그러한 자질을 기르기 위해 어떻게 노력할 것인지 각각 설명하시오.

> [상 황]
> 선우는 소극적인 성격을 가지고 있는 것을 알고 있다. 최근에 선우가 집중을 잘 못한다는 것을 느꼈다. 이 교사는 선우를 조심스레 관찰하고, 학교 프로젝트 행사와 관련하여 역할을 부여했다. 그렇게 하였더니 선우가 또래들과 인간관계를 수월하게 만들어가기 시작했다. 이 교사는 뿌듯하지만, 한편으로는 자신이 선우에게만 신경 쓰다 다른 학생들의 상황을 놓쳤던 것은 아닐까 걱정한다.

나만의 답변 구상하기

[핵심 키워드]

[답변 구상]

3 다음 보기 중에서 가장 중요하다고 여겨지는 것을 고르고, 자신의 교직관과 관련지어 선택한 이유를 설명하시오. 그리고 자신의 교직관을 바탕으로 학생들을 어떠한 인간으로 성장시켜 나갈 수 있을지 설명하시오.

[보 기]
- A : 학생에게는 기초학력이 중요합니다.
- B : 학생에게는 자신감이 중요합니다.
- C : 학생에게는 원만한 교우관계가 중요합니다.

나만의 답변 구상하기

[핵심 키워드]

[답변 구상]

> **즉답형**

1 다음 글을 읽고, 물음에 답하시오.

> A 교사는 콘텐츠 개발과 디지털 활용 수업에 대한 전문성이 높았다. 이를 아는 정보부장 선생님은 코로나19 이후 온라인 학습 업무를 맡겼다. A 교사는 이에 대해 정보부장 선생님에게 별다른 이야기를 하지 않고, 업무를 맡았다. A 교사는 맡은 업무를 열심히 하였으나 갈수록 업무량이 많아지고, 학생 관리가 힘들어졌으나 묵묵히 일을 해 나갔다. 이때 동료교사가 A 교사에게 온라인 수업 코칭을 요청하였으나 '제 일이 아니에요.'라고 하였다. 이러한 상황이 반복되다 보니 동료교사와 관계가 서먹해졌다.

1-1. A 교사의 입장에서 동료교사에게 왜 그렇게 하였는지 이유를 설명해 보시오.

나만의 답변 구상하기

[핵심 키워드]

[답변 구상]

1-2. A 교사의 행동을 교직윤리 측면에서 바라보고 비판해 보시오.

나만의 답변 구상하기

[핵심 키워드]

[답변 구상]

1-3. 자신이 A 교사라면 어떻게 대처하였을지 구체적으로 말하시오.

나만의 답변 구상하기

[핵심 키워드]

[답변 구상]

2021년 평가원 중등(교과) 해설

구상형

1 **문제요약** 각 학생의 문제점과 담임교사로서 지도 방안 말하기

채점기준(예시)

구 분	평가항목 예시		
문제점과 지도 방안 1	• 문제점 : 과목에 흥미는 느끼지만, 성적 위주의 과목 선택 • 지도 방안 – 학업 멘토링 운영 : 학업일기, 학업 상담, 질의응답 등 – 흥미와 동기가 가지는 힘을 알려주기 – 성장 중심 평가 운영으로 성적에 대한 부담감 낮추기		
문제점과 지도 방안 2	• 문제점 : 과목의 필요성은 느끼지만, 흥미를 느끼지 못함 • 지도 방안 – 다양한 교수·학습 방법을 통한 흥미 고양 – 다른 과목 교사들과 협업하여 프로젝트 교육 운영 – 전문적 학습공동체(교원학습공동체) 운영 – 평가 혁신으로 암기 위주의 평가 지양		
	채점기준	배 점	점 수
	문제 상황의 본질을 이해하고 있는가?	0~4	
	문제점을 분석하여 구체적인 지도 방안을 제시하는가?	0~4	
	교사로서 전문성을 가지고 있는가?	0~2	

> 구상형

2 문제요약 : 이 교사가 가진 자질 2가지와 그 자질을 기르기 위한 노력 방안 설명하기

채점기준(예시)

구 분	평가항목 예시
이 교사의 자질	• 세심한 관찰 • 지속적 소통 • 책임교육 실현 • 학교 교육(행사) 활용 • 또래 문화 형성 지원 • 반성적 성찰 • 격려와 지지 • 학생 변화 가능성 신뢰

자질 신장 방안	• 다음 예시 방안을 참고하여 자질과 연계하여 답변 가능
	  – 관찰 : 심층 관찰일지 작성
	  – 라포 : 사제교환일기 작성, 공동 취미 시간 갖기
	  – 소통 : 학급 카페 운영, 대화 써클 활동
	  – 교육 : 교육과정 및 학교 행사 분석을 통한 재구성
	  – 반성적 성찰 : 교사성찰일지 작성

채점기준	배 점	점 수
교사의 자질을 발견하여 제시하였는가?	0~4	
자질을 기르기 위한 방안은 타당하고 효과적인가?	0~4	
교사로서 사명감과 마음가짐을 지니고 있는가?	0~2	

> 구상형

3 문제요약 문장을 선택하여 교직관과 관련지어 설명하고, 교육 방향 설명하기

채점기준(예시)

구 분	평가항목 예시
기초학력 문장	• 기초학력과 관련된 교직관 　− 학생들이 스스로 공부할 수 있는 힘을 길러주기 　− 기초학력은 삶의 근간 　− 교사는 학습의 조력자이고 촉진자 　− 배움 중심 : 아이들이 답이 있는 질문을 하기 시작하면 그들이 성장하고 있음을 알 수 있다(존 J. 플롬프). 　− 학생주도, 자기주도 : 나는 폭풍이 두렵지 않다. 나의 배로 항해하는 법을 배우고 있으니까(헬렌 켈러).
자신감 문장	• 자신감과 관련된 교직관 　− 스스로를 사랑하는 것이 자신감의 근간 　− 자신감을 통해 삶의 목표 갖기 　− 나에게 있어 믿음은 걱정하지 않는 것이다(존 듀이). 　− 자신이 잘할 수 있는 것을 찾고, 그 일을 할 수 있는 기회를 잡는 것이 행복의 열쇠다(존 듀이).
교우관계 문장	• 교우관계와 관련된 교직관 　− 교류의 장을 마련해 주는 것이 교사의 역할 　− 또래 갈등은 사회성 학습의 기회 　− 협력 : 뭉치면 서고, 갈라지면 넘어진다(이솝). 　− 인성교육 : 남을 행복하게 할 수 있는 사람만이 행복을 얻을 수 있다(플라톤). 　− 우정은 풍요를 더 빛나게 하고, 풍요를 나누고 공유해 역경을 줄인다(키케로).

채점기준	배 점	점 수
문장에서 뜻하는 바를 찾고 일관성 있게 대답하는가?	0~4	
교육관에 대해 고민하고 문장과 관련지어 구체적으로 설명하는가?	0~4	
교사로서 자신의 교직관을 뚜렷하게 가지고 있는가?	0~2	

즉답형

1 〔문제요약〕 1-1, 1-2, 1-3. A 교사의 입장에서 동료교사에게 그렇게 한 이유 설명하기

채점기준(예시)

구 분	평가항목 예시
[1-1] 예시 답안	• 자신이 맡은 바에 책임을 다하는 것이 우선이기 때문 • 업무를 뛰어 넘어 학생 지도에 충실히 하고 싶기 때문 • 학급, 교과교사로서 도리를 우선으로 하고 싶어서
[1-2] 예시 답안	• 동료교사 사이의 대화와 소통의 부족 • 협력을 통한 문제해결 지양 • 공동체 역량에 기반한 교육문화 비활성화
[1-3] 예시 답안	• 교내 교원협력시스템을 활용하여 대화, 협력, 집단지성 발휘 예 전문적 학습공동체(교원학습공동체), 동학년·동교과 연구모임, 학교교육과정 평가회 활용 • 교직원 동아리를 활용한 라포 형성 우선 • 교직성찰일기 작성을 통한 자아 반성 • 부서 회의 및 인사관리위원회를 통한 업무 간담회 요청

채점기준	배 점	점 수
[1-1] A교사의 행동에 대한 이유를 적절하게 설명하였는가?	0~3	
[1-2] 교직윤리를 이해하여 A 교사에 대해 성찰하고 있는가?	0~3	
[1-3] 교사로서 필요한 문제해결 역량을 가지고 있는가?	0~4	

[8] 2021년 평가원 중등(비교과)

구상형

1 학생에게 보이는 문제점을 정서적, 행동적 측면에 대해 1가지씩 설명하시오. 그리고 자신이 A 교사라면 어떻게 대처할 것인지 각각 대처 방안을 제시하시오.

> - 교사 : ○○아, 손에 붕대는 어쩌다 그런거야?
> - 학생 : 공모전에 참여했는데, 수상하지 못하고 떨어져서 화가 나 책상을 내리쳐서 다쳤어요. 공모전에 떨어진 것이 창피해서 학교도 가기 싫었어요.

나만의 답변 구상하기

[핵심 키워드]

[답변 구상]

2 A 교사가 가지고 있는 자질 1가지와 갖추어야 할 자질 1가지를 말하시오. 그리고 그러한 자질을 갖기 위해 자신이 했던 노력 경험을 구체적으로 1가지씩 말하시오.

> A 교사는 평소 학생에게 관심을 가지고 시간을 많이 보낸다. 학생들과 이야기도 잘하며 칭찬과 조언을 아끼지 않기에 관계가 좋다. 하지만 가끔 허물없이 지내서 괜찮은지 고민을 할 때도 있다. A 교사는 동료교사들과 학생 관리 측면에서 협업하자고 제안하지만 동료교사들은 이를 부담스럽게 여긴다.

나만의 답변 구상하기

[핵심 키워드]

[답변 구상]

---

3 다음 보기 중에서 가장 중요하다고 여겨지는 것을 고르고, 자신의 교직관과 관련지어 이유를 설명하시오. 그리고 자신의 교직관에 따라 학생들을 어떠한 인간으로 성장시켜 나갈 수 있을지 설명하시오.

> [보 기]
> • A : 학생에게는 기초학력이 중요합니다.
> • B : 학생에게는 자신감이 중요합니다.
> • C : 학생에게는 원만한 교우관계가 중요합니다.

나만의 답변 구상하기

[핵심 키워드]

[답변 구상]

> 즉답형

1 다음 글을 읽고, 물음에 답하시오.

> A 교사는 콘텐츠 개발과 디지털 활용 수업에 대한 전문성이 높았다. 이를 아는 정보부장 선생님은 코로나19 이후 온라인 학습 업무를 맡겼다. A 교사는 이에 대해 정보부장 선생님에게 별다른 이야기를 하지 않고, 업무를 맡았다. A 교사는 맡은 업무를 열심히 하였으나 갈수록 업무량이 많아지고, 학생 관리가 힘들어졌으나 묵묵히 일을 해 나갔다. 이때 동료교사가 A 교사에게 온라인 수업 코칭을 요청하였으나 '제 일이 아니에요.'라고 하였다. 이러한 상황이 반복되다 보니 동료교사와 관계가 서먹해졌다.

1-1. A 교사의 입장에서 동료교사에게 왜 그렇게 하였는지 이유를 설명해 보시오.

나만의 답변 구상하기

[핵심 키워드]

[답변 구상]

1-2. A 교사의 행동을 교직 윤리 측면에서 바라보고 비판해 보시오.

나만의 답변 구상하기

[핵심 키워드]

[답변 구상]

1-3. 자신이 A 교사라면 어떻게 대처하였을지 구체적으로 말하시오.

나만의 답변 구상하기

[핵심 키워드]

[답변 구상]

2021년 평가원 중등(비교과) 해설

> **구상형**

1 **문제요약** 학생의 정서적·행동적 측면 문제점을 말하고, 대처방안 각각 제시하기

채점기준(예시)

구 분	평가항목 예시
정서적 문제와 대처 방안	• 문제점 　– 실패로 인해 위축되고 자기효능감 상실(학습된 무기력) 　– 자신에 대한 비합리적 신념과 자기신뢰 결여 　– 실패의 경험을 받아들이지 못하고 부정적으로 풀어냄 • 대처 방안 　– ABCDE 상담 모델 : 논박을 통해 비합리적 신념을 합리적 신념으로 바꾸어 나갈 수 있도록 학생과 토의 　– 메타인지 학습 경험 제공 : 실패 속 성공 찾기 　– 자기효능감 육성 : 도전적 과제와 사소한 성공의 기회 제공 　– 학부모 연계 가정 프로젝트 : 장점 살리기
행동적 문제와 대처 방안	• 문제점 　– 감정 조절 미숙으로 인한 공격적 행동 표출(자해) 　– 지나친 몰입으로 인한 등교 거부 • 대처 방안 　– 행동약속 실천 : 가능한 행동범주를 함께 약속 　– 감정 해소 대체방법 탐색(예 분노감을 푹신한 인형으로 풀며 점차 단계 나아가기) 　– 자기 객관화로 지나친 몰입 탈피

채점기준	배 점	점 수
학생의 정서적, 행동적 문제점을 구체적으로 파악하였는가?	0~4	
학생의 문제를 해결할 수 있는 유효한 방안을 제시하였는가?	0~4	
교사로서 전문성과 실무 능력을 지니고 있는가?	0~2	

> 구상형

2 문제요약 A 교사가 가지고 있는 자질, 갖추어야 할 자질을 1가지씩 말하고, 자신의 노력 경험 말하기

채점기준(예시)

구 분	평가항목 예시
갖추고 있는 자질	• 학생 관심 생활화 • 진심 어린 칭찬과 격려 • 라포 형성 능력 • 자아 성찰 행동 • 협력 중심 태도 • 진취적 행동
갖추어야 할 자질	• 동료교사 배려 부족 • 학교 문화 존중 • 형평성 및 통일성 • 반성적 성찰 후 실천 부족

채점기준	배 점	점 수
A 교사가 갖고 있는 자질을 바르게 탐색하고 자신의 경험과 연관시켜 설명하고 있는가?	0~4	
A 교사가 갖추어야 할 자질을 비판적으로 탐색하고 자신에게 비추어 설명하고 있는가?	0~4	
자신의 경험을 통해 교사로서 유의미한 성찰을 할 수 있는가?	0~2	

> 구상형

3. 문제요약 문장을 선택하여 교직관과 관련지어 설명하고, 교육 방향 설명하기

채점기준(예시)

구 분	평가항목 예시
기초학력 문장	• 기초학력과 관련된 교직관 　– 학생들이 스스로 공부할 수 있는 힘을 길러주기 　– 기초학력은 삶의 근간 　– 교사는 학습의 조력자이고 촉진자 　– 배움 중심 : 아이들이 답이 있는 질문을 하기 시작하면 그들이 성장하고 있음을 알 수 있다(존 J. 플롬프). 　– 학생주도, 자기주도 : 나는 폭풍이 두렵지 않다. 나의 배로 항해하는 법을 배우고 있으니까(헬렌 켈러).
자신감 문장	• 자신감과 관련된 교직관 　– 스스로를 사랑하는 것이 자신감의 근간 　– 자신감을 통해 삶의 목표 갖기 　– 나에게 있어 믿음은 걱정하지 않는 것이다(존 듀이). 　– 자신이 잘 할 수 있는 것을 찾고, 그 일을 할 수 있는 기회를 잡는 것이 행복의 열쇠다(존 듀이).
교우관계 문장	• 교우관계와 관련된 교직관 　– 교류의 장을 마련해 주는 것이 교사의 역할 　– 또래 갈등은 사회성 학습의 기회 　– 협력 : 뭉치면 서고, 갈라지면 넘어진다(이솝). 　– 인성교육 : 남을 행복하게 할 수 있는 사람만이 행복을 얻을 수 있다(플라톤). 　– 우정은 풍요를 더 빛나게 하고, 풍요를 나누고 공유해 역경을 줄인다(키케로).

채점기준	배 점	점 수
문장에서 뜻하는 바를 찾고 일관성 있게 대답하는가?	0~4	
교육관에 대해 고민하고 문장과 관련지어 구체적으로 설명하는가?	0~4	
교사로서 자신의 교직관을 뚜렷하게 가지고 있는가?	0~2	

즉답형

1 문제요약: 1-1, 1-2, 1-3. A 교사의 입장에서 동료교사에게 그렇게 한 이유 설명하기

채점기준(예시)

구 분	평가항목 예시
[1-1] 예시 답안	• 자신이 맡은 바에 책임을 다하는 것이 우선이기 때문 • 업무를 뛰어 넘어 학생 지도에 충실히 하고 싶기 때문 • 학급, 교과교사로서 도리를 우선으로 하고 싶어서
[1-2] 예시 답안	• 동료교사 사이의 대화와 소통의 부족 • 협력을 통한 문제해결 지양 • 공동체 역량에 기반한 교육문화 비활성화
[1-3] 예시 답안	• 교내 교원협력시스템을 활용하여 대화, 협력, 집단지성 발휘 예) 전문적 학습공동체(교원학습공동체), 동학년·동교과 연구모임, 학교교육과정 평가회 활용 • 교직원 동아리를 활용한 라포 형성 우선 • 교직성찰일기 작성을 통한 자아 반성 • 부서 회의 및 인사관리위원회를 통한 업무 간담회 요청

채점기준	배 점	점 수
[1-1] A교사의 행동에 대한 이유를 적절하게 설명하였는가?	0~3	
[1-2] 교직윤리를 이해하여 A 교사에 대해 성찰하고 있는가?	0~3	
[1-3] 교사로서 필요한 문제해결 역량을 가지고 있는가?	0~4	

CHAPTER 10 심층면접 기출문제(2020 중등)

[1] 2020년 강원도 중등

구상형

1. 학교폭력 사안을 '학교장 자체해결제'로 처리할 수 있는 조건 4가지를 설명하시오.

   > 2019년 9월 1일에 학교폭력 예방 및 대책에 관한 법률이 개정됨에 따라 경미한 학교폭력 사안은 학교장이 자체 해결할 수 있게 되었다. 이러한 제도를 '학교장 자체해결제'라고 부른다.

   나만의 답변 구상하기
   [핵심 키워드]

   [답변 구상]

2. 학교장 자체해결제가 실시된 목적 2가지를 말하고, 담임교사로서 평화로운 학급을 만들기 위한 생활지도 방안을 구체적으로 2가지 설명하시오.

   나만의 답변 구상하기
   [핵심 키워드]

   [답변 구상]

즉답형

1 강원도교육청의 교육 정책 중 '돈 안 드는 교육'에 대해 4가지를 설명하시오.

나만의 답변 구상하기

[핵심 키워드]

[답변 구상]

2 중학교 2학년 B 학생은 다문화 가정 자녀로 한국어를 잘 못하고, 친구 사귀기를 어려워한다. 수업 시간에도 집중하지 못하고 조는 모습도 자주 보이며, 특히 수학을 어려워한다. B 학생을 지원할 수 있는 방안 4가지를 설명하시오.

나만의 답변 구상하기

[핵심 키워드]

[답변 구상]

3 교사 A~C가 실시한 평가 방법을 살펴보고 각 방법의 문제점과 개선 방안을 설명하시오.

- 교사 A : 평가를 모둠단위로 실시하여, 모둠 구성원들이 같은 점수를 받도록 하였다.
- 교사 B : 평가를 실시하다 수업시간이 부족하여 나머지 부분은 개인적으로 실시하여 제출하도록 하였다.
- 교사 C : 모든 평가방법을 활동 중 자기평가로 실시하여 학생들에게 평가권을 부여하였다.

나만의 답변 구상하기

[핵심 키워드]

[답변 구상]

2020년 강원도 중등 해설

구상형

1 **문제요약** 학교장 자체해결제로 해결 가능한 학교폭력 사안 조건 4가지 설명하기

채점기준(예시)

구 분	평가항목 예시
학교장 자체해결제 적용 기준	피해학생 및 그 보호자가 심의위원회 개최를 원하지 않고, 다음 4가지 요건에 모두 해당하는 경우 학교장 자체해결 가능 • 2주 이상의 신체적·정신적 치료를 요하는 진단서를 발급받지 않은 경우 　– 전담기구 심의일 이전에 진단서를 제출하지 않은 경우에는 자체해결 요건에 해당하는 것으로 판단 가능 　– 피해학생 측이 학교에 진단서를 제출한 이후에는 의사를 번복하여 진단서를 회수하는 것은 불가함 • 재산상 피해가 없거나 즉각 복구된 경우 　– 재산상 피해의 복구 여부는 전담기구 심의일 이전에 재산상 피해가 복구되거나 가해 관련학생 보호자가 피해 관련학생 보호자에게 재산상 피해를 복구해 줄 것을 확인해 주고 피해 관련학생 보호자가 인정한 경우 　– 재산상 피해는 신체적·정신적 피해의 치료비용을 포함함 • 학교폭력이 지속적이지 않은 경우 : 지속성의 여부는 피해 관련학생의 진술이 없어도 전담기구에서 보편적 기준을 통해 판단 • 학교폭력에 대한 신고, 진술, 자료제공 등에 대한 보복행위가 아닌 경우 : 가해 관련학생이 조치받은 사안이나 조사 과정 중에 있는 사안과 관련하여 신고, 진술, 증언, 자료제공 등을 한 학생에게 학교폭력을 행사하였다면 보복행위로 판단 가능

채점기준	배 점	점 수
학교장 자체해결제 정책에 대하여 자세히 알고 있는가?	0~5	
학교폭력 사안 처리에 관한 교직실무 능력이 있는가?	0~3	
문제 해결을 위한 교사로서 사명감을 가지고 있는가?	0~2	

> 구상형

2 문제요약 학교장 자체해결제 목적 2가지, 생활지도 방안 2가지 설명하기

채점기준(예시)

구 분	평가항목 예시
학교장 자체해결제 목적	• 학교폭력 사안처리를 하는 데 있어 교육적 의미 회복 • 사안에 대해 학교가 적극적으로 개입할 수 있는 법적 근거 마련 • 중대한 사안은 교육청에 소속된 해결 전문 조직으로 처리를 이관함으로써 사안 처리에 전문성과 객관성 확보 • 학교에서 느끼는 학교폭력 업무에 대한 부담 경감

평화로운 학급 생활지도 방안	• 회복적 생활교육
	  – 1단계 : 회복 관계 약속하기
	  – 2단계 : 미해결 감정 해소하기
	  – 3단계 : 긍정적 관계 그려보기 활동
	• 협력 중심 학급 활동
	  – 협력 2인 1역 제도
	  – 협력 스포츠대회·스포츠 리그전
	  – 협력 합창대회
	  – 협력 작품 만들기
	  – 학급 UCC 공모전 참여
	  – 학급 특색 동아리 활동

채점기준	배점	점수
학교장 자체해결제의 목적에 대해서 구체적으로 알고 있는가?	0~3	
안전한 학급을 만들기 위해 실질적인 방안을 제시하는가?	0~5	
제시한 방안은 교사와 학생이 함께 성장할 수 있는 방법인가?	0~2	

즉답형

1 **문제요약** 강원도교육청의 '돈 안 드는 교육'에 대한 4가지 설명하기

채점기준(예시)

구 분	평가항목 예시
돈 안 드는 교육 정책	• 고등학교 무상교육 • 중·고 신입생 교복 구입비 지원 • 다자녀 학생 입학 준비물품 구입비 지원 • 저소득층 학생 인터넷 통신비 및 PC 지원 • 강원 에듀버스 운영

채점기준	배 점	점 수
교육청의 정책을 이해하고 있는가?	0~4	
해당 개념을 정확하게 이해하고 이야기하는가?	0~4	
답변에 일관성이 있는가?	0~3	

즉답형

2 **문제요약** 다문화 학생을 지원할 수 있는 방안 4가지 설명하기

채점기준(예시)

구 분	평가항목 예시
지원 방안	• 한국어 지원 : 한국어 수준 진단, 이중언어 강사와 함께 수업 협력 수업 진행, 대학생 다문화 멘토링, 사제 동행 프로그램 활용 • 수학 책임 교육 강화 : 온라인 시스템을 통한 진단도구 활용, 수학 보조 교재 및 수학 대안 교과서 활용, 수학 평가 방식의 다양화와 적정화 • 관계 중심 생활교육, 회복적 생활교육 실시 • 다문화 학생 학교 적응을 위한 Wee 클래스 연계 상담 진행 • 개별화 학습 협력 강사제 활용 • 다문화교육지원센터 연계 • 개별 상담을 통해 충분한 라포 형성

채점기준	배 점	점 수
다문화 학생을 지원하기 위한 방안을 적절하게 제시하였는가?	0~4	
제시한 방안은 교육적 효과가 있는가?	0~4	
교사로서 사명감을 가지고 있는가?	0~2	

즉답형

3 문제요약 교사 A~C가 실시한 평가 방법의 문제점과 개선 방안 설명하기

채점기준(예시)

구 분	평가항목 예시

A 교사	• 문제점 : 모둠원 모두에게 동일한 점수를 주는 것은 모둠원의 학습 의욕을 저하시킬 수 있음
	  – 학습 의욕이 없는 학생은 무임승차 유발
	  – 학습 의욕이 있는 학생들은 무임승차하는 학생들로 인해 갈등 유발 및 활동 자포자기 유발
	• 개선 방안
	  – 모둠평가와 개별평가 병행
	  – STAD 평가 적용 : 모둠원 각자의 성장 정도를 합산하여 가장 많이 성장한 모둠이 좋은 평가 결과를 받는 방식

B 교사	• 문제점 : 수업시간 부족으로 평가를 수업 외로 연결시킴
	  – 수업에 대한 계획・진행 능력 부족
	  – 수업시간 외에 평가를 진행하면 외부인의 도움, 참고 자료 활용 가능성 있음
	• 개선 방안
	  – 수업나눔을 통한 수업 성찰
	  – 수업 내 평가를 마무리할 수 있는 방안 연구
	  – 평가 자체가 하나의 교육활동이 되도록 진행
	  – 프로젝트 학습 평가
	  – 과정 중심 평가

C 교사	• 문제점 : 모든 평가를 자기평가로 실시함
	  – 학생들의 자기평가에 대한 신뢰성, 객관성 확보 어려움
	  – 반복적인 자기평가는 형식적인 활동으로 전락할 수 있으며 평가 자체의 본질을 잃을 수 있음
	• 개선 방안
	  – 평가 방법 연구
	  – 다양한 평가 방법 적용 : 동료평가, 관찰평가, 구술평가, 논술평가, 포트폴리오 평가
	  – 인지적 영역과 정의적 영역을 종합하여 평가

채점기준	배 점	점 수
교육 평가에 대한 본질을 이해하고 있는가?	0~2	
문제 상황을 명확하게 분석하였는가?	0~5	
제시한 평가 방법은 교육적 효과가 있는가?	0~3	

2 2020년 경기 중등(교과)

구상형

1. 다음 표는 A 중학교에서 실시한 설문조사 결과이다. 설문조사 결과를 바탕으로 A 중학교 문제를 해결할 수 있는 방안 3가지를 제시하시오.

[A 중학교 설문 결과]
- 학생 대상 : 우리 학교 급식시간에 급식 질서가 잘 지켜지고 있나요?

매우 그렇다	그렇다	보통이다	아니다	매우 아니다
7%	13%	35%	24%	21%

- 교사 대상 : 우리 학교 급식시간에 급식 질서가 잘 지켜지고 있나요?

매우 그렇다	그렇다	보통이다	아니다	매우 아니다
3%	8%	22%	37%	30%

나만의 답변 구상하기

[핵심 키워드]

[답변 구상]

2 경기도교육청에서는 모든 학생들의 교육을 위한 책임 교육을 실현시키고 있다. 이 교사가 작성한 학생 관찰일지를 바탕으로 교사의 지도 방안 3가지를 설명하시오.

[A 학생 관찰일지]
- 4월 : 기초학력 진단검사 결과 부진 판정을 받았다.
- 5월 : 공부에 흥미가 없다고 하며 학교에 오기 싫다고 한다.
- 6월 : 학생의 몸에서 자해의 흔적을 발견하였다.

나만의 답변 구상하기

[핵심 키워드]

[답변 구상]

즉답형

1 개인정보보호법에 따라 다음 상황들의 위법 여부를 판단하고 이유를 설명하시오.

> • 상황 1 : 담임교사가 학생들의 개인정보를 교무수첩에 적고 학생 상담 내용을 기록하였다.
> • 상황 2 : 학부모회 봉사활동 운영을 위해 회장에게 전체 조직원의 연락망을 전달하였다.
> • 상황 3 : 학생 평가 결과를 공유하기 위해 학급게시판에 우수한 학생 김○미, 노력이 필요한 학생 이○균라고 게시하였다.

나만의 답변 구상하기

[핵심 키워드]

[답변 구상]

2 모둠활동 시 무임승차 현상의 문제점과 이를 해결하기 위한 방안에 대하여 설명하시오.

(추가질문) 만약 농어촌 학교에 발령받았다면 실시하고 싶은 프로그램은 무엇인지 설명하시오.

나만의 답변 구상하기

[핵심 키워드]

[답변 구상]

2020년 경기 중등(교과) 해설

구상형

1 **문제요약** 급식시간에 급식 질서가 지켜지지 않는 문제점을 해결할 수 있는 방안 3가지 제시하기

채점기준(예시)

구 분	평가항목 예시
문제 해결 방안	• 학생들 스스로 학교 규칙 정하기 • 급식시간 질서 지키기 캠페인 활동하기, 급식시간 질서 관련 포스터, 표어 게시하기 • 급식 2부제, 급식 3부제 실시 • 급식시간에 질서를 지키지 않았을 때의 문제점 알아보기 • 급식 대토론회 운영 : 담임교사, 학생, 급식실 교직원 모두가 모여 현 상황에 대해 논의하기 → 학생과 교직원 사이의 입장 차이 이해하기 • 학생자치회 주도 급식실 관리 시스템 만들기 • 급식실 공간 재구조화를 통한 급식 질서 정리하기 • 행정실 연계 급식실 안전시설 요청하기

채점기준	배 점	점 수
해결 방안을 적절하게 제시하였는가?	0~3	
제시한 방안은 실천 가능하고 효과가 있는가?	0~4	
학생의 삶과 연계된 교육 방법인가?	0~3	

구상형

2 **문제요약** 기초학력 부진, 학습 무기력감, 등교 거부, 자해 행동 지도 방안 3가지 설명하기

채점기준(예시)

구 분	평가항목 예시
기초학력 부진 지도 방안	• 경기학습종합클리닉 활용 • 기초학력지원사이트 : 꾸꾸 • 기초학력 진단-보정시스템 활용 • 단위학교 기초학력 담임책임지도제 • 과정 중심(성장 중심) 평가 활용 • 두드림학교 운영(복합적 요인으로 학습에 어려움을 겪는 학생들의 닫힌 마음을 두드려 꿈을 실현(Do-Dream)할 수 있도록 맞춤형 통합 서비스를 지원하는 학교(구성 : 교감, 담임교사, 교과교사, 전문 상담교사, 교육 복지사 등)
학습무기력 등교 거부 지도 방안	• 학생 중심 활동 다양화 • 학생 관심사 연계 교육과정 재구성 • 놀이 중심 학습 • STEAM 융합 교육 활용 • 허용적인 학습 분위기 • 새학기 증후군 치료 지원 • 학업중단 숙려제 안내 • 상담을 통한 원인 분석 및 해결 지원
자해 지도 방안	• 마음치유 상담 프로그램 진행 • 미술심리치료 실시 • 새로운 관심사 탐색 • 교사와 함께 취미활동 시작 • 분노와 폭력성을 건전하게 풀 수 있는 방법 탐색 : 5초 쉬고 행복한 생각하기, 자해 대신 푹신한 인형으로 욕구 해소하기 • 라포 형성 및 지속적인 상담 • Wee 클래스, 전문치료기관 연계

채점기준	배 점	점 수
문제 상황을 명확하게 분석하였는가?	0~2	
학생의 문제를 해결할 수 있는 타당한 방법을 제시하였는가?	0~6	
교사로서 사명감을 가지고 있는가?	0~2	

즉답형

1 **문제요약** 각 사례에 대한 개인정보보호법 위법 여부 판단과 이유 설명하기

채점기준(예시)

구 분	평가항목 예시
상황 1	• 개인정보보호법 위반 × – 학생의 지도를 위한 교사의 개인정보 수집 및 활용은 허용 가능 – 연초 학생, 학부모의 개인정보 활용 동의서 수집 필요 – 교사는 교육목적으로만 활용하여야 하며, 개인정보 관리 철저 – 일정 기간 이후 불필요할 시 정보 폐기 및 파쇄
상황 2	• 개인정보보호법 위반 ○ – 개인의 정보를 제3자에게 제공하는 것은 개인정보보호법 위반 사항 – 사례와 같이 학부모 회장이 회원 전체의 연락처를 원할 경우 회원명부를 주는 것이 아니라 회장의 동의하에 회장 연락처를 전체에 공유하는 것이 옳은 대처
상황 3	• 개인정보보호법 위반 ○ – 이름을 일부 가렸더라도 대중이 충분히 당사자를 유추할 수 있는 경우는 개인정보보호법 위반 사항 – 이름이 50% 이상 공개되지 않도록 하여야 함 예 [이*ㄱ]으로 학생명 표기

채점기준	배 점	점 수
개인정보보호법에 대한 개념을 이해하고 있는가?	0~2	
개인정보보호법 위법 여부와 근거를 정확하게 설명하였는가?	0~6	
교직실무에 대한 전문성을 가지고 있는가?	0~2	

즉답형

2 **문제요약**
- 모둠활동 시 무임승차의 문제점과 이를 해결할 수 있는 방안 설명하기
- (추가질문) 농어촌 학교에 발령받는다면 실시하고 싶은 프로그램 설명하기

채점기준(예시)

구 분	평가항목 예시

무임승차의 문제점과 해결 방안	• 무임승차의 문제점
	   – 무임승차를 하는 학생으로 인하여 열심히 하는 학생들의 의지 감소
	   – 타인을 배려하지 않고 책임감 없는 사람으로 성장할 수 있음
	• 해결 방안
	   – 배려, 책임 등 협력적 인성교육 실시
	   – 다양한 수업 방법 적용 : 릴레이 문제 풀이, 하브루타, 직소
	   – 정확한 역할 분담(발표하는 사람, 기록하는 사람, 자료 찾는 사람 등, 자료 제작하는 사람)
	   – 상호 평가 실시

농어촌 학교에서 실시하고 싶은 프로그램	• 학교에서 1박 2일 캠프 실시하기 • 다른 소규모 학교와 협력하여 운동회하기 • 학교 뒤편에 텃밭 가꾸기 • 동물 키우기

채점기준	배 점	점 수
문제 상황을 명확하게 분석하였는가?	0~4	
해결 방안을 적절하게 제시하였는가?	0~4	
교사로서 사명감을 가지고 있는가?	0~2	

[3] 2020년 경기 중등(비교과)

> 구상형

1 다음 설문은 학생과 교사를 대상으로 학교 공간 만족도에 대해 조사한 내용이다. 학생 중심 교육을 실현하기 위해 학교에 있는 공간을 자신의 교과(보건, 영양, 사서, 상담)와 연계하여 활용할 수 있는 방안을 설명하시오.

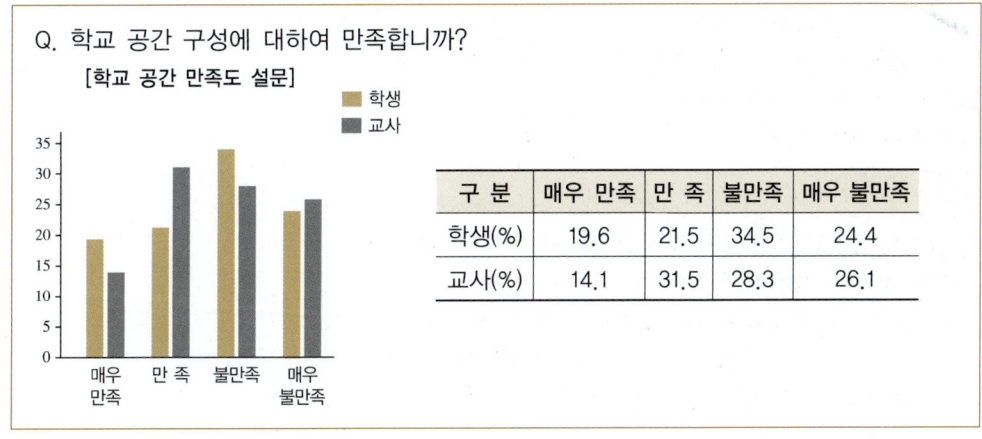

나만의 답변 구상하기

[핵심 키워드]

[답변 구상]

2 학교 축제를 지역주민과 함께 참여할 수 있는 방식으로 구성하려고 한다. 자신의 전공과 관련하여 교육공동체와 함께할 행사를 프로그램명, 주요 내용, 운영 목적에 대하여 각각 설명하시오.

나만의 답변 구상하기

[핵심 키워드]

[답변 구상]

> **즉답형**

1 최근 학교폭력의 양상이 신체적 폭력에서 정서적 폭력으로 변화하고 있다. 이러한 상황 속에서 문제를 해결하기 위한 방안 3가지를 제시하시오.

나만의 답변 구상하기

[핵 심 키 워 드]

[답 변 구 상]

2 학기 초 신입생들을 위하여 학교 안내 책자를 발간하려고 한다. 자신의 교과와 관련하여 안내 책자에 수록할 내용 3가지를 설명하시오.

나만의 답변 구상하기

[핵 심 키 워 드]

[답 변 구 상]

2020년 경기 중등(비교과) 해설

구상형

1 〔문제요약〕 자신의 교과와 연결 지어 공간 혁신 방안 설명하기

〔채점기준(예시)〕

구 분	평가항목 예시
공간 혁신 (영양)	• 점심시간 이후의 급식실을 진로체험의 장으로 변화 • 급식실의 일부 공간을 재구성하여 반별로 연회장 마련 • 야외 공간을 활용한 카페테라스 휴식 공간 마련 • 급식실에 내부 광장을 마련하여 전시회 및 연주회
공간 혁신 (보건)	• 유휴교실 활용 자기주도 체력관리실 • 유휴교실 활용 PAPS 연습실 • 학교 광장에 심폐소생술 체험장 마련 • 학교 입구에 미세먼지 홍보 부스 설치 • 밟으면 소리가 나는 계단을 활용하여 걷기 운동 장려
공간 혁신 (상담)	• 상담실에 친구사랑 포토존 구성 • 유휴교실 활용하여 또래상담실 마련 • 상담실 벽면에 구멍을 뚫어 비밀 상담함 설치 • 임금님 귀는 당나귀 귀 하소연 부스 설치
공간 혁신 (사서)	• 정원과 함께하는 심리치유 도서실 • 도서실과 음악실을 연결하여 예술적인 도서실 구성 • 복도와 계단에 간이 도서관 설치 • 교문에 오늘의 추천 책 코너, 오늘의 시 한편 코너 마련

채점기준	배 점	점 수
공간 혁신에 대해 필요성을 느끼고 있는가?	0~3	
자신의 교과와 관련지어 공간 활용 방안을 구체적으로 이야기하는가?	0~4	
제시한 방안은 교육적이며 효과가 있는가?	0~3	

> 구상형

2. 문제요약
전공과 관련하여 교육공동체와 함께할 프로그램명, 주요내용, 운영 목적에 대하여 각각 설명하기

채점기준(예시)

구 분	평가항목 예시

교육공동체와 할 수 있는 행사	• 보 건
	– 프로그램명 : 흡연 예방 에코백 만들기
	   ⓐ 내용 : 지역주민들과 함께 에코백에 페브릭 마커를 사용하여 흡연 예방 그림, 문구 새기고 사용하기
	   ⓑ 목적 : 흡연 예방 홍보 효과, 흡연에 대한 경각심 갖기
	– 프로그램명 : 응급처치를 익혀라!
	   ⓐ 내용 : 지역주민들과 찰과상, 벌에 쏘였을 때, 일사병, 염좌, 화상 등 생활 속 필요한 응급처치 방법을 익히고 함께 실습해보기
	   ⓑ 목적 : 응급처치 방법을 익혀 필요한 상황에 적용할 수 있는 능력 함양, 안전한 생활을 영위할 수 있도록 실습 위주의 교육
	• 영 양
	– 프로그램명 : 다식과 함께하는 티타임
	   ⓐ 내용 : 우리나라 고유 과자인 다식 만들기(녹말, 송화, 검은깨 등의 가루를 꿀과 조청에 반죽하여 다식판에 박아 만들기). 녹차, 캐모마일 등 차를 내려 다식과 함께 먹기
	   ⓑ 목적 : 학생 진로체험, 우리나라 고유 음식 알아보기, 티타임을 가지면서 서로 소통하기
	– 프로그램명 : 우리 마을 김장하는 날
	   ⓐ 내용 : 마을주민들과 학생들이 함께 김장하고 마을 어르신들께 나누어 드리기
	   ⓑ 목적 : 전통문화를 체험할 수 있고, 나눔의 기쁨 느끼기

채점기준	배 점	점 수
방안이 구체적이고 실천 가능한가?	0~4	
교육적 본질에 대해 고민하고 답변하는가?	0~3	
제시한 교육적 방안은 교육적 효과가 있는가?	0~3	

즉답형

1 문제요약　학교폭력의 양상이 변해가는 상황 속 지도할 수 있는 방안 3가지 말하기

채점기준(예시)

구 분	평가항목 예시
정서적 학교폭력 예방교육	• 가치 중심 인성교육 • 인문학 독서교육 • 인권에 대한 프로젝트 학습 • 협력 놀이, 학급 동아리 • 역할놀이, 역할교환검사 • 안전 감수성 확산시키기 • 교육과정 내 안전교육 시수 확보 • 학교폭력 사례 분석 및 반성적 성찰 • 학교폭력 예방 캠페인 진행 　- 애플데이 　- 존댓말 사용하는 날 　- 경어체 사용 　- 내 친구를 소개합니다 활동 등 • 친구 사랑 주간 활용

채점기준	배 점	점 수
학교폭력 문제의 양상을 다각적으로 살펴보고 접근하고 있는가?	0~3	
학교폭력 예방교육 내실화 방안을 적절하게 제시하였는가?	0~4	
제시한 교육적 방안은 교육적 효과가 있는가?	0~3	

즉답형

2 **문제요약** 자신의 교과와 관련지어 신입생 안내 책자에 수록할 내용 3가지 말하기

채점기준(예시)

구 분	평가항목 예시
새학기 안내 책자 수록 내용 (보건)	• 보건실 위치 • 보건실 이용시간, 이용방법, 주의사항 등 • 학교에서 자주 발생하는 응급상황, 판단 방법, 처치 방법 • 감염병 예방 수칙 : 손 씻기, 마스크 착용, 생활 방역, 기침하는 방법 • 감염병으로 인한 등교 중지와 출석 인정에 대한 안내 • 약물 중독의 위험성
새학기 안내 책자 수록 내용 (영양)	• 급식실 이용방법과 이용시간 • 급식실에서 지켜야 할 규칙 • 손 씻기의 중요성 • 균형 잡힌 식사의 중요성 : 식품구성 자전거 • 식품 알레르기 확인 방법 • 식단표 읽는 법 : 식재료, 알레르기 여부, 열량 확인
새학기 안내 책자 수록 내용 (상담)	• 상담실, Wee 클래스 위치 • 상담 신청 방법 • 상담 진행 과정 • 다양한 프로그램 소개 : 마음약국, 애플데이, 친구 사랑 주간 행사 등 • 친구와 사이좋게 지내는 법 • 부모님과 깊은 관계를 유지하는 법
새학기 안내 책자 수록 내용 (사서)	• 도서관 위치 및 이용 방법 • 도서관 프로그램 소개 : 인문학 콘서트, 도서관 연주회 등 • 국어, 수학, 과학, 사회 등 교과 학습에 도움이 되는 책 추천 • 이 달의 추천 도서 • 독서의 중요성 • 독서록 작성 방법 및 우수 독후감 소개

채점기준	배 점	점 수
학생들을 중심으로 필요한 내용을 선정하였는가?	0~4	
선정한 이유와 구체적인 방안을 서술하는가?	0~3	
교직실무에 대한 전문성을 가지고 있는가?	0~3	

[4] 2020년 서울 중등(교과)

> 구상형

1 다음을 읽고 박 교사가 고려하지 못한 점과 올바른 지도 방안을 각각의 사례별로 설명하시오.

- 사례 1 : B 학생은 백혈병으로 인하여 학교를 못 다니다가 건강이 완전히 회복되어 학교로 복귀하게 되었다. 이 교사는 B 학생이 학급에 적응할 수 있도록 도우미 친구를 붙여주기도 하고, 체육 시간에 쉴 수 있도록 하였다. 그러나 B 학생은 여전히 학교생활에 적응하기 힘들다고 말한다.
- 사례 2 : 박 교사는 평소 환경문제에 관심이 많은 편이다. 박 교사는 학급별 협력종합예술활동에서 환경문제를 주제로 하여 뮤지컬 활동을 계획하였다. 박 교사는 연습시간과 역할 분담을 직접 정해주는 등 매우 열정적이지만 학생들은 별로 신이 나 보이지 않는다.

나만의 답변 구상하기

[핵심 키워드]

[답변 구상]

2 다음은 인성교육을 위한 ○○학교의 연간 시행 계획표이다. 서울인성교육 시행계획을 바탕으로 다음 계획표를 개선할 수 있는 방향 3가지를 제시하시오. 또한 자신의 전공과 연계하여 인성교육을 시행할 수 있는 방안 1가지를 설명하시오.

(추가질문) 인성교육을 위하여 교사에게 필요한 자질이 무엇이라고 생각하는지 설명하고, 필요한 자질을 향상시키기 위해 자신이 한 노력에 대하여 말하시오.

학 기	프로그램	대 상	장소	날 짜	담당교사
1학기	명사 강의 - 도덕적 삶의 아름다움 　(◇◇대학교 △△ 교수)	전교생	강 당	7월 15일	업무 담당교사
2학기	다큐멘터리 시청 후 감상문 쓰기 - 정직의 중요성	전교생	교 실	12월 23일	담임교사

나만의 답변 구상하기

[핵심 키워드]

[답변 구상]

즉답형

1 다음 제시문을 보고 어느 학생을 먼저 도와줄 것인지 그 이유와 함께 말하시오. 그리고 자신의 교직관과 연결 지어 학생 지도 방안에 대해 구체적으로 설명하시오.

> - 학생 A : 저는 게임을 잘하지는 못해요. 그래도 개인 게임방송을 해서 유명해지고 돈도 많이 벌고 싶습니다.
> - 학생 B : 저는 달성하기 힘든 큰 꿈은 꾸고 싶지 않아요. 그저 아르바이트를 통해 돈을 벌고, 취미 생활을 하면서 소소하지만 확실한 행복을 느끼면서 살고 싶어요.

나만의 답변 구상하기

[핵심 키워드]

[답변 구상]

(추가질문) 자신이 선택하지 않은 학생에 대한 지도 방안을 설명하시오.

나만의 답변 구상하기

[핵심 키워드]

[답변 구상]

2020년 서울 중등(교과) 해설

구상형

1 **문제요약** 박 교사가 고려하지 못한 점과 올바른 지도 방안을 각각의 사례별로 설명하기

채점기준(예시)

구 분	평가항목 예시
고려하지 못한 점	• 사례 1 　– 학생을 수업에서 제외시킴 　– 학생이 다른 친구들과 소통하고 관계를 맺을 수 있는 시간 부족 　– 학생의 의사를 묻지 않고 도움을 줌 • 사례 2 　– 학생들이 주도적으로 참여할 기회 박탈 　– 교사 중심 수업
올바른 지도 방안	• 사례 1 　– 학생이 할 수 있는 수준별, 맞춤형 과제를 제공하여 수업에서 소외되지 않도록 함 　– 친구들과 소통할 수 있는 친교활동 프로그램 운영 　– 도우미 친구를 배정하기보다는 모둠별 역할을 부여하여 함께 협력하도록 함 • 사례 2 　– 학생들이 토의를 통해 관심 있는 주제 정하여 뮤지컬 활동하기 　– 학생 중심 활동으로 개선

채점기준	배 점	점 수
사례의 문제점과 올바른 지도 방안을 적절하게 제시하였는가?	0~4	
방안이 구체적이고 실천가능한가?	0~4	
제시한 교육적 방안은 교육적 효과가 있는가?	0~2	

> **구상형**

2 **문제요약**
- 서울인성교육 시행계획을 바탕으로 하여 계획표의 개선 방향 3가지와 자신의 전공과 연계한 인성교육 방안 1가지 설명하기
- (추가질문) 인성교육을 실시하기 위하여 교사에게 필요한 자질과 필요한 자질을 함양하기 위하여 자신이 한 노력에 대하여 말하기

채점기준(예시)

구 분	평가항목 예시
개선 방향	• 실천·체험 중심의 인성교육으로 개선(학생자치활동, 학생 동아리) • 교과 및 창의적 체험활동과 연계한 인성교육 실시 • 가정·학교 연계 인성교육 프로그램 운영(교육과정과 연계한 가족 친화 프로그램, 밥상머리 인성교육) • 문예체 테마별 인성교육 활성화(협력종합예술활동, 함께하는 독서·토론·인문교육 추진) • 조화로운 인성 함양을 위한 학교 스포츠 활동을 통한 협력적 인성교육 • 마을 협력 인성교육(학교와 마을이 함께하는 환경 생태교육) • 지속적인 인성교육 실시
전공과 연계한 인성교육	• 국어 : 연극 계획부터 발표까지 학생들이 주도적으로 참여함. 예술적 협업 기회의 제공으로 협동심, 배려심 함양 • 과학 : 동식물 단원과 연계한 동물사랑, 환경보호 교육 실시 • 미술 : 협동화 그리기를 통해 협동심, 배려심 함양
인성교육에 필요한 자질	• 끈기 : 학생들이 바른 인성을 함양할 수 있도록 지속적으로 노력하고 격려해야 함 • 사랑 : 학생들에 대해 관심을 가지고 사랑하는 마음으로 진심을 다해 인성교육 실시. 교사의 모습을 보고 학생들은 타인을 사랑하고 배려하는 마음을 기를 수 있음

채점기준	배 점	점 수
서울인성교육 방향에 맞게 개선 방향을 제시하였는가?	0~6	
전공과 연계한 인성교육 방향 및 내용을 적절하게 제시하였는가?	0~3	
인성교육에 필요한 자질과 경험을 적절하게 말하였는가?	0~1	

즉답형

1 문제요약
- 자신의 교직관과 관련지어 학생을 선택하여 지도 방안 설명하기
- (추가질문) 선택하지 않은 학생에 대한 지도 방안 설명하기

채점기준(예시)

구 분	평가항목 예시
진로 관련 교직관	• 학생들이 긍정적 자기이해를 바탕으로 꿈꿀 수 있도록 돕자. • 자신의 적성을 찾아 행복한 미래를 준비하도록 돕자. • 서울의 진로교육 비전 : 꿈NUM꿈 진로체험 – 신나는(Nice) 학교생활을 통해 독특한(Unique), 자신만의 진로 설계로 기적(Miracle)을 만들어 진정한 꿈의 완성을 이루자는 것

학생 A	• 선택 이유
	  – 게임방송 BJ를 진로라고 생각하는 것이 현실도피성 진로설계인지 진단이 필요하므로
	  – 학생의 능력이 부족해서 원하는 진로에 자신이 없더라도 한계 극복에 도움을 주기 위해
	  – 게임 BJ뿐만 아니라 게임산업과 관련된 다양한 직업정보를 추가적으로 제시하기 위해

학생 B	• 선택 이유
	  – 어린 나이에 꿈을 꾸지 않는다는 것은 너무 성급한 판단이라고 생각하므로
	  – 학생이 가진 재능과 무한한 가능성을 발견하여 학생에게 더 큰 행복을 선사해주기 위해
	  – 사춘기에 무기력해지는 것은 자연스러운 현상이지만 잘 극복해 나갈 수 있도록 지원해주기 위해

진로 지도 방법	• 학생 A, B를 선택한 이유와 연관 지어 적절한 지도 방안 서술
	  – 힘든 점 살펴보기 활동 : 직업의 좋은 면만 생각하는 것이 아니라 단점, 힘든 점을 자신이 견뎌낼 수 있는지 판단
	  – 학급 1인 1역을 직업군 활동으로 재구성해보기
	  – 학생의 관심사와 관련된 직업인의 자서전 책 추천해주기
	  – 관심사 유튜브 영상 살펴보고, 이야기 나누기
	  – 진로적성검사, 직업흥미검사 실시
	  – 자유학기제, 진로체험 주간 운영
	  – 진로콘서트, 진로캠프, 진로멘토링 운영
	  – 서울 청소년 진로직업체험의 기적(청진기) 체험 연계
	  – 서울 거점진로체험관 활용
	  – 관내 특성화고 개방 진로체험의 날 참여
	  – 원격영상 진로멘토링, 커리어넷, 워크넷 사이트 활용

채점기준	배 점	점 수
진로와 관련한 문제 상황을 명확하게 분석하였는가?	0~2	
학생을 선택한 이유에 대해 구체적이고 일관성 있게 답하는가?	0~3	
교직관에 따른 지도 방안이 학생의 삶에 도움되는 것인가?	0~5	

5 2020년 서울 중등(비교과)

> **구상형**

1 다음의 제시문을 읽고 물음에 답하시오.

> (가) 기존의 인성교육이란 자신의 내면을 바르고 건전하게 가꾸고 타인·공동체·자연과 더불어 살아가는 데 필요한 인간다운 성품과 역량을 기르는 것을 목적으로 하는 교육을 의미했다(인성교육진흥법 제2조). 협력적 인성교육이란 경쟁 논리를 넘어서 타인과 협력적 관계를 구축하고 더불어 함께 살아가는 세상을 만들기 위해 지녀야 할 성품과 역량을 함양하는 교육을 의미한다.
>
> (나) 교사는 학생에게 가치를 주는 존재이다. 교사는 학생에게 학업적·사회적 영역 영향뿐만 아니라 자아개념 형성에도 영향을 미친다. 교사의 자아를 따라하며 배운다. 교사의 미소를 닮는다. 교사의 행동을 닮는다.

1-1. 제시문 (가)를 활용하여 협력적 인성교육 방안 2가지를 자신의 전공과 관련하여 설명하시오.

나만의 답변 구상하기

[핵심 키워드]

[답변 구상]

1-2. 제시문 (나)를 활용하여 자신이 교사가 되어야 하는 이유를 경험과 관련지어 설명하시오.

나만의 답변 구상하기

[핵심 키워드]

[답변 구상]

2 (상담교사) 다음 대화는 교사와 학생, 학부모가 상담교사에게 찾아와 상담을 요청한 내용이다. 이를 읽고 각 상황에 대한 상담교사의 대답을 말하고, 이들을 위한 지도 방안을 설명하시오.

- 교사 A : 상담선생님, 우리 반 철수는 아이들과 매일 싸우고 말썽을 부려서 지도하기가 너무 힘듭니다. 선생님이 철수와 상담을 좀 해주시면 안 될까요?
- 상담교사 :
- 학생 B : 친구들이 저만 미워하고 왕따시키는 것 같아요. 그래서 학교에 오기 싫고 그냥 그만두고 싶어요. 그냥 Wee 클래스에서 선생님한테 상담만 받고 집에 가면 안 되나요?
- 상담교사 :
- 학부모 C : 저희 아이가 공부는 계속하고 있는데 성적이 안올라요. 지능에 문제가 있는 건 아닐까요? 지능검사 좀 해주시면 안 될까요?
- 상담교사 :

나만의 답변 구상하기

[핵심 키워드]

[답변 구상]

(추가질문) 상담교사가 학생 B를 지도할 때 발생할 수 있는 어려움 3가지를 말하고, 이에 대한 각각의 해결 방안을 설명하시오.

나만의 답변 구상하기

[핵심 키워드]

[답변 구상]

3 (영양교사) 다음은 학교에서 운영한 '건강 한식의 날' 운영과 관련하여 받은 피드백이다. 피드백 결과를 살펴보고 개선해야 할 점 3가지를 설명하시오.

> - 의견 1 : 선생님들은 행사 만족도가 높지만 학생들은 기호에 맞지 않는다며 불만이 많음
> - 의견 2 : 조리 과정이 힘들고 복잡하여 조리실무사들의 불만이 있음
> - 의견 3 : 학부모들이 생각하길 학교 급식이 학생 기호에 맞지 않아 배불리 먹지 않는다고 걱정함
> - 의견 4 : 학교는 급식과 관련한 민원이 발생하지 않기를 바라고 있음

나만의 답변 구상하기

[핵심 키워드]

[답변 구상]

(추가질문) '균형 있는 식단'에 대해 교육하기 위한 특색 있는 지도 방안을 제시하시오.

나만의 답변 구상하기

[핵심 키워드]

[답변 구상]

4 (보건교사) 다음은 소아 당뇨병을 겪고 있는 학생에 대한 설명문이다. 내용을 읽고 상황을 해결하기 위한 보건교사의 지원 방안을 학생, 담임교사, 학부모 측면에서 각각 설명하시오. (추가질문) 한 학생이 보건 수업 중인 교실까지 직접 찾아왔다. 발목을 접질렀다고 호소하는 상황에서 보건교사가 해야 할 대처 방안과 이유를 설명하시오.

- 사례 : 당뇨병은 인슐린 결핍으로 인해 초래되는 만성질환이며, 지속적인 자기 관리가 요구되는 질환이다. 당뇨병으로 약물치료 중인 18세 이하 소아·청소년 환자는 2006년 4,076명에서 2015년 5,338명으로 31.0% 증가하였고 한다. 일정 시간을 학교에서 보내야 하는 학령기 아동의 경우 학교에서 혈당 검사 및 인슐린 주사를 해야 하고, 이로 인해 저혈당 등의 응급상황에 노출될 수 있다. 이와 관련하여 소아 당뇨 학생이 소속되어 있는 학교에서는 어려움을 겪고 있다고 한다. 제1형 당뇨를 앓고 있는 학생이 인슐린 주사가 필요하지만, 자가주사를 두려워하거나 친구들의 시선을 걱정하며 화장실에서 주사를 놓았다고 한다. 또한 해당 학생의 담임교사도 해당 학생에 대한 걱정, 관리 불안을 호소하였으며 보건교사에게 모든 것을 맡기려고 한다. 학생을 학교에 맡겨야 하는 학부모도 여러 제반 사항에 두려움을 느끼며 혈당검사와 인슐린 주사 등 학생 건강관리를 전부 보건 교사에게 요청하는 실정이다.
- 법령 : 학교보건법 제15조의2(응급처치 등)
  - 학교의 장(고등교육법 제2조에 따른 학교는 제외한다)은 사전에 학부모의 동의와 전문의약품을 처방한 의사의 자문을 받아 제15조제2항에 따른 보건교사 또는 순회 보건교사(이하 '보건교사 등'이라 한다)로 하여금 제1형 당뇨로 인한 저혈당 쇼크 또는 아나필락시스 쇼크로 인하여 생명이 위급한 학생에게 투약행위 등 응급처치를 제공하게 할 수 있다. 이 경우 보건교사 등에 대하여는 의료법 제27조제1항을 적용하지 아니한다.
  - 보건교사 등이 위에 따라 생명이 위급한 학생에게 응급처치를 제공하여 발생한 재산상 손해와 사상(死傷)에 대하여 고의 또는 중대한 과실이 없는 경우 해당 보건교사 등은 민사책임과 상해(傷害)에 대한 형사책임을 지지 아니하며 사망에 대한 형사책임은 감경하거나 면제할 수 있다.

나만의 답변 구상하기

[핵심 키워드]

[답변 구상]

> 즉답형

1 다음 제시문을 보고 어느 학생을 먼저 도와줄 것인지 그 이유와 함께 말하시오. 그리고 자신의 교직관과 관련 지어 학생 지도 방안에 대해 구체적으로 설명하시오.

> - 학생 A : 저는 게임을 잘하지는 못해요. 그래도 개인 게임방송을 해서 유명해지고 돈도 많이 벌고 싶습니다.
> - 학생 B : 저는 달성하기 힘든 큰 꿈은 꾸고 싶지 않아요. 그저 아르바이트를 통해 돈을 벌고, 취미 생활을 하면서 소소하지만 확실한 행복을 느끼면서 살고 싶어요.

나만의 답변 구상하기

[핵심 키워드]

[답변 구상]

(추가질문) 자신이 선택하지 않은 학생에 대한 지도 방안을 설명하시오.

나만의 답변 구상하기

[핵심 키워드]

[답변 구상]

2020년 서울 중등(비교과) 해설

구상형

1 **문제요약** 1-1. 자신의 전공과 관련하여 협력적 인성교육 방안 2가지 설명하기

채점기준(예시)

구 분	평가항목 예시

협력적 인성교육 방안	• 협력적 인성 : 경쟁 논리를 넘어서 타인과 협력적 관계를 구축하고 더불어 함께 살아가는 세상을 만들기 위해 지녀야 할 성품과 역량
	• 인성교육 방안
	  – 실천·체험 중심의 인성교육 : 언어문화 개선, 어울림 프로그램, 또래 활동, 사과 편지 쓰기, 또래 상담 실천하기
	  – 학생자치활동을 통한 참여와 자치 역량 강화 : 학생자치활동, 학생 동아리, 학생 봉사활동
	  – 소통·참여·책임의 협력학습 실시 : 소통, 공감, 배려, 정직, 책임 덕목을 중심으로 인성교육 중심 교육과정을 재구성하고 프로젝트 학습, 토의·토론 학습, 협동학습, 액션러닝, 거꾸로 학습 등 협력학습기법 활용
	  – 공감·협력의 협력종합예술활동 : 문화예술작품 공동 창작(뮤지컬, 연극, 영화), 지역사회 유관기관과 협력하여 발표 기회 제공
	  – 함께하는 독서·토론·인문소양교육 : '한 학기 한 권 읽기' 등 협력적 독서·인문 교육과정, 독서 동아리 활성화, 협력적 책 쓰기 교육
	  – 조화로운 인성 함양을 위한 학교 스포츠활동 : 스포츠클럽 리그전

채점기준	배 점	점 수
협력적 인성교육 방안을 적절하게 제시하였는가?	0~4	
제시한 교육적 방안은 교육적 효과가 있는가?	0~3	
해당 개념을 정확하게 이해하고 이야기하는가?	0~3	

구상형

1 문제요약 1-2. 자신이 교사가 되어야 하는 이유를 경험과 관련지어 설명하기

채점기준(예시)

구 분	평가항목 예시
자신이 교사가 되어야 하는 이유(경험 연관)	• 학창시절 담임선생님을 존경하여 선생님을 본받으려고 노력한 경험 → 자신 또한 학생들에게 선한 영향력을 주고 싶음 • 멘토링에 지도교사로서 수업을 진행하며 학생의 기초학력이 증진한 것을 본 경험 → 자신이 가진 지도력으로 학생들의 기초학력을 보장해주고 싶음 • 교육 봉사활동에 참여하며 따뜻한 마음을 나누었던 경험 → 가정환경이 어려운 아이들까지 모두 책임지고 교육하며 사랑을 나누고 싶음 • 초등 영재교실에 참여하여 일일교사가 되었던 경험 → 코딩, 미술 등 심화지도가 필요한 부분에 대해 자신이 가진 재능을 기부하고 싶음

채점기준	배 점	점 수
자신의 경험과 관련하여 교사가 되어야 하는 이유를 적절하게 제시하였는가?	0~4	
교사로서 사명감을 가지고 있는가?	0~3	
교육적 본질에 대하여 고민하고 답변하는가?	0~3	

> 구상형

2 > 문제요약
- 각 상황에 따른 상담교사의 답을 말하고, 지도 방안 설명하기
- (추가질문) 학생 B 지도 시 발생할 수 있는 어려움과 해결 방안 각각 3가지 말하기

> 채점기준(예시)

구 분	평가항목 예시
교사 A의 상담	• 교사의 고충에 대한 경청과 공감 • 수업 중 문제 상황 속 학생 분리에 협조 • 학생 충동적인 감정 조절 지도 • 학생의 특성을 뇌발달 측면에서 이해하도록 조언
학생 B의 상담	• 학생의 심리 상태 파악 • 자존감, 자아효능감 회복 : 심층 상담, 미술 치료 상담 기법 활용 • 학생 B 주도 마음약국 프로젝트 : 기존의 학급 친구들을 초대하거나 새로운 친구들을 만들어갈 수 있는 기회 제공 • 지속적인 등교 거부 시 학업중단 숙려제 안내
학부모 C의 상담	• 학생의 장점과 재능을 중심으로 상담 진행 • 학생에게 심리검사, 진로검사를 실시하고 결과를 바탕으로 학부모에게 자녀의 정서적 상태 안내 • 진정한 행복에 대한 논의 • 교사 협조 요청하여 과정 중심 평가 실시 • 부모-자녀 관계 회복 프로그램

(추가질문)
학생 B 지도 어려움
	• 예상되는 어려움
	  - 학생의 상담에 대한 거부감
	  - 부정적인 상황의 악화 : 무기력증, 우울증, 자해 등
	  - 학부모의 비협조적인 태도
	  - 학교의 미온적인 태도
	  - 학업중단에 대한 강한 의지

채점기준	배 점	점 수
각 상황에 따른 문제 상황을 명확하게 분석하였는가?	0~4	
문제 상황을 해결하기 위한 구체적인 방안을 제시하는가?	0~4	
교직실무에 대한 전문성을 가지고 있는가?	0~2	

구상형

3 **문제요약**
- '건강 한식의 날' 사례에 대해 개선해야 할 점 3가지 설명하기
- (추가질문) 균형 있는 식단에 대한 지도 방안 제시하기

채점기준(예시)

구 분	평가항목 예시
급식 개선 방안	• 사전 설문, 만족도 조사 적극 실시 : 학교 급식에 학생 의견 반영 • 학생자치회를 초청하여 식단 구성의 기회 제공 • 조리실무사님께 급식 행사의 목적 설명 및 양해 부탁 • 학생들이 급식을 통해 느끼는 행복을 메시지, 편지, 포토카드로 제작하여 조리실무사님께 선물 • 학부모 총회와 가정통신문을 활용하여 학교 급식의 의미에 대하여 홍보 • 학생들의 의견을 수렴하는 과정과 수렴 결과, 교육활동 내용을 홍보하여 학부모 급식 만족도 향상 • 학부모 의견 소통 창구 마련 • 학부모 1일 영양교사로 초빙 : 급식 재료 선정, 준비, 조리, 제공 과정을 참관하시도록 안내

(추가질문)
균형 잡힌 식단
지도 방안
	• '균형 있는 식단을 부탁해' 대회 운영
	  – 영양교사가 수업시수를 확보하여 균형 있는 식단에 대한 교육 실시
	  – 학생들이 직접 균형 있는 한 끼 식단을 구성해보도록 안내
	  – 직접 만든 메뉴를 대회 후보로 등록
	  – 등교 시간, 쉬는 시간, 점심 시간을 활용하여 학생 투표 실시
	  – 학생 대표 시식 평가단 운영
	  – 1등 메뉴를 학교 급식 메뉴로 선정

채점기준	배 점	점 수
학교 급식에 대한 근본적인 문제점을 파악하고 있는가?	0~4	
영양교육의 의미를 바탕으로 문제 해결 방안을 타당하게 제시하는가?	0~4	
제시한 지도 방안은 학생들의 삶에 도움이 되는 교육인가?	0~2	

> 구상형

4. 문제요약
- 소아 당뇨병 학생 관련 학생, 학부모, 교사 지원 방안 설명하기
- (추가질문) 보건 수업 중 찾아온 학생에 대한 대처 방안과 이유 설명하기

채점기준(예시)

구 분	평가항목 예시
소아 당뇨병 학생 측면 지원	• 학생 개인 상담 : 경청, 공감 • 당뇨병 관리 방법 교육 : 학교 집단생활을 중심으로 • 다른 학생들을 대상으로 당뇨병 보건교육 실시 : 당뇨병에 대한 오개념을 수정하고 해당 학생을 도울 수 있는 평화로운 학급 분위기를 만들기 위해
소아 당뇨병 학부모 측면 지원	• 학교 상황 및 관리 계획 설명 • 학생 학습권 보장을 위한 노력 설명 • 학부모가 특이사항을 즉각적으로 전달할 수 있는 소통 창구 마련 • 학교와 가정에서의 당뇨병 관리에 차이가 있을 수 있음을 알리기 • 학생이 사회생활 속에서 자기주도적으로 당뇨병을 처치할 수 있어야 함을 알리기 (학교 교육의 의미 강조)
소아 당뇨병 교사 측면 지원	• 교원학습공동체 운영 : 소아 당뇨병 학생 관리에 관하여 • 당뇨병, 인슐린, 주사, 특이사항에 대한 연수 실시 • 수업시간에 필요한 개별활동에 대해 양해 요청 : 주사 투여, 간식 섭취 등 • 담임, 체육, 영양교사 협력지도 프로그램 구안하기
(추가질문) 보건수업 중 찾아온 학생 대처 방안	• 단순 염좌로 판단하지 말고 종합적으로 판단하기 : 심한 통증, 부종, 골절의 가능성을 항상 염두 • 처치를 위해 해당 학생은 수업 교실에 대기시키고 보건실 다녀오기 : 수업 학생들을 위한 대체 수업 자료를 제시하고 반드시 교무실에 협조하여 교실에 교사 배치 요청 • 부상 입은 학생의 이동을 최소화하며 아이스팩, 부목, 붕대로 추가 손상 방지 • 필요한 경우 119에 신고, 학부모 연락, 관리자 보고 실시

채점기준	배점	점수
학생들의 건강을 책임질 수 있는 구체적인 방안을 제시하는가?	0~4	
제시한 방안은 학생, 학부모, 교사 모두가 안심하고 따를 수 있는 방안인가?	0~4	
교직실무에 대한 전문성을 가지고 있는가?	0~2	

즉답형

1 **문제요약**
- 자신의 교직관과 관련지어 학생 선택하여 지도 방안 설명하기
- (추가질문) 선택하지 않은 학생에 대한 지도 방안 설명하기

채점기준(예시)

구 분	평가항목 예시
진로 관련 교직관	• 학생들이 긍정적 자기이해를 바탕으로 꿈꿀 수 있도록 돕자. • 자신의 적성을 찾아 행복한 미래를 준비하도록 돕자. • 서울의 진로교육 비전 : 꿈NUM꿈 진로체험 – 신나는(Nice) 학교생활을 통해 독특한(Unique), 자신만의 진로 설계로 기적(Miracle)을 만들어 진정한 꿈의 완성을 이루자는 것

학생 A	• 선택 이유
	  – 게임방송 BJ를 진로라고 생각하는 것이 현실도피성 진로설계인지 진단이 필요하므로
	  – 학생이 능력이 부족해서 원하는 진로에 자신이 없더라도 한계 극복에 도움을 주기 위해
	  – 게임 BJ뿐만 아니라 게임산업과 관련된 다양한 직업정보를 추가적으로 제시하기 위해

학생 B	• 선택 이유
	  – 어린 나이에 꿈을 꾸지 않는다는 것은 너무 성급한 판단이라고 생각하므로
	  – 학생이 가진 재능과 무한한 가능성을 발견하여 학생에게 더 큰 행복을 선사해주기 위해
	  – 사춘기에 무기력해지는 것은 자연스러운 현상이지만 잘 극복해 나갈 수 있도록 지원해주기 위해

진로 지도 방법	• 학생 A, B를 선택한 이유와 연관 지어 적절한 지도 방안 서술
	  – 힘든 점 살펴보기 활동 : 직업의 좋은 면만 생각하는 것이 아닌 단점, 힘든 점을 자신이 견뎌낼 수 있는지 판단
	  – 학급 1인 1역을 직업군 활동으로 재구성해보기
	  – 학생의 관심사와 관련된 직업인의 자서전 책 추천해주기
	  – 관심사 유튜브 영상 살펴보고 이야기 나누기
	  – 진로적성검사, 직업흥미검사 실시
	  – 자유학기제, 진로체험주간 운영
	  – 진로콘서트, 진로캠프, 진로멘토링 운영
	  – 서울 청소년 진로직업체험의 기적(청진기) 체험 연계
	  – 서울 거점진로체험관 활용
	  – 관내 특성화고 개방 진로체험의 날 참여
	  – 원격영상 진로멘토링, 커리어넷, 워크넷 사이트 활용

채점기준	배 점	점 수
진로와 관련한 문제 상황을 명확하게 분석하였는가?	0~2	
학생을 선택한 이유에 대해 구체적이고 일관성 있게 답하는가?	0~3	
교직관에 따른 지도 방안이 학생의 삶에 도움이 되는 것인가?	0~5	

6 2020년 인천 중등(공통)

구상형

1. 다음에 제시된 제시문 (A)~(C)를 읽고 미래교육의 방향성에 대하여 각각 설명하시오. 그리고 각 요소와 관련하여 학교 현장에서 실천할 수 있는 지도 방안을 구체적으로 2가지씩 설명하시오.

> (A) 4차 산업혁명 시대에 살고 있는 우리는 싱귤래리티(Singularity)에 집중 할 필요가 있다. 싱귤래리티는 사물 인터넷과 인공지능이 결합되는 미래로 인간이 기계화되고, 기계가 인류에 공존하는 사회를 뜻한다. 이러한 싱귤래리티는 인공지능이 인간의 지능을 능가하는 기능적 특이점을 가지고 있다고 할 수 있다.
>
> (B) 미국의 대학생 90%는 2개 이상의 전공을 가지고 있다고 한다. 이처럼 미래사회에는 한 가지 분야의 지식만 아니라 여러 가지 분야의 전문 지식을 융합해야 하는 분야가 늘고 있다. 또한 이러한 미래의 변화 속도에 맞추어 평생 직업을 위한 진로 준비를 해 나가야 한다. 한 가지의 직업을 넘어 여러 직업과 능력을 동시에 가지는 멀티플레이어가 각광받을 것이다.
>
> (C) 2007년 UN은 한국에 체류하는 외국인이 100만 명을 넘어서면서 한국을 다문화 국가, 이민국가로 규정하였다. 2019년 말 기준 체류 외국인은 250만명을 돌파하였고, 인구 대비 4.9%에 해당되는 수치이다. 이 중 10~24세의 체류외국인은 약 14.7%에 해당된다. 여러 목적으로 한국에 들어오는 이주배경 가정이 늘고, 국제 결혼 가정이 늘어남에 따라 학교 현장에서도 다양한 문화의 학생들이 공존할 것으로 예상된다.

나만의 답변 구상하기

[핵심 키워드]

[답변 구상]

2 다음 사례를 읽고 물음에 답하시오.

> 김 교사는 학생 간 갈등이 자주 발생하여 생활지도를 열심히 하고 있다. 그러나 김 교사가 갈등을 중재하였음에도 불구하고, 추후에 학생 간의 갈등이 다시 발생하는 경우가 빈번한 경우가 많다. 이를 막기 위해 김 교사는 학교에 회복적 생활교육을 실시하자고 제안하였으나, 학교에서는 시간이 너무 많이 걸리고 방법도 기존 생활 교육과는 달라 어려울 것 같다고 한다.

2-1. 위의 사례를 읽고 해당 학교의 조직 문화 문제점 3가지를 설명하시오.

나만의 답변 구상하기

[핵심 키워드]

[답변 구상]

2-2. 학교 조직 문화를 개선할 수 있는 방안 3가지를 설명하시오.

나만의 답변 구상하기

[핵심 키워드]

[답변 구상]

즉답형

1. 다음의 글은 인천광역시 교육감의 신년사 구절이다. 내용과 관련지어 설명할 수 있는 교사의 역할을 5가지 말하시오.

   > 이택상주(麗澤相注)라는 말이 있습니다. '두 개의 맞닿은 연못이 서로 물을 대며 마르지 않는다.' 라는 뜻으로, 서로 협력하며 함께 발전하고 성장하는 것을 의미합니다. 인천교육이 인천의 자부심이 되고 우리 아이들의 희망찬 길이 되기 위해 이택상주(麗澤相注)의 자세로 인천교육의 미래를 빈틈없이 준비해 나가겠습니다. 여러분의 변함없는 관심과 지원을 당부드립니다.

   나만의 답변 구상하기
   [핵심 키워드]

   [답변 구상]

2. 신규교사가 되어 처음으로 교실에 들어가게 되었다. 앞에 학생들이 있다고 가정하고 자신이 바라는 학생상을 포함하여 첫인사를 하시오.

   나만의 답변 구상하기
   [핵심 키워드]

   [답변 구상]

2020년 인천 중등(공통) 해설

구상형

1 **문제요약** 미래교육의 방향성을 말하고 학교 현장 실천 방안 2가지씩 말하기

채점기준(예시)

구 분	평가항목 예시
미래교육 방향성	• (A) : 스마트 교육과 인공지능 교사를 적절히 활용할 수 있도록 준비하여야 함 • (B) : 범학문적 교육과정, 창의융합 교육과정을 개발하고 활용할 수 있도록 준비하여야 함. 다양한 역량과 능력을 융합하여 자신만의 진로를 개척하고 평생 직업을 가질 수 있도록 지원하는 교육 • (C) : 학생들의 문화소통 역량을 길러줄 수 있는 교육이 되도록 준비하여야 함. 다문화 가정의 학생들 또한 한국 사회에서 융합형 인재로 쓰임받도록 교육
(A) 인공지능 관련 지도 방안	• 인공지능 교사를 보조교사로서 활용 : 학습 상태에 따른 수준별 학습 지원, 학습 과정과 결과 관리, 이해 정도에 따른 즉각적인 보충 자료·심화 자료 제시 • 스마트 기능을 교수매체로 활용 : 학습 자료를 AR, VR로 제시하여 교과 내용 전달력 향상, 내적 동기 향상

(B)
미래 직업 관련
지도 방안
	• NCS 국가직무능력 기반 교육과정 적용
	  – NCS(국가직무능력표준) : 산업현장에서 직무를 수행하기 위해 요구되는 지식이나 기술, 태도 등의 내용을 국가가 표준화한 것
	  – 직업 교육의 질 향상
	  – 현장 학습 관리
	  – 직업에 대한 태도와 정의적 요소 교육
	• 범학문적 교육과정 운영
	  – 교육과정 재구성을 통한 창의융합형 수업 진행
	  – 통합 역량, 통합 능력, 통합 전공

(C)
다문화 관련
지도 방안
	• 문화 교류 행사
	  – 문화 소개와 탐색을 통한 문화 이해, 다문화 학생 자신의 문화에 대한 이해
	  – 서로의 문화를 존중하며 문화적 소통 능력, 문화 감수성 신장
	• 이중언어 교육 강화
	  – 다문화 학생의 역량을 신장하고 융합 인재로 성장 지원
	  – 한국어 능력 신장 : 기초문해 교육 실시
	  – 이중언어 능력 신장 : 모국어 교육 실시

채점기준	배점	점수
각 사례를 통해 미래교육의 방향성을 명확하게 분석하였는가?	0~3	
예상되는 미래사회를 바탕으로 구체적인 지도 방안을 제시하였는가?	0~4	
제시한 방법은 교육적 효과가 있는가?	0~3	

> 구상형

2 문제요약 학교 조직 문화의 문제점 3가지와 이를 개선할 수 있는 방안 3가지 설명하기

채점기준(예시)

구 분	평가항목 예시
학교 조직의 문제점	• 학교 구성원의 의견을 존중하지 않는 분위기 • 새로운 것에 대한 부정적, 비수용적, 보수적 태도 • 응보적 생활교육, 생활지도를 유지하려는 태도 • 학생 관리의 효율성 추구
개선 방안	• 존중·배려하며 토론이 있는 교직원 회의 활성화 • 회복적 생활교육에 관한 교직원 연수 • 교육 구성원들의 의견을 수용하는 학교 만들기 • 학생 간 갈등 해결에 도움이 되는 방법과 공동체 의식을 함양할 수 있는 교육 중시하기

채점기준	배 점	점 수
학교 조직의 문제점을 적절하게 제시하였는가?	0~3	
학교 조직의 문제점을 개선할 수 있는 방안을 적절하게 제시하였는가?	0~3	
제시한 방안은 실현 가능하고 효과가 있는가?	0~4	

즉답형

1 `문제요약` 신년사와 관련지어 교사의 역할 5가지 말하기

채점기준(예시)

구 분	평가항목 예시
'이택상주'의 의미	• '이택상주'와 관련지을 수 있는 인성 덕목이나 가치, 단어를 추출하여 설명하기 – 인성 덕목 : 협력, 나눔, 사랑, 존중, 의지, 격려 등 – 단어 : 함께, 서로, 지지자, 조력자 등 – 역량 : 공동체 역량, 의사소통 역량 등
교사의 역할	• 교사의 역할을 교육공동체 각 부분과 연관 짓고, 관계 속에서 교사가 해야 하는 일을 구체적으로 언급하며 설명하기 – 학생 : 학생의 참된 학력과 바른 인성을 지원하는 조력자 – 학부모 : 자녀 교육에 관심이 많은 부모님들의 궁금증을 해소해드리는 소통망 – 동료 교사 : 함께 힘을 모아 학교를 운영하고 교육 전문성을 기르는 멘토, 멘티 – 교육청 : 교육청이 추구하는 교육 방향에 따라 학교가 잘 따라갈 수 있도록 알려주는 나침반 – 마을 : 마을 교육공동체를 실현시킬 수 있는 징검다리

채점기준	배 점	점 수
'이택상주'의 뜻에 맞추어 교사의 역할을 구체적으로 제시하는가?	0~6	
답변에 일관성이 있는가?	0~2	
교사로서 사명감과 역량을 가지고 있는가?	0~2	

> **즉답형**

2 **문제요약** 앞에 학생들이 있다고 가정하고 신규교사로서 바라는 학생상을 포함한 첫인사 하기

채점기준(예시)

구 분	평가항목 예시
추구하는 학생상	• 모두는 하나를 위해, 하나는 모두를 위해 • 배려와 책임감을 지니고 행동하는 학생 • 자신을 사랑하고 존중하는 학생 • 맡은 일에 최선을 다하고 열심히 참여하는 학생

관련 지을 수 있는 급훈	• 도전, 가능성
	  - LIFE라는 단어에 IF가 있듯이, 내 삶에는 항상 가능성이 있다.
	  - 달걀은 내가 깨면 병아리, 남이 깨면 달걀 프라이
	  - 인생은 곱셈과 같다. 내가 0이면 어떠한 기회가 와도 의미가 없다.
	  - 중요한 것은 속도가 아니라 방향이다.
	  - 한계는 스스로 설정하는 것이다.
	  - 변화를 두려워하면 발전이 없다.
	• 성실, 정직
	  - 고이지 않고 흐르는 물이 되자.
	  - 자신에게 떳떳한 사람이 되자.
	  - 잘 살기보다는 올바르게 살자.
	  - 좋은 습관이 인생을 바꾼다.
	  - 만약 어제 넘어졌다면 오늘은 일어서라!
	  - 하고 싶은 일을 하기 위해서는 해야 하는 일을 하지 않으면 안 된다.
	  - 실패란 성공이란 진로를 알려주는 나침반이다.
	  - 작은 일을 시작해야 위대한 일도 생긴다.
	  - 목표를 세우는 것은 무에서 유를 창조하는 첫 번째 단계다.
	  - 사람은 하고 싶은 것을 해야 행복하다.
	  - 이 세상에서 가장 아름다운 선물은 용서하는 것이다.
	• 꿈
	  - 내일의 꿈을 가져라!
	  - 꿈을 이루고자 하는 용기만 있다면 모든 꿈을 이룰 수 있다.
	  - 작은 희망이 큰 꿈이 된다.

채점기준	배 점	점 수
추구하는 학생상을 적절하게 제시하였는가?	0~4	
교사로서 학생들을 존중하는 자세를 지녔는가?	0~3	
일관성 있게 자신의 의견을 서술하였는가?	0~3	

7 2020년 평가원 중등(교과)

구상형

1 다음 제시문은 김 교사가 실시한 수행평가에 대한 학생들의 의견이다. 김 교사가 당면한 문제점 3가지를 말하고, 해결 방안을 1가지씩 제시하시오.

> - 학생 1 : 수행평가가 너무 많아서 힘들어요.
> - 학생 2 : 오늘 하루 만에 국어, 수학, 사회, 영어 수행평가를 치루었어요.
> - 학생 3 : 수행평가 왜 보는 거예요? 그냥 지필평가 보면 안 되나요?

나만의 답변 구상하기

[핵심 키워드]

[답변 구상]

2 다음 상황에서 교사가 가져야 할 자질 2가지를 제시하고, 이와 관련하여 어떤 노력을 할 것인지 2가지를 설명하시오.

> 진원이는 지각과 결석이 잦은 편이다. 이에 교사가 걱정되는 마음에 "진원아, 너가 자꾸 지각과 결석을 하게 되면 유급될 수도 있어."라고 말하였다. 그러나 진원이는 다음 날에 또 지각을 한 상황이다.

나만의 답변 구상하기

[핵심 키워드]

[답변 구상]

3 다음 제시된 문장을 보고, 각각에 해당되는 사례를 말하시오. 그리고 둘 중 하나를 골라 자신의 교육관을 관련지어 설명하시오.

> • A : 말을 물가 근처로 끌고 갈 수는 있어도, 물을 마시게 할 수는 없는 법이다.
> • B : 말을 물가로 데려가서 직접 말에게 물을 먹여 주었다.

나만의 답변 구상하기

[핵심 키워드]

[답변 구상]

즉답형

1 다음 글을 읽고 물음에 답하시오.

> • A 부장교사 : 저는 소통과 화합을 중요시합니다. 수업 관련, 업무 관련 내용 모두 서로 얼굴을 마주하는 회의 형태를 선호합니다.
> • B 부장교사 : 저는 할 말은 간단하게 메신저로 소통하는 것을 좋아합니다. 각자 생각하고 메신저로 의견을 교환하면 효율적으로 시간을 활용할 수 있습니다.

1-1. 어느 부장교사와 같이 일을 하고 싶은지 이유를 들어 설명하시오.

나만의 답변 구상하기

[핵심 키워드]

[답변 구상]

1-2. 선호하지 않는 부장교사와 문제나 갈등이 발생했을 경우 어떻게 해결할 것인지 설명하시오.

나만의 답변 구상하기

[핵심 키워드]

[답변 구상]

2020년 평가원 중등(교과) 해설

구상형

1 **문제요약** 수행평가 운영 관련 문제점 3가지와 해결 방안 1가지씩 말하기

채점기준(예시)

구 분	평가항목 예시
문제점과 해결 방안 1	• 문제점 : 수행평가 횟수와 양이 과도하게 제시되었음 • 해결 방안 – 연간 교육과정 수립 시 평가 계획을 구체적으로 세우기 – 성취기준을 중심으로 재구성하여 수행평가의 횟수를 조절하기 – 평가 방법을 다양화하여 평가에 대한 부담 줄이기
문제점과 해결 방안 2	• 문제점 : 타 교과와 협의가 부족하여 평가가 집중됨 • 해결 방안 – 다른 과목 교사들과 협의하여 평가 시기 조절 – 학년 교육과정 협의회 운영 – 성적관리위원회 활성화 – 평가 관련 교원학습공동체, 전문적 학습공동체 운영
문제점과 해결 방안 3	• 문제점 : 수행평가 의미를 지도하지 못함 • 해결 방안 – 수행평가의 의미 지도 : 평가란 학생의 성장 정도를 확인하는 것이며, 수행평가는 학습 과정에 변화한 정도를 측정하는 도구임 – 배움과 성장에 대해 토의 – 수행평가의 장점 설명 : 과정 평가 가능, 정의적 영역 평가 가능

채점기준	배 점	점 수
평가의 본질을 알고 일관성 있게 답변하는가?	0~4	
문제점을 명확하게 분석하고 구체적인 해결 방안을 제시하는가?	0~4	
교사로서 전문성을 가지고 있는가?	0~2	

구상형

2 　**문제요약**　교사가 가져야 할 자질 2가지와 이와 관련하여 노력할 점 2가지 설명하기

채점기준(예시)

구 분	평가항목 예시
교사가 가져야 할 자질	• 학생과 소통하는 자세(학생이 지각, 결석하는 이유 파악) • 학생의 상황에 공감하는 태도 • 학생 격려, 지지하는 자세 • 학생이 변화할 수 있는 가능성을 신뢰하는 자세
노력할 점	• 학생 개별 상담 실시 • 학생이 지각, 결석하는 이유를 파악하여 학생과 같이 이를 해결하려는 적극적인 노력 • 학생에게 지속적으로 관심을 가지고 격려하는 모습을 보이도록 함 • 학생에 대한 걱정을 담은 표현 사용

채점기준	배 점	점 수
주어진 상황에서 교사가 가져야 할 자질을 적절하게 제시하였는가?	0~4	
교사의 자질과 관련하여 노력할 점을 적절하게 제시하였는가?	0~4	
교사로서 사명감을 지니고 있는가?	0~2	

구상형

3 문제요약: 문장에 대한 사례를 설명하고 자신의 교육관과 관련지어 설명하기

채점기준(예시)

구 분	평가항목 예시
문장에 해당되는 사례	• A 문장 : 교육의 중심이 학생에게 있음 – 학생들이 내적 동기를 갖도록 지원해주는 것 – 학생 중심의 토의·토론, 프로젝트 수업, 협력 학습, 하브루타, 학급자치활동, 과정 중심 평가 등 • B 문장 : 교육의 중심이 교사에게 있음 – 학생들의 배경은 접어둔 채 교사가 일방적으로 학습 내용을 전달하는 것 – 교사 중심의 강의식 수업, 주입식 수업, 전통주의적 방식의 지필평가 등
문장과 관련된 자신의 교육관	• A 문장 : 배움 중심, 학생 중심, 구성주의와 관련된 교육관 설명하기 – 학습에 있어서 가장 중요한 것은 학습자의 내적 동기라는 사실을 명심하여야 함 – 참된 학습은 학생 스스로 개념을 구성해가는 것임 – 교사는 학습의 조력자이고 촉진자임 • B 문장 : 학습 결손 방지, 교육의 효율성, 행동주의와 관련된 교육관 설명하기 – 학습 결손을 방지하거나 학습부진을 지도하기 위해서는 교사의 정돈된 지식 전달이 필요함 – 제한된 시간 내에 다수의 학생들에게 효과적인 교육을 실시하기 위해서는 강의식 수업을 적용할 수 있음 – 교육 활동 중 기능을 중시하는 교육에서는 정형화된 학습을 반복적으로 실천하여 일정한 행동을 이끌어내야 할 경우가 있음(체육 교육, 안전교육, 생활지도 등)

채점기준	배 점	점 수
문장에서 뜻하는 바를 찾고 일관성 있게 대답하는가?	0~4	
교육관에 대해 고민하고 문장과 관련지어 구체적으로 설명하는가?	0~4	
교사로서 사명감과 소양을 가지고 있는가?	0~2	

즉답형

1 　**문제요약**　1-1. 어떤 부장교사와 같이 일을 하고 싶은지 이유를 들어 설명하기

　　　　　　　　1-2. 선호하지 않는 부장교사와 갈등이 생겼을 때 어떻게 해결할 것인지 설명하기

채점기준(예시)

구 분	평가항목 예시
같이 일하고 싶은 부장교사와 그 이유	• A 부장교사 　– 얼굴을 마주하고 하는 회의 형태에서 친목도 쌓이며 공동체라는 의식이 생김 　– 소통과 화합을 통해 서로 간의 관심이 생기고, 상대방이 겪는 어려움도 파악할 수 있음 • B 부장교사 　– 메신저를 활용하여 소통과 회의를 하면 시간이 절약되고, 다른 많은 일들을 더 할 수 있음 　– 불필요한 사담을 줄이고, 비교적 업무에 필요한 대화만 가능
비선호 부장교사와 갈등 발생 시 해결 방안	• 상대방의 의견에 경청하고 공감하는 자세 • 갈등 발생 시 잘잘못을 따지기보다는 앞으로 긍정적인 관계를 될 수 있도록 노력해야 할 점을 찾는 태도 • I-message를 통해 서로 비폭력적, 진솔한 대화로 갈등 해결

채점기준	배 점	점 수
같이 일하고 싶은 부장교사와 그 이유를 적절하게 제시하였는가?	0~4	
갈등이 발생했을 때의 해결 방안을 적절하게 제시하였는가?	0~3	
답변에 일관성이 있는가?	0~3	

8 2020년 평가원 중등(비교과)

구상형

1. 다음의 사례에서 확인할 수 있는 김 교사의 문제점을 2가지 말하고, 문제를 해결할 수 있는 방안을 각각 1가지씩 말하시오.

> 김 교사는 학생들을 데리고 지역 봉사활동에 참여하게 되었다. 학생들은 김 교사를 따라갔지만, 봉사시간 내내 장난을 치거나 뛰어다니며 놀기 바빴다. 학생들은 봉사활동에 참여하고 있지만, 그저 시간만 채우면 된다는 식으로 생각하는 것 같다.

나만의 답변 구상하기

[핵심 키워드]

[답변 구상]

2. 다음에 나온 A 교사와 B 교사 중에서 자신과 같은 교육관을 가진 교사를 택하고, 이러한 교사가 되기 위해 노력했던 점 3가지를 설명하시오.

> - A 교사 : 비교수 교과교사로 수업보다는 학생 생활지도 또는 다른 활동을 통해서 학생을 교육할 수 있다고 생각함
> - B 교사 : 비교수 교과교사로 수업을 통해서만 학생을 제대로 교육할 수 있다고 생각함

나만의 답변 구상하기

[핵심 키워드]

[답변 구상]

3 다음 제시된 문장을 보고, 각각에 해당되는 사례를 말하시오. 그리고 둘 중 하나를 골라 자신의 교육관을 관련지어 설명하시오.

> • A : 말을 물가 근처로 끌고 갈 수는 있어도, 물을 마시게 할 수는 없는 법이다.
> • B : 말을 물가로 데려가서 직접 말에게 물을 먹여 주었다.

나만의 답변 구상하기

[핵심 키워드]

[답변 구상]

즉답형

1 다음 글을 읽고 물음에 답하시오.

> - A 부장교사 : 저는 소통과 화합을 중요시합니다. 수업 관련, 업무 관련 내용 모두 서로 얼굴을 마주하는 회의 형태를 선호합니다.
> - B 부장교사 : 저는 할 말은 간단하게 메신저로 소통하는 것을 좋아합니다. 각자 생각하고 메신저로 의견을 교환하면 효율적으로 시간을 활용할 수 있습니다.

1-1. 어느 부장교사와 같이 일을 하고 싶은지 이유를 들어 설명하시오.

나만의 답변 구상하기

[핵심 키워드]

[답변 구상]

1-2. 선호하지 않는 부장교사와 문제나 갈등이 발생했을 경우 어떻게 해결할 것인지 설명하시오.

나만의 답변 구상하기

[핵심 키워드]

[답변 구상]

2020년 평가원 중등(비교과) 해설

> **구상형**

1 `문제요약` 학생 봉사활동과 관련지어 김 교사의 문제점 2가지와 해결 방안 각각 말하기

`채점기준(예시)`

구 분	평가항목 예시

문제점과 해결 방안 1	• 문제점
	  − 교사가 일방적으로 봉사활동을 제시하였음
	  − 봉사활동에 대한 사전 교육이 부족하였음
	• 해결 방안
	  − 토의·토론 활동을 통한 봉사의 의미 탐색하기
	  − 사회 교과를 활용하여 문제해결학습 적용하기
	  − 진로지도 : 봉사가 자신에게 주는 의미 생각해보기
	  − 인성교육 : 공동체 정신과 인류애 정신 함양하는 방법 알아보기

문제점과 해결 방안 2	• 문제점
	  − 학생들이 봉사활동에 불성실하게 참여함
	  − 봉사활동 계획에 학생들의 의견이 반영되지 못하였음
	  − 김 교사가 학생들의 내적 동기유발에 실패함
	• 해결 방안
	  − 학급자치회를 활용하여 봉사활동 장소, 시간, 내용을 학생주도로 계획할 수 있게 함
	  − 봉사활동 과정에 학급 분위기를 형성하여야 함
	  − 교사도 활동에 직접 참여하며 모범을 보여야 함

채점기준	배 점	점 수
문제 상황을 명확하게 분석하였는가?	0~3	
학교 민주주의의 필요성에 대하여 인지하고 있는가?	0~4	
교육적 본질에 대해 고민하고 답변하는가?	0~3	

> 구상형

2 **문제요약** A 교사, B 교사 중 본인과 교육관이 비슷한 교사를 택하고 이러한 교사가 되기 위해 노력했던 점 3가지 설명하기

채점기준(예시)

구 분	평가항목 예시
A 교사	• 다문화 학생, 모교 후배 멘토링 : 멘토링 활동을 통해 학생들과 소통, 공감, 상담하는 방법을 익힘 • 다양한 분야의 독서 : 회복적 생활교육, I-message, 바른 인성 등 교사 자질에 관련된 책을 읽고 올바른 가치관을 가질 수 있도록 노력함 • 문화체험 활동 : 다양한 문화체험을 통해 문화 감수성을 높이고 개방적 태도 기르고자 함
B 교사	• 전공 관련 책 읽기, 강의 듣기 • 전공과목 수업 지도안 작성해보기 • 수업 연습하고 촬영하여 반성, 성찰하기 • 선배 교사들의 수업 참관

채점기준	배 점	점 수
자신과 비슷한 교사를 적절한 이유를 들어 설명하였는가?	0~4	
이상적인 교사가 되기 위해 노력했던 점을 적절하게 제시하였는가?	0~3	
교사로서 사명감이 있는가?	0~3	

> 구상형

3 문제요약 문장에 대한 사례를 설명하고 자신의 교육관과 관련지어 설명하기

채점기준(예시)

구 분	평가항목 예시
문장에 해당되는 사례	• A 문장 : 교육의 중심이 학생에게 있음 　- 학생들이 내적 동기를 갖도록 지원해주는 것 　- 학생 중심의 토의·토론, 프로젝트 수업, 협력 학습, 하브루타, 학급자치활동, 과정 중심 평가 등 • B 문장 : 교육의 중심이 교사에게 있음 　- 학생들의 배경은 접어둔 채 교사가 일방적으로 학습 내용을 전달하는 것 　- 교사 중심의 강의식 수업, 주입식 수업, 전통주의적 방식의 지필평가 등
문장과 관련된 자신의 교육관	• A 문장 : 배움 중심, 학생 중심, 구성주의와 관련된 교육관 설명하기 　- 학습에 있어서 가장 중요한 것은 학습자의 내적 동기라는 사실을 명심하여야 함 　- 참된 학습은 학생 스스로 개념을 구성해가는 것임 　- 교사는 학습의 조력자이고 촉진자임 • B 문장 : 학습 결손 방지, 교육의 효율성, 행동주의와 관련된 교육관 설명하기 　- 학습 결손을 방지하거나 학습부진을 지도하기 위해서는 교사의 정돈된 지식 전달이 필요함 　- 제한된 시간 내에 다수의 학생들에게 효과적인 교육을 실시하기 위해서는 강의식 수업을 적용할 수 있음 　- 교육 활동 중 기능을 중시하는 교육에서는 정형화된 학습을 반복적으로 실천하여 일정한 행동을 이끌어내야 할 경우가 있음(체육 교육, 안전교육, 생활지도 등)

채점기준	배 점	점 수
문장에서 뜻하는 바를 찾고 일관성 있게 대답하는가?	0~4	
교육관에 대해 고민하고 문장과 관련지어 구체적으로 설명하는가?	0~4	
교사로서 사명감과 소양을 가지고 있는가?	0~2	

즉답형

1 **문제요약** 1-1. 어떤 부장교사와 같이 일을 하고 싶은지 이유를 들어 설명하기

1-2. 선호하지 않는 부장교사와 갈등이 생겼을 때 어떻게 해결할 것인지 설명하기

채점기준(예시)

구 분	평가항목 예시
같이 일하고 싶은 부장교사와 그 이유	• A 부장교사 　– 얼굴을 마주하고 하는 회의 형태에서 친목도 쌓이며 공동체라는 의식이 생김 　– 소통과 화합을 통해 서로 간의 관심이 생기고, 상대방이 겪는 어려움도 파악할 수 있음 • B 부장교사 　– 메신저를 활용하여 소통과 회의를 하면 시간이 절약되고, 다른 많은 일들을 더 할 수 있음 　– 불필요한 사담을 줄이고, 비교적 업무에 필요한 대화만 가능
비선호 부장교사와 갈등 발생 시 해결 방안	• 상대방의 의견에 경청하고 공감하는 자세 • 갈등 발생 시 잘잘못을 따지기보다는 앞으로 긍정적인 관계를 될 수 있도록 노력해야 할 점을 찾는 태도 • I-message를 통해 서로 비폭력적, 진솔한 대화로 갈등 해결

채점기준	배 점	점 수
같이 일하고 싶은 부장교사와 그 이유를 적절하게 제시하였는가?	0~4	
갈등이 발생했을 때의 해결 방안을 적절하게 제시하였는가?	0~3	
답변에 일관성이 있는가?	0~3	

PART 04

예상문제 풀어보기

CHAPTER 01 구상형 예상문제
CHAPTER 02 즉답형 예상문제

임용 심층면접 만점교사가 알려주는

면접 바이블

CHAPTER 01 구상형 예상문제

> 학교 교원 임용후보자 선정 경쟁 모의시험 심층면접

※ 제시되는 구상형 문항을 잘 읽고 물음에 답하시오.

구상형

1. 교사가 AI 활용 교육을 실시하려면 윤리교육을 함께 실시하여야 한다. 다음의 자료를 참고하여 인공지능 윤리교육을 실시할 때 고려해야 할 여러 요건 중, 중요하다고 생각하는 요건을 순서대로 3가지 말하시오. 더불어 각 요소가 왜 중요하다고 생각하는지 이유를 함께 설명하시오.

[과학기술정보통신부 국가 인공지능 윤리기준 발표]
과학기술정보통신부에서는 인공지능 시대의 바람직한 인공지능 개발, 활용 방향을 제시하기 위하여 '국가 인공지능 윤리기준'을 발표하였다. 이 기준에서는 인간성(Humanity)을 위한 3대 기본 원칙과 10대 핵심 요건을 제시하고 있다. 3대 기본 원칙은 인간 존엄성 원칙, 사회의 공공선 원칙, 기술의 합목적성 원칙이다. 더불어 10대 핵심 요건은……. (중략)

[서울 교육청 인공지능 윤리교육의 개요]
인공지능 시대에 걸맞는 미래교육의 가치를 함양하여 인공지능 사회를 선도할 수 있는 사람을 기르기 위해 '인공지능 윤리 교육 내용체계'에 따라 인공지능 기술을 활용하여 인공지능 윤리의 필요성을 직접 느끼고 체험할 수 있도록 교육과정을 제시한다.
'서울 미래교육 2030'의 핵심가치와 '국가 수준 인공지능 기준'의 3원칙의 연계성을 파악하여 '서울형 인공지능 윤리교육'의 3대 주제를 재구성하였다. 이는 인공지능 시대의 인간존엄성/ 인공지능 사회 공공선/공존을 위한 기술합목적성에 해당한다.

출처 : 서울형 인공지능 윤리 교육자료, 2024

채점기준(예시)

구 분	평가항목 예시
답변 방향	국가에서 발표한 인공지능 윤리 기준으로 3대 기본원칙과 10대 핵심요건이 있다. 이를 바탕으로 전국의 교육청들에서 인공지능교육 윤리교육 시책이나 교육과정 등을 계발하고 있다. 따라서 해당 요건들을 기준으로 답하되, 기억이 나지 않더라도 비슷한 맥락으로 답변할 수 있도록 준비해야 한다.
인공지능 윤리 10대 핵심요건과 중요성	• 인권보장 → 인공지능 기술 또한 인간을 위한 것이므로 인간의 기본 권리와 자유를 보장하는 것이 중요하기 때문 • 프라이버시 보호 → 인간의 삶을 위한 것이 사생활 침해, 개인정보 침해로 이어져서는 안 됨 • 다양성 존중 → 인공지능 기술이 다양한 사람들에게 차별적이지 않고, 편향과 차별을 최소화하며, 모두에게 접근성을 보장할 필요가 있기 때문 • 침해 금지 → 무엇보다도 인간에게 무해한 목적으로만 활용되어야 하기 때문 • 공공성 → 인공지능이 인류 공동의 이익과 목적에 부합하여야 하며 순기능을 극대화하기 위해서는 공공성 증진이 우선되어야 함 • 연대성 → 인공지능 기술을 활용하는 집단 간, 국제사회 간에 연대를 갖추어 올바른 활용을 하기 위함 • 데이터 관리 → 데이터 편향을 최소화하며, 품질과 위험성을 관리하고, 목적 외의 용도로 인공지능이 활용되는 것을 막기 위해 • 책임성 → 인공지능으로 인한 문제의 책임을 명확하게 하고, 주체별 책임을 구분할 수 있도록 하기 위해 • 안정성 → 인공지능으로 인한 잠재 위험을 예방하고, 안전을 보장하기 위해 • 투명성 → 인공지능의 활용 내용과 유의사항을 사전에 고지하며, 관련 요소를 설명하여 모두에게 신뢰를 얻기 위하여

채점기준	배 점	점 수
인공지능 윤리와 관련한 핵심 요건을 알고 있는가?	0~4	
인공지능 윤리 핵심 요소가 중요한 이유를 적절하게 설명하는가?	0~4	
미래교육을 위한 교사로서의 전문적 역량을 갖추고 있는가?	0~2	

구상형

2 아래에 제시된 여러 가지 사례를 읽고, 교권 추락 문제의 원인을 2가지 분석하시오. 더불어 이러한 문제를 예방하고 해결하기 위한 방안을 교사 개인 차원, 학교 차원에서 2가지씩 제시하시오.

〈기사문〉
수업시간에 수업을 듣지 않는 학생에게 일어나라고 지시하자 학생이 교사를 폭행하기에 이르렀다. 잠자는 학생은 교사에게 '지루한 수업 안 듣고 내가 자겠다는데 무슨 참견이냐?'라며 대들었다. 학생이 수업시간에 수면을 취할 권리를 빼앗았다며 교사를 아동학대로 신고한다고 협박하였다고 한다.

〈상담 기록〉
자녀의 교우관계 문제로 인해 담임교사에게 전화를 건 학부모가 폭언을 퍼부었다. '담임교사 당신이 내 자식을 잘 돌봐주지 않으니 내 자녀가 학교에서 따돌림 당한다'고 담임교사에게 책임을 물었다. 평소 회복적 생활교육을 강조하고, 민주적인 학급 분위기를 강조하던 담임교사는 그동안 실시해온 교육과 상담 내용에 대해 설명하여도 학부모는 들으려 하지 않았다.

〈교무 일지〉
교사인 나에게 폭력을 행사한 학생을 대상으로 교권보호위원회를 열고 싶다. 하지만 학교 측에 문의하니 수업시간을 잘 이끌지 못한 나의 잘못도 있다며 질책을 당하였다. 교사는 부족한 학생들을 품고 아픔을 감싸줄 수 있어야 한다며 충고를 들었고, 교권보호위원회를 열어도 바뀌는 게 없으며 교사만 피곤해진다며 그냥 아픈 기억 마음속에 묻고 가라는 선배교사의 조언도 들었다.

채점기준(예시)

구 분	평가항목 예시
답변 방향	• 단편적인 문제 분석이 아닌, 다각적인 측면에서의 원인 분석이 필요 • 예방 방법, 해결 방안에 관해서는 문제를 예방하고, 문제 발생 시 즉각적으로 대처할 수 있는 현실성 있는 답안 구술
교권 추락 원인	• 법과 제도, 시스템을 악용한 잘못된 문제해결방식 • 지나친 학생 인권 중심의 학교 문화 풍토 • 학교 교육과정 및 교육권에 대한 학생, 가정의 이해력 부족 • 학교 및 가정의 협력을 통한 적절한 인성교육 부족 • 문제 발생 시 교사의 교육권을 보호하기 위한 시스템 부족 • 소극적인 교육문화를 만드는 교육제도 • 지나친 자기중심적 사고가 초래한 인권 해석 오류

개인 차원	• 문제 상황을 예방하기 위한 철저한 관찰과 기록
	• 교사-학생 간의 의사소통 증대를 위한 다양한 창구 마련
	  - 학급 마음 소리함, 교육과정 설문, 온라인 상담창구, 또래상담가 제도 운영 등
	• 문제 발생 시, 개인의 대처가 아닌 교육공동체 협조 요청
	  - 교감, 교장선생님에게 즉각 협조 요청
	  - Wee클래스 및 보건교사 협조 요청
	• 교육과정을 재구성한 상호 인권 존중 문화 강조

학교 차원	• 학부모 민원의 소통방식 개선 • 교육청 협조 요청을 통하여 악질 민원에 대한 대처 • 정당한 교권 보호와 원활한 교육과정 운영을 위한 학생, 학부모 교육연수 참여 의무화 • 교권보호위원회를 통한 교사 보호 조치 강화 • 문제 발생 시 즉각적으로 대처할 수 있는 교사보호 시스템 마련 - 특정 학생의 교내 문제 행동 발생 시 해당 학생을 즉각적으로 지원하고, 교사를 보호할 수 있도록 하는 지원 인력 확충 • 교육청 연계 전문가(법조인, 상담사, 의료인 등) 협조 요청

채점기준	배 점	점 수
교권 추락의 원인에 대하여 다각적으로 분석하고 있는가?	0~2	
문제를 예방, 해결하기 위한 교사 개인 차원의 방법을 제시하는가?	0~4	
문제를 예방, 해결하기 위한 학교 차원의 지원 방법을 제시하는가?	0~4	

구상형

3 아래의 설문 결과는 Chat GPT에 대한 교육공동체의 의견이다. Chat GPT를 교육분야에 활용하는 과정에 있어서 교사들이 유의하여야 할 사항을 3가지 설명하시오. 더불어 Chat GPT 활용 교육에 앞서 학생들에게 실시할 수 있는 사전 교육 프로그램을 제안하시오.

> [교육공동체의 설문 결과]
> - 교장선생님 : 교육청에서도 Chat GPT 활용 연수를 많이 실시하는 것 같습니다. 선생님들이 함께 연구해서 학교 교과 교육과정에도 Chat GPT를 많이 활용하면 좋겠습니다.
> - 교사 : Chat GPT를 활용하는 것이 수업에 도움이 될 때도 있지만, 때로는 수업에 방해가 되기도 합니다. 학생들이 Chat GPT에 질문하고 답을 받는 과정에만 집중해서 수업주제에서 벗어날 때가 많습니다.
> - 학생 : Chat GPT를 사용하면 컴퓨터가 알아서 질문에 대한 답을 찾아줘서 좋아요. 일일이 찾아보기 힘든 정보도 척척 찾아서 알려주니까 시간 활용에도 도움이 됩니다. 내가 하고 싶은 말이나 찾고 싶은 정보를 알아서 다 알려주니 저는 정리만 하면 되어요.
> - 학부모 : 이번에 자녀가 숙제를 하는데, Chat GPT에 검색한 내용을 그대로 옮겨 적는 것을 보았어요. 자료를 활용해서 자기가 숙제를 하는 것뿐이라고 하는데, 제가 보기에는 그냥 베껴 적는 것으로 보입니다. 생각하는 힘이나 의사 표현 능력이 떨어질까 걱정이에요.

채점기준(예시)

구 분	평가항목 예시

Chat GPT 활용 유의사항	• Chat GPT가 알려주는 정보의 불확실성 인지하기
	• 교육과정 설계 및 교수 학습 과정 점검 강화하기
	  – Chat GPT을 수업에 활용하는 경우 AI 교육을 위한 것인지, 실제로 교수학습목표 도달에 도움이 되는 것인지 구분
	• 과정중심평가를 통한 학생 평가제도 개선하기
	  – 학생들이 일률적으로 Chat GPT를 통한 답변을 과제로 제출할 수 있으므로, Chat GPT 자료를 읽고 해석하는 과정, 또는 새롭게 도출해내는 시사점을 평가하도록 평가제도 개선
	• 교육공동체가 함께하는 교육과정 토론회를 통하여 Chat GPT에 대한 교육 목표 공유하기
	• 학급, 가정 내의 디지털 생활 방안 협의하기
	• Chat GPT활용을 위한 수업 규칙 제정하기
	• 올바른 Chat GPT 사용법 사전 지도
	• 인터넷 및 지식에 관한 계기교육 실시 : 정보의 선택적 접근법, 비판적으로 바라보는 법, 지식재산권, 저작권, 개인정보 보호, 온라인 안전생활 등
	• 올바른 질문 만드는 방법 사전교육 : 개방형, 수용형, 사실확인 등
	• AI 리터러시, 디지털 리터러시 등 문해력 교육

사전 교육 프로그램	• 질문 만들기 훈련 프로그램 : 주제를 주고, 주제를 탐색하기 위해서는 어떠한 질문을 하면 좋을지 공유해보는 활동 • 비판적 정보 탐색 훈련 : 인터넷 정보를 보고 사실과 거짓을 구분하기 위해 어떠한 기준을 세워야 하는지 논의 • 해석 보고서 만들기 : Chat GPT에서 알려주는 정보를 조사하는 것이 아닌, Chat GPT가 알려준 결과를 통해 또 다른 유의미한 해석을 해보는 연습 • 자기주도 학습 습관 형성 : 무조건적인 정보탐색이 아닌, 자신이 학습 과정에 필요한 정보만 Chat GPT로 탐색해 볼 수 있도록 기본 학습 태도 형성 필요

채점기준	배 점	점 수
발생 가능한 문제점을 바탕으로 유의점을 알맞게 지적하는가?	0~4	
Chat GPT의 문제점을 예방하는 사전교육 프로그램을 알맞게 제안하는가?	0~4	
미래교육을 위한 교사로서의 전문적 역량을 갖추고 있는가?	0~2	

구상형

4 2022 개정 교육과정이 발표됨과 동시에 미래형 교육과정에 대한 논의가 활발히 이루어지고 있다. 다음에 제시된 교사들의 대화를 보고 교육의 개별화와 다양성을 추구하는 과정에서 발생할 수 있는 교육적 문제는 무엇이 있는지 설명하고, 이에 대한 예방 방안을 제시하시오.

> - A교사 : 이번에 교육과정에 대한 내용이 발표된 것 보셨나요? 혁신적 포용 인재를 길러내면서 다양한 방향성을 강조하고 있는데, 아직은 막연하더라구요. 특히 개별성, 다양성에 대한 부분은 현재도 반영하고 있지 않나라는 생각이 드네요.
> - B교사 : 학생들의 수많은 개성을 바탕으로 개개인에게 맞는 개별 맞춤형 교육은 이전부터 신경 써오기는 했지요. 이제는 코로나 이후에 학생 중심, 학생주도 학습이 강조되면서 학생이 이끌어가는 개별화교육이 더 각광받는 것 같아요.
> - C교사 : 개별 맞춤형 교육의 의도는 좋지만, 국가 교육과정의 성취기준이나 목표를 다양화된 개별화교육 속에서 실현해나간다는 것이 가능할지 모르겠어요. 학교교육은 모든 학생이 책임교육을 받는 것이 본질이기도 하잖아요. 학교와 교사의 자율성을 증대시키며 다양성을 존중하는 것은 좋지만, 그 전에 많은 고민과 노력이 필요할 것 같아요.

채점기준(예시)

구 분	평가항목 예시
발생할 수 있는 교육적 문제	• 학생의 자기주도성에 따라 학습 격차가 발생할 수 있음 • 통일성 있는 국가 교육과정의 본질 구현이 난해해짐 • 교사의 역할 증대로 학생 개개인에 대한 교육(피드백)의 질이 낮아질 수 있음 • 학교, 교사의 자율성과 개별화교육 운영 방식의 차이로 학교 간 교육 수준의 차이가 발생할 수 있음
예방 방안	• 자기주도적 학습 관리 능력 신장이 우선 • 학습자 본인이 자기주도 학습의 단계별 필요성을 느끼도록 지도 • 자기평가, 성장 중심 평가 방식의 확대 • 교사의 교육과정에 대한 메타인지 및 반성적 성찰 습관화 • 교수·학습 방법에 대한 교사의 창의적 시도 • 학교 내, 학교 간 미래형 교육 연구 거버넌스 운영

채점기준	배 점	점 수
새로운 미래형 교육과정에 대한 의미를 이해하고 있는가?	0~2	
발생 가능한 문제점과 그에 대한 해결 방안은 적절한가?	0~6	
문제해결을 위한 교사로서의 전문적 역량을 갖추고 있는가?	0~2	

구상형

5 다음은 미래형 교육에 필요한 에듀테크 관련 자료이다. 다음의 자료를 읽고, 여러 항목 중 1가지를 선택하고 자신의 전공과 관련지어 미래형 교수·학습과정을 제시하고, 그 교수·학습과정이 가지는 교육적 의미에 대하여 설명하시오.

> 사회적 요구에 따라 에듀테크 산업이 활발하게 개발되고 있다. 새로운 교육 기술은 미래사회의 기반이 될 것이며, 교육계 혁신의 중심축으로 자리 잡을 것으로 예상된다. 이와 관련하여 에듀테크의 전망과 관련된 다음의 요소들이 주목받고 있다.
> - 이러닝(E-learning)
> - 빅데이터
> - 인공지능
> - 학습과정 분석 프로그램
> - 게임화
> - 증강현실(AR)과 가상현실(VR)
> - 학습 커뮤니티 및 소셜미디어

채점기준(예시)

구 분	평가항목 예시
답변 방향	• 자신이 선택한 에듀테크 전망 요소를 프로젝트 학습의 흐름에 맞추어 교육과정을 구상하면 답변이 수월함 • 교과 간 융합, 창의적 체험활동(동아리 등)과 연계하여 프로그램을 구상하거나 학교 외 지역사회와 연계하는 것이 좋음

에듀테크 전망 요소 관련	• 자신이 선택한 전망 요소를 다음의 관점에서 교육과 연관 짓기
	  – 에듀테크 기술의 사회적 흐름과 요구사항
	  – 학교 공교육에 접목시킬 필요성
	  – 기대되는 효과
	  – 학습 측면, 교수・학습과정 측면에서의 장점

에듀테크 활용 교수・학습의 의미	• 미래사회에 대비한 핵심 미래역량(디지털 리터러시, 정보 처리, 문제해결 등)의 신장 가능 • 스마트 교육환경 구축과 디지털 인프라 활용의 사례 개발 • 교수・학습과정의 효율성과 효과성 증대 • 개별화교육, 주제 중심 교육, 학생주도 교육 가능 • 자아성취와 진로에 대비한 연계 지도 가능

채점기준	배 점	점 수
에듀테크 기능을 활용하여 효과적인 교수・학습과정을 제시하는가?	0~4	
에듀테크가 가지는 의미를 교육적으로 해석하고 있는가?	0~4	
에듀테크에 대한 이해도와 미래교육에 대한 자질을 갖고 있는가?	0~2	

> **구상형**

6 다음은 핀란드의 단위학교의 자율성과 교사의 자율성에 대하여 서술한 기사이다. 다음 기사를 바탕으로 대한민국의 교육이 나아가야 할 방향성을 제시하고, 이와 관련하여 교사로서 해야 할 노력을 3가지 설명하시오.

> 핀란드에서는 교육 권한을 중앙정부에서 지방자치단체로, 그리고 단위 학교로 넘겨준다. 교육을 진행함에 있어 실제 현장의 의견과 선택을 가장 중요하게 여기는 것이다. 학교는 자율성을 가지고 교육과정을 운영하며 동시에 책임을 져야 한다. 이렇듯 교육과정, 재정과 관련하여 중앙정부는 목표와 방향을 제시하고, 학교는 이를 기반으로 자율적인 계획을 수립할 수 있어야 한다. 핀란드는 지방분권화 체제를 꾀하는 과정에서 기존에 있던 학교 장학, 검정 교과서 사용 등을 모두 폐지하려고 노력하였다. 그 결과 학교와 교원들에게 교육의 자율성이 부여되었고, 교육자치를 실현할 수 있게 되었다.
>
> 출처 : 이희현, 단위학교와 교사의 자율성으로 실현된 핀란드의 교육자치제도, 서울특별시교육청 교육정보연구원, 서울교육, Vol.228 가을호

채점기준(예시)

구 분	평가항목 예시		

교육이 나아가야 할 방향성	• 학교의 교육과정 운영권과 자율성 확대
	• 교육의 중심을 교육부, 교육청 단위에서 학교 단위로 이관
	• 교사 개인의 자율성 부여 및 학급·교과 교육과정 운영
	• 교사의 교육할 권리 강조
	  – 교육과정 결정 및 편성권
	  – 교재의 선택 및 결정권
	  – 교육내용과 방법 결정권 및 수업할 권리
	  – 성적 평가권
	  – 학생지도 및 징계권		

교사의 노력	• 교사의 책무성 강조 • 성취기준 중심 교육과정 분석 • 교육과정-수업-평가-기록 4단계 강화 • 학생과 깊은 라포 형성 • 교육공동체 소통 창구 마련 : 대토론회 등 • 학교 민주주의, 교원 만족도 평가를 통한 즉각적인 피드백 • 교육전문성 신장 • 학교 교육활동 적극 참여		
채점기준		배 점	점 수
교육자치에 대해 명확하게 이해하고 있는가?		0~3	
방향에 따른 교사의 노력을 구체적으로 제시하고 있는가?		0~4	
교육자율성을 갖기 위한 교육전문성을 가지고 있는가?		0~3	

구상형

7 다음 기사를 보고 과정 중심 평가를 활성화하기 위한 방안을 제시하시오. 그리고 과정 중심 논술형 평가를 위해서는 교사가 글을 통해 학생이 얼마나 성장하였는지를 확인할 수 있어야 한다. 따라서 논술형 평가를 통해 학생의 성장 정도를 측정할 수 있는 방법을 구체적으로 설명하시오.

> 내년부터 ○○교육청 지침에 따르면 관내 학생들을 대상으로 국·영·수·사·과 주요 교과군 가운데 최소 1과목은 객관식 시험을 보지 않을 것이라고 한다. 기존에 실시하던 객관식 선다형 시험 대신 수행평가나 서술·논술형 문항만으로 학생들의 사고 능력을 평가한다. 초등학교에서는 담임교사의 재량으로 학급, 교사별 평가를 실시하며 중학교와 고등학교에서는 교과교사의 의도에 따라 논술·서술형 시험을 실시한다. 또한 수행평가 비중을 50% 이상으로 확대하여 평가의 본질을 실현시킬 계획이다.

채점기준(예시)

구 분	평가항목 예시

과정 중심 평가 활성화 방안	• 과정 중심 평가의 정의 : 성취기준을 기반으로 한 학습의 과정에서 학생의 변화에 대해 피드백을 실시하고, 이를 통해 학생의 성장과 발달을 돕는 평가
	• 활성화 방안
	  - 질문과 의사소통이 활발한 수업시간 만들기(수시로 피드백을 주고받으며 과정을 평가할 수 있도록 문화 형성)
	  - 평가 방법 다양화하기 : 논술형 평가, 포트폴리오 평가, 관찰 평가, 동료 평가, 영상관찰법 활용, 스마트 기기 활용 등
	  - 학생의 흥미와 관심사를 파악하여 교육과정을 재구성한 뒤 프로젝트 수업 운영하기(학습자 내적 동기 자극)
	  - 체험 중심, 실기 중심의 평가 진행하기

논술형 평가를 통해 성장 정도를 확인할 수 있는 방법	• 논술형 포트폴리오 작성하기
	  - 기존의 학교 현장에서는 논술형 평가를 분절되게 시행하고 있었음
	  - 따라서 교육과정을 재구성하여 평가가 필요한 차시별로 논술 작문 활동을 실시함
	  - 학기 말까지 논술 작문을 누적하여 포트폴리오를 만들고, 교사는 학생의 사고 과정이 어떻게 변화하였고 얼마나 성장하였는지를 확인함
	• 교과 연계 논술형 평가 실시
	  - 한 주제를 중심으로 여러 교과 교육과정을 융합시킴
	  - 학생은 교육과정을 단계에 따라 이수해 나가면서 다양한 교과 속에서 논술형 평가를 실시하게 됨
	  - 여러 과목의 논술형 평가 자료를 모아 학생의 서술 내용을 종합적으로 평가함

채점기준	배 점	점 수
과정 중심 평가의 의미와 필요성을 알고 있는가?	0~4	
과정 중심 논술형 평가를 실현시키기 위한 구체적인 방안을 제시하고 있는가?	0~4	
평가에 대한 교육적 전문성과 역량이 있는가?	0~2	

> **구상형**

8 다음 글을 읽고, 학생들의 참된 학습을 위해 발명교육이 필요한 이유와 발명교육을 통해 길러 줄 수 있는 역량을 설명하시오. 그리고 발명교육을 통해 학생들의 창의성을 신장시켜줄 수 있는 지도 방안 2가지를 제시하시오.

> 현대사회에는 지식이 폭발적으로 증가하고 있다. 또한 우리에게 제공되는 정보의 양이 주체할 수 없을 정도로 많은 지식기반 사회이다. 인간이 그 속에서 많은 지식을 모두 받아들이고 기억한다는 것은 불가능한 일이다. 따라서 현대사회에서 중요한 역량은 어떠한 새로운 상황에도 적절하게 대처하고 아이디어를 창조할 수 있는 창의성이다. 창의성은 기존에 없던 새로운 것, 아직 알려지지 않은 아이디어를 끌어내는 힘을 말하는데, 이러한 능력을 길러주기 위한 과정에 발명교육이 효과적으로 기여할 수 있다.

채점기준(예시)

구 분	평가항목 예시
발명교육 필요성	• 생활 속에서 자신이 겪은 불편함을 해결하기 위해 발명활동에 참여하며 교육과 삶을 연결시킬 수 있음 • 발명은 일상적인 사고의 틀을 깨고 색다른 접근을 하게 하므로 넓은 시야와 관점, 창의적인 사고력을 신장시킬 수 있음 • 다양한 교과를 연계하고, 각 수업 속에서 발명을 통해 학생들의 적성과 역량을 길러줄 수 있음
발명교육을 통해 신장 가능한 역량	• 창의성 • 문제해결능력 • 학습자 내적 동기 • 진로 설계 역량 • 직업 선택 역량 • 메이커 역량 • 사고 전환 역량 • 의사소통 역량

발명교육 창의성 신장 지도 방안	• 학급 브랜드 만들기 프로젝트
	  – 학급토의를 통해 생활 속에서 불편함을 느끼는 요소 발견(국어, 창의적 체험활동 연계)
	  – 불편함을 해결할 수 있는 발명 아이디어 탐색
	  – 발명품 아이디어를 그림, 글로 표현하며 구체화(국어, 미술 연계)
	  – 하나의 학급 브랜드를 런칭하고 발명품 시리즈를 개발(학급협력활동)
	• 역사를 통해 미래 물건 발명하기
	  – 현재 사용하고 있는 물건의 과거 탐색
	  – 발명하게 된 배경을 이해하고, 발전 과정을 조사
	  – 해당 물건을 미래사회에 접목시켜 새로운 발명품으로 재탄생시키기

채점기준	배 점	점 수
발명교육의 필요성에 대해 논리정연하게 설명하는가?	0~3	
발명교육을 통해 길러줄 수 있는 역량을 말하고, 합당한 이유를 제시하는가?	0~3	
제시한 지도 방안은 실현 가능한 것이며 교육적 효과가 있는가?	0~4	

구상형

9 학생들은 현재가 아닌 미래에 쓰임 받을 인재들이다. 다음 그림을 바탕으로 하여 미래의 교육이 나아가야 할 방향을 설명하시오. 그리고 미래형 학습 환경은 어떠한 모습일지 수업 운영 측면에서 1가지, 학교 시설 측면에서 1가지씩 제시하시오.

채점기준(예시)

구 분	평가항목 예시
미래교육의 방향성	• 개인의 역량을 제한하는 것이 아닌 자유롭게 키워나갈 수 있도록 지원하는 교육 • 천편일률적인 사고에서 벗어나 다양한 사고를 추구하는 교육 • 교사 중심이 아닌 학생이 중심이 되는 교육 • 배움이 교실 밖으로 확장되는 교육
미래형 학습 환경 수업 운영 측면	• 블렌디드 방식을 통한 온라인, 오프라인 수업 병행 • 주제 중심의 무학년제 수업 운영 • 기르고자 하는 핵심 역량을 기준으로 교육과정 및 학기 운영 • 수업의 계획부터 진행, 평가까지 학생이 주도하는 수업 • 스마트 기기, AR, VR을 활용한 체험 중심의 수업 • 교육 클라우드가 활성화되어 교육활동을 자유자재로 누적할 수 있는 수업
미래형 학습 환경 학교 시설 측면	• 수업 형태에 따라 교실 공간을 자유자재로 변형할 수 있는 교실(1인 공간, 모둠 공간, 분단 공간 확보 형태로 변형 가능) • 학생이 디자인하고 의견을 제출하여 건설하는 학교 • 모든 교실에 무선 인프라가 구축되어 시공간을 뛰어 넘는 수업이 가능한 학교 • 전자 책상이 보급되어 스마트 수업이 가능한 학교

채점기준	배 점	점 수
그림에서 발견한 문제점을 바탕으로 미래교육의 방향성을 명확하게 제시하는가?	0~3	
미래형 학습 환경에 대해 고민하고 구체적으로 묘사하고 있는가?	0~5	
교육의 본질에 대해 생각하며 일관성 있게 답변하는가?	0~2	

구상형

10 전국적으로 청소년 의회에 대한 관심이 높아지고 있다. 다음의 사례를 읽고 청소년 의회 활동이 가지는 교육적 의미를 말하시오. 그리고 정책 제안 활동을 학교 안에서 구현할 수 있는 방안 2가지를 제안하시오.

(가) 대한민국 청소년 의회는 유엔 아동 권리협약과 대한민국 청소년헌장과 관련 있는 청소년 사회 참여 근거를 바탕으로 청소년들이 사회에 자신들의 목소리를 드러내기 위한 제도이다. 사회적 의사결정구조의 사각지대에 있는 19세 이하의 청소년들이 선거권이 없더라도, 자신들의 의견이 정치에 반영될 수 있도록 노력하는 것을 목적으로 삼고 있다. 이를 위해 청소년 의원들은 오프라인, 온라인상에서 자신들의 정치적 의견을 제시하는 데 힘쓰고 있다.

(나) 청소년 의회 활동을 통해 A 학생은 청소년 고용과 관련하여 개정안을 발의하였다. A 학생의 주장은 청소년들이 근로계약을 하기 전 고용에 불법행위를 한 업체에 대해 인지하고, 선택할 수 있어야 한다고 하였다. 하지만 현재 고용노동부는 업체 경영상의 기밀이 담겨 있다는 이유로 청소년 고용 관련 불법업체 조사 자료를 공개 하지 않고 있다는 점을 문제 삼았다. 이러한 점을 해결하기 위해 다양한 자료와 판례를 조사하였고, 불법업체에 관한 정보는 신상정보, 사진 등 일부를 제외하고는 객관적 자료라는 판결을 근거로 청소년 고용 관련 불법행위 업체 정보 공개에 관한 법률 제정안을 발의하였다.

채점기준(예시)

구 분	평가항목 예시
교육적 의미	• 청소년의 의견을 제시함으로써 사회적 문제를 해결하는 역량 신장 • 민주시민교육 활동을 학생들의 삶과 연계할 수 있음 • 전자 민주주의의 실현으로 디지털 소양과 참여 의식 고양 • 학생 참정권 교육 강화 : 정치 참여의 중요성 • 유권자로서의 책임 의식 신장

구현 방안	• 교육과정 재구성 예시
	  - 각 교과와 관련된 지역사회의 문제에 대해 분석
	  - 문제를 해결하기 위한 방안 토의
	  - 교과평가로 정책 제안서 작성 실시
	  - 온라인 캠페인, 온라인 건의 활동 참여
	  - 피드백 활동으로 관내 유관기관, 교육청, 지방자치단체에 제출
	• 정책마켓 운영
	  - 학교 내에서 토의·토론을 통해 삶의 문제를 해결할 수 있는 정책 발의
	  - 학생 투표를 통해 건의할 안건 선정
	  - 선정된 안건을 교육청, 자치단체장에게 전달하여 정책에 반영되도록 함
	• 학급자치회 운영
	  - 학급회의를 통해 학급 규칙 제정
	  - 생활지도 기준 제정 : 1인 1역 선택방법, 급식 순서, 모둠 역할, 자리 배정 등
	• 학생자치회 활성화
	  - 전교 학생자치회의를 통한 학칙 제·개정
	  - 학교장 직통 학생의견함 개설
	  - 학교운영위원회에 학생 대표 참여

채점기준	배 점	점 수
교육의 본질을 바탕으로 청소년 의회의 의미를 찾았는가?	0~3	
학교 안에서 구현할 수 있는 구체적인 방안을 제시하였는가?	0~4	
제시한 방안은 학생들의 삶의 문제를 해결할 수 있는 것인가?	0~3	

> 구상형

11 김 교사의 학교에서는 학생자치활동을 강조하고 있다. 다음 제시된 교사들의 대화를 보고 알 수 있는 문제점 2가지를 언급하고, 학생자치를 활성화하기 위해 교사들에게 필요한 인성적 자질은 무엇인지 3가지를 설명하시오.

- 김 교사 : 저는 올해 학생들이 학생자치활동의 일환으로 학생 자율 동아리 지도교사를 맡아 달라고 해서 덜컥 맡아버렸어요. 무엇을 할 지 잘 몰라서 망설이긴 했는데, 학생들이 성심성의껏 계획서를 잘 써왔더라고요.
- 이 교사 : 그렇지요? 김 선생님? 자율 동아리라고 해도 무언가 해줘야 할 것 같은데, 학생들이 생각보다 잘해주니 교사들은 지켜보고 응원만 해주면 된답니다. 교사가 오히려 개입을 하지 않을수록 진정한 학생 중심 활동이지요!
- 김 교사 : 저도 그렇게 생각해요! 제가 믿어주는 만큼 아이들도 잘할 것이라고 생각합니다. 그런데 가끔 아이들이 동아리 활동에 필요한 물건이 있다면서 알아봐 달라고 하는데, 그것도 제가 해야 하나요? 저는 아이들이 말하면 결재만 받아서 사줄 생각이었거든요.
- 이 교사 : 그런 것까지 선생님이 해주시게요? 진정한 학생 중심 활동, 학생주도 활동을 위해서는 그런 것부터 학생들이 무엇이든지 직접 참여하고 정할 필요가 있다고 생각합니다. 아이들에게 자율성이 뭔지 알려주어야 겠네요.
- 김 교사 : 조언 감사합니다. 아이들이 가끔 자율적으로 의견을 준비해오는데, 그것도 가끔 보면 허술해서 탐탁지 않은 거 있지요? 그래서 제가 가끔은 마음대로 바꿔서 진행해 버리기도 해요. 어찌되었든 교육활동을 해야 하는 것이니까요. 학생자치활동이라는 것이 참 어려운 것 같아요.

채점기준(예시)

구 분	평가항목 예시
문제점	• 학생 중심, 학생주도 활동에 대한 의미를 잘못 생각하고 있음 • 학생자치활동이라는 명목으로 학생들을 맹신하고 있음 • 교사가 함께 참여하는 과정이 없음 • 조력자가 아닌 방관자적 태도를 보임 • 학생자치활동을 위해 학생들이 낸 의견을 신뢰하지 못함 • 학생들의 의견을 무시한 채 교사가 일방적으로 행동함

인성적 자질	• 존중, 신뢰, 믿음, 인정
	  - 학생자치에서 가장 중요한 것은 학생들의 의견을 믿어주는 것임
	  - 학생들의 의견이 부족하더라도 적절한 피드백을 통해 함께 고쳐 나가는 것이지 일방적으로 수정하는 것은 안 됨
	• 사랑, 애정 : 학생들이 스스로 노력하는 모습을 사랑스럽게 보아주고, 부족한 점도 감싸줄 수 있는 마음이 필요함
	• 소통, 배려 : 학생 자율 활동을 진행해 나가면서 많은 대화와 소통으로 학생들의 의견에 귀기울여 주어야 함
	• 협동 : 학생 자치 활동, 자율 활동은 학생 혼자 하는 것이 아닌 교사와 학생이 함께 진행해 나가는 것임
	• 책임 : 지도교사로서 학생들이 자치활동에 전념할 수 있도록 적극적으로 책임감을 가지고 지원하여야 함

채점기준	배 점	점 수
대화를 보고 문제점을 정확하게 발견할 수 있는가?	0~3	
학생자치활동을 위한 교사로서의 역량을 갖추고 있는가?	0~5	
답변에 일관성이 있는가?	0~2	

구상형

12 다음 자료를 읽고 물음에 답하시오.

(가) 최근 유명 연예인들의 자살 사건이 많아짐에 따라 학교 현장에서는 빨간불이 켜졌다. 바로 '베르테르 효과'로 인해 연예인들의 사건이 학생 자해, 자살률 증가에 영향을 끼쳤기 때문이다. 베르테르 효과란 자신이 애정하거나 존경하던 인물, 사회적으로 영향력 있는 유명인이 자살할 경우, 그 사람과 자신을 동일시하여 행동을 따라하는 것을 말한다. 다시 말해 연예인들의 사건을 보고 학생들이 따라서 자살을 시도한다는 것이다. 유명 연예인이 자살한 뒤에는 실제로 학생들의 자살률이 소폭 증가한다고 한다.

(나) 대한민국 자살률 통계자료(1983년부터 2019년까지의 변화)
　- 기준 : 인구 십만 명당

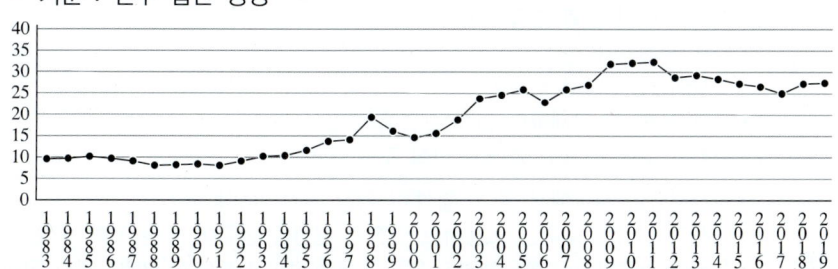

구 분	2007	2008	2009	2010	2011	2012	2013	2014	2015	2016	2017	2018	2019
전 체	24.9	26.0	31.0	31.2	31.7	28.1	28.5	27.3	26.5	25.6	24.3	26.6	26.9
10~19세	4.6	4.6	6.5	5.2	5.5	5.1	4.9	4.5	4.2	4.9	4.7	5.8	5.9

출처 : 국가지표체계, 통계청

(다) 학생들이 상담을 희망하는 대상은?

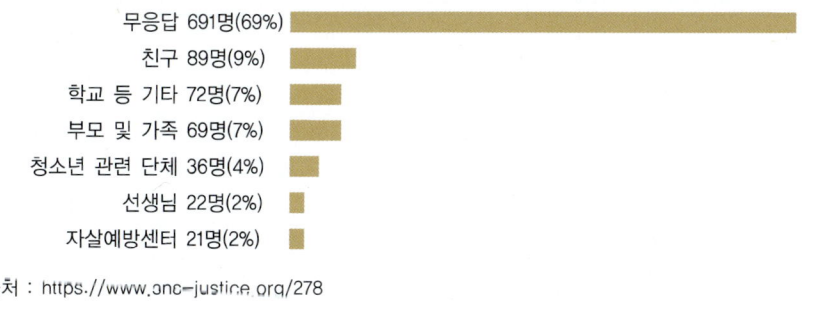

출처 : https://www.onc-justice.org/278

학생들이 느끼는 자살에 대한 충동을 저지하고, 베르테르 효과에서 벗어나기 위해 교사가 가져야 할 교육관에 대하여 설명하시오. 또한 (다)와 관련지어 학생들이 상담이 필요한 경우 교사를 찾지 않는 원인을 분석하고, 학생상담을 진행할 때 교사가 유념해야 할 점 3가지를 설명하시오.

채점기준(예시)

구 분	평가항목 예시
자살충동 예방을 위한 교사의 교육관	• 학생들의 마음에 귀 기울이는 교사 : 학생들의 힘들고 지친 마음을 이해해주고 존중하는 것이 우선되어야 함 • 발 벗고 나서는 교사 : 학생들이 상담을 신청해 준 것 자체만으로도 고마움을 표현하고, 학생의 고민 해결을 위해 적극적으로 나서야 함 • 학생 편에 서는 교사 : 학교폭력, 가정폭력, 기타 여러 문제 상황에서 학생이 잘못한 것이 아님을 강조하며 학생의 편에서 생각해 주어야 함 • 학생의 작은 변화도 알아주는 교사 : 극심한 스트레스를 겪는 학생들은 상담을 통해서 큰 변화를 즉각적으로 가져오지 못함. 하지만 교사는 끈기를 가지고 학생의 작은 노력도 발견하고 격려해줄 수 있어야 함
교사를 찾지 않는 원인	• 교사에 대한 신뢰 부족 • 라포 관계 미형성 • 교사의 상담 능력 부족 • 상담 신청 시 문제아로 인식될 것에 대한 우려 • 자신의 고민 내용이 교내에 퍼질 것을 우려
학생상담 유의사항	• 학생상담과 지도에서 '관계 형성'이 가장 우선되어야 함 • 학생과 상담할 때에는 조용하고 안정된 환경을 만들어 주는 것이 중요함 • 학생이 긴장하거나 불안해하지 않도록 허용적이고 편안한 분위기에서 진행하여야 함 • 학생이 스스로 문제를 해결할 수 있도록 도와주는 것이 목표임 • 학생의 작은 변화도 발견하여 격려해주어야 함

채점기준	배 점	점 수
교사로서 사명감을 가지고 자신의 교육관을 논리정연하게 말하는가?	0~3	
문제 상황을 분석하여 합당한 원인을 발견하였는가?	0~3	
학생상담 과정에 필요한 교육 전문성을 가지고 있는가?	0~4	

구상형

13 다음은 이 교사가 공개수업을 한 뒤, 동료교사들이 제출한 참관록 내용의 일부이다. 내용을 통해 이 교사가 수업에서 보인 문제점 3가지를 언급하고, 각각의 해결 방안을 제시하시오. 또한 이 교사가 부족한 전문성을 신장시킬 수 있도록 조언해보시오.

- 수업 참관 의견 1 : A 학생이 ADHD 증상을 보이며 수업시간에 소리를 질렀다. 이 교사는 당황하였지만, 이내 '그러면 안 돼! 앉아서 수업에 참여해야지!'라며 다독였다. 하지만 A 학생의 흥분은 조절되지 못하는 것 같았으며, 추가적인 대처가 필요해 보였다.
- 수업 참관 의견 2 : B 학생은 A 학생 때문에 모둠활동이 망했다고 하소연했으나, 이 교사는 모둠상황을 알지 못한 것 같다. 다행히도 B 학생은 결국 자신의 힘으로 모둠결과물을 완성해 내었다.
- 수업 참관 의견 3 : 교사가 수업을 마무리하는 단계에서 자기평가를 실시하였다. B 학생에게 어떻게 자기평가에 응답했는지 묻자 '저 혼자 모둠과제를 해서 조금은 힘들었지만 좋았어요'라고 대답했다. 하지만 교사는 별다른 피드백 없이 그대로 수업을 마무리하였다.

채점기준(예시)

구 분	평가항목 예시
문제점과 해결 방안 1	• 문제점 　- ADHD의 특성을 이해하지 못하고 부정적으로 대처함 　- ADHD 학생을 수업에 참여시키기 위해서 추가적인 지도방법을 활용하여야 했음 • 해결 방안 　- 움직이고 싶은 욕구를 해소할 수 있는 대안 마련해주기 : 작은 물건을 주어 만질 수 있게 하기 등 　- 자신의 차례에만 말하도록 신호 정하여 말하기 　- 수업 활동을 즉각적으로 재구성하여 A 학생이 참여할 수 있도록 개선해주기 　- 분명하고 일관성 있는 규칙 마련하기 : 학급 규칙, 시간표, 수행 과제 등을 분명하게 정하고 교실에 게시해두기 　- 지도할 때에는 침착하고 사실적인 목소리로 짧고 분명하게 반복해서 지도하기 　- 바른 행동을 보일 때를 찾아 즉각적으로 보상하기
문제점과 해결 방안 2	• 문제점 　- A 학생으로 인해 B 학생이 피해를 보았으나 교사가 인지하지 못함 　- 모둠활동 지도가 부족하여 무임승차하는 경우가 발생하였음 　- B 학생이 홀로 과제를 마무리하는 상황이 유발됨 • 해결 방안 　- 순회지도 및 피드백 강화 　- 협력과제 속 개인별 책무성 강화 : 모둠원 모두에게 역할 부여 　- 모둠과제 재구성 : 한 명이 혼자 완성할 수 없는 과제를 제시 　- STAD 평가방법 활용 　- 수업 수신호 지정 : 학생이 도움이 필요한 경우 언제든 교사에게 도움을 요청할 수 있도록 함
문제점과 해결 방안 3	• 문제점 　- 자기평가에 대한 피드백이 부족하였음 　- B 학생의 고충에 대한 공감과 칭찬 부재 　- 수업 마무리 단계의 형식적인 자기 평가 실시 • 해결 방안 　- 학생 의견에 대한 추가적인 꼬리 질문 제시 　- 학생이 겪은 고충에 대한 적극적인 공감과 함께 교사로서 B 학생이 겪은 문제를 해결해주겠다는 계획, 다짐 말해주기 　- 과정 중심 평가 활용하기 　- 정의적 영역을 평가할 수 있는 자기평가 질문 제시하기
이 교사에게 해줄 수 있는 조언	• 교수 능력 신장을 위한 수업 컨설팅 제안하기 • 수업 나눔 활성화 • 교원학습공동체(전문적 학습공동체) 활동하기 • 협력수업, 공동지도안 수업 권유하기 • 교육평가 직무 연수 추천

채점기준	배 점	점 수
ADHD의 특성에 대해 이해를 하고 있는가?	0~3	
문제를 파악하고 해결 방법을 적절하게 제시하는가?	0~5	
교수능력과 교직실무에 대한 전문성이 있는가?	0~2	

구상형

14 4C 능력이란 4차 산업혁명의 문제점을 극복하기 위해 교육부에서 제시한 미래인재 능력이다. 제시된 4C 능력을 함양하기 위해 교사로서 지도할 수 있는 방안을 각각 제시하시오.

> 4차 산업혁명으로 인해 기존 일자리가 감소할 예정이므로 이에 따른 교육기관의 역할 또한 바뀌어야 한다는 주장이 있다. 미래융합기술 중심의 신산업에 걸맞는 인재 양성을 위해 교육기관은 융합지식과 4C 역량을 갖출 수 있는 교육을 실천해야 한다는 것이다. 4C 능력이란 비판적 사고(Critical Thinking), 소통 능력(Communication), 창의력(Creativity), 협업 능력(Collaboration)을 뜻한다. 다시 말해 미래교육을 통해 4차 산업혁명 친화적 융합지식과 창의력을 갖춘 문제해결형 인재를 길러내자는 목표를 제시한 것이다.
>
> 출처 : http://www.kyeongin.com/main/view.php?key=20200105010000892

채점기준(예시)

구 분	평가항목 예시		
4C 능력 함양을 위한 지도 방안	• 비판적 사고 능력 　- NIE 교육 활용 : 사회, 경제 현안 문제 탐구 　- 하브루타 활동을 통해 비판적 질문과 답변 활동 　- 사회적 문제에 대한 비판적 글쓰기 활동 • 소통 능력 　- 인문학적 독서 교육을 통해 토의·토론 진행 　- 학생자치활동 활성화(학생자치회의, 자치 캠프, 캠페인 활동) 　- 또래상담활동 운영 • 창의력 　- 창의지성 함양을 위한 메이커 교육 　- 과학탐구 대회 및 발명 대회 운영 　- 소프트웨어(SW)교육, 코딩교육 • 협업 능력 　- 협력적 프로젝트 학습(학급 신문 만들기, 협동화 그리기, 합창) 　- 학급, 학년 단위 스포츠대회 운영(학급 리그전) 　- 협력 학급경영(2인 1역, 모둠 역할 부여)		
채점기준		배 점	점 수
핵심 역량 개념을 정확하게 이해하고 이야기하는가?		0~4	
제시한 교육적 방안은 교육적 효과가 있는가?		0~3	
교육적 본질에 대해 고민하고 답변하는가?		0~3	

구상형

15 다음 제시문을 읽고 사례에 등장하는 교원학습공동체(전문적 학습공동체)의 문제점을 각각 제시하고, 이를 개선할 수 있는 해결 방안을 각각 2가지씩 제시하시오.

- 사례 1 : A 학교에서는 동학년 단위 교원학습공동체(전문적 학습공동체)를 운영하고 있다. 학습주제는 학년 부장이 관심 있는 주제인 연극으로 진행하고 있으며, 다른 교사들은 의무감에 참여하고 있는 실정이다.
- 사례 2 : B 학교에서는 교원학습공동체(전문적 학습공동체)를 위해 월 2회로 의무 시간을 부여하고 협의록을 작성하게 하고 있다. 하지만 업무를 처리하느라 바쁜 교사들은 실제로 모이지 않고, 돌아가며 협의록을 작성하고 있는 상황이다.
- 사례 3 : C 학교는 교원학습공동체(전문적 학습공동체)를 운영하는 데 있어 다양한 분야의 외부 강사를 초청하여 연수 듣는 것을 중심으로 하고 있다.

채점기준(예시)

구 분	평가항목 예시

사례 1	• 문제점
	  − 학년부장 관심주제로 교원학습공동체(전문적 학습공동체) 연구주제가 정해짐
	  − 공동체에 참여하고 있는 교사들의 열정 차이
	• 해결 방안
	  − 교원학습공동체(전문적 학습공동체) 구성원의 토의·토론을 통한 민주적인 방식으로 연구주제 선정
	  − 교원학습공동체(전문적 학습공동체) 목적, 비전 공유
	  − 교원학습공동체(전문적 학습공동체) 성과, 우수 사례 공유를 통해 필요성을 인식할 수 있게 함

사례 2	• 문제점
	  − 형식적인 교원학습공동체(전문적 학습공동체) 운영으로 효과 없음
	  − 교사들의 과다한 행정업무로 인한 시간 부족으로 참여도가 저조함
	• 해결 방안
	  − 교육청 단위로 교원학습공동체(전문적 학습공동체) 운영 전략 노하우, 멘토 등을 지원하여 내실화된 운영이 되도록 함
	  − 업무 전담 지원팀, 업무 경감 등을 통해 교사들이 수업 연구에 집중할 수 있도록 시간 확보
	  − 학교 자율 장학 및 학교 평가 계획과 연계하여 운영하여 교사들의 업무 간소화 지원

사례 3	• 문제점
	  − 외부 강사에 의존하여 교원학습공동체(전문적 학습공동체) 운영
	  − 교사들의 공동 연구, 공동 실천, 공동 성찰 부족
	• 해결 방안
	  − 관심 있는 주제(교과, 독서, 생활지도)를 자체적으로 선정하고 학습할 수 있는 분위기 구성
	  − 학교 내 교원학습공동체(전문적 학습공동체) 리더 교사 양성

채점기준	배 점	점 수
문제 상황을 명확하게 분석하였는가?	0~3	
문제 상황을 개선할 수 있는 해결 방안을 적절하게 제시하였는가?	0~6	
답변에 일관성이 있는가?	0~1	

구상형

16 다음 설문결과와 인터뷰를 보고 혁신학교가 가질 수 있는 문제점을 설명하고, 이를 개선할 수 있는 운영 방안 3가지를 제시하시오.

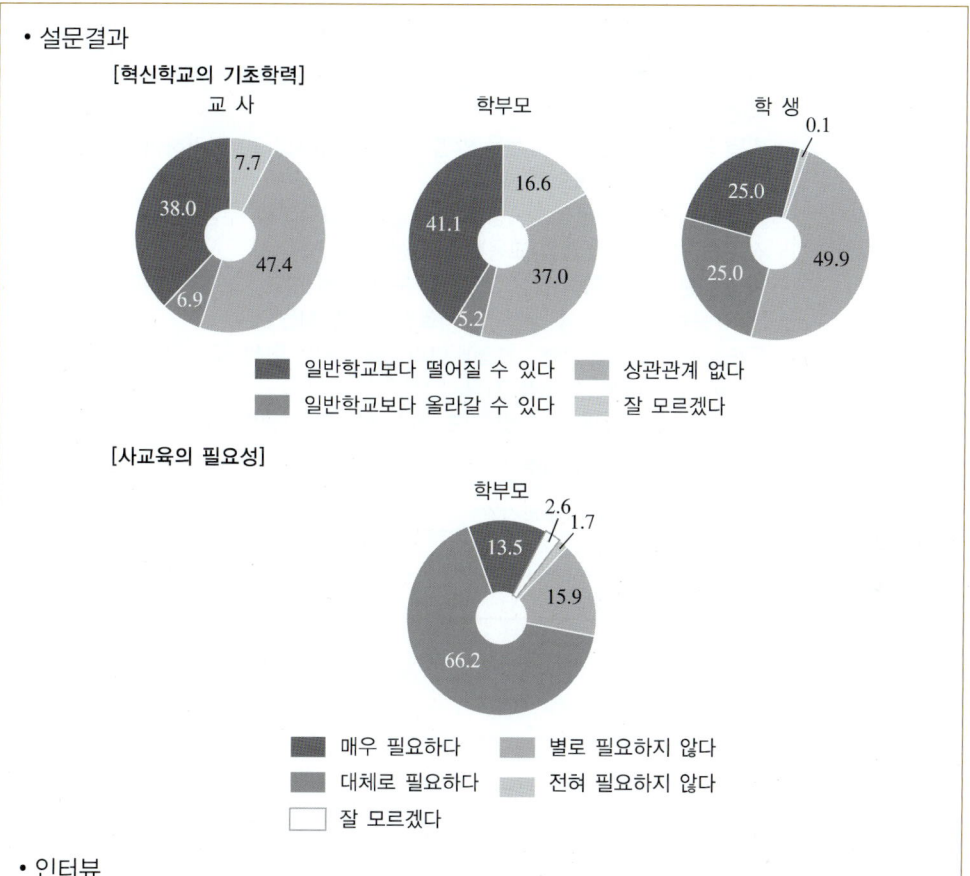

- 인터뷰
  - 교사 A : 혁신학교를 운영하면 학생 참여 중심, 체험활동 중심 교육을 할 수 있다는 점과 혁신학교 예산을 통해 다양한 교육활동을 학생들에게 제공할 수 있는 점이 참 좋아요. 그러나 다양한 체험 중심 교육, 협력 수업 등을 하다 보니 학생들의 기초학력이 저하될까 걱정이 되기도 합니다. 또한 교육과정 재구성, 예산 사용 계획 및 보고, 다양한 학교 행사 등 교사들의 업무량이 무척 증가하여 수업 준비하는 시간이 많이 부족해요.
  - 학부모 B : 현재 자녀들이 혁신학교를 다니는데, 일반 학교에 다니는 친구들에 비해 학업이 뒤처지는 것 같아요. 자율적인 분위기, 주도적으로 학습하는 것도 좋지만 일반 교과내용을 제대로 배우지 못할까봐 걱정됩니다.

출처 : http://www.donga.com/news/article/all/20191024/98042559/1

채점기준(예시)

구 분	평가항목 예시
혁신학교 문제점	• 학생들의 기초학력 저하 우려 • 학생들의 기초학력 저하로 사교육의 요구 증가 • 다양한 학교 행사, 예산 사용으로 인하여 교사들의 수업 준비 시간 부족
개선 방안	• 학생들의 기초학력 진단, 과정 중심 평가를 주기적으로 실시하고 이에 맞추어 학습 내용, 학습 방법 계획 • 발달 단계별 학생들의 특성을 반영한 수업을 실시하고, 평가하여 그 결과를 구체적, 학생 맞춤형 피드백으로 제공 • 교원학습공동체(전문적 학습공동체)를 활용해 교육과정, 수업 내용 등을 함께 연구하여 전문성 강화 및 협업적 교육환경 조성 • 학생 맞춤형 기초학력 향상 프로그램 운영 : 단위학교 기초학력 담임책임지도제 강화, 읽기 곤란(난독) 학생 진단 및 치료프로그램 지원 • 두드림학교 운영 활성화 : 학습에 어려움을 가지는 학생들의 마음을 두드려 꿈을 이룰 수 있도록 기초학습 보충 지원 • 기초학력 부진학생 이해 및 지도 연수 실시로 교원의 전문성 강화

채점기준	배 점	점 수
제시한 개선 방안은 구체적이고 실천 가능한가?	0~4	
개선 방안을 적절하게 제시하였는가?	0~3	
문제 상황을 명확하게 분석하였는가?	0~3	

구상형

17 다음 기사문은 학생이 상상하고 생각한 것을 다양한 도구와 디지털 기기를 사용하여 하나의 제품, 브랜드로서 직접 제작하고 그 과정을 타인과 나누는 프로젝트 형식인 메이커 교육 관련 내용이다. 기사를 읽고 학생 메이커 축제에 참여하기 위해 학생들과 메이커부 동아리를 만들고 프로젝트를 진행한다면 어떻게 진행할 것인지 4차시 이상으로 구상하여 설명하고, 이러한 동아리 활동이 함양할 수 있는 역량 4가지를 말하시오.

○○교육청이 10월 18일(금)부터 10월 19일(토)까지 '학생 메이커 축제'를 개최한다고 밝혔다. 메이커축제는 학생 메이커의 창작물을 전시하고 관람객이 직접 체험할 수 있는 행사로, 메이커 교육의 현재를 공유하고 새로운 변화를 선도하기 위해 개최된다. 이번 행사는 '미래를 만들어가는 우리, 지금, 여기!'라는 주제로 이루어진다. 전시·체험은 학생 메이커가 창작물을 전시하고, 관람객이 메이커가 되어 직접 체험하는 활동으로 학교, 동아리, 거점센터, 발명교육센터 등이 참여하여 112개 부스에서 141개 프로그램이 운영된다.

출처 : http://www.veritas-a.com/news/articleView.html?idxno=345088

채점기준(예시)

구 분	평가항목 예시
메이커부 동아리 프로젝트 활동	• 골드버그 장치 : 작동원리와 생김새는 복잡해 보이나 하는 일은 단순한 기계를 일컫는 말로, 연쇄 반응에 기반을 두는 기계 장치를 의미함 – 1차시 : 아이디어의 가치 알아보기 – 2차시 : 골드버그 시스템의 개념 알아보기 – 3차시 : 골드버그 장치에 이용할 수 있는 다양한 재료 찾아보기 – 4차시 : 브레인스토밍, 집단지성 등을 통해 우리만의 골드버그 장치 고안하기 – 5차시 : 만들고 싶은 골드버그 장치 설계도 그리기 – 6차시 : 골드버그 장치 직접 만들고 브랜드화하기 – 7차시 : 골드버그 장치 만들고 난 후 느낀 점 및 보완해야 할 점 나누기
함양할 수 있는 역량	• 과학적 사고력 및 창의성 • 과학적 의사소통 능력 • 과학적 탐구력 • 기계장치 작동 과정 • 인과관계 파악 능력 • 문제 해결 능력 • 창의융합적 사고력

채점기준	배 점	점 수
메이커부 동아리 프로젝트 활동을 적절하게 제시하였는가?	0~4	
메이커부 동아리 활동을 통해 함양할 수 있는 역량을 적절하게 제시하였는가?	0~4	
교육적 개념에 대하여 명확하게 이해하고 있는가?	0~2	

구상형

18 다음 상황을 보고 민주시민교육의 필요성을 3가지 언급하고, 민주시민교육의 관점에서 적합한 해결 방안을 각각의 상황별로 2가지씩 제시하시오.

- 상황 1 : A 학교의 전교 임원 선거가 얼마 남지 않았다. 전교 회장 후보 민국이는 학생들에게 자신이 전교 회장에 당선되면 피자를 사주겠다는 공약을 내세웠고, 학교 학생들은 다른 후보들의 공약은 듣지도 않고 피자에만 관심이 집중되어 있다.
- 상황 2 : 김 교사는 사회 수업을 주제로 학생들과 '지역 문제 해결하기 프로젝트'를 하려고 한다. 학생들에게 우리 지역의 문제가 무엇인지 조사해오라고 했더니, 학생들은 '선생님, 지역의 문제에 대해 왜 우리가 관심 가져야 하나요? 지역 문제 해결하는 프로젝트 말고 평가 관련 보충수업 해주세요.'라는 대답이 나왔다.
- 상황 3 : 선빈이는 자신의 생각이 확고한 학생이다. 그래서 친구들과 토론을 할 때 자신의 주장을 강하게 하는 편이다. 친구가 자신의 생각에 반대하는 의견을 제시하면 듣지도 않고 무조건 자신의 의견이 옳다고 하는 상황이다.

채점기준(예시)

구 분	평가항목 예시
민주시민교육의 필요성	• 비판적 사고력을 가진 주체적인 시민이 민주주의의 가치를 존중하고 서로 상생할 수 있도록 민주시민으로서의 역량을 함양할 수 있음 • 공공의 문제에 대해 관심을 가지고 이를 해결하기 위해 적극적으로 참여하고 실천하는 역량을 기를 수 있음 • 타인의 권리와 존엄성을 존중하고 다양한 가치에 대하여 이해할 수 있음 • 대화와 토론으로 문제를 해결할 수 있음

해결 방안	• 상황 1
	  - 민주주의 기본 원리와 지향해야 할 가치 교육
	  - 선거의 의미와 중요성 교육
	  - 유권자가 지녀야 할 올바른 태도 교육
	  - 선거 공약에 대한 비판적 시각, 판단 교육
	• 상황 2
	  - 지역주민으로서 권리와 책임 교육
	  - '더불어 사는 민주시민' 교과서를 활용하여 민주시민교육 실시
	  - 공동체 의식의 중요성 교육
	  - 실천·체험 중심의 민주시민교육을 통해 지역의 문제가 우리의 문제임을 인식하도록 교육
	• 상황 3
	  - 다양한 생각, 의견에 대해 다양성을 인정하는 시민적 관용 교육
	  - 협력적 인성교육
	  - 경청, 공감 태도 교육
	  - 타인의 존엄성과 권리를 존중하는 교육

채점기준	배점	점수
민주시민교육의 관점에서 해결 방안을 적절하게 제시하였는가?	0~6	
민주시민교육의 필요성을 적절하게 제시하였는가?	0~3	
교사로서 사명감을 가지고 있는가?	0~1	

구상형

19. 학교 운영과 교육활동 전반에 대하여 교육공동체의 실질적인 의견을 반영하는 것은 중요하다. 다음의 인터뷰를 보고 교육주체인 학생, 학부모, 교직원의 참여를 활성화할 수 있는 방안을 교육주체별로 각각 2가지씩 제시하시오.

> - 학생 : 학교의 주인은 학생이라면서 학교 교육활동, 행사, 교칙 등을 결정하는 권한은 학생들에게 없는 것 같이 느껴져요. 현장체험학습 장소, 협력종합예술교육 항목 등 모든 것들은 학교와 선생님들이 결정해서 학생들은 학교 활동에 크게 감흥이 없어요.
> - 학부모 : 우리 아이가 다니는 학교인 만큼 열정적으로 학교 일과 학부모회에 참여하고 싶은데 학교 일에 제대로 참여해 본 적이 없어서 방법을 잘 모르겠어요. 그리고 제가 현재 아이 교육을 잘하고 있는지도 걱정이 되네요. 학교에서는 학부모가 학교와 협력하여 교육하는 게 중요하다고 하는데 어떻게 협력해야 하는지 모르겠어요.
> - 교사 : 교직원 회의 시간이 무의미한 것 같아요. 작년 학교 교육과정, 학교 운영의 문제점들을 바탕으로 이를 보완할 수 있는 다양한 의견을 내고 싶은데 교직원 회의가 너무 딱딱하고 형식적 회의라서 새로운 것을 제안하기가 쉽지 않네요.

채점기준(예시)

구 분	평가항목 예시		
교육주체 참여 활성화 방안	• 학 생 　- 학교 교육과정 학생 평가를 통해 학생들의 의견 수용 　- 학생자치회 내실화를 통해 학교 행사에 대한 의결권 부여 　- 학교운영위원회 회의에 학생자치회 대표 참여 및 발언기회 보장 　- 모두가 참여하는 학생 대토론회 운영 활성화 • 학부모 　- 교육지원청 단위의 지역 학부모회 마련하여 네트워크 형성 　- 학부모회 업무 매뉴얼 보급 및 학부모 대상 연수 실시 　- 지역사회와 연계하여 학부모 교육 프로그램 진행하는 학부모 캠퍼스 운영 　- 예비 초등학생, 예비 중학생, 예비 고등학생 학부모를 위한 전환기 학부모 교육 실시 • 교 사 　- 토론이 있는 교직원 회의 활성화를 통해 소통문화 확산 　- 수평적인 교직원 문화 형성 　- 교직원들의 학교 관련 행사 전 과정에 의사결정 참여 보장 　- 민주적인 의사결정 과정을 통해 나온 교직원 의견 존중 및 학교 운영에 반영		
채점기준		배 점	점 수
교육주체별 참여를 활성화할 수 있는 방안을 적절하게 제시하였는가?		0~6	
제시한 방안은 구체적이고 실천 가능한가?		0~3	
문제 상황을 명확하게 분석하였는가?		0~1	

구상형

20 다음 자료는 영국의 교육복지에 관한 내용이다. 이 자료를 참고하여 우리의 교육복지가 나아가야 할 방향성 3가지를 제시하고, 학교에 교육복지 대상 학생이 있다면 어떻게 지원할 것인지 구체적인 지원 방안 3가지를 설명하시오.

> 영국의 언론에 따르면 여왕은 교육예산 활용을 포함하여 공교육 개선 과정을 정부에 요구하였다고 한다. 정부는 여왕의 의견을 바탕으로 모든 아동이 양질의 학교 교육을 받을 수 있도록 개혁을 실시하겠다고 하였다. 또한 모든 계층의 학생들을 지원하기 위해 교육복지 또한 개혁하겠다고 발표하였다.
>
> 교육복지와 관련하여 영국의 교육전문가들의 의견에 따르면 오랜 시간 빈곤 상태에 있는 학생과 그렇지 않은 학생 사이에는 학업성취도에 차이가 발견된다고 하였다. 또한 이 격차는 갈수록 심화되고 있다는 점을 지적하였다. 뿐만 아니라 기나긴 방학 기간 동안에 취약계층의 아동들이 굶주림으로 인해 영양결핍의 위험에 처해있다고 지적하였다. 이러한 문제점을 예방하고 해결하기 위해서 영국 정부는 '학생 지원'(Pupil Premium) 프로그램을 통해 취약 계층, 사회적 배려대상자 아동들을 적극적으로 지원할 방침이다.
>
> 이러한 지원은 학교 교육이 시작되는 단계부터 이루어져야 하며, 취약 계층의 아동들의 상황에 적극 개입하여야 한다고 한다. 따라서 정부는 기본 생활과 기초학력 보장을 위해 학교에 추가 보조금을 지원할 계획이다. 재원은 국고를 바탕으로 하며 학교와 지역사회, 자선단체를 연결하여 추가적으로 확보할 수 있다.
>
> 출처 : https://blog.naver.com/moeblog/222083561900

채점기준(예시)

구 분	평가항목 예시
교육복지의 방향성	• 교육 기회 균등 실현 : 개인 및 사회 경제적 요인으로 발생하는 교육 소외, 부적응, 불평등 현상을 해소 • 모든 국민이 일정 수준의 교육을 받을 수 있도록 기회 제공 • 교육, 복지, 문화 지원 프로그램 등을 통합적으로 제공하여 학생들의 학교생활 적응을 높이고, 건강한 교육적 성장 도모 • 학교 교육 초기 단계부터 저소득층 아동 학업 적극 지원 • 교육 공백기 최소화 : 방학 기간 저소득층 아동의 독서, 급식, 교육 등 지원 • 교육적 사각지대에 대한 고찰 강화
지원 방안	• 교과학습 활동 지원 : 문자 해득, 기초국어·수학·영어 등 학습 지원 • 교육복지 우선사업을 통해 다양한 문화예술 체험활동 기회 제공 • 교육복지 학생 대상 상담을 통해 교사가 라포 형성 • 교육복지 사제동행 : 학생과 교사 간의 개별 상담 및 교외 사제동행 활동을 통해 학생의 학교 적응력 향상 • 교육비, 교육급여 등에 대한 경제적 지원 • 지역사회, 후원기관 연계 복지프로그램 운영

채점기준	배 점	점 수
문제 상황을 명확하게 분석하였는가?	0~4	
교육복지의 방향에 대하여 적절하게 제시하였는가?	0~3	
교육복지 대상 학생 지원 방안을 적절하게 제시하였는가?	0~3	

구상형

21 다음 기사문을 읽고 물음에 답하시오.

> 국회에서 아동의 안전을 위해 '아동복지법 일부개정법률안'을 발의하였다. 아동이 보호자로 인해 학대받았다고 의심되는 정황이 있거나 재학대의 가능성이 있다고 여겨지는 경우 지방자치단체장이 아동을 보호자로부터 즉시 분리시킬 수 있도록 하기 위함이다. 이러한 개정법률안이 발의된 이유는 지난 14일 부모가 없는 집에서 화재가 발생하여 A군(10)과 B군(8)이 중상을 입고, 사망에 이르는 사건이 발생하였기 때문이다. 해당 형제의 어머니 C씨는 기존에도 자녀를 방치하여 경찰에 세 차례 신고받은 이력이 있었다. C씨는 A군과 B군을 때리거나 방치하였으며, 이로 인해 아동을 방치한 혐의로 불구속 입건되기도 하였다. 검찰에 송치된 이후 법원에서는 상담을 받으라는 아동보호 처분을 받은 상태였다. 이러한 사건을 계기로 국회에서는 대한민국에 있는 수많은 아동들의 안전을 위해 법률개정안을 발의한 것이다.
>
> 출처 : https://www.yna.co.kr/view/AKR20200927045500065?input=1195m

20-1. 아동학대를 예방하기 위한 방안을 교사, 학교, 교육청 측면에서 각각 2가지씩 제시하시오.

20-2. 아동학대 사안 처리 과정에서 학교의 역할을 설명하시오.

채점기준(예시)

구 분	평가항목 예시
아동학대 예방 방안	• 교 사 　– 학생에게 관심을 갖고 지속적으로 관찰하여 학대징후 발견하기(자연스러운 상처가 아닌 체벌 자국, 학생의 청결 및 건강 상태 확인, 계절감 없는 옷차림, 우울증, 낮은 학습 준비도, 낮은 자아존중감 등) 　– 학생과 주기적인 상담을 통해 학생의 가정 상황, 어려운 점 파악하기 　– 온라인 수업 기간 중 아동학대 예방을 위한 학생 소재 및 안전 확인 관리하기 　– 온라인 조·종례 및 유선 확인 • 학 교 　– 아동학대 예방 교육, 아동학대 신고 의무자 교육 실시 　– 학부모 대상 가정폭력 예방 교육, 학생 인권 존중 교육 실시 　– 학교 협력 강사, 체험학습 업체 등 아동 범죄 경력 조회 철저히 하기 　– 학교 전교생 온라인 학습 출결 상황 상시 모니터링 하기 • 교육청 　– 아동학대 관련 교사가 알아야 하는 Q&A 자료 보급을 통해 아동학대 구체적인 사안 처리 방안 또는 유의점 바탕으로 현장 맞춤형 지원 　– 초중고 교감을 대상으로 하는 '찾아가는 위기 지원 연수' 실시를 통해 단위학교 위기대응력 높이기 위해 노력 　– 교육청 단위로 학부모, 교사 대상 아동학대, 가정폭력 예방 연수 실시 및 안내자료 배포
아동학대 사안 처리 과정에서의 학교 역할	• 신고 접수 단계 : 학대 행위자가 보호자인 경우 신고내용이 보호자에게 노출되지 않도록 주의, 필요시 증거 확보, 교육청에 사안 보고 • 조사 단계 : 아동이 편안하게 상담받도록 협조 • 피해아동 응급조치 : 아동 학적처리(비밀 전학, 위탁교육, 출석 인정) 등 협조, 다른 아동 등 타인에게 비밀 누설 금지 • 피해아동 지속관리 : 아동을 대할 때 이전과 다르지 않은 태도 유지, 아동의 심리나 재학대 여부 관찰, 재학대 발생 시 아동보호전문기관에 즉시 연락

채점기준	배 점	점 수
아동학대 예방 방안을 교사, 학교, 교육청 측면에서 적절하게 제시하였는가?	0~6	
아동학대 사안 처리 과정에서의 학교 역할을 설명할 수 있는가?	0~3	
문제 상황을 명확하게 분석하였는가?	0~1	

구상형

22 교사는 단 한 명의 학생도 포기하지 않고 포용적인 태도로 수업지도와 생활지도를 해야 한다. 이러한 관점에서 다음 박 교사의 교단 일기를 읽고 박 교사의 문제점 3가지를 제시하고, 이를 해결하기 위한 방안을 문제점별로 각각 2가지씩 설명하시오.

> 우리 반에는 수준 차이가 나는 학생들이 많다. 1교시에는 학습을 빨리 끝낸 친구들이 다른 친구들과 떠들거나 교과서에 낙서를 하고 있었다. 학습내용을 어려워하는 다른 친구들을 봐주느라 떠들고 낙서하는 친구들을 제재하기가 힘들었다. 2교시에는 다문화 학생이 한국어가 서툴러서 수업을 이해 못하는 표정이었다. 진도가 너무 급하기도 하고, 교과서 제재문을 이해하지 못하니 이 아이를 어떻게 지도해야 할지 모르겠다. 이러한 문제는 담임교사뿐만 아니라 수업에 들어가는 모든 교사들이 공통적으로 겪을 수 있는 문제인 것 같았다.
> 쉬는 시간에는 대형이가 화가 나서 씩씩거리고 있었다. 대형이는 작은 일에도 크게 화를 내는, 공격적인 학생이다. 대형이에게 화가 난 이유를 물어보니 친구들이 자기 이야기를 들어주지 않는다고 한다. 우선은 그 상황을 빨리 해결하고자 대형이를 혼내고 대형이의 이야기를 들어주지 않는 학생들에게 그러지 말라고 하였다.

채점기준(예시)

구 분	평가항목 예시
박 교사의 문제점	• 학습내용을 빨리 마친 학생들이 다른 친구들의 학습을 방해하는 행동을 하여도 제재하지 않음 • 다문화 학생이 수업에서 소외됨 • 학생 간 갈등 중재에 있어 효율성 중시
해결 방안	• 수준 차이를 고려한 수준별 학습지 제공 • 또래교사 활용하여 학습을 빨리 마친 학생들이 다른 친구들의 학습이해를 도와줄 수 있도록 역할 부여 • 다른 친구들의 학습권을 존중해야 함을 설명 • 이중언어 강사를 활용한 협력 수업 실시 • 다문화 학생 맞춤 자료 제공 • 학년교사, 교과교사 간 정보 공유를 통해 학생들에게 요구되는 전인적 교육방안 모색 • 회복적 생활교육 실시를 통해 상호간 존중을 바탕으로 긍정적 학급 분위기 형성 • 대형이와 친구들의 양쪽 입장을 충분히 들어보고 서로의 입장에 공감할 수 있도록 교육 • 대형이처럼 분노 조절에 어려움을 겪는 학생에게 평소 화가 난 자신의 모습을 알아차릴 수 있도록 교육하고, 화가 날 때 한 행동들이 어떤 결과를 초래하는지 지도해야 함

채점기준	배 점	점 수
문제 상황을 분석하여 박 교사의 문제점을 적절하게 제시하였는가?	0~3	
문제 상황을 해결하기 위한 방안을 적절하게 제시하였는가?	0~6	
답변에 일관성이 있는가?	0~1	

구상형

23 인성교육진흥법에 제시된 8가지 핵심 가치 중 학생에게 필요한 인성 핵심 가치·덕목 설문 결과이다. 교원과 학부모 설문 결과 공통적으로 높게 나타난 인성요소 3가지를 고르고, 3가지를 지도하기 위한 구체적인 방안을 각각 2가지씩 설명하시오.

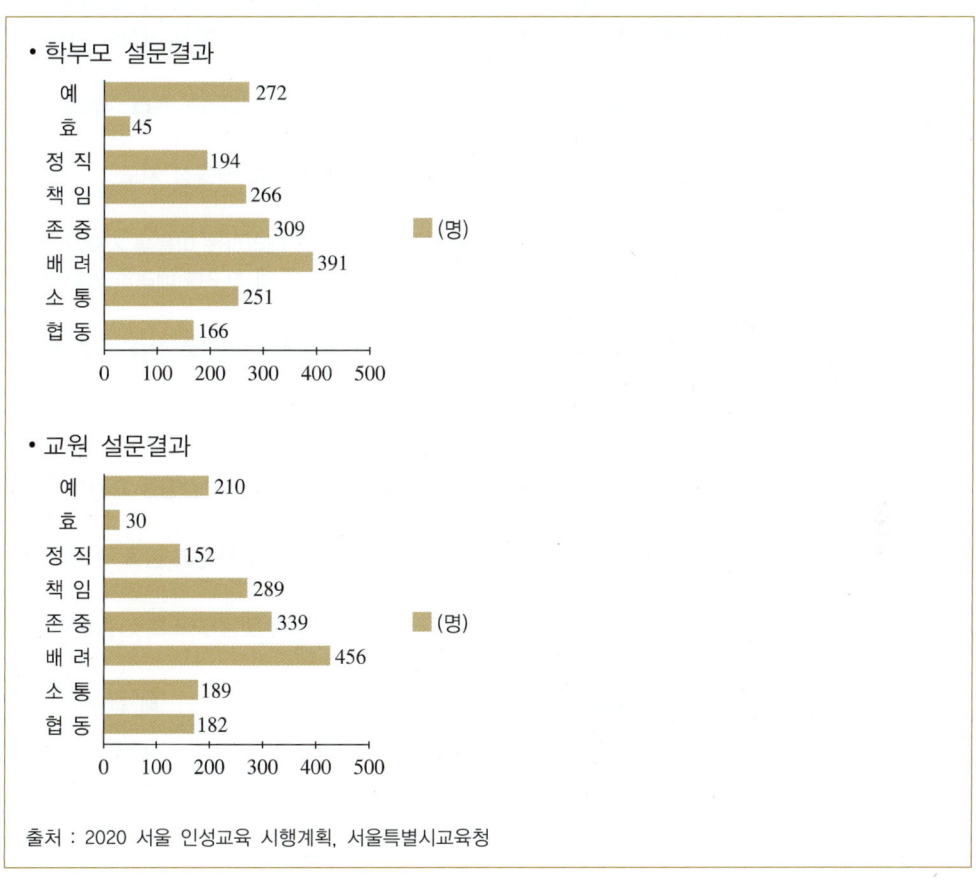

출처 : 2020 서울 인성교육 시행계획, 서울특별시교육청

채점기준(예시)

구 분	평가항목 예시
인성 핵심 가치 · 덕목 지도 방안	• 책 임 　- 1인 1역 실시 : 자신의 역할에 책임을 갖도록 함 　- 학급 내 자치부, 환경부, 학습부, 생활부 등의 부서에 모든 학급 학생들이 배정되도록 　 하여, 행복한 학급을 위해서는 우리 모두 각자의 부서에서 최선을 다하는 것이 　 중요함을 이해하고 실천하기 　- 협력종합예술활동 실시 : 협력 연극 · 뮤지컬 · 책 쓰기 활동을 통해 학생들이 자신의 　 역할에 최선을 다하는 태도 기르도록 지도 　- 학생 자율 동아리 조직 및 운영을 통해 책임감 및 자율성 지도 • 배 려 　- 마니또 활동, 띠앗 활동을 통해 친구를 생각하고 배려하는 마음을 기르고 실천하기 　- 친구사랑 톡톡톡(Talk-Talk-Talk) 데이 운영을 통해 친구를 배려하고 자신의 마음 　 을 표현할 수 있는 기회 제공 　- 협력학습(토의 · 토론, 프로젝트, 협동학습, 액션러닝, 거꾸로 학습) 등을 통해 교육 　 과정 연계 인성교육 실시 • 존 중 　- 교사와 학생 상호 존중하는 바른 언어 사용 교육 　- I-message(나 전달법)을 통해 서로를 존중하고 자신의 감정을 표현하는 대화법 　 교육 　- 친구의 단점을 장점으로 바꾸어 주는 활동을 통해 자신과 남을 존중하는 태도 　 함양하기 　- 친구들의 작품에 이를 칭찬하고 격려하는 선의의 댓글 포스트잇 붙이기, 타인의 　 생각을 존중하는 자세 함양하기

채점기준	배 점	점 수
인성 핵심 가치 · 덕목을 지도하기 위한 방안을 적절하게 제시하였는가?	0~6	
제시한 교육적 방안은 교육적 효과가 있는가?	0~2	
방안이 구체적이고 실천 가능한가?	0~2	

CHAPTER 02 즉답형 예상문제

> 학교 교원 임용후보자 선정 경쟁 모의시험 심층면접

※ 제시되는 즉답형 문항을 잘 읽고 물음에 답하시오.

즉답형

1. 교육부에서는 2022 교육과정 개정에 따라 학교자율시간을 추진하고 있다. 본인의 학교에서 추진해보고 싶은 학교자율시간 주제를 말하고, 실현할 수 있는 교육과정 운영 방안을 한 가지 제안하시오.

> 학교자율시간이란 지역과 연계하거나 다양하고 특색 있는 교육과정 운영을 위해 교과(군) 및 창의적 체험활동의 일부 시수를 확보하여 국가 교육과정에 제시되어 있는 교과 외 새로운 활동이나 과목을 개발하여 운영하는 시간이다. 이는 학습자의 주도성과 역량을 기르고, 학교 교육과정 운영의 자율성, 책무성을 제고하기 위함이다. 지역과 학교의 여건, 학생의 필요에 따라 교육공동체의 민주적 합의 과정을 거쳐 다양하고 특색 있는 학교자율시간을 편성하고 운영할 수 있다.
>
> 출처 : 서울교육청 2025학년도 학교자율시간 길라잡이

채점기준(예시)

구분	평가항목 예시	
학교자율시간 운영 형태	형태 구분	내용
	지역 연계	지역의 환경, 문화, 인적 자원 등을 활용하여 지역 사회와 연계한 활동이나 과목을 개발
	교과 통합 설계	교사가 실제 상황의 문제나 여러 교과 지식을 활용해야 하는 상황을 제시하고, 학생이 다양한 상호작용과 탐구를 통해 배운 내용을 적용
	기초 소양 강화	언어, 수리, 디지털 소양 강화를 위해 학생의 기초 소양을 체계적으로 강화
	학생 주도 설계	학생이 스스로 목표를 세우며, 교사 및 또래와 함께 상호작용, 탐구하며 학생 주도의 협력적 프로젝트를 설계하고 참여
답변 방향	• 자신이 다양한 활동을 산출할 수 있는 주제를 선정하고, 해당 주제를 학교 및 지역의 특성과 연계지어 설명하는 방식으로 답안 구상 • 중등의 경우 주제를 정하고 다양한 활동 흐름을 제안하며 자신의 교과 특성에 맞추어 활동을 추가하여 답변하면 수월함	
학교자율시간 주제 및 운영 방안	[초등 답안 예시] • '더불어 민주시민' 시간 운영(기초 소양 강화 형태) – 학교자율과제로 민주시민 역량을 중점적으로 신장시킬 수 있는 시간 운영 – 1~2학년군에서는 협력적 놀이학습을 통해 더불어 가는 생활 교육 – 3~4학년군에서는 우리 학교, 우리 마을의 역사를 탐색하며 시민의식 함양 – 5~6학년군에서는 우리나라, 세계와 관련된 민주주의 문제를 탐색하고 토론형 수업을 진행 [중등 답안 예시] • '우리 마을 생태' 시간 운영(지역 연계 형태) – 학교자율과제로 우리 마을의 생태 문제를 이해하고, 해결할 수 있는 방안을 자율적으로 탐색해 나가는 시간 운영 – 여러 교과 수업과 연계하고 창체 시간을 활용하여 주제 탐구 – 동물의 권리 이해하기 활동 → 우리 마을 생태 환경 정리 활동 → 우리 마을 옛 생태계 모습 상상 → 변화된 우리 마을 생태계 확인 → 마을 캐릭터 만들기 → 마을 생태계 탐색 장소 선정 및 계획 → 마을 생태계 직접 탐색 및 문제점 진단 → 생태계 보호 활동 실천 방안 찾기 → 실천 방안 실행하기 → 생태계 보호 다양한 방법으로 알리기 → 생태계 보호 활동 전시 및 캠페인 → 포트폴리오 피드백 및 소감 정리 → 자기/동료평가 실시	

채점기준	배점	점수
학교자율시간의 의미를 이해하고 있는가?	0~2	
창의적이고 유의미한 학교자율시간 주제를 제안하는가?	0~4	
주제에 맞는 적절한 학교자율시간 활동을 제안하는가?	0~4	

즉답형

2. 다음 제시문을 읽고 AI 디지털 교과서가 교육현장에서 가지는 의미를 2가지 설명하시오. 더불어 AI 디지털 교과서가 적용된다면 어떠한 교육을 하고 싶은지 2가지 제안하시오.

> 〈기사문〉
> 교육부 장관은 2025년부터 도입 예정인 AI 디지털 교과서를 위하여 각종 의견을 수렴하고 있다. 2025년에는 수학, 영어, 정보, 국어(특수교육) 교과를 중심으로 출시되며, 2028년도에는 과목을 더욱 확대하여 AI 디지털 교과서를 보급하고자 한다. 교육부는 인공지능 디지털 교과서 추진방안에 따라 사용자 참여 설계를 구현하고, 도입 교과별 특성을 반영하여 유효한 교과서를 만들고자 한다.

채점기준(예시)

구 분	평가항목 예시
AI 디지털 교과서 의미	• 도입 초기 종이 교과서 병행을 통한 학습자 요구 충족 • 학습자 맞춤형 교육 실현 : 디지털 교과서를 통한 학습 속도 및 수준을 고려한 개별형 학습 과제 제시 • 학생 주도형 교육과정 운영 가능 • 온라인, 디지털 수업기술을 활용한 학습동기 강화 • 자동 학습기록 누적을 통한 성장중심형 평가 가능 • 물리적 학습 환경의 확대를 통한 학교, 가정 연계 교과서 운영 • AI 교육 보조 기능을 활용한 교사의 수업 부담 완화 • 교사의 역할 전환 보조 : 교사가 교육 디자이너로서의 전문성을 갖게 해줌
AI 디지털 교과서 활용 방안	• AI 디지털 교과서 및 AI 튜터를 활용한 퀴즈 중심의 형성평가 실시 • 학생 스스로 성장 정도를 관찰할 수 있는 디지털 교과서 척도 개발 • 교과서와 공공데이터를 실시간으로 연계하여 지역사회 문제 해결 프로젝트 운영 • 자동으로 빠른 학습자와 느린 학습자를 구분하여 TGT 학생 수준별 놀이 진행을 통한 동기 부여 • 단원 시작 전 AI 진단평가를 실시하여 단원 도입 차시를 스키마 보충 차시로 활용 • 가정 연계 교과서 참여 수업 : 가정에서도 자녀의 교과서를 직접 보고 첨언할 수 있도록 하여, 학생의 아이디어에 대한 학부모의 첨언을 받아올 수 있도록 연계수업 진행 • 메타버스를 활용한 교실, 교과서 생태계 구축 • 음성인식 기능을 활용한 국어, 영어 외 전 과목 말하기 훈련 강화 • AR, VR 접목 실감형 콘텐츠 활용 • 전교과 코딩 융합 프로그램 진행 및 체험 실시 • 채팅봇을 활용한 학습자 주도 자문자답형 수업 운영 • 오개념 및 오답 문제를 자동으로 반복 제시해주는 프로그램을 통해 약점 보완 수업 진행 • 디지털 교과서를 활용한 학생 브랜딩 수업 진행 : 학생이 학창시절 수년에 걸쳐 자신이 학습한 자료들을 누적해가며, 브랜딩 또는 메이커 교육처럼 자신의 진로에 이미지를 더하도록 함

채점기준	배 점	점 수
AI 디지털 교과서가 가지는 의미를 이해하고 있는가?	0~4	
AI 디지털 교과서를 활용할 수 있는 방안을 2가지 제안하였는가?	0~4	
교육 환경 변화에 빠르게 적응할 수 있는 능력을 지녔는가?	0~2	

> **즉답형**

3 교권에 대한 큰 고민을 가진 이 선생님의 이야기를 듣고, 본인이 선배교사로서 조언할 수 있는 해결방안을 3가지 제시하시오. 단, 해결방안은 학교, 교육청에서 지원하는 시스템을 포함하여 언급하시오.

> 1학기에 우리 학교로 전입해 온 이 선생님은 요즘 고민이 많다. 학생들이 수업시간에 집중하지 않아서 지도하더라도 반항적으로 대하는 학생들이 많다고 한다. 뿐만 아니라, 해당 학생들의 학부모가 왜 자신의 자녀에게만 혼을 내냐며 이 선생님에게 직접적으로 민원을 넣고, 소송을 준비한다고 으름을 놓았다. 이 선생님은 교사로서 할 수 있는 여러 교육 방안들을 시도해보았지만, 바뀌지 않는 현실을 보고 낙담하였다. 이 선생님은 최근에 교직이 자신에게 맞지 않는 것 같아 힘들며, 그만두고 싶다고 이야기한다. 심지어 정신과 의원에 다니며 약을 먹고 있는 모습을 보며 다들 마음 아파하고 있다.

채점기준(예시)

구 분	평가항목 예시
답변 방향	• 이 선생님이 가진 문제를 교육공동체의 힘으로 해결하고, 지지해줄 수 있는 교육적 방안들을 먼저 제시하고, 더불어 함께 지원 가능한 교육청의 프로그램 및 사업을 구체적으로 제시 • 교직 생활의 위기에서 잘 극복해낼 수 있는 방법들을 이해하고 있음을 표현하기
조언 내용	• 교사 개인의 문제가 아닌 학교 단위의 문제로 제안하여 학교장을 포함한 교직원 전체의 해결방안 모색하기 • 교권보호위원회 개최 제안 및 진행 과정 지원 • 이 선생님 교사 개인의 잘못이 아님을 알려주고, 정서적 공감과 소통창구 마련 • 학교 Wee 클래스 또는 교원 치유 프로그램에 함께 참여 권유

각종 교육청의 교원 피해 관련 지원 제도	※ 교육청별 자세한 내용은 본 책의 특별부록(교권 관련 내용) 확인 요망
	• 부산 교육청
	  - 교육활동 피해 교원을 위한 One-Stop 지원단 상시 운영
	  - 행정지원 : 특별휴가 5일 이내, 학급 교체 및 전보 지원
	  - 심리치유 지원 : 1인당 연간 최대 100만원, 찾아가는 상담
	  - 법률지원 : 법률상담비 건당 30만원, 변호사선임비 연간 100만원
	  - 교원배상책임보험 가입
	  - 교원힐링센터 치유 맞춤형 프로그램 운영
	• 인천 교육청
	  - 피해교원 치유 병의원 협약(13개소), 심리상담 협약(21개소)
	  - 교원 맞춤 치유지원 프로그램 '교원온쉼표'
	  - (학생대상) 동아리로 찾아가는 노동인권 프로그램 운영
	• 경북 교육청
	  - 교원치유센터 운영 : 피해 교원 대상 에듀힐링 휴(休) 캠프 운영
	  - 복귀 교원 모니터링
	  - 행복학교거점지원센터 통한 법률서비스 : 포항, 구미, 경산, 안동
	• 충남 교육청
	  - 마음든든 교원안심공제 : 교원 위협 긴급 경호서비스 포함
	  - 교육법률지원단 운영

채점기준	배 점	점 수
이 선생님에게 필요한 실질적 지원 방안을 제시하는가?	0~4	
교육청에서 운영하고 있는 여러 지원 사업을 알고 있는가?	0~4	
교육공동체의 어려움을 함께 이겨낼 수 있는 자세를 갖고 있는가?	0~2	

> 즉답형

4 미래형 교육인 2022 개정 교육과정을 통해 여러 교육목표들이 추진될 예정이다. 현재 시점에서 교사들이 미래형 교육을 위해 취하여야 할 행동양식 3가지를 설명하시오.

[2022 개정 교육과정 미래교육 추진 과제]
- 지속가능한 미래와 불확실성에 대한 교육 강화
- 미래사회에 대비한 인재상 및 역량 재설계
- 디지털, 생태전환, 민주시민교육 강화
- 고교학점제를 통한 선택교육 및 개별화교육
- 기초학력 및 배려대상(특수교육, 다문화 등)교육 체계화
- 국민과 함께하는 미래형 교육과정
- 디지털 기반 교육을 위한 여건 마련

채점기준(예시)

구 분	평가항목 예시		
행동 양식	2022 개정 교육과정에서 추구하는 추진과제를 중심으로 현재 준비할 수 있는 것들을 근거와 함께 설명 • 자율성에 대한 전문성 신장(학교, 교사 측면) • 미래사회 양상에 대한 연구 • 반성적 사고의 습관화(교육의 본질에 대한 메타인지) • 미래형 교육과정의 역량 분석 및 교사 계발 • 연구회 운영을 통한 미래형 교육공동체 준비 • 교육과 국민을 결합하기 위한 교육 의견 수렴 체제 마련 • 사회적 배려 대상자 지원 과정에 대한 고찰, 피드백 • 교사의 민주시민 역량 강화 우선(생태, 기후변화, 인권 등) • 디지털 교육 및 기기에 대한 교수법 연구		
채점기준		배 점	점 수
미래형 교육과정으로 나아가기 위한 행동을 제시하였는가?		0~3	
자신의 의견에 대한 근거가 교육적으로 타당한가?		0~3	
미래사회에 대해 이해하고 준비할 자세가 되어 있는가?		0~4	

> **즉답형**

5 다음은 에듀테크와 교육의 관계에 대한 제시문이다. 제시문을 통해 예상 가능한 문제점을 1가지 언급하고, 해당 문제점을 예방, 해결하기 위해 교사가 실천할 수 있는 대응 방안 2가지를 설명하시오.

> 교육혁신을 꾀하기 위해 전국 여러 교육청에서는 에듀테크 기술을 적극적으로 도입하고 있다. 에듀테크는 어디까지나 교육공학적 접근으로 교수·학습과정을 위한 도구이자 수단이다. 많은 교사들이 에듀테크 역량을 계발하기 위해 노력하고 활용하고 있지만, 도구에 지나치게 집착한 나머지 교육의 본질에 도달하는 과정에 걸림돌이 되기도 하였다. 계속하여 확대될 에듀테크에 대해서는 많은 고심을 통해 효과적인 활용 방안이 필요한 상황이다.

채점기준(예시)

구 분	평가항목 예시
에듀테크 관련 예상 가능한 문제점	• 학습자의 디지털 역량 차이로 발생하는 새로운 학습 격차 • 여러 교사의 다양한 에듀테크 기술 접목으로 학습자의 혼란 야기 • 에듀테크 도구(수단)을 가르치는 데 교육과정 시수를 지나치게 허비함 • 에듀테크 역량 계발을 위한 교사의 부담과 교육과정 운영 사기 저하 • 에듀테크 물리적 인프라 부족으로 교육과정(계획)과 실제 수업의 괴리

대응 방안	• 학습자 수준별 활용 가능한 에듀테크 학생 워크북 제작
	• 에듀테크로 인한 학습 격차를 줄이기 위한 학생 사전교육 실시(정보 활용 교육, 자기주도 학습 교육, 자기관리 교육 등)
	• 에듀테크 활용 블렌디드 학습자료 개발 : 콘텐츠 영상, 교사용 안내자료, 학생 포트폴리오 등
	• 에듀테크 연수 프로그램 운영 : 학생, 학부모, 교사가 함께 참여
	• 블렌디드 러닝, 플립러닝 병행 학습 모델 구상
	• 초실감 학습자료(AR, VR, 360° 영상, 게임자료 등)
	• 창의적 체험활동 영역별 에듀테크 활동 구상
	  - 자율활동 : 온라인 실시간 쌍방향 학급회의 및 학급토의
	  - 동아리활동 : 온라인 재능 기부 동아리
	  - 봉사활동 : 온라인 초중고 연계, 또래 학습 멘토링
	  - 진로활동 : 나만의 진로 포트폴리오 만들기(온라인 사이트 활용)
	• 학교 내 에듀테크 중심 교육과정 연구회 운영
	• 업무 분장을 통한 에듀테크 전문교사 지정

채점기준	배 점	점 수
에듀테크의 확산으로 발생할 수 있는 문제점을 잘 지적하였는가?	0~3	
문제점을 예방, 해결하기 위한 실질적인 방안을 제시하였는가?	0~5	
에듀테크를 적절하게 활용하기 위한 교육적 자질을 가지고 있는가?	0~2	

즉답형

6 학습의 한계를 뛰어넘기 위한 새로운 방법으로 블렌디드 교육이 거론되기도 한다. 다음의 조건에 맞도록 자신만의 블렌디드 수업을 구상하고, 계획을 차시별로 구체적으로 설명하시오.

- 조건 1. 자신이 지도하고 싶은 과목, 창의적 체험활동, 범주제 학습 중 하나를 선택하여 블렌디드 교육으로 진행하기
- 조건 2. 하나의 주제로 총 4차시의 수업 계획하기
- 조건 3. 가정과 연계하여 운영하기

※ 온라인 수업 플랫폼과 방법은 자유롭게 선택하고 활용할 수 있음

채점기준(예시)

구 분	평가항목 예시

블렌디드 수업 정의와 방식	• 학생들에게 시간과 장소의 편리성을 제공하며 학습내용을 자기주도적으로 공부할 수 있도록 웹 기반을 마련해주는 수업 형태
	• 운영 방법
	  – 순환 모델 : 면대면 수업과 원격 수업을 정해진 시간에 따라 번갈아가면서 운영
	  – 플렉스 모델 : 원격 수업이 기본이며, 온라인으로 진행하기 힘든 교육활동들을 대면활동으로 운영
	  – 알라카르테 모델 : 대면 수업을 진행하지만 필요에 따라 일부 과목을 온라인 과목으로만 수강
	  – 가상학습 강화 모델 : 필수과목과 같은 일부 수업만 대면 수업을 하고 나머지 수업은 원격으로 운영

블렌디드 수업 만능 틀 예시	• 다음의 방법으로 블렌디드 수업을 운영할 수 있으며, 주제에 따라 활동을 변형하여 활용 가능
	  – 1차시(온라인) : 수업 영상으로 ○○ 개념 알아보기, 조사하기
	  – 2차시(대면) : 배운 개념을 적용하여 협력학습하기
	  – 3차시(온라인) : 학습 콘텐츠, 과제를 통해 ○○ 개념 적용해보기, 가정에서 토의해보기, 캠페인하기
	  – 4차시(대면) : 자신의 시행착오, 결과, 가정 토의 내용 발표하기, 평가

블렌디드 수업 예시 1	• 주제 : 사회 – 우리 지역의 문제 해결하기
	  – 1차시(온라인) : 수업 영상으로 우리 지역에 발생하고 있는 문제 알아보기, 해결하기 위한 방법 조사하기
	  – 2차시(대면) : 조사한 자료를 활용하여 해결 방법 계획하기(모둠학습)
	  – 3차시(온라인) : 계획했던 해결 방법을 온라인과 가정에서 실천해보며 캠페인하기
	  – 4차시(대면) : 캠페인 소감 발표하기, 자기평가하기

블렌디드 수업 예시 2	• 주제 : 안전교육
	  – 1차시(온라인) : 전염병이 무서운 이유 알아보기, 생활수칙 조사하기
	  – 2차시(대면) : 안전한 생활을 위해 우리 반 생활수칙 정하기
	  – 3차시(온라인) : 학급에서 정한 생활수칙을 가정에서 부모님과 토의해보고 수정하기, 집에 게시해두기, 실천하기
	  – 4차시(대면) : 가정에서 수정한 내용, 실천한 내용 공유하기, 추가 홍보자료 만들어서 학교에 홍보하기

채점기준	배 점	점 수
블렌디드 수업을 운영하기 위한 역량을 갖추고 있는가?	0~2	
계획을 수립하여 체계적인 학습 방안을 제시하고 있는가?	0~5	
제시한 방법은 실천 가능하며 교육적 효과가 있는가?	0~3	

즉답형

7 교사는 필요한 경우, 온라인으로 교육과정을 운영할 수 있어야 한다. 온라인 학습이 지속되는 경우 학습 부진, 학력 격차가 커질 수 있는 원인을 말하고, 이에 대한 해결방안 2가지를 말하시오. 덧붙여 이와 반대로, 온라인 교육과정이 가지는 장점을 2가지 말하시오.

채점기준(예시)

구 분	평가항목 예시
학습 부진, 학력 격차 원인	• 대면 수업보다 수업 전달력이 떨어짐 • 수업 중 질문, 보충 설명 등 즉각적인 개인 피드백 불가 • 온라인 수업의 진행과정에 대한 관리 부실 • 토의·토론, 협력 활동 등 다양한 교육활동이 불가함 • 학생들의 형식적인 수업 이수 • 스마트 기기, 인터넷 인프라 활용에 대한 능력 부족 • 학생과 수업에 대해 의사소통을 나눌 수 있는 즉각적인 소통망 부재
해결방안	• 온라인을 통해 활용할 수 있는 보충학습 활동 제공(꾸꾸사이트, 기초학력진단 사이트, 학력진단 사이트 안내) • 실시간 쌍방향 수업, 콘텐츠 활용 수업의 혼합 운영(학습 과정 재구성, 난이도 조절 등) • 필요한 경우 소규모 단위의 실시간 온라인 수업 진행(필요한 도움 자료, 발문 즉시 제공, 소규모 단위로 진행하여 협력학습 운영, 온라인 또래교사 제도) • 진도율 확인을 위한 플랫폼 확대 • 학습 이수과정을 확인하기 위한 미션 활용(인증 과제, 사진 제출 또는 퀴즈 응답하기 등) • 학급 SNS를 운영하여 실시간 피드백 제공 • 실시간 수업 속 채팅 적극 활용 • 실시간 수업 규칙 제정을 통한 온라인 수업의 효과 증진(발언권 얻고 말하기 등)
온라인 학습의 장점	• 학생이 원하는 때, 장소에서 수업을 들을 수 있음 • 수업을 중간에 멈추어가며 학생 자신의 요구에 따라 학습 속도를 조절할 수 있음 • 학습한 활동과 결과물을 온라인상에 편하게 누적·기록할 수 있음 • 학교라는 공간을 뛰어 넘어 공간과 시간의 제약을 받지 않고 다양한 수업을 진행할 수 있음 • 스마트 교육을 통한 학생들의 내적 동기를 자극시킬 수 있음 • 학교 등하교 시간을 단축시켜 학생의 보충학습 시간을 추가로 확보할 수 있음

채점기준	배 점	점 수
온라인 학습이 가지는 장점을 구체적으로 알고 있는가?	0~4	
기초학력을 보장하기 위한 방안을 적절하게 제시하는가?	0~4	
교사로서 전문성을 가지고 이야기하는가?	0~2	

> 즉답형

8 이 교사의 학급에서는 학급자치활동 시간에 학급 규칙을 제정하였다. A 학생은 학급 생활을 하던 중 학급 규칙에 반하는 행동을 하였고, 이 교사는 학생들이 정한 학급 규칙에 따라 지도하였다. 다음 학생의 반응을 참고하여 앞으로 이 교사가 A 학생에게 지도해야 할 역량을 말하고, 교권을 회복하기 위한 방안을 2가지 설명하시오.

> 학생 A : 선생님, 제가 수업시간에 늦어서 잘못한 것은 맞지만 반성문을 3장이나 써야 되는 것은 납득이 되지 않아요. 이것을 쓴다고 해서 저에게 무엇이 도움이 되는지 모르겠어요. 그리고 제가 왜 선생님 말을 그대로 들어야 하는지 모르겠어요. 제가 수업에 늦었을 뿐이지 다른 사람에게 피해를 줬나요?

채점기준(예시)

구 분	평가항목 예시		
지도해야 할 역량	• 공동체 역량 • 문제해결 역량 • 의사소통 역량 • 타인 존중 역량 • 긍정적 사고 역량 • 협력 역량 • 자기관리 역량 • 자기조절 역량		
교권을 회복하기 위한 방안	• 학생인권조례와 교권보호조례에 대한 학급 토의 실시 • 교육활동 보호 교육 • 회복적 생활교육을 활용한 사제 관계 회복 • 긍정학급훈육법 활용 • 교육공동체 존중 캠페인 운영 • 사제동행 프로그램 참여 : 학교 예산을 활용하여 학생과 특별한 경험 공유 • 라포 형성 및 상담 실시		
채점기준		배 점	점 수
학생의 특성을 바탕으로 지도해야 할 역량을 알맞게 제시하였는가?		0~4	
교권을 회복하기 위한 구체적인 방안을 제시하는가?		0~4	
제시한 방법은 학생과 교사가 함께 성장할 수 있는 방안인가?		0~2	

즉답형

9 배움 중심 수업의 일환으로 놀이를 접목한 교육을 강조하는 추세이다. 놀이가 가지는 교육적 효과를 말하고, 자신이 가르칠 과목을 중심으로 놀이교육 방안을 설명하시오.

채점기준(예시)

구 분	평가항목 예시
놀이의 교육적 효과	• 학습에 대한 부담감 완화 • 놀이에 참여하며 자연스레 성취기준에 달성할 수 있음 • 놀이를 통한 내적 동기 강화 • 협력 놀이에 참여하며 인성 가치·덕목 함양(배려, 예절, 양보 등) • 핵심 역량 교육 가능(공동체 역량, 의사소통 역량 등)

놀이교육 방안	• 다음 제시된 방법을 자신의 과목과 연관 지어 설명하기
	  – 단원 훑어보기 놀이 : 단원을 시작하기 전 교사가 해당 단원의 내용에 핵심 개념을 조합하여 퀴즈를 만들고, 학생들은 모둠원과 협력하여 답을 찾아가며 학습과정 살펴보기 활동
	  – 단원 마무리 빙고놀이 : 단원에 나오는 핵심 키워드들을 바탕으로 빙고놀이를 하며 학습 마무리
	  – 친구의 문제를 풀어라 : 차시 마무리 단계에서 배운 내용을 바탕으로 각자 문제를 만들고 쪽지함에 넣음. 무작위로 쪽지를 뽑은 뒤 답을 알게 된 학생은 출제자에게 찾아가 정답을 확인받으며 쪽지를 모음(또래교수, 협력학습 가능)
	  – 친구를 이해시켜라 : STAD 방식을 접목하여 학생의 학습수준을 진단한 후 일정 기간 내에 얼마나 성장했는지를 측정하며 우승 팀을 가려냄. 같은 모둠의 친구를 최대한 돕게 하여 서로 성장하게 하는 것이 목적

채점기준	배 점	점 수
놀이교육이 가지는 의미에 대하여 알고 있는가?	0~3	
제시한 방법은 학생들의 성장을 이끌어낼 수 있는 방법인가?	0~4	
교육과정 운영과 수업에 대한 전문성을 가지고 말하는가?	0~3	

즉답형

10 학교급 전환기에는 학생들이 새로운 환경에 적응하면서 다양한 어려움을 겪게 된다. 학생들이 이러한 상황을 극복하는 과정에는 교사들의 배려와 노력이 필요하기 마련이다. 따라서 자신이 학교급 전환기에 해당하는 학급담임을 맡았을 때, 학교 적응을 지원하기 위해 운영하고 싶은 프로그램을 구상하여 설명하시오.

> [조 건]
> - 주제 : 학교급 전환기 학생들의 적응을 돕기 위한 프로그램
> - 예산 : 학급 운영비 30만원
> - 단위 : 학교급 전환기에 해당되는 학급단위 활동
> - 운영 : 계획-실행-평가의 3단계가 드러나도록 계획하고 운영해야 함
>
> ※ 학교급 전환기란 초중고의 학교급이 바뀌는 시기로, 교육현장에서는 해당 시기의 학생들이 적응하기 쉽도록 다양한 교육프로그램을 운영하고 있다.

채점기준(예시)

구 분	평가항목 예시

학교급 전환기	• 대상 : 초 1~2, 중 1, 고 1
	• 학교급 전환기의 학생들이 새로운 학교생활에 안정적으로 정착할 수 있도록 환경을 구성해주어야 함
	  - 서울 : 성장 맞춤 교육과정
	  - 경기도 : 성장배려학년제
	• 학교급이 전환되는 시기에 발생하는 학습 부담감과 적응 문제를 해결하고 부진 아동에 대한 학습 결손 예방이 목적

프로그램 구상	• 학급 상담방 개설
	  - 계획 : 학생들을 일정하게 분배하여 모둠을 구성한 뒤 학급 수다방을 운영할 모둠 및 일정 조율
	  - 실행 : 학급운영비로 다과를 준비하고 편안한 분위기를 마련해 줄 디퓨저와 캔들 등을 구매함. 그리고 계획한 대로 모둠이 돌아가면서 학급 상담방에 방문하여 교사와 소통하는 시간을 가짐
	  - 평가 : 일정 시간이 지나면 상담방을 교사가 아닌 학생들이 자체적으로 운영하면서 서로에 대한 마음을 열고, 학교에 적응해 가며 달라진 자신의 모습을 자기평가로 실시함
	• 관계 형성 프로그램 운영
	  - 계획 : 학기 초 학생들과 토의하여 함께 즐길 수 있는 학급 특색활동을 선정함(합창, 스포츠, 예술 활동, 공모전 참여 등)
	  - 실행 : 선정한 주제에 따라 학습 특색 활동이 가능해지도록 필요 물품을 학급운영비로 지원하며 실제 협력 활동 실시(합창 연습, 스포츠대회, 협력 작품 만들기 등)
	  - 평가 : 학생 사이의 신뢰 관계를 형성하며 앞으로 1년간의 다짐 선언식 운영 및 평가

채점기준	배 점	점 수
학교급 전환기 학생들을 지원하기 위한 실질적인 방안을 제시하는가?	0~5	
제시한 방안은 학생들이 학교에 적응하는 데 도움이 되는가?	0~3	
교사로서의 사명감을 가지고 이야기하는가?	0~2	

즉답형

11 다음 제시문을 읽고 물음에 답하시오.

> 한국 정부는 한국판 뉴딜정책의 일환으로 그린 스마트 스쿨에 대한 계획을 발표하였다. 전국에 있는 노후학교 2,835동을 디지털·친환경 융합형 첨단 학교로 탈바꿈하는 것을 목표로 하는 사업이다. 기본 방향 4가지 중 하나는 저탄소 제로에너지를 지향하는 그린 학교이며, 그린 학교 구축을 통해 탄소 중립 사회를 이끌어갈 인재와 그 역량을 양성하고자 한다. 미래교육에 걸맞은 교육 환경을 마련하기 위해서는 교육공동체가 모두 힘을 모아야 한다.
>
> ※ 탄소 중립 : 이산화탄소를 배출한 만큼 이산화탄소를 흡수할 대책을 마련하여 이산화탄소의 실질적인 배출량을 '0'으로 만들어 환경보호에 기여하고자 하는 것

미래에 그린 스마트 스쿨에 근무한다고 가정하고, 그린 학교의 목적에 부합하게 설치하고 싶은 교육 시설을 구상하시오. 그리고 해당 교육 시설을 활용하여 진행할 수 있는 교육 프로그램을 계획하여 설명하시오.

채점기준(예시)

구 분	평가항목 예시
그린학교 설치 시설	• 그린 학교의 목표에 부합하면서 환경교육이 가능한 시설을 언급하고 교육 프로그램을 연계하여 구상하여야 함 　- 태양광 발전 시설 　- 빗물 재활용 시설 　- 학교 내 텃밭 및 공원 　- 건물 내 실내정원 　- 수력 발전 시설 　- 동력을 활용한 전기 발전 시설 　- 자연채광 및 자연환기 시설
교육 프로그램	• 다양한 환경교육 프로그램을 구상하되 자신의 교과나 특기와 연결 지어 설명하여야 함 • 태양광 발전 시설 프로그램 　- 현재 우리 생활 속 전기 에너지의 사용량 체감하기 　- 일정 기간 전기 없이 생활해보기 　- 태양열 에너지를 모아 전기 사용하기 　- 에너지와 자연 친화적 에너지의 중요성 알기 • 건물 내 실내정원 프로그램 　- 미세먼지 수치를 측정해보며 대기질의 문제점 진단하기 　- 실내정원 설치를 위해 계획서 작성하기(위치, 디자인, 식물의 종류 등 학생들이 직접 선정) 　- 실내정원 함께 설치하기 　- 미세먼지 감소 효과 측정하기 • 빗물 재활용 시설 프로그램 　- 빗물을 모은 후 양 측정하기 　- 생활 속에서 빗물을 활용할 수 있는 방법 구안하기(청소, 화장실 물, 화분 물 등 대체 방법 찾기) 　- 빗물을 재활용하여 물의 소중함 느끼기

채점기준	배 점	점 수
그린 스마트 스쿨의 목적에 대해 이해하고 있는가?	0~3	
교육 시설을 바탕으로 적합한 교육 프로그램을 제시하는가?	0~5	
답변에 일관성이 있는가?	0~2	

즉답형

12 이 교사는 통일교육 주간을 맞이하여 학급 내 통일의 필요성에 대하여 수업을 진행하였다. 그러던 중 학생 A의 질문을 듣고 어떻게 답해야 좋을지 순간 망설임에 빠졌다. 자신이 학생 A에게 해줄 수 있는 대답을 말하고, 학생 A에게 필요한 인성적 자질에 대하여 설명하시오.

> 학생 A : 선생님! 지난 번 제가 친구와 싸웠을 때 서로의 생각이 다를 수 있다고 하셨잖아요. 서로 가치관이 다를 수 있으니까 그 자체를 존중하고 인정해주어야 한다고 하셨는데, 우리나라는 왜 북한하고 통일을 하려고 해요? 전쟁 위협까지 받고, 세금도 많이 쓰고, 맨날 긴장하고 싸우는데 선생님의 말씀대로 그냥 서로의 존재 자체를 인정하면서 전쟁을 끝내는 것이 더 평화로운 것 아닌가요? 통일교육을 왜 하는지 잘 모르겠어요.

채점기준(예시)

구 분	평가항목 예시
통일교육의 필요성에 대해 해줄 수 있는 대답	• 학생 A에게는 통일의 필요성보다 통일교육의 필요성에 대하여 설명하며 교육적 의미를 설명하는 과정이 필요해 보임 – 통일교육의 목적이 한국과 북한 둘 만의 문제가 아닌, 인류 보편적 가치를 존중하고 세계의 평화를 지키는 것에도 의미가 있음을 알려주기 – 다른 사회 구성원이 가지고 있는 사회 문화적 가치관을 이해하는 연습으로 생각하기 – 민주적 의사결정과 문제해결 능력을 기르는 기회로 여기기 – 통일교육은 통일 이전에 자유민주주의에 대한 신념과 투철한 국가관을 함양하기 위함 – 통일교육은 민족의 의미를 탐색하고 공동체 의식을 가지는 과정임을 알려주기
학생 A에게 필요한 자질	• 민족정신 • 평화 의식 • 공동체 정신 • 문제 해결 역량 • 의사소통 역량 • 민주시민의식 • 세계시민의식 • 인류애

채점기준	배 점	점 수
통일교육에 대한 교사의 교육관이 투철한가?	0~3	
통일교육의 필요성을 알고 학생에게 적절한 응답을 해줄 수 있는가?	0~5	
답변에 일관성이 있는가?	0~2	

> 즉답형

13 학교 현장에서는 공교육의 공공성을 강조하기 위해 각종 청렴교육을 강조하고 있다. 청렴에 대한 자신의 생각을 인생관과 관련지어 설명하시오. 또한 만약 한 학생이 선생님에 대한 감사한 마음을 표현하고자 직접 만든 선물을 하였을 때 어떻게 대응할 것인지 말하시오(학생의 선물은 3천원 미만의 수제 선물이며, 면접관이 학생이라고 생각하고 답변하시오).

채점기준(예시)

구 분	평가항목 예시
청렴의 의미	• 청렴의 의미 　- 사전적 의미 : 성품 및 행실이 맑고 깨끗하여 재물 따위를 탐하는 마음이 없음 　- 사회적 의미 : 부끄럼 없는 깨끗한 마음으로 자기의 직분을 다하며, 사리사욕에서 벗어나 공평하고 투명하게 일을 처리함으로써 사회적 책임을 다하는 것
인생관	• 청렴과 관련지을 수 있는 인생관 　- 정직은 실수가 실패가 되는 것을 막는 최선책 　- 훌륭함으로 가기 위한 첫 단계는 정직 　- 정직과 청렴은 최선의 방책 　- 평생 행복하기 위해서는 깨끗하게 살자. 　- 욕심이 작으면 작을수록 인생은 행복할 수 있다. 　- 진리는 청렴으로 통한다.
대응 방법	• 학생에 대해 고마운 마음 표현하기 • 선물을 만드는 과정을 중점적으로 공감하고 칭찬해주기 • 직접 만든 선물을 선생님이 아닌 학생이 기쁘게 써줬을 때 더 보람찰 것 같다고 설득하기 • 선물은 거절하되, 손 편지로 보답하기

채점기준	배 점	점 수
자신의 인생관을 바탕으로 청렴에 대해 올바르게 성찰하였는가?	0~4	
문제 상황에 적절하게 대처할 수 있는 역량을 가지고 있는가?	0~4	
제시한 해결 방안은 학생과 교사를 모두 성장시킬 수 있는 방안인가?	0~2	

> 즉답형

14 통합교육이란 특수교육대상 학생을 일반 학급에 포함시켜 함께 수업을 진행하는 것을 말한다. 자신이 통합학급 교사를 맡게 되었을 때 예상되는 어려움 2가지를 말하고, 이를 해결하기 위한 방안을 각각 말하시오. 그리고 통합학급 교사가 가져야 할 마음가짐은 무엇인지 설명하시오.

채점기준(예시)

구 분	평가항목 예시
통합학급 교사의 어려움	• 특수교육에 대한 이해 부족으로 장애학생에 대한 지도 전문성 우려 • 통합교육 속에 매번 개별화 교육을 준비해야 한다는 어려움 • 모둠학습, 협력학습의 진행 방식에 대한 고민 • 예상치 못한 상황에 대한 대처 역량 부족 • 특수교사와 협력해야 한다는 부담 • 장애학생의 학부모님이 안심할 수 있는 여건을 만들어야 한다는 부담

어려움 해결 방안	• 장애 특성을 반영한 통합교육과정 연구 : 학교교육과정위원회에 특수교사 참석, 교원학습공동체(전문적 학습공동체) 활용
	• 통합학급 지원 시스템 구축
	  – 통합학급 운영을 위한 학급 정원 감축(다른 학급에 비해 정원을 1~3명 정도 감축)
	  – 전문 인력 도움 요청 : 특수교사, 심리상담사, 사회복지사 등
	• 개별화 교육 지원팀 구성 : 특수교육 대상자의 정보와 교육지원 정보, 학습 수준, 교육목표, 내용, 평가방법 등 종합적으로 관리
	• 특수교육 전문성 신장 : 장애 인식 개선, 장애 인권 연수, 교육청 단위의 특수(통합)교육 워크숍 참여
	• 통합교육 학급 경영 : 인성교육 및 민주시민교육, 장애인의 날 또는 장애 이해 교육주간 운영

교사의 마음가짐	• 장애학생 눈높이 맞추기 : 장애학생이 할 수 있는 일과 신체적 조건에 의해 할 수 없는 일을 잘 구분해보고 적절하게 제시하기
	• 차별하지 않기 : 일방적인 배려는 차별이 될 수 있음을 알기, 비장애학생들이 역차별당하지 않도록 전체를 보살피기
	• 학급 전체가 협력할 수 있는 분위기 만들기
	  – 교육과정과 학급경영 방식을 조정하여 장애학생과 비장애학생이 모두 협력할 수 있도록 하기
	  – 장애학생에 대해 특별한 조건을 제시해야 할 경우 비장애학생들이 논의하여 직접 정하게 하기(협력적인 분위기 형성 및 불만 방지)

채점기준	배 점	점 수
통합학급의 어려움에 대해 고민하고 적절하게 대답하는가?	0~4	
제시한 해결 방안은 교육적 효과가 있는가?	0~4	
교사로서의 사명감을 가지고 있는가?	0~2	

즉답형

15 다음을 읽고 질문에 답하시오.

> [학교체육진흥법]
> 제10조(학교 스포츠클럽 운영)
> ① 학교의 장은 학생들이 신체활동 프로그램에 참여할 수 있도록 학교스포츠클럽을 운영하여 학생들의 체육활동 참여기회를 확대하여야 한다.
> ② 학교의 장은 ①에 따라 학교스포츠클럽을 운영하는 경우 학교스포츠클럽 전담교사를 지정하여야 한다.
> ③ 학교의 장은 학교스포츠클럽 활동내용을 학교생활기록부에 기록하여 상급학교 진학자료로 활용할 수 있도록 하여야 한다.
> ④ 학교의 장은 교육부령으로 정하는 바에 따라 일정 비율 이상의 학교 스포츠클럽을 해당 학교의 여학생들이 선호하는 종목의 학교 스포츠클럽으로 운영하여야 한다.

학교체육진흥법에 따라 학교에서는 다양한 체육 활동을 통해 학생들의 건강을 신장할 의무가 있다. 자신의 경험을 바탕으로 체육활동이 중요한 이유를 설명하고, 교내 스포츠클럽 운영을 활성화하기 위한 방안 3가지를 설명하시오.

채점기준(예시)

구 분	평가항목 예시
체육활동이 중요한 이유	• 성장기 시기의 신체적, 정서적 발달을 지원하기 위해 • 기초체력 증진으로 학습과 생활 에너지를 얻기 위해 • 학업에서 얻은 스트레스를 건강하게 해소하기 위해 • 타인과 함께 스포츠에 참여하며 사회성과 공동체 역량을 신장하기 위해 • 인지, 감각, 지각 능력을 발달시키기 위해 • 교육과정에서 추구하는 교양 있는 시민으로 육성시키기 위해 • 신체활동과 관련된 다양한 적성을 파악하고 진로교육의 기회로 활용하기 위해 • 건강하고 안전한 신체 환경을 만들어주기 위해
스포츠클럽 운영 활성화 방안	• 뉴스포츠 종목 활용 : 학교에서 쉽게 접해보지 못한 뉴스포츠 종목을 중심으로 스포츠클럽 운영(플로어 컬링, 킨볼, 후크볼, 플로어볼, 스피드민턴, 인디아카 등) • 학생주도 스포츠클럽 운영 : 학생이 직접 종목 선정, 운영 방식 등을 결정하면서 학생들의 내적 동기 부여 • 여학생 스포츠클럽 운영 : 체육 활동에 소극적인 여학생들을 따로 분리하여 자체적인 스포츠클럽 운영 • 교내 스포츠클럽 축제 운영 • 체육수업과 연계한 스포츠클럽 운영 • 사제동행 스포츠클럽 : 아침 시간, 쉬는 시간, 점심시간, 방과 후 시간을 확보하여 교사가 함께 스포츠클럽 활동에 참여 • 지역 연계 스포츠클럽 : 방과 후 시간이나 주말을 활용하여 지역 내 체육회의 협조를 받아 스포츠활동 지도 • 지역 단위 스포츠클럽 대회 운영 • 스포츠클럽 연계 대외활동 운영 : 스포츠 기자단, 운동장 지원단 등 • 진로교육 및 인성교육 연계 • 창의적 체험활동(자율활동) 학급 특색 활동 연계 • 스포츠클럽 포트폴리오 제도 운영 : 자신의 체력과 스포츠 역량의 성장 과정을 포트폴리오로 작성

채점기준	배 점	점 수
교육전문성을 바탕으로 학교 체육활동의 중요성에 대하여 알맞게 이야기하는가?	0~3	
스포츠클럽 활성화를 위한 방안을 구체적으로 제시하는가?	0~5	
제시한 방안은 실천 가능하며 효과가 있는가?	0~2	

즉답형

16 혁신교육과 미래교육을 이끌어 갈 교직원의 역량 강화는 필수적이다. 따라서 교직원 생애주기별 필요한 핵심 역량을 추출하여 전문성 강화를 위한 지원을 실시하여야 한다. 교직원 성장 단계별 지원 방향 3가지와 구체적인 방법 3가지를 설명하시오.

채점기준(예시)

구 분	평가항목 예시
교직원 성장 단계별 지원 방향	• 전문성 : 교육의 주체로서 교원 역량 확립 및 맞춤형 전문성 함양 • 공동체성 : 연구하는 학교문화 토대의 연대와 협력으로 더불어 성장하는 교육공동체 지원 • 미래지향성 : 미래사회의 변화와 현장의 문제를 찾아 해결하는 실천 중심의 교원 역량 강화
구체적인 지원 방안 3가지	• 교사 자율연구년제 실시 : 교사의 자율적 연구 역량을 강화하기 위한 연구년제 • 현장실습 협력학교 운영 : 예비교사의 교직생활 체험과 학교 문화 이해로 학교 적응력을 제고할 수 있음 • 교직원의 성장단계별 역량 중심 연수 운영 : 개인의 성장 단계와 역량에 적합한 연수를 지원하여 교육자치 및 혁신교육 역량 강화하고자 함 • 교원능력개발평가 운영 개선 : 목적에 맞는 교원능력개발평가의 운영 및 학교공동체 기반의 교원능력개발평가로 개선

채점기준	배 점	점 수
해당 개념을 정확하게 이해하고 이야기하는가?	0~4	
교직원 성장 단계별 지원 방향을 적절하게 제시하였는가?	0~3	
구체적인 지원 방안을 적절하게 제시하였는가?	0~3	

즉답형

17 학생들이 삶을 살아가는 터전인 마을에서 교육이 이루어질 수 있도록 협력하는 마을교육공동체의 중요성이 더욱 강조되고 있다. 지역사회에 있는 다양한 인적, 문화적, 역사적, 환경적 자원을 수업에서 활용할 수 있는 방안을 각각 1가지씩 설명하시오.

채점기준(예시)

구 분	평가항목 예시
지역사회 자원 활용 방안	• 인적 자원 활용 　– 마을에 있는 다양한 직업군 종사자를 초대하여 학생들의 진로교육에 활용 　– 예술강사와 함께하는 협력예술동아리 활동 　– 마을에 있는 어르신에게 배우는 마을 전통 노동요, 동요 배우기 　– 교사와 마을강사의 협력 수업 활동 진행 • 문화적 자원 활용 　– 마을 전통 체험을 통해 고유의 문화 배워보기 　– 마을 축제, 행사에 참여하여 참여하는 민주시민 양성 • 역사적 자원 활용 　– 마을 유적지 체험학습을 실시하여 마을의 사랑하고, 소중히 여기는 마음 기르기 　– 마을의 역사 조사하고 소개하기 활동을 통해 우리 마을 제대로 알기 • 환경적 자원 활용 　– 마을의 다양한 자연물을 활용하여 생태교육 실시 　– 마을에 있는 산, 바다에 가서 봉사활동 실시 　– 마을 장소를 활용하여 지역주민과 함께하는 플리마켓 실시

채점기준	배 점	점 수
지역사회에 있는 자원을 활용할 수 있는 방법을 적절하게 제시하였는가?	0~4	
제시한 교육적 방안은 교육적 효과가 있는가?	0~4	
교사로서 사명감이 있는가?	0~2	

즉답형

18 교육과정에서 강조하는 교양 있는 사람을 육성하기 위해 예술교육의 기회를 확보하여야 한다. 다음 사례를 읽고 예술강사와 협력하여 교육의 질을 높이는 방안을 제시하고, 예술교육이 학생들에게 주는 교육적 영향에 대하여 설명하시오.

> 학교에서는 많은 예산을 사용하여 예술강사를 초청하고 있다. 하지만 강사들은 주 1회 학교에 방문할 뿐이고, 따로 교사와 협의시간이 주어지지 않아 대부분 강사 위주의 일방적인 수업이 운영되고 있다. 학생들이 예술 전문가를 만나 배운다는 것은 의미 있지만, 협력 수업을 진행하여 교육적 효과를 높일 필요성이 있어 보인다.

채점기준(예시)

구 분	평가항목 예시

예술강사와 협력하여 교육의 질을 높이는 방안	• 교육과정, 수업 방법, 학생들의 발달단계 및 특성에 대하여 예술강사와 정기적으로 논의하여 수업 준비하기
	• 수업과정 중 학생들의 반응, 활용 재료와 용구 조율 및 준비하기
	• 매시간 협력 수업 운영 후 사후 협의 및 성찰과 서로 피드백을 주고받으며 다음 수업에 반영하기
	• 예술강사와 교사가 각자의 전문성을 바탕으로 공동의 수업 설계
	• 사전 설문 활용하기
	  - 교사가 수업 전 사전 설문 실시 후 결과를 분석(학습수준, 흥미, 요구 등)
	  - 예술강사는 분석 결과를 토대로 수업 내용 조정 및 재구성

예술교육이 학생들에게 주는 교육적 영향	• 예술적인 방식의 소통을 경험하면서 자신을 표현하는 능력을 함양할 수 있음 • 예술에 대해 깊이 있는 경험 및 체험 가능 • 진지한 예술 체험을 통해 삶을 새롭게 볼 수 있음 • 예술을 타인과 함께 경험하고 나눔으로써 타인의 생각을 존중, 공감할 수 있음 • 예술과 문화를 향유할 수 있는 교양 있는 사람으로 성장할 수 있음 • 예술·문화적 감수성 함양할 수 있음 • 전문 직업인과의 만남으로 자연스러운 진로 교육 가능

채점기준	배 점	점 수
예술강사와 교사가 협력하여 교육의 질을 높일 수 있는 방안을 적절하게 제시하였는가?	0~4	
예술교육이 학생들에게 주는 교육적 영향을 적절하게 설명할 수 있는가?	0~4	
제시한 교육적 방안은 교육적 효과가 있는가?	0~2	

즉답형

19 교육과 관련된 기술을 개발하는 IT 기업들이 늘어나고 있다. 교육 시장이 가지고 있는 문제를 IT 기술로 풀어보려는 시도인데, 이러한 산업을 교육(Education)과 기술(Technology)의 결합인 에듀테크(Edutech)라고 한다. 학교 교육에서 가능한 에듀테크 활용 방안 3가지를 제시하고, 에듀테크를 활용함에 있어 교사가 지녀야 할 역량 3가지를 설명하시오.

채점기준(예시)

구 분	평가항목 예시
에듀테크(Edutech) 활용 방안	• 교육 어플 활용 수업 　예 카훗 : 교사가 퀴즈를 만들고 학생들은 스마트폰, 태블릿 등으로 문제 풀이를 함. 학생들의 평가 결과를 스프레드시트 형태로 받을 수 있음 • 디지털 교과서를 활용한 거꾸로 학습 : 디지털 교과서에 있는 AR, VR 자료와 학습 문제 등을 바탕으로 학생 스스로 학습하고, 이해가 안 되는 부분을 교사에게 질문하고 교실에서 토의·토론 진행 • AI 맞춤형 수학교육 : 태블릿으로 학생이 수학 문제 풀이를 하면 AI가 데이터를 분석하여 부족한 부분 파악하고, 맞춤형 문제 제공
에듀테크 활용에 있어 교사가 지녀야 할 역량	• 소통 : 에듀테크 활용 수업에서도 마찬가지로 학생이 겪고 있는 문제, 학습의 어려움 등을 파악하여 소통하는 능력 필요 • 학습 코칭 : 개별 학생들의 흥미와 수준을 파악하여 학습 내용, 방법, 추후학습 등을 코칭할 수 있어야 함 • 학습 디자이너 : 학생들의 적합한 학습 전략을 디자인할 수 있어야 함 • 교육 어플, 교육 콘텐츠 활용할 수 있는 능력 • 스마트 기기 활용 능력 • 컴퓨팅 사고력 • 소프트웨어 역량 • 미디어 리터러시

채점기준	배 점	점 수
에듀테크 활용 방안을 적절하게 제시하였는가?	0~6	
에듀테크 활용에 있어 교사가 지녀야 할 역량을 적절하게 제시하였는가?	0~3	
교사로서 사명감을 가지고 있는가?	0~1	

즉답형

20. 많은 학교들이 나무를 심고 숲을 조성하여 학생들이 자연 환경 속에서 뛰어놀고, 학습할 수 있도록 하기 위해 학교 숲을 조성하고 있다. 학교 숲을 조성했을 때 학생들에게 줄 수 있는 긍정적 영향을 말하시오. 그리고 학교 숲을 활용하기 위하여 교육청의 지원 방안과 교사가 수업시간에 활용할 수 있는 방안을 각각 2가지씩 설명하시오.

채점기준(예시)

구 분	평가항목 예시
학교 숲의 긍정적 영향	• 학생들을 생태 감수성 및 생태 소양을 지닌 생태시민으로 키울 수 있음 • 자연친화적 학교로 학생들에게 정서적 편안함, 안정감을 줄 수 있음 • 다양한 식물들을 접함으로써 식물에 대한 호기심을 불러 일으킬 수 있고, 생명존중교육으로 이어질 수 있음
교육청 지원 방안	• 교육과정과 연계한 학교 숲 활용 교육 프로그램과 교재 개발 및 보급 • 학교 숲 활용 교육 교수·학습방법 연구 및 보급 • 학교 숲 활용 관련 학생 교육 및 교직원 직무 연수 • 학교 숲 활성화를 위한 홍보 활동
수업시간 활용 방안	• 학교 숲 체험을 통해 다양한 식물의 종류 알아보기 • 학교 숲 보물찾기를 통해 학교 숲과 친해지기 • 학교 숲에 있는 식물 세밀화 그리기 • 학교 숲 함께 가꾸기를 통해 식물 기르면서 생명의 소중함 깨닫기 • 학교 숲에 있는 쌍떡잎식물, 외떡잎식물 구분해보기 • 학교 숲에 있는 다양한 곤충 관찰하기 • 학교 숲 봉사활동 실시하기

채점기준	배 점	점 수
학교 숲의 긍정적 영향을 설명할 수 있는가?	0~4	
학교 숲을 활용하기 위한 교육청 지원 방안을 적절하게 제시하였는가?	0~3	
교사가 수업시간에 학교 숲을 활용할 수 있는 방안을 적절하게 제시하였는가?	0~3	

> **즉답형**

21 다음 자료를 보고 교직원에게 청렴이 중요한 이유를 설명하고, 학교에서 청렴문화를 활성화할 수 있는 방안 3가지를 설명하시오.

> 과거에는 존문(存問)이라는 관습이 있었다고 합니다. 이것은 목민관으로 발령받은 신임 부사가 지방토호에게 보내는 안부 편지로, 존문을 받은 사람은 선물(뇌물)을 준비하여 신임 부사에게 인사를 청했다고 합니다. 다시 말해 목민관은 부정부패를 저지르지 않고도 개인 자산을 부풀릴 수 있었던 것이지요.
> 조선 중기의 문신이었던 김덕함 선생은 존문의 틀을 깬 사람이었습니다. 당시 김덕함 선생이 7개의 고을을 관리하는 목민관으로 부임받았을 때, 원칙을 중요하게 여겨 오랫동안 이어져왔던 존문(存問)의 관습을 폐지시켰다고 합니다.
>
> 출처 : http://blog.daum.net/loveacrc/5022

채점기준(예시)

구 분	평가항목 예시
청렴이 중요한 이유	• 개인의 이익을 위하여 공직을 이용해 위법 행위를 하는 것은 부패가 생기는 원인이 됨 • 교육자로서 학생들에게 본보기가 될 수 있는 모범을 몸소 보여주어야 함 • 청렴은 교육공무원 인사관리규정 중 교원의 4대 주요 비위 요소 중 하나임(금품·향응 수수, 체벌, 성폭행, 성적 조작)
청렴문화 활성화 방안	• 청렴은 나로부터 비롯된다는 인식이 기본이 되어야 함 • 고위공직자 청렴도 평가 실시 : 교장, 교감 대상 청렴도 설문 • 청탁금지 연수 및 청렴 콘서트 운영을 통해 청렴 문화 홍보 • 일상 감사 및 특정 감사, 사이버 감사 활성화 • 공익 제보 활성화 및 공익 제보자 보호 및 지원 강화 • 시민감사관제 적용

채점기준	배 점	점 수
교사에게 청렴이 중요한 이유를 적절하게 설명할 수 있는가?	0~4	
청렴문화 활성화 방안을 적절하게 제시하였는가?	0~4	
교사로서 사명감을 가지고 있는가?	0~2	

즉답형

22 김 교사의 학급에는 학업중단을 선언한 학생이 있어 요즘 걱정이 많다. 만약 자신이 김 교사라면 학업중단을 하고자 하는 학생이 반에 있다면 어떻게 대처할 것인지 설명하시오. 그리고 학업중단을 예방할 수 있는 방안 3가지를 제시하시오.

채점기준(예시)

구 분	평가항목 예시
학업중단 선언 학생 대처 방안	• 학생, 학부모와 충분한 상담을 통해 학업중단을 하고자 하는 원인을 파악하고 충분히 공감해야 함 • 진지한 자세로 학생의 말을 들어주고 경청해야 함 • 학생을 지지하고 수용적 태도 취함으로써 학생의 정서와 좌절된 욕구 파악하기 • 지속적인 관심과 따뜻한 격려의 말 건네기 • 충분한 라포가 형성된 후에는 학업중단으로 인해 학생에게 일어날 수 있는 영향에 대하여 설명하기 • 적절한 멘토링 및 상담 프로그램 지원 • 학업중단 숙려제를 통해 2주 이상의 적정 기간 동안 충분히 생각하고 판단할 시간을 주기
학업중단 예방 방안	• 교사들이 학업중단 위기학생의 징후를 발견할 수 있도록 학업중단 예방 연수 및 프로그램 지원 • 교사가 학생의 학업중단 위기징후는 없는지 꾸준한 관심을 갖고 관찰하기 • 학교 내 대안교실 운영을 통해 학생들이 정규 교육과정 일부를 대체하는 프로그램 경험하도록 지원 • 학업중단 예방 지원단, 지역 협의체 및 유관기관과의 연계를 통해 학생 맞춤형 지원 실시하기 • 학업중단 위기 원인별 맞춤형 프로그램 활용하기(상담, 심리 검사, 학습 지원 등)

채점기준	배 점	점 수
학업중단 선언 학생에 대해 적절하게 대처할 수 있는가?	0~4	
학업중단을 예방할 수 있는 방안을 적절하게 제시하였는가?	0~4	
제시한 방안은 구체적이고 실천 가능한가?	0~2	

즉답형

23 다음 사례를 보고 최근에 발생하는 학교폭력 사안의 특징 3가지를 설명하고, 학교폭력을 예방할 수 있는 방안 3가지를 제시하시오.

- 사례 1 : 소셜네트워크(SNS)에서 비속어와 비방 등 댓글폭력에 시달린 A 여중생이 한 고층 아파트에서 투신해 숨져 경찰이 수사에 착수했다. 경찰은 A양의 SNS 게시물을 확인한 결과 각종 비속어와 비난 댓글이 많이 달렸고, 이를 비관해 투신한 것으로 추정하고 있다. 이러한 양상의 사건은 최근 들어 급증하는 추세이며, 댓글폭력, SNS 폭력은 사이버폭력에 해당하며, 사이버 불링(Cyber Bullying)이라고 정의하고 있다.
- 사례 2 : 남학생 2명은 같은 학교에 다니던 중학생을 집단으로 성폭행한 혐의로 검찰에 넘겨졌다. 해당 남학생 2명은 피해자를 늦은 시각 특정 장소로 불러내어 강제로 술을 먹이고 계단으로 끌고 가서 성폭행하였다. 성폭행을 시도하는 과정에서 다치게 한 혐의가 있었고, 성폭행 과정에서 휴대전화로 피해자의 나체 사진을 촬영한 혐의도 발견되었다. 뿐만 아니라 사건 이후 피해자의 오빠에게 메시지와 이모티콘을 보내며 조롱하고, 수차례 전화를 걸어 괴롭힘을 이어갔다고 한다.

채점기준(예시)

구 분	평가항목 예시
학교폭력 사안의 특징	• 소셜네트워크(SNS)를 통한 사이버폭력, 언어폭력 비중이 늘어나는 추세임 • 학교폭력 발생 연령대가 낮아지고 있음 • 가해자가 집단적 성향을 보임 • 학교폭력의 가해자가 죄의식이 없는 경우가 많음
학교폭력 예방 방안	• 담임교사 중심 교실 내 교과와 접목한 학교폭력 예방교육 실시를 통해 학교폭력의 다양한 종류 알려주기(언어폭력, 사이버폭력, 왕따 등) • 학생들을 꾸준히 관찰하고 학급일지에 기록하여 학교폭력 사전에 예방하기 • 또래활동, 언어문화, 사이버폭력, 관계회복 주제 등 다양한 학교폭력 예방 프로그램 운영 • 교육 연극 초청공연, 연극 동아리 등 예술 연계 학교폭력 예방 교육 실시 • 학교폭력예방교육지원센터에서 개발한 교육 프로그램인 '어울림 프로그램' 활용 • '도란도란 학교폭력 예방' 홈페이지 서비스 활용 • 학교폭력 실태조사 실시 • 학교폭력 예방학교 행사 실시 : 표어 만들기, 캠페인 활동, 영상 제작 등 • 회복적 생활교육 실시를 통해 상호 존중 태도와 공동체 의식 함양 • 배움터 지킴이, 학교 보안관 등 학생 보호인력 배치하기

채점기준	배 점	점 수
최근 학교폭력 사안의 특징에 대하여 적절하게 제시하였는가?	0~3	
학교폭력 예방 방안을 적절하게 설명하였는가?	0~4	
제시한 방안은 구체적이고 실천 가능한가?	0~3	

> **즉답형**

24 다음은 학교폭력에 대한 다양한 전문가들의 의견이다. 이를 보고 현재 학교폭력 사안 처리의 문제점 3가지를 제시하고, 이를 해결하기 위한 생활교육에 대하여 설명하시오.

- A 사무총장(○○교육재단) : 기존에는 학교폭력 사안이 발생하였을 때 피해자에게 보상하는 것, 가해자를 벌하는 것을 중요한 과제로 여겼지요. 하지만 이제는 이러한 시각에서 벗어나 학생들이 친구들과 생활하면서 발생할 수 있는 어려움을 인지하고 자체적으로 해결할 수 있도록 교육이 변화하여야 합니다.
- B 연구원(한국교육개발원) : 조금 과장해서 말하자면 집에서 굶주린 아이들은 학교에 나와 살려고 발버둥 칩니다. 그 발버둥이란 학교에서 다른 친구들의 물건을 빼앗는 행동일 수 있지요. 다시 말해 학교는 아동들의 성장 환경에 문제가 없는지를 종합적으로 살펴보고 지원하여야 합니다.
- C 변호사(△△교육청 소속) : 학교폭력 예방을 위해서 교사들에게 학생들을 잘 살펴보아 달라고 강조하지요. 하지만 막상 현장을 살펴보면 교사들에게는 여유가 없습니다. 학생들이 어떠한 표정을 짓고 있는지, 평소에 잘 웃던 친구가 갑자기 침울해하지는 않는지, 교우관계가 어떻게 변화해가고 있는지 꼼꼼하게 살펴볼 여유가 있어야 하지요. 다만 지금 여러 제반 시스템들은 그저 학교에 큰 부담을 주기만 할 뿐이지요.

출처 : https://www.natv.go.kr/renew09/brd/news/news_vw.jsp?newsId=45651

채점기준(예시)

구 분	평가항목 예시
학교폭력 사안 처리 문제	• 가해자 처벌·징계에 초점을 두는 응보적 정의를 바탕으로 학교폭력 사안을 처리함 • 학생들의 배경, 성장 환경, 상황을 고려하지 않고 학교폭력 문제 처리에만 집중하는 실정 • 학교의 교사가 학생들의 충분히 관찰하고 교육함으로써 학교폭력을 예방할 수 있는 시간적 여유가 없음 • 학교폭력 발생 시 적절한 전문가, 기관의 도움이 부족하고 법적인 절차가 학교에 부담을 주는 실정

학교폭력을 예방할 수 있는 생활교육	• 회복적 생활교육
	  – 잘못된 행동을 변화시키는 방법인 비난·강제·처벌·배제의 방식(응보적 정의)이 아닌 치유·자비·조정·화해의 방법으로 문제를 해결하는 회복적 정의를 학교에서 실천하는 방식
	  – 갈등 문제 해결에만 집중하지 않고 구성원이 평화롭게 연결되고 서로 존중하는 학교 문화를 만드는 것이 중요하며, 가해자와 피해자의 관계 회복에 중점을 둠
	• 회복적 생활교육을 위한 환경 구축하기
	  – 학기 초 우리들의 약속 설정하기 : 교실을 평화로운 공간으로 만들기 위한 합의된 규칙 만들고 지키기
	  – 체크인·체크아웃 서클 : 무언가를 시작하기 전(체크인), 무언가를 마치고서(체크아웃) 동그랗게 둘러 앉아 서로의 의견을 나누는 모임을 통해 존중하는 관계 형성하기
	• 회복적 생활교육을 위한 문화 조성하기
	  – 적극적 경청 : 타인의 이야기를 선입견, 판단, 분석을 내려놓고 있는 그대로 듣는 태도 기르기
	  – 비폭력 대화 : 우리가 무엇을 관찰하고, 느끼고, 바라고, 무엇을 부탁하는가에 집중하며 자신을 표현하거나 타인의 말에 귀 기울이는 것으로 존중하는 대화 방식 취하기
	• 회복적 생활교육 운영 및 관계 맺기
	  – 회복적 질문하기 : 관계 회복과 능동적 책임을 돕기 위한 열린 질문 활용
	  – 적극적 경청을 통한 회복적 개입 실시 : 타인의 감춰진 욕구 찾아내기
	  – 회복적 대화 : 일탈행위 시 학생의 입장 공감하고, 개인과 공동체를 위한 대안을 함께 찾기
	  – 회복적 성찰문 작성하기 : 자신의 행동이 공동체에 주는 영향을 이해하고 이를 책임질 수 있는 방법 찾고 성찰하기

채점기준	배 점	점 수
제시문을 보고 학교폭력 사안 처리의 문제점을 적절하게 제시하였는가?	0~3	
학교폭력을 예방할 수 있는 생활교육을 적절하게 제시하였는가?	0~4	
제시한 방안은 구체적이고 실천 가능한가?	0~3	

> 즉답형

25 자신이 지금까지 본 영화나 미디어 콘텐츠 중 인상 깊었던 것을 하나를 고르고, 그 이유를 설명하시오. 그리고 이것이 내포한 의미를 교육과 연관 지어 설명하시오.

채점기준(예시)

구 분	평가항목 예시
선택과 이유	• 자신이 선택한 콘텐츠에 대하여 자유롭게 설명하기 • 단, 교육적으로 바라보았을 때 긍정적인 해석을 도출할 수 있도록 선택하는 것이 답변에 수월함 • 만약, 부정적인 해석을 도출할 경우 추가적으로 해결 방안을 제시할 수 있도록 답변을 구상하기 바람

예시 1	• 영화 '해리포터'를 한국 입시와 비교해보기
	  – 영화 속에서 등장하는 인물들을 살펴보면 마법사 집안의 상위 계층의 학생들이 대부분이고, 인간 계층인 헤르미온느 역할만이 공부에 엄청난 열의와 집착을 보임. 그 외 학업에 최선을 다하는 학생은 많이 보이지 않음
	  – 해당 영화는 영국을 배경으로 하고 있으므로 영국 내에서 학업으로 계층 이동이 어렵다는 문화적 특성을 반영하고 있다고 생각함
	  – 따라서 한국의 입시가 과열되는 이유는 학업을 통해 개인의 능력을 개발시켜 계층 간 이동이 가능하기 때문
	  – 입시 과열이 가져오는 단점도 있지만, 학생 개개인에게 필요한 요소를 충족시켜줄 수 있는 기회로서 작용될 수 있음을 시사함

예시 2	• 영화 '인사이드 아웃'을 통한 학생 인성교육
	  – 영화 '인사이드 아웃'에서는 한 아이의 머릿속에 존재하는 기쁨이, 슬픔이, 버럭이, 까칠이, 소심이의 다섯 가지 감정이 있음
	  – 여러 문제 상황 속에서 다섯 가지 감정들이 매 순간 시간이 걸리더라도 상호 소통하며, 스스로 감정을 조율하기 위해 노력함
	  – 학생이 문제 상황을 일으켜 교사가 지도할 때 한 순간의 단면만을 보지 않고, 학생이 스스로 감정을 조절하기 위해 노력하고 있다는 점을 감안하고 지도하여야 함
	  – 상황적 맥락을 이해하며, 학생이 자신을 성찰하고 조율할 수 있는 시간적 여유를 두는 것이 필요하고, 교사는 조력자로서 경청하고 공감할 수 있어야 한다는 것을 시사함

채점기준	배 점	점 수
자신의 생각을 논리정연하게 서술하고 있는가?	0~2	
콘텐츠가 내포한 교육적 의미를 적절하게 해석하였는가?	0~5	
교사로서의 자질과 전문성을 가지고 있는가?	0~3	

PART 05

부록

CHAPTER 01 심층면접 기출문제(2019 초등)

CHAPTER 02 심층면접 기출문제(2019 중등)

임용 심층면접 만점교사가 알려주는

면접 바이블

CHAPTER 01 심층면접 기출문제(2019 초등)

[1] 2019년 강원도 초등

구상형

1. 첫 발령으로 5학년 담임교사가 되었다. 학기 초 가정통신문에 안내할 자신의 교육관과 학급 경영 방안에 대해서 설명하시오.

즉답형

1. 자신이 살면서 가장 행복했던 순간과 그 이유를 말하고, 학교생활에서 학생들의 행복도를 높이기 위한 방안 3가지를 설명하시오.

2. 여러 가지 강원도 교육 정책 중 마음에 드는 것을 한 가지 골라 이유를 말하시오. 또한 정책을 학급에 적용하는 방안에 대하여 설명하시오.

3. 학생들을 민주시민으로 양성할 수 있는 구체적인 방안 3가지를 설명하시오.

2 2019년 경기도 초등

구상형

1. 미래교육을 위해서는 학생의 창의력과 상상력을 신장시키는 것이 중요하다. 학교 공간 중에 한 가지를 골라 창의력과 상상력을 키워줄 수 있는 방안을 설명하시오(다음의 조건을 모두 포함하여 말하시오).

   - 조건 1 : 해당 공간을 선정한 이유
   - 조건 2 : 재구성한 공간의 구체적인 모습
   - 조건 3 : 활용 방법과 교육적 효과

2. 현재 운영되고 있는 교사학습공동체(전문적 학습공동체)의 문제점 3가지를 말하고, 이를 개선할 수 있는 방안 3가지를 설명하시오.

즉답형

1. 다음 보기는 최근 학생들 사이에서 유행하는 요소들이다. 다음 중 하나를 선택하여 학생들의 문화를 이해할 수 있는 방안과 지도 방안에 대하여 말하시오.

   [보 기]
   K-POP / 유튜브 / 외모 가꾸기 / 신조어 등

2. 과정 중심 평가(성장 중심 평가)를 가정과 연계하여 운영할 수 있는 방안에 대하여 말하시오.

[3] 2019년 서울 초등

구상형

1 다음의 조건을 보고 심미적 감성 역량과 민주시민 역량을 키울 수 있는 협력적 프로젝트 수업을 6차시로 구상하고, 이를 통해 학생들에게 일어나는 긍정적인 변화를 말하시오.

[조 건]
- 학급 전체 단위로 협력적 프로젝트 수업 가정
- 한 과목을 프로젝트 학습으로 가장
- 키우고자 하는 역량과 차시를 연결하여 제시

> **즉답형**

1 어려움을 겪었던 본인의 경험을 인성요소와 관련하여 설명하고, 교사로서 이를 극복하기 위해 한 노력을 3가지 말하시오.
(추가질문) 교사로서 학생들에게 함양해주고 싶은 중요한 인성 자질 1가지를 설명하고, 이를 가르치기 위한 방안 3가지를 설명하시오.

2 다음의 지문을 읽고 자신을 사랑하는 것이 왜 중요한지 설명하고, 학생들이 자기 자신을 사랑할 수 있도록 만드는 교육적 방안 3가지를 설명하시오.

> 제 이름은 김남준이고 RM으로 알려져 있고, 방탄소년단의 리더입니다. 저는 9~10살 정도에 제 자신의 목소리를 내는 것을 멈췄고, 다른 사람들의 목소리를 듣기 시작했습니다. 누구도 제 이름을 불러주지 않았고, 저도 제 이름을 부르지 않았습니다. 제 심장은 멈췄고 제 눈은 감겼습니다. 이런 일들이 저와 우리와 다른 사람들에게 일어나고 있습니다. 음악이 저의 진짜 이름을 부르는 소리를 듣기까지 많은 시간이 걸렸습니다. 과거의 저는 실수를 했을지도 모릅니다. 하지만 어제의 저도 여전히 저 자신입니다. 오늘의 저는 과거의 많은 실수들이 모여서 만들어졌습니다. 내일 저는 지금보다 더 현명할지도 모릅니다. 이 또한 저겠죠. 제가 했던 실수들은 제가 누구인지를 이야기해주며, 제 인생의 우주를 가장 밝게 빛나게 해주는 별자리입니다. 내가 누구인지, 내가 누구였는지, 내가 누구이고 싶은지의 의미가 모두 포함된 것이 Love Myself입니다. Love Myself 캠페인을 시작한 이후에 우리는 전 세계의 팬들로부터 소중하고 중요한 메시지를 듣게 되었습니다. 인생의 시련들을 어떻게 극복했고 스스로를 어떻게 사랑하게 됐는지에 대해서 입니다. 이 이야기들은 저의 책임감을 일깨워주었습니다. 우리는 스스로 자신을 사랑하는 법에 대해 배웠습니다. 스스로에 대해서 이야기해보라고 말하고 싶습니다. 여러분의 이름은 무엇입니까? 여러분의 심장을 뛰게 하는 것은 무엇입니까? 여러분이 누구인지, 어디에서 왔는지, 피부색은 무엇인지, 성 정체성은 무엇인지, 스스로에게 말해보세요. 스스로에게 이야기하면서 여러분의 이름을 찾고, 여러분의 목소리를 찾으시기 바랍니다.

[4] 2019년 인천 초등

구상형

1. 본인이 교직을 선택한 이유를 말하고, 교사로서 전문성을 신장할 수 있는 방안을 설명하시오.

2. 놀이교육을 활용할 수 있는 방법 3가지를 설명하시오.

즉답형

1. 학부모에게 안내한다는 가정하에 학습지도와 생활지도의 측면에서 학급운영 방안에 대하여 설명하시오.

2. 교사로서 자신이 가진 강점을 활용하여 다음과 같은 학생을 지도하는 방법을 구상하시오.

   - 친구가 없는 학생
   - 수업에 흥미가 없는 학생
   - 의기소침한 학생

5 2019년 평가원(공통) 초등

구상형

1 다음의 상황을 보고 이 교사의 문제점을 말하고, 이를 해결할 수 있는 방법을 상황별로 각각 1가지씩 말하시오.

> (가) 이 교사는 수업을 하다가 학생 두 명이 떠들고 있는 것을 발견하였다. 학생 두 명을 지목하여 수업에 집중하라고 혼을 냈다. 그러자 하는 말이 "다른 OO이는 쪽지 보내고 놀기도 하고, 다른 OO이는 장난감도 갖고 노는데 왜 우리들한테만 뭐라고 그래요?"라고 불평을 했다.
>
> (나) 모둠활동으로 수업이 잘 진행되던 중 한 명의 학생이 장난을 치는 것을 발견했다. 이 교사는 '저 학생을 본보기로 삼아서 이 학급에 경각심을 줘야 겠다.'라고 생각하며 장난친 학생에게 소리를 지르며 화를 내었다. "너 지금 뭐하고 있니?! 너 때문에 너희 모둠 친구들이 다 늦고 피해를 본다는 것을 알고 있니?!" 이 교사의 지적에 학생들은 소극적으로 변하였고 수업 분위기는 차가워졌다.
>
> (다) 이 교사는 수업을 마무리하기 위해 학생들이 직접 발표하며 자신이 배운 내용을 정리하도록 하였다. 이 교사는 직접 학생의 발표 순서를 정해주고 활동을 진행하던 중 발표자가 아닌 친구들이 내용을 듣지 않으며 떠들기 시작했다.

즉답형

1. 연수 목록을 참고하여 이수하고 싶은 연수를 2가지 고르고, 교사의 전문성을 연결하여 선택한 이유를 각각 2개씩 말하시오.

   [보 기]
   - 스팀융합교육(STEAM)
   - 한 달에 한 권 책 읽기 프로그램
   - 코딩교육(S/W)

2. 다음 상황을 읽고 김 교사의 대처 방안을 2가지 설명하고, 대처 방안에서 김 교사에게 필요한 인성적 자질을 각각 1가지씩 말하시오.

   > 김 교사는 올해 초임교사이다. 평소처럼 김 교사가 수업을 하고 있는데 동학년 교사인 박 교사가 수업시간에 지나가면서 창문으로 김 교사의 수업을 보고, 수업 후에 찾아왔다. 그리고 김 교사에게 "내가 김 교사 잘되면 좋겠어서 말하는 건데, 수업은 이렇게 하는 거다.", "애들이 집중 안 할 때에는 이렇게 하는 거다."라며 수업 조언을 해주고 갔다. 이런 박 교사에 대해서 김 교사는 고마운 마음도 들지만 너무 과도하게 간섭하는 것 같아서 난감해하며, 어떻게 대처해야 할 지 고민이다.

CHAPTER 02 심층면접 기출문제(2019 중등)

[1] 2019년 강원도 중등

구상형

1 다음의 제시문을 보고 물음에 답하시오.

> - 공정한 사회는 원초 상태에서 사회구성원들이 상호 이익을 증진할 수 있는 최소극대화원리(또는 차별의 원리)를 설정하고, 이 원리를 준수할 것을 합의하는 사회이다. 롤즈(J. Rawls)는 사회적으로 가장 열위한 처지에 있는 소득계층의 후생을 극대화하는 분배가 최적재분배라고 하였다. 롤즈의 최소극대화원리는 사회구성원들 가운데 처지가 가장 열악한 계층의 경제적 지위를 개선하는 방식으로 최적재분배를 도모하는 특징이 있다. 따라서 최소극대화원리는 다른 재분배정책과 비교할 때 경제적 약자를 배려하는 장점이 뚜렷하다.
> - 강원도교육청은 위기학생 지원을 위해 '학생지원센터'를 운영하고 고위기학생을 지원하는 전문상담지원체제 운영을 더 강화할 계획이다. 교육격차 해소를 위해서 교육복지 지표를 새롭게 개발하고, 학업중단 예방활동을 강화하며, 대안교육, 공립형 대안학교의 내실화를 도모할 계획이다. 또한 국가-지자체-학교를 연계하여 돌봄 교실 및 방과 후 학교를 위한 시스템도 새로 구축한다. 학생 교복비 지원, 저소득층 자녀교육비 지원 등 학부모의 '돈 안드는 교육'을 완성할 계획이다.

1-1. 다음의 그림을 보고 교육 공공성과 관련지어 공교육의 문제점을 말하시오. 그리고 이 문제점을 개선하기 위한 방안 3가지를 설명하시오.

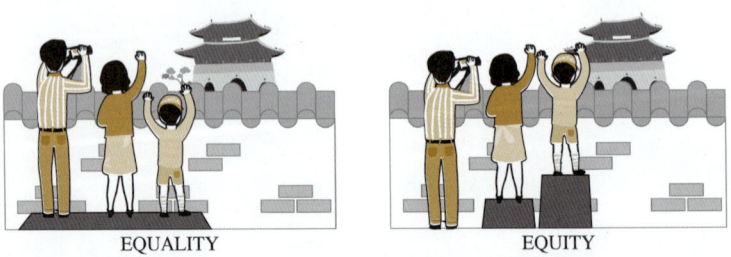

출처 : https://www.eduinnews.co.kr/news/articleView.html?idxno=6990

1-2. 신규교사 A는 학습 수준 차이가 다양한 학급을 맡고 있다. 반에는 다문화 학생 5명(북한학생 1명), 기초학력 부진 학생 4명, 특수학생 1명이 있다. 이들을 지원할 수 있는 방안 4가지를 설명하시오.

즉답형

1. 학교 규모는 6학급이며 도시와 1km 정도 떨어져 있는 학급 내 학생이 20명인 교원 수급에 어려움이 있는 농촌의 학교이다. 진로 선택 교육과정 운영 방안 4가지를 설명하시오.

2. 청소년 민주주의 교육을 위한 강원도의 교육 정책 4가지를 설명하시오.

3. 학급에 학교폭력 가해 학생이 전학을 왔다. 그 뒤로 학생들은 담임교사의 말을 듣지 않는다. 다른 동료교사들도 수업 진행이 어려워 불만을 표현하고 있다. 이때 담임교사에게 필요한 역량 2가지를 말하고, 동료교사로서 해당 담임교사에게 해줄 수 있는 일 2가지를 말하시오.

2   2019년 경기도 중등(교과)

구상형

1. 학급의 일에 별로 관심이 없고, 모둠 활동에 소극적으로 참여하는 학생들이 많다. 자기 일에만 관심이 많고 공동의 일에는 관심이 없는 학생들도 많다. 이런 교실을 소통과 협력적 교실 문화를 형성하기 위해 어떻게 할 것인지 4가지 방안에 대하여 설명하시오.

2. 수능 이후, 학기말 시험 이후의 기간을 활용하여 꿈과 끼, 창의인성 교육, 진로 교육 등을 어떻게 실시할 수 있을지 구체적인 방법을 설명하시오.

즉답형

1. 자기주도적인 삶과 민주시민교육을 위하여 학생이 함께 참여할 수 있는 계획을 세우고, 이를 운영하기 위한 방안 2가지를 설명하시오.

2. 독서교육의 필요성을 말하고, 자신의 교과와 관련하여 실천할 수 있는 독서교육 방법을 설명하시오.

3 2019년 경기도 중등(비교과)

구상형

1 경기도교육청은 안전하고 건강한 학교문화를 만들기 위해 노력하고 있다. 보기를 참고하여 어떠한 안전교육활동을 할 수 있을지 설명하시오.

[보 기]
- 학생 : 사례 중심의 토의·토론 교육활동
- 수업 : 전 교사 수업 전 5분 안전교육, 안전교육 내실화
- 교사 안전연수 : 체험 중심 안전연수

2 전문적 학습공동체에 참여할 때 자신의 교과와 관련된 주제를 정하고 구체적인 계획을 제시하시오.

즉답형

1 교육공동체 대토론회 활동에서 학부모님 참여도가 낮다면, 이를 높이기 위해서 할 수 있는 구체적인 방안을 설명하시오.

2 한 학생이 속이 좋지 않다며 점심시간마다 밥을 먹지 않고 교실에 혼자 남아 있으려고 한다. 이 학생에 대한 지도 방안을 설명하시오.

4 2019년 서울 중등(교과)

구상형

1 (A) 상황의 문제점을 2가지 찾고, (B)의 관점에서 (A)상황에 대하여 지도할 수 있는 방안 3가지를 설명하시오.

> (A) 학급자치 시간에 학생용의복장 규정에 대하여 학생 개성 실현을 침해하는지에 대하여 토론을 하려 한다. 박 교사는 토론 규칙에 대하여 간략히 설명하고 복장 규정의 필요성을 강조한 후 토론을 진행했다. 토론이 시작된 후, 규정이 권리를 침해한다는 소수 학생의 의견이 발언권을 독점하여 다른 의견들이 배제되었다. 결국 토론은 학생들의 권리를 침해한다는 쪽으로 결론이 났다. 토론 후 학생들 중 일부는 토론에서 승리했다고 즐거워하였고, 다른 친구들은 자신의 발언이 무시되었다고 화를 냈다.
>
> (B) 서울형 민주시민교육 논쟁수업활성화 방안으로서 보이텔스바흐 합의가 사용되고 있다. 보이텔스바흐 합의는 사회적 다양성, 주체성, 이해관계, 판단 능력 등을 함양할 수 있게 만드는 민주시민교육 방안이자 대립하는 진영의 합의를 이끌어내는 교육원칙이라 할 수 있다.

2 4가지 유형별 학생의 특성을 바탕으로 담임교사의 지도 방안과 그 이유를 설명하시오.

(추가질문) 다음 4가지 유형의 학생들이 모두 함께 참여할 수 있는 교육 프로그램을 제안하시오.

> • 학급 경영 목표 : 모두의 가능성을 열기
> • 학생 유형별 특성
>   – 유형 1. 대학 진학이 목표, 성실하게 학교생활에 임함, 장래희망 미정(14명)
>   – 유형 2. 학습에는 흥미 없음, 무기력함, 수업시간에는 잠을 자거나 다른 생각을 함(9명)
>   – 유형 3. 주의력 결핍, 불안 증세, 학교 부적응, 감정 조절 못함, 폭력성, 수업 방해(2명)
>   – 유형 4. 특수교육대상자(가벼운 지적장애), 수업활동 학급에 관심이 많음, 소극적이고 의존적임, 자발적 참여는 하지 않음(1명)

즉답형

1 기능론적 관점과 갈등론적 관점의 특징을 설명하시오. 그리고 자신이 선호하는 관점이 가지는 한계점 2가지를 말하시오.

2 서울특별시교육청은 정의로운 차등을 지향한다. 교사로서 정의로운 차등의 필요성에 대하여 설명하고, 이를 실현할 수 있는 방안 2가지를 말하시오.

5 2019년 서울 중등(비교과)

구상형

1. (A)를 바탕으로 (B) 활동을 하고자 한다. 자신의 전공과 관련하여 (B) 활동 밑줄에 들어갈 구체적인 교육 활동 계획을 제시하고, 이를 통해 함양할 수 있는 학생 역량을 설명하시오. 그리고 (B) 활동을 할 때 교사로서 주의해야 할 점 2가지를 제시하시오.

> (A) 학교의 주체인 학생들이 스스로 학습하고 발전 및 성장하기 위해서는 학생들이 기획하고 실천하며 해결하는 방법인 학생자치활동이 매우 중요하다. 학생이 제안한 아이디어가 실현되고 학생회 공약이 진행되며, 학생 및 학생회가 주도하는 학교·지역사회 참여 기회를 확대하여 책임의식과 자율적 참여, 상호존중의 민주시민 의식을 함양하기 위하여 '학생 참여 예산제'를 바탕으로 학생자치활동을 활성화시켜 자율성과 책임이 중요시되는 학교 문화를 만들어야 한다. 이런 자치활동 활성화를 통해 민주시민으로서의 리더십을 기르고, 학교 교육활동에 적극적으로 참여함으로써 학생자치활동 능력을 강화시킬 수 있다. 더불어 나눔과 배려의 활동을 하면서 자율적 참여와 책임 의식을 함양시킬 수 있다.
>
> (B) • 행사명 : 학생들이 주최하는 세계시민문화의 날
>   • 일시 : 11월 중순
>   • 활 동
>   – 나라별 보드게임 부스 운영하기 : 주사위를 굴려 판 위의 말을 움직여서, 해당 칸에 있는 행동을 취하는 게임
>   – _____

2. 다음 상황을 보고 보건교사가 해야 할 응급처치 방법과 학생 B에 대한 지도 방법을 설명하시오. 또한 학부모가 가진 불만을 해소하기 위한 대처 방안 3가지를 설명하시오.

   (추가질문) 상습적으로 보건실에 약을 타러 오는 학생에 대한 지도 방안을 3가지 설명하시오.

> 쉬는 시간에 학생 A와 학생 B가 함께 장난을 치다가 학생 A의 머리가 바닥에 부딪혀 두피에 1cm 열상이 발생하였다. 피가 나자 학생 B는 놀라서 주위에 있던 휴지로 상처를 막고 학생 A와 함께 보건실에 방문하였다. 학생 A는 많이 흥분한 상태였지만 보건교사의 응급처치를 통해 진정되었다. 보건교사는 담임교사에게 연락하였고, 담임교사는 다시 학부모에게 연락을 하였다. 학생 A의 어머니는 이송수단 없이 직접 학교로 방문하셨으며 이후 보건교사에게 왜 바로 119에 요청하여 후송하지 않았는지에 대하여 항의하였다.

즉답형

1 기능론적 관점과 갈등론적 관점의 특징을 설명하시오. 그리고 자신이 선호하는 관점이 가지는 한계점 2가지를 말하시오.

2 서울특별시교육청은 정의로운 차등을 지향한다. 교사로서 정의로운 차등의 필요성에 대하여 설명하고, 이를 실현할 수 있는 방안 2가지를 말하시오.

6 2019년 인천 중등(공통)

구상형

1. 다음은 학생이 작성한 SNS 글이다. 이를 보고 학생의 문제점 5가지와 담임교사로서 할 수 있는 지도 방안 5가지를 각각 설명하시오.

> 우리 엄마는 필리핀 사람이다. 항상 일하느라 바쁜 아빠와 밤 늦게까지 일하는 우리 엄마. 엄마의 모습을 본지 오래 된 것 같다. 오늘도 저녁은 라면일까? 혼자 먹는 라면도 맛있긴 하지만, 혼자 있는 것을 좋아하긴 해도 나도 외로움을 느끼는 사람이다. 항상 혼자 있는 나를 보며 친구들은 자기들끼리 나를 무시하나? 혼자 점심을 먹다가 자해 유튜브를 본 적이 있다. 오늘은 무조건 한 번 해봐야겠다는 생각이 들었다. 친구들이 나를 이상하게 생각하는 것 같다. 이 때문인지 나는 늘 혼자서 점심을 먹는다. 내가 의지할 수 있는 것은 온라인 게임뿐인 것 같다. 하루의 대부분을 게임을 하며 보낸다. 롤과 배그가 없는 하루는 상상도 못한다. 상상만 해도 가슴이 갑갑해진다.

2. 다음은 이 교사와 김 교사의 교단 일기 내용이다. 두 교사의 수업 상황 속에서 나타나는 공통된 문제점과 수업을 개선하기 위한 해결 방안을 각각 5가지씩 제시하시오.

> - 이 교사 : 오늘도 평소와 같이 어수선한 분위기에서 수업이 시작되었다. 학생들이 사용하는 줄임말과 새로운 말들을 사용하여 분위기를 이끌어보려 노력했지만 쉽지 않았다. 반응은 없었고 그저 수업이 어려웠는지 질문하는 학생들이 참 많았다. 오늘 업무가 너무 많아 힘들어 학생들에게 화를 내며 이런 것도 모르면 어떻게 하냐고 꾸중하였다. 지난 시간에는 정말 친절하게 대답을 해 주었는데 나도 힘이 드니까 어쩔 수 없는 사람인가 싶다.
> - 김 교사 : 직무 연수에서 배웠던 토의·토론 수업을 새롭게 시도하였다. 학생들은 토의·토론을 하는 둥 마는 둥 대충 참여하며, 내용 정리 시간에 수업을 처음부터 끝까지 다시 설명해달라고 했다. 너무 기본적인 질문을 하니 나도 모르게 화가 나서 고압적인 태도로 학생들을 대해 버렸다.

즉답형

1 다음 상황에 대한 자신의 교사관을 설명하고, 교사관과 연결 지어 어떻게 교육할 수 있을지 설명하시오.

> 김 교사는 학급 규칙을 정하는 방식에 대하여 고민을 하였다. 그러다 결국 자신이 일방적으로 정하였다. 김 교사는 자신이 정한 규칙을 학생들에게 지키라고 지도하자 학생들은 '선생님이 마음대로 학급 규칙을 정하면 어떡하나요?', '저는 지키고 싶지 않아요!' 등의 불만을 표출하며 김 교사의 일방적인 규칙에 반발하고 있다.

2 학부모에게 다음과 같은 항의 전화가 왔을 때 교사가 가져야 할 태도와 답변은 무엇인지 설명하시오.

> 학부모 전화 : 선생님, 우리 아이가 학교에서 생활하다가 발목을 삐었는데 그대로 집에 왔습니다. 아이가 다쳤는데 연락도 없이 집에 그대로 보내셨나요? 선생님 그런 사람이신가요? 아이가 학교에서 어떤 조치도 받지 못했다고 합니다. 그 시간에 선생님은 무엇을 하고 계셨나요?

7 2019년 평가원 중등(교과)

구상형

1. 다음의 수업 상황에서 문제점 2가지를 설명하고, 각 문제점에 대하여 교사로서 할 수 있는 즉각적 대처 방안을 1가지씩 제시하시오.

> 수업 태도가 평소에도 좋지 않은 두 명의 학생이 수업을 듣지 않고 소란을 피우는 상황이다. 이 교사는 말로 제지했으나 얼마 후에 두 학생이 또 잡담을 하며 수업을 방해하고 있다. 이 교사가 두 학생에게 다가가 좋게 타이르고 있는데, 평소 수업 참여도 및 태도가 좋은 영수가 "선생님, 저희 다른 반보다 진도 느린데, 그냥 수업이나 진행해요!"하고 짜증과 불만을 표현했다.

2. 다음의 문장을 읽고 교사 자신의 전보를 신청할 것인지에 대한 여부를 이유와 함께 설명하시오. 또한 전보 신청 유무와 관련 없이 다음과 같이 국가 상황이 변화되었을 때 통일교사로서 가져야 할 마음가짐에 대해 설명하시오.

> 드디어 염원하던 통일이 이루어졌다. 통일 이후 몇 년의 시간이 흘렀지만 아직도 함경도에는 교사가 부족하다고 한다.
> ※ 전출 신청 유무는 면접 점수와 관계 없습니다.

3. 다음 글을 읽고 인간과 로봇 중 누가 학교 수업을 진행해야 한다고 생각하는지 자신의 교육관과 연결 지어 설명하시오. 그리고 그러한 사회에서 교육을 실시할 때 학생이 어떻게 성장하도록 지도하여야 하는지 교사 전문성과 연결 지어 설명하시오.

> 미래시대에는 인공지능이 발달하여 인간교사 대신 인공로봇이 수업을 할 수 있을 것으로 전망된다. 인공로봇은 전문 지식을 바탕으로 다양한 교육 활동을 진행할 수 있으므로 인간교사의 역할이 많이 축소될 것이다. 이러한 기술 발달을 반기는 교사들도 있지만, 반대로 교육의 본질을 흐릴 수 있다며 걱정하는 교사들도 많다.

즉답형

1 다음 제시문을 읽고 질문에 답하시오.

> 김 교사는 동료교사와 사이도 안 좋고, 의사소통도 거의 하지 않는다. 교재 연구도 충실히 하지 않지만 대처능력과 임기응변 그리고 현란한 말솜씨로 학생들의 수업 만족도는 항상 높다. 반면 신 교사는 동료교사와 사이도 좋고, 의사소통도 잘하며 지낸다. 교재 연구도 열정적으로 하지만 지루한 수업 방식 때문에 학생들의 만족도가 낮은 상황이다.

1-1. 두 교사 중에 성실성 측면에서 자신과 비슷한 교사를 선택하고 자신의 경험에 의거하여 이유를 설명하시오.

1-2. 자신이 선택한 교사를 교사의 임무와 역할의 측면에서 비판하시오.

1-3. 본인이 김 교사와 신 교사 중 한 명과 협력수업을 할 수 있다면 누구와 함께 수업을 할 것인지 말하시오.

8 2019년 평가원 중등(비교과)

구상형

1. 다음의 사례에서 확인할 수 있는 문제점과 해결 방안을 1가지씩 말하시오.

   > 지역의 한 고등학교에서 학력 저하 문제를 해결하기 위해 학교운영위원회를 개최하였다. 회의를 통해 학생들의 학력 저하 예방과 지적 성장을 위해 교과 위주의 방과 후 학습을 진행하려고 한다. 하지만 학생들은 진로 탐색을 위한 다양한 활동을 원하고 있어 방과 후 학교 운영에 불만을 표현하고 있다.

2. 독서토론 동아리를 운영하는 담당교사에게 의사소통 역량은 중요하다. 의사소통 역량을 지도하기 위한 교사의 전문성을 말하고, 이를 신장시키기 위한 자신의 노력과 이를 통해 배운 점을 설명하시오. 또한 자신의 부족한 점을 개선하기 위한 방안을 제시하시오.

3. 다음 글을 읽고 인간과 로봇 중 누가 학교 수업을 진행해야 한다고 생각하는지 자신의 교육관과 연결 지어 설명하시오. 그리고 그러한 사회에서 교육을 실시할 때 학생이 어떻게 성장하도록 지도하여야 하는지 교사 전문성과 연결 지어 설명하시오.

   > 미래시대에는 인공지능이 발달하여 인간교사 대신 인공로봇이 수업을 할 수 있을 것으로 전망된다. 인공로봇은 전문 지식을 바탕으로 다양한 교육 활동을 진행할 수 있으므로 인간 교사의 역할이 많이 축소될 것이다. 이러한 기술 발달을 반기는 교사들도 있지만, 반대로 교육의 본질을 흐릴 수 있다며 걱정하는 교사들도 많다.

즉답형

1 다음 제시문을 읽고 질문에 답하시오.

> 김 교사는 동료교사와 사이도 안 좋고, 의사소통도 거의 하지 않는다. 교재 연구도 충실히 하지 않지만 대처능력과 임기응변 그리고 현란한 말솜씨로 학생들의 수업 만족도는 항상 높다. 반면 신 교사는 동료교사와 사이도 좋고, 의사소통도 잘하며 지낸다. 교재 연구도 열정적으로 하지만 지루한 수업 방식 때문에 학생들의 만족도가 낮은 상황이다.

1-1. 두 교사 중에 성실성 측면에서 자신과 비슷한 교사를 선택하고 자신의 경험에 의거하여 이유를 설명하시오.

1-2. 자신이 선택한 교사를 교사의 임무와 역할의 측면에서 비판하시오.

참 / 고 / 문 / 헌

- 강순자(2004). 중·고등학교 학생상담 활성화 방안 연구. 동국대학교 행정대학원.
- 강영숙(2011). 교과교실제 효율과 운영 방안에 관한 연구 : 서울지역 중학교를 중심으로. 한국교원대학교.
- 강원도교육청(2022). 강원교육 비전 2030.
- 강원도교육청(2022). 강원도교육청 주요업무계획.
- 강휘석(2012). 교과교실제 운영과정에 대한 질적 사례 연구. 경희대학교 교육대학원.
- 경기도교육청(2014). 회복적 생활교육 매뉴얼.
- 경기도교육청(2015). 인권 친화적 학생생활지도 프로그램.
- 경기도교육청(2017). 배움중심수업 2.0.
- 경기도교육청(2018). 경기도학교민주시민교육 발전 방안 연구.
- 경기도교육청(2018). 반부패청렴 정책 종합 계획.
- 경기도교육청(2019). 초등 성장중심평가 길라잡이.
- 경기도교육청(2019). 평생교육 추진계획.
- 경기도교육청(2020). 개학전후 코로나19 대응 관리지침 및 지원안내 자료.
- 경기도교육청(2020). 경기 블렌디드 러닝의 이해 자료.
- 경기도교육청(2020). 교원 역량강화 정책 추진 기본 계획. 교원역량개발과.
- 경기도교육청(2020). 교육복지우선지원사업 운영 지원계획.
- 경기도교육청(2020). 다문화 교육 추진 계획.
- 경기도교육청(2020). 미래교육정책과 정책 추진 기본 계획.
- 경기도교육청(2020). 융합교육정책과 기본계획.
- 경기도교육청(2020). 초등 교육과정 정책 추진 계획.
- 경기도교육청(2020). 특수교육 정책 추진 계획.
- 경기도교육청(2020). 학생생활인권 정책추진 기본 계획.
- 경기도교육청(2020). 혁신교육 추진 기본 계획.
- 경기도교육청(2021). 8대 분야 체험학습 추진 계획.
- 경기도교육청(2024). 2024 경기교육 기본 계획.
- 경기도교육청(2022). 민주시민교육 정책추진 기본계획.
- 경기도교육청. 2030 경기 미래 교육.

- 과학기술정보통신부, 한국정보화진흥원(2019). 스마트폰 과의존 실태조사.
- 교육과학기술부(2009). 교과교실제 추진 계획.
- 교육부(1998). 교육50년사.
- 교육부, 경상남도교육청, 푸른나무재단. 학교폭력 관계회복 프로그램(초등).
- 교육부, 이화여자대학교 학교폭력예방연구소(2020). 학교자체해결제 시행을 위한 학교폭력 사안처리 가이드북.
- 교육부. 2015 개정 교육과정 총론 해설(고등학교).
- 교육부. 2015 개정 교육과정 총론 해설(중학교).
- 교육부. 2015 개정 교육과정 총론 해설(초등학교).
- 길임주(2008). 미래 직업사회의 변화에 대비한 청소년의 효율적인 사회화 촉진방안. 한국청소년연구 19.4 : 5-31.
- 김미정, 엄지연, 양인숙(2018). 보건교사의 당뇨병 학생 관리 현황과 당뇨병 관리 교육요구도. 한국데이터정보과학회지. 29(3). 645-664.
- 김상돈, 김현진(2012). **초중등 교직실무**. 학지사.
- 김선미, 김영순(2008). **다문화교육의 이해**. 한국문화사.
- 김신일(1985). **교육사회학**. 교육과학사.
- 김영미 외 2명. 코로나 19 이후 시대를 대비하는 자기명료화를 위한 온라인 진로교육 프로그램 개발에 관한 탐색적 접근. 진로교육연구 33.3 : 135-157.
- 김예진(2014). 초등학교 교사가 인식한 교사학습공동체, 지식 공유, 직무수행간의 구조 관계. 이화여자대학교 대학원.
- 김운종(2013). 교권보호조례를 통해서 본 교권의 재음미. 한국교원교육학회.
- 김종열(2020). 청탁금지법 이후 청렴의식 변화 및 청렴도 향상 방안 연구. 한국교원대학교.
- 김진규(2011). 현장 적용형 혼합학습 교사연수의 모형과 실천전략. 교육문화 연구.
- 김창성(2013). 우리나라 초·중학교 무상급식 지원체계 개편방안 = A Plan for Reform in Free School Meal Support System for Elementary·Middle Schools in Our Country. 한국교원대학교 교육정책전문대학원.
- 김현수, 이윤식(2014). 교장의 변혁적 리더십과 부장교사의 리더십, 초임교사의 교직관 및 교직적응 간의 구조관계. 한국교원교육연구 31.2 : 105-130.
- 김환표(2013). **트렌드 지식사전 : 최신 키워드로 보는 시사 상식**. 인물과사상사.
- 노종희 외(1996). **교육제도론**. 한국교육행정학회.
- 박승희(2003). **한국 장애학생 통합교육 : 특수교육과 일반교육의 관계 새정립**. 교육과학사
- 박완성(2012). **교직실무의 이론과 실제**. 학지사.

- 서울특별시교육청(2015). 학업중단위기학생을 위한 길라잡이.
- 서울특별시교육청(2024). 2024 서울교육 주요업무(확정본).
- 서울특별시교육청(2020). 교육급여지원 사업 운영 계획.
- 서울특별시교육청(2020). 기초학력 보장 운영계획.
- 서울특별시교육청(2020). 다문화교육 지원 기본 계획.
- 서울특별시교육청(2020). 독서 토론 인문소양교육 기본 계획.
- 서울특별시교육청(2020). 서울인성교육 시행계획.
- 서울특별시교육청(2020). 서울형 작은학교 가고 싶고 머물고 싶은 학교 운영계획.
- 서울특별시교육청(2020). 서울형 혁신학교 운영 기본 계획.
- 서울특별시교육청(2020). 초 1, 2 안정과 성장 맞춤 교육과정 운영 기본 계획.
- 서울특별시교육청(2020). 탈북학생 교육지원 기본계획서.
- 서울특별시교육청(2020). 평화 세계시민교육 기본 계획.
- 서울특별시교육청(2024). 2024 서울교육 주요업무(확정본).
- 서울특별시교육청(2022). 창의공감 교육과정 및 우리가 꿈꾸는 교실 운영교사 가이드북.
- 서울특별시교육청(2022). 학교급식 추진 계획.
- 성서경(2018). 학교 안 전문적 학습 공동체와 교사효능감의 관계 연구. 경인교육대학교 교육대학원.
- 성태제 외(2018). **최신교육학개론**. 학지사.
- 세종특별자치시교육청(2020). 고등학교 세종창의적교육과정.
- 세종특별자치시교육청(2020). 초등학교 세종창의적교육과정.
- 세종특별자치시교육청(2022). 세종시교육청 주요업무계획.
- 소방청(2016). 국민안전교육 표준실무.
- 송원일, 유진이(2020). 이주배경 귀화청소년의 한국인 정체성 갈등과 대응전략. 다문화아동청소년연구 5.2 : 1-26.
- 송태화(2002). 평생교육의 실태 및 활성화 방안에 관한 연구. 대전대학교.
- 신현국(1998). 세계교육 목표 및 내용선정 연구. 한국교원대학교.
- 심미옥(2017). 학교폭력의 실태분석 및 예방방안에 관한 연구. 건국대학교 행정대학원.
- 안상훈(2011). 교수·학습변인에 비추어 본 교과교실제 도입 효과 분석 -A형과 B-1형 교과교실제를 중심으로. 고려대학교 대학원.
- 유수연(2020). 효과적인 블렌디드 러닝을 위한 교사의 자질. 독일언어문학 0.87 : 91-110.

- 이경하, 석은조(2010). 예비교사와 현직교사가 생각하는 좋은 유아교사의 자질. 열린유아교육연구 15.5 : 167-187.
- 이명주(2017). 교권의 개념적 구조와 교권침해 사례 분석. 공주교육대학교 초등교육연구원.
- 이보미(2017). 초등학교 경력교사와 초임교사의 실천적 지식에 대한 사례 연구. 한국교원대학교 대학원.
- 이성진(1999). **교육심리학서철**. 교육과학사.
- 이재덕 외 2명(2020). 교사들의 교직관 탐색 : 교직관의 다중성과 직장관의 보편화. 교육문화연구 26.3 : 191-213.
- 이태영(1963). **특수교육개론**. 집문사.
- 이태영, 김정권(1981). **특수교육학**. 형설출판사.
- 이한영. **상식으로 보는 세상의 법칙 : 경제편**. 북이십일 21세기북스.
- 이화룡(2009). 교과교실제 운영의 특징. 한국교육시설학회논문집.
- 인천광역시교육청(2022). 인천교육계획.
- 임종헌(2018). 자유학기제 '주제선택 활동' 운영 사례 분석 : 주제선택 활동의 교육적 의미 고찰. 한국 교육개발 연구원.
- 전국 교육청(2023). 주요 업무 계획.
- 정인우(2012). 미군정의 초등학교 보건교육정책. 전남대학교 대학원.
- 조정현(2020). 자유학기제 운영의 문제점과 개선방안에 대한 진로담당 교사의 인식 : 고양시 소재 중학교 중심으로. 명지대학교 대학원.
- 조종태(2013). 학교폭력에 대한 효율적 대처 방안. 저스티스. 제134권 제3호.
- 중앙자살예방센터 외 3인. HIDOC. 정신이 건강해야 삶이 행복합니다.
- 진성진(2007). 미래사회를 준비하는 초등교사의 자질 탐색. 初等敎育學硏究 14.1 : 181-195.
- 최은희(2012). 발명교육이 창의적 사고에 미치는 영향. 명지대학교 사회교육대학원.
- 통계청(2019). 국가지표체계 : 대한민국 자살률 통계자료(1983년부터 2019년까지의 변화).
- 한상길 외(2016). **교육학개론**. 공동체.
- 한식웅(2000). 중학교 학생의 생활지도방법에 관한 분석 연구. 연세대학교.
- 허창혁, 오교문(2013). 서울시 학교스포츠클럽 리그 운영에 관한 사례연구. 한국스포츠교육학회학회지. 제20권 제2호.
- Elbaz, F(1981). *The teacher's "practical knowledge : Report of a case study."* Curriculum Inquiry. 11(1). 43 71.

[인터넷 사이트]

- 경기교육통통(https://tong.goe.go.kr/tong/main.do)
- 교육부 공식블로그(https://if-blog.tistory.com/)
- 교육부웹진 행복한교육(https://bit.ly/3f84eQN)
- 교육부웹진 행복한교육(https://bit.ly/3lEY7rM)
- 국가법령정보센터(https://www.law.go.kr/)
- 대한민국 청소년의회(https://youthassembly.or.kr/)
- 서울특별시 아동복지센터(https://child.seoul.go.kr/)
- 제주도특별자치도교육청(https://www.jje.go.kr/index.jje)
- e-DASAN 현장지원 홈페이지(https://edasan.goe.go.kr/)
- IB official HP(https://www.ibo.org/)
- http://blog.daum.net/loveacrc/5022
- https://blog.naver.com/moeblog/222083561900
- http://www.donga.com/news/article/all/20191024/98042559/1
- http://www.kyeongin.com/main/view.php?key=20200105010000892
- https://www.natv.go.kr/renew09/brd/news/news_vw.jsp?newsId=45651
- https://www.sns-justice.org/278
- http://www.veritas-a.com/news/articleView.html?idxno=345088
- https://www.yna.co.kr/view/AKR20200927045500065?input=1195m

[법 령]

- 경기도조례 제6270호
- 통일교육지원법
- 평생교육법
- 학교급식법
- 학교보건법

임용 심층면접 만점교사가 알려주는 면접 바이블

개정4판1쇄 발행	2025년 01월 10일 (인쇄 2024년 11월 14일)
초 판 발 행	2021년 01월 05일 (인쇄 2020년 12월 08일)
발 행 인	박영일
책 임 편 집	이해욱
편 저	이영균·김현미·정필선
편 집 진 행	윤진영·김지은
표 지 디 자 인	권은경·길전홍선
편 집 디 자 인	정경일·이현진
발 행 처	(주)시대고시기획
출 판 등 록	제10-1521호
주 소	서울시 마포구 큰우물로 75 [도화동 538 성지 B/D] 9F
전 화	1600-3600
팩 스	02-701-8823
홈 페 이 지	www.sdedu.co.kr
I S B N	979-11-383-8368-4(13370)
정 가	32,000원

※ 저자와의 협의에 의해 인지를 생략합니다.
※ 이 책은 저작권법의 보호를 받는 저작물이므로 동영상 제작 및 무단전재와 배포를 금합니다.
※ 잘못된 책은 구입하신 서점에서 바꾸어 드립니다.